스토리텔링성경 16

스토리텔링 성경

에스겔 · 다니엘

스토리텔링 성경

16 에스겔·다니엘: 주님의 영광과 이스라엘의 회복

2024년 6월 20일 초판 1쇄 발행

지은이 김영진, 강정훈, 천종수
발행처 (유) 성서원
일러스트 김천정
교정·교열 유영일
출판등록 1997년 7월 8일 (제300-1997-79호)
창업일 1972년 2월 1일
주 소 경기도 고양시 덕양구 덕은로 60-12 우) 10541

전 화 (02)765-0011~17
팩 스 (02)743-6811
성서원 홈페이지 www.biblehouse.co.kr
페이스북 · E-mail saebut-9106@hanmail.net

ISBN 978-89-360-2997-5 03230

스토리텔링성경
16

성경 전 장章을 이야기로 풀어 쓴

스토리텔링 성경

지은이
김영진 강정훈 천종수

에스겔 · 다니엘

주님의 영광과 이스라엘의 회복

성서원

차례

에스겔 주님의 영광과 이스라엘의 회복

다니엘 하나님의 주권과 구속救贖 사역

에스겔

주님의 영광과 이스라엘의 회복

자신이 태어나 자란 어머니 땅에서
조국을 뒤로하고 끌려가는 신세여
이방 군대의 군화와 말발굽 아래
유다 백성은 온몸을 떠네

포로가 되어 잡혀온 땅 그발 강가에서
주께 부름받은 에스겔이여
우상숭배와 죄악의 나락에 빠진
동족에게 힘차게 회개를 외쳐라

여호와의 백성을 구원하려면
여호와의 영광을 되찾으려면
여호와의 주권을 널리 선포하여라

만방에 여호와의 빛을 발하여라
골짜기 마른 뼈가 살아나듯
황폐한 유다에 회개의 단비 내려
찬란한 구원과 회복의 날이 오면
시온의 언덕에서 주를 찬양하리라

프롤로그

에스겔: 주님의 영광과 이스라엘의 회복

'아, 저 멀리 내 조국 유다는 평안한지? 거기서든 여기서든, 내 사랑하는 동포들이 죄악의 길을 떠나 어떡하든 주님의 말씀대로 올바로 살아가야 할 터인데…. 아, 진실로 하나님의 진노의 심판이 예루살렘 도성에 임하고야 말 것인가. 그렇다면 언제쯤이나 주께서 약속하신 이스라엘의 구원과 회복의 날이 임한단 말인가….'

한 젊은이가 오늘도 그발(Chebar) 강가에 앉아 무심히 흐르는 강물을 바라보며 오래도록 깊은 상념에 젖는다. 에스겔(Ezekiel)이다. 에스겔은 사독 계열의 제사장인 부시의 아들로 유다 땅에서 태어났다(요시야 왕 18년, 주전 622년경). 그 이름의 뜻은 '하나님께서 강하게 하신다.'이다. 배도와 망국과 유수(幽囚)의 시대에 하나님의 선지자로 부름받은 그를 맡은바 사명을 잘 감당하도록 하나님께서 특별히 강하게 만들어주신 것이다.

바빌로니아의 제2차 유다 침공 당시(주전 597년), 유다를 초토화시킨 느부갓네살 왕은 유다 왕 여호야긴과 그의 왕족들, 귀족들, 그리고 유력 인물 1만여 명을 포로로 잡아 바빌로니아 땅으로 끌고 갔는데, 이때 에스겔도 사로잡혀 함께 끌려갔다(왕하 24:10-17). 당시 에스겔의 나이는 25세가량이었고, 이때 끌려간 유다 포로민들은 대부분 그발 강가의 델아빕(Tel-Abib)에 거주하게 되었다(1:1; 3:15). 당시 제사장이었던 에스겔은 포로생활 5년째 되던 해에 그곳 델아빕에서 하나님께로부터 선지자의 소명을 받았다(주전 593년경). 이때 그의 나이 30세였다(1:1).

그리고 이때로부터 에스겔은 제사장 겸 선지자로서 포로 된 땅 바빌로니아의 그발 강가 지역, 곧 그 땅에 사로잡혀 온 유대인들의 집단 거류지인 델아빕과 님불 등을 중심 무대로 하나님의 말씀을 선포했다. 당시 바빌로니아 땅에 포로로 잡혀온 유대인들은 조국 땅에 있는 성도(聖都) 예루살렘과 하나님의 성전은 절대로 함락되지 않을 것이라고 굳게 믿었다. 이런 믿음에서 그들은 머잖아 이방 땅에서 해방되어 본토 유다로 돌아갈 수 있을 것이라는 희망을 갖고 있었다.

"사랑하는 동포들이여! 그렇지 않습니다! 여러분의 그런 희망은 헛될 뿐입니다. 여러분의 바빌로니아 유수(幽囚)는 우리의 죄악에 대한 하나님의 공의로운 심판입니다. 그러므로 지금 죄악 가운데 있는 예루살렘도 회개하고 돌이키지 않으면 하나님의 심판을 면치 못하고 마침내 함락되고 말 것입니다! 그러므로 우리가 살 길은, 우리의 죄악을 인정하는 겸허한 자세로 하나님의 심판을 달게 받는 가운데, 즉시 회개하고 주께로 돌이키는 것뿐입니다! 오직 그 길만이 우리의 소망이고 우리가 살 길입니다!"

에스겔은 하나님의 계시에 따라 이 같은 메시지를 포로 된 땅에서 동포들에게 선포했다. 그는 메시지를 더욱 생생하게 시청각적으로 전달하기 위해 여러 상징적인 행동들을 마다하지 않았다. 그래서 본서를 읽다 보면, 온갖 다양하고 기이한 '행위 예언'을 온몸으로 수행하는 에스겔의 모습을 자주 만나게 된다. 이처럼 에스겔은 말씀과 행동과 환상을 통해 온몸을 불사르며 열정적으로 하나님의 메시지를 선포하고 가르쳤다. 그러나 포로 된 유대인들은 헛된 희망을 품은 채 에스겔의 메시지를 받아들이지 않고 무시하거나 배척했다.

유다 왕 시드기야 9년(주전 588년), 바빌로니아 왕 느부갓네살은 반(反)바빌로니아 군사 동맹에 가입한 유다를 징벌하기 위해 제3차 침공을 감행하였고, 1년 6개월의 포위 공격 끝에 마침내 유다의 도성 예루살렘을 함락시켰다(주전 586년 4월 9일). 이어 왕궁을 불사르고, 하나님의 성전도 모조리 약탈한 후에 철저히 파괴하였다(그해 5월 7일). 그런 소식을 전해 들은 바빌로니아 땅의 유대인들은 큰 절망과 낙심에 빠져 모든 소망의 끈을 놓고 말았다.

"내 사랑하는 동포 여러분! 낙심하지 말고, 주님을 바라보고 주님만 의지하십시오! 주께서는 제게 장차 실현될 놀라운 구원과 소망의 비전을 보여주셨습니다! 때가 이르면, 주께서는 여러분을 반드시 돌아보시고, 크신 능력의 손길로 여러분을 이 땅에서 해방시켜, 그리운 우리의 본토로 인도하실 것입니다. 우리와 우리의 땅을 회복시키실 것입니다! 그러므로 구원과 회복의 소망을 품고, 모쪼록 주님만 잘 섬기도록 하십시오!"

나라가 망하고 예루살렘이 함락되었을 때(주전 586년), 바빌로니아 땅의 모든 유대인들이 크게 낙담하여 실의에 빠졌다. 그러나 이때로부터 에스겔은 도리어 구원과 회복의 메시지를 선포하기 시작했다. 장차 하나님의 주권적인 능력으로 실현될 이스라엘의 회복과 재건을 힘차게 외쳤다. 그리하여 절망 가운데 처한 유다 백성들을 위로하고 격려했다. 새 소망을 불어넣어 주었다. '골짜기의 마른 뼈' 환상(37장)이나 '새 성전'의 환상(40-48장) 등은 이 같은 소망과 회복의 메시지를 보여주는 환상들이었다.

이처럼 에스겔은 배도와 망국과 유수가 마구 뒤섞여 출렁대는 노도와 격랑의 시대에, 뜨겁게 소명 받은 하나님의 선지자로서 다양하고 기이한 숱한 행위들과 환상들과 비유들로써 받은바 하나님의 메시지를 힘차게 선포한 능력의 선지자였다. 한편으로는 동족의 죄악을 지적하고 책망하는 가운데 회개할 것을 강력하게 촉구하였고, 또 한편으로는 하나님의 영광과 주권을 강조하는 가운데 장차 실현될 찬란한 구원과 회복의 소망을 심어주었다.

자, 그렇다면 실제로 에스겔이 어떤 말씀들을 선포했고 또 어떤 환상들과 비유들과 행동들로써 하나님의 메시지를 전달했는지, 본서 속으로 깊숙이 들어가 살펴보자.

1

에스겔이 본 환상

바빌로니아 포로 생활 5년째
그발 강가에서 하늘이 열리네
광채 속 네 생물의 환상이 보이더니
번개처럼 빠르게 왔다 갔다 하네

에스겔이 환상을 봄 (1:1-3)

"오, 주님! 아, 주여!"

에스겔의 나이 서른 살 되던 해의 4월 5일, 당시 에스겔은 바빌로니아 땅에 포로로 잡혀온 유대인 동족들과 더불어 그발 강가 지역에 거주하고 있었다. 그런데 어느 날 갑자기 하늘이 활짝 열리더니, 하나님의 환상이 보였다. 때는 유다 왕 여호야긴이 바빌로니아 땅에 포로로 잡혀온 지 5년째 되던 해로 그달 5일이었다(주전 593년경).

그러니까 혈통적으로 본래 제사장 신분이었던 에스겔은 바빌로니아의 제2차 유다 침공 때(주전 597년) 유다 왕 여호야긴과 함께 포로가 되어 바빌로니아 땅으로 끌려왔는데, 그 땅에 끌려온 지 5년째 되던 30세의 나이에, 그 땅의 유다 포로민들을 위해 사역할 하나님의 선지자로 소명을 받았던 것이다. 제사장 겸 선지자가 된 것이다.

유대 사회에서 30세의 나이는 제사장이 하나님의 성전에서 제사장의 임무를 공식적으로 수행할 수 있는 나이였다(민 4:2-3). 바로 그 나이에 부시의 아들인 제사장 에스겔은 어느 날 갈대아 사람들의 땅인 그발 강가에서 주께로부터 선지자의 소명을 받은 것이다. 그날에 특별히 에스겔 위에 주님의 말씀이 강력하게 임했고, 그때 주님의 권능은 에스겔을 온전히 사로잡고 있었다. 일반적으로 '환상'이란 꿈인지 생시인지 잘 모르는 비몽사몽(非夢似夢)의 엑스터시(ecstasy) 상태에서 주께서 보여주시는 하늘의 기이하고 놀라운 광경을 보는 일인데, 이때 그 사람의 정신은 온전히 맑고 또렷한 상태를 유지하였나. 그렇다면 선지자로 소명을 받던 그날에 에스겔이 본 환상은 어떤 것이었나? 그 환상을 실제로 본 에스겔의 말을 통해 직접 들어보자.

네 생물의 모습 (1:4-14)

(4-14) 내가 보니, 북쪽에서부터 큰 폭풍이 불어오고 엄청난 구름이 몰려오고 있었다. 그런데 그 속에서는 번갯불이 번쩍번쩍하고, 그 주위 사방에는 밝은 광채가 가득했다. 그리고 그 광채의 불빛 한가운데서는 벌겋게 달아오른 금속 같은 것이 번쩍이고 있었다. 바로 그 광채의 불빛 한가운데서 네 생물의 모습이 나타났는데, 그들의 생김새는 전체적으로 사람의 모습 같았다. 그러나 네 생물은 각각 네 개의 얼굴과 네 개의 날개를 가지고 있었다. 네 생물의 다리는 곧게 뻗어 있었고, 그 발바닥은 송아지 발바닥 같았는데 광택을 낸 청동처럼 반짝반짝 빛이 났다. 또 네 생물의 사면에 달린 네 개의 날개 밑에는 각각 사람의 손이 하나씩 달려 있었다. 네 생물에게는 각각 얼굴과 네 개의 날개들이 있었는데, 네 개의 날개들은 모두 서로 맞닿아 있었다. 그들 네 생물은 어디론가 움직일 때 몸을 돌리지 않고 일제히 앞으로 곧게 나아갔다. 그 네 생물은 생김새가 각기 다른 네 개의 얼굴들을 각자 갖고 있었다. 네 생물의 앞쪽 면은 사람의 얼굴이고, 오른쪽 면은 사자의 얼굴이며, 왼쪽 면은 황소의 얼굴이고, 뒤쪽 면은

독수리의 얼굴이었다. 이것이 네 생물의 얼굴 생김새였다. 그리고 네 생물이 각각 가진 네 날개들 중 두 날개는 위로 펼쳐져 있었는데 그 날개 끝이 서로 연결되어 있었고, 나머지 두 날개로는 자기 몸을 가리고 있었다. 각 생물들은 그들의 영이 가려고 하는 곳으로 갈 때, 사방 어느 곳으로 가든지 몸을 돌리지 않고서도 가고 싶은 대로 일제히 곧장 앞으로 갔다. 그 생물들의 생김새는 마치 활활 타오르는 숯불이나 횃불 같았는데, 그 불이 각 생물들 사이를 앞뒤로 오가며 밝은 빛을 냈고, 그 불 가운데서는 번개가 번쩍번쩍 치고 있었으며, 그 생물들은 번개처럼 빠르게 이쪽저쪽으로 왔다 갔다 하고 있었다.

"아, 저런! 저건… 거대한 먹구름?"

에스겔은 환상 가운데서 북쪽에서부터 폭풍과 함께 몰려오는 큰 먹구름을 보았다. 여느 때였다면 그냥 자연의 변화 정도로 넘어갔을 텐데, 때가 때인 만큼 예사롭지 않게 가슴에 와 닿았다. 먹구름은 조국 이스라엘의 운명이다. 북녘에서 쳐내려오는 임박한 침략의 조짐이 분명했다. 망국의 난민 신세로 살아가는 바빌로니아의 유대인들에게는 주변 상황이 모두 먹구름이다. 먹구름은 에스겔 자신에게도 덮쳐왔다.

에스겔은 제사장을 맡기 위한 교육과 가정훈련을 다 받았다. 이제 30세가 되어 제사장으로 떳떳이 일자리를 얻을 수 있는 적령기가 되고 모든 조건은 갖추었지만 정작 사역지가 없다. 제사장에게 실력이 있으면 무엇을 할 것이며, 멋진 제사장 예복인들 무슨 소용일까. 이방 바빌로니아에서 하나님의 성전이 없는 제사장은 그 자체가 먹구름으로 둘러싸인 암울한 형편이었다.

그런데, 가만히 살펴보니 먹구름 속에서 불이 번쩍번쩍하여 빛이 그 사방에 비치며 불 가운데 단쇠 같은 것이 나타나 보인다. 단쇠는 하나님의 위엄과 영광을 표현한다. 저게 도대체 뭔가? 더욱 자세히 살펴보았더니, 그 안에 '네 생물'이 있다. 따라서 본문은 에스겔이 환상 가운데서

에스겔의 환상(네 생물, 네 바퀴, 하나님의 보좌)

본 '네 생물'에 관한 묘사다.

네 생물의 전체적인 생김새는 일단 사람의 모습이다. 하지만 자세히 살펴보면 각각의 생물마다 전후좌우로 네 개의 얼굴(사람, 독수리, 황소, 사자)을 갖고 있고, 또한 각자가 네 개의 날개를 갖고 있었다. 그래서 네 생물은 몸을 돌리지 않고서도 가고 싶은 데로 어디든 갈 수 있는데, 번개처럼 빠르게 갈 수 있었다. 그런 네 생물의 존재가 얼마나 어마무시하고 장엄하던지, 그들의 모습은 활활 타오르는 숯불이나 횃불 같았고, 그들 가운데는 번갯불이 번쩍번쩍했으며, 주위 사방에는 밝은 광채가 가득했다. 인간이 감히 범접할 수조차 없는 천상의 순결하고 장엄하고 무시무시하고 능력 있는 존재였다.

그렇다면 하나님께서는 왜 이 같은 네 생물의 모습을 에스겔에게 보여주고 있는 것인가? 네 생물의 정체는 하나님을 섬기는 가운데 그분의 영광을 지키는 4대 수호천사들이다. 따라서 우리가 정작 주목해야 할 것은 '네 생물'이 아니라 네 생물이 수호하는 '하나님'이다. 하나님께서는 그분의 수호천사들이 그토록 장엄하고 어마무시한 존재라면,

그런 네 생물을 수하에 종처럼 부리고 있는 '하나님' 그분이야말로 그 얼마나 존귀하고 거룩하고 영광스럽고 장엄한 분이겠는가! 하나님께서는 에스겔에게 그런 사실을 일깨워주시려고 자신의 종들인 네 생물의 모습을 보여주신 것이다.

네 바퀴의 모습 (1:15-21)

(15-21) 그때에 내가 또 그 생물들을 보니, 각 생물들 곁의 땅 위에는 바퀴가 닿아 있었는데, 그 바퀴는 각 생물의 네 얼굴을 따라 하나씩 있었다. 그 바퀴들의 모습과 구조를 살펴보니 네 개가 다 똑같은 모습과 구조를 가졌는데, 모두 보석처럼 빛이 났고, 그 구조는 마치 바퀴 안에 바퀴가 들어있는 것처럼 보였다. 그 바퀴들이 움직일 때는 방향을 돌이키지 않고서도 사방 어느 쪽으로든 앞을 향해 곧장 나아갈 수 있었다. 그 바퀴들의 둘레는 무척 높은 데다, 그 네 둘레로 빙 돌아가면서 온통 번쩍이는 눈들로 가득 차 있어서 아주 무서운 모습이었다. 생물들이 움직일 때에는 곁에 있는 바퀴들도 함께 움직였고, 그 생물들이 땅에서 떠오르면 곁에 있는 바퀴들도 함께 떠올랐다. 그 생물들은 그들의 영이 가고자 하는 곳이면 어디든지 갔고, 또 그 생물들이 움직일 때는 곁에 있는 바퀴들이 함께 떠올라 움직였는데, 그것은 그 생물들의 영이 바퀴 속에 있었기 때문이다. 생물들이 움직이면 곁의 바퀴들도 함께 움직였고, 생물들이 멈추면 곁의 바퀴들도 함께 멈췄으며, 생물들이 땅에서 떠오르면 곁의 바퀴들도 함께 떠올랐다. 그것은 생물들의 영이 바퀴 속에 있었기 때문이다.

네 생물 곁에는 네 생물처럼 각각 네 개의 얼굴을 가진 '네 바퀴'가 있었다. 에스겔이 본 네 바퀴의 환상은 이러했다. 네 바퀴는 각각의 바퀴 둘레로 빙 돌아가면서 온통 번쩍이는 눈들로 가득 차 있었는데, 그 눈들은 온 세상을 두루두루 감찰하는 눈들이었다. 또한 각각의 바퀴 안에는 또 다른 바퀴가 들어있어 굳이 전후좌우로 돌지 않고도 원하는 대로 사방의 어디든지 움직일 수 있는 그런 바퀴들이었다.

하지만 이 바퀴는 제 뜻대로 움직이지 않고 오직 생물의 움직임을 좇아 동작하는데, 그 까닭은 생물의 영(靈)이 바퀴 속에 있었기 때문이었다. 비유하자면, 병거를 탄 장군처럼 생물과 바퀴는 둘이 완전히 한 몸처럼 움직이고 있었다. 요컨대 '네 생물'과 '네 바퀴'는 서로 페어링(pairing) 되어 한 몸인 양 움직였다. 이처럼 네 생물과 그들 곁의 네 바퀴는 하나님의 거룩한 호위대가 되어 하나님의 명에 따라 움직이고 있었다. 이때 다니엘은 깊은 깨달음을 얻는다.

'오, 저리도 기묘한 생물과 신기한 바퀴를 수하에 거느리시는 하나님은 만유의 절대 주권자가 되시는 분이구나! 그래서 온 세상의 모든 만물은 오직 하나님의 거룩한 의지와 기쁘신 뜻에 따라 질서대로 움직이고 있는 것이 분명해.'

결국 이런 사실은, 에스겔과 그의 동족을 포로로 잡아온 바빌로니아 제국도 결국 하나님의 손 안에 있고, 머잖아 닥칠 유다의 멸망이나 예루살렘의 함락, 그리고 더 이후에 있을 이스라엘의 구원과 회복도 전부 하나님의 거룩한 섭리와 경륜 하에 진행되고 있다는 것을 밝히 보여준다. 네 생물과 네 바퀴 환상을 통해 에스겔은 이런 사실을 깨닫고 있었다. 계속해서 에스겔은 자신이 목도한 환상을 들려준다.

천장 모양의 둥근 덮개 모습 (1:22-25)

(22-25) 그때에 내가 또 보니, 그 생물들의 머리 위로는 천장 모양의 둥근 덮개 같은 것이 넓게 펼쳐져 있었는데, 수정 같은 빛을 띠고 있었고, 보기에 심히 두려울 지경이었다. 그런데 천장 모양의 둥근 덮개 밑에는 각각의 생물들이 서로를 향해 두 날개를 맞닿아 펼치고 있었는데, 각각의 생물들은 나머지 두 날개로는 자기들의 몸을 가리고

있었다. 그 생물들이 움직일 때 그 날개 치는 소리를 내가 들어보니, 많은 물이 힘차게 떨어지는 폭포소리 같고, 전능하신 분의 천둥 같은 목소리 같으며, 큰 군대의 함성 같았다. 그리고 그 생물들이 가만히 멈추어 서 있을 때는 자기들의 날개를 아래로 드리웠다. 그 생물들이 자기들의 날개를 아래로 드리우고 가만히 서 있을 때에도, 그들의 머리 위 천장 모양의 둥근 덮개 위에서는 진동하는 소리가 그치지 않았다.

생물들과 바퀴들의 머리 위에 넓게 펼쳐져 있는 천장 모양의 둥근 덮개 같은 것, 곧 수정 같은 빛을 띠고 있는 그 둥근 덮개 위에는 바로 '하나님의 보좌'가 자리 잡고 있었다(26절). 그 보좌 아래에서 수호천사들인 네 생물은 언제든 하나님의 명을 받아 움직이려고 폭포 같은 소리를 내며 두 날개를 맞닿아 펼치고 있었고, 다른 두 날개로는 겸허하게 자신들의 몸을 가리고 있었다. 그리고 천장 모양의 둥근 덮개 위, 곧 하나님의 보좌에서는 천둥 같은 장엄하고 우렁찬 목소리의 진동이 끊임없이 울리고 있었다.

에스겔의 환상은 이어진다.

하나님 보좌의 모습 (1:26-28)

(26-28) 또 내가 보니, 그 생물들의 머리 위에 있는 천장 모양의 둥근 덮개 위에는 사파이어처럼 보이는 보석으로 만든 보좌 모양 같은 것이 있었고, 그 보좌 모양 같은 것의 위에는 사람의 모습 같은 형상을 지닌 한 분이 앉아 계셨다. 또 내가 보니, 그분의 허리처럼 보이는 부분의 위쪽 곧 상반신의 모습은 벌겋게 달아오른 쇠 같아서, 그 속과 주변 전체가 활활 타오르는 불덩어리 같았다. 그분의 허리처럼 보이는 부분의 아래쪽 곧 하반신의 모습도 역시 불과 같아서 사방으로

찬란한 광채가 빛을 발하고 있었다. 그분에게서 나오는 그 찬란한 사방의 광채는 비 오는 날의 구름 속에 있는 아름다운 무지개 같았는데, 그것은 주님의 나타나심을 보여주는 영광의 광채였다. 내가 그 찬란한 광경을 보고 즉시 땅에 엎드리니, 그 보좌로부터 말씀하시는 분의 음성이 내게 들려왔다.

생물들의 머리 위에 있는 천장 모양의 수정 빛깔 둥근 덮개 위에는 사파이어 보석으로 만든 것 같은 보좌 같은 것이 있었고, 그 보좌에는 사람의 모습 같은 형상을 지닌 한 분이 앉아 계셨다. 여기서 '~같은'이란 표현이 계속 나오는 것은 에스겔이 본바 천상의 사물을 정확하게 묘사할 수 있는 지상의 언어를 찾을 수 없었기 때문이다. 또한 그분의 상반신과 하반신은 벌겋게 달아오른 쇠나 활활 타오르는 불덩어리 같았고, 그 사방으로는 찬란한 무지개 빛깔의 광채가 영광스럽게 발산되고 있었다. 하나님의 영광스런 보좌의 모습이다.

'보좌'는 통치 및 주권을 상징한다. 따라서 에스겔이 환상 가운데서 목도한 바 영광스런 하늘 보좌의 형상은, 그 보좌에 앉아 계신 하나님이야말로 만왕의 왕이요 절대 주권자로서, 온 세상 만물을 자신의 거룩하고 기쁘신 뜻대로 주권적으로 섭리하시고 경영하시는 만유의 통치자이심을 나타낸다. 선지자로 처음 소명을 받을 때 에스겔이 목도한 모든 환상은 바로 이런 사실을 분명히 일깨워준다.

2

에스겔의 소명

나를 거슬러 반역하지 말고
내가 주는 것을 받아먹어라
슬픔과 탄식과 재앙의 글이 적힌
이 두루마리 책을 입 벌려 먹어라

에스겔이 하나님께로부터 선지자의 소명을 받음 (2:1-7)

"오, 오, 주님!"

하나님께서는 에스겔을 선지자로 부르시기 전에 먼저 환상 가운데서 천상의 놀라운 광경, 곧 네 생물과 네 바퀴와 천장 모양의 둥근 덮개와 하늘 보좌 같은 장엄하고 찬란한 천상의 광경을 보여주셨다(1장). 그런 놀랍고 영광스런 천상의 광경 앞에 에스겔은 완전히 압도당하여, 그저 두려움에 벌벌 떨며 땅바닥에 바짝 엎드려 있었다. 그때에 천상의 보좌에 앉아 계신 그분 하나님께로부터 에스겔에게 말씀이 임한다. 천둥 같은 장엄한 목소리다.

"너 사람의 아들아, 일어나라! 이제 내가 네게 말할 것이다."

이때 하나님께서는 에스겔을 향해 '사람의 아들' 곧 '인자(人子)'라 부르신다. 여기서 '인자'는 단순히 '(죽을 수밖에 없는 연약한) 인간'이라는 뜻이다. 이 호칭은 본서에서 90번 이상이나 사용되었는데, 그 이유는 에스겔의 연약한 인간됨을 일깨워 오직 하나님의 주권적인 능력에 의존하게 하려는 데 있었다.

또한 그 호칭은, 에스겔의 역할이 메시지를 '만드는 데' 있지 않고, 오직 '전달하는 데' 있음을 에스겔에게 상기시켜 주고 있다. 천상의 보좌에 앉아 계신 그분께서 이렇게 말씀하실 때, 그분의 영 곧 성령이 에스겔에게 임하여 에스겔을 일으켜 세우신다. 그러자 에스겔은 일어선 뒤에 그분께서 자신에게 말씀하시는 소리를 듣는다. 그 소리는 에스겔을 자신의 선지자로 불러 세우시는 소명의 소리였다.

(3-7) "너 사람의 아들아, 이제 내가 너를 이스라엘 백성에게 보낸다. 그들은 나를 거슬러 반역하는 백성이다. 예로부터 그들과 그들의 조상들이 줄곧 나를 거슬러 죄를 저질러왔고, 오늘날까지도 여전히 나를 거역하고 있다. 그렇다. 이 백성은 참으로 얼굴이 뻔뻔하고 마음이 완악하여 고집이 아주 센 자손들이다. 내가 너를 그들에게 보내니, 너는 그들에게 가서 말하기를 '주 하나님께서 이와 같이 말씀하신다.'라고 하여라. 그들은 불순종하고 반역하는 족속이다. 그럴지라도 그들이 네 말을 듣든지 듣지 않든지, 그들 가운데 참된 하나님의 선지자가 있었다는 사실만은 그들이 알아야 할 것이다. 너 사람의 아들아, 네가 비록 가시와 찔레에 둘러싸이고 전갈 떼 가운데서 살고 있더라도, 너는 그들을 두려워하지 말고, 그들의 말에 겁먹지 말아라. 그들은 나를 거슬러 거역하는 족속이므로, 그들이 무슨 말로 너를 위협하더라도 그들의 말을 조금도 두려워하지 말고, 그들의 얼굴 앞에서 조금도 겁먹지 말아라. 그들은 정말로 심히 반역하는 족속이므로, 그들이 네 말을 듣든지 듣지 않든지 너는 그들에게 내 말을 그대로 전해야 한다."

하나님께서 에스겔에게 선지자의 사명을 부여하시면서 무엇보다 '마음의 각오'를 단단히 다지도록 격려하시는 장면이다. 왜냐하면 메시지를 선포할 대상인 이스라엘이 아주 뻔뻔하고 완악하고 패역하고 고집이 센 족속이기 때문이다. 정말로 그러했다. 이스라엘은 오랜 세월에 걸쳐 하나님께 불성실한 패역과 배반의 역사를 가졌다. 그들은 하나님의 명령을 거슬러 종종 이웃 족속의 사악한 풍습을 좇고 이방의 각종 우상들을 섬겼다. 하나님의 선지자들이 계속해서 경고했지만, 그들은 그 메시지를 무시하고 배척했다. 심지어 하나님의 선지자를 핍박하고 죽이기도 했다.

비유하자면, 그 족속은 가시와 찔레와 전갈 떼와 같았다(6절). 에스겔은 그런 완악한 족속을 메시지의 선포 대상으로 삼아야 했다. 이스라엘 땅에서 가시와 찔레는 빨리 자라나는 식물로서 곡물의 성장을 심각하게 훼방한다. 그리고 땅과 벽을 기어다니는 전갈은 위협을 받을 때 강렬하고 치명적인 침을 쏘는 동물이다. 에스겔의 메시지를 비난하면서 하나님의 선지자를 핍박하고 죽이려는 자들은 이처럼 치명적인 독침을 가진 전갈과 같았다.

그럴지라도 에스겔은 조금도 두려워하지 말고, 그들이 듣든지 듣지 않든지 하나님께 받은 말씀을 그들에게 그대로 전해야 했다. '주 하나님께서 이와 같이 말씀하신다.'라고 하면서, 일점일획도 빼거나 더하지 말고 주께로부터 받은 말씀을 100% 그대로 전해야 했다. 그래야 후일에 그 족속은 자신들 가운데 참된 하나님의 선지자가 있었다는 사실을 깨닫고, 자신들이 받은 징벌에 대해 "왜 진즉에 경고하지 않았느냐?" 하면서 변명할 수 없을 것이기 때문이었다.

에스겔이 하나님께 선지자의 사명을 부여받음 (2:8-10)

천상의 보좌에 앉아 계신 그분 하나님께서는 에스겔을 자신의 선지자로 부르신 뒤에 에스겔에게 이르신다.

(8) "너 사람의 아들아, 너는 내가 하는 말을 잘 들어라. 너는 저 반역하는 족속처럼 나를 거슬러 반역하지 말고, 네 입을 크게 벌리고 내가 네게 주는 것을 받아먹어라!"

그분의 말을 듣고 에스겔이 앞을 바라보니, 에스겔 앞으로 손이 하나 뻗쳐오고 있었는데, 그 손에는 두루마리 책이 한 권 들려 있었다. 구약시대의 책은 두루마리 형태였다. 양쪽에 두 개의 막대를 이용해 양피지(동물 가죽)나 파피루스(종이)를 둘둘 말았다. 그때 그분께서 그 두루마리 책을 에스겔 앞에서 펼치시는데, 두루마리 책의 앞면과 뒷면 모두에 글들이 빽빽이 적혀 있었다.

에스겔이 그 글들을 언뜻 읽어보니, 그 글들은 슬픔과 탄식과 재앙의 글이었다. 이는 향후 에스겔이 이스라엘 족속에게 선포할 메시지의 성격이 어떠할 것인지를 보여준다. 그것은 죄악에 대한 준엄한 경고와 징벌, 유다와 예루살렘 위에 임할 재앙, 그리고 그런 징벌과 재앙으로 인해 크게 슬퍼하고 탄식하는 이스라엘 백성들의 처참하고 가련한 모습을 보여주는 것이었다.

"오, 주여, 이것이… 이것이 정녕 제가 내 조국 내 동족을 향하여 선포할 주님의 메시지란 말입니까? 아, 이토록 끔찍한 살육과 재난과 재앙을 선포하란 말씀입니까?"

에스겔은 자신도 모르게 한숨부터 나왔다. 앞으로 감당해야 할 선지자의 사명이 지극히 험난한 가시밭길이 될 것임을 직감했기 때문이다. 자신의 입으로 자신의 조국이 망할 것이라고 외치고, 자신의 동족이 이방 땅의 포로가 될 것이라고 선포한다는 것, 진실로 그것은 어지간한 심령과 사명감으로는 감당하기 힘든 일임에 틀림없었다. 그래서 하나님께서는 '하나님께서 강하게 하신다.'라는 '에스겔'의 이름이 가진 뜻 그대로 그가 맡은바 선지자의 사명을 잘 감당하도록 그를 강하게 만들어주시고 굳게 붙들어주셨던 것이다.

3

파수꾼의 사명

집으로 가서 틀어박혀 있어라
네 입에 내 말을 넣어줄 때
너는 일어나 그 말을 전하여라
이 백성은 거역하는 족속이다

에스겔이 하나님께 선지자의 사명을 부여받음 (3:1-3)

두루마리 책의 앞면과 뒷면에 적힌 빽빽한 글들이 온통 슬픔과 탄식과 재앙의 글들로 가득차 있는 것을 보고서 에스겔이 크게 탄식하고 있을 때, 천상의 보좌에 앉아 계신 그분께서 에스겔에게 또 말씀하신다.

(1) "너 사람의 아들아, 내가 지금 네게 보여주는 이 두루마리 책을 받아먹어라! 그리고 일어나 가서, 이스라엘 족속에게 그 두루마리 책의 내용을 선포하여라."

이 말씀을 듣고, 에스겔이 입을 크게 벌리니 천상의 보좌에 앉아 계신 그분께서 에스겔의 입에 그 두루마리 책을 넣어 먹이시면서 에스겔에게 말씀하신다.

(3) "너 사람의 아들아, 내가 네게 먹여주는 이 두루마리 책을 받아먹고,

너는 그것으로 네 배를 불리고 또 네 창자를 가득 채워라."

에스겔의 소명: 이 두루마리 책을 받아먹어라!

그래서 에스겔은 입을 벌려 그 두루마리 책을 받아먹었다. 물론, 이런 일은 환상 가운데서 일어난 것이나. 그랬더니 그것이 에스겔의 입에 꿀처럼 달았다. 먼저, 두루마리 책을 먹는다는 것의 의미는 분명하다. 그것은, 에스겔이 자신의 입으로 먹은 것 곧 두루마리 책에 적힌바 오직 하나님께서 주신 말씀만을 그대로 전달해야 한다는 것이고, 그 외에 어떤 다른 것들을 전달해서는 결코 안 된다는 뜻이다.

다음으로, 그 두루마리 책이 에스겔의 입에 '꿀처럼 달았다'는 것은 무얼 뜻할까? 그것은, 비록 그 책에 적힌 글들이 온통 슬픔과 탄식과 재앙의 글들로 채워져 있지만, 하나님께서는 그 모든 시련과 징벌의 과정을 통해 궁극적으로는 자신의 백성에 대해 꿀처럼 달디단 아름답고 선한 뜻을 이루신다는 측면에서 그렇게 꿀처럼 달았던 것이다.

에스겔이 감당해야 할 선지자의 사명 (3:4-15)

(4-9) "너 사람의 아들아, 이제 너는 이스라엘 백성에게로 가서 내 말을 그들에게 그대로 전하여라. 나는 너를 언어가 다르거나 네가 알아듣기 어려운 말을 구사하는 외국 사람들에게 보내는 것이 아니다. 나는 너를 네 동족 이스라엘 백성에게 보내는 것이다. 그렇다. 나는

너를 언어가 다르거나 그 말이 어려워서 네가 도무지 알아듣지 못하는 뭇 민족들에게 보내는 것이 아니다. 만일 내가 그들 민족들에게로 너를 보낸다면, 도리어 그들은 분명 네 말에 귀를 기울였을 것이다. 그러나 이 백성 이스라엘 족속은 네 말을 들으려고 하지 않을 것이다. 이스라엘 족속은 얼굴이 뻔뻔하고 마음이 완고하여 고집이 아주 세기 때문이다. 그래서 그들은 네 말을 들으려고 하지 않을 것이니, 그것은 곧 내 말을 듣고 싶은 마음이 아예 없기 때문이다. 그러나 너는 그들을 두려워하지 말라. 그들의 뻔뻔한 얼굴에 능히 맞설 수 있도록 내가 너의 얼굴을 아주 억세게 만들었고, 그들의 고집 센 이마에 능히 맞설 수 있도록 내가 너의 이마를 아주 강하게 만들었기 때문이다. 그렇다. 내가 네 이마를 부싯돌보다도 더 단단한 금강석처럼 만들어놓았다. 그러므로 비록 그들이 아무리 거역하는 족속이라 할지라도, 너는 그들을 조금도 두려워하지 말고, 그들의 얼굴 앞에서 겁먹지 말아라."

천상의 보좌에 앉아 계신 지엄하신 그분, 곧 주께서 에스겔에게 선지자의 사명을 부여하시면서 선지자로서 미리 알아야 하고 또 미리 각오해야 할 마음자세에 대해 일러주시는 장면이다. 정리하자면 이러하다.

에스겔이 메시지를 선포할 주요 대상은 이방 족속들이 아니라 바로 에스겔과 똑같은 언어를 사용하는 '이스라엘 백성'이라는 것, 그 백성은 조상 때로부터 얼굴이 뻔뻔하고 마음이 완고하며 고집이 아주 센 족속이라서 에스겔이 전하는 메시지를 전혀 들으려 하지 않을 것이라는 것, 그래서 하나님께서는 그런 완악한 백성들에 대해 겁먹거나 주눅들지 않고 에스겔이 그들과 당당히 맞설 수 있도록 그의 심령을 금강석처럼 단단하게 만들어놓았다는 것 등이다. 그래야만 그 백성을 대상으로 에스겔이 선지자의 사명을 제대로 감당할 수 있을 것이기 때문이다. 그래서 사실 '에스겔'이란 이름의 뜻 자체가 '하나님께서 강하게 하심'이다. 그리하여 하나님에 의해 강하게 된 에스겔은 적어도 향후 22년 이상을 흔들림 없이 선지자의 사명을 잘 감당할 수 있었다(주전 593-570 년경). 이어 주께서는 다시금 에스겔에게 말씀하신다.

(10-11) "너 사람의 아들아, 내가 네게 이르는 모든 말을 너는 귀 기울여 잘 듣고 네 마음에 깊이 새겨라. 그런 뒤, 바빌로니아 땅에 포로로 사로잡혀 온 네 동족 네 백성에게로 나아가서, 그들이 듣든지 듣지 않든지 상관하지 말고 그들에게 이르기를 '주 하나님께서 이렇게 말씀하신다.' 하고 선포하여라."

하나님께서는 자신의 메시지를 듣기 싫어하는 이스라엘 백성들에게 그들이 듣든지 듣지 않든지 상관하지 말고 반드시 자신의 메시지를 그들에게 선포하라고 에스겔에게 명하신다.

'아, 백성들이 저리도 듣기 싫어하는 데도 하나님께서는 왜 굳이 그들에게 말씀을 전하라고 명하시는 걸까? 그래, 듣기 싫어해도 계속해서 전하다 보면, 얼마는 하나님의 말씀을 듣고 깨달아 회개의 자리로 나아올 수 있을 것이다. 또한 듣든지 듣지 않든지 계속해서 심판의 경고를 외쳤다는 사실은, 나중에 심판이 임했을 때 그 백성들이 "우린 듣지 못했다!" 하고 변명하거나 핑계를 댈 수 없도록 만들기 위함일 것이야….'(2:5).

에스겔의 환상 체험 이야기는 계속 이어진다.

(12-14) 그때에 주님의 영이 나를 들어 올리시는데, 동시에 나는 내 뒤에서 땅이 흔들릴 만큼 큰 소리로 "주님의 처소로부터 나오는 주님의 영광을 찬양하라!" 하고 외치는 소리를 들었다. 그 소리에 뒤이어 나는 생물들의 날개가 서로 부딪히는 요란한 소리와 또 그

생물들 곁에 있는 바퀴들이 지축을 뒤흔들며 굴러가는 소리를 들었다. 이처럼 주님의 영이 나를 들어 올려 데리고 가실 때에 나는 내 백성의 완악함으로 인해 괴롭고도 분한 심정에 잠겨 있었다. 하지만 주님의 권능의 손길이 내 마음을 사로잡아 나를 힘 있게 붙들어주셨다.

선지자의 소명 및 사명과 관련해서, 에스겔이 엑스터시 상태에서 체험한 하늘 환상이 마무리되는 장면이다(1:4-3:14). 이런 맥락에서 본문에 언급된 바 주님의 영이 에스겔의 몸을 들어 올려 이동시켰다는 말은, 실제로 에스겔의 육체적인 몸을 들어 올려 다른 데로 이동시켰다는 말이 아니라, 환상 가운데서 하나님이 에스겔을 자유자재로 이동시켜 어떤 사물을 보게 하고 또 어떤 사건을 경험하게 하셨다는 의미다(8:3; 11:24-25).

아무튼 천상의 보좌에 앉아 계시는 주께로부터 선지자로 부르심을 받고 사명을 부여받은 에스겔은 그의 심령이 주님의 권능의 손길에 사로잡혀 선지자의 사역을 감당할 준비가 되어 있었다. 이처럼 에스겔이 하나님의 선지자로 소명을 받은 때는 에스겔의 나이 서른 살 되던 해의 4월 5일로서(1:1), 에스겔이 유다 왕 여호야긴 및 다른 수많은 동족들과 함께 바빌로니아 땅에 포로로 잡혀온 지 5년째 되던 해였다(주전 593년경).

"오, 주님, 이제 이 몸은 무얼 어떻게 해야 합니까?"

에스겔은 신비로운 환상을 체험한 장소인 그발 강가를 떠나 이제 근처에 있는 델아빕에 이르렀다. 그곳 '델아빕'(Tel-Abib)은 바빌로니아 땅에 포로로 잡혀온 유다 백성들, 곧 에스겔의 동족들이 집단적으로 모여 사는 바빌로니아 내 몇몇 성읍들 중 하나였다. 이처럼 에스겔은 동족들에게로 나아가서, 환상으로 인해 크게 놀라 얼떨떨한 상태로 7일 동안 그들 가운데 가만히 머물러 있었다. 하나님께로부터 선지자로 부르심을 받고 또한 사명까지 부여받았지만(2:1-3:11), 아직은 어디서부터 무얼 말해야 할는지를 몰라 하나님의 지시를 잠잠히 기다리고 있었다. 바람은 한 점도 없다. 에스겔은 하늘을 쳐다본다. 하늘은 맑다.

에스겔이 파수꾼으로 세움 받음 (3:16-27)

(17-21) "너 사람의 아들아, 내가 너를 이스라엘 족속의 파수꾼으로 세웠다. 그러니 너는 내가 하는 말을 잘 듣고, 나를 대신하여 그 족속에게 나의 경고를 그대로 전하여라. 가령 내가 어떤 악인에게 말하기를 '네가 네 죄로 인해 틀림없이 죽을 것이다!'라고 했는데도, 네가 그 사실을 알면서도 그에게 경고하여 깨우쳐주지 않거나, 또는 그 악인을 말로 타일러서 그로 하여금 악한 길에서 떠나게 하여 자기 생명을 구원받도록 경고해주지 않으면, 그 악인은 자기의 죄로 인해 자기의 죄악 가운데서 죽게 될 것이지만, 나는 그가 흘린 피에 대해서 네게 책임을 묻겠다. 하지만 가령 네가 그 악인에게 그 사실을 경고하여 깨우쳐주었는데도, 그 악인이 자기의 악한 마음과 악한 행실에서 돌이키지 않는다면, 그 악인은 자기 죄로 인해 자기의 죄악 가운데서 죽을 것이지만, 너는 그 피에 대해 아무런 책임 없이 네 생명을 온전히 보존하게 될 것이다. 또 가령 의인이 자기의 의로운 길에서 벗어나 악을 행한다면, 그가 이전에 행한 의로운 행실은 하나도 기억되지 않을 것이고, 도리어 내가 그 앞에 거치는 장애물을 놓아두면, 그가 거기에 걸려 결국 죽게 될 것이다. 네가 그 의인에게 경고하지 않아서, 그가 자기의 죄악 가운데서 그렇게 죽게 된 것이라면, 나는 그가 흘린 피에 대해서 네게 책임을 묻겠다. 하지만 가령 네가 그 의인에게 죄를 짓지 않도록 경고함으로써 그가 죄를 짓지 않으면, 그는 경고를 달게 받아들여 깨우쳤으므로 자기의 목숨을 건질 것이고, 너도 네 생명을 보존할 것이다."

그발 강가의 환상을 통해 하나님의 선지자로 부르심을 받은 지 7일 후, 과연 주님의 말씀이 에스겔에게 임한다. 이때 에스겔에게 임한 하나님의 말씀은 이러하다.

첫째, 하나님께서는 에스겔을 이스라엘 족속의 파수꾼으로 세웠다(17절). 파수꾼은 성읍의 망대나 높은 곳에 올라, 성읍으로 다가오는 대적들의 동태를 자세히 살펴서 그 사실을 성읍 안의 백성들에게 알리는 역할을 맡은 자다. 하나님은 에스겔에게 이 같은 파수꾼의 임무를 맡기셨다. 따라서 이제 에스겔은 다가오는 하나님의 심판을 이스라엘 백성들에게 경고하고 일깨우는 책임을 감당해야 한다.

둘째, 이제부터 파수꾼으로서 에스겔은 죄악 가운데 있는 악인들에게 하나님의 심판을 경고함으로써 그들을 깨우쳐주어야 한다. 만일 이 같은 파수꾼의 역할을 충실히 감당한다면, 악인이 죄악 가운데서 죽더라도 에스겔은 악인의 죽음과 파멸에 대해 자기 책임을 면할 수 있다. 반대로, 그런 파수꾼의 역할을 감당하지 못한다면, 에스겔은 악인의 죽음과 파멸에 대해 책임을 져야 한다(18-19절).

셋째, 의인의 타락에 대해서도 에스겔은 파수꾼의 역할을 감당해야 한다. 그래서 의인이 하나님의 경고를 받아들여 죄에서 돌이킨다면, 의인도 살고 에스겔도 살게 된다. 그러나 에스겔이 파수꾼의 역할을 감당하지 않아서 의인이 죄악 가운데서 죽는다면, 의인도 죽고 에스겔도 그 죽음에 대해 책임을 져야 한다(20-21절).

결국 이 모든 사실을 요약하면, 하나님의 선지자로 부르심을 받은 에스겔은 '이스라엘 족속의 파수꾼'으로서 악인이든 의인이든 죄악 가운데 있는 모든 자들에게 하나님의 심판의 메시지를 충실히 전달함으로써 그들에 대해 경고하고 그들을 깨우쳐야 한다. 에스겔의 사명은 거기까지였다. 에스겔의 메시지를 듣고 그 백성들이 돌이키든 돌이키지 않든 그것에 대한 책임은 에스겔에 있는 것이 아니라 그들 스스로에게 있다.

이처럼 에스겔에게 파수꾼의 역할과 책임에 대해 일러주신 하나님께서는 그 자리에서 강력한 권능의 손길로 에스겔을 굳게 붙잡아주셨다. 그런 뒤에 에스겔에게 또 말씀하신다.

(22절) "너는 일어나, 들판으로 나가라. 거기서 내가 네게 말할 것이다."

하나님의 말씀에 순종하여 에스겔은 자리에서 일어나 들판으로 나갔다. 그런데 그곳에는 주님의 영광이 머물러 계셨다. 그 영광은 이전에 에스겔이 그발 강가에서 보았던 영광과 똑같은 것이었다. 그래서 에스겔은 거룩한 두려움으로 즉시 땅바닥에 바싹 엎드렸다. 그러자 주님의 영이 에스겔에게 임하셔서 그를 일으켜 세우셨다. 그런 뒤, 에스겔에게 말씀하신다.

(24-27) "너는 일어나 가서, 네 집으로 들어간 다음 문을 걸어 잠그고 거기 틀어박혀 있어라. 너 사람의 아들아, 장차 무리들이 너를 밧줄로 꽁꽁 묶어놓아, 네가 사람들에게로 나가서 활동하지 못하게 할 것이다. 또 내가 네 혀를 입천장에 달라붙게 해서 너를 벙어리 되게 함으로써 너로 이 백성을 향해 경고하거나 꾸짖지 못하게 할 것이다. 그것은 이 백성이 너무나도 나를 거슬러 반역하는 족속이기 때문이다. 그러나 내가 너에게 내 말을 넣어줄 때는 네 입을 열어놓을 것이니, 너는 이 백성에게로 가서 선포하기를 '주 하나님께서 이렇게 말씀하신다.'라고 하여라. 그러면 네 말을 들으려 하는 자들은 들을 것이고, 들으려 하지 않은 자들은 듣지 않을 것이다. 이 백성은 참으로 나를 거슬러 반역하는 족속이다."

이스라엘 족속에게 하나님의 메시지를 충실하게 전달함으로써 그들에게 경고하고 그들을 깨우치는 임무, 곧 파수꾼의 임무를 에스겔에게 맡기신 하나님께서는 그로 하여금 마음의 준비와 각오를 단단히 다지도록 한두 가지 조처를 취한다.

먼저, 에스겔로 하여금 집으로 들어가게 한 뒤 방문을 걸어 잠그고 거기에 얼마 동안 틀어박혀 있도록 하셨다(24절). 그것은, 장차 에스겔이 선지자 사역을 수행할 때 악한 무리들이 에스겔을 밧줄로 꽁꽁 묶어놓아 밖에 나가 활동하지 못하게 할 것이라는 사실을 예표하는 행위였다(25절). 따라서 이는 실제로 에스겔의 몸이 육체적으로 꽁꽁 묶인다는 것을 뜻하지 않고, 다만 에스겔의 선지자 사역이 악한 무리들에 의해 거센 도전을 받고 온갖 방해를 받아서 그의 선지자 활동이 여러모로 많이 제한받을 것이라는 의미다.

다음으로, 하나님께서는 얼마 동안 에스겔의 혀를 입천장에 달라붙게 해서 그를 벙어리로 만드셨다(26절). 이는 에스겔로 하여금 이스라엘 백성을 향해 경고하거나 꾸짖지 못하게 하려는 것이었다. 하지만 에스겔이 말할 것이 있어 말할 때가 되면, 하나님께서 다시 에스겔의 입을 열어주셔서 그로 하여금 이스라엘 백성을 향해 경고하거나 꾸짖게 하실 것이었다(27절).

'아, 하나님께서는 내가 생각하는 대로 아무 때나 내 의지나 내 방식으로 말할 수 없게 하시는구나….'

그렇다. 하나님의 선지자로서 에스겔은 오직 하나님의 때에, 하나님의 뜻에 따라, 하나님께서 원하시는 방식으로 자신의 입을 열어 메시지를 선포해야만 했다. 이런 선지자가 하나님의 참된 선지자다.

4
심판의 예고

주의 말씀이 내게 임하네
너는 납작한 흙벽돌을 가져와
거기에 예루살렘 도성과
그곳을 허물어뜨릴 도구를 배치하여라

예루살렘에 임할 심판을 예언함 (4:1-17)

(1-3) "너 사람의 아들아, 너는 납작한 흙벽돌을 가져와서 네 앞에 놓고, 그 위에다 한 성읍 곧 예루살렘 도성을 그려라. 그런 다음, 그 도성을 포위하는 행위를 시작하여라. 곧 성벽을 공격할 사다리를 세우고, 공격용 흙 언덕을 쌓고, 진을 치고, 성벽을 허물어뜨릴 쇠망치를 배치시켜라. 그런 다음, 얇은 철판을 또 가져다가 너와 도성 사이에 두어 철 성벽을 세우고, 대적이 그 도성을 포위하는 것처럼 그 도성을 에워싸라. 이것은 이스라엘 족속에 대한 한 징조인데, 곧 예루살렘 도성이 머잖아 이처럼 포위공격을 당할 것이다."

납작한 흙벽돌 위에 예루살렘 도성의 지도를 그린 다음, 그 주위에 그 성읍을 공격할 사다리, 흙 언덕, 진(陣), 쇠망치 등을 배치시키고, 또 얇은 철판으로 철 성벽을 세워 그 도성을 빙 둘러싸라는 지시였다.

'무얼 뜻하는 걸까? 이건 분명 강력한 군대가 예루살렘 도성을 포위하여 공격한다는 것이로구나….'

에스겔의 행위 예언: 예루살렘에 임할 심판

그렇다. 깊이 생각할 것도 없이 이것은 그런 사실을 보여주는 분명한 징조였다. 따라서 포로 된 유다 백성들은 에스겔이 예루살렘에 일어날 운명에 대하여 일종의 모형 제작을 통해 행위로써 예언하고 있다는 사실을 쉽게 이해했다. 그래서 그들은 자신들이 본 것에 대해 아주 분개하고 두려워했으며, 또한 에스겔을 크게 미워했다.

하나님의 지시에 따라 에스겔이 이 같은 행위를 한 때는 그가 바빌로니아 땅에 사로잡혀 온 지 5년째 되던 해이므로(주전 593년), 과연 이때로부터 5년 후쯤에 느부갓네살 왕이 이끄는 바빌로니아 군대가 유다를 침공하여 예루살렘 도성을 에워싼 채 포위 공격을 감행하였고(주전 588년), 그로부터 1년 6개월 뒤에 예루살렘 도성이 함락되고 말았다(주전 586년, 왕하 25:3).

(4-8) "너는 또 왼편으로 누워서, 이스라엘 족속의 죄악을 감당하도록 하여라. 네가 그렇게 누워 있는 날수만큼, 너는 그들의 죄악을 감당하게 된다. 나는 이스라엘 족속이 내 앞에서 죄악을 저지른 햇수대로 네가 감당해야 할 날 수를 정해두었는데, 그 날수는 곧 390일이다. 그러므로 너는 390일 동안 왼편으로 누워서 이스라엘 족속의 죄악을 감당해야 한다. 그리하여 마침내 그 날수가 다 차면, 너는 이제 오른편으로

누워서 유다 족속의 죄악을 감당하도록 하여라. 유다 족속을 위해서는 내가 그 날수를 40일로 정하였는데, 여기서 1일은 1년을 가리킨다. 너는 또 그렇게 누워 있을 때에도 네 얼굴을 포위된 예루살렘 쪽으로 향하고, 팔을 걷어붙인 채 그 도성의 멸망을 예언하라. 이때 내가 네 몸을 밧줄로 꽁꽁 묶어서 네가 이쪽으로도 저쪽으로도 돌아눕지 못하게 할 것이니, 네가 예루살렘 도성을 포위한 모든 날수를 다 채울 때까지 그렇게 할 것이다."

하나님께서 에스겔로 하여금 그렇게 하도록 명하신 '행위 예언'이다. 여기서 '왼편으로 눕는 것'은 북왕국 이스라엘 쪽을 바라보는 행위이고, '오른편으로 눕는 것'은 남왕국 유다를 바라보는 행위다. 북왕국 이스라엘 쪽을 향해 왼편으로 누워 있는 기간은 390일이었는데, 이는 북왕국 이스라엘이 창건될 때(주전 930년)부터 이스라엘 백성들의 포로 귀환 때(주전 537년)까지의 대략적인 기간을 뜻한다. 그리고 남왕국 유다 쪽을 향해 오른편으로 누워 있는 기간은 40일이었는데, 이는 유다의 멸망 때(주전 586년)부터 이스라엘 백성들의 포로 귀환 때(주전 537년)까지의 대략적인 기간을 뜻한다. 물론, 여기서 1일은 1년을 가리킨다. 그런데 두 왕국을 위해 누워 있는 기간을 합치면 '430년'이 되는데, 이는 이스라엘 백성들의 이집트 종살이 기간과 똑같다(출 12:40). 말하자면 남북 왕국의 430년은 이집트 종살이 같은 고난과 수욕과 죄악과 유수(幽囚)의 기간인 것이다.

한편, 이때 에스겔은 정말로 430일 곧 1년 이상을 왼쪽 혹은 오른쪽으로만 계속 누워서 지낸 것은 아니다. 이 기간에 에스겔은 다른 일을 행했고(9-12절), 또한 설교와 예언과 제사장 사역을 감당했다. 따라서 에스겔은 하루 중 어떤 시간에 옆으로 눕는 행동을 취했던 것이다. 매일 규칙적으로 취하는 에스겔의 이 같은 행동은 바벨로니아 땅의 동족들에게 예루살렘에 임박한 하나님의 심판을 상기시켜 주기에 충분했다.

(9-12) "너는 또 밀과 보리와 콩과 팥과 조와 귀리를 준비하여, 그것들을 모두 한 그릇에 담은 뒤에 그것들로 빵을 굽도록 하여라. 그리고 네가 옆으로 누워 있는 390일 동안 그 빵을 내내 먹도록 하여라. 그 빵을 먹되, 하루에 빵 20세겔의 무게만큼만 달아 매일 시간을 정해놓고 먹도록 하여라. 그리고 물도 마시되, 하루에 6분의 1힌씩만큼만 재어 시간을 정해놓고 따라 마셔라. 너는 그것을 보리빵처럼 만들어서 먹되, 이스라엘 백성들이 보는 앞에서 인분으로 불을 지펴 굽도록 하여라."

온갖 곡물들을 긁어모아 빵을 구운 뒤에 누워 있는 기간(390일) 동안 시간을 정해놓고 내내 먹되, 저울로 정확하게 달거나 재어서 하루에 빵은 20세겔씩(대략 230그램), 물은 1/6힌씩(대략 0.6리터) 먹도록 하라는 지시다. 이처럼 하나님께서 에스겔로 하여금 아주 소량의 빵과 물을 먹도록 명하신 것은, 조만간 예루살렘 백성들이 겪어야 할 극심한 기근 상황을 보여주기 위한 '행위 예언'이었다. 나중에 바빌로니아 군대에 의해 18개월 동안 포위된 예루살렘 백성들은 극심한 기근을 겪었는데, 먹을 것이 없어 자기 자식을 삶아먹는 처참한 지경까지 이르렀다(애 2:20; 4:10).

이때 하나님은 인분으로 불을 지펴 빵을 굽도록 했는데, 인분(人糞)은 모세 율법의 정결 규례상 부정한 것으로 여겨졌고(신 23:12-14), 그래서 그것으로 구운 빵도 부정한 빵으로 취급되었다. 이런 측면에서 주께서 에스겔에게 계속해서 말씀하신다.

(13절) "내가 온 세상의 뭇 민족들 가운데로 이스라엘 백성을 쫓아내어 흩을 것이니, 그들이 거기서 이처럼 부정한 빵을 먹게 될 것이다."

이에 에스겔이 크게 탄식하며 응답한다. 제사장 집안 출신의 에스겔은 일생 동안 순결하게 모세의 정결의식의 법을 지켜왔기에, 부정한 빵을 아무래도 먹을 수가 없었던 것이다.

(14) "아, 주 하나님이시여! 어찌 제게 그런 일을 시키시는 것입니까? 지금껏 저는 제 몸을 더럽힌 적이 없습니다. 저는 어려서부터 지금까지 저절로 죽은 동물이나 맹수에게 찢겨 죽은 짐승의 고기를 먹어본 적이 없고, 또 온갖 부정한 고기들도 제 입으로 먹어본 적이 없습니다."

에스겔의 호소를 듣고, 하나님은 일평생 부정하게 되기를 원치 않았던 제사장 에스겔의 열망과 처지를 십분 이해하셨다. 그래서 조금은 더 가벼운 지시를 내리신다.

(15) "좋다. 그렇다면 인분 대신에 쇠똥 사용하는 것을 허락할 테니, 너는 그것으로 빵을 굽도록 하여라."

이렇게 말씀하신 다음에, 주께서는 또 에스겔에게 말씀하신다. 앞서 에스겔에게 소량의 빵과 물을 먹도록 명하신 까닭이 무엇인지를 설명해 주는 말씀이다.

(16-17) "너 사람의 아들아, 내가 머잖아 예루살렘에 식량 공급을 모두 끊어버릴 것이니, 그때에 사람들은 근심에 휩싸인 채 빵을 조금씩 달아서 먹을 것이고, 공포에 휩싸인 체 물을 조금씩 재어서 마실 것이다. 그때에 예루살렘 도성 안에는 빵과 물이 극히 부족할 것이므로, 백성들은 잔뜩 겁에 질린 채 서로를 바라보며 자기들의 죄악으로 인해 스스로 쇠약해져 말라죽을 것이다."

5

예루살렘의 죄악과 심판

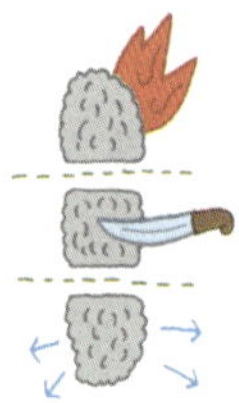

예루살렘을 심판하는 날
3분의 1은 역병과 기근으로 죽고
3분의 1은 칼에 찔려 죽으며
3분의 1은 온 세상으로 흩어지리라

예루살렘 백성을 치는 칼 (5:1-4)

(1-4) "너 사람의 아들아, 너는 날카로운 칼을 한 자루 준비하여라. 그런 뒤, 너는 그 칼을 면도칼 삼아 네 머리카락과 수염을 깎아라. 그리고 그것을 저울에 달아서 똑같이 셋으로 나누어라. 네가 예루살렘 도성을 포위하고 있는 날수가 다 차면, 그 털 가운데 3분의 1은 성읍 한가운데서 불살라버리고, 3분의 1은 성읍의 사방 둘레를 돌면서 네 칼로 내려치고, 나머지 3분의 1은 바람에 날려 산산이 흩어버려라. 그러면 내가 칼을 빼들고 그 뒤를 뒤쫓아 가겠다. 그러나 너는 그 털 중에서 약간을 남겨서 네 옷자락에 싸매어 두었다가, 그중에서 또 얼마를 꺼내어 불속에 던져 태워라. 거기에서 나온 불이 이스라엘 족속 전체로 번져갈 것이다."

에스겔 이전에 이사야나 예레미야 같은 선지자들도 그랬지만, 에스겔은 특히 다양한 상징적 행동을 통해 하나님의 메시지를 전달하는, 이른바 '행위 예언'을 많이 활용한 선지자다. 하나님께서 이처럼 시청각을 통한 상징적인 행동으로써 자신의 메시지를 전하도록 명하신 것은 그 메시지의 효과를 훨씬 생생하고 명확하게 전달하기 위해서다.

'오, 주여… 어찌 내게 이리도 듣도 보도 못한 괴이한 일을 시키십니까?'

당시 유다 백성들의 심령 상태는 아주 무디고 완악해져 있었기 때문에 정상적인 메시지의 선포로는 꿈쩍도 하지 않았다. 그래서 어쩌면 보기에 민망하고 괴이할 정도로까지 온갖 상징적인 행동을 통해 메시지를 전달함으로써, 그 행동을 보고 듣는 이들로 하여금 그런 행동의 의미가 무엇인지 생각하고 깨닫도록 하려고 그처럼 행했던 것이다.

본서에는 대략 12번의 그런 상징적인 행동들이 나타나는데, 본문도 그중 하나다. 본문에서 에스겔은 날카로운 칼로 자신의 머리털과 수염을 깎는 행위를 취했다. 여기서 '칼'은 전쟁과 죽음을 상징하고, '머리털과 수염'은 수많은 유다 백성들을 상징한다. 따라서 에스겔의 이 행동은 장차 전쟁으로 인해 수많은 유다 백성들이 죽게 될 것이라는 예언이다. 구체적으로 살펴보면, 그중 1/3은 예루살렘 도성 안에서 기근과 전염병으

에스겔의 행위 예언: "칼로 털을 내려치라!"

로 죽고, 1/3은 적군의 칼에 의해 살육당하고, 나머지 1/3은 포로로 잡혀가 이방 땅 도처에 흩어져 거기서 죽게 될 운명이었다.

그런데 깎은 머리카락과 수염 중에서 얼마는 에스겔의 옷자락에 싸매졌다(3절). 그것은 두렵고 끔찍한 심판의 와중에서도 생명을 보존할 수 있게 될 '소수의 남은 자들'을 상징한다. 하나님은 이렇게 보존된 소수의 남은 자들을 통해 자신의 구원과 회복의 역사를 계속 이어갈 계획을 가지셨다(사 10:20-22; 37:31-32).

예루살렘에 대한 철저한 심판 (5:5-17)

(5-7) "예루살렘은 이러하니, 곧 내가 예루살렘을 여러 이방 민족들의 중앙에 세워 다른 뭇 나라들로 둘러싸이게 했다. 그러나 그 성읍은 나의 규례를 어겨, 주변의 여러 이방 민족들보다 더 많은 악을 저질렀다. 자기를 둘러싸고 있는 사방의 다른 뭇 나라들보다 더욱 내 율법을 지키지 않았다. 정말로 그 성읍은 내 규례를 저버리고 내 율법을 따르지 않았다. 그러므로 나 주가 말한다. 정녕 너희가 제멋대로 소란스럽게 행동하여, 너희를 둘러싸고 있는 주변의 여러 민족들보다도 더욱 내 율법과 규례를 지키지 않았다. 심지어 너희를 둘러싸고 있는 주변의 여러 이웃 민족들이 지키는 올바른 규례조차도 따라 행하지 않았다."

예루살렘이 하나님의 심판을 받을 수밖에 없는 이유가 제시되고 있다. 그것은 하나님의 율법과 규례를 지키는 일에 있어, 예루살렘이 주변의 여러 이웃 나라들보다 못하고 악했기 때문이다. 실제로 그런가? 두 가지 측면에서 그렇다고 볼 수 있다.

첫째, 예루살렘(유다와 이스라엘)은 열방 중 특별히 선민으로 택함을 받아 하나님과 사랑의 언약 관계를 맺은 나라였다. 그럼에도 그들은 하나님을 거스르고 배반했다.

둘째, 특별히 선택받아 먼저 부르심을 받은 예루살렘(유다와 이스라엘)은 다른 이방 나라들을 하나님께로 인도할 책임을 맡았다. 하지만 그러기는커녕 도리어 하나님의 이름을 더럽힘으로써 걸려 넘어지게 하는 방해물만 되었고, 날이 갈수록 그 정도가 심해져가고 있었다. 따라서 이제 그런 예루살렘에 대한 하나님의 심판은 불가피했다.

(8-12) "그러므로 나 주가 말한다. 예루살렘아, 이제 내가 내 손으로 직접 너희를 칠 것이다. 너희를 치되, 너희를 둘러싸고 있는 모든 이방 민족들이 보는 앞에서 너희 가운데 벌을 내리겠다. 너희가 자행한 온갖 더럽고 가증한 일들로 인해 내가 너희에게 벌을 내리되, 너희가 이제껏 한 번도 경험한 적이 없고 앞으로도 영영 경험하지 못할 아주 무서운 벌을 내리겠다. 그러므로 내가 벌을 내리는 그날에, 너희 가운데 아버지가 자기 아들을 잡아먹고, 아들이 자기 아버지를 잡아먹는 아주 끔찍하고도 무서운 일이 일어날 것이다. 그렇다. 내가 그런 지독한 벌을 너희에게 내릴 것인즉, 설령 너희 가운데 살아남은 자들이 있다 해도 내가 그들을 온 세상 사방으로 뿔뿔이 흩어버릴 것이다. 그러므로 나 주가 말하고, 내가 나의 살아있음을 두고 맹세한다. 너희가 각종 보기 싫은 우상들과 온갖 혐오스러운 행위들로 내 성소를 심히 더럽혀 놓았으니, 나도 더 이상 너희를 아껴 소중히 다루거나 너희를 불쌍히 여겨 자비를 베풀지 아니하고, 너희를 심히 약하게 하고 아주 망하게 할 것이다. 그리하여 너희 백성들 가운데 3분의 1은 전염병으로 죽거나 굶주림으로 쓰러져 죽을 것이고, 3분의 1은 성읍 밖의 사방에서 칼에 찔려 죽을 것이며, 나머지도 3분의 1은 내가 온 세상 가운데 산산이 흩어버린 뒤에 내가 또 칼을 빼들고 거기까지 뒤따라가서 그들을 죽일 것이다."

앞서 에스겔이 취한 상징적인 행동(1-4절), 곧 날카로운 칼로 머리카락과 수염을 자른 뒤 그것을 균일하게 삼등분해서, 각각 1/3의 머리카락과 수염으로써 다른 행동을 취한 일에 대한 설명이다. 요약하면 이렇다. 삼분의 일(1/3)은 예루살렘 도성 안에서 전염병이나 굶주림으로 죽고, 삼분의 일(1/3)은 도성 밖에서 적군의 칼에 찔려 죽고, 나머지 삼분의 일(1/3)은 먼 이방 땅에 포로로 끌려가 온 세상 도처에 산산이 흩어진 뒤에 죽는다는 것이다. 참으로 가혹한 형벌이다.

그렇다면 왜 하나님께서는 예루살렘 곧 유다 백성들에 대하여 이토록 크게 진노하시는가? 예루살렘이 자행한 '온갖 더럽고 가증한 일들' 때문이었다(9절). 이는 곧 '우상숭배'를 가리킨다. 유다 백성들은 가나안 족속의 우상인 '바알'과 '아세라'를 비롯하여 갖가지 목석(木石)의 우상들을 만들어 섬겼다. 유다 땅에는 이 같은 이방 우상들을 섬기기 위해 도처에 제단들이 쌓여졌고 산당들이 세워졌다. 또한 우상숭배의 제사 의식에는 온갖 더럽고 음란한 행위들이 버젓이 자행되었고, 심지어 자신들의 자녀를 불살라 희생제물로 바치는 유아(幼兒) 인신제사까지 공공연히 이루어졌다. 그러니 어찌 하나님의 진노가 폭발되지 않을 수 있겠는가!

(13-17) "내가 이렇게 내 진노를 하나도 남김없이 너희에게 다 쏟아부은 후에야, 너희를 향한 나의 분노가 풀려 내 마음이 시원할 것이다. 내가 이렇게 나의 진노를 다 쏟아부으면 그제야 너희가 비로소 알게 될 것이니, 곧 내가 왜 그토록 우상을 미워하고 질투하여 너희를 향해 격렬하게 말했는지 알게 될 것이다. 심판의 그날에, 내가 또 너 예루살렘을 완전한 폐허로 만들어 네 이웃의 모든 민족들에게 조롱거리로 삼겠다. 네 곁을 지나가는 사람들마다 너를 비웃고 손가락질하게 만들겠다. 그날에 내가 분노와 진노와 엄중한 질책으로 너 예루살렘을 벌할 것이니, 그때에 너는 너를 둘러싸고 있는 네 주변의

뭇 나라들과 민족들에게 한낱 수치와 조롱의 대상이 되고, 경고와 경악의 대상이 될 것이다. 이는 나 주의 말이다. 그날에 내가 또 사람을 멸망시키는 극심한 기근의 화살을 너희에게 쏘아 너희를 다 멸할 것이니, 갈수록 점점 더 끔찍한 기근의 화살을 퍼부어 마침내 너희가 먹고 살 양식을 모두 끊어버릴 것이다. 그날에 내가 또 기근과 더불어 사나운 들짐승을 너희에게 보낼 것이니, 그것들이 너희 자식들을 닥치는 내로 잡아먹이 너희가 자식 없는 외로운 신세가 될 것이다. 내가 또 너희 가운데 전염병이 널리 퍼지게 하고, 너희를 살육하는 대적의 칼이 도처에서 너희에게 닥치게 할 것이다. 이는 나 주의 말이다."

예루살렘에 대한 하나님의 진노가 얼마나 크고 무시무시한지, 본문에 묘사된 바 예루살렘에 대한 하나님의 처분을 살펴보면 충분히 알 수 있다. 그렇다! 정말로 하나님께서는 예루살렘에 대해 아주 크게 진노하셔서 그들을 가혹하게 엄히 징벌하셨다. 하지만 알아야 할 게 있다. 이때 하나님의 진노는 사람의 분노와 달리 감정에 기초한 것이 아니다. 하나님의 진노는 거룩하고 의로운 것으로서, 자기 백성들의 오랜 배반과 타락과 거역에 대한 적절하고 마땅한 반응이다.

'주 하나님은 옳으십니다! 우리 유다 백성들이 주님을 저버리고 세속적인 욕망을 좇아 헛되고 거짓된 이방 우상들을 섬겼을 때, 이에 질투하시는 주님께서 크게 진노하지 않을 수 없음을 잘 압니다. 그리하여 거룩하고 의로운 진노가 마침내 공의로운 징벌로 우리에게 나타나셨음을 부디 백성들로 깨닫게 하소서….'

에스겔은 제발 그렇게 깨닫게 되기를 빈다. 따라서 심판의 그날에 예루살렘은 자신들에게 임한 가혹한 징벌에 대해 그 누구도 원망할 수 없고, 오직 스스로의 죄악에 대해 원망해야 했다. 그것은 예루살렘이 자초한 자업자득이기 때문이다. 자신들이 뿌린 것을 그대로 거둬들였을 뿐이기 때문이다.

6

우상을 숭배한 죄

역겹고 가증스러운 우상숭배로
전염병, 칼, 기근이 몰려오리라
우상들 사이에 시신이 쌓이고
살아남은 자들도 무서워 떨리라

이스라엘의 우상숭배에 대한 형벌 (6:1-14)

어느 날, 주님의 말씀이 에스겔 선지자에게 또 임한다. 이번에는 특히 '이스라엘의 우상숭배'에 초점을 맞추어, 그 가증한 죄악에 대하여 징벌하신다는 내용이다. 에스겔의 이 예언은 이때로부터 5년 후쯤에 유다 땅과 예루살렘 도성에서 실제로 이루어졌다(주전 586년).

(2-7) "너 사람의 아들아, 이스라엘의 산들을 바라보면서 그것들에게 내리는 나의 심판의 말을 선포하라! 너는 선포하여 이르기를 '이스라엘의 산들아, 주 하나님의 말씀을 들어라. 주 하나님께서 이스라엘의 산과 언덕과 시내와 골짜기를 향하여 이렇게 말씀하신다. 나 곧 내가 너희를 칠 재앙의 칼을 보낼 것이니, 그 칼이 너희의 산당들을 모조리 때려 부술 것이다. 내가 너희를 벌하리니, 우상에게 희생제물을 바치던 너희 제단들을 모두 허물어뜨리고, 우상에게 향을 피워 올리던 너희 분향단들도 산산이 부수어버리겠다. 또 내가 너희로 대적의 칼에

무자비하게 살육을 당하게 하여, 너희가 섬기던 우상들 앞에서 고꾸라지게 만들겠다. 그날에 내가 이스라엘 백성의 시체를 가져다가 그들이 섬기던 우상의 발 앞에 내던지고, 너희의 해골을 가져다가 우상의 제단 사방에 흩어놓겠다. 내가 또 너희의 모든 성읍을 헐어 황무지로 만들고, 너희의 모든 산당을 파괴하여 못쓰게 만들 것이다. 너희의 제단을 깨뜨리고, 너희의 우상을 부수며, 너희의 분향단을 찍어 토막을 낼 것이다. 너희가 손으로 만든 것들, 곧 너희의 모든 우상들을 산산조각 깨뜨려버릴 것이다. 또 너희로 대적의 칼에 무자비하게 살육을 당하게 하여, 너희 가운데 칼에 찔려 죽은 시체들이 도처에 널려있게 할 것이니, 그제야 너희가 내가 전능하신 만군의 주라는 사실을 비로소 깨닫게 될 것이다."

하나님은 에스겔 선지자에게 '이스라엘의 산들'을 바라보며 그것들을 향하여 심판의 말을 선포하라고 명하신다(2절). 이는 '우상숭배'를 정죄하기 위해서다. 고대 세계에서 우상을 숭배하기 위한 제단이나 사당은 대부분 산의 꼭대기나 언덕이나 시내나 골짜기나 크고 푸른 나무 아래에 세워졌다(왕상 14:23). 따라서 산을 향한 선포는 산속에 세워져 있는 각종 우상들을 섬기는 이스라엘 백성들의 우상숭배를 정죄하는 행위였다.

심판의 그날에 하나님께서는 산속에 있는 모든 우상의 제단과 사당과 분향 제단을 산산이 부수고 쪼개고 깨뜨릴 것이고, 또한 적군의 칼에 살육당한 이스라엘 백성들의 시체와 해골을 그들이 평소에 그토록 열렬하게 섬기던 각종 이방 우상들의 발아래 내던질 것이었다. 이런 사실은, 환난과 고통의 날에 우상들은 자신들을 열심히 섬기던 숭배자들에게 아무런 도움을 줄 수 없는, 그야말로 무능하고 헛되고 거짓된 존재라는 사실을 밝히 입증해 준다. 어리석게도, 이스라엘 백성들은 전능하신 하나님을 떠나서 아무짝에도 쓸모없는 가짜요 헛것을 지극정성으로 섬겼던 것이다. 주님의 말씀은 이어진다.

(8-10) "그러나 나는 너희 가운데 얼마를 살려두겠다. 그래서 그들 남은 자들로 전쟁의 칼을 모면하게 한 뒤에, 그들을 산산이 헤쳐 온 세상의 뭇 나라들 가운데 흩어져 살아가게 하겠다. 너희 가운데 대적의 칼에 찔려 죽지 않고 사로잡혀 포로가 된 자들은 이방 민족들 가운데 살면서 나를 기억하게 될 것이다. 그때에 그들은 그 낯선 이방 땅에서 자신들이 음란한 마음으로 나를 떠나감으로써 얼마나 나를 화나게 했는지, 또 음란한 눈으로 이방 우상들을 숭배함으로써 얼마나 내 마음을 상하게 했는지를 떠올리고, 스스로를 한탄하게 될 것이다. 그것은 그들이 나 주를 버리고 이방 우상을 섬기는 가증한 일을 행함으로써 참으로 씻을 수 없는 끔찍한 죄악을 저질렀기 때문이다. 그때가 되어서야 그들은 비로소 내가 '주 하나님'인 줄을 밝히 알 것이니, 내가 일찍이 그들에게 재앙을 내리겠다고 선포한 것이 빈말이 아니었음을 분명히 깨닫게 될 것이다."

하나님께서는 이방 나라의 우상을 숭배한 이스라엘 백성들에 대해, 그들이 음란한 마음으로 하나님을 떠나가서 음란한 눈으로 우상을 숭배했다고 말씀하신다(9절). 말하자면 이스라엘 백성들의 우상숭배 행위를 간통에 비유하신 것이다. 그렇다. 그것은 명백히 배우자와 맺은 결혼 서약을 깨뜨리는 간통이었다.

일찍이 이스라엘은 '시내산 언약'을 통하여 오직 하나님만을 섬기겠다고 서약했다. 이에 하나님께서도 이스라엘의 하나님으로서 그 백성을 지키고 보호해주겠노라고 약속하셨다. 이는 남편과 아내의 '부부 서약'과 똑같은 것이었다. 그래서 이후로 하나님께서는 자신을 '남편'이라고 칭하면서 이스라엘을 '아내'로 대했던 것이다(사 54:5-6; 렘 3:14; 31:32; 호 2:19-20). 그런데 이스라엘이 그런 부부의 서약을 저버리고 하나님을 떠나 이방의 우상을 섬겼으니, 그런 행위는 일찍이 하나님과 맺은 사랑과 신뢰의 부부 서약을 깨뜨리는 배도 행위로서 음란한 간통과 하등 다를 바 없었다. 하나님의 말씀은 계속 이어진다.

(11-14) "너는 손뼉을 치고 발을 구르면서 이 백성을 향해 외쳐라. 크게 외치기를 '아, 슬프다! 이스라엘 족속이 망하게 되었구나. 너희가 하나님을 떠나 이방 우상을 섬기는 가증한 죄를 지었으므로, 전쟁의 칼과 흉년의 굶주림과 독한 전염병으로 멸망하게 되었구나. 멀리 도망친 자들은 전염병에 걸려 죽고, 이 나라에 살아남은 자들은 칼에 찔려 죽고, 용케 살아남은 자들은 적군에게 포위당한 채 꼼짝없이 굶어죽게 되었구나. 나 주가 이같이 너희에게 내 분노를 사정없이 쏟아부을 것이니, 대적의 칼에 살육당한 무수한 시체들이 너희의 모든 우상들 사이에, 제단들 주변의 여기저기에, 높은 산들과 작은 언덕들에, 모든 푸른 나무들 아래와 무성한 상수리나무들 아래에, 곧 너희가 너희 우상들에게 향을 피워 올리며 제사를 지내던 모든 곳들에 아무렇게 버려져 나뒹굴 것이다. 그때가 되어서야 너희가 비로소 내가 '주 하나님'인 줄을 깨닫게 될 것이다. 정녕 그날에 내가 내 진노의 손길을 그들 위에 뻗쳐 그들을 사정없이 칠 것이니, 그들이 살고 있는 온 땅 곧 남쪽의 광야에서부터 북쪽 끝의 디블라에 이르기까지, 그들의 모든 땅을 황폐하게 하여 폐허로 만들 것이다. 그때가 되어서야 그들은 비로소 내가 '주 하나님'인 줄을 깨닫게 될 것이다."

손뼉을 치고 발을 구르면서 주님의 말씀을 전하라니, 에스겔은 아무래도 어색하고 민망하여 얼른 나설 수가 없었다. 하지만 주님은 그렇게 해서라도 백성들로 하여금 말씀에 주의를 기울이도록 하고 싶으셨다.

일반적으로 손뼉을 치고 발을 구르는 행위는 큰 기쁨의 표현이다(25:6). 하지만 여기선 그렇지 않다. 이스라엘의 악하고 가증한 행위에 대해서 준엄하게 징벌하시는 하나님의 마음이 결코 기쁠 리가 없기 때문이다. 여기서는 하나님의 진노의 심판을 선포하는 에스겔의 메시지에 누구나 주목해야 한다는 사실을 생동감 있게 격정적으로 나타내는 행동이라고 볼 수 있다. 에스겔이 손뼉을 치고 발을 구르며 예언하면, 사람들은 그 모습이 특이하고 신기해서라도 한 번 더 쳐다보고 그 메시지에 귀를 기울일 수 있기 때문이다.

메시지의 내용은 우상숭배에 대한 하나님의 처절한 징벌이었다. 전쟁의 칼과 흉년의 굶주림과 독한 전염병이 우상을 숭배하는 이스라엘 백성들을 온통 사로잡아, 그들의 시체들로 온 땅이 가득 채워질 것이라는 내용이다. 그래서 이스라엘 땅의 광야에서부터 디블라에 이르기까지 도처에 수습되지 못한 그들의 시체들이 마구 나뒹굴고 널브러지게 될 것이었다. 여기서 '광야'는 이집트와 경계를 이루고 있는 이스라엘의 최남단 광야 지역을 가리킨다. 그리고 '디블라'는 분명 '리블라'(Riblah)를 가리키는 듯한데, 리블라는 오론테스 강변에 위치한 성읍으로 이스라엘의 최북단 지역이다. 결국 이 표현은 이스라엘의 남쪽 경계에서 북쪽 경계까지를 일컫는 말로, 곧 '이스라엘 전역'을 가리킨다.

'아, 주님… 주님께서 왜 이러시는지 모르는 바는 아니지만, 그래도 무엇 때문에 이토록 무서운 진노를 이스라엘 전역에 쏟아붓는 것입니까?'

에스겔은 속으로 질문을 해놓고도 스스로 답을 안다. 그것은 이스라엘 백성들로 하여금 오직 하나님만이 '주(여호와) 하나님'인 줄을 깨닫도록 하기 위해서였다(13-14절). 이때의 '깨달음'은 생생한 체험을 통해 전인격적으로 참된 사실을 알게 되는 깨달음으로, 곧 이스라엘이 하나님의 심판으로 철저히 파멸을 당하고 나서야 비로소 하나님의 품성과 권능을 뼈저리게 알게 되는 것을 뜻한다. 하나님께서는 우상숭배의 죄악을 극히 미워하시고, 그 죄악에 대해 반드시 징벌하시는 공의롭고 거룩한 성품을 지닌 분임을 알게 되는 것이다. 더불어 그런 징벌을 통해 아무 능력도 없는 헛되고 무능한 우상들과는 달리, 하나님께서는 무엇이든 뜻한 바대로 능히 이룰 수 있는 전능하신 분임도 깨닫게 되는 것이다.

7

임박한 심판의 날

죄악을 징벌할 몽둥이가
유다 땅의 모든 것을 부수리라
도성 안에는 역병과 기근이 있고
도성 밖에는 칼의 살육이 있으리라

임박한 하나님의 심판 (7:1-9)

(2-4) "너 사람의 아들아, 이제 나 주가 이스라엘 땅을 향하여 선포한다. 보라, 마지막이 왔다! 이 땅의 사방 구석구석까지 마지막이 닥쳐왔다! 이제 네게 마지막이 닥쳐왔으니, 내가 너희에게 내 모든 분노를 터뜨릴 것이다. 내가 너희 행실을 조목조목 따져 네가 행한 행실대로 너를 심판할 것이니, 곧 네가 행한 모든 가증한 행위에 대하여 그대로 되갚아줄 것이다. 그날에 내가 너를 아껴 소중히 다룬다거나, 혹은 너를 불쌍히 여겨 자비를 베푸는 일은 결코 없을 것이다. 오직 네가 행하 행실대로 너를 벌할 것이고, 네가 저지른 가증스러운 행위대로 되갚아줄 것이다. 그제야 내가 주인 줄 너희가 알 것이다."

하루는 주님의 말씀이 또 에스겔에게 임한다. 그 내용은 이러하다. 이제 '마지막'(끝)이 닥쳐왔는데, 그날에는 하나님께서 아무런 자비 없이 자신의 분노를 이스라엘 땅에 쏟아부을 것이라는 것이다. 곧 이스라엘 백성들이 저지른 그들의 가증한 죄악대로 그들 위에 무시무시한 심판을 가차없이 집행할 것이라는 내용이다. 여기서 '마지막'은 사태의 긴박성을 강조하는 말로서, 유다와 예루살렘이 이방 군대에 의해 멸망하는 때를 가리킨다(주전 586년 4월 9일, 왕하 25:3). 바로 그때가 목전에 임박했다는 의미다. 또 다른 날에 주님의 말씀이 에스겔에게 또 임한다.

(5-9) "재앙이다! 정말로 놀랍고 두려운 재앙이다! 보라, 그 재앙이 가까이 닥쳐왔다! 마지막이 왔다! 마지막이 왔다! 마지막이 너희를 쳐서 멸망시키려고 드디어 일어섰다. 보라, 그 마지막이 가까이 닥쳐왔다! 이 땅에 사는 모든 백성들아, 주께서 정해놓으신 재앙의 날이 네게 닥쳐왔다. 마침내 때가 이르렀고, 날이 가까이 닥쳐왔다. 그날은 전쟁의 함성으로 온 땅이 떠들썩한 날이고, 더 이상 산에서 즐겁게 환호성을 외치는 날이 아니다. 그날에 내가 나의 분노를 너희 위에 모조리 쏟아부을 것이고, 나의 진노대로 너희에게 행할 것이다. 그래서 네 행위에 따라 너를 징벌할 것이니, 곧 우상을 숭배한 네 모든 가증한 행위에 따라 네게 그대로 되갚아줄 것이다. 그날에 내가 너를 아껴 소중히 다룬다거나, 혹은 너를 불쌍히 여겨 자비를 베푸는 일은 결코 없을 것이다. 오직 네가 행한 행실대로 너를 징벌할 것이고, 네가 저지른 가증스러운 행위대로 되갚아줄 것이다. 그러면 그제야 너는 너를 치는 것이 나 주라는 것을 깨닫게 될 것이다."

앞서 선포한 메시지와 유사하다(2-4절). 유다와 예루살렘이 멸망하는 날, 곧 그 마지막 재앙의 날이 가까이 닥쳐왔는데, 그날에는 어떤 자비나 긍휼도 없이 오로지 유다 백성들이 저지른 가증한 죄악대로 무시무시한 징벌을 집행할 것이라는 내용이다.

사실, 자비와 긍휼은 일찍부터 오랜 세월에 걸쳐 끊임없이 베풀어졌었다. 하지만 그날은 더 이상 자비의 때가 아니라 심판의 때였다. 하나님께서 오래도록 참으시면서 그토록 끊임없이 베푸신 그 모든 자비와 긍휼을 멸시하고 배척한 채 끝까지 회개하지 않는 패역한 자들에게는 그날에 아무런 자비와 긍휼 없이 재앙의 심판이 집행될 것이다. 그런 철저한 심판을 통해 유다 백성들은 그제야 주님이 어떤 분이신지를 깨닫게 될 것인데, 곧 죄를 미워하시고 악인을 징벌하시는 주님의 공의가 무엇인지를 비로소 깨닫게 되는 것이다.

심판의 그날 (7:10-27)

(10-13) "보라, 그날이다! 보라, 그날이 닥쳐왔다! 정해진 재앙의 날이 닥쳐왔으니, 마침내 너희의 죄악을 징벌할 몽둥이에 꽃이 피었고 너희의 교만을 징벌할 방망이에 싹이 텄다. 난폭하고 잔인한 자가 일어나서 너희의 죄악을 징벌할 몽둥이가 되었으니, 그 몽둥이는 어떤 자비도 베풀지 않고 사정없이 내려칠 것이다. 그러므로 이 백성들도, 이 무리들도, 이 땅의 모든 재물들도 하나도 남김없이 다 사라질 것이고, 이 땅의 모든 아름다운 것들도 하나도 남지 않고 다 없어질 것이다. 그때가 이르렀고, 그날이 닥쳐왔다. 그러므로 이제 물건을 사는 사람도 기뻐하지 말고, 파는 사람도 슬퍼하지 말라. 하나님의 무서운 진노가 이 땅의 모든 백성들에게 예외 없이 임할 것이기 때문이다. 설령 물건을 판 사람이 살아있다 해도, 그는 그 팔린 물건을 도로 살 수 없을 것이다. 그것은, 이 땅의 모든 백성들에게 보여준 나의 환상은 결코 돌이키지 아니하고 그대로 실현될 것이기 때문이다. 그러므로 누구든지 악한 생활을 하면서 죄를 짓고서는 어느 누구도 스스로 자기 목숨을 굳세게 보존할 수 없을 것이다."

유다 백성들의 죄악과 교만을 징벌할 몽둥이는 '바빌로니아 군대'를 가리킨다. 에스겔이 묻는다.

"주여, 그 몽둥이에 싹이 트고 꽃이 피었다는 말은 무엇을 의미합니까?"

"그건, 때가 무르익어 그 몽둥이가 움직일 때가 이르렀다는 의미다. 곧 느부갓네살 왕이 바빌로니아 군대를 일으켜 유다와 예루살렘을 징벌할 때가 이르렀다는 의미이니라."

아하! 그렇다면, 그런 징벌의 때가 이르면, 이제 유다와 예루살렘에서는 더 이상 가옥이나 땅이나 물건 등을 사고파는 일이 아무런 의미 없는 일이 될 것이다. 나라가 망하고 백성들이 먼 이방 땅에 포로로 잡혀갈 것이므로, 그런 것들이 더는 아무 필요가 없어지기 때문이다.

(14-22) "이 땅의 백성들이 나팔을 불어 군사를 모으는 등 모든 전쟁 준비를 다 갖춘다고 할지라도 막상 전쟁터에 나갈 사람이 아무도 없을 것이니, 그것은 내가 이 땅의 모든 사람들에게 내 진노를 쏟아부을 것이기 때문이다. 그리하여 성읍 밖에서는 적군의 칼에 찔려죽을 것이고, 성읍 안에서는 혹독한 전염병과 기근으로 죽을 것이다. 들판에 있는 사람은 칼로 말미암아 죽을 것이고, 성읍 안에 있는 사람은 기근과 전염병으로 말미암아 삼켜질 것이다. 이 땅의 백성들 가운데 더러 살아남은 자들이 산속으로 피신할지라도, 그들은 각자 자기들이 저지른 죄악 때문에 골짜기의 비둘기처럼 탄식하며 슬피 울 것이다. 그날에 이 땅 백성들의 모든 손은 맥이 빠져 힘을 쓸 수 없겠고, 그들의 무릎은 물처럼 흐늘흐늘 아주 쇠약해질 것이다. 또 그날에 그들은 모두 굵은 삼베옷을 걸쳐 입고 두려움에 빠져 벌벌 떨 것이다. 그들의 얼굴에는 수치심이 가득할 것이고, 그들의 머리카락은 번민 중에 다 빠져 대머리가 될 것이다. 또 그날에 그들은 자기들의 은을 길거리에 버리겠고, 자기들의 금을 오물인 양 더럽게 여길 것이다. 그 까닭은, 나 주가 활활 불타는 진노로 그들에게 무서운 재앙을 베풀 때에, 자기들의 은과 금이 자기들의 목숨을 능히 건져줄 수 없고, 자기들의 심령을 조금도 만족시켜 주지 못하며, 자기들의 허기진

배를 하나도 채워주지 못하기 때문이고, 도리어 그것들이 자기들을 걸려 넘어지게 해서 죄만 짓게 만들었기 때문이다. 즉, 그들은 자기들의 은과 금으로 아름다운 장신구를 만들어 그것을 자랑함으로써 교만해졌고, 또 그것으로 온갖 가증한 우상들과 보기 싫은 가증한 물건들을 만듦으로써 죄를 지었다. 그러므로 내가 그들의 은과 금을 그들에게 더러운 오물이 되게 하겠고, 또 그것들을 다른 이방 침략자들의 손에 붙여 약탈해 가게 할 것이며, 세상의 악인들에게 붙여 약탈해 가게 하고 더럽히게 할 것이다. 그날에 내가 내 얼굴을 내 백성들에게서 돌이켜 떠나갈 것이니, 이방 침략자들이 내 은밀한 처소인 성전을 마구 짓밟아 더럽힐 것이고, 난폭한 군사들이 거기로 들어와 성전의 물건들을 마구 약탈해 갈 것이다."

하나님께서 유다 백성들과 예루살렘 주민들 위에 진노의 심판을 베푸시는 날, 곧 그들 위에 재앙이 임하는 날의 처참한 광경이 묘사되었다. 실제로 과연 그러했다. 느부갓네살 왕이 이끄는 바빌로니아 군대가 유다를 침공하여 예루살렘 도성을 1년 6개월 동안 포위한 채 공격했을 때(주전 588년 10일 10일~주전 586년 4월 9일), 예루살렘 주민들은 도처에서 살육당하거나 죽어 나갔다. 예루살렘 성읍 밖에서는 바빌로니아 군사들의 칼에 찔려 죽었고, 성읍 안에서는 기근과 전염병으로 죽었다.

그리하여 예루살렘에는 바빌로니아 군대에 맞서 싸울 군사들이 없었고, 예루살렘 주민들은 두려움에 빠져 벌벌 떨었다. 그날에 그들은 굵은 삼베옷을 걸쳐 입고 슬피 통곡할 것인데, 온갖 빈민과 고통으로 인해 그들의 머리카락이 다 빠져 대머리가 될 지경이었다. 상황이 이렇게 되자, 그들에게 은과 금이 더는 소용없게 되었다. 그것들이 목숨을 구하거나 심령을 만족시켜 주거나 허기를 채워주지 못했기 때문이다. 도리어 그런 은금(銀金)으로 인해 교만해지거나 우상을 만드는 등 죄만 잔뜩 지었고, 그 결과로 작금의 큰 재앙을 당하는 것이기 때문에, 그날에는 그것들이 단지 오물이나 쓰레기처럼 취급될 것이다.

또한 재앙의 날에 가장 처참한 광경은, 침략자들이 주님의 은밀한 처소인 성전까지 쳐들어와 그곳을 마구 더럽히며 거기 있는 물건들을 멋대로 약탈해 가는 것이었다. 그렇게 된 까닭은, 주께서 자신의 얼굴을 그 백성들에게서 돌이켜 그곳 성전을 떠나갔기 때문이다(22절). 하나님께서 떠나가신 성전은 더 이상 거룩한 처소가 아니라, 돌과 나무로 지은 건물에 지나지 않기 때문에, 이방 군대에 의해 더럽혀지고 짓밟힐 수밖에 없었다.

(23-27) "자, 이제 너는 쇠사슬을 준비해두어라. 피 흘리는 살인의 죄가 이 땅에 가득 차 있고, 남을 해치는 폭력의 악이 이 성읍에 가득 차 있으므로, 네가 기필코 쇠사슬에 묶여 포로로 끌려갈 것이기 때문이다. 내가 세상에서 가장 무자비한 자들을 데려다가 예루살렘의 좋은 집들을 차지하게 하겠고, 그 성읍의 악한 자들의 교만을 끝장내버릴 것이니, 그날에 그들의 성소가 더럽혀질 것이다. 재앙이 닥치면 그들은 애써 평강을 찾겠지만, 그 땅 어디에서도 평강을 찾지 못할 것이다. 재앙에 재앙이 겹치고, 흉흉한 소문이 꼬리에 꼬리를 물고 이어질 그날에, 이 땅의 백성들은 선지자를 찾아가 애타게 계시를 구하겠지만, 그것은 아무 소용 없는 헛된 일이 될 것이다. 정녕 그날에는 제사장들에게는 가르칠 율법이 없어질 것이고, 장로들에게는 조언할 지혜가 사라질 것이다. 왕은 통곡할 것이고, 지도자들은 절망에 휩싸일 것이며, 백성들의 손은 두려움으로 인해 덜덜 떨릴 것이다. 그날에 내가 이 백성들이 저지른 행위대로 다 갚을 것이고, 그들이 저지른 죄악에 따라 그들을 심판할 것이니, 그제야 그들이 비로소 내가 '주'인 줄을 깨닫게 될 것이다."

"자, 이제 너는 쇠사슬을 준비해두어라!"

유다를 침공한 대적들이 유다 백성들과 예루살렘 주민들을 쇠사슬로 묶어 포로로 끌고 가기에 편리하도록 미리 자신들이 묶일 쇠사슬을 준비해놓으라는 말씀이다. 그만큼, 유다의 패망과 예루살렘 백성들의 포로 됨은 확정된 것이나 마찬가지라는 사실을 보여준다. 즉, 유다 백성들 및 예루살렘 주민들의 교만과 죄악을 징벌하는 '심판의 날'이 반드시 임하고야 말 것이라는 말씀이다.

이처럼 유다가 패망하고 예루살렘 주민들이 포로로 끌려가는 심판의 날은 분명히 이를 것인데, 그런 환난의 때에 유다의 선지자들과 제사장들과 장로들은 그 백성들에게 아무런 도움이 되지 못할 것이었다. 하나님께서 이미 그들을 떠났기 때문이다. 그래서 선지자들은 하나님께 어떤 말도 들을 수 없을 것이고, 제사장들의 율법적인 지식은 아무런 효과가 없을 것이며, 장로들의 경험이나 조언도 무용지물이 되고 말 것이다. 따라서 심판과 재앙의 그날에는, 유다의 왕을 비롯하여 모든 지도자들과 백성들이 크게 통곡하며 두려움으로 벌벌 떨기만 할 것이다. 그날에는 온 천지 사방에 살육과 기근과 전염병으로 인해 여기저기 마구 널브러진 시체들뿐일 것이기 때문이다.

결국 유다 백성들과 예루살렘 주민들 곧 이스라엘이 심판을 받게 된 까닭은 하나님과 맺은 계약을 지키는 데 실패했기 때문이다. 고대의 계약 의식은, 만일 계약을 어기면 죽임조차도 기꺼이 받아들이겠다는 뜻으로 희생 짐승을 담보로 삼았다(창 15:17). 하나님과 이스라엘은 이러한 계약을 맺었고, 이스라엘이 먼저 계약을 어겼을 때 하나님께서는 선지자들을 계속 보내셔서 몇 번이고 돌이킬 기회를 주셨다. 하지만 이스라엘은 끝내 돌이키지 않았다. 그러니 하나님은 이스라엘의 죄악대로 그들을 심판대 위에 세우실 것이다.

8

성전 안의 우상숭배

성전 담벼락 구멍으로 보니
사방 벽에 우상이 그려져 있네
또 내가 북문 입구로 가서 보니
여인들이 담무스를 위하여 우네

예루살렘 성전 안에서 행해진 우상숭배 (8:1-18)

"오, 오, 주… 주님!"

에스겔 일행이 바빌로니아 땅에 포로로 사로잡혀 온 지 6년째 되던 해의 6월 5일, 그러니까 바빌로니아 군대의 제2차 유다 침공 때(주전 597년), 에스겔이 유다 왕 여호야긴을 비롯하여 많은 동족들과 함께 바빌로니아 땅에 포로로 끌려온 지 6년째 되던 해(주전 592년)의 6월 5일, 이때는 에스겔이 환상 가운데서 하나님께 선지자의 소명을 받은 때로부터 만 14개월이 지난 때다.

그날 에스겔은 자신의 집에 앉아 있었고, 유다의 장로들은 에스겔을 찾아와 그 앞에 앉아 있었다. 그런데 바로 그 순간, 주 하나님의 강력한 권능의 손길이 에스겔을 온전히 사로잡았다. 주님의 손길이 홀연히 에스겔을 환상 가운데로 끌고 간 것이다.

"아앗! 저… 저것은…? 일전에 내가 본…?"

그때 에스겔이 환상 가운데서 바라보니 불 모양 같은 사람의 형상이 보였는데, 그분의 허리 아래쪽 하반신의 모습은 불처럼 생겼고, 그분의 허리 위쪽 상반신은 벌겋게 달아오른 쇠같이 환하게 빛나고 있었다. 그렇다. 이분의 모습은 일전에 에스겔이 선지자의 소명을 받을 때에 하늘 보좌에 앉아 계신 그분의 모습과 똑같았다(1:27). 그런데 이때 그분은 손처럼 생긴 것을 에스겔에게로 쭉 뻗어 에스겔의 머리털을 꽉 움켜잡으셨다. 그러고는 주님의 영(靈) 곧 성령께서 에스겔을 하늘과 땅 사이로 쑥 들어 올리시더니, 하나님의 환상 가운데서 에스겔을 예루살렘으로 데려가 성전 안뜰의 북쪽 문 입구에 내려놓으셨다. 그런데 거기에는 하나님의 질투를 불러일으키는 '질투의 우상'이 세워져 있었다.

아니? 어떻게 거룩한 하나님의 성전에 감히 이방 우상이 세워져 있을 수 있단 말인가? 당시 예루살렘 성전 안에 세워진 이 우상은 가나안 족속들의 모신(母神)인 '아세라' 여신상인 듯하다. 사악한 유다 왕 므낫세가 통치하던 타락하고 부패한 시대에 이 우상은 성전 안에 세워져 숭배되었는데(왕하 21:7), 이후 선왕(善王)인 요시야 때에 파괴되었다가, 요시야 사후에 그의 뒤를 이은 악한 왕들(여호아하스, 여호야김, 여호야긴, 시드기야)에 의해 다시 제자리에 복원된 듯하다.

이처럼 성전에 이방 우상이 세워져 있는데도 그곳 성전에는 여전히 이스라엘 하나님의 영광이 있었는데, 그 영광의 모습은 일전에 에스겔이 환상 중에 들판에서 보았던 모습과 똑같았다. 그러니까 이때로부터 1년 2개월 전에 에스겔이 주께로부터 선지자의 사명을 부여받을 때 주님의 명에 따라 들판으로 나갔는데, 그때 에스겔은 그 들판에서 주님의 영광을 보았던 것이다(3:22). 그리고 그때 본 주님의 영광은 에스겔이 맨 처음 선지자로 부르심을 받을 때 '그발 강가'에서 체험한 그분의 영광과 똑같았다.

말하자면, 에스겔에게 선지자의 소명 및 사명을 주시고, 또 여러 환상을 보여주시는 분은 동일한 하나님이셨던 것이다. 이제 그분 하나님께서 에스겔에게 말씀하신다. 물론, 비몽사몽의 환상 가운데서다. 그리고 이때 에스겔 앞에 앉아 있던 유다의 장로들은 환상을 보지 못했고, 에스겔 홀로 신비로운 환상을 체험하고 있었다.

(5) "너 사람의 아들아, 이제 네 눈을 들어 북쪽을 보아라."

주님의 지시에 따라 에스겔은 눈을 들어 성전 북쪽을 바라보았다. 그랬더니 번제단으로 통하는 성전 문의 북쪽 입구에 그 질투의 우상이 세워져 있었다. 그때 주께서 에스겔에게 또 말씀하신다.

(6) "너 사람의 아들아, 이스라엘 족속이 지금 무슨 짓을 하고 있는지 보고 있느냐? 저들은 이곳 성전에서 심히 가증스러운 짓을 행하여, 나로 하여금 내 성소에서 멀리 떠나가게 하고 있느니라. 그러나 너는 이보다 더욱 가증스러운 일을 보게 될 것이다."

때에 이스라엘 족속이 성전에서 자행한 심히 가증스러운 짓은, 성전의 사면 벽에다 기어다니는 곤충들과 갖가지 짐승들, 그리고 여러 우상들을 그려놓고, 그것들을 섬기는 행위였다(10-11절). 하나님의 성전에다 이처럼 레위기의 정결법상 부정한 동물로 규정된 여러 가증한 동물들과 우상의 그림들을 그려놓고 그것들을 섬기는 행위는 정말이지 하나님께 결코 용납될 수 없는 심히 가증한 짓이었다. 이제 주님은 에스겔을 성전 뜰로 들어가는 문의 입구로 데려가신다. 거기서 에스겔이 보니, 담벼락에 구멍이 나 있었다. 이때 주님이 에스겔에게 말씀하신다.

(8) "너 사람의 아들아, 이 담벼락을 뚫어보아라."

주님의 지시에 따라 에스겔이 그 담벼락을 뚫어보았더니, 문이 하나 나타났다. 그러자 주님이 또 말씀하신다.

(9) "너는 그 문 안으로 들어가서, 사람들이 거기서 얼마나 가증스럽고 악한 짓을 하고 있는지 똑똑히 보도록 하여라."

에스겔이 그 문 안으로 들어가서 둘러보니, 온갖 종류의 곤충들과 혐오스러운 짐승들과 이스라엘 백성이 섬기는 모든 우상들이 벽 사방에 잔뜩 그려져 있었다. 그런데 그 벽의 우상들 앞에는 이스라엘 백성을 대표하는 70명의 장로들이 각자 손에 향로를 들고 서 있었는데, 그들 가운데 사반의 아들 '야아사냐'도 보였다. 사반(Shaphan)은 유다 왕 요시야 때에 궁중 서기관의 직분을 수행한 인물이다(왕하 22:3-10).

예루살렘 성전 안에서 행해지는 우상숭배 행위들

따라서 사반의 아들 야아사냐는 사회적으로 널리 명망 있는 집안 출신이다. 이처럼 명망 있는 집안 출신의 인물조차 성전에서 우상을 숭배하는 장로들 가운데 포함되어 있었다. 그만큼 지도층 사회에서 우상숭배가 보편적이었다. 아무튼 이스라엘 백성 전체를 대표하는 70명의 장로들 손에 들린 향로에서는 향의 연기가 구름처럼 뭉실뭉실 피어오르고 있었다.

'앗, 아니, 어떻게 저럴 수가! 아, 저런… 못된 사람들 같으니라구….'

에스겔이 속으로 이렇게 생각하고 있을 때, 주께서 에스겔에게 또 말씀하신다.

(12) "너 사람의 아들아, 이스라엘 족속의 장로들이 각자 저 어두운 곳, 그 우상의 방 안에서 무슨 짓들을 하고 있는지 잘 보았느냐? 그들은 각자 자기들의 우상을 섬기면서 말하기를 '주께서는 우리를 돌보지 않으시고 이 땅을 버리셨다.'라고 하는구나."

이처럼 하나님의 성전 안에서 온갖 가증한 이방의 우상들을 버젓이 섬기면서도, 이스라엘의 지도자들은 자기들 땅에 닥친 모든 환난과 고통을 주께서 돌보지 않고 그 땅을 버린 것이라며 불평불만을 토로하고 있었다. 죄는 자신들이 자행하고서도 그 책임은 애먼 하나님께 돌리고 있었다. 참으로 자가당착이고 자기모순이었다. 그때 주님이 에스겔에게 또 말씀하신다.

(13) "너는 이보다 더욱 가증한 일, 곧 그들이 행하는 보다 혐오스러운 짓들을 보게 될 것이다."

이렇게 말씀하신 뒤, 주님은 또 에스겔을 주님의 성전으로 들어가는 북문 입구로 데려가신다. 에스겔이 보니, 거기서는 여인들이 다함께 모여 앉아서 '담무스' 신이 죽었다고 슬피 울고 있었다. 담무스(Tammuz)는 수메르-바빌로니아에서 섬기는 '식물의 신'을 가리키는 히브리어 이름이다. 매년 가을이 되어 농작물이 시들고 나뭇잎이 떨어질 때, 이스라엘 여인들은 이 신의 죽음에 대한 의례로서 슬프게 울곤 하였다. 또한 매년 봄이 되어 식물의 싹이 트기 시작할 때, 여인들은 이 신이 다시 생명을 되찾은 것을 기념하곤 하였다. 때는 오늘날의 태양력으로 9월쯤에 해당하는 유대 종교력 6월이었므로(8:1), 이스라엘 여인들은 이 신의 죽음을 슬프게 여겨 다함께 모여 통곡하고 있었던 것이다. 에스겔이 그런 광경을 보고 있을 때, 주님이 그에게 말씀하신다.

(15) "너 사람의 아들아, 네가 지금 저 모습을 보고 있느냐? 이제 너는 그보다 더욱 가증한 짓들을 보게 될 것이다."

'아, 이보다 더욱 가증한 짓이라고? 대체 이 백성이 얼마나 더 타락하고 부패했으면 이보다 더욱 가증한 짓을 자행할 수 있단 말인가…?'

에스겔은 탄식이 절로 터져 나왔다. 이 같은 상황이 몸서리칠 정도로 크게 두려웠다. 이때 주님은 에스겔을 또 주님의 성전 안뜰로 데려가셨다. 에스겔이 보니, 거기 주님의 성전 입구, 곧 현관과 제단 사이에 대략 25명쯤 되는 사람들이 있었는데, 그들 모두는 주님의 성전을 등진 채로 얼굴을 동쪽으로 향하고 서서 떠오르는 태양을 향해 절을 하고 있었다. 여기 25명은 앞선 70명의 장로들처럼(11절) 이스라엘 족속을 대표하는 종교 지도자들이다. 그들이 주님의 성전을 등진 채 태양을 숭배하고 있었던 것이다.

태양 숭배는 고대 이집트에서 '라'(Ra)라는 태양신을 숭배하는 의식에서 비롯되었는데, 이후로 그 풍습이 고대 중근동의 여러 나라에 전해져 널리 숭배되고 있었다. 이스라엘 역시 이 같은 태양신을 일찍부터 받아들여 에스겔 당시에도 열렬히 숭배하고 있었다. 에스겔이 크게 탄식하며 태양신을 숭배하는 사람들을 한심한 듯 바라보고 있을 때, 주께서 그에게 말씀하신다.

(17-18) "너 사람의 아들아, 네가 저 모습을 보았느냐? 유다 족속이 여기서 행하고 있는 저 가증한 짓거리를 어찌 사소한 일이라고 여길 수 있겠느냐? 저들은 지금껏 폭력으로 이 땅을 가득 채워 나의 분노를 계속 촉발시키고 있었는데, 이제는 심지어 태양을 숭배할 때 나뭇가지를 자신들의 코에 가져다대는 아주 역겨운 짓까지도 하고 있다! 그러므로 나도 오직 내 분노로써 저들에게 되갚을 것이니, 저들을 아껴 소중히 다룬다거나 저들을 불쌍히 여겨 자비를 베푸는 일은 절대로 없을 것이다. 내가 내 분노를 쏟아붓는 그날, 저들이 큰 소리로 내게 부르짖고 울부짖을지라도 내가 결코 듣지 않을 것이다."

이스라엘 족속을 대표하는 25명가량의 사람들은 나뭇가지를 자신들의 코에 가져다댄 채로 태양을 숭배하고 있었다. 이 같은 모습은 태양을 숭배하는 고대 페르시아의 종교 의식으로, 그들은 태양신을 숭배할 때 종려나무 가지나 석류나무 가지를 자신의 코앞에 두고 태양신을 향해 기도했다. 그 이유는, 신성한 태양의 광선이 인간의 숨결로 인해 더럽혀지는 것을 방지하기 위함이었다고 한다. 이렇듯 이스라엘 족속은 주님을 등진 채로 이방의 태양신을 지극정성으로 숭배하고 있었다. 그러니 어찌 하나님의 진노의 심판을 피할 수 있으랴!

9
예루살렘에 임할 심판

벌을 내릴 집행관들 중 한 명은
베옷을 입고 먹통을 찼네
우상숭배를 슬퍼하고 신음하는 자들을 찾아
그들의 이마에 먹물로 표시하여라

예루살렘에 내린 주님의 심판 (9:1-11)

앞서 하나님께서는 예루살렘 성전에서 각종 우상들과 태양신을 숭배하는 타락하고 배역한 이스라엘 족속에 대하여 자비와 긍휼 없는 심판을 집행하시겠노라고 말씀하셨다(8:18). 이제 하나님께서는 자신이 말씀하신 그 심판을 실제로 집행하시기 위해 자신의 천사들에게 큰 소리로 외치시고, 에스겔은 그 소리를 분명히 듣는다. 물론, 이 모든 일은 실제 상황이 아니라 환상 가운데서 벌어진 광경이다.

(1) "예루살렘 성읍에 벌을 내릴 집행관들아, 너희는 각자 손에 사람을 죽이는 살상 무기를 들고 앞으로 나오라!"

그때 에스겔이 보니, 여섯 사람이 북쪽으로 향한 성전의 윗문 길에서 달려 나오고 있는데, 그들 각자의 손에는 사람을 죽이는 살상 무기가 들려 있었다. 여기 '여섯 사람'은 타락한 예루살렘에 대하여 하나님의 진노의 심판을 집행할 자들로서, 사람의 형상을 취한 천사들이다. 그리고 그들 가운데 한 사람은 가는 베옷을 입었고, 허리에는 서기관의 먹통을 차고 있었다. 그들이 성전 안뜰로 들어와서 청동 번제단 곁에 섰다.

'아앗, 하나님의 영광이… 하나님의 영광이 성전을 떠나시는 건가?'

그러자 이제까지 언약궤 위의 그룹 사이에 머물러 계시던 이스라엘 하나님의 영광이 떠올라 성전의 문지방으로 옮겨갔다. 이렇듯 하나님의 영광이 언약궤 위의 그룹 사이에서 떠올라 성전 문지방으로 옮겨간 까닭은, 가증한 우상숭배로 인해 크게 더럽혀진 성전을 떠나가기 위해서이다. 일찍이 하나님께서는 이스라엘 백성이 자신을 떠나가면, 자신도 성전을 떠나가실 것이라고 말씀하셨다(왕상 9:6-9).

'오, 주여! 어찌 이런 참혹한 광경을 내게 보이시나이까.'

에스겔이 부르짖고 있을 때, 주께서는 그들 여섯 중 가는 베옷을 입고 허리에 서기관의 먹통을 찬 사람을 부르시더니, 그에게 명하신다.

> (4) "너는 예루살렘 성읍을 두루 돌아다니면서, 그곳 성읍 안에서 벌어지고 있는 각양 가증하고 혐오스러운 일들로 인해 깊이 탄식하며 슬피 울고 있는 자들의 이마에 표를 그리도록 하라!"

이마에 그려질 이 '표'라는 단어는 영어의 X(엑스)와 유사한 히브리어 알파벳의 마지막 글자인 '타우'(ת)다. 이 글자가 옛날에는 십자가 형태의 글자였다고 하는데, 아무튼 이 표는 타락한 무리들 가운데서 경건한 의인들을 구별하는 하나님의 거룩한 표식이었다. 따라서 이 표는 출애굽 당시의 첫 유월절 밤에 문설주와 문지방에 바른 어린양의 피(출 12:23), 그리고 세상 종말의 때에 하나님의 신실한 백성들의 이마에 주어지는 인(印)과 깊은 연관성이 있다(계 7:3-8; 9:4; 14:1; 22:4). 이처럼 여섯 천사들 중 가는 베옷을 입고 허리에 서기관의 먹통을 찬 사람에게 명하신 뒤, 주님은 에스겔이 듣는 데서 그 남아있는 다른 다섯 사람들에게도 명하신다.

(5-6) "너희는 허리에 서기관의 먹통을 찬 저 사람을 뒤따라가서 예루살렘 성읍 안을 두루 돌아다니면서 사람들을 쳐 죽여라. 닥치는 대로 마구 쳐 죽이되, 조금도 불쌍히 여기지 말고 아무런 자비도 베풀지 마라. 늙은이든 젊은이든, 처녀든 어린아이든 부녀든, 아무도 가리지 말고 다 죽여라. 그러나 그 이마에 표가 그려져 있는 사람들에게는 절대로 가까이 가지 마라. 자, 내 성전에서부터 시작하도록 하라!"

하나님의 진노의 심판이 집행되는 그날에는 어떤 자비나 긍휼도 없었다. 사실, 하나님의 자비와 긍휼은 오랜 세월에 걸쳐 그 백성들에게 넘치도록 베풀어졌다. 그러나 그 모든 배려와 호의를 무시하고 배척한 자들에게 더 이상의 자비와 긍휼은 없었다. 주님의 명령이 떨어지자, 곧장 허리에 서기관의 먹통을 찬 사람을 뒤따라간 다섯 천사들은 지체없이 칼을 휘둘러 성전 앞에 있던 장로들부터 죽이기 시작했나. 사방으로 피가 튀는 무시무시한 살육만 있을 뿐, 거기엔 아무런 자비나 긍휼이 없었다. 바람결에 비릿한 피 냄새가 몸서리쳐지도록 사방에 진동한다. 그때 주께서 또 그들에게 명령하신다.

(7) "너희는 너희가 죽인 시체들로 성전의 모든 뜰을 가득 채워서 성전을 더럽혀라! 자, 가라! 가서, 그대로 행하라!"

주님의 명령을 듣고, 그들 다섯 천사는 성전에서 죽인 사람들의 시체들로 성전의 모든 뜰을 가득 채워서 성전을 더럽혔다. 그렇다면 하나님께서는 왜 자신의 성전을 더럽히도록 명하시는가? 그것은 우상숭배로 더럽혀진 예루살렘 성전은 이제 더 이상 하나님의 거룩한 임재의 처소가 될 수 없었기 때문이다. 그래서 하나님의 영광은 성전을 떠나셨고, 그 결과로 이제 성전은 영적으로는 텅 빈, 그저 한낱 돌과 나무로 된 건축물에 불과할 따름이었다. 그래서 하나님께서는 이제 성전이 아무런 쓸모가 없게 되었음을 확실히 보여주기 위해 성전을 더럽히도록 명하신 것이다.

베옷을 입고 허리에 서기관의 먹통을 찬 한 천사가 부지런히 예루살렘 성읍을 두루 돌아다니면서 경건한 자들의 이마에 표를 그리는 동안, 성전을 더럽힌 나머지 다섯 천사들은 이제 성전 밖으로 나가서 예루살렘 성읍 안을 두루 돌아다니며 닥치는 대로 사람들을 쳐 죽였다. 물론, 그 이마에 표가 없는 사람들만 쳐 죽였다.

이렇게 다섯 천사들이 아무런 자비나 긍휼 없이 예루살렘 주민들을 마구 쳐 죽이는 무시무시한 광경을 줄곧 지켜본 에스겔은 이러다간 예루살렘 성읍에 자기 혼자만 남겠다고 생각했다. 그래서 에스겔은 크게 두려운 심령으로 주님 앞에 납작 엎드려 크게 부르짖는다.

(8) "아, 아, 주 하나님이시여! 주께서 이렇듯 예루살렘에 대해 격렬한 분노를 쏟아부으시니, 정녕 이스라엘 백성들 중 마지막 한 사람까지도 다 멸절시킬 작정이십니까?"

(9-10) "이스라엘 족속과 유다 족속의 죄가 너무나도 크고 무겁다. 보아라, 이 땅은 피로 온통 물들었고, 이 성읍에는 불의가 넘쳐나고 있다. 그런데도 그들은 말하기를 '주께서 이 땅을 버리셨고, 더 이상 쳐다보지도 않으신다.'라고 하는구나. 그러므로 나도 내 분노대로 행하여, 그들을 조금도 불쌍히 여기지 않을 것이고, 그들에게 아무런 자비도 베풀지 않겠노라. 오직 그들이 저지른 행실대로 그들의 머리 위에 다 갚아줄 것이다."

에스겔의 호소에도 불구하고, 심판의 시간에는 어떤 자비나 긍휼도 없이 오직 공의대로만 형벌이 집행될 것이라는 점을 분명히 말씀하신다.

오래전에 예레미야도 그렇게 호소했지만, 하나님께서는 더는 듣지 않겠으니 이스라엘 족속을 위해 기도하지도, 부르짖지도, 호소하지도 말라고 말씀하셨다(렘 7:16). 주께서 에스겔에게 이렇게 대답하고 계실 바로 그때, 가는 베옷을 입고 허리에 서기관의 먹통을 찬 그 사람이 예루살렘 성읍에서 돌아와 주께 보고를 드린다.

(11) "주님! 주께서 제게 명령하신 대로, 제가 그대로 다 실행하였습니다!"

예루살렘 성읍 안에서 벌어지고 있는 각양 가증하고 혐오스러운 일들로 인해 깊이 탄식하며 슬피 울고 있는 자들, 곧 경건한 의인들의 이마에 표를 그리는 일을 아무런 착오 없이 다 마쳤다는 보고다. 후일 요한계시록을 보면, 말세의 환난 중에 구원받은 무리의 수효가 '14만 4천 명'이라고 되어 있다(계 14:1). 이는 상징적인 숫자로서, 구약의 12지파에 신약의 12사도를 곱한 수(12 x 12 = 144)에다, 완전수 10을 3제곱한 숫자다(144 x 10^3 = 144,000). 그리고 여기 3제곱의 '3'은 삼위(성부, 성자, 성령) 하나님의 수다.

요약하면, 신구약 시대를 통틀어 삼위 하나님께서 구원하시기로 택하시고 작정하신 수효의 사람들은 누구 하나도 빠짐없이 전부 그 이마에 표가 그려져 마침내 구원을 받게 된다는 사실을 알 수 있다(요 17:6-12). 따라서 여기 베옷을 입고 허리에 서기관의 먹통을 찬 그 천사도 하나님의 명에 따라 하나도 빠짐없이 경건한 의인들의 이마에 전부 그 표를 그리는 일을 무사히 완수했음을 알 수 있다.

10

성전을 떠난 하나님의 영광

그룹들의 머리 위쪽 보좌에서
주님이 베옷 입은 자에게 명하시네
그룹 아래 바퀴에서 숯불을 꺼내
예루살렘 도성 위에 흩뿌려라

주님의 영광이 예루살렘 성전을 떠나가심 (10:1-22)

그때에 에스겔이 또 보니, 그룹들의 머리 위쪽 천장 모양의 둥근 덮개 위에 사파이어 보석으로 만든 것 같은 보좌 모양 같은 것이 있었다. 이 광경은 일전에 에스겔이 선지자로 맨 처음 부르심을 받을 때 환상 가운데서 보았던 천상의 광경과 똑같았다(1:26). 그러니까 그 하늘 보좌에 앉아 계신 분이 지금 천사들에게 명령을 내리고 있는 바로 그분이신 것이다. 그분 하나님께서 가는 베옷을 입은 사람에게 명령하신다.

(2) "너는 그룹 아래 있는 저 바퀴들 사이루 들어가서, 네 두 손으로 활활 불타고 있는 숯불들을 가득 움켜쥐고 나와, 그것들을 예루살렘 성읍 위에 흩뿌려라!"

그룹(Cherubim)은 언제나 복수(複數) 형태로 표기되고 있는데, 하나님에 의해 지음 받은 영물(靈物)로서 날개 달린 천사들을 가리킨다. 성경을 보면, 이들 천사들은 두 가지 주요 임무를 수행하고 있다. 하나는,

하나님의 거룩함을 수호하는 일이고, 다른 하나는 하나님께 찬양과 경배를 드리는 일이다. 이와 같은 그룹의 임무 및 역할과 관련해서, 거룩한 성소의 휘장에는 그룹의 형상이 수놓아졌다(출 26:31).

하늘 보좌에 앉으신 주님은 가는 베옷을 입은 그 사람(천사)에게 그룹 아래 있는 바퀴들 사이에서 활활 불타고 있는 숯불들을 두 손 가득 움켜쥐고 나와서, 그것들을 예루살렘 성읍 위에 흩뿌리라고 명하신다. 성경의 일반적인 용례상 '불'은 죄악에 대한 하나님의 심판을 상징한다(창 19:24; 신 32:22). 따라서 '활활 불타고 있는 숯불'을 예루살렘 성읍 위에 흩뿌린다는 것은 예루살렘의 죄악에 대한 하나님의 분노의 심판을 나타낸다.

하나님의 명령이 떨어지자, 가는 베옷을 입은 그 사람은 에스겔이 보는 앞에서 그룹 아래 있는 바퀴들 사이로 들어갔다. 그 사람이 그렇게 그룹 아래 있는 바퀴들 사이로 들어갈 때, 그룹들은 성전의 오른쪽에서 있었고, 성전 안뜰에는 구름이 가득 차 있었다. 바로 그때, 주님의

예루살렘 성전을 떠나가시는 주님의 영광

영광이 언약궤 위 그룹 사이에서 떠올라 성전 문지방 위로 옮겨갔다.

'아, 정녕 주님의 영광이 성전을 떠나가신단 말인가!'

본래 하나님의 영광은 성전의 지성소 안에 계셨고, 또 그곳에 계셔야만 했다. 하지만 이제 하나님의 영광이 그곳을 떠나 성전 문지방 위로 옮겨가심은, 가증스런 성전의 타락과 부패 때문에 하나님께서 성전을 떠나가시려고 하기 때문이다. 이때 성전은 구름으로 온통 뒤덮여 있었고, 성전 안뜰에는 주님의 영광의 광채로 가득했다. 그리고 그룹들의 날개 치는 소리가 성전 바깥뜰까지 우렁차게 들리는데, 그 소리는 마치 전능하신 하나님께서 말씀하실 때 나는 음성과도 같았다. 그때 하나님께서 가는 베옷 입은 그 사람에게 또 명령하신다.

(6) "너는 바퀴들 사이, 곧 그룹들 사이에서 불을 가져가라."

하나님의 명에 따라 그 사람은 그룹 아래의 바퀴들 사이로 들어가서 바퀴들 옆에 섰다. 그러자 그룹들 사이에서 그룹 하나가 손을 뻗어 그 그룹들 사이에 있는 불을 취한 뒤, 그 불을 가는 베옷을 입은 그 사람의 손에 넘겨주니, 그 사람이 그 불을 받아들고 밖으로 나갔다. 그 불은 하나님의 심판의 불이었다. 이때 그룹들의 날개 아래에 사람의 손처럼 보이는 것이 나타났다. 그 손이 방금 그룹들 사이에서 불을 취하여 가는 베옷을 입은 그 사람에게 넘겨주었던 것이다.

에스겔이 또 보니, 그룹들 곁에 네 바퀴가 있었다. 이 그룹 곁에 바퀴 하나가 있고, 저 그룹 곁에 바퀴 하나가 있어, 그렇게 그룹 하나에 바퀴 하나씩이 각각 있었다. 그리고 그 바퀴들의 모양은 황옥이 빛나는 것 같았다. 그 바퀴들의 모양은 넷 다 똑같았는데, 마치 바퀴 안에 바퀴가 들어있는 것 같았다. 그룹들이 움직일 때는 사방 어디로 향하든지 돌지 않고 그대로 갈 수 있었는데, 곧 방향을 틀지 않고 그 머리가 향하는 방향으로 곧장 갈 수 있었다. 또 그룹들의 바퀴 둘레에는 눈이 가득했는데,

곧 그들의 온몸과 등과 손과 날개와 바퀴에 눈이 가득하였다. 에스겔이 들으니, 그 바퀴들의 이름은 '도는 것'이라 불리고 있었다.

그룹들의 바퀴 둘레가 온통 눈으로 가득하다는 것은, 모든 것을 보시고 살피시는 하나님의 전지전능한 속성을 나타낸다. 온 세상의 그 무엇 하나라도 하나님의 눈을 피해 숨겨질 수가 없는 것이다. 그리고 바퀴들의 이름이 '도는 것'이라 불린 것은, '바퀴 안에 있는 바퀴'라는 표현과 마찬가지로(1:16; 10:10), 언제든지 어느 곳으로도 갈 수 있는 바퀴의 특성을 묘사한 말이다. 이는 하나님의 뜻과 명령에 따라, 그룹들이 신속하게 움직이고 있다는 사실을 보여준다.

'그래, 맞아! 저건 내가 맨 처음 선지자로 부르심을 받았을 때 주께서 보여주셨던 천상의 광경이로구나….'

그렇다. 지금 에스겔이 환상 중에 보는 광경은 그가 맨 처음 선지자로 부르심을 받았을 때 보았던 천상의 광경, 곧 네 생물(1:4-14) 및 네 바퀴(1:15-21)의 모습과 똑같았다. 그러니까 에스겔은 그때처럼 지금도 환상 가운데서 똑같은 천상의 광경을 보고 있는 것이다. 그래서 에스겔이 이전에 보았던 것처럼, 네 그룹은 각 그룹마다 네 개의 얼굴을 갖고 있었다. 첫 번째는 그룹의 얼굴, 두 번째는 사람의 얼굴, 세 번째는 사자의 얼굴, 네 번째는 독수리의 얼굴이었다(1:10). 앞서 에스겔은 여기 '그룹의 얼굴'을 '황소의 얼굴'로 보았는데, 그때는 그룹의 얼굴이 황소의 얼굴처럼 보였기 때문이다.

그때 그룹들이 위로 떠올랐는데, 에스겔이 보니 그들은 이전에 에스겔이 그발 강가에서 보았던 바로 그 생물들이었다. 즉, 에스겔이 맨 처음 선지자로 소명을 받을 때 환상 중에서 본 그 '네 생물'이었다(1:4-14). 그러니까 네 생물은 하나님의 영광을 수호하고 하나님께 찬송과 경배를 드리는 가운데 하나님의 명령을 받들어 수행하는 그룹들, 곧 천사들이었다.

그룹들이 움직일 때는 바퀴들도 그들 곁에서 그룹들과 함께 움직였고,

그룹들이 날개를 펴고 땅에서 위로 올라갈 때는 바퀴들도 함께 위로 올라갔다. 그룹들이 멈추면 바퀴들도 멈추었고, 그룹들이 떠오르면 바퀴들도 함께 떠올랐다. 이처럼 그룹들과 바퀴들이 함께 움직인 것은, 그 네 생물의 영(靈)이 바퀴들 속에 있기 때문이었다. 요컨대 그룹들과 바퀴들은 한 짝처럼 페어링이 되어 한몸처럼 움직였던 것이다.

그때 주님의 영광이 성전의 문지방을 떠나 다시 그룹들 위에 머물렀다. 그러자 에스겔이 보는 앞에서 그룹들이 날개를 펼치고 땅에서 위로 올라가는데, 그룹들이 위로 올라갈 때 바퀴들도 그들 곁에서 그들과 함께 위로 올라갔다. 위로 올라간 그룹들은 주님의 성전으로 들어가는 동문 입구에 머물렀고, 이스라엘 하나님의 영광도 그들 위에 머물렀다.

그러니까 본래 성전 지성소 내 언약궤 위 그룹들 사이에 계셨던 주님의 영광이 그 지성소를 떠나 성전의 문지방으로 옮겨가셨고(4절), 이어 성전 바깥뜰의 동문 입구를 거쳐(19절), 예루살렘 성읍의 동편 산에 잠시 머무르셨다가(11:23), 완전히 예루살렘을 떠나가셨던 것이다. 그리하여 이제 예루살렘은 더 이상 하나님이 함께하시는 성읍이 아니었고, 그리하여 이방 군대의 좋은 먹잇감으로 전락하게 된다.

이때 에스겔이 본 그룹들은 이전에 그가 환상 중에 그발 강가에서 보았던 바로 그 생물들이었다(1:4-14). 이전에 본 생물들처럼 그룹들 역시 각자 네 개의 얼굴과 네 개의 날개를 갖고 있었고, 그들의 날개 아래에는 사람의 손 모양 같은 것이 있었다.

그룹들의 얼굴 모양은 이전에 에스겔이 그발 강가에서 보았던 그 얼굴 모양과 똑같았고, 전체적인 모습도 그러했다. 그룹들이 움직일 때는 몸을 돌리지 않고서도 가고 싶은 대로 각자 앞으로 똑바로 나아갔다. 전후좌우로 사방에 날개와 얼굴이 있었기 때문이다.

11

심판과 회복의 모습

성전 동문에 25명이 모였네
악한 일을 꾀하는 그들은
예루살렘의 지도자들인데
예루살렘은 안전하다고 장담하네

예루살렘 지도자들에 대한 심판 (11:1-13)

에스겔이 환상 가운데서 그룹들의 형상을 보고 있던 그때, 주님의 영, 곧 성령께서 에스겔을 들어 올리셔서 주님의 성전 동쪽으로 향한 동문으로 데리고 가셨다. 거기서 에스겔이 보니, 그 동문 입구에 25명이 모여 있었다. 그들 가운데 앗술의 아들 야아사냐와 브나야의 아들 블라댜도 보았는데, 그들은 예루살렘 성읍의 지도자들이었다. 이들 25명은 앞서 에스겔이 본 25명과는 다른 인물들이다(8:16). 앞서 에스겔이 25명을 본 것은 성전 입구 곧 현관과 번제단 사이에서였는데, 그들은 주로 예루살렘의 종교 지도자들이었다. 하지만 여기 성전 동문의 입구에서 본 25명은 주로 예루살렘의 정치 지도자들이었다. 에스겔이 성전 동문에 모여 있는 그 사람들을 보고 있을 때, 주께서 그에게 말씀하신다.

(2-4) "너 사람의 아들아, 네가 보고 있는 이 사람들은 마음속에 불의한 생각을 품고서, 이 예루살렘 성읍에서 악한 일을 꾀하는 자들이

다. 그들이 말하기를 '우리의 집들이 최근에야 건축되지 않았느냐. 그러므로 집을 다시 건축하려면 아직도 멀었다. 보라, 우리의 예루살렘 성읍은 가마솥같이 견고하고, 우리는 그 안에 든 소중한 고기와 같아서 이 성읍이 우리를 안전하게 보호해 줄 것이다.'라고 하는구나. 그러므로 너 사람의 아들아, 너는 그들을 쳐서 예언하고 그들을 꾸짖으며 예언하라."

예루살렘 성읍의 악한 지도자들은 당시 사람들에게 익숙한 '가마솥과 가마솥 안의 고기' 속담을 사용했다. 여기서 '가마솥 안의 고기'는 '안전한 보호'를 뜻하는 속담이다. 말하자면, 가마솥 안의 고기가 안전한 것이듯 예루살렘 성읍 안에 살고 있는 자신들도 안전하게 보호받을 것이라는 뜻이다. 그래서 그들은 자신들이 지은 가옥과 건축물들이 바빌로니아 군대의 공격으로부터 안전하게 보호받게 될 것이라고 가르쳤다. 당시 거짓 선지자들도 그렇게 예언했다. 그러나 분명 그것은 이사야, 예레미야, 에스겔 같은 하나님의 선지자들이 선포한 주님의 메시지와는 완전히 상반되는 거짓 예언이고 거짓 가르침이었다. 그때에 주님의 영 곧 성령께서 에스겔에게 임하여 그에게 말씀하신다.

(5-12) "너는 그들에게 이렇게 선포하여라. '주께서 말씀하신다. 이스라엘 족속아, 나는 너희가 무슨 말을 하고, 무슨 생각을 마음속에 품고 있는지 다 알고 있다. 너희는 이 도성 예루살렘에서 많은 사람들을 죽였고, 그들의 시체들로 거리마다 가득 채워놓았다. 그러므로 나 주가 말한다. 너희가 죽여서 거리에 내던진 시체들이 그 고기요, 이 도성 예루살렘은 그 가마솥이 되겠지만, 그러나 너희는 가마솥 안의 고기가 절대로 아니다. 그것은 내가 너희를 그 가마솥에서 끄집어낼 것이기 때문이다. 나 주가 말한다. 너희가 두려워하는 것이 전쟁의 칼이므로, 내가 그 칼을 너희에게 보낼 것이다. 내가 기필코 너희를

이 도성 예루살렘에서 끌어내어 낯선 이방 사람들의 손에 넘겨 너희를 징벌할 것이니, 너희는 칼에 찔려 모두 죽게 될 것이다. 그날에 내가 너희를 이스라엘 변경에서 심판할 것이니, 그때에야 너희가 나를 주인 줄 깨닫게 될 것이다. 그렇다. 이 예루살렘 도성은 너희에게 안전한 가마솥이 되어주지 않을 것이고, 너희도 그 가마솥 안에 들어있는 소중한 고기가 되지 못할 것이다. 그날에 내가 너희를 예루살렘에서 끄집어내어 이스라엘 변경에서 가차없이 심판할 것이기 때문이다. 그때에야 너희가 나를 주인 줄 깨닫게 될 것이다. 참으로 너희는 내 규례를 따르지 않았고, 내 율법도 지키지 않았다. 도리어 너희는 너희 주변에 있는 이방인의 악한 관습대로 살아왔다.'"

성전 동문에 모여 있는 예루살렘의 정치 지도자들의 가르침이나 기대와는 달리(2-4절), 하나님께서는 그들을 '예루살렘 성읍'이라는 가마솥에서 모조리 끌어내어, 이스라엘 변경에서 칼로 심판하실 것이라는 내용이다. 그 이유는 두 가지다.

"내가 기필코 예루살렘 성읍을 징벌할 것이다."

하나는, 악한 지도자들이 힘없고 가난한 백성들과 경건한 의인들을 압제하고 무고하게 죽여, 그들의 피가 예루살렘 거리에 많이 흘려졌기 때문이다(6절). 그래서 이제 하나님은 악한 지도자들의 피로써 무고한 자들의 핏값을 치를 것이었다.

또 하나는, 그들이 하나님의 규례를 따르지 않고 이스라엘 주변에 있는 이방인의 규례를 따랐기 때문이다(12절). 이방인의 규례란 하나님의 거룩한 규례와는 다른 것으로, 예를 들면 탐욕적인 우상숭배, 음란한 종교적 제사, 온갖 사술이나 점성술, 인신(人身) 제사 등이다. 예루살렘 지도자들은 하나님의 거룩한 규례를 버리고 이 같은 이방인의 타락하고 가증한 규례를 따랐다.

결국 예루살렘 도성이 함락된 후(주전 586년 4월 9일), 왕이나 제사장이나 고위 관료 등 성읍의 지도자들은 바빌로니아 군사들에 의해 가마솥 같은 예루살렘 성읍에서 끌려 나왔다. 그런 뒤, 이스라엘의 북쪽 경계 지역인 '립나'로 압송되어 거기서 모조리 처형되고 말았다(왕하 25:18-21). 이처럼 예루살렘 성읍은 부패하고 악한 지도자들에게 결코 안전한 가마솥이 되어주지 못했다. 한편, 하나님의 지시에 따라 에스겔이 이 같은 예언을 성전 동문에 모여 있는 예루살렘의 지도자들에게 선포하고 있을 때, 브나야의 아들 블라댜가 갑자기 쓰러져 죽었다(13절).

'블라댜'는 성전 동문에 모여 있던 25인의 예루살렘의 악한 지도자들 중 하나로서(1절), 에스겔이 그의 죽음을 본 것은 환상 속에서였다. 따라서 블라댜는 실제로 죽은 것이 아니라 환상 속에서 죽은 것이다. 하지만 이 사건은 장차 예루살렘의 악한 지도자 25인의 운명이 어떠하리라는 사실을 분명히 보여주는 징조이다. 자신이 외친 예언을 듣고서 갑자기 블라댜가 쓰러져 죽자, 크게 당황한 에스겔이 땅에 납작 엎드려 큰 소리로 주께 부르짖는다.

(13) "아, 주 하나님이시여! 정녕 이스라엘의 남은 자들을 다 없애려 하시나이까?"

하나님의 징벌의 본보기로서 '블라댜'가 맥없이 쓰러져 죽자, 에스겔이 크게 놀라 이스라엘의 남은 자들을 위해 중보 기도를 드린 것이다. 블라댜를 징벌하신 것처럼 이스라엘의 모든 자들을 그렇게 멸하지 마시고, 그중에서도 살릴 자들을 살려달라는 간곡한 심령의 호소이다. 앞서 에스겔은 하나님의 명을 받은 천사들이 예루살렘 주민들을 쳐 죽일 때 그들을 위해서도 이와 같은 중보 기도를 드린 바 있었다(9:8). 이처럼 이사야, 예레미야, 에스겔, 다니엘 같은 하나님의 선지자들은 조국과 동족을 향해 하나님의 심판의 메시지를 과감히 선포하면서도, 조국에 대한 애국심과 동족을 향한 동정심을 조금도 잃지 않고, 나라와 동포를 위해 눈물로 기도하고 심령으로 호소했다.

이방 땅의 포로 된 백성들을 향한 회복의 약속 (11:14-21)

주님의 말씀이 계속해서 에스겔에게 임한다. 이때는 에스겔이 바빌로니아 땅에 포로로 사로잡혀 온 지 6년째 되던 해(주전 592년)의 6월 5일로, 앞선 8장 1절부터 시작된 환상의 계속이다. 지금까지는 주로 예루살렘의 가증한 우상숭배 및 그 죄악에 대한 하나님의 두려운 심판을 환상 가운데서 보여주었다면, 여기서는 이방 땅의 포로 된 이스라엘 백성들의 회복에 관한 환상을 보여주신다.

(15-16) "너 사람의 아들아, 예루살렘에 남아있는 자들이 포로가 되어 바빌로니아 땅에 끌려간 네 모든 형제 곧 너희 형제와 친척과 이스라엘 온 족속을 두고 말하기를 '그들은 주께로부터 아주 멀리 떨어진 곳에 있다. 그러므로 이 땅은 이제 우리에게 주어져 우리의

소유가 되었다.'라고 하는구나. 그러나 너는 그들에게 이렇게 선포하라. '주 하나님께서 말씀하신다. 내가 비록 저들을 이 땅에서 멀리 쫓아내어 여러 이방 민족들 가운데와 뭇 나라들 사이에 흩어놓은 것은 사실이지만, 저들이 쫓겨나 흩어져 있는 뭇 나라들에서 내가 저들과 함께하여, 잠시 저들을 위해 성소가 되어줄 것이다.'"

당시 예루살렘에 남아있는 자들, 곧 바빌로니아 군대의 제1차 침공(주전 605년) 및 제2차 침공(주전 597년) 때에 포로로 끌려가지 아니하고 예루살렘에 그대로 남아있는 자들은 이미 포로가 되어 바빌로니아 땅에 끌려간 동포들을 무시하고 얕보았다. 먼 이방 땅에 포로로 끌려간 자들은 하나님께 버림받은 자들이고, 예루살렘에 그대로 남은 자신들은 그들과 달리 하나님께 사랑받는 의로운 자들이라고 생각했다. 하지만 그것은 착각이었다. 후일에 포로 된 자들은 예루살렘으로 귀환할 수 있었지만, 당시 예루살렘에 남아있던 자들은 바빌로니아 군대의 제3차 침공 때(주전 588-586년) 무자비하게 살육당하고 말았다.

이런 맥락에서 하나님께서는 먼 이방 땅에 포로로 끌려간 자들을 위해 잠시 '성소(聖所)'가 되어줄 것이라고 말씀하신 것이다(16절). 거룩하신 하나님께서 계신 그곳이 바로 '성소'이므로, 이 말은 곧 하나님께서 바빌로니아 땅의 포로 된 이스라엘 백성들과 함께하겠다는 말이다.

'얼마 동안 이방 땅에서 자기 백성들과 함께하시다가, 때가 되면 그들을 다시 본토로 귀환시켜 주신다니…. 두려움 중에서도 우리에게는 소망입니다, 주여….'

과연 때가 이르자, 하나님께서는 이방 땅의 포로 된 백성들을 본토로 귀환시켰다(주전 537년). 그때는 에스겔의 이 예언이 있은 때로부터 대략 55년이 흐른 시점이었다. 이제 하나님께서는 그 해방과 회복의 날에 있을 일들에 관해 말씀하신다.

(17-21) "너는 또 그들에게 이렇게 전하여라. '주 하나님께서 말씀하신다. 때가 이르면, 내가 저들을 그 쫓겨나 있는 여러 민족들 가운데서 불러 모으고, 그 흩어져 사는 뭇 나라들 가운데서 모아들여, 저들을 다시 이 땅으로 데려와 저들에게 이스라엘 땅을 줄 것이다.' 그러면 저들이 이 땅으로 다시 돌아와서, 이 땅 가운데 있는 모든 보기 싫은 것들과 가증한 우상들을 다 없애버릴 것이다. 그때에 나는 저들에게 새 마음을 주고 저들 속에 새 영을 불어넣을 것이다. 또 그들의 몸에서 돌같이 딱딱한 마음을 제거하고, 그 대신에 살같이 부드러운 마음을 심어주어, 저들로 내 규례에 따라 살게 하고 또 내 율법을 지켜 행하게 할 것이니, 그러면 저들은 내 백성이 되고 나는 저들의 하나님이 될 것이다. 그러나 그 역겹고도 혐오스러운 우상에게 마음을 빼겨 그것들을 계속 섬기고 따르는 사람들에게는, 내가 그들이 행한 모든 악한 행위대로 그들의 머리 위에 하나도 남김없이 다 갚아주겠다. 이는 나 주 하나님의 말이다."

이방 땅에 포로로 끌려갔던 이스라엘 백성들이 하나님의 은혜로 말미암아 다시 본토로 돌아오게 될 때에 있을 일들이다. 그때에는 이전과는 다른 두 가지 놀라운 변화가 그들에게 나타날 것이었다.

첫째, 본토에 돌아온 백성들은 나라의 멸망과 이방 땅의 포로생활을 통해 우상의 무능과 헛됨을 절실하게 깨달았기에, 그들은 무엇보다도 자신들의 땅에서 가증한 우상들을 다 없애버릴 것이다(18절).

둘째, 하나님께서는 돌아온 백성들에게 '새 마음'과 '새 영'을 불어넣어 주실 것이다. 마치 '돌' 같은 이전의 완악하고 딱딱한 옛 심령을 제거하고, 마치 '살' 같은 부드럽고 새로운 심령을 심어주실 것이다(19절). 이는 죄의 길에서 돌이켜 하나님의 말씀에 따라 순종적으로 신실하게 살아가는 뜨거운 영적 변화를 가리킨다. 요컨대, 이방 땅의 포로생활이 제련의 용광로가 되어 그들의 몸에서 온갖 불순물을 제거하여 새로운 심령으로 변화시켰던 것이다.

주님의 영광이 예루살렘을 떠나가심 (11:22-25)

(22-25) 그때에 그룹들이 그들의 날개를 펼치는데, 바퀴들도 그들 곁에 있고, 이스라엘 하나님의 영광도 그들 위에 있었다. 이윽고 주님의 영광이 예루살렘 성읍 가운데서 위로 떠올라 옮겨가더니, 예루살렘 성읍 동편에 있는 산 위에 머물렀다. 그러자 주님의 영이 환상 가운데 나를 높이 들어올려, 바빌로니아 땅에 있는 사로잡힌 자들 곧 포로 된 내 동족들에게로 데려다주셨다. 그리고 지금껏 내가 본 환상이 내게서 떠나갔다. 나는 사로잡힌 자들 곧 포로 된 내 동족들에게 주께서 환상 가운데서 내게 보여주신 모든 일을 자세히 말해주었다.

에스겔은 그룹들 및 바퀴들과 함께하시는 주님의 영광이 예루살렘 성읍에서 떠올라 그 성읍의 동편 산 곧 '감람산' 위에 머무시는 것을 보았다. 이는 하나님께서 온갖 우상들이 있는 가증한 성전과 온갖 죄악들이 난무하는 부패한 성읍을 떠나가셨음을 의미한다. 본래 주님의 영광은 성전의 지성소 내 언약궤 위의 그룹들 사이에 머물러 계셔야 했다. 그러나 그곳을 떠나 지성소에서 성전의 문지방으로(10:4), 또 성전의 문지방에서 성전의 바깥 동문으로(10:18-19), 그리고 마침내 성전 동문을 떠나 예루살렘 성읍의 동편 산을 거쳐(11:23), 마침내 예루살렘 성읍을 완전히 떠나가셨던 것이다.

그리하여 이제 예루살렘 성전과 성읍은 주님의 영광이 없는 빈껍데기 성전과 성읍에 불과했고, 그 결과 이방 군대의 말발굽 아래 여지없이 짓밟히게 된다. 이처럼 주님의 영광이 한 번에 곧바로 예루살렘 성전과 성읍을 떠나가시지 않고, 점차적으로 서서히 떠나가신 점에 주목하라. 에스겔은 그 점을 충분히 이해한다.

'아, 주님께서는 확실히 성전과 예루살렘을 떠나려 하시는구나….
자신의 이름을 둔 처소 및 언약을 맺은 자기 백성을 부득이 떠나야만 하는 안타까운 마음을 보여주시는구나.'

후일 에스겔의 또 다른 환상에 의하면(43:1-7), 하나님께서 성전으로 돌아오실 때는 이때 떠나가신 방향과 반대로 다시 성읍과 성전으로 돌아오시는 모습을 볼 수 있다. 그룹들 및 바퀴들과 함께하신 주님의 영광이 예루살렘 성전과 성읍을 떠나가신 광경을 끝으로, 에스겔이 포로 된 지 6년째 되던 해(주전 592년)의 6월 5일에 자신의 집에서 체험한 환상도 마무리되었다(8:1-11:24). 주님의 영 곧 성령께서 환상 가운데 에스겔을 예루살렘에서 들어 올려 다시금 포로 된 땅 곧 바빌로니아의 델아빕 마을에 있는 에스겔의 집으로 도로 데려다놓았기 때문이다. 그리하여 환상에서 깨어난 에스겔은 자신이 환상 가운데서 목도한 모든 것을 당시 자신 앞에 앉아 있던 유다의 장로들을 비롯하여 그 땅에 살고 있는 모든 동족들에게 빠짐없이 말해주었다.

12

바빌로니아 포로 예언

너는 포로처럼 행동하여라
낮에 집 담벼락 뚫어 짐 내놓고
밤에는 그 짐을 메고 떠나라
유다 백성에게 징표가 되리라

예루살렘의 멸망에 관한 상징적 행위 (12:1-20)

하루는 주께서 또 에스겔에게 말씀하신다. 때는 에스겔이 바빌로니아 땅에 포로로 잡혀온 지 6년째 되던 해로 보인다(주전 592년경, 8:1). 이때 주께서는 에스겔로 하여금 상징적인 행동을 하게 함으로써 예루살렘의 멸망이 임박했다는 사실과 그 땅의 백성들이 포로로 잡혀갈 것이라는 사실을 생생하게 경고하신다.

주님은 에스겔에게 두 가지 상징적인 행동을 취하게 하셨다. 첫 번째는, 포로의 행장을 취한 뒤에 다른 데로 길을 떠나게 하신 것이다(1-16절). 두 번째는, 벌벌 떨면서 두려움 가운데 음식을 먹고 물을 마시게 하신 것이다(17-20절). 이 같은 특이한 방법을 사용해서라도 주님은 유다 백성들과 예루살렘 주민들이 자신들의 죄악을 깨닫고 회개함으로써 어떻게든 파멸의 심판을 면하기를 바라셨다.

(2-7) "너 사람의 아들아, 너는 지금 반역을 일삼는 백성들 가운데

살고 있다. 그들은 볼 눈이 있어도 보려고 하지 않고, 들을 귀가 있어도 들으려고 하지 않는, 참으로 거역하고 불순종하는 백성들이다. 그러므로 너 사람의 아들아, 너는 포로로 붙잡혀갈 사람처럼 행동하라. 간소하게 짐을 꾸려서, 낮에 모든 사람들이 보는 앞에서 그 짐을 메고 네가 살던 집을 떠나 다른 곳으로 이사하라. 그러면 아무리 반역을 일삼는 백성이라 할지라도, 너의 그런 행위를 보면 혹 깨닫게 될지도 모르지 않느냐. 너는 모든 사람들이 볼 수 있도록 대낮에 간소하게 짐을 꾸려서 이사하듯 밖의 마당에 내놓고, 해가 저물면 그들이 보는 앞에서 마치 포로로 붙잡혀가는 자처럼 그 짐을 메고 떠나가도록 하라. 너는 사람들이 보는 앞에서 네 집의 담벼락에 구멍을 뚫고, 그 구멍으로 네 짐을 집 바깥에다 옮겨놓아라. 해가 져서 캄캄해지면, 너는 사람들이 보는 앞에서 네 집 바깥에 옮겨놓은 그 짐을 어깨에 메고 길을 떠나라. 길을 떠날 때, 너는 네 얼굴을 가린 채 땅을 보지 말고 떠나라. 내가 너로 이렇게 행하도록 하는 것은, 내가 너를 이스라엘 족속에게 징표로 삼았기 때문이니라." 그래서 나는 주님의 명령에 따라 그대로 행했다. 대낮에는 모든 사람들이 보는 데서 포로로 끌려가는 사람처럼 간소하게 짐을 꾸려 이사하듯 밖의 집 마당에 내어놓고, 저물 때에는 내 손으로 내 집의 담벼락에 구멍을 뚫고서 그 짐을 집 바깥에다 옮겨놓은 후, 해가 져서 캄캄할 때에 사람들이 지켜보는 가운데 그 짐을 어깨에 메고 길을 떠났다.

하나님께서는 왜 에스겔에게 포로의 행장을 꾸린 뒤 한밤중에 그 짐을 어깨에 메고 멀리 길을 떠나는 행동을 취하라고 명하신 것인가? 교훈은 명백하다. 에스겔이 시범을 보인 것처럼, 유다 백성들과 예루살렘 주민들이 조만간 바빌로니아의 포로가 되어 먼 땅으로 끌려갈 것이라는 경고의 메시지를 들려주기 위해서이다(11절).

포로의 행장은 포로 된 자들이 먼 땅으로 끌려갈 때 챙기는 가장 기본적인 소유물로서, 그것은 아주 궁색하고 초라한 소품이었다. 또한 에스겔이 자기 집의 담벼락에 구멍을 뚫은 행위는 조만간 예루살렘 성벽이 그렇게 뚫린다는 사실을 보여주기 위함이었다. 고대 세계에서 성벽은 그 성읍을 보호하는 최후의 방어막이었다. 따라서 성벽이 무너지거나 뚫리는 행위는 성읍의 몰락을 의미했고, 그것은 곧 적군에게 포로가 되는 것을 의미했다. 과연 이때로부터 6년 후쯤에 바빌로니아 군대의 거센 포위 공격에 예루살렘 성벽은 마침내 구멍이 뚫리며 무너지고 만다(주전 586년, 왕하 25:3-4).

주님의 명령에 따라 에스겔이 포로의 행장을 꾸린 뒤 한밤중에 뚫린 담벼락을 통해 내어놓은 짐을 어깨에 메고 다른 데로 길을 떠나는 행동을 취한 일이 있고서, 그 다음날 아침에 주께서 에스겔에게 또 말씀하신다.

> (9-16) "너 사람의 아들아, 이스라엘 족속 곧 거역하는 저 백성이 네가 어제 행한 일을 보고는 네게 묻기를 '도대체 네가 지금 무엇을 하고 있느냐?'라고 하지 않더냐? 너는 그들에게 대답하기를 '주 하나님께서 말씀하신다. 그 일은 예루살렘의 왕과 그 성읍에 살고 있는 이스라엘 온 족속에게 생길 일을 보여주고 있는 징표다.'라고 하여라. 또 그들에게 말하기를 '내가 바로 너희에게 징표다. 내가 어제 보여준 일과 똑같은 일이 이제 그들에게 닥쳐올 것이니, 그들이 사로잡혀 포로로 끌려갈 것이다. 예루살렘이 함락되는 날, 무리들이 예루살렘 성벽에 구멍을 뚫고 자기들의 짐을 어깨에 둘러멘 채 그리로 급히 빠져나갈 것이고, 그들과 함께 왕도 어깨에 짐을 메고 캄캄할 때에 성읍을 빠져나갈 것인데, 왕은 자기 눈으로 땅을 보지 않으려고 수건으로 자기 얼굴을 가릴 것이다.'라고 하여라. 그러나 내가 내 그물을 그 위에 펴서 왕을 사로잡을 것인데, 그러면 대적이 그를 갈대아 사람들의 땅 바벨론으로 끌고 갈 것이다. 그러면 대적의 손에 두

눈이 뽑힌 왕은 그 땅을 보지도 못한 채 사로잡혀간 땅에서 죽고 말 것이다. 또 그때에 내가 왕을 호위하던 그의 신하들과 군사들을 사방으로 다 흩어버리고, 또 내가 칼을 빼어들고 그들의 뒤를 추격할 것이다. 내가 이렇게 그들을 여러 이방 민족들 가운데 산산이 흩어버리고 뭇 나라들 가운데 뿔뿔이 쫓아버리면, 그때에야 그들은 내가 주라는 사실을 비로소 깨닫게 될 것이다. 그러나 나는 이 백성들 가운데 얼마를 남겨서 칼과 굶주림과 전염병에서 살아남게 할 것이다. 그래서 그들로 자기들이 쫓겨난 뭇 이방 민족들 가운데 흩어져 살면서, 이전에 자기들이 저질렀던 모든 가증한 우상숭배의 죄악을 자백하게 할 것이다. 그러면 그때에야 그들이 내가 주라는 사실을 비로소 깨닫게 될 것이다."

앞서 에스겔이 취한 행동(3-6절)이 머잖아 유다 백성들과 예루살렘 주민들에게 일어날 일에 대한 징표라는 사실을 밝히 일러주신다. 즉, 장차 있을 일을 미리 보여주신 것이다. 여기서 '왕'은 남왕국 유다의 마지막 왕인 '시드기야'(주전 597-586년)를 가리킨다. 1년 6개월 동안 지속된 바빌로니아 군대의 포위 공격을 더 이상 견디지 못하고 마침내 예루살렘 성벽이 뚫렸을 때, 시드기야 왕은 몰래 성읍을 빠져나가 도망치려고 애썼다. 그러나 얼마 못 가서 결국 바빌로니아의 추격 군사들에게 사로잡히고 만다(왕하 25:4-5).

당시 시드기야 왕이 예루살렘 성읍을 몰래 빠져나갈 때 자기 얼굴을 가렸는데(12절), 그것은 자신이 왕임을 감추려고 변장을 시도했기 때문이다. 그리고 이때 사로잡힌 시드기야 왕은 다시는 자신이 다스리던 유다 땅을 보지 못했다. 바빌로니아 땅에 끌려가기 전에 이미 두 눈이 뽑힌 상태였으므로 볼 수 없었고(왕하 25:7), 또한 끌려간 바빌로니아 땅의 옥에서 죽고 말았기 때문이다(렘 52:11).

한편, 하나님께서는 사로잡힌 유다 백성들을 온 땅의 사방으로 흩어버리는 준엄한 심판의 와중에서도 얼마를 남기시겠다고 약속하시는데(16절), 이처럼 남겨진 소수의 사람들을 이른바 '남은 자들'(the Remnants)이라고 부른다. 이들은 일차적으로는 '생존자들'을 가리키고, 이차적으로는 '경건한 자들'을 가리킨다. 하나님께서는 이렇게 남은 자들을 통해 장차 자기 백성을 회복시키는 한편, 인류 구원의 역사를 계속 이어 가시려는 계획을 세우셨던 것이다. 에스겔이 첫 번째의 상징적 행동(3-7절)과 메시지 전달(9-16절)을 완수하자, 곧이어 주님의 말씀이 에스겔에게 또 내린다.

> (18-20) "너 사람의 아들아, 너는 벌벌 떨면서 네 음식을 먹고, 공포와 근심에 싸인 채로 네 물을 마셔라. 그러면서 너는 이 땅의 백성들에게 말하여라. '주 하나님께서 예루살렘 주민들과 이스라엘 땅에 사는 온 백성들에 대하여 말씀하신다. 그들은 근심에 싸인 채 끼니를 겨우 때우게 될 것이고, 두려움과 절망 가운데서 물을 마시게 될 것이다. 그 까닭은, 이 땅에 살고 있는 모든 사람들의 불법과 폭력으로 인해서 이 땅의 모든 것들이 황폐하게 될 것이기 때문이다. 정녕 그날에 사람 사는 이 땅의 모든 성읍들이 폐허가 되어 인적이 끊어지고, 농토는 황무지가 되어버릴 것이다. 그러면 그때에야 너희는 내가 주라는 사실을 비로소 깨닫게 될 것이다.'"

하나님께서는 에스겔 선지자에게 벌벌 떨면서 음식을 먹고, 크게 근심하고 두려워하면서 물을 마시라고 했다. 이처럼 선지자가 어떤 행동을 직접 취하면서 메시지를 전달하는 것을 이른바 '행위 예언'이라고 한다. 좀 더 생생하고 충격적인 효과를 위해 상징적이거나 예표적인 행위를 통해 메시지를 전달하는 방식이다.

여기서 에스겔이 취한 행위 예언의 의미는 아주 분명하다. 머잖아 예루살렘 백성들이 바빌로니아 군대의 포위 공격으로 인해 극심한 공포와 굶주림을 겪게 될 것이라는 사실이다. 과연 그랬다. 이때로부터 6년 후쯤에 예루살렘 백성들은 바빌로니아 군대에 의해 18개월 동안 맹렬한 포위 공격을 당했고(주전 588년 10월 10일 ~ 586년 4월 9일), 그 기간 동안에 극심한 기근을 겪고 극한 공포를 겪었다. 일례로, 그 기근이 얼마나 심했는지 심지어 자비로운 부녀들조차도 자기 자녀를 삶아먹는 처참한 일까지 발생하였다(애 4:10).

하나님께서 이토록 철저하게 유다 백성들과 예루살렘 주민들을 징벌하시는 근본적인 목적이 있다. 그것은 그들로 하여금 오직 하나님만이 '주(여호와)'라는 사실을 밝히 깨닫게 하려는 것이었다(20절). 다시 말해 유다 백성들과 예루살렘 주민들이 그동안 그토록 열렬하게 섬기고 숭배한 이방의 온갖 우상들은 전부 가짜요 거짓이고 무능하고 헛된 것들인 반면, 오직 이스라엘의 주 하나님만이 참되고 유일한 전능자요 구원자란 사실을 밝히 일깨워주기 위함이었다.

심판의 확실성과 긴박성 (12:21-28)

하루는 주님의 말씀이 에스겔에게 또 임한다. 아마도 환상이나 꿈을 통해 주님의 음성이 에스겔의 귀에 들려졌을 것이다. 이처럼 주님의 말씀이 임한 때는 예루살렘 멸망을 대략 5-6년 앞둔 시점으로 보인다(주전 592-591년경).

(22-25) "너 사람의 아들아, 이스라엘 땅에 사는 사람들 사이에 이런 속담이 유행한다. 그들이 이르기를 '오랜 세월이 흘러도, 예언의 말씀이 맞은 적은 한 번도 없더라!'라고 하니, 이게 어찌 된 일이냐? 그러므로 너는 그들에게 말하여라. '주 하나님께서 말씀하신다. 내가 이 속담을 그치게 할 것이니, 이스라엘 가운데서 사람들이 다시는 이 속담을 자기들의 입에 올리지 못할 것이다.' 또 그들에게 이렇게

일러라. '이제 선지자들이 환상으로 본 계시들이 모두 그대로 이루어질 날이 가까이 이르렀으니, 이제는 이스라엘 족속 가운데서 헛된 환상이나 말로 아첨이나 떠는 거짓된 점술 등이 더 이상 발붙일 수 없을 것이다.' 나는 주다. 내가 분명히 말한다. 내가 한 말은 더 이상 지체되지 않고 그대로 다 이루어질 것이다. 너희 거역하는 백성아, 너희가 살아있는 동안에 내가 말한 것을 내가 다 이룰 것이다. 이는 나 주의 말이다."

당시 이스라엘 땅에 사는 사람들은 선지자들의 말을 믿으려 하지 않았다. 그 까닭은, 세월이 흘러도 선지자들의 예언이 그대로 맞은 적이 없었기 때문이다(22절). 그것은, 그만큼 이스라엘 사회에 거짓 선지자들이 횡행했기 때문이었다. 하나님께로부터 보냄을 받지 않은 거짓 선지자들이 마치 하나님의 선지자인 양 '하나님의 이름으로' 예언을 발하니, 그 예언이 제대로 맞을 리 없었다. 에스겔 당시에도 마찬가지였다. 이처럼 예언을 불신하고 배척하는 사회 분위기에서, 하나님의 엄중한 심판과 재앙을 선포하는 에스겔 선지자의 쓰디쓴 예언이 그들에게 받아들여질 리 없었다. 대신에 그들은 자신들의 탐욕에 따라 모든 것이 형통할 것이라는 거짓 선지자들의 평강의 예언을 받아들였다. 그런 예언은 자신들의 입맛에 맞아떨어졌기 때문이다.

이처럼 참된 예언보다 거짓 예언이 이스라엘 백성들에게 인기가 있었으므로, 당시 이스라엘 사회에는 헛된 환상이나 무익한 말로써 아첨을 떠는 거짓된 점술 등이 횡행하고 있었다. 그래서 이스라엘의 거짓 선지자들과 부패한 지도자들은 에스겔의 예언과는 반대로 바빌로니아의 멸망과 예루살렘의 안전을 예언하고 가르쳤다(렘 8:11).

하지만 이것은 하나님의 참된 계시와는 동떨어진 허탄한 묵시이고, 백성들의 비위에 맞추려는 아첨하는 점술에 불과했다. 그러므로 하나님께서는 조만간 에스겔의 예언을 그대로 성취시킴으로써 그 모든 거짓 묵시와 헛된 점술을 깨뜨릴 작정이셨다. 그리고 5-6년 후쯤에 하나님께서는 실제로 에스겔의 예언을 그대로 성취시킴으로써 모든 거짓 선지자들의 거짓 예언과 헛된 점술 등을 모조리 깨뜨리셨다(주전 586년, 왕하 25:1-21). 하루는 주님의 말씀이 또 에스겔에게 임한다.

(27-28) "너 사람의 아들아, 이스라엘 사람들이 말하기를 '네가 본 환상은 모두 먼 훗날에 일어날 일들이고, 네가 예언한 것들도 모두 먼 미래에 대한 것이다.'라고 하는구나. 그러므로 너는 그들에게 말하여라. '주 하나님께서 말씀하신다. 내가 한 말들은 조금도 지체되지 않을 것이니, 내가 말한 것들은 무엇이든 그대로 다 이루어질 것이다. 이는 나 주 하나님의 말이다.'"

앞서 에스겔은 자신이 선포하는 예언은 더디지 아니하고 속히 성취될 것인데, 자신의 예언을 듣고 있는 사람들이 살아있는 동안에 그대로 다 이루어질 것이라고 했다(25절). 그러자 그 말에 대해 이스라엘 백성들은 '너의 환상은 먼 훗날의 일이고, 너의 예언은 먼 미래의 것'이라며 경멸조로 응답했다(27절). 에스겔의 예언이 자신들과는 아무 상관 없는 것인 양 치부한 것이다. 이런 현상에 대해, 이제 하나님께서 에스겔의 말을 다시금 확인해 주신다. '조금도 지체되지 않고, 무엇이든 그대로 다 이루어질 것'이라고(28절)!

과연 그러했다. 에스겔의 예언은 이때로부터 5-6년 후쯤에 유다 땅과 예루살렘 도성에 그대로 성취되었으므로(주전 586년), 당시에 그 예언을 들었던 자들이 대부분 살아있는 동안에 실제로 이루어진 것이나. 이처럼 하나님의 말씀은 일점일획도 어긋남이 없다(사 34:16; 롬 9:28).

13

거짓 예언자

마음대로 지어 말하는 여예언자는
몇 줌의 보리, 몇 조각 빵을 위하여
팔목에 부적 띠를 달아매고
백성의 영혼을 사냥하는구나

거짓 선지자들의 죄악과 하나님의 준엄한 심판 (13:1-16)

어느 날, 주님의 말씀이 또 에스겔에게 임한다. 이번에는 거짓 선지자들의 죄악과 그들에 대한 하나님의 심판에 관한 말씀이었다. 당시 유다 땅과 예루살렘 도성에는 하나님의 참된 선지자들이 선포하는 심판의 메시지를 뒤엎어버리는 거짓 선지자들의 거짓 예언들이 횡행하고 있었다. 이처럼 거짓 예언으로 백성들을 미혹하고 그들의 영혼을 사냥하는 거짓 선지자들에는 남자 선지자들도 있었고 여자 선지자들도 있었다. 그래서 하나님께서는 에스겔을 통해 그런 남녀 거짓 선지자들의 죄악을 지적하는 가운데, 그들에게 임할 준엄한 심판을 선포하신다. 먼저 남자 거짓 선지자들에 대해 언급하신 후(1-16절), 이어 여자 거짓 선지자들에 대해 언급하신다(17-23절).

(2-7) "너 사람의 아들아, 너는 이스라엘의 선지자들을 향하여 예언하되, 자기들 마음 내키는 대로 예언하는 사람들을 쳐서 예언하라.

'너희는 주의 말씀을 들어라! 주 하나님께서 말씀하신다. 환상을 본 적도 없으면서 자기 마음대로 예언하는 어리석은 선지자들에게 재앙이 있을 것이다! 이스라엘아, 너희 선지자들은 황무지에 살고 있는 여우와 같다. 너희 선지자들은 너희의 성벽이 허물어져 있는데도 그리로 올라가서 수리할 생각조차 하지 않았고, 또 주의 날에 있을 전쟁에 대비하여 너희 이스라엘 족속을 위하여 성벽을 쌓지도 않았다. 그들은 헛된 환상을 보고 거짓 점괘를 말한다. 그들은 자신들이 주께 보냄 받았다고 주장하면서 주의 이름으로 예언하고 있지만, 나 주는 그들을 보내지 않았다. 그럼에도 그들은 자기들의 말이 확실히 이루어지기를 기대하고 있다. 내가 그들에게 전혀 말한 적이 없는데도, 그들은 자신들의 말이 주의 말씀이라고 주장하니, 그것이야말로 그들이 헛된 환상을 보고 거짓 점괘를 말한 것이 아니냐!'"

먼저 주님은 어떤 자들이 '거짓 선지자'인지를 밝히 정의하신다. 그들은 하나님께로부터 보냄을 받지 않았음에도 불구하고, 마치 하나님께로부터 보냄을 받고 그분께로부터 말씀을 받은 선지자인 것처럼 '하나님의 이름으로' 메시지를 전달하는 자들이다. 이런 자들이 가짜요 거짓 선지자들인 것이다.

주님은 거짓 선지자들을 '황무지에 살고 있는 여우'에 비유하셨다(4절). 그 까닭은, 황무지의 여우는 인적이 끊긴 황량한 폐허에 사는 동물이다. 다가올 하나님의 심판과는 동떨어진 엉뚱한 메시지를 전하면서 스스로 만족해하는 거짓 선지자들은 황무지의 여우와 같은 존재들인 것이다. 그리고 황무지의 여우는 때때로 마을로 내려와 농작물이나 포도원 따위를 망쳐놓는 해로운 동물이다. 이처럼 거짓 선지자들도 백성들의 신앙을 허물고 여러 가지 해악을 끼치는 악한 존재들인 것이다.

또한 참된 선지자들은 주의 날, 곧 주님의 심판이 임하는 날을 대비하여 성벽을 수리하고 쌓지만 거짓 선지자들은 그렇게 하지 않는다(5절).

이때 '성벽을 수리하고 쌓는다'란 말은 상징적인 표현이다. 여기서 무너진 성벽은 이스라엘 백성들의 영적, 도덕적 타락을 상징한다. 선지자들은 백성들의 죄악을 지적하여 그들로 하여금 회개토록 함으로써 무너진 영적, 도덕적 성벽을 수축하도록 해야 옳았다.

하지만 거짓 선지자들은 담에 회칠을 하듯(10절), 번영과 평강의 말로써 진실을 왜곡시켰다. 하나님의 심판과 재난 대신에, 예루살렘의 평강과 포로들의 귀환을 예언했다(렘 8:11; 28:1-4). 그렇게 함으로써 거짓 선지자들은 백성들로 하여금 그들의 죄악과 타락상을 보지 못하게 했고, 거짓된 소망과 허황된 기대만을 갖게 만들었다. 죄악에 대해 심판하시는 '주의 날'을 전혀 대비하지 못하게 했다. 그 결과, 마침내 주님의 심판이 임했을 때 유다 백성들과 예루살렘 주민들은 속수무책으로 자신들의 죄악 가운데 처참하게 멸망하고 말았다.

(8-14) "그러므로 나 주가 너희 이스라엘의 거짓 선지자들에게 말한다. 너희가 허황된 것을 보고 거짓된 것을 말하니, 내가 너희를 칠 것이다. 이는 나 주의 말이다. 그렇다. 너희 선지자들이 헛된 환상을 보고 거짓 점괘를 말했으므로, 내가 손을 들어 직접 그들을 치겠다. 그래서 그들로 내 백성의 공회에 참석하지 못하게 하겠고, 이스라엘 족속의 호적에도 기록되지 못하게 하겠으며, 이스라엘 땅에도 영영 들어오지 못하게 할 것이다. 그러면 그때에야 너희가 나를 주인 줄 깨닫게 될 것이다. 내가 이처럼 내 손을 들어 그들을 치는 까닭은 이러하니, 그들이 내 백성 이스라엘을 미혹하여 잘못 인도했기 때문이다. 그들은 이스라엘 땅에 평강이 없는데도 '평강이로다!' 하고 말했고, 내 백성이 쌓은 성벽이 전혀 단단하지 못한데도 그 겉에 그럴듯하게 회칠을 하여 단단해 보이도록 만들었다. 그러므로 너희는 겉에 회칠하는 자들에게 말하기를 '이제 곧 그 성벽이 무너질 것이다!'라고 하여라.

억센 폭우가 쏟아질 것이고, 큰 우박덩어리가 떨어지며, 거센 폭풍이 불어닥칠 것이기 때문이다. 그러면 성벽이 무너질 것이고, 또 그렇게 성벽이 무너질 때 사람들이 당황하며 묻기를 '그들이 성벽에 발랐던 그 회칠이 다 어찌 된 것이냐?'라고 할 것이다. 그러므로 나 주가 말한다. 그날에 내가 분노하여 거센 폭풍을 일으키고, 내가 진노하여 억센 폭우를 쏟으며, 내가 격노하여 큰 우박덩어리를 떨어뜨려 너희 성벽을 와르르 무너뜨리겠다. 너희의 회칠한 성벽을 내가 철저히 허물고 완전히 땅바닥에 무너뜨려, 그것의 밑바닥이 훤히 드러나게 하겠다. 그렇게 성벽이 와르르 무너지면, 너희가 그 밑에 깔려 다 죽을 것이다. 그때에야 너희가 나를 주인 줄 깨닫게 될 것이다."

하나님께로부터 보냄을 받지 않은 거짓 선지자들은 헛된 환상과 거짓 점괘로 백성들을 미혹하고 있었다. 하나님께서는 분명히 '심판'을 선포하셨지만, 거짓 선지자들은 그와 정반대로 '평강'을 외쳤다. 이렇다 보니 '이스라엘의 성벽' 곧 이스라엘 백성들의 도덕적, 영적 상태는 방금이라도 무너져 내릴 정도로 아주 허약하게 되었다. 하지만 거짓 선지자들은 그것을 수리하거나 쌓지 않고, 다만 그 성벽에 회칠만 할 뿐이었다. 즉, 조만간 주께 심판을 받아 다 죽게 생겼는데도 "괜찮다", "안전하다" 하면서 온갖 번지르르한 말로 평강의 메시지만 외칠 뿐이었다.

하지만 주님의 심판이 임하는 날, 즉 거센 폭풍이 일고, 억센 폭우가 쏟아지며, 큰 우박덩어리가 떨어지는 날, 겉만 번지르르한 회칠한 성벽은 조금도 버티지 못하고 그대로 와르르 무너질 것이고, 그때 유다 백성들과 예루살렘 주민들은 그 밑에 깔려 다 죽게 될 것이었다.

'만일 그렇게 되면, 백성들이 그런 지경에 처하도록 그릇된 길로 이끈 거짓 선지자들은 더욱 준엄한 하나님의 심판과 징벌을 면치 못하겠구나.'

그렇다. 그래서 이제 주님은 그런 사실을 분명히 선포하신다.

(15-16) "이렇게 내가 나의 분노를 그 성벽과 거기에 회칠한 자들에게 남김없이 다 쏟아부을 것이다. 그런 후에 너희에게 말하기를 '자, 보라! 성벽은 무너져 없어졌고, 거기에 회칠하던 자들도 모두 사라지고 없다!'라고 할 것이다. 정녕 그들은 예루살렘을 두고 예언하면서, 그 땅에 평강이 없는데도 '평강이로다!' 하고 말한 이스라엘의 거짓 선지자들이다. 이는 나 주 하나님의 말이다."

거짓 여선지자들의 죄악과 하나님의 준엄한 심판 (13:17-23)

(17-19) 주님의 말씀이 계속해서 에스겔에게 임한다. "너 사람의 아들아, 너는 이제 네 백성 가운데서 자기 마음대로 지어내어 예언하는 여자들을 주목해서 살펴보고, 그녀들을 쳐서 예언하여라. 너는 그녀들에게 선포하여라. '주 하나님께서 말씀하신다. 사람의 영혼을 사냥하려고 자기 팔목마다 부적 띠를 달아매고, 각 사람들의 키에 맞도록 너울을 만들어 그들의 머리에 씌워주는 여자들에게 재앙이 있을 것이다! 너희가 그렇게 내 백성의 영혼을 사냥하고서도 어찌 너희 영혼이 살기를 바랄 수 있겠느냐. 너희가 몇 줌의 보리와 몇 조각의 빵을 얻으려고 내 백성 가운데서 나를 모독하고 내 이름을 더럽혔다. 너희는 거짓말에 잘 속아 넘어가는 내 백성을 그럴듯한 거짓말로 속여, 죽지 말아야 할 사람을 죽였고, 살려두어서는 안 될 사람을 살려두었다.'"

예로부터 이스라엘 사회에는 여자 선지자들이 존재했다. 이름이 알려진 구약시대의 여자 선지자로는 미리암(출 15:20), 드보라(삿 4:4), 훌다(왕하 22:14) 등이 있었다. 이렇다 보니 여자 선지자들 중에는 거짓 여자 선지자들도 있었다. 느헤미야 시대의 '노아댜'가 그런 거짓 여선지자들 중의 하나였다(느 6:14).

'거짓 선지자들은 참으로 선지자라는 이름이 부끄럽구나. 그들은 차라

리 점을 치는 무녀(巫女)들이야….'

그렇다. 본문에서 에스겔에 의해 정죄된 여자 선지자들은 차라리 점을 치는 무녀에 가까웠다. 당시 그런 여자 선지자들은 하나님의 이름을 사칭하여 요술, 영매(靈媒), 신접(神接) 등의 요란하고 사악한 방법으로 이스라엘 백성들의 영혼을 사냥하면서 자기 잇속을 챙기고 제 배를 불리는 자들이었다(18-19절).

본문에서 '팔목의 부적'이나 '머리의 너울' 등은 당시 거짓 여자 선지자들이 점(占)을 칠 때 사용하던 도구들이다. '팔목의 부적'은 거짓 여자 선지자들이 신의 지시를 잘 받기 위해 자신의 팔목에 매다는 여러 모양의 부적이나 작은 우상 같은 것들로, 손을 움직이면 요란한 소리를 냈다. 그리고 '머리의 너울'은 미래의 일에 대해 점을 칠 때에 신탁을 잘 받을 수 있도록 자신들의 머리에 쓰고 또 사람들의 머리에 덮어씌운 크고 작은 베일을 가리킨다.

이처럼 거짓 여자 선지자들은 머리에 너울을 덮어쓰고 팔목에 여러 가지 요상한 물건을 매단 채 몸을 이리저리 흔들고 뛰면서 떠들썩하고 소란스럽게 점을 쳤다. 그러나 하나님이 보시기에 그런 행위들은 단지 자기 잇속을 채우려고 사람들의 영혼을 사냥하는 가증스러운 마귀적 행위에 불과했다(20-21절). 따라서 하나님께서는 그런 거짓 여자 선지자들의 사악한 행위에 대하여 준엄한 심판을 선포하신다.

(20-23) "'그러므로 나 주가 말한다. 마치 사냥꾼이 새를 사냥하듯, 너희가 내 백성의 영혼을 사냥하는 데 사용하는 너희 부적 따를 너희 팔목에서 사정없이 떼어낼 것이고, 또 너희가 새인 양 사냥해 놓은 그 영혼들을 내가 다 풀어주겠다. 또 그때에 내가 너희의 너울을 갈기갈기 찢어 내 백성을 너희 손에서 건져내겠고, 내 백성들로 다시는 너희의 사냥감이 되지 않게 하겠다. 그러면 그때에야 너희가 나를

주인 줄 깨닫게 될 것이다. 또 너희는 내가 슬프게 하지 않은 의인들을 거짓말로 낙담시켜 슬프게 했고, 죄악을 일삼는 악인들의 손을 도리어 강하게 하여 그들로 자신들의 악한 행실에서 돌이켜 살 길을 찾지 못하게 하였다. 그러므로 내가 너희를 쳐서, 이제 너희로 더 이상 헛된 환상을 보거나 거짓 점괘를 말하지 못하게 하겠다. 그리하여 내가 너희의 손아귀에서 내 백성을 건져내겠다. 그러면 그때에야 너희가 나를 주인 줄 알게 될 것이다.'"

거짓 여자 선지자들이 팔목의 부적이나 머리의 너울 등을 통해 자행한 죄악들은 이러하다. 순진한 백성들의 영혼을 사냥하여 그들을 파멸시킴, 의인들의 심령을 슬프게 하여 낙담시킴, 악인들에게 그나마 주어진 회개의 기회마저 아예 빼앗음. 따라서 하나님께서는 이 같은 거짓 여자 선지자들의 죄악에 대해 준엄한 심판을 집행하실 것이었다. 곧 그녀들의 팔목에서 사정없이 부적을 떼어내고 머리의 너울을 갈기갈기 찢어버림, 다시는 헛된 환상을 보거나 거짓 점괘를 말하지 못하도록 그녀들을 쳐서 완전히 멸망시킴… 등등이다.

하나님의 수많은 경고에도 불구하고 그 심판을 피하지 못하고 끝내 유다가 멸망하고 예루살렘이 파괴된 데에는 이런 거짓 선지자들의 사악한 미혹과 부패한 제사장들의 그릇된 가르침이 아주 결정적이었다. 즉, 나라가 망하고 사회가 무너지는 데에는 무엇보다도 종교 지도자들의 타락과 부패가 그 주요 원인이었다. 이런 사실은 비단 에스겔 시대뿐만 아니라 모든 시대에 공통적인 현상이다.

14

우상숭배에 대한 심판

마음속에 우상을 모셔놓은 자가
내 선지자를 찾아오면,
나 주가 그에게 직접 응답해 주겠다.
그를 처벌하여 사람들의 웃음거리로 만들리라

우상숭배에 대한 심판 (14:1-11)

바빌로니아 땅에 포로로 잡혀온 지 6년째가 지난 어느 날, 이스라엘의 장로들 가운데 몇 사람이 에스겔을 찾아와서 그의 앞에 앉아 있었다. 여기서 '이스라엘의 장로들'은 바빌로니아 땅에 포로로 끌려온 유다 백성들 가운데 지도자의 위치에 있는 사람들을 가리킨다.

당시 포로 된 유다 백성들은 바빌로니아 땅에서 회당을 중심으로 나름대로 공동체 사회를 형성하고 있었다. 장로들은 그런 조직의 지도자들인데, 당시 그들이 에스겔에게 나아온 것은, 장차 유다의 장래 및 자신들의 운명에 대해 알고 싶었기 때문이다.

"선지자님! 우리는 장차 유다의 장래와 우리 자신들의 운명에 대해 몇 가지 사실을 알고 싶어 방문했습니다."

에스겔이 그들을 맞이하여 함께 자리를 잡고 앉았을 때, 주님의 말씀이 에스겔에게 곧장 임한다. 에스겔 혼자만 체험한 환상 가운데서 말씀이 주어진 것이다.

(3-5) "너 사람의 아들아, 이 사람들은 자기들의 마음속에 우상을 모셔놓은 자들로, 자신들이 스스로 걸려 넘어질 그 죄악의 걸림돌을 자기들 앞에 두고 있는 자들이다. 내가 이런 자들의 물음에 답변해야 하겠느냐. 그러므로 너는 그들에게 이렇게 말해주어라. '주 하나님께서 말씀하신다. 이스라엘 족속 가운데 누구든지 자기 마음속에 우상을 모셔놓은 자 곧 자신들이 스스로 걸려 넘어질 그 죄악의 걸림돌을 자기들 앞에 두고 있는 자가 내 선지자를 찾아오면, 그자가 섬기고 있는 우상의 많고 적음에 따라 나 주가 직접 그에게 응답해 주겠다. 내가 그렇게 하는 까닭은, 이스라엘 족속이 자기들의 우상으로 인해 나를 거역하고 내게서 모두 떠나갔으므로, 그들이 마음먹은 대로 각자 우상을 숭배하도록 내버려두었다가 나중에 그들을 몽땅 사로잡아 그 죄를 물어 심판하기 위함이다.'"

하나님의 뜻을 구하고자 에스겔에게 나아온 포로 된 유다 백성들의 대표들, 곧 이스라엘의 장로들은 자기들의 마음속에 우상을 모셔놓고 있는 자들이었다. 이에 하나님께서는 그런 자들에 대해서 그들이 우상을 섬기는 그 악한 소행대로 심판하실 것이라고 응답하신 것이다. 이때 하나님께서는 우상의 속성에 대해 밝히 언급하셨는데, 우상은 곧 '스스로 걸려 넘어질 죄악의 걸림돌'이라고 하셨다(3-4절). 즉, 거짓되고 헛된 우상을 섬기는 자들은 그 우상이 삶의 걸림돌이 되어 온갖 죄악 가운데로 빠져들 뿐이라는 것이다. 따라서 그런 자들은 하나님의 준엄한 심판을 면할 수 없었다. 그래서 하나님께서는 계속해서 말씀하신다.

(6-11) "그러므로 너는 이스라엘 족속에게 전하여라. '주 하나님께서 말씀하신다. 너희 이스라엘 백성들아! 너희는 마음을 돌이켜 우상에게서 떠나고, 얼굴을 돌이켜 모든 역겹고 가증한 것들에게서 떠나라. 이스라엘 백성이든, 혹은 이스라엘 땅에 머물러 사는 이방 사람이든,

나를 떠나 자기 마음속에 우상을 모셔놓은 자 곧 자기 스스로 걸려 넘어질 죄악의 걸림돌을 자기 앞에 두고 있는 자가 자신을 위해 내게 물으려고 내 선지자를 찾아오면, 나 주가 그에게 직접 응답해 주겠다. 곧 내가 몸소 그를 대적하여 그를 본보기로 처벌함으로써 그로 사람들의 웃음거리와 속담거리로 만들고, 마침내 그를 내 백성 가운데서 가차 없이 끊어버릴 것이니, 그때에야 너희가 나를 주인 줄 알게 될 것이다. 만일 어떤 선지자가 유혹에 넘어가 우상숭배자들의 물음에 좋은 말로 대답하게 되면, 나 주가 그 선지자로 하여금 유혹에 넘어가도록 내버려둔 것이다. 그리하여 때가 되면, 내가 내 손을 뻗쳐 그를 칠 것이고, 마침내 내 백성 이스라엘 가운데서 그를 내쫓아 멸망시킬 것이다. 거짓 선지자의 죄악이나 그 선지자에게 물어보는 자의 죄악이나 다 똑같으므로, 장차 심판의 날에 각자 자기의 죄악에 상응하는 벌을 받게 될 것이다. 내가 이렇게 하는 것은, 이스라엘 백성들로 하여금 다시는 나를 떠나지 않게 하고, 그들로 더 이상 죄를 짓지 못하게 하여, 다시는 그들 스스로를 더럽히지 않게 하려는 것이다. 그리하여 결국에는 그들로 내 백성이 되게 하고, 나는 그들의 하나님이 되게 하려는 것이다. 이는 나 주의 말이다.'"

우상숭배자들에 대한 하나님의 응대는 분명했다. 하나님께서는 몸소 그들을 대적하여 철저히 처벌함으로써 그들로 사람들의 웃음거리로 만든 후에, 다시는 이스라엘 공동체 사회에 발붙이지 못하도록 그들을 가차없이 쫓아내어 완전히 끊어버리고자 하셨다.

그런데 당시 유다 사회에는 하나님의 뜻을 거슬러 그런 우상숭배자들에게 좋은 말로 응대하는 거짓 선지자들이 있었다. 그들은 우상숭배의 행위가 크게 잘못된 것이라는 사실을 잘 알고 있었지만, 자신의 사적인 탐욕을 위해 스스로 거짓을 자행하고 있었다. 그리고 하나님께서는 우상을 숭배하는 타락한 백성들을 심판하기 위해, 그러한 거짓 선지자들을 일정 기간 동안 그대로 놓아두셨다. 마침내 심판의 날이 이르면, 하나님께서는 우상숭배자들과 거짓 선지자들의 죄악을 물어 준엄한 징벌을 가하시게 될 것이었다.

돌이킬 수 없는 예루살렘의 재앙과 파멸 (14:12-23)

하루는 주님의 말씀이 또 에스겔에게 임한다. 이번에는 더 이상 어쩔 도리가 없는 예루살렘의 재앙과 파멸에 관한 말씀이었다. 예루살렘의 죄악은 오랜 세월 동안 쌓이고 쌓여서 이제는 도무지 하나님의 심판을 면할 길이 없고, 그래서 예루살렘의 재앙과 파멸이 돌이킬 수 없는 단계에 이르렀음을 알려주신다.

(13-20) "너 사람의 아들아, 가령 어느 나라가 나를 거역하고 불신함으로써 내게 죄를 지었으므로, 내가 내 손을 그 나라 위에 뻗어 그 나라 백성들이 의지하는 양식을 다 끊어버리고 그 땅에 독한 흉년이 들게 하여, 그 나라의 사람들과 짐승들을 다 멸망시킨다고 하자. 그때에 비록 그 나라에 노아, 다니엘, 욥, 이 세 사람 같은 큰 믿음의 인물이 있을지라도, 그들은 그들 자신의 의로움으로 인해 자기 목숨만 건지게 될 것이다. 이는 나 주의 말이다. 또 가령 내가 그 나라에 사나운 짐승들을 보내어 그 땅에 두루 돌아다니게 함으로써 그 땅을 황폐하게 만들고, 사람들은 그런 맹수들이 두려워 아무도 그 땅으로 지나다니지 않음으로써 그 땅에 인적이 모두 끊겨 그 땅이 완전히 폐허가 되었다고 하자. 나 주가 나의 살아있음을 두고 맹세하건대, 그 나라에 노아, 다니엘, 욥, 이 세 사람 같은 큰 신앙의 인물이 있을지라도, 그들은 자기 자녀들조차 건져내지 못하고, 오직 자기 목숨만 건질 수 있을 뿐이겠고, 그 땅은 그대로 황무지가 될 것이다. 또 가령 내가 그 나라에 전쟁의 칼을 보내면서 명령하기를 '칼아, 이 땅을 두루

돌아다니면서 닥치는 대로 모든 것을 쳐라!' 함으로써, 내가 그 땅에서 사람들과 짐승들을 다 끊어버린다고 하자. 나 주가 나의 살아있음을 두고 맹세하건대, 그 나라에 노아, 다니엘, 욥, 이 세 사람 같은 큰 믿음의 인물이 있을지라도, 그들은 자기 자녀들조차 건져내지 못하고, 오직 자기 목숨만 건질 수 있을 뿐이다. 또 가령 내가 그 나라에 전염병을 널리 퍼뜨려 모든 것들을 죽게 하고, 내 분노를 쏟아부어 그 땅에서 사람들과 짐승들을 다 멸망시킨다고 하자. 나 주가 나의 살아있음을 두고 맹세하건대, 그 나라에 노아, 다니엘, 욥, 이 세 사람 같은 큰 믿음의 인물이 있을지라도, 그들은 자기 자녀들조차 건져내지 못하고, 오직 자신의 의로움으로 자기 목숨만 건질 수 있을 뿐이다. 이는 나 주 하나님의 말이다."

본문을 통해 우리는 몇 가지 사실을 알 수 있다.

첫째, 하나님께서는 자신을 거역하고 죄 지은 백성들에 대해 오래 참고 기다리면서 그들의 회개를 촉구하신다. 그러다가 그들이 도저히 돌이키지 않으므로 마침내 그 백성을 심판하시기로 작정하시면 주로 징벌의 네 가지 도구인 독한 흉년(기근), 사나운 짐승들, 전쟁의 칼, 그리고 전염병 등을 통해 그 백성을 징벌하시고 그 나라를 폐허로 만드신다(21절).

둘째, 하나님께서 어떤 백성들과 나라를 심판하시기로 마침내 작정하시면, 비록 그 나라에 노아, 다니엘, 욥 같은 경건한 인물들이 있더라도, 그들은 자신들의 의로움으로 자기들의 목숨만 건질 뿐 나라는커녕 자신들의 자녀들조차 건져내지 못한다. 성경의 숱한 경건한 인물들 중 의로움의 모범으로서 이들 세 명이 언급된 것은, 그들이 에스겔 시대와 비슷한 타락한 세대에서 의로움을 지켰거나 혹은 큰 환난 가운데서 의롭게 산 인물들이었기 때문이다.

'아, 아무리 의로운 인물들의 중보기도가 있다 해도 타락할 대로 타락해버린 죄 많은 백성들을 어찌해볼 도리가 없는 것이로구나. 오, 주님, 정녕 이 일을 어찌하면 좋습니까….'

이처럼 하나님의 공의는 모든 개개인의 잘잘못에 대하여 각자에게 그 책임을 물으신다. 따라서 모든 사람은 궁극적으로 조상이나 후손에 의해서가 아니라 자신의 개인적인 신앙에 따라 징벌 혹은 구원을 받을 뿐이다. 그것이 본서의 일관된 가르침이다(18:1-4).

셋째, 하나님께서는 자신의 말씀이 확실하며 불변하다는 사실을 강조하기 위해 '자신의 살아있음'을 두고 맹세하셨다. 사람들은 자신보다 큰 존재인 '하나님'을 두고 맹세하지만, 하나님께서는 자신보다 더 큰 존재가 없으므로 '자기 자신'을 두고 맹세하시는 것이다. 또한 '주'(여호와)라는 이름의 뜻이 '영원토록 스스로 살아있는 자'이므로, 이처럼 하나님께서는 '자신의 살아있음'을 두고 맹세하시는 것이다.

(21-23) 주 하나님께서 말씀하신다. "이제 내가 나의 네 가지 크고도 무거운 재앙, 곧 전쟁의 칼과 흉년의 굶주림과 사나운 짐승들과 독한 전염병을 다 함께 보내어 예루살렘을 칠 것이다. 그리하여 그 성읍에 사는 사람들과 짐승들을 모조리 쓸어버릴 때에, 그 피해가 얼마나 크겠느냐. 그러나 보라, 그런 가운데서도 재앙을 피하고 살아남은 자들이 일부 있을 것이다. 그들도 포로가 되어 너희처럼 이 땅으로 끌려올 것인데, 그때에 너희가 그들의 사악한 행실과 가증한 행위를 보게 되면, 내가 예루살렘에 내린 크고도 무거운 재앙 곧 내가 그 성읍 위에 내린 모든 혹독한 일들에 대하여, 내가 왜 그렇게 했는지 너희가 그 이유를 깨닫고 마음에 위로를 받을 것이다. 그렇다. 그때에 너희가 그들의 사악한 행실과 가증한 행위를 직접 보게 되면, 내가 예루살렘 위에 쏟아부은 모든 혹독한 재앙들이 결코 아무런 까닭 없이 그렇게 행한 것이 아님을 분명히 알고는, 너희 마음에 위로를

받을 것이다. 이는 나 주 하나님의 말이다."

장차 유다 땅과 예루살렘 도성에 임할 크고도 무거운 네 가지 재앙(전쟁의 칼, 흉년의 굶주림, 사나운 짐승들, 독한 전염병) 가운데서도 살아남은 자들이 일부 있을 것이고, 그들 역시 바빌로니아 땅에 포로로 끌려올 것인데, 이미 포로로 끌려온 자들은 이처럼 나중에 끌려온 자들을 통해 위로를 받을 것이다. 그 까닭은 이러하다.

이미 바빌로니아 땅의 포로 된 유다 백성들은 나중에 끌려온 동족들의 사악하고 가증한 행위를 보게 될 것이고, 그러면 그들은 유다와 예루살렘에 내려진 하나님의 심판이 오히려 마땅했고, 도리어 반드시 필요했다는 사실을 깨닫게 될 것이기 때문이다. 그리고 그러한 깨달음이 그들에게 큰 위로가 되는 것은, 유다와 예루살렘의 비극적인 몰락이 하나님의 공의로운 심판의 결과일 뿐, 결코 하나님께서 유다와 예루살렘을 영영 저버렸거나 혹은 이방의 신들에 비해 무능하기 때문에 초래된 결과가 아님을 확신할 것이기 때문이다.

15

쓸모없는 포도나무의 비유

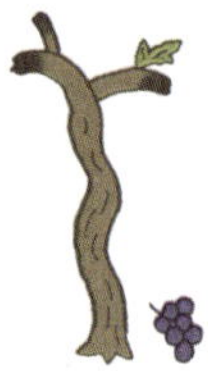

포도나무가 나은 점이 무어냐
양쪽 끝이 다 타버리고 가운데 부분까지
그을렸다면 어디에 쓸 수 있겠느냐
땔감으로 불속에 던져질 뿐이다

아무 쓸모 없는 포도나무의 비유 (15:1-8)

하루는 주님의 말씀이 또 에스겔에게 임한다. 이번에는 온갖 죄악으로 인해 부패하고 타락한 예루살렘을 '불에 탄 포도나무 가지'에 비유함으로써 이제는 하나님 앞에 아무런 쓸모 없는 존재가 되었음을 깨우쳐주신다. 이 같은 비유로써 하나님께서는 유다 백성들이 자신들의 모습을 올바로 깨닫고, 이제라도 돌이켜 회개함으로써 좋은 열매를 많이 맺는 포도나무의 참된 가치를 발휘할 것을 원하신 것이다.

(2-5) "너 사람의 아들아, 포도나무가 다른 모든 나무들보다 더 나은 점이 있느냐? 포도나무의 가지가 숲속의 다른 뭇 나무들의 가지보다 더 나은 점이 있느냐? 포도나무를 잘라서 얻은 목재로 무슨 쓸 만한 물건을 만들 수 있겠느냐? 그 나뭇가지로 벽에다 무슨 물건을 걸 수 있는 나무못이라도 만들 수 있겠느냐? 그것은 단지 불사를 땔감으로나 쓸 수 있을 뿐이다. 더욱이 그것의 양쪽 끝이

다 타버리고, 가운데 부분까지 심하게 그을려졌다면, 그 포도나무를 대체 어디에 쓸 수 있겠느냐? 그것이 온전할 때에도 무엇을 만드는 데 아무 쓸모가 없거늘, 하물며 불에 타서 그을려졌다면, 그것으로 무슨 물건인들 만들 수 있겠느냐?"

포도나무 가지는 가늘고 작고 비틀어졌기 때문에 건축용 목재로는 하등 쓸모없었다. 다만 포도나무 가지가 쓸모 있고 귀하게 여겨지려면, 풍성한 포도열매를 주렁주렁 매달고 있을 때다. 그런데 당시 포도나무 가지에 비유된 유다 백성들과 예루살렘 주민들은 눈을 씻고 찾아보아도 아무런 선함과 참됨의 열매가 없었다. 그저 죄악의 해충들과 진드기들만이 득실거릴 뿐이었다. 마치 온갖 죄악으로 인해 가지의 양쪽 끝은 불에 다 타버리고 가운데 부분까지 불에 심하게 그을려진 상태와 같았다(5절). 포도나무 가지가 멀쩡해도 별로 쓸모없는 것인데, 하물며 이런 상태는 더더욱 아무 쓸 데가 없었다. 따라서 하나님은 심판의 불을 통해 유다와 예루살렘을 땔감용으로 쓸 수밖에 없었다.

(6-8) "그러므로 나 주가 말한다. 내가 숲속의 포도나무를 불사를 땔감으로나 쓰듯이, 내가 예루살렘 주민들을 그처럼 불속에 던져 넣을 것이다. 내가 예루살렘 주민들을 대적하여 내칠 것이니, 비록 그들이 불속에서 겨우 빠져나오더라도, 불이 뒤따라가서 그들을 다시 태워버릴 것이다. 그렇게 내가 그들을 내쳐 대적할 때에 너희는 비로소 내가 '주'라는 것을 알게 될 것이다. 그날에 정녕 내가 그 땅을 황폐하게 할 것이니, 그것은 그들이 나를 거슬러 많은 죄를 지었기 때문이다. 이는 나 주 하나님의 말이다."

하나님께서는 오랜 세월 동안 참고 참으시면서 그 포도나무 가지에 열매가 맺히기를 학수고대하셨다. 때마다 여러 선지자들을 보내어 끊임없이 말씀의 퇴비를 뿌려주면서 열매를 맺게끔 온갖 정성을 기울였다. 그러나 아무 소용 없었다. 도리어 날이 가고 해가 갈수록 죄악의 해충들과 우상숭배의 진드기들만 더욱 들끓고 득실거릴 뿐이었다. 그래서 마침내 그 포도나무 가지를 땔감 삼고자 불속에 던져 넣기로 작정하셨다. 그래서 이제는 어쩔 도리가 없었다. 일부가 불속에서 겨우 빠져나오더라도, 불이 뒤따라가서 그것들을 다시 태워버릴 것이었다(7절). 이는 어떤 수를 쓸지라도 하나님의 '심판의 불'을 절대로 피할 수 없다는 것을 보여준다.

이런 비유를 역사적으로 살펴보면 이러하다. 여기서 포도나무 가지인 예루살렘을 태우는 '불'은 하나님의 징벌 도구인 '바빌로니아 군대'다. 예루살렘은 최종 함락되기 전에 바빌로니아 군대의 불같은 공격을 이미 두 차례나 받았다(주전 605년, 597년). 그래도 예루살렘 백성들이 회개하지 않고 계속해서 죄악 가운데서 우상숭배를 행하자, 마침내 바빌로니아 군대의 최종 공격을 받아 완전히 멸망하고 말았다(주전 586년). 그때 예루살렘에 있던 왕궁과 성전을 포함하여 수많은 건물들과 가옥들이 실제로 맹렬한 불길에 휩싸여 활활 타고 말았다(왕하 25:9). 그대로 땔감이 되고 말았던 것이다.

16
음란한 여인의 비유

예루살렘의 죄를 아느냐
핏덩이를 정성껏 키워
아름다운 여인으로 키웠더니
창녀처럼 이방 사내와 놀아나네

정조 없는 음란한 여인의 비유 (16:1-34)

하루는 주님의 말씀이 또 에스겔에게 임한다. 에스겔이 바빌로니아 땅에 포로로 잡혀온 지 6년째가 지난 시점이고(8:1), 예루살렘 도성이 멸망하기 대략 5년쯤 앞둔 시점이다. 이번에 임한 말씀은, 하나님과 이스라엘과의 관계가 '부부 관계'로 묘사되어, 남편 되시는 하나님의 신실하심과 아내 된 이스라엘의 부정함을 '버려진 갓난아이'의 풍유를 통해 생생하게 보여주고 있다.

(2-5) "너 사람의 아들아, 너는 예루살렘이 얼마나 역겹고 가증한 짓을 저질렀는지를 깨우쳐주어라. 너는 그들에게 말하여라. 주 하나님께서 예루살렘에 대해 말씀하신다. 네 출신과 가문으로 따지면 네가 태어난 고향은 가나안이고, 네 아버지는 아모리 사람이며, 네 어머니는 헷 사람이다. 네가 처음 태어날 때의 상황을 말하자면, 네가 막 태어났을 때 아무도 너를 돌봐주지 않았다. 네 탯줄을 잘라주지도 않았고,

네 몸을 물로 씻어 깨끗하게 해주지도 않았으며, 네 몸을 소금으로 문질러주지도 않았고, 갓 태어난 너를 포대기로 감싸주지도 않았다. 막 태어난 아이에게 마땅히 해주어야 할 이런 여러 일들 가운데 단 한 가지라도 네게 해줄 만큼 너를 불쌍히 여기는 사람이 아무도 없었다. 그러므로 네가 태어나던 그날에 네 몸은 심히 천대를 받아 너는 허허벌판에 내버려진 가련한 상태가 되었다."

본문의 '예루살렘'은 '이스라엘'을 나타내는 제유법적인 표현이다. 따라서 '예루살렘'과 '이스라엘'을 혼용해서 교차적으로 사용해도 무방하다. 하나님께서는 예루살렘 곧 이스라엘이 태어난 곳은 '가나안'이고 그의 아버지는 '아모리 사람'이며, 어머니는 '헷 사람'이라고 말씀하신다(3절).

이 표현은 이스라엘의 실제적인 출신이나 혈통에 대한 것이 아니고, 다만 여호와 신앙을 버린 채 우상숭배에 빠진 그녀의 상태가 가나안 땅에서 우상숭배를 하며 살고 있던 아모리 족속이나 헷 족속을 본받아, 마치 그런 이방인들처럼 되어버렸다는 사실을 지적한 것이다. 그래서 타락하여 죄 많은 이스라엘을 이방의 부모에게서 태어난 딸로 의인화했던 것이다. 그리고 사실, 이스라엘이 예루살렘을 차지하기 전, 본래의 예루살렘은 아모리 사람이나 헷 사람이나 여부스 사람 같은 가나안 족속에 속한 이방인들의 성읍이었다.

그런 이방인 부모에게서 태어난 이스라엘은 맨 처음에 누구의 보살핌도 받지 못하는 '버려진 갓난아이'와 같았다. 고대 중근동 사회에서는 아기가 갓 태어나면 탯줄을 자르고 물로 깨끗이 씻긴 후에 아기의 몸에 소금을 뿌려 문질러주었다. 그것은 피부를 튼튼하게 하고, 병균의 감염을 방지하기 위함이었다. 그렇게 위생 처리를 한 뒤에는 갓난아이를 포대기로 따뜻하게 감싸주었다. 이는 갓 태어난 아기에 대해 마땅히 취해야 할 가장 기본적인 조치였다. 그런데 이스라엘이 갓 태어났을 때는 이 같은 적절한 조치를 하나도 받지 못했다. 이스라엘을 돌봐줄 사람이 아무도 없었기 때문이다. 이는 그때에 이스라엘이 한낱 이집트의 노예 백성으로서 뭇 나라들과 민족들에 의해 아주 비천하게 취급당했음을 비유하는 말이다(5절). '버려진 갓난아이'의 풍유는 계속 이어진다.

> (6-8) "그때 마침 내가 네 곁을 지나가다가 핏덩이인 채로 버둥거리는 너를 보고, 내가 핏덩이인 너를 끌어안고 말하기를 '아이야, 제발 죽지 말고 살아야 한다.'라고 하였고, 또 말하기를 '아이야, 제발 죽지 말고 꼭 살아야 한다.'라고 말했다. 그런 뒤 내가 너를 정성껏 돌보고 잘 길러, 너로 들의 풀처럼 왕성히 자라나게 했다. 그랬더니 네가 잘 자라고 크게 성장해서 가장 빛나는 보석처럼 무척 아름다워졌다. 네 젖가슴은 뚜렷해졌고, 네 머리털은 길게 자랐다. 그렇지만 너는 아직도 여전히 벌거벗은 채로 있었다. 그 무렵에 내가 네 곁을 지나가다가 너를 보니, 네 나이가 한창 사랑스러운 때였다. 그래서 내가 내 겉옷을 벗어 너를 덮어줌으로써 네 벌거벗은 몸을 가려주었다. 그런 뒤 내가 너에게 엄숙히 맹세하고 또 너와 사랑의 언약을 맺어서 너를 내 사람으로 만들었다. 이는 나 주 하나님의 말이다."

아무런 돌봄도 받지 못한 채 허허벌판에 내버려진 핏덩이 갓난아이는 그대로 놔두면 필히 죽을 운명이었다. 그런 가련한 이스라엘을 하나님께서 발견하시고는 꼭 살리겠다는 애틋한 심정으로 품에 안고 데려가서 정성껏 돌보고 잘 길렀다. 그 결과, 이스라엘은 아름답고 어엿한 숙녀가 되었다. 하지만 여전히 벌거벗은 알몸 상태였다. 이는 당시 이스라엘이 어엿한 국가를 이룰 만큼 성장했지만, 아직 하나님과 정식으로 남편과 아내로서의 결혼 서약을 맺지 않은 상태였다는 뜻이다.

그래서 하나님께서는 사랑의 마음으로 자신의 겉옷을 벗어 그녀의 알몸을 덮어주었다. 고대 중근동 사회에서 남자가 자신의 겉옷으로 어떤 여자를 덮어준다는 것은, 곧 그 여자를 자신의 아내로 받아들인다는 것을 상징하는 행동이었다(룻 3:9). 말하자면 하나님께서는 이스라엘이 하나의 어엿한 국가로 성숙했을 때 '시내산 언약'을 통하여 이스라엘을 자기 백성, 비유컨대 자기 아내로 공식적으로 받아들인 것이다(출 19:5-6; 24:1-11). 그리하여 내버려져 죽을 운명이었던 가련한 핏덩이 갓난아이가 하나님의 아내가 되는 크나큰 영광을 얻게 되었던 것이다. 말로 다할 수 없는 은총이었다.

> (9-14) "내가 너를 물로 깨끗이 씻겨 네 몸의 피를 다 없애주었고, 네 몸에 기름까지 발라주었다. 또 정교하게 수놓은 색동옷을 네게 입혀주었고, 보드랍고 질긴 가죽신을 신겨주었으며, 곱고 가는 베옷으로 네 몸을 감싸주었고, 비단으로 겉옷을 만들어 입혀주었다. 온갖 보석으로 너를 치장해주었으니, 네 손목에는 팔찌를 끼워주었으며, 네 목에는 목걸이를 걸어주었다. 또한 네 코에는 코걸이를 걸어주었고, 너의 두 귀에는 귀걸이를 달아주었으며, 네 머리에는 아름다운 면류관을 씌워주었다. 이처럼 너는 금과 은으로 네 온몸을 치장하고, 곱고 가는 모시옷과 아름다운 비단 옷과 정교하게 수놓은 색동옷을 입었다. 또 고운 밀가루와 꿀과 기름으로 만든 각양 기름지고 맛있는 음식을 먹음으로써, 너는 극히 아름다운 여인이 되어 마침내 왕후의 자리에까지 올랐다. 그리하여 온 세상이 네 아름다움을 찬양하였고, 네 명성이 이방 사람들 가운데 널리 퍼졌다. 그것은, 내가 네게 정성껏 꾸며준 화려한 장식품들로 인해 네 아름다움이 어디 한 군데 나무랄 데 없이 온전히 이루어졌기 때문이다. 이는 나 주 하나님의 말이다."

하나님께서는 이제 자신의 아내가 된 이스라엘을 세상 어느 여인보다도 더욱 아름답게 단장하고 영광스럽게 치장시켰다. 그 결과, 이스라엘은 극히 아름다운 여인이 되어 뭇 나라들과 민족들 위에 우뚝 선 왕후의 자리에까지 올랐다. 이처럼 이스라엘이 열방 중에 누린 왕후의 지위는 곧 하나님의 아내 된 이스라엘이 '열방의 제사장 나라'가 된 것을 상징한다(출 19:5-6). 오직 이스라엘만이 하나님께로부터 '율법'을 받았고, 또한 오직 이스라엘만이 하나님의 임재를 모신 '성막'을 소유했다는 사실은, 열방의 제사장 나라가 된 이스라엘의 영광과 특권을 잘 보여준다(롬 9:4-5).

> (15-19) "아, 그러나 이게 어찌된 일인지! 네가 네 아름다움만 믿고 네 명성을 이용하여 음란하게 창녀 짓을 하였다. 지나가는 사람들마다 유혹하여 그들과 더불어 음행함으로써 네 몸을 뭇 사람들의 노리개로 만들어버렸다. 더욱이 너는 내가 만들어준 색동옷을 가져다가, 그것으로 이방 우상을 섬기는 산당을 요란스럽게 치장한 후에 거기서 온갖 음란한 짓을 벌였으니, 참으로 이런 일은 절대로 하지 말았어야 했고 또 앞으로도 결코 해서는 안 될 일이었다. 너는 또 내가 네게 선물로 준 금과 은을 가져다가, 그것으로 사내 형상의 우상들을 만들어놓고는 그것들과 음란한 짓을 행했고, 내게서 선물로 받은 색동옷들도 가져다가 그 우상들에게 입혀주었으며, 내가 네게 준 기름과 향도 가져다가 그 우상들 앞에 제물로 바쳤고, 또 내가 네게 준 고운 밀가루와 기름과 꿀도 가져다가, 그것들을 그 우상들 앞에 가지런히 차려놓음으로써 향기 나는 제물로 삼았다. 이것은 사실이니, 네가 정말로 그렇게 행했다. 이는 나 주 하나님이 하는 말이다."

이스라엘이 창녀에 비유되었다. 오직 하나님만 섬기기로 맹세하고 하나님의 아내가 된 이스라엘이 신성한 결혼 서약을 깨뜨리고 자신의 타락한 욕망을 좇아 하나님을 떠나 이방의 각종 우상들을 숭배함으로써 창녀처럼 되었던 것이다.

그런데 더욱 가증스러운 것은, 이스라엘이 이방의 우상들을 만들고 섬길 때에 필요한 모든 것들(색동옷, 은금, 기름과 향, 고운 밀가루와 꿀 등)은 하나님께서 이스라엘에게 제공해준 사랑의 선물들이었다는 사실이다. 이런 이스라엘의 가증스러운 창녀 짓에 대해 하나님의 배반감은 그 어떠했으랴! 물론, 이스라엘의 창녀 짓은 신앙적이고 영적인 타락을 비유한 것이지만, 실제로도 이방의 우상숭배 의식은 성전 창녀, 남창, 난교, 수간 등 매우 방탕했고 음란했다.

(20-22) "더욱이 너는 나에게 낳아준 네 자녀들까지 데려다가, 그들을 그 우상들에게 제물로 바쳐 불살라 죽였다. 네가 그동안 그토록 음란하게 창녀 짓을 하고서도 부족하여, 심지어 내 자녀들까지 짐승처럼 잡아서 그 우상들에게 불살라 제물로 바쳤더냐. 참으로 너는 네 어릴 적 모습을 잊었느냐? 네가 핏덩이인 채 알몸으로 허허벌판에서 버둥거릴 때 내가 네게 해준 모든 것을 까맣게 잊어버린 채, 너는 온갖 가증한 짓을 다 저지르고 갖은 음란한 짓을 다 행했다."

이스라엘은 자신만 타락하여 뭇 남정네들과 창녀 짓을 행한 게 아니었다. 남편 된 하나님과의 사이에서 낳은 자신의 자녀들까지 이방 우상들에게 제물로 바치는 아주 패역하고 가증스런 짓을 행했다. 이방 우상인 몰렉(Molech)을 숭배할 때 그 제사 의식에서 사악한 인신제사(人身祭祀)가 행해졌던 것이다.

고대 가나안 족속들은 가정의 평안과 나라의 풍요를 위해 자신의 자녀를 몰렉에게 불살라 바치는 의식을 치렀는데, 마치 짐승을 바칠 때처럼 자녀를 죽여 불로 태우는 끔찍한 의식을 치렀다. 이런 사악하고 가증한 짓을 이스라엘이 본받아 그대로 따라 행한 것이다. 이런 이스라엘에 대해 어찌 하나님께서 격노하지 않을 수 있겠는가! 그래서 이제 하나님께서는 이스라엘의 온갖 음란한 짓을 지적하시며 분노를 폭발하신다.

(23-29) "그러므로 나 주가 말한다. 너 예루살렘에게 재앙이 있을 것이다! 진실로 네게 재앙이 임할 것이다! 네가 그 모든 악하고 음란한 짓을 저지른 후에도, 너는 너 자신을 위해 누각을 세웠으며 거리마다 산당을 만들었다. 너는 모든 광장 입구마다 산당을 지어놓고는, 찾아드는 아무 사내에게나 두 다리를 벌려 네 아름다움을 심히 더럽혔다. 특히 너는 하체가 큰 네 이웃나라 이집트 사람들과 많은 음행을 저질렀는데, 그들과 온갖 음란한 짓을 심하게 저질러 내 분노를 폭발시켰다. 그러므로 내가 손을 뻗어 너를 쳐서 네 영토를 줄여버렸고, 또 너를 미워하는 너의 대적인 블레셋 여인들에게 너를 넘겨주어 그들 마음대로 너를 다루게 하였으니, 그들 블레셋 여인들마저도 네 더러운 행실을 아주 역겹게 여길 정도였다. 그런데도 너는 네 음욕이 차지 않아서, 아시리아 사내들과도 음행을 많이 저질렀다. 그러나 그들과 많은 음행을 행한 다음에도, 너는 여전히 만족하지 않았다. 급기야 너는 장사하는 사람들의 땅인 바빌로니아 사람들과도 수없이 많은 음행을 저질렀다. 그러고도 도리어 너는 만족할 줄 몰랐다."

이스라엘은 산의 높은 곳이나 언덕 위에 누각을 세웠고, 거리마다 산당을 만들었다. 이처럼 곳곳마다 제단을 높이 쌓아 짐승 혹은 사람을 희생제물로 바쳐 우상을 열렬히 숭배했다. 이것은 마치 매춘 행위를 하는 창녀들이 뭇 사내들의 눈에 잘 띄는 누각에서 창녀 짓을 행하는 것과 같았다. 이스라엘 역시 사람들의 눈에 잘 띄는 산꼭대기, 울창한 나무 아래, 언덕, 광장 등에 산당을 짓고 제단을 쌓은 뒤, 아무 사내에게나 두 다리를 벌려 아주 음란하게 창녀 짓을 행했다. 곧 이방의 우상들을 가리지 않고 아무 우상이나 닥치는 대로 숭배했다.

이방의 뭇 남정네들 중에서도 이스라엘은 이집트, 아시리아, 바빌로니아 같은 사내들과 음행하기를 즐겼다. 그런 사내들은 덩치가 크고 힘도 좋았기 때문이다. 이는 이스라엘이 그런 나라들의 우상들을 도입하여 섬겼을 뿐만 아니라, 또한 자신들의 국가적 안위를 위하여 하나님을 의지하는 대신에 이들 이방의 강대국들을 의지하여 그들과 동맹을 체결함으로써 하나님을 배척하고 무시한 사실을 가리킨다.

이처럼 이스라엘이 사내를 가리지 않고 아무에게나 창녀 짓을 행하자, 하나님은 이스라엘을 블레셋 여자에게 넘겨주었다. 여기서 블레셋 여자는 이스라엘을 미워하는 여자로서, 이스라엘의 마구잡이식 난잡한 관계를 혐오하는 것으로 묘사되었다. 사실, 블레셋도 자기들의 우상들을 섬겼지만, 이스라엘처럼 마구잡이로 온갖 우상들을 섬기지는 않았기에 이스라엘의 난잡한 우상숭배를 혐오하고 멸시했던 것이다. 그래서 하나님께서는 블레셋이 종종 이스라엘을 침공하여 그 땅을 짓밟고 그 백성을 괴롭히도록 허용하셨던 것이다. 그럼에도 불구하고 이스라엘의 마구잡이식 창녀 짓은 그칠 줄 몰랐다. 이런 사실에 하나님의 격분도 그치지 않는다.

(30-34) "나 주가 말한다. 너 예루살렘아, 네가 얼마나 타락했는지! 네가 정말로 이 모든 음란한 짓을 행하고 있으니, 네가 낯짝 두꺼운 뻔뻔한 창녀가 아니고 무엇이란 말이냐. 그런데 가만 살펴보면, 네가 거리마다 높은 제단을 쌓고, 또 모든 광장 입구마다 산당을 세워놓고는, 뭇 사내들을 상대로 네 몸을 부지런히 팔면서도 그들에게서 전혀 화대를 받지 않으니 네가 창녀와 같다고도 할 수 없다. 그러니 너는 자기 남편을 속인 채 외간 남자들과 사사로이 간통하는 음란한 유부녀일 뿐이다! 무릇 사람들은 창녀에게 화대를 지불하지만, 도리어 너는 네 모든 애인들에게 온갖 선물을 갖다주고, 심지어 네게로 와서 너와 음행하자며 이 사람 저 사람 사방의 모든 사람들에게 뇌물까지 바친다. 그러니 너의 음란한 짓은 일반 창녀들의 음란한 짓과는 다르다. 그것은, 음행하려고 사내들이 너를 쫓아다니는 것이 아니라, 네가 화대도

받지 않고 도리어 돈을 주기까지 하면서 사내들과 음행하기 때문이다. 그러니 분명 너는 창녀와 같지 않다."

일반 창녀들의 창녀 짓에 비해, 이스라엘의 창녀 짓은 특이했다. 본래 창녀는 몸을 파는 대가로 상대 남자에게서 돈을 받는다. 즉, 화대(花代)를 챙긴다. 그런데 이스라엘은 화대를 받기는커녕 도리어 온갖 선물과 뇌물을 상대 남자에게 갖다 바치면서 창녀 짓을 행했다. 그것은 그만큼 이스라엘이 더욱 적극적으로 기꺼이 음행을 자행한 사실을 가리킨다.

'아, 하나님의 아내 된 이 백성들이 외간 남자와 음행하기를 즐기듯 이방의 우상들을 즐겨 도입하고 열렬히 숭배하다니…. 대체 하나님의 크신 분노를 어찌 감당하려고….'

상황이 이러하니, 남편 되시는 하나님께서 보시기에 아내 된 이스라엘은 몸서리가 쳐지고 치가 떨릴 정도로 심히 악하고 가증스러웠다.

음란한 여인에 대한 정죄와 심판 (16:35-52)

(35-38) "그러므로 너 음란한 유부녀야, 너는 주의 말을 들어라. 나 주 하나님이 네게 말한다. 네가 네 재물을 쏟아부어 네 애인들과 음행함으로써 네 부끄러운 벗은 몸을 드러내고, 또 네 역겨운 우상들을 위하여 네 자녀들의 피까지 우상들에게 바쳤다. 그러므로 이제 내가 너를 벌하여, 너와 너불이 음행을 즐겼던 네 모든 애인들뿐만 아니라 네가 좋아하는 모든 사내들과 네가 싫어하는 모든 남자들까지 다 모아서, 너를 대적하여 너를 치게 하겠다. 그들이 너를 치려고 사방에서 몰려올 때, 내가 그들의 눈앞에서 네 옷을 모두 벗겨 너를 알몸뚱이로 세워둠으로써 그들로 너의 벗은 몸을 다 보게 하겠다. 그때에 내가 너에 대하여 간통하고 살인한 여인에게 내리는 벌을 네게 내리겠다. 너를 철저히 재판하여 내 분노를 폭발시키고, 네가 나의 질투심에

불을 질러놓았으니 내가 네게 대하여 피의 복수를 하겠다."

이제 하나님께서는 단순한 창녀 짓을 넘어 음란한 유부녀처럼 행동한 이스라엘에 대하여 준엄한 심판을 선포하신다. 이스라엘과 음행을 저지른 온 세상의 모든 사내들을 다 모아, 그들로 이스라엘을 치게 할 것인데, 그때에 이스라엘은 벌거벗은 알몸이 된 채 그들 앞에 그대로 노출됨으로써 그들의 조롱과 비웃음을 당하는 극도의 수치와 모욕을 겪게 될 것이었다.

여인에게 있어 벌거벗은 알몸은 극도로 수치스러운 일이었다. 오늘날에도 그런 경향이 있지만, 특히 고대 중근동 문화에서 여인의 몸은 그 어떤 부분일지라도 남편 이외의 남자에게는 절대로 보여주지 않았고 또 볼 수도 없었다. 그런 시대에, 여자의 몸을 뭇 사내들 앞에서 공개적으로 발가벗겨 알몸이 되게 한다는 것은 가히 상상을 초월하는 모욕감과 수치심을 안겨주는 일이었다. 이제 하나님의 심판으로 이스라엘이 그런 수치와 모욕을 고스란히 당할 것이었다. 열방의 왕후였던 이스라엘이 이제 온 세상 뭇 나라들과 민족들의 수치거리와 비웃음거리로 전락할 것이었다.

(39-43) "그날에 내가 너를 그들의 손에 넘겨줄 것이니, 그들이 네 음행의 소굴인 우상숭배의 제단들을 모조리 때려 부술 것이고 네 높은 산당들을 다 허물어뜨릴 것이다. 또 그들이 네 장식품들을 모두 빼앗은 뒤, 네 옷을 다 벗겨서 너를 알몸 상태로 만들 것이다. 그들이 또 군중을 모아놓고 너를 돌로 쳐 죽인 다음에 네 시체마저 칼로 난도질할 것이다. 또 불로 네 집들을 다 태울 것이고, 많은 여인들이 보는 앞에서 너를 처벌할 것이다. 이렇게 해서 내가 너로 하여금 그 지긋지긋한 음행을 그치게 할 것이니, 네가 다시는 네 애인들에게 돈을 주고 음란한 짓을 하지 않을 것이다. 그제야 너에 대한 내 분노가 그치고, 너를 향한 내 질투심이 가라앉아 내 마음이 비로소 평온해질

것이니, 내가 더 이상 너를 보고 진노하지 않을 것이다. 참으로 네가 너의 어린 시절, 곧 내가 핏덩이인 너를 살려주고 키워준 너의 어렸을 때를 까맣게 잊고서 그 모든 수치스러운 음행을 저질러 나의 분통을 크게 터뜨려놓았으므로, 내가 너의 역겹고도 가증한 행실에 따라 네 머리 위에 그대로 다 갚아줄 것이다. 그때에야 네가 비로소 깨닫고, 네 모든 음란한 짓들과 가증한 행위를 그치게 될 것이다. 이는 나 주 하나님의 말이다."

뭇 사내들과 마구잡이로 놀아나는, 곧 온 세상의 이방 우상들을 마구잡이로 섬기는 이스라엘의 창녀 짓과 음란한 유부녀 짓은 도대체 그칠 줄을 몰랐다. 그래서 하나님께서는 자신의 음란한 아내인 이스라엘에 대하여 간음하는 여인에 대해 집행하는 처벌을 내리시기로 작정하셨다.

구약의 율법에 따르면, 간음하는 남녀는 둘 다 돌로 쳐 죽이는 투석형(投石刑)에 처해졌다(레 20:2; 민 15:36). 하나님께서도 간음한 이스라엘에 대하여 돌로 쳐 죽이는 형벌을 내리셨는데(40절), 실제로 그것은 이스라엘이 아시리아 군대나 바빌로니아 군대에 의하여 무자비하게 살육당하고 유린당하는 형태로 이루어졌다. 그래서 결국에 북왕국 이스라엘은 아시리아에 의해 멸망당하고(주전 722년), 남왕국 유다는 바빌로니아에 의해 멸망당하고 말았다(주전 586년).

이렇게 뼈에 저리도록 철저하게 심판을 당한 후에야 이스라엘은 비로소 그토록 지긋지긋한 창녀 짓 곧 우상숭배의 행위를 그치게 되었다. 실제로 망국(亡國) 후 이방 땅의 오랜 포로생활 이후에 이스라엘 백성들은 그제야 그들의 역사 내내 오랜 세월 동안 끊임없이 지속된 가증한 우상숭배의 행위를 뚝 그쳤다.

(44-50) "사람들은 너 예루살렘을 두고 속담을 인용하여 말하기를 '그 어미에 그 딸'이라고 빈정댈 것이다. 그렇다. 너는 자기 남편과

자녀들을 싫어하여 내쫓은 네 어미의 딸이고, 그런 언니의 동생이다. 말하자면, 네 어미는 헷 사람이고, 네 아비는 아모리 사람이다. 네 언니는 자기 딸들을 데리고 북쪽에서 살았던 사마리아이고, 네 동생은 자기 딸들을 데리고 남쪽에서 살았던 소돔이다. 그런데 너 예루살렘은 그들이 하던 행실대로만 그대로 따라 하거나 그들이 저지른 가증한 행위대로만 그대로 따라 하는 것에서 그치지 않고, 한 걸음 더 나아가 그것도 성에 차지 않은 듯 네 모든 행위가 그들보다 더욱 타락하고 부패하였다. 나 주가 말한다. 내가 나의 살아있음을 두고 맹세하건대, 네 동생 소돔과 그녀의 딸들조차도 너와 네 딸들같이 그토록 타락하지는 않았다. 네 동생 소돔과 그녀의 딸들이 저지른 죄악은 이러하니, 곧 그들은 교만하였고 많은 식량을 넉넉하게 쌓아놓고 풍족하고 태평스럽게 살면서도, 자기들 이웃의 가난하고 불쌍한 사람들을 조금도 돌봐주지 않았다. 또 그들은 거만하게 행동하였고, 내 앞에서 여러 가증한 짓을 행하였다. 그러므로 내가 그런 행위들을 보고, 그들을 멸망시켰다."

예루살렘을 의인화하여 그를 어느 가족 구성원의 한 명으로 묘사하여, 그녀의 죄악과 부패를 생생하게 묘사하고 있다. 즉, 예루살렘의 어미는 '헷 사람'이고, 아비는 '아모리 사람'이라고 묘사했다(45절). 헷 족속과 아모리 족속은 가나안의 모든 족속을 대표하는데, 예루살렘이 '그 어미에 그 딸' 또는 '그 아비에 그 딸'이라는 말은 자식이 부모를 닮듯 그렇게 예루살렘(이스라엘)도 가나안 족속들이 행하던 우상숭배의 행위를 그대로 답습했다는 의미다.

또한 예루살렘의 언니는 '사마리아'이고, 동생은 '소돔'이라고 묘사했다(46절). 하나님을 거역하여 똑같이 우상을 숭배하는 부패하고 타락한 도시라는 점에서 사마리아와 소돔은 예루살렘의 자매 같았는데, 도시의 규모나 인구수를 감안해 볼 때 '사마리아'는 예루살렘의 언니뻘이고,

'소돔'은 동생뻘로 볼 수 있기에 그렇게 묘사한 것이다.

또한 예루살렘의 죄악이 소돔의 죄악보다 더 크다고 묘사했다(48절). 정말로 그런가? 여기서 강조되고 있는 소돔의 죄악은 성적 타락이 아닌, 교만과 물질주의와 사회적 부정부패이다(49-50절). 따라서 이 같은 특정한 면에 있어서는 예루살렘의 죄악이 실제로 소돔의 죄악을 능가했을 가능성이 있다.

또 다른 가능성은 예루살렘 백성들에게 충격을 주기 위해 그렇게 말했을 수 있다. 실제로는 예루살렘의 죄악이 소돔의 죄악보다 크지 않았다고 할지라도, 분명 하나님께서는 예루살렘에 대해 더욱 참을 수 없는 배신감과 분노를 느꼈을 것이다. 그 까닭은, 예루살렘은 소돔과는 감히 비교조차 할 수 없을 정도로 하나님께 더 큰 관심과 더 많은 사랑을 받았고, 또한 더 많은 고결한 율법의 계시를 받았을 뿐만 아니라, 심지어 하나님의 임재 처소인 성전까지 보유하고 있었기 때문이다. 이런 점을 감안하면, 하나님에게 있어 예루살렘의 부패와 타락은 한낱 이방 도시에 불과한 소돔의 부패와 타락에 비해 더욱 큰 죄악으로 충분히 느껴졌을 것이다. 그토록 애정을 쏟아부었던 예루살렘의 부패와 타락에 대하여 느끼는 하나님의 형언할 수 없는 배반감과 분노의 메시지는 계속 이어진다.

(51-52) "저 북쪽에 살았던 네 언니 사마리아의 죄는 너 예루살렘이 지은 죄에 비하면 절반에도 미치지 않는다. 참으로 네가 그들보다 심히 가증한 짓들을 아주 많이 행하였으므로, 너의 그런 가증한 짓들로 인해 도리어 네 언니와 동생이 의롭게 여겨질 정도이다. 네가 너무도 심히 타락하는 바람에 네 언니와 동생을 차라리 의롭다고 판단할 정도가 되었으니, 너는 그것에 상응하는 징벌과 수치를 감당해야 할 것이다. 참으로 네가 더욱 역겹고도 가증한 죄를 범하므로 그들까지도 의롭게 보이도록 하였으니, 그 일로 인해 너는 더욱 엄중한 벌을

받고 극심한 수치를 감당해야 할 것이다."

예루살렘의 부패와 타락이 워낙 막중하고 가증스럽기 때문에, 그에 비하면 사마리아와 소돔의 죄악 정도는 별것 아니고, 도리어 그들이 상대적으로 의롭게 여겨질 정도라는 말씀이다. 하나의 예를 들면, 모두가 똑같이 우상을 세웠어도 사마리아와 소돔은 산과 언덕에 세웠는데, 예루살렘은 하나님의 임재 처소인 성전의 안마당에 세웠기 때문에 그 죄악이 더욱 가증스럽고 컸던 것이다. 그런데도 소돔은 오래전에 이미 유황불 심판을 받아 영영 사라졌고(주전 2067년경), 사마리아 역시 대략 130여 년 전에 아시리아 군대에 의해 짓밟혀 멸망당하고 말았다(주전 722년). 그렇다면 이제 예루살렘은 그들보다 더욱 큰 징벌과 극심한 수치를 감당할 수밖에 없었다.

사마리아와 소돔의 회복과 예루살렘에 대한 영원한 언약 (16:53-63)

(53-59) "때가 되면, 내가 소돔과 그 딸들을 그 포로 됨에서 해방시키고, 사마리아와 그 딸들도 그 포로 됨에서 해방시킬 것이다. 그리고 그들과 함께, 너 예루살렘도 마침내 네 포로 됨에서 해방시켜 줄 것이다. 그러나 이처럼 너를 가장 나중에 해방시켜 줌으로써 너로 치욕을 느끼게 하고, 네가 저지른 모든 가증한 일에 대하여 너를 심히 부끄럽게 만들 것이니, 이와 같이 네가 수치당하는 모습을 보고 네 동생 소돔과 네 언니 사마리아가 도리어 위로를 받게 될 것이다. 정녕 그날에 네 동생 소돔과 그녀의 딸들이 이전 상태로 회복될 것이고, 네 언니 사마리아와 그녀의 딸들도 이전 상태로 회복될 것이며, 너 예루살렘과 네 딸들도 이전 상태로 회복되어 다시금 번영을 누릴 것이다. 네가 스스로 의롭다고 여겨 교만할 때에, 너는 네 동생 소돔의 죄악을 비웃고 그녀의 죄악을 네 입에 담기조차 꺼려했었다. 그러나

그때는 네 죄악이 드러나기 전이었다. 그런데 보라, 이제는 네가 도리어 네 주변의 사방 사람들에게 비웃음거리가 되었다. 아람과 그녀의 딸들이 너를 모욕하고, 블레셋과 그녀의 딸들이 너를 멸시한다. 이렇게 너는 네가 저지른 음행과 온갖 가증한 일들에 대하여 너 스스로 그 죗값을 짊어져야 한다. 이는 나 주의 말이다. 나 주가 밝히 말한다. 네가 너의 맹세를 무시하고 나와 맺은 언약을 배반하고 깨뜨렸으니, 나도 네가 행한 악한 행실대로 네게 다 갚아주겠다."

하나님께서는 부패하고 타락한 세 자매, 곧 사마리아와 예루살렘과 소돔에 대하여 때가 되면 회복시켜 주실 것이라고 약속하신다. 그런데 장차 회복의 때에 하나님께서는 소돔과 사마리아를 먼저 회복시킨 뒤에, 거기에 한몫 끼워서 예루살렘도 회복시킬 것이라고 말씀하셨다. 그렇게 하심으로써 하나님께서는 예루살렘을 여지없이 낮추어 수치스럽게 만드시고, 이에 소돔과 사마리아는 그런 예루살렘을 보며 위로를 받게 될 것이었다.

사실 예루살렘은 소돔과 사마리아가 하나님께 징벌 받아 먼저 멸망했을 때, 그것을 타산지석의 교훈 삼아 자신을 돌아보고 겸손한 자세로 회개했어야 마땅했다. 그런데 그와 반대로 행동했다. 교만한 마음으로 소돔과 사마리아를 멸시하고 비웃었다. 자신은 고결한 양 그들의 죄를 정죄했다. 아니, 그들의 죄를 입에 담기조차 꺼려했다.

그런데 막상 예루살렘의 죄악이 드러나자, 그 죄악은 소돔과 사마리아에 비할 바 아니었다. 소돔과 고모라의 죄악이 '티'라면, 예루살렘의 죄악은 '들보'였다. 자기 눈 속에 있는 들보는 보지 못하고 상대방의 눈 속에 있는 티를 보며 마구 멸시하고 비웃었던 것이다(마 7:3-5). 따라서 이제 들보 같은 죄악이 밝히 드러난 예루살렘은 사방 사람들에게 비웃음거리가 되었는데, 심지어 아람에게 모욕당하고 블레셋에게 멸시를 받았다. 이렇게 온 세상 사람들에 의해 모욕당하고 멸시를 받을 뿐 아니라, 예루살렘은 자신이 저지른 온갖 가증한 일들에 대하여 그 죗값을 스스로 감당해야 했다.

예루살렘이 이토록 깊은 나락에 떨어진 이유는, 자신의 맹세를 무시하여 하나님과 맺은 언약을 배반하고 깨뜨렸기 때문이었다(59절). 바로 이것이 모든 징벌과 비극과 절망과 고통의 원인이었다.

(60-63) "그러나 나는 네가 어렸을 때 너와 맺었던 언약을 기억하고, 너와 영원한 언약을 세우겠다. 그러면 너는 네 언니와 동생을 맞아들이게 될 때, 네가 행한 지난날의 악하고 가증한 행실들을 기억하고 크게 부끄러워하게 될 것이다. 그날에 내가 그들을 네게 주어 네 딸들로 삼게 할 것이지만, 어디까지나 이것은 '너의 언약' 때문이 아니라 '나의 언약' 때문이다. 그렇다. 그날에 내가 너와 더불어 '나의 언약'을 세움으로써 너로 하여금 내가 '주'라는 사실을 분명히 알게 할 것이다. 내가 그렇게 행하는 까닭은 이러하니, 곧 내가 너를 용서해줌으로써 네가 너의 모든 악한 행실을 다 용서받게 되면, 네가 너의 지난날을 기억하여 크게 놀라고 아주 부끄러워서, 다시는 너로 네 입을 열어 스스로를 자랑하지 못하게 하기 위함이다. 이는 나 주 하나님의 말이다."

처음으로 돌아가 보면, 옛적에 하나님께서는 보잘것없는 예루살렘 곧 이스라엘을 자신의 아내 삼아 결혼의 언약을 맺었다(8절). 이후로 예루살렘은 하나님의 은혜와 보호하에 왕후의 지위와 영광을 풍족하게 누렸다. 그런데도 예루살렘은 제 욕망을 좇아 하나님과 맺은 언약을 저버리고 우상을 숭배함으로써 창녀처럼 되었다. 그 결과, 예루살렘은 스스로 지은 죗값을 감당할 수밖에 없었기에 하나님의 징벌을 면할 수 없었다. 하나님께 징벌 받은 예루살렘은 아주 비천하게 되어 온 세상 사람들의 비웃음거리가 되고 말았다. 그대로 두면, 예루살렘은 절망과 고통 가운데 영영 소멸될 수밖에 없었다.

그러나 바로 이때, 하나님께서는 옛적 예루살렘과 맺은 언약을 기억하셨다! 그래서 예루살렘의 죄악을 다 용서하신 뒤에 그와 다시금 영원한 언약을 맺길 원하셨다. 예루살렘은 자신의 언약을 배반하고 깨뜨렸지만, 하나님께서는 자신의 언약을 기억하고 다시금 언약을 세우기를 원하신 것이다. 따라서 그것은 어디까지나 '하나님의 언약'으로서, 하나님께서 다시금 세우시는 '영원한 언약'이었다. 이 '영원한 언약'은 하나님과 예루살렘(이스라엘) 간의 관계를 새롭게 회복시키는 '새 언약'을 가리킨다(렘 31:31). 곧 하나님께서 죄 많은 예루살렘을 용서하셔서 그녀와의 '결혼관계'를 새롭게 재건하시는 것이다.

이때 세우는 영원한 언약 곧 '새 언약'은 '옛 언약'과는 상대가 되는 말로, 옛 언약은 시내산에서 체결된 '모세 언약'을 가리킨다. 이스라엘은 옛 언약을 지키는 데 실패했다. 하지만 새 언약은 궁극적으로 예수 그리스도의 십자가 보혈로 인해 체결된 '십자가 언약'을 가리킨다. 십자가 언약 하에서 하나님의 백성들은 예수 그리스도의 십자가 대속(代贖)으로 인해 의롭게 되어 구원의 백성들이 될 것이었다.

한편, 이처럼 영원한 언약 곧 새 언약을 세우는 날에 하나님께서는 예루살렘의 언니인 사마리아와 동생인 소돔을 예루살렘의 딸들이 되게 하실 것이다(61절). 이는 하나님의 구속사적인 섭리와 경륜 안에서 모든 이방인들은 예루살렘(이스라엘)에 접붙인 바 되어 하나님의 천국 백성이 된다는 사실을 교훈한다(롬 11:17-18).

17
독수리와 포도나무

수수께끼 같은 비유를 이야기해 주어라
큰 독수리가 백향목 가지 물고 가네
그 땅의 씨앗 가져다가 시냇가에 심으니
그 씨앗은 무성한 포도나무가 되었네

두 마리 독수리와 포도나무 비유 (17:1-10)

유다의 멸망과 예루살렘의 함락이 점점 가까이 다가오고 있었다. 다윗 왕과 솔로몬 왕 치하에서 찬란하게 꽃을 피웠던 유다 왕국의 불꽃이 이제 서서히 꺼지고 있는 것이다. 어찌 보면 불꽃은 이미 꺼졌고, 타고 남은 나무토막의 잔 불씨에서 그을림만 모락모락 올라오는 처지였다. 그런 시기에, 하루는 주님의 말씀이 또 에스겔에게 임한다. 유다의 멸망과 예루살렘의 함락을 대략 5-6년 앞둔 때다.

이번에는 두 독수리(바빌로니아 왕 느부갓네살, 이집트 왕 호브라)와 레바논의 백향목 연한 가지(바빌로니아에 포로로 잡혀간 유다 왕 여호야긴)와 무성한 포도나무(유다의 마지막 왕 시드기야) 등의 비유를 통해 당시의 국제 정세를 설명하면서 유다의 필연적인 멸망을 선포한다. 나아가 백향목에 돋아나는 새로운 가지 비유를 통해 마침내 회복될 이스라엘에 대한 소망 찬 비전도 제시하고 있다.

(2-6) "너 사람의 아들아, 너는 이스라엘 족속에게 수수께끼 같은 비유를 하나 이야기해 주어라. 주 하나님께서 말씀하신다. 크고 힘찬 두 날개에 다채로운 빛깔의 깃털로 온몸이 빽빽하게 뒤덮인 큰 독수리 한 마리가 레바논 산으로 날아와서 백향목 높은 가지 위에 앉았다. 그리고 그 백향목의 연한 가지 끝을 꺾어다가 장사하는 사람들의 땅으로 물고 가서, 그것을 그곳 상인들의 성읍에 놓아두었다. 그런 다음, 그 큰 독수리는 이스라엘 땅에서 난 씨앗을 취하여 그것을 비옥한 땅에 심었는데, 마치 물가에 버드나무를 심듯 물이 풍족한 시냇가에 그 씨앗을 심었다. 그랬더니 그 씨앗이 자라서 나지막하게 옆으로 퍼져나가, 마침내 굵은 가지도 있고 가는 가지도 있는 무성한 포도나무가 되었다. 그때에 그 가지들은 그 큰 독수리를 향해 뻗어갔고, 그 뿌리는 그 큰 독수리 아래 있었다."

마치 수수께끼 같은 비유 이야기다. 그래서 이 비유에 대한 해설이 뒷부분에 나온다(11-21절). 요약하면, 여기 다채로운 빛깔의 크고 힘센 독수리는 당시 여러 나라들과 많은 민족들을 통치하고 있던 바빌로니아 제국의 '느부갓네살 왕'을 가리킨다. 그는 레바논의 백향목으로 지은 궁궐과 성전이 있는 유다의 도성 예루살렘에 이르러, 그곳 백향목의 높은 가지 위에 앉아 연한 가지 끝을 꺾은 뒤에 장사하는 사람들의 땅 곧 '바빌로니아' 땅에 놓아두었다(4절). 이는 바빌로니아 왕이 유다의 19대 왕 여호야긴을 포로로 잡아 바빌로니아로 끌고 간 사실을 가리킨다(주전 597년, 왕하 24:15).

그런 후에 크고 힘센 화려한 색깔의 큰 독수리는 이스라엘 땅의 씨앗을 취해 물이 풍족한 시냇가에 심었다(5절). 이는 바빌로니아 왕이 포로로 잡아간 여호야긴 대신에, 그의 숙부인 시드기야를 새로운 유다 왕으로 세운 일을 가리킨다. 그래서 처음에 시드기야 왕은 자신을 왕으로 세워준 바빌로니아 왕에게 충성하였다. 즉, 물이 풍족한 시냇가에 심어진 이스라엘 땅의 씨앗인 시드기야 왕은 크고 힘세고 화려한 큰 독수리(바빌로니아 왕)에게 충성함으로써 크고 작은 많은 가지를 뻗친 무성한 포도나무가 되었다.

(7-8) "그런데 보라, 크고 힘찬 두 날개에 많은 깃털로 온몸이 뒤덮인 또 다른 큰 독수리 한 마리가 나타났다. 그러자 그 포도나무는 이 큰 독수리에게서 물을 공급받으려고 이 독수리를 향하여 가지들을 돌려 뻗고, 뿌리도 그 독수리를 향하여 돌려 뻗었다. 본래 그 포도나무를 물이 넉넉한 시냇가의 기름진 땅에 심은 것은 그 포도나무로 가지를 무성하게 내게 하고 또 열매를 많이 맺게 해서 아름답고 훌륭한 포도나무가 되게 하기 위함이었다. 그리고 처음엔 그렇게 되기에 아무 부족함이 없는 좋은 환경이었건만, 그 포도나무는 전혀 다른 모양이 되고 말았다."

힘세고 크고 화려한 처음의 독수리(3절) 외에 또 다른 크고 힘센 독수리가 등장한다(7절). 새롭게 등장한 이 큰 독수리는 깃털이 많은 독수리인데, 이는 '이집트 왕(Pharaoh)'을 가리킨다. 당시 이집트 왕은 '호브라'였다(렘 44:30). 바빌로니아 왕에 의해 유다 왕으로 세워진 시드기야는 처음 몇 년 동안은 바빌로니아 왕에게 충성하였다. 그러나 이후에 시드기야는 주변 나라(블레셋, 에돔, 모압, 암몬, 아람 등)의 왕들과 함께 반(反)바빌로니아 군사동맹을 형성함으로써 바빌로니아 왕을 배반하고 이집트 왕을 섬겼다. 즉, 또 다

두 마리 큰 독수리의 비유

른 깃털 많은 큰 독수리에게 물을 공급받으려고 그를 향하여 가지와 뿌리를 돌려 뻗었다(7절).

당시 하나님의 선지자들은 하나님의 뜻에 따라 힘세고 화려한 처음의 큰 독수리(바빌로니아)에게 계속 충성할 것을 권고했다. 만일 그렇게 했더라면, 유다는 멸망하지 않고 계속 무성하게 자라 풍성한 열매를 맺을 수 있었다. 하지만 시드기야 왕은 그런 권고를 무시하고 자신의 가지와 뿌리를 깃털 많은 새로운 큰 독수리(이집트 왕)에게로 향했다. 그 결과, 유다는 처음의 힘세고 화려한 큰 독수리(느부갓네살 왕)에게 공격당했다. 곧 바빌로니아 왕의 침공을 받아 결국 멸망하고 말았다(9-10절, 주전 586년).

> (9-10) "주 하나님께서 말씀하신다. 그렇게 하면, 과연 그 포도나무가 무성하게 자랄 수 있겠느냐? 그 처음 큰 독수리가 그 포도나무의 뿌리를 뽑고 열매를 따서, 그 나무로 시들어 말라 죽게 하지 않겠느냐? 그 포도나무의 새로 돋아난 연한 잎사귀들을 모조리 마르게 하지 않겠느냐? 그렇다. 그 처음 독수리가 그 포도나무를 완전히 뽑아버릴 것인데, 그 일은 아주 쉬운 일이어서 많은 사람들이 동원될 필요도 없고 강한 군대를 움직일 필요도 없을 것이다. 그러므로 보라, 그 포도나무가 단지 좋은 자리에 심어졌다고 해서 무성하게 잘 자라겠느냐? 동쪽에서 뜨거운 바람이 불어올 때 아주 말라 죽지 않겠느냐? 그렇다. 그 포도나무는 그 심어진 자기 밭에서 시들어 죽고 말 것이다."

무성한 포도나무인 유다 왕 시드기야가 처음의 크고 힘세고 화려한 독수리인 바빌로니아의 느부갓네살 왕을 배반하고 또 다른 깃털 많은 큰 독수리인 이집트 왕 호브라를 섬긴 결과, 처음의 크고 힘세고 화려한 독수리의 공격을 받아 마치 팔레스타인의 식물이 뜨거운 동풍에 시들어 말라 죽듯이, 그렇게 유다도 시들어 멸망하고 말 것이라는 말씀이다.

'뜨거운 동풍'은 팔레스타인 동쪽에 위치한 아라비아 사막에서 지중해 쪽으로 부는 뜨거운 사막의 바람을 가리킨다. 이 열풍은 시냇물을 급격히 말리고 농작물을 바싹 시들게 해서 죽게 한다. 여기서는 포도나무인 유다를 시들어 죽게 할 '바빌로니아'를 가리킨다. 실제로 바빌로니아는 유다의 동쪽에 위치해 있었다. 주님의 말씀은 계속 이어진다.

두 마리 독수리와 포도나무 비유의 해석 (17:11-21)

(12-14) "너는 반역을 일삼는 이 백성에게 묻기를 '이 비유가 무엇을 뜻하는지 너희가 깨닫지 못하겠느냐?' 하고, 그들에게 이 비유를 이렇게 설명해주어라. 처음의 큰 독수리인 바빌로니아 왕이 예루살렘을 치러 그곳에 와서, 유다의 왕과 고관들을 모두 사로잡아 바빌로니아 땅으로 끌고 가고, 유다의 왕족 가운데서 한 사람을 택하여 왕으로 삼은 뒤, 그와 조약을 맺고 그로 자기에게 충성을 맹세하게 하였다. 그런 다음에, 바빌로니아 왕은 유다 땅의 유능하고 쓸 만한 인물들을 포로로 잡아 자기 땅으로 끌고 갔다. 바빌로니아 왕이 이렇게 한 것은 유다를 낮추고 굴복시켜 스스로 독립하지 못하게 하고, 오직 자신에게 충성하기로 맹세한 그 언약을 지켜야만 나라의 명맥을 유지할 수 있도록 조처한 것이었다."

수수께끼 같은 독수리 비유의 해석이다. 처음의 크고 힘세고 화려한 독수리인 바빌로니아의 느부갓네살 왕에 의해 그 땅에 끌려간 왕은 유다의 제19대 왕인 '여호야긴'이다. 주전 597년에 바빌로니아 왕 느부갓네살은 유다를 제2차로 침공하여 유다 왕 여호야긴을 비롯하여 많은 왕족들과 귀족들을 사로잡아 바빌로니아 땅으로 끌고 갔다. 그리고 사로잡아간 여호야긴 대신에 그의 숙부인 시드기야를 유다의 새로운 왕으로 세웠다(왕하 24:10-16).

따라서 시드기야가 바빌로니아 왕에게 충성한다면, 유다는 멸망하지 않고 그 명맥을 계속 유지할 수 있었다. 하나님의 선지자들은 그렇게 하도록 시드기야 왕에게 강력하게 권고하였다. 하지만 완고하고 우유부단한 시드기야 왕은 선지자들의 권고에 귀를 기울이지 않았다. 그래서 하나님께서는 이런 사실을 질책하신다.

(15-16) "그런데도 유다 왕은 충성의 맹세를 깨뜨리고, 그 다음의 큰 독수리인 이집트 왕에게 사절단을 보내어 많은 군마와 군대를 보내달라고 요청함으로써 바빌로니아 왕을 배반하였다. 이러고도 유다 왕이 과연 형통할 수 있겠느냐? 이 같은 일을 행한 자가 과연 칼을 피해 온전히 살아남을 수 있겠느냐? 그가 배신하여 조약을 깨뜨리고서도 과연 자기 목숨을 건질 수 있겠느냐? 그러므로 나 주가 말한다. 내가 나의 살아있음을 두고 맹세하건대, 유다 왕이 바빌로니아 왕에 의해 왕으로 세움 받고서도 자신의 충성 맹세를 어기고 바빌로니아 왕을 배반하였으므로, 유다 왕은 바빌로니아 땅으로 끌려가 거기서 죽게 될 것이니, 곧 자신을 왕으로 세워준 바빌로니아 왕의 땅에서 그 왕과 함께 있다가 결국 거기서 죽고 말 것이다."

유다 왕 시드기야가 바빌로니아 왕 느부갓네살을 거역하는 것이 왜 잘못된 일일까? 사실, 바빌로니아 왕 느부갓네살은 제국을 건설하는 과정에서 수많은 나라들과 민족들을 무자비하게 짓밟고 여러 악행을 자행한 악한 왕이었다. 그런 악한 통치자에게 거역하는 것이 나쁜 일은 아니다. 하지만 당시 바빌로니아 왕의 경우는 특별했다. 그때에 그는 유다와 열방의 죄악을 심판하기 위해 하나님께서 특별히 선택하여 세운 징벌의 도구였고, 하나님께서는 자신의 여러 선지자들을 통해 그러한 사실을 충분히 알려주셨다.

따라서 유다가 바빌로니아 왕에게 거역하는 일은 단지 나라를 파멸로 이끄는 무익한 일이었고, 나아가 그것은 자신들의 죄악을 깨닫지 못하고 하나님의 징벌에 반항하는 악한 일이었다. 그럼에도 끝까지 바빌로니아에 거역한 시드기야 왕은 마침내 나라를 파멸로 이끌었고(주전 586년), 자신은 사로잡혀 두 눈이 뽑힌 채 쇠사슬에 묶여 바빌로니아 땅에 끌려가 그곳의 옥에서 최후를 맞고 말았다(왕하 25:7; 렘 52:11). 이제 이와 같은 사실이 선포되고 있다.

(17-21) "유다의 대적인 바빌로니아 군대가 예루살렘으로 밀어닥쳐, 그 성읍을 포위한 뒤 흙 언덕을 쌓고 높은 사닥다리를 세우며 총공격을 감행함으로써 예루살렘 주민들을 모조리 죽이려고 할 때, 이집트의 파라오가 아무리 강한 군대를 지휘하고 많은 군사들을 거느리고 있다고 할지라도, 그 전쟁에서 유다 왕을 조금도 도울 수 없을 것이다. 유다 왕이 이미 손을 들어 바빌로니아 왕과 조약을 맺고 그에게 충성의 맹세를 하였는데도, 그가 조약을 깨뜨리고 자신의 맹세를 무시함으로써 바빌로니아 왕을 배반하였다. 이 같은 일을 하고서도, 어찌 유다 왕이 대적의 칼을 피하여 자기 목숨을 건질 수 있겠느냐? 그러므로 나 주가 말한다. 내가 나의 살아있음을 걸고 맹세하건대, 유다 왕이 내 이름을 두고 약속한 내 맹세를 업신여기고 내 이름을 걸고 맺은 내 언약을 깨뜨렸으니, 내가 그에게 벌을 내려 그의 죄악을 그의 머리 위에 갚을 것이다. 내가 내 그물을 그의 머리 위에 펼치고, 내 덫을 그의 발 앞에 두어 그로 걸려 넘어지게 할 것이다. 그래서 그를 사로잡아 바빌로니아 땅으로 끌고 갈 것이니, 내가 거기서 그에게 나를 반역한 죄를 엄중히 물어 그를 심판할 것이다. 그때에 그 왕의 모든 군사들은 허겁지겁 도망치다가 모두 칼에 찔려 죽을 것이고, 살아남은 자들은 온 사방으로 뿔뿔이 흩어질 것이다. 그때에야 이 모든 것을 선포한 자가 나 주라는 사실을 너희가 분명히 알게 될 것이다."

바빌로니아 왕에 대한 충성의 맹세를 깨뜨리고 이집트 왕을 섬긴 유다 왕 시드기야는 바빌로니아 왕의 격노를 불러일으켰다. 그 결과, 바빌로니아 왕 느부갓네살은 직접 군대를 이끌고 유다를 제3차로 침공하여(주전 588년 10월 10일, 왕하 25:1; 렘 52:4), 유다의 수많은 성읍들을 정복하고 마침내 예루살렘 도성을 포위한 채 흙 언덕을 쌓고 높은 사닥다리를 세우며 총공격을 감행했다. 이때 예루살렘은 천혜의 요새를 이용하여 1년 6개월을 버티면서 이집트 왕에게 간곡히 지원군을 요청하였다. 그러나 이집트의 지원군은 끝내 오지 않았고, 예루살렘 도성 안에는 양식이 다 떨어져 결국 성벽이 뚫리고 말았다. 유다의 도성 예루살렘이 함락된 것이다(주전 586년 4월 9일, 왕하 25:3; 렘 52:6-7).

예루살렘이 함락되자, 유다 왕 시드기야는 호위 군사들과 함께 밤중에 성읍을 빠져나가 아라바 길로 내려가 이집트로 망명하려 했지만, 얼마 가지 못해 여리고 평원에서 바빌로니아 추격대에게 사로잡히고 말았다. 이렇게 왕이 사로잡히자, 왕을 호위하던 군사들은 죽거나 뿔뿔이 흩어지고 말았다(왕하 25:4-5; 렘 52:7-8). 사로잡힌 왕은 바빌로니아 본진이 있던 립나로 끌려가 느부갓네살 왕에게 심문을 당한 뒤 두 눈이 뽑힌 채 쇠사슬에 묶여 바빌로니아 땅으로 끌려가 옥에 갇혔고, 그 땅의 옥에서 최후를 맞았다(왕하 25:6-7; 렘 52:9-11).

에스겔 선지자는 이렇게 유다 왕 시드기야가 바빌로니아 군사들에게 사로잡혀 이방 땅의 옥에서 비극적인 최후를 맞이하게 된 까닭은, 하나님께서 그에게 벌을 내려 그의 죄악을 그의 머리 위에 갚은 것이라고 선포하였다(19절). 자신이 뿌린 죄악을 스스로 거둔 것이다. 계속해서 주님의 말씀이 이어진다.

시온산 위의 백향목 새 가지 (17:22-24)

(22-24) "내가 또 저 높은 백향목 꼭대기에서 가지를 하나 취하여 심을 것이니, 곧 그 백향목 꼭대기에 돋은 가지들 가운데서 새로 돋아난 연한 햇순을 하나 꺾어다가 이스라엘의 높고 우뚝 솟아난 산 위에 심어놓겠다. 이스라엘의 우뚝 솟아난 높은 산 위에 내가 그 연한 가지를 심어놓으면, 거기에서 많은 가지들이 뻗어 나와 아주 무성해지고 또 많은 열매를 맺어서 아름답고 훌륭한 백향목으로 자랄 것이다. 그러면 온갖 종류의 새들이 날아와 그 나뭇가지에 둥지를 틀고 그 나뭇가지 그늘에서 살 것이다. 그때에야 들판의 모든 나무들이 분명히 알 것이니, 곧 나 주가 높은 나무는 낮추고 낮은 나무는 높이며, 푸른 나무는 시들어 말라 죽게 하고, 마른 나무는 무성히 자라나게 하는 줄을 알게 될 것이다. 이는 나 주의 말이니, 나는 내가 말한 것을 그대로 다 이루겠노라."

지금껏 언급했듯, 바빌로니아 군대에 의해 유다는 멸망하고 예루살렘은 함락되었다(주전 586년). 그리고 유다의 마지막 왕도 사로잡혀 바빌로니아 땅의 옥에 갇힌 채 거기서 죽을 운명이었다. 남왕국 유다마저 망하고 민족이 흩어진 것이다. 앞서 136년 전에는 북왕국 이스라엘이 아시리아에 의해 그렇게 먼저 멸망하였다. 그렇다면 아브라함과 이삭과 야곱의 후손인 이스라엘은 인류역사 속에서 영영 사라지고 말 것인가?

그렇지 않다! 본문에서 하나님께서는 백향목 꼭대기에 돋은 가지들 가운데서 새로 돋아난 연한 햇순을 하나 꺾어다가 이스라엘의 높은 산 위에 심어놓으시겠다고 약속하셨다. 그렇게 심어질 '연한 새 가지'는 무엇일까? 하나님께서 백향목 꼭대기에서 취하여, 이스라엘의 높은 산 곧 시온산 위에 심어놓으실 '연한 새 가지'는 장차 도래할 이스라엘의 영원하고도 새로운 왕을 가리킨다. 그를 통하여, 하나님께서는 다윗 왕조의 영광을 찬란하게 회복시키실 작정이셨다.

하나님의 이 약속은 장차 다윗의 혈통을 좇아 이 땅에 태어난 '메시아(그리스도) 예수'를 통해 온전히 성취되었다. 진정 메시아 예수로 말미암아 이 땅에 건설될 하나님의 나라는 그 가지가 온 사방으로 뻗어나가고 가지마다 열매가 주렁주렁 맺히는 아름답고 무성한 백향목이 되어 영원토록 흥왕할 것이었다. 그러면 온갖 종류의 새들이 날아와 그 나뭇가지에 둥지를 틀고 그 나뭇가지 그늘에서 살 것이다(23절). 온 세상의 뭇 나라들과 민족들이 메시아 예수가 통치하는 하나님의 나라 안에서 구원과 평강을 누릴 것이었다. 비록 육신의 왕들에 의해 통치된 육적 이스라엘은 시들고 망했지만, 하늘의 왕이신 메시아 예수로 말미암아 통치될 영적 이스라엘은 영원토록 번성하고 형통할 것이었다.

18

자기 죄로 죽는다

누구든지 죄 지은 자가 벌을 받는다
악한 아버지를 둔 아들이라도
스스로 죄를 짓지 않으면
그는 참으로 의롭다

의로움과 악함은 어디까지나 개인적인 것임 (18:1-20)

(2-4) "너희가 지금 이스라엘 땅에서 '아버지가 신 포도를 먹었으므로, 그 아들의 이가 시다.'라는 속담을 사용하고 있는데, 이게 어찌된 일이냐? 나 주가 말한다. 내가 나의 살아있음을 두고 맹세하건대, 너희 가운데 어느 누구도 다시는 이스라엘 땅에서 이 같은 속담을 입에 담지 못할 것이다. 모든 영혼은 다 내게 속해 있다. 아비의 영혼이 내게 속해 있는 것처럼, 아들의 영혼도 내게 똑같이 속해 있다. 그러므로 누구든지 죄를 짓는 그 영혼이 죽을 것이다."

어느 날, 주님의 말씀이 또 에스겔에게 임한다. 예루살렘 함락을 대략 5-6년쯤 앞둔 때다(주전 592~591년경). 말씀의 요점은, 모든 사람은 각자 자신이 행한 선하고 악한 행위에 대해 '개별적인 책임'을 진다는 것이다. 즉, 사람이 하나님께 징벌을 받아 망하고 죽는 것은 다른 사람의 죄 때문이 아니라, 누구든지 죄를 짓는 그 당사자 곧 그 사람, 그 영혼의 죄 때문이라는 것이다.

따라서 당시 이스라엘 사회에서 널리 통용되던 속담, 곧 "아버지가 신 포도를 먹었으므로, 그 아들의 이가 시다."란 말은 틀렸다. 덜 익은 신 포도를 먹으면, 신맛 때문에 이가 시리게 마련이다. 당시 이스라엘 백성들은 자신들에게 임하는 재앙의 책임이 자신들에게 있지 않고 조상들에게 있다는 사실을 강조하기 위해 이 속담을 자주 인용했었다. 그래서 하나님께서는 이 같은 그들의 생각이 틀렸다는 사실을 일깨워주시려고 "누구든지 죄를 짓는 그 영혼이 죽을 것"이라고 강조하신 것이다.

아들의 이가 시린 것은 그 아버지가 신 포도를 먹었기 때문이 아니고, 그 아들도 역시 신 포도를 먹었기 때문이다. 그와 마찬가지로, 에스겔 당시의 사람들이 하나님께 징벌을 받게 된 것은, 그들의 아버지(조상들)가 죄를 지었기 때문이 아니고, 그들(후손들) 역시 아버지의 죄의 발자취를 그대로 따랐기 때문이다.

> (5-9) "가령 어떤 사람이 있는데, 그가 의로워서 언제나 공법과 정의를 따라 살아간다고 하자. 즉, 그 사람은 산 위에서 우상에게 바쳐진 제물을 먹지 않고, 이스라엘 족속의 우상들에게 한눈을 팔지도 않으며, 이웃의 아내를 범하여 욕보이지 않고, 월경 중에 있는 아내를 가까이하지 않고, 다른 사람들을 학대하지 않으며, 빚을 진 가난한 자의 담보물을 돌려주고, 누구에게서도 강제로 무엇을 빼앗지 않으며, 굶주린 자에게 먹을 것을 나누어주고, 헐벗은 자에게 옷을 입혀주며, 돈을 빌려줄 때 이자를 받지 않고, 돈놀이를 해서 부당하게 이자를 취하지 않으며, 악한 일에는 삼가서 손을 대지 않고, 사람과 사람 사이에서 공정하게 판결하며, 나의 율법을 성실히 따르고, 나의 규례를 충실히 지켜서 정직하게 실천한다면, 이런 사람이야말로 정녕 의로운 사람이므로, 그는 반드시 살 것이다. 이는 나 주 하나님의 말이다."

하나님의 율법(말씀)에 근거해서, 하지 말아야 할 것들(우상숭배,

간통, 율법 거역, 학대, 착취, 고리대금 등)은 하지 않고, 해야 할 것들(구제, 선행, 자비, 공정, 정직, 율법 준수 등)은 하는 자가 정녕 의로운 사람이라고 말한다. 이처럼 하나님께서 주신 율법과 규례에 따라 행하지 말아야 할 것들은 삼가 행하지 않고, 행해야 할 것들은 성실히 행한다면, 그 사람은 정녕 의로운 사람으로서 그의 아버지나 조상이 비록 악할지라도 그 사람은 망하지 않고 반드시 구원을 받을 것이다.

이와 반대로 행하지 말아야 할 것들을 짐짓 행하고, 행해야 할 것들을 행하지 않는다면, 그 사람은 정녕 악한 사람으로서 그의 아버지나 조상이 비록 선할지라도 그 사람은 구원받지 못하고 반드시 망할 것이다. 이처럼 모든 사람은 누구 탓이 아니라 오로지 자기 삶의 행위에 따라 판단받을 따름이다. 이 같은 진리가 이어서 계속 강조된다.

> (10-13) "또 가령 그 의로운 사람이 아들을 낳았다고 하자. 그런데 그 아들은 자기 아버지와 달리 이 모든 선한 일들을 하나도 행하지 아니하고, 도리어 모든 악한 일들 가운데 하나를 행하여 폭력을 휘두르거나, 사람을 죽여 피를 흘리거나, 산 위에서 우상에게 바쳐진 제물을 먹거나, 이웃의 아내를 범하여 욕보이거나, 가난하고 불쌍한 자를 학대하거나, 다른 사람의 물건을 강제로 빼앗거나, 빚을 진 가난한 사람의 담보물을 돌려주지 않거나, 우상에게 한눈을 팔거나, 우상을 숭배하여 온갖 역겨운 짓을 행하거나, 높은 이자를 받으려고 돈을 빌려주거나, 혹은 돈놀이를 하여 부당한 이익을 추구한다면, 그런 자가 과연 살 수 있겠느냐. 아니다! 그는 살지 못할 것이니, 그가 이 모든 악하고 역겨운 짓을 행하였으므로, 그자는 반드시 죽을 것이고, 자기가 저지른 죄에 대한 대가를 자기 스스로가 치러야 할 것이다."

선한 아버지에게서 악한 아들이 태어났을 경우, 그 악한 아들은 선한 아버지와는 상관없이 자신의 악한 행위에 따라 하나님께 심판을 받는다.

그 악한 아들은 자기가 저지른 죄의 대가로 반드시 망하게 될 것이고 구원받지 못한다. 악한 행위의 예로는 폭력, 살인, 우상숭배, 간통, 학대, 착취, 약탈, 탐욕, 고리대금 등이 제시되었다.

고리대금은 자기 재산을 크게 불리려는 이기적이고 탐욕적인 동기에서 가난하고 어려운 형편에 있는 자들의 딱한 처지를 악용하여 높은 이자를 받는 것이므로 착취의 한 형태와 같아서 성경적으로, 사회적으로 잘못된 일로 여겨졌다. 이자에 관한 성경(모세 율법)의 기본 정신은 가난하고 어려운 자들에 대한 긍휼과 사랑이다(신 23:19).

(14-18) "또 가령 그 악한 자가 아들을 낳았다고 하자. 그런데 그 아들은 자기 아버지가 지은 모든 죄를 보고 두려워해서 자기 아버지가 행한 대로 하지 아니하여, 산 위에서 우상에게 바쳐진 제물을 먹지 않고, 이스라엘 족속의 모든 우상들에게 한눈을 팔지 않으며, 이웃의 아내를 범하여 욕보이지 않고, 사람을 학대하지 않으며, 가난한 자에게 담보물을 요구하지 않고, 남의 것을 강제로 빼앗지 않으며, 굶주린 사람에게 먹을 것을 주고, 헐벗은 사람에게 옷을 입혀주며, 악한 일에는 삼가서 손을 대지 않고, 가난한 자를 억누르지 않으며, 이자를 받으려고 돈놀이를 하거나 돈을 빌려주고 과도한 이익을 취하지 않고, 내 규례를 지키고 내 율법에 순종한다면, 그는 의로운 사람이므로 절대로 자기 아버지의 죄 때문에 죽지 않겠고, 그는 반드시 살 것이다. 그러나 그의 아버지는 아주 난폭하여 다른 사람의 물건을 강제로 빼앗고, 자기 동족 가운데서 악한 일을 행하였으므로, 그자는 자기 죄악으로 말미암아 반드시 죽을 것이다."

악한 아버지에게서 선한 아들이 태어났을 경우, 그 선한 아들은 악한 아버지와는 상관없이 자신의 선한 행위에 따라 하나님께 심판을 받는다. 따라서 그 선한 아들은 자신의 선한 행위에 따라 반드시 구원받을 것이고 망하지 않는다. 요컨대 하나님은 부모의 죄 때문에 그 자녀에게 벌을 내리시지 않는다. 하나님께서 사람들에게 벌을 주실 때는 그들 각자의 죄 때문에 벌을 주시는 것이다. 성경의 어디에서도 의로운 자가 부모의 죄 때문에 벌을 받았다는 이야기는 찾아볼 수 없다.

하지만 그렇다고 해서 부모를 통한 고통이 없다는 뜻은 아니다. 죄 짓는 부모는 자녀에게 심각한 고통을 남긴다. 예컨대, 부모의 알코올 중독이나 성적 학대나 폭력적인 삶은 자녀들에게 일생 동안 고통을 주고 상처를 남긴다. 하지만 궁극적으로 자녀들은 그들 부모의 삶이 아닌, 자신의 삶을 통해 하나님께 응답받는다. 비록 부모가 죄악 된 삶을 살아간다고 해도 자녀가 부모와는 달리 죄를 떠나 선하고 의롭게 산다면, 그 자녀는 자신의 선한 삶에 의해 하나님께 복을 받고 구원을 얻게 되는 것이다. 이처럼 하나님께서 심판의 기준으로 삼는 것은 어느 누구의 삶이 아닌, 오로지 각자의 삶이다. 에스겔은 마치 쐐기를 박듯 그 점을 다시금 강조한다.

> (19-20) "그런데도 너희는 말하기를 '아들이 어찌 아버지의 죄를 짊어지지 않을 수 있겠느냐.'라고 한다. 그렇지 않다! 비록 그 아버지가 악하고 불의해도, 그 아들이 의로워서 공법과 정의를 행하고 또 나의 모든 율법을 잘 지켜 행하면 그는 반드시 살 것이다. 그렇다! 오직 죄를 지은 바로 그 영혼이 죽은 것이다. 그러므로 아들이 아버지의 죄악을 짊어지지 않을 것이고, 아버지가 아들의 죄악을 짊어지지 않을 것이니, 의인의 의로움도 그 의인에게로 돌아갈 것이고, 악인의 악함도 그 악인에게로 돌아갈 것이다."

성경을 얼핏 오해하면, 아버지(조상)의 죄가 아들(후손)에게 전가되는 것처럼 보이기도 한다. 아버지의 죄가 아들의 삼사 대까지 이르게 될 것이라고 언급되었기 때문이다(출 20:5). 하지만 그것은 아버지의 악한 영향 혹은 죄에 따른 후유증을 뜻하는 말이지, 직접적인 형벌을 뜻하는 말이 아니다. 그럼에도 에스겔 당시에 이스라엘 백성들은 자신들의 죄악은 돌아보지 않고, 현재의 고통과 환난은 모두 조상들의 죗값 때문이라는 그릇된 생각을 가지고 있었다. 이에 하나님께서는 각 사람은 오직 자신의 행위에 따라서만 심판을 받을 뿐이고, 오직 범죄하는 그 영혼이 죽을 것이라고 분명하게 선포하심으로써 백성들의 왜곡된 사상을 교정해 주신 것이다.

의로움과 악함은 어디까지나 현재적인 것임 (18:21-29)

(21-24) "그러나 악인일지라도, 그가 만일 자신이 저지른 모든 죄악에서 돌이키고 떠나서 내 모든 율법을 준수하고 공법과 정의를 실천한다면, 그는 틀림없이 살 것이고 죽지 않을 것이다. 그러면 그가 저지른 온갖 죄악들이 더 이상 하나도 기억되는 일이 없을 것이니, 그는 자신이 현재 행한 의로운 행위들로 말미암아 죽지 않고 살 것이다. 나 주가 분명히 말한다. 그가 아무리 악인이라 하더라도, 악인이 자기의 악함 가운데서 죽어가는 것을 내가 어찌 조금인들 기뻐하겠느냐. 악인이 자신의 악한 길에서 돌이켜 떠남으로써, 그가 죽지 않고 사는 것을 내가 어찌 기뻐하지 않겠느냐. 그러나 의인일지라도, 그가 만일 의롭게 살던 자신의 의로운 길에서 돌이켜 떠나 온갖 죄를 짓고 또 악인들이 행하는 것과 똑같이 모든 불의하고 역겨운 짓을 행한다면, 어찌 그가 살 수 있겠느냐. 그렇다면 그가 지난날에 아무리 의롭게 살았더라도 그가 행한 의로운 일들이 더 이상 하나도 기억되는 일이 없을 것이니, 그가 현재 범한 모든 허물들과 현재 지은 모든 죄악들로 말미암아 살지 못하고 죽을 것이다."

어떤 사람이 '의인' 또는 '악인'으로 판단 받는 것은 어디까지나 그 사람의 '현재 상태'에 따라 결정된다는 사실이 강조되었다. 과거에 악하게 살았더라고 현재 그가 의롭게 살고 있다면 그 사람은 구원을 받을 것이고, 이와 반대로 과거에는 선하게 살았더라도 현재 그가 악하게 살고 있다면 그 사람은 구원을 받지 못한다. 그 까닭은, 의인과 악인을 판단하는 기준이 과거나 미래가 아니라 '현재'이기 때문이다.

이런 사실은 악인에게는 소망을 준다. 지난날 죄악 가운데 빠진 악인이더라도 죄에서 돌이켜 회개하고 현재에 공의를 행하며 살아간다면 죽지 않고 살 수 있기 때문이다. 하나님은 악인이 지난날의 죄악 가운데 빠져 그대로 죽는 것을 결코 기뻐하시지 않고, 모두가 회개하고 현재에 선하게 살아감으로써 구원받기를 기뻐하신다. 그리고 이런 사실은 의인에게는 긴장감을 준다. 지난날의 의로운 행동들이 현재의 죄악을 씻어주지 못하기 때문이다. 과거에는 아무리 의롭게 살았더라도 현재에 지은 죄를 회개하지 않는 것은 언제든지 그 자체로 치명적이기 때문이다.

하지만 신약시대의 관점에서 총체적으로 살펴보면, 한 번 구원받아 의롭게 된 성도가 타락하여 죄를 범했다고 해서, 그의 구원이 상실되고 영원한 지옥의 형벌을 받는 것은 아니다. 왜냐하면 그리스도의 십자가 사역에 기초한 그 구원은 죄인에 대한 '영원한 속죄'로서 결코 취소될 수 없는 것이기 때문이다(히 9:14). 그렇지만 성도의 타락과 범죄는 하나님의 징계를 초래하여 이 땅에서 죄에 따른 책임과 고통을 받게 된다. 부하 장수의 처인 밧세바와 불륜의 죄악을 저지른 다윗의 경우가 좋은 예다. 회개를 통해 죄 용서함은 받았지만, 죄에 따른 책임과 고통은 다윗 가문에 오래 드리워졌기 때문이다(삼하 12:10-15).

(25-29) "그런데도 너희는 말하기를 '주께서 하시는 일이 공정하지 않다'라고 한다. 그러므로 들어라, 이스라엘 족속아! 내가 어째서 공정하지 아니하냐. 공정하지 않은 것은 바로 너희가 아니냐. 만일

올바르게 살던 의인이 자신의 의로운 길에서 떠나 죄를 짓고 죽으면, 그는 자신이 지은 죄로 인해 죽는 것이고, 만일 그릇되게 살던 악인이 자신의 악한 길에서 떠나 공법과 정의를 행하면, 그는 자신이 행한 의로운 행위로 인해 자기 영혼을 보존하는 것이다. 그 악인이 자신을 스스로 살펴 자신이 행한 모든 죄악을 뉘우치고 지난날의 악한 길에서 돌이켜 떠났으므로, 그는 반드시 살고 죽지 않을 것이다. 그런데도 너희 이스라엘 백성들은 말하기를 '주께서 하시는 일은 공정하지 않다'라고 한다. 이스라엘 족속아, 내가 어째서 공정하지 아니하냐. 공정하지 않은 것은 바로 너희가 아니냐."

에스겔 당시에 유다 백성들은 '조상들의 죄 때문에' 자신들이 재앙을 겪고 고통을 당한다고 생각했다. 그래서 조상들의 죄 때문에 자신들에게 재앙을 내리시는 하나님의 처사가 '공정하지 않다'라며 불평하고 원망하였다. 하지만 하나님의 답변은 분명했다. 현재 유다 백성들이 재앙을 겪고 고통을 당하는 것은 지난날 조상들의 죄 때문이 아니라, 작금 그들이 자행하고 있는 죄 때문이라는 것이다. 즉, 하나님의 심판 기준은 과거나 미래가 아니라, 어디까지나 '현재'라는 사실을 밝히 일깨워주셨다.

개인의 삶에 있어서도 과거나 미래가 판단 기준이 아니고 오로지 현재가 판단 기준이듯, 죽고 사는 문제에 대하여 어떤 세대의 판단 기준도 어디까지나 현재가 판단 기준임을 일깨워주신 것이다. 이처럼 과거나 미래가 아니라 오직 '현재'의 각 사람과 세대를 판단 기준으로 삼기에, 각 사람과 세대에 대한 하나님의 처사는 언제나 공정한 것이다.

오직 회개만이 살 길임 (18:30-32)

(30-32) "나 주가 분명히 말한다. 이스라엘 족속아, 내가 너희를 심판하되, 너희 각 사람이 행한 대로 심판을 베풀 것이다. 그러므로

너희는 회개하라! 이제라도 너희의 악한 길에서 돌이켜 회개하고, 너희의 모든 죄악에서 속히 떠나라. 그리하면 너희가 죄악의 걸림돌에 걸려 넘어져서 멸망하는 일이 없을 것이다. 너희는 지난날에 지은 너희의 모든 죄악을 떨쳐버리고, 너희를 새롭게 하여 새 마음과 새 영을 가져라. 이스라엘 족속아, 너희가 어찌하여 죄악 가운데서 그대로 죽으려 하느냐. 나 주가 분명히 말한다. 마땅히 죽을 자라 하더라도, 그가 자기의 죄악 가운데서 그대로 죽어가는 것을 내가 조금도 기뻐하지 않는다. 그러므로 너희는 너희의 악한 길에서 돌이켜 회개하라! 그래서 죽지 말고, 살도록 하여라!"

하나님은 죽을 자조차 정녕 살기를 바라신다. 하나님의 본질적인 속성상, 그분은 공의보다 긍휼이 훨씬 크신 분이기 때문이다. 그래서 하나님은 마땅히 죽어야 할 자들조차도 죄 가운데서 그대로 죽기를 바라지 않으시고 어떡하든 회개하여 살기를 바라시는 것이다. 그래서 누구든지 죄악에서 돌이켜 회개함으로써 새 삶을 살고자 하는 자들에게는 기꺼이 새 마음과 새 영을 허락하심으로써 새 생명 주시기를 기뻐하신다.

이렇게 볼 때 죄인이 새 마음과 새 영을 가지는 것, 곧 마음과 영을 새롭게 하는 방법은 죄에서 떠나 의로운 삶을 사는 것, 곧 '회개하는 것'이다. 사람이 진실로 회개하게 되면, 자신의 마음속에 하나님을 받아들이게 된다. 그렇게 될 때 하나님은 은혜로써 그의 마음과 영을 새롭게 하신다. 결국 새로운 마음과 영은 회개의 열매이고, 또한 그것은 믿는 자들 속에 역사하시는 하나님의 주권적인 은혜인 것이다(11:19).

19
유다 왕들을 위한 애가

성난 손길이 포도나무를 움켜잡고
뿌리째 뽑아 땅바닥에 내던지자
뜨거운 동풍에 시들고 말라 버리니
이제는 왕의 지팡이가 없어지네

젊은 사자의 비유를 통한 애가 (19:1-9)

(1-4) "너는 이스라엘의 통치자들을 위해 슬픈 노래를 지어라. 그리고 노래 부르기를 '네 어머니가 누구냐? 암사자라네. 사자들 가운데 가만히 엎드려, 젊은 사자들 틈에서 자기 새끼들을 기른 암사자라네. 그 암사자가 자기 새끼들 가운데 하나를 키웠더니 그 새끼가 젊은 사자가 되었고, 또 사냥하는 법을 배워서 많은 사람들을 잡아먹었다네. 여러 민족들이 그 소식을 듣고 몰려와서는, 함정을 파서 그 젊은 사자를 붙잡았다네. 그런 뒤 그들은 그 젊은 사자를 갈고리에 꿰어 이집트 땅으로 데려갔다네.'

본장에는 다윗 왕통을 이은 유다 왕국의 마지막 네 왕(여호아하스, 여호야김, 여호야긴, 시드기야)의 최후와 다윗 왕가의 멸망에 관한 비탄한 심정이 두 개의 비유를 통해 풍자되고 있다. 첫 번째 비유는 '사자의 비유'이고(1-9절), 두 번째 비유는 '포도나무의 비유'다(10-14절). 이 두 비유를 통해 에스겔 선지자는 주님과 맺은 언약을 깨뜨린 언약 백성의

어미 암사자와 새끼 사자들

비참한 종국을 크게 탄식하고 있다. 먼저 '사자의 비유'를 살펴보자.

'흐흠, 암사자가 등장하고… 그 암사자에 의해 선택받은 두 마리의 새끼사자…?'

에스겔은 마음속으로 그 말씀을 묵상한다. 그러자, 하나님의 영이 그 의미를 깨닫게 해준다. 자, 그렇다면 여기 암사자와 새끼사자들은 누구를 가리키는가? 어미인 '암사자'는 '유다 왕국' 혹은 '다윗 왕조'를 가리킨다. 그리고 어미 암사자가 선택하여 키운 첫 번째 새끼사자는 이집트 땅에 포로로 끌려간 유다의 제17대 왕인 '여호아하스'를 가리킨다(3-4절). 이어서 어미 암사자가 두 번째로 선택하여 키운 새끼사자는 바빌로니아 땅에 포로로 끌려간 유다의 제19대 왕인 '여호야긴'을 가리킨다(5-9절).

예로부터 백수(百獸)의 왕인 사자는 흔히 '왕'이나 '왕가'(王家)를 상징하였다. 그런데 어미 암사자에 의해 선택받아 키워진 두 마리의 새끼사자는 자라나서 젊은 사자가 된 뒤에 사냥하는 법을 배워 많은 사람들을 잡아먹고 또한 성읍을 황폐하게 만들었다. 이것은, 그 두 왕(여호아하스, 여호야긴)이 통치 기간 중에 하나님을 거스르고 백성들 위에 군림하면서 온갖 악정과 폭정을 베풀었다는 사실을 가리킨다.

(5-9) '어미 된 암사자는 계속 기다리다가 자기 소망이 이루어지지 않는 것을 보고는, 자기 새끼들 가운데서 다시 한 마리를 데려다 길러, 두 번째 젊은 사자로 또 키웠다네. 그 두 번째 젊은 사자는

다른 사자들과 어울려 몰려다녔고, 사냥하는 법을 배우더니 역시 많은 사람들을 잡아먹었다네. 더욱이 그 사자는 사람들의 요새를 파괴하고, 그들의 성읍까지 황폐하게 만들었다네. 그래서 그 땅과 거기에 살고 있는 모든 사람들은 그 사자가 으르렁거리며 부르짖는 소리에 벌벌 떨었다네. 그러자 주변 지역의 여러 민족들이 그 젊은 사자를 잡으려고 왔다네. 그들은 사자에게 그물을 던지고 함정을 파서 마침내 그 사자를 사로잡았다네. 그런 뒤 그들은 갈고리로 그 사자의 코를 꿰고 철장에 가둔 채로 바빌로니아 왕에게로 끌고 가서, 그 땅에서 그 사자를 감옥에 가두었다네. 그리하여 이제 이스라엘의 산 속에서는 더 이상 그 사자의 으르렁거리며 부르짖는 소리가 들리지 않게 되었다네.'

어미 암사자(유다 왕국 혹은 다윗 왕조)가 첫 번째로 선택하여 키운 새끼사자(여호아하스)는 사람들을 잡아먹는 악정과 폭정을 자행하다가 다른 민족의 사람들에게 사로잡혀 이집트 땅으로 끌려가고 말았다(1-4절). 어미 암사자의 소망이 끊어진 것이다. 그래서 어미 암사자는 두 번째로 새끼사자(여호야긴)를 선택하여 키웠다(5-9절). 그런데 이 두 번째 새끼사자도 자라나 젊은 사자가 된 뒤에는 사람들을 마구 사냥하여 잡아먹고 또한 제멋대로 설쳐서 성읍들을 황폐하게 만드는 악정과 폭정을 자행했다. 그러자 주변 민족의 사람들이 몰려와 함정을 파서 그 사자를 사로잡은 뒤에 갈고리로 코를 꿰어 바빌로니아 땅으로 끌고 가서는 옥에 가두었다.

고대 세계에서 잔혹한 정복자들은 실제로 사로잡은 포로들의 코나 입이나 턱을 뚫고 사슬이나 갈고리를 꿰어 길게 연결 고리를 만들어 끌고 가곤 했다. 명백히 이 같은 잔혹한 포로 이송 방법은 사자와 같은 맹수들에게 사용되던 기술이기도 했다. 고대 아시리아의 여러 부조(浮彫)는 정말로 고대 중근동 국가에서 이 같은 야만적인 방식이 사용되었음을 분명히 입증해 주고 있다. 또한 일찍이 하나님께서도 아시리아 왕 산헤립에 대하여 이 같은 표현을 사용하셨다.

"너 산헤립이 나 주에게 분노하고 거만하게 떠드는 소리를 내가 다 들었으니, 이제 내가 네 코에 갈고리를 꿰고, 네 입에 재갈을 물려, 네가 왔던 그 길로 다시 돌아가게 하겠노라."(왕하 19:28).

포도나무 가지의 비유를 통한 애가 (19:10-14)

(10-14) '네 핏줄로 살펴보면, 네 어머니는 물가에 심어진 포도나무 같다네. 그곳은 물이 넉넉하게 많으므로, 포도나무 가지가 무성하게 자라고 많은 열매가 주렁주렁 열렸다네. 그 포도나무의 가지들은 아주 튼튼하게 자라서 모두가 통치자의 지팡이가 되기에 적합했다네. 그중에서도 특히 한 가지의 키가 더욱 높이 자라서 다른 가지들보다 우뚝 솟았다네. 그래서 많은 가지들 가운데 가장 뛰어나게 보였다네. 아, 그러나 어느 성난 손길이 그 포도나무를 움켜잡고 뿌리째 뽑아내어 땅바닥에 내던졌다네. 그리고 뜨거운 동풍이 불어오자 그 포도나무의 열매는 말라 비틀어졌고, 그토록 강했던 가지들은 꺾이고 시들고 말라서 불에 몽땅 타버렸다네. 이제는 그 포도나무가 거친 광야에, 곧 메마르고 가문 땅에 심어졌다네. 보라, 불이 그 나뭇가지들 가운데 하나로부터 세차게 일어나서 그 열매를 몽땅 태워버리니, 이제는 통치자의 지팡이가 될 만한 튼튼한 나뭇가지가 하나도 남아있지 않다네.' 이것이 이스라엘의 통치자들을 위한 슬픈 노래인데, 후일에도 두고두고 슬픈 노래가 될 것이다."

사자의 비유(1-9절)에 이어, 유다의 통치자들에 관한 두 번째 비유로 곧 '포도나무의 비유'다. 에스겔은 또 마음속으로 깊이 묵상한다.

'포도나무의 비유는 무얼 뜻하는 걸까?'

역시 하나님의 영이 에스겔을 일깨워준다. 이 비유에서 '핏줄'은 왕의 혈통을, '어머니'는 유다 왕국을 비유한다. 유다 왕국의 처음 왕통은 마치 물이 넉넉한 물가에 심겨진 포도나무처럼 열매가 주렁주렁 열렸고, 그 가지들은 무성하고 튼튼했다는 말이다. 실제로 그러했다. 다윗과 솔로몬으로 이어지는 다윗 왕조의 처음 시작은 아주 영광스러웠고 그 위세가 대단했다.

그런 세월 속에서, 말일에 많은 가지들 중에 특히 키 크고 우뚝 솟은 굵은 가지가 하나 나왔는데, 그는 유다의 마지막 제20대 왕인 '시드기야'를 가리킨다. 그는 본래 왕이 될 수 없었으나, 조카 여호야긴이 바빌로니아에 사로잡혀 가는 바람에 바빌로니아 왕에 의해 유다의 왕위에 오른 자다. 하지만 그는 바빌로니아 왕을 배반하였고, 그 결과로 크게 성난 바빌로니아 왕의 손길에 의해 뿌리째 뽑혀 땅바닥에 내던져지게 되었다. 모든 가지들이 꺾이고, 뜨거운 동풍에 말라비틀어지며, 마침내 불에 몽땅 태워지게 되었다.

그래서 이사야, 예레미야, 에스겔 같은 하나님의 선지자들은 하나님의 뜻에 따라 바빌로니아 왕을 섬길 것을 시드기야 왕에게 강력하게 거듭 권면했다. 하지만 시드기야 왕은 그런 충고를 무시한 채 반(反)바빌로니아 정책을 계속 고집했다. 그러다가 시드기야 왕은 마침내 바빌로니아 왕 느부갓네살에게 사로잡혀 비참하게 두 눈이 뽑힌 채 바빌로니아 땅에 포로로 끌려가 그곳의 감옥에서 생을 마감하고 말았다(렘 52:9-11).

그리하여 다윗의 왕통을 이은 유다 왕국에는 통치자의 지팡이가 될 만한 튼튼한 나뭇가지가 하나도 남아있지 않게 되었다. 시드기야를 끝으로 다윗의 왕통이 끊기고, 유다 왕국이 멸망하고 만 것이다(주전 586년). 찬란하고 영광스럽게 막을 올렸지만, 멸망과 포로 됨으로 그 막을 내린 비극의 역사, 그야말로 가슴 치며 통탄할 슬픈 노래가 되고 말았다.

20
심판과 회복

너는 남쪽을 향하여 바라보고 예언하여라
주께서 숲에 불을 질러 태우시리라
사람들 얼굴이 불에 그을리면
불 지른 이가 주인 줄 알 것이다

이스라엘의 죄악과 반역의 역사 (20:1-32)

"아니, 어쩐 일이시오? 이렇게 갑작스럽게…."

"선지자님, 우리가 주님의 뜻을 알고 싶은데, 선지자님을 통해 어떻게 좀 알 수 있을까 해서요."

(1-2) 에스겔 일행이 바빌로니아 땅에 포로로 잡혀온 지 7년째 되던 해의 5월 10일, 이스라엘의 장로들 가운데 여러 사람이 주님의 뜻을 물으려고 에스겔 선지자를 찾아와서 그의 앞에 앉았다. 바로 그때에 주님의 말씀이 에스겔에게 임한다.

바빌로니아의 제2차 유다 침공은 주전 597년에 있었는데, 그때 바빌로니아 왕은 유다 왕 여호야긴과 에스겔 선지자를 비롯하여 많은 유다 백성들을 포로로 잡아 바빌로니아 땅에 끌고 왔다. 그러니까 지금의 장면은 그때로부터 7년이 흐른 주전 590년 5월 10일에 있었던 일로, 에스겔 선지자가 소명을 받고 사역을 시작한 지 2년이 흐른 후였다.

이때 포로 된 백성들을 대표하는 이스라엘 장로들 여러 명이 무슨 일로 주님의 뜻을 묻고자 에스겔에게 나아왔던 것이다.

"그래요? 무슨 일로 주님의 뜻을 묻고자 하십니까?"

이때 이스라엘 장로들이 묻고자 했던 것은 자신들이 하나님을 섬기되, 바빌로니아 땅에서 그곳의 우상인 바빌로니아 우상을 함께 섬겨도 좋으냐는 것이었다(31-32절). 당시 이스라엘 백성들이 바빌로니아 땅에서 원만한 생활을 유지하기 위해서는 그곳의 우상을 섬기는 것이 필수적이었기 때문이다. 그리하여 이에 대해 하나님의 말씀이 에스겔에게 곧바로 임한다.

> (3-4) "너 사람의 아들아, 너는 이스라엘의 장로들에게 고하여 이르기를 '주 하나님께서 말씀하신다. 너희가 어떻게 감히 나의 뜻을 물으려고 내게로 왔느냐? 나 주가 확실히 말한다. 내가 나의 살아있음을 두고 맹세하건대, 나는 너희가 내게 묻는 것을 허락하지 않을 것이다.'라고 하여라. 너 사람의 아들아, 네가 저들을 심판하지 않을 테냐? 네가 저들을 심판해주지 않을 테냐? 그러므로 너는 저들의 조상들이 얼마나 역겨운 짓을 많이 했는지 알려주어라."

하나님께서는 자신에게 물으려 나온 이스라엘 장로들을 용납하지 않으셨다. 그 까닭은, 그들은 오직 하나님만을 섬기겠다는 여호와 신앙으로 나온 것이 아니라, 하나님 외에도 여러 이방 신들을 섬기려는 목적으로 하나님께 나아왔기 때문이다(31-32절). 그래서 하나님께서는 그들의 다신(多神) 사상을 일체 용납하지 않으신 것이다. 에스겔에게 임한 하나님의 말씀은 계속 이어진다.

> (5-9) "너는 그들에게 이렇게 일러라. 나 주 하나님의 말씀이다. 옛적에 내가 이스라엘을 택하였고, 야곱 집의 자손들에게 맹세하였으

며, 그들이 이집트 땅에서 종살이를 할 때에 그들에게 나타나 맹세하여 이르기를 '나는 주 너희의 하나님이다!'라고 하였다. 그날에 내가 이스라엘 백성들에게 맹세하며 말하기를 '내가 이집트 땅에서 너희를 이끌어내어, 내가 너희를 위해 미리 찾아내고 골라 둔 땅 곧 젖과 꿀이 흐르는 땅이요, 이 세상의 모든 땅들 가운데서 가장 아름다운 그 땅으로 너희를 인도해 들이겠다.'라고 하였다. 또 그날에 내가 그들에게 말하기를 '너희는 각자 그동안 한눈팔고 사랑하여 섬겼던 모든 가증한 것들을 다 없애버리고, 이집트의 각양 우상들로 인해 너희 자신을 스스로 더럽히지 말라. 나는 주요, 너희 하나님이다.'라고 하였다. 그러나 그들은 나를 거슬러 반역하였고, 내 말에 순종하지 않았다. 그들은 그동안 한눈을 팔고 섬겼던 자기들의 가증한 우상들을 없애지 않았고, 이집트의 각양 우상들에게서도 떠나지 않았다. 그래서 내가 또 말하기를 '내가 이집트 땅에서 나의 분노를 그들의 머리 위에 쏟아부어, 그들에 대한 나의 진노를 풀겠다.'라고 하였다. 그러나 나는 그렇게 하지 아니하고, 여러 이방 민족들이 보는 앞에서 그들을 이집트 땅에서 인도해내었다. 내가 그렇게 한 것은 내 거룩한 이름 때문인데, 나는 이방 사람들 앞에서 내 거룩한 이름을 욕되게 하고 싶지 않았기 때문이다. 그래서 뭇 민족들이 보는 앞에서 내 백성 이스라엘을 이집트 땅에서 인도해냄으로써 내가 누구인지 나 자신을 온 세상에 널리 보여주었던 것이다."

옛적 이집트 땅에서 이스라엘에 대한 하나님의 선택과 크신 은총에도 불구하고 이스라엘 백성들은 하나님을 거슬러 반역하였다. 하나님을 떠나 이집트 땅의 우상들을 섬긴 것이다. 이때 하나님께서는 이스라엘에게 진노를 쏟아부어 그들을 없애려고 마음먹었다가, 이방 사람들 앞에서 자신의 거룩한 이름을 욕되게 하고 싶지 않아 그렇게 하지 않으시고, 도리어 그들을 이집트의 종살이에서 구출해내셨다. 이렇게 하심으로써 하나님께서는 자신이 정녕 누구인지를 온 세상에 널리 보여주셨다.

이처럼 하나님은 이방 사람들이 자신을 어떻게 생각하는지에 대해 지대한 관심을 가지시는데, 그 까닭은 이방인들이 자신들의 참된 구원과 유익을 위해 하나님을 올바로 이해하기를 바라셨기 때문이다. 즉, 하나님의 인격과 속성을 제대로 깨달아 알기를 바라셨기 때문이다. 출애굽 사건은 하나님의 속성을 보여주는 대표적인 사건이었다. 비록 자기 백성 이스라엘이 이집트에서 우상을 숭배하여 하나님을 크게 격노케 했을지라도, 하나님은 그 백성을 멸절시키지 않고 도리어 이집트의 종살이에서 구출해내셨다.

이것은 이스라엘 주변의 이방인들로 하여금 하나님의 신실하심과 자비하심, 그리고 크신 능력에 대해 일체의 의심을 품지 못하게 만든 실로 위대한 사건이었다. 이렇게 하심으로써 하나님은 장차 모든 이방인들도 참된 신이요 구원자이신 자신에게로 나아오기를 바라셨던 것이다.

(10-13) "그리하여 나는 이스라엘 백성을 이집트 땅에서 이끌어내어, 그들을 광야로 데리고 들어갔다. 거기 광야에서 나는, 사람이 누구나 그대로 실천하면 생명을 얻을 수 있는 내 율법을 가르쳐주었고 내 규례를 알게 하였다. 또 거기서 나는, 나와 그들 사이에 맺은 언약의 징표로 '안식일'을 주었는데, 그것은 바로 나야말로 그들을 거룩하게 만드는 '주'인 줄 깨닫게 하기 위함이었다. 그러나 이스라엘 백성은 광야에서도 나를 거슬러 반역하고 나에게 순종하지 않았다. 사람이 누구나 그대로 지켜 행하면, 그로 인해서 살 수 있는데도 불구하고, 그들은 나의 규례를 멸시하였고 나의 율법을 배척하였다. 더욱이 그들은 나의 안식일까지도 크게 더럽혔다. 그러므로 그때에 내가 말하기를 '내가 이 광야에서 나의 분노를 그들의 머리 위에 다 쏟아부어, 그들을 모조리 멸망시키겠다!'라고 하였다."

출애굽 이후, 하나님은 시내 광야의 시내산 위에서 모세를 통해 이스라엘 백성들에게 율법과 규례를 주셨다(출 19-23장). 그런 율법과 규례 중 언약의 징표로 주어진 것이 '안식일'이었다. 안식일이 이스라엘과 하나님 사이에 언약의 표징인 까닭은, 안식일 준수야말로 이스라엘 백성들로 하여금 자신들이 하나님을 섬기도록 특별한 방식으로 구별된 하나님의 선민이며 언약 백성임을 계속적으로 상기시켜 줄 수 있었기 때문이다. 그것은 분명 다른 이방 나라들과 뚜렷이 구별되는 하나님과 이스라엘 사이의 독특한 표징이었다.

이렇게 하나님은 안식일을 거룩하게 구별하여 하나님을 위한 안식과 예배의 날로 세우셨다. 그날에 안식을 취하면서 오직 하나님만을 묵상하고 예배하기를 바라셨다. 하지만 이스라엘 백성들은 하나님의 뜻을 무시하고, 그날에 자신들의 이익을 위해 일하고 장사함으로써 안식일을 더럽혔다. 그래서 하나님은 크게 진노하셨고, 광야에서 그 백성을 모조리 멸망시키겠다고 마음먹으셨다. 그렇다면 당초 마음먹으신 대로 하나님께서는 이스라엘 백성들을 광야에서 모조리 멸절시키셨을까?

(14-17) "그러나 내 거룩한 이름 때문에 나는 그렇게 행하지 않고 달리 행했다. 내가 내 백성 이스라엘을 이집트 땅에서 이끌어내는 것을 지켜본 뭇 민족들과 나라들 앞에서 내 이름을 욕되게 하고 싶지 않았으므로, 나는 그들을 멸하지 않았다. 그때에 내가 또 광야에서 손을 들어 그들에게 맹세하기를 '내가 너희에게 주기로 했던 땅, 곧 젖과 꿀이 흐르는 땅이요, 온 세상의 모든 땅들 가운데 가장 아름다운 그 땅으로 너희를 인도해 들이지 않겠다!'라고 하였는데, 그것은 그들의 마음이 온통 우상을 섬기는 데만 열심이었을 뿐, 나의 규례를 멸시하고 나의 율법을 지키지 아니하며 나의 안식일을 더럽혔기 때문이다. 그런데도 내가 그들을 아끼고 불쌍히 여겨 그곳 광야에서 그들을

아주 멸망시키지 않았다."

만일 하나님께서 이스라엘 백성들의 불순종과 거역에 대한 책임을 물어 자기 백성 이스라엘을 광야에서 모조리 멸절시킨다면, 그것은 무엇보다 하나님의 거룩한 이름이 훼손되는 결과를 낳을 터였다. 왜냐하면 그런 일이 일어난다면, 뭇 민족과 나라의 이방 사람들이 어떻게 반응했을까?

"이스라엘의 신이 자기 백성을 기껏 이집트에서 구출해내더니, 우스꽝스럽게도 그들을 광야에서 다 죽여 없앤단 말인가? 하하하. 그것 참 웃기는 일이 아닌가! 하하하."

이렇게 조롱할 것이 뻔했다. 그래서 하나님은 자신의 거룩한 이름을 위하여, 또한 자기 백성을 아끼고 불쌍히 여겨, 광야에서 그 백성을 멸절시키지 않으셨다. 뿐만 아니라 거역하고 불순종하는 이스라엘 백성들에 대해 하나님은 그들을 당초 약속하신바 '젖과 꿀이 흐르는 땅'으로 인도해 들이지 않겠노라고 굳게 마음먹으셨는데, 그것도 그렇게 하지 않으셨다. 비록 이스라엘은 거역하고 반역했을지라도, 하나님은 언제까지나 신실하시고 자비로우신 분이었기 때문이다. 이처럼 참고 용서하고 자비와 은총을 베푸심으로써 이스라엘 백성들은 물론이고, 뭇 이방 사람들도 하나님의 속성을 올바로 깨달아 알기를 바라셨기 때문이다.

(18-21) "내가 또 그곳 광야에서 그들의 자손들에게 이르기를 '너희는 너희 조상들의 규정을 따르지 말고, 그들의 규례를 지키지 말며, 그들의 우상들로 너희 자신을 더럽히지 말라. 나는 주 너희의 하나님이다. 그러므로 너희는 오직 나의 율법을 따르고, 나의 규례를 지켜 행하라. 그리고 내가 정해준 나의 안식일을 거룩하게 지켜라. 그리하면 그 안식일이 나와 너희 사이에 징표가 되어, 너희로 내가 주 너희 하나님인 줄 알게 할 것이다.'라고 하였다. 그러나 그들의 자손들도 역시 나를

거슬러 반역하고 내게 순종하지 않았다. 그래서 사람이 누구든지 그대로 따르고 지키면, 그로 인해 생명을 얻을 수 있는 나의 율법을 따르지 않았고, 나의 규례를 지키지 않았으며, 더욱이 나의 안식일까지 더럽혀 놓았다. 그래서 내가 말하기를 '내가 이곳 광야에서 내 분노를 그들의 머리 위에 쏟아부어, 그들에게 내 진노를 다 풀겠다!'라고 하였다."

광야의 유랑 생활은 대략 40년으로 아주 길었다(주전 1446-1406년경). 이집트 땅에서 나온 출애굽 1세대가 죽고, 그의 자손들이 광야에서 새롭게 등장했다. 그래서 하나님은 그들에게 불순종하고 거역하던 조상들처럼 되지 말고, 율법과 규례를 지키고 언약의 징표인 안식일을 거룩하게 준수하라고 당부하셨다. 그러나 자손들도 역시 조상들처럼 하나님을 거슬러 반역하고 불순종했다. 그래서 이때에도 하나님께서는 크게 진노하셔서 그 자손들에게 재앙을 내려 그들을 광야에서 모조리 멸절시키겠노라고 마음먹으셨다. 그렇다면 과연 하나님께서는 그렇게 행하셨을까?

(22-26) "그러나 이때에도 나는 내 손을 거두어 그렇게 하지 않고 달리 행하였다. 그것은 내 거룩한 이름을 욕되게 하고 싶지 않았기 때문인데, 여러 이방 민족들이 보는 앞에서 내 백성을 이집트 땅에서 구출해낸 내가 도리어 내 백성을 진멸함으로써 내 이름을 더럽히고 싶지 않았기 때문이다. 또 내가 그곳 광야에서 손을 들어 맹세하기를 '내가 이스라엘 백성을 이방 사람들 가운데 산산이 흩어버리고, 온 세상의 뭇 나라들 가운데 뿔뿔이 헤쳐 놓겠다.'라고 하였다. 그것은, 그들이 나의 규례를 지켜 행하지 아니하고, 나의 율법을 하찮게 여겨 멸시하며, 더욱이 내 안식일까지 더럽혀 놓은 채, 자기 조상들과 마찬가지로 우상을 사모하면서 그것을 섬기는 데만 열심을 냈기 때문이었다. 그러므로 내가 그들에게 선하지 않은 율법과 생명을 살게 하지 못하는

규례를 주었다. 곧 그들이 자신들의 맏아들을 다 불살라 우상에게 제물로 바침으로써 그들 스스로를 더럽히도록 내버려둔 것이다. 그렇게 한 까닭은, 내가 그들을 벌하여 다 멸망시킴으로써 마침내 그들로 나를 주인 줄 알게 하기 위해서였다."

불순종하고 거역하는 자손 세대에 대하여 하나님은 역시 조상 세대 때처럼 또 참으시고 자기 백성을 멸하지 않으셨다. 대신에 하나님께서 주신 선한 율법과 생명을 살리는 규례를 거역하고, 기어코 이방 우상을 섬기는 그 백성들을 선하지 않은 율법과 생명을 살게 하지 못하는 규례에 방치해두셨다. 하나님께서 주신 율법과 규례는 본질상 선한 것으로 생명을 살리는 것이었다(롬 7:12). 따라서 선하지 않은 율법과 생명을 살게 하지 못하는 규례는 이방 나라들에게서 영향 받고 도입된 것들이다. 그중 자녀를 제물로 삼아 우상에게 바치는 인신제사는 이방의 대표적인 악한 율례다.

당시 '몰렉'이라는 이방 우상을 숭배할 때 사람들은 자기 자녀를 죽인 뒤에 몰렉 제단 위에서 불살라 바쳤다. 하나님께서는 이스라엘 백성들이 선한 율법과 생명의 규례를 떠나 끊임없이 이방 우상을 열렬히 숭배하자, 그들을 그대로 그런 죄악 가운데 내버려두심으로써 그 죄로 인해 결국 스스로 멸망에 이르게 하셨다. 그래서 마침내는 오직 하나님만이 참된 주(여호와)이심을 밝히 깨달아 알도록 하셨다.

(27-29) "그러므로 너 사람의 아들아, 이스라엘 백성에게 말하여라. 주 하나님께서 말씀하신다. 이와 같이 너희 조상들이 악한 일을 행하여 내게 죄를 지음으로써 나를 모독하였다. 내가 일찍이 그들에게 주기로 맹세했던 땅으로 그들을 인도하여 데리고 들어왔더니, 그들은 들어오자마자 그 땅의 모든 높은 산들과 모든 무성한 나무를 보고는, 거기서 우상에게 제사를 드림으로써 내 분통을 터뜨려놓았다. 그렇다. 너희

조상들은 그런 곳에서 우상에게 희생제물을 드리고, 향을 피워 올리고, 술을 따라 바쳤다. 그때에 내가 그들을 향해 '너희가 찾아가는 산당이 대체 무엇이냐?' 하고 책망했다. 그래서 그런 곳을 오늘날까지도 '바마'라고 부른다."

출애굽 이후 광야에서뿐만 아니라, 요단강을 건너 젖과 꿀이 흐르는 가나안 땅에 들어와서도 이스라엘 백성들의 우상숭배는 멈추지 않았다. 도리어 가나안 땅의 높은 산들과 무성한 나무 아래를 부지런히 찾아다니며 더욱 열심히 우상을 숭배했다. 농경과 기후의 우상인 '바알'과 성과 다산(多産)의 우상인 '아세라' 숭배가 대표적이었다. 그래서 그런 우상숭배의 장소를 '바마'(Bamah)라고 불렀다. 이 말은 "너희는 어디로 가느냐?"란 뜻의 경멸적인 표현인데, 우상을 숭배하기 위해 높은 산들과 무성한 나무 아래 있는 산당으로 부지런히 발걸음을 옮기는 우상숭배자들을 강하게 질책하는 말이다.

(30-32) "그러므로 너는 이스라엘 백성에게 말하여라. 주 하나님께서 말씀하신다. 너희가 너희 조상들의 악한 행실을 그대로 본받아 그들이 섬겼던 모든 가증한 우상들을 너희도 섬겨 음행함으로써 너희 자신을 더럽히고 있느냐. 오늘날까지도 너희는 온갖 우상들에게 희생제물을 바치고, 심지어 너희 자녀들까지 제물로 삼아 불속에 집어넣어 우상에게 바치면서 너희 자신을 더럽히고 있다. 너희 이스라엘 족속아, 그런데도 너희가 나를 찾아서 내게서 나의 뜻을 묻는 것을 과연 내가 용납할 수 있겠느냐. 나 주가 분명히 말한다. 내가 나의 살아있음을 두고 맹세하건대, 너희가 내게서 나의 뜻을 묻는 것을 내가 결단코 허락하지 않겠다! 너희가 속으로 스스로 말하기를 '우리가 이방 사람들, 곧 세상의 다른 민족들처럼 되어서 그들과 똑같이 살고 싶다. 그래서 그들처럼 나무와 돌로 만든 신을 섬기고 싶다.'라고 하지만, 너희가

마음속에 품은 이 같은 생각은 절대로 이루어질 수 없을 것이다!"

이스라엘 백성들은 나무와 돌로 만든 우상을 섬기고 싶어 했다. 그들이 그런 마음을 품은 데에는 두 가지 이유가 제시될 수 있다. 첫째, 주변의 이방 나라들이 모두 그러한 목석(木石)의 우상을 숭배하고 있었기에, 이스라엘도 그들과 같은 우상 문화에 동화되는 것이 편하고 좋았기 때문이다. 둘째, 눈에 보이지 않는 막연한 하나님을 섬기는 것보다, 눈에 직접 보이는 우상에게 제사하는 것이 보다 실제적이고 쓸모 있는 것처럼 여겨졌기 때문이다.

이스라엘을 향한 회복의 약속 (20:33-44)

(33-36) "나 주가 분명히 말한다. 내가 나의 살아있음을 두고 맹세하건대, 내가 강한 손을 들고 능력의 팔을 펴서, 내 분노를 너희에게 다 쏟아부어 너희를 반드시 징벌하겠다. 또 내가 강한 손과 능력의 팔로 내 진노를 폭발시켜 너희를 여러 민족들 가운데서 데리고 나오겠고, 너희가 흩어져 살았던 여러 나라들 가운데서 불러 모으겠다. 그런 뒤, 내가 너희를 인도하여 '뭇 민족들의 광야'로 데리고 가서, 거기서 얼굴과 얼굴을 맞대고 너희를 직접 심판하겠다. 일찍이 내가 너희 조상들을 '이집트 땅의 광야'에서 심판했던 것처럼, 이제는 너희를 '뭇 민족들의 광야'에서 심판하겠다. 이는 나 주 하나님의 말이다."

일찍이 하나님은 이스라엘의 조상들을 이집트 땅에서 이끌어내신 후에 광야에서 심판하셨다. 그들이 출애굽 이후에 광야에서 우상을 섬기고 하나님의 율법과 규례를 거역했기 때문이었다. 그래서 출애굽 1세대 곧 홍해를 건널 때 20세 이상의 사람들은 (여호수아와 갈렙을 제외하고) 광야에서 모조리 죽고 말았다(민 14:26-38). 이와 마찬가지로 이제는 하나님께서 거역하고 불순종하는 이스라엘 백성을 포로 된 채

각처에 흩어져 살고 있는 바빌로니아 땅에서 이끌어내신 뒤 '뭇 민족들의 광야'에서 심판하실 것이었다.

그런데 여기서 바빌로니아 땅의 포로 된 이스라엘 백성들이 하나님께 심판을 받아야 하는 '뭇 민족들의 광야'는 실제로 어떤 지리적 장소의 광야가 아니라 추상적인 '광야 상태'를 가리키는 말로 보인다. 마치 오래전에 이스라엘의 조상들이 약속의 땅 가나안에 들어가기 전에 혹독한 시련의 광야를 거쳤던 것처럼, 바빌로니아 땅의 이스라엘 포로민들이 본토로 돌아가기까지 '광야' 같은 혹독한 시련과 연단을 겪어야 함을 가리킨다.

> (37-39) "그때에 또 내가 마치 목자가 자기 양들을 하나씩 지팡이 밑으로 통과시키면서 그 수를 헤아리는 것과 마찬가지로, 나도 너희를 하나씩 통과시키면서 언약의 띠로 붙들어 맬 것이다. 그러나 너희 가운데서 나를 거슬러 반역한 자들과 내게 대적하여 죄를 지은 자들을 내가 모두 내쫓아버릴 것이다. 그들이 살고 있는 땅에서 내가 일단 그들을 데리고 나오긴 하겠지만, 그들은 이스라엘 땅에 다시 들어갈 수는 없을 것이다. 그때에야 비로소 너희는 내가 주인 줄 깨닫게 될 것이다. 나 주가 말한다. 너희 이스라엘 사람들아, 너희가 내 말을 듣지 않으려거든, 너희는 나를 떠나가서 너희 좋을 대로 각자 자기의 우상을 섬기고, 앞으로도 계속 그렇게 섬길 테면 섬겨라. 그러나 너희는 더 이상 너희의 가증한 예물과 너희의 역겨운 우상들로 내 거룩한 이름을 모독하지 말라!"

고대의 중근동 지방에서 목자들은 양들로 하여금 막대기 아래로 지나가게 함으로써 양의 수효를 계산했고 또한 양들을 일일이 점검하여 보호했다(레 27:32; 렘 33:13). 그리고 때로는 양 떼로부터 일정한 수효를 분리시킬 때에도 양들을 막대기 아래로 지나가게 했다. 이 같은 사실에

견주어, 하나님께서도 바빌로니아 추방을 통하여 자기 양 떼인 이스라엘 백성들을 자신의 심판의 막대기 아래로 지나가게 함으로써, 보호할 자들은 따로 구별하여 보호하고, 제할 자들 역시 따로 떼어내어 제하시기를 원하셨다.

(40-44) "나 주가 말한다. 장차 그날이 오면, 이스라엘 백성 전체가 그 땅의 거룩한 산, 곧 이스라엘의 높은 산에서 나를 섬길 것이다. 그러면 내가 거기 거룩한 산에서 그들을 기쁘게 맞아들이고, 또 내가 거기 높은 산에서 너희의 예물과 너희의 첫 열매와 너희의 온갖 거룩한 제물을 요구할 것이다. 장차 내가 너희를 온 세상의 뭇 민족들 가운데서 인도하여내고, 너희를 흩어져 살던 온 땅의 뭇 나라들 가운데서 다시 불러 모으게 될 때, 내가 아름다운 향기를 맡듯 너희를 기쁘게 받아들일 것이고, 또 내가 너희로 말미암아 온 땅의 뭇 민족들이 보는 앞에서 나의 거룩함을 밝히 드러낼 것이다. 그날에 내가 너희 조상들에게 주기로 맹세했던 땅, 곧 이스라엘 땅으로 너희를 인도하여 다시 데리고 들어가면, 그때에야 비로소 너희가 나를 주인 줄 알고, 그 땅에서 이전에 너희가 걸었던 악한 길과 스스로를 더럽혔던 모든 가증한 행위를 기억하고는, 이미 저지른 온갖 죄악들로 인해 너희 자신에게 진저리를 칠 것이다. 이스라엘 백성들아, 내가 너희의 악한 행실과 역겨운 행위에 따라 너희를 가혹하게 다루지 않고, 내 거룩한 이름을 위하여 너희를 너그럽게 다룬 후에야, 너희가 비로소 나를 주인 줄 깨닫게 될 것이다. 이는 나 주 하나님의 말이다."

장차 그날에 실현될 이스라엘 백성들의 본토 귀환과 예배의 회복에 관한 소망 찬 메시지다. 이스라엘의 '높은 산' 또는 '거룩한 산'은 하나님의 성전이 세워진 '시온산'을 가리킨다. 예로부터 이스라엘 백성들은 그 시온산 위의 성전에서 하나님께 예배를 드렸는데, 장차 그날에 그런 예배가 회복될 것이었다. 에스겔은 스스로에게 묻는다.

'아, 그렇다면 내 동족 이스라엘 백성들의 본토 귀환과 예배의 회복이 이루어질 소망 찬 그날은 과연 언제일까?'

일차적으로는 바빌로니아 유수(幽囚)에서 해방되어 본토로 귀환할 '포로 귀환의 시대'다(주전 537-444년경). 이때에 본토로 귀환한 이스라엘 백성들은 성전(스룹바벨 성전)을 재건하고, 그 성전에서 하나님께 제사를 드릴 것이었다. 하지만 이는 불완전한 형태이고, 보다 온전한 형태는 '메시아 시대'에 실현될 것이었다. 그때에 하나님의 백성들은 영과 진리로 주님께 예배를 드리고(요 4:23-24), 주님은 아름다운 향기를 맡듯 그 백성을 기쁘게 받아들일 것이었다.

그때에 하나님의 백성들은 주님께 '향기'가 될 수 있다. 본래 '향기'는 제사 때에 번제단 위에서 희생제물을 태워드릴 때 피어오르는 연기를 말한다. 하나님은 그 연기를 '향기'로 흠향하시겠다고 하셨다. 하지만 이제 하나님은 더 이상 희생제물의 향기를 원치 않으시고, 우리 자신을 향기로 받아들이기를 원하신다. 곧 우리의 몸과 영혼이 하나님 앞에서 향기 나는 거룩한 산 제물인 것이다(롬 12:1; 빌 4:18). 따라서 우리는 우리의 순수하고 성결한 삶을 하나님께 구별하여 바침으로써 그분 앞에 아름다운 향기가 되어야 한다. 하나님께서 우리들에게 원하시는 제사는 바로 이것이다. 그때에 주님의 또 다른 말씀이 에스겔에게 임한다.

숲속의 불에 대한 비유 (20:45-49)

(46-48) "너 사람의 아들아, 너는 네 얼굴을 남쪽으로 돌려라. 남쪽으로 돌린 후에 그쪽을 향하여 선포하되, 남쪽 땅의 숲을 쳐서 예언하라. 남쪽 땅의 숲을 쳐서 예언하기를 이렇게 하여라. 너는 주님의 말씀을 들어라. 주 하나님께서 말씀하신다. 내가 네 숲의 한가운데 불을 질러, 숲속의 모든 푸른 나무들과 모든 마른 나무들을 남김없이 모조리

태워버릴 것이다. 그 불길이 꺼지지 않고 맹렬하게 계속해서 활활 타오를 것이므로, 그 땅의 남단에서 북단에 이르기까지 거기 사는 모든 사람들의 얼굴이 그 불에 그을릴 것이다. 그때에야 모든 사람들은 그 숲에 불을 지른 이가 나 주라는 사실을 알게 될 것이니, 그 불은 결단코 꺼지지 않을 것이다."

'숲속의 불' 비유: "숲의 모든 나무를 태우리라!"

당시 에스겔 선지자는 예루살렘의 북쪽 방향인 바빌로니아 땅에 있었다. 그는 바빌로니아의 제2차 유다 침공 때(주전 597년), 유다 왕 여호야긴과 함께 바빌로니아 땅에 끌려와 있었기 때문이다. 따라서 에스겔이 얼굴을 남쪽으로 향하고 예언하는 것은 바빌로니아의 남쪽 방향에 있는 유다와 예루살렘을 향하여 예언하는 것이다.

예언의 메시지는 심판과 재앙에 관한 것으로, 곧 주께서 불을 질러 남쪽 땅의 숲을 모조리 태울 것이라는 내용이다. 여기서 '남쪽 땅의 숲'은 유다 왕국을 뜻하고, '불'은 심판 혹은 재앙을 뜻한다. 구체적으로는 유다를 멸망시키고 예루살렘을 파괴할 '바빌로니아 군대'를 가리킨다. 과연 바빌로니아 왕 느부갓네살은 하나님의 심판과 재앙의 도구가 되어 유다를 멸망시키고 예루살렘을 파괴한 뒤 불살랐다(주전 586년, 왕하 25:9). 이 같은 주님의 말씀을 접하고는, 에스겔이 주님께 탄식하듯 말한다.

(49) "아, 주 하나님이시여! 이곳 이스라엘 사람들은 나를 가리켜 말하기를 '저 사람은 항상 알아들을 수 없는 애매모호한 비유로만

말하는 자가 아니냐?'라고 합니다."

방금 전까지만 해도 에스겔은 사자의 비유(19:1-9), 포도나무의 비유(10-14), 그리고 숲을 태우는 불의 비유(20:45-48)를 선포했다. 이 외에도 에스겔은 종종 여러 비유들로써 하나님의 메시지를 선포하곤 했다. 그래서 이스라엘 백성들은 에스겔을 향해 조롱하듯 말했다.

"보라, 저 사람은 항상 알아들을 수 없는 애매모호한 비유로만 말하는 자가 아니냐?"

"누가 아니래, 대체 우리더러 어떻게 알아들으라고 허구한 날 저딴 식으로만 말하는지, 원! 아마도 심성이 배배 꼬였나보지, 히히."

이때 이스라엘 백성들은 에스겔이 선포한 비유의 메시지가 무얼 의미하는지 대략 알아들었을지라도, 비유로 말하므로 도무지 알아들을 수 없다는 투로 비웃고 빈정대며 그렇게 말했던 것이다. 하나님의 말씀을 받아들이기를 싫어하는 이스라엘 백성들의 딱딱하고 완악한 마음을 보여주는 강팍한 대꾸였다.

21

심판의 칼

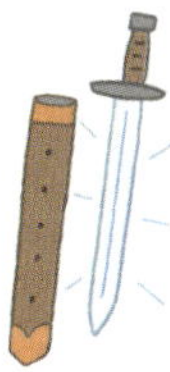

이스라엘을 향하여 예언하여라
내가 심판의 칼을 뽑아
육체를 가진 자 모두 치고
뜻을 이룬 후에 칼집에 꽂으리라

주께서 심판의 칼을 빼심 (21:1-7)

에스겔이 바빌로니아 땅에 포로로 잡혀온 지 일곱째 되던 해(주전 590년), 주님의 말씀이 에스겔에게 또 임한다. 이번에는 어떤 비유로써가 아니라, 보다 직접적으로 유다와 예루살렘 위에 주께서 휘두르시는 '심판의 칼'이 임할 것이라는 내용이다. 여기서 '칼'은 전쟁을 통한 칼의 살육을 의미한다. 구체적으로는 유다와 예루살렘을 침공한 바빌로니아 군대가 유다 백성들을 대상으로 마구 휘두르는 살육의 칼이다.

(2-5) "너 사람의 아들아, 너는 네 얼굴을 예루살렘 쪽으로 돌리고, 그곳 성전을 향하여 선포하되 이스라엘 땅을 쳐서 예언하라. 너는 이스라엘 땅에게 이렇게 말하여라. 주께서 말씀하신다. 내가 더 이상 보고만 있지 않고, 내 칼을 칼집에서 뽑아 의인이든 악인이든 모두를 쳐 죽여 네게서 다 끊어버리겠다. 정녕 내가 칼집에서 내 칼을 뽑아 의인이든 악인이든 가리지 않고 모두를 쳐 죽여 네게서 다 끊어버릴

것이로되, 무릇 육체를 가진 모든 자들을 그 땅의 남쪽 끝에서 북쪽 끝에 이르기까지 모조리 쳐 죽이겠다. 그러면 무릇 육체를 가진 모든 자들은 나 주가 마침내 칼집에서 칼을 빼어든 줄을 알 것이다. 그리고 한 번 빼어든 내 심판의 칼은 내 뜻을 다 이루기까지는 칼집에 도로 꽂히는 일이 결코 없을 것이다."

심판의 그날에 주께서 자신의 칼집에서 칼을 뽑아 유다 땅의 남쪽 끝에서 북쪽 끝에 이르기까지 모든 유다 백성들을 의인이든 악인이든 가리지 않고 모두를 쳐 죽일 것이라는 무시무시한 내용이다. 여기 '칼집의 칼'은 하나님의 징벌 도구인 '바빌로니아 군대'를 가리킨다. 그런데 에스겔은 여기서 한 가지 의문이 생긴다.

'왜 주님은 바빌로니아 군대를 통해 유다 백성들을 치되, 의인이든 악인이든 가리지 않고 모두를 쳐 죽이는 것일까? 어찌하여 주님의 심판이 의인과 악인에게 똑같이 임하는 것인가? 그건 불공정한 게 아닌가?'

이는 앞서 '숲을 태우는 불의 비유'(20:45-48)에서 선포된바, 불이 숲의 모든 푸른 나무와 마른 나무를 사를 것이라는 말과 같다(20:47). 요컨대 하나님의 심판의 불이요 칼인 바빌로니아 군대가 유다와 예루살렘을 공격할 때, 그들은 의인과 악인을 구별하지 않고 마구 살육할 것이고, 또한 의인과 악인을 구별하지 않고 아무나 포로로 잡아갈 것이라는 뜻이다(그래서 에스겔, 다니엘 같은 의인들도 포로로 잡혀갔다).

이처럼 죄악 된 세상에서는, 의인일지라도 악인과 더불어 환난과 고통과 재앙을 겪는 일이 종종 발생한다. 하지만 그렇더라도 의인이 악인과 더불어 영원히 멸망하는 것은 결코 아니다. 최종 심판의 날에 하나님은 개개인의 행위에 따라 의인과 악인을 엄밀히 구별하여 그 행위대로 심판하신다. 따라서 궁극적으로 살펴볼 때 의인은 끝내 살고 악인은 영영 죽는다.

(6-7) "너 사람의 아들아, 너는 탄식하여라. 탄식하되, 사람들이 보는 앞에서 허리가 끊어지는 듯 심히 아파하고 괴로워하면서 슬피 탄식하여라. 그때에 사람들이 네게 묻기를 '네가 어찌하여 그렇게 탄식하느냐?' 라고 하거든, 너는 그들에게 이렇게 대답하여라. '소문 때문이오. 큰 재앙이 닥쳐온다는 소문을 들었기 때문이오. 그 소문대로 되는 날이면, 모든 사람들의 심장이 녹아버리고, 모든 손이 맥이 풀려 쇠약해질 것이며, 모두가 넋을 잃고 허약해질 것이고, 모든 무릎들이 힘이 없어 덜덜 떨게 될 것이오. 그렇소. 그런 무시무시한 재앙이 우리에게 들이닥칠 것이오. 주 하나님께서 그렇게 말씀하셨으니, 틀림없이 그대로 이루어질 것이오!'"

사람들이 보는 앞에서 허리가 끊어지는 듯 심히 아파하고 괴로워하면서 슬피 탄식하는 것은 실제의 행동으로써 메시지를 생생하게 전달하는, 이른바 선지자의 '행위 예언'이다. 머잖아 유다와 예루살렘에 들이닥칠 무시무시한 칼의 재앙으로 인해 그렇게 아파하고 괴로워하며 슬피 탄식하는 행동을 취한 것이다.

주께서 칼집에서 '칼'(바빌로니아 군대)을 뽑아 마구 휘두르는 그날, 곧 칼의 심판이 유다 땅에 임하는 재앙의 그날에, 유다 백성들은 허리가 끊어지는 듯 그렇게 아프고 탄식하며 괴로워할 것이기 때문이다.

계속해서 주님의 말씀이 에스겔에게 또 임한다. 이번에는 유다와 예루살렘을 칠 그 심판의 칼이 아주 예리하게 날이 섰고 번쩍번쩍 광이 난다는 내용이다. 그런 만큼 그 칼은 쉽고 재빠르게 수많은 사람들을 살육할 수 있는 것이다.

날카롭고 광나는 심판의 칼 (21:8-17)

(9-11) "너 사람의 아들아, 너는 예언하여 선포하기를 '주께서 말씀하

신다. 칼이로다! 칼이로다! 그 칼이 아주 날카롭고, 번쩍번쩍 광이 나고, 예리하게 날이 섰도다! 그 칼이 그토록 날카로운 것은 누구든지 닥치는 대로 죽이기 위함이고, 그토록 번쩍번쩍 광이 나도록 예리하게 간 것은 번개처럼 번쩍번쩍 재빠르게 휘둘러 모두를 죽이기 위함이다. 그러니 우리가 어찌 기뻐할 수 있으랴! 내 아들 유다의 왕권이 세상의 모든 나무들을 업신여기는 교만한 태도를 취하더니, 결국 심판의 칼을 불러들이고 말았도다. 그 칼은 당장 사용될 수 있도록 번쩍번쩍 광이 나도록 잘 갈아져서 이미 살육자의 손에 넘겨졌다. 그리하여 살육자는 날카롭고 번쩍이는 그 칼을 들고 대기하고 있다!'라고 하여라."

유다가 하나님의 예리하고 광나는 심판의 칼을 불러들인 이유가 제시되었다. 그것은 하나님께 택함 받은바 그분의 아들 된 유다의 왕권 곧 '유다'가 세상의 모든 나무들 곧 세상의 뭇 나라들을 업신여기는 교만한 태도를 취했기 때문이다(10절).

본래 하나님께 택함 받은 유다 곧 이스라엘은 제사장 나라가 되어 세상의 모든 나라들을 하나님께로 이끄는 사명을 감당해야 했다(출 19:5-6). 그러나 이스라엘은 그런 사명을 망각한 채 하나님께 불순종하고 거역함으로써 제사장 나라의 역할을 감당치 못했을 뿐만 아니라, 도리어 선민임을 내세우며 모든 나라들을 멸시하는 교만한 태도를 취했다. 그 결과, 이스라엘은 하나님의 심판의 칼을 스스로 불러들인 것이다.

"칼이로다, 칼이로다, 주님의 심판의 칼이로다!"

그 심판의 칼은 아주 날카롭고, 번쩍번쩍 광이 나고, 예리하게 날이

선 무시무시한 칼로서, 그 칼을 든 살육자는 주님의 명령이 떨어지면 당장이라도 유다를 치려고 바짝 대기하고 있었다. 에스겔이 이 같은 주님의 말씀을 받은 때는 그가 바빌로니아 땅에 포로로 잡혀온 지 7년째 되던 해이므로(20:1, 주전 590년), 이때로부터 4-5년이 지난 후에 정말로 그 예리하고 광나는 심판의 칼, 곧 느부갓네살 왕이 이끄는 바빌로니아 군대가 유다를 침공하여 수많은 살육과 무자비한 파괴를 자행한 뒤 나라를 완전히 멸망시키고 말았다(주전 586년).

(12-17) "너 사람의 아들아, 너는 부르짖으며 슬피 울어라! 그 칼이 이제 내 백성을 칠 것이니, 이스라엘의 모든 지도자들을 사정없이 칠 것이다. 지도자든 백성이든, 모두 그 칼에 찔려 죽을 것이다. 그러므로 너는 네 허벅지를 치며 슬피 울어라! 내가 내 백성을 시험하는 환난의 날이 올 것이다. 그날에 뭇 나라들을 업신여기는 교만한 유다 왕국이 사라지게 되면, 너희가 어찌하려고 하느냐. 이는 나 주의 말이다. 그러므로 너 사람의 아들아, 너는 손뼉을 치면서 예언하라. 그리고 칼을 두세 번 힘차게 휘둘러라. 그 칼은 닥치는 대로 사람을 찔러 죽이는 칼이요, 무리를 사방으로 에워싸서 마구 죽이는 대살육의 칼이다. 그렇다. 그 칼에 심장이 녹아내리고 수많은 사람들이 쓰러져 죽도록, 내가 예루살렘의 모든 성문마다 번쩍번쩍하는 예리한 칼을 배치해 놓았다. 아, 슬프다! 번개처럼 번쩍이며 수많은 사람들을 닥치는 대로 살육하는 날카로운 칼이여! 칼아, 이제 일어나라! 일어나, 오른쪽을 치고, 또 방향을 바꿔 왼쪽을 쳐라. 네 예리한 날이 향하는 대로, 이쪽저쪽을 휘돌면서 사람을 마구 쳐 죽여라. 그때에 나도 손뼉을 치면서 나의 분풀이를 다할 것이다. 이는 나 주의 말이다."

'아이고, 주께서 또 이런 해괴한 행동을 하라고 명하시니….'

이번에는 슬피 울면서 허벅지를 때리며 손뼉을 치고 칼을 허공에 휘두르며 예언을 선포하라는 명령이다. 허벅지(넓적다리)를 치고 손뼉을 치는 행위는 다가올 심판의 두려움과 엄중함을 나타내는 슬픔과 분노의 행동이다. 앞서 하나님은 에스겔에게 손뼉을 치고 발을 구르며 예언하라고 명하기도 하셨다(6:11).

심판의 그날에 유다 왕국과 예루살렘 주민을 치는 무자비한 살육의 칼, 곧 번쩍번쩍하는 예리한 칼의 거칠 것 없는 휘두름이 실제적으로 생생하게 묘사되었다. 과연 그러했다. 이때로부터 4-5년이 흐른 머잖은 날에, 하나님의 예리한 심판의 칼인 바빌로니아 군대가 유다와 예루살렘을 침공하여 그 땅의 백성들을 무자비하게 닥치는 대로 살육한 뒤 성읍을 파괴하고 나라를 멸망시켰다(주전 586년, 왕하 25:1-21).

예루살렘과 유다 왕을 치는 심판의 칼 (21:18-27)

(19-23) "너 사람의 아들아, 너는 바빌로니아 왕이 대군을 거느리고 올 만한 두 갈래의 길을 그려라. 그 출발점이 같은 나라에서 시작되게 하고, 어느 지점에 이르러 두 갈래의 길로 갈라지게 하되, 그 갈림길에 표지판을 만들어 세워라. 그중 한 길은 암몬 백성의 수도인 랍바로 가는 길이 되게 하고, 다른 한 길은 유다의 견고한 도성 예루살렘으로 가는 길이 되게 하여라. 그러면 바빌로니아 왕은 이 갈림길에 이르러 어느 방향으로 진군해 갈지 점을 칠 것인데, 그는 화살통을 흔들기도 하고, 자기 우상들에게 물어보기도 하며, 또 희생제물의 간을 잘라 그 형태와 무늬를 살피기도 할 것이다. 그 결과, 그의 오른손에는 예루살렘으로 향하라는 점괘가 놓일 것이다. 그러면 바빌로니아 왕은 대군을 거느리고 예루살렘으로 곧장 진군하여, 예루살렘 백성들을 살육하라는 총공격의 명령을 내릴 것이고, 그의 군사들은 크게 함성을 지르며 예루살렘을 향해 진격할 것이다. 그들은 예루살렘 성문을 부수려고 공격용 쇠망치를 설치하고, 흙 언덕을 쌓아 공격 진지를

구축하며, 성벽을 타고 오르려고 높은 사다리를 준비할 것이다. 그런데도 예전에 바빌로니아 왕에게 충성하기로 맹세한 자들, 곧 예루살렘 백성들은 거짓 선지자들의 거짓 예언에 속아 그런 점괘를 엉터리로 여길 것이다. 그러나 마침내 바빌로니아 왕은 예루살렘 도성을 정복한 후에 맹세를 깨뜨린 예루살렘 백성들의 죄를 물어 그들을 포로로 붙잡아갈 것이다."

주님의 말씀이 또 에스겔에게 임했는데, 이번에는 실제로 어떤 동작을 취하면서 예언을 선포하는 '행위 예언'을 하라고 명하신다. 에스겔이 취할 행동은 바빌로니아 군대가 대군을 거느리고 진격해 올 만한 두 갈래의 길을 그린 뒤, 그 갈림길에 표지판을 세워두는 것이었다. 하나는 유다의 도성인 '예루살렘'으로 향하는 표지판이고, 다른 하나는 암몬의 도성인 '랍바'로 향하는 표지판이었다.

그러면 심판의 그날에 바빌로니아 군대를 이끄는 바빌로니아 왕이 그 갈림길에 이르러 어디로 진격할 것인지 점을 칠 것이었다. 그는 화살통을 흔들어보기도 하고, 희생제물의 간을 잘라 그 무늬와 형태를 살피기도 할 것이다. 이런 행위는 고대 바빌로니아에서 유행하던 점술(占術)이었다. 그들은 신이 어떤 징조를 통해 자신의 계시를 드러낸다고 믿었다. 화살통을 흔드는 행위는, 화살들에 침공할 나라의 이름을 쓴 깃발을 묶어 놓고, 그것을 화살통에 넣은 뒤 세게 흔들어 먼저 땅에 떨어지는 화살에 적힌 나라를 선정하는 방식이다. 또한 희생제물의 간을 살피는 행위는, 침공 전에 우상에게 희생제물을 바친 후 그 제물의 간(肝)을 여러모로 잘 살펴 침공할 나라를 선정하는 방식이다. 당시 그들은 간을 생명과 사상의 처소로 생각했다.

그 결과, 바빌로니아 왕의 손에는 예루살렘 쪽으로 진격하라는 점괘가 놓일 것이고, 그러면 바빌로니아 왕은 대군을 거느리고 예루살렘으로 곧장 진격하여 자신의 군대에게 예루살렘을 총공격하여 무너뜨리라는 명령을 내릴 것이었다. 그래서 바빌로니아 군대는 예루살렘을 정복한 뒤 무자비한 살육과 파괴를 자행하고는 그 땅의 백성들을 포로로 잡아갈 것이었다. 이는 바빌로니아의 점괘가 용한 것이 아니라, 하나님께서 유다를 심판하시려는 자신의 뜻을 이루시기 위해 바빌로니아의 점괘마저 온전히 섭리하시고 경륜하신다는 사실을 보여준다. 그리고 이 같은 에스겔의 행위 예언은 이후 바빌로니아 왕과 그의 군대에 의해 그대로 고스란히 실현되었다(왕하 25:1-21, 주전 586년).

(24-27) "그러므로 나 주가 말한다. 너희 죄악이 밝히 드러났고, 너희 허물이 다 폭로되었다. 너희의 범죄 행위가 모두에게 알려졌으므로, 너희가 지은 죄악이 너희 자신을 심판할 것이다. 그러므로 이제 나도 너희를 네 원수의 손에 넘겨주겠다. 너, 사악하고 가증한 이스라엘 왕아, 네가 최후의 형벌을 받아 멸망당할 그날 그 시각이 다가왔다. 나 주가 말한다. 그의 왕관을 벗겨라! 그의 면류관을 제거하라! 내가 너를 그대로 두지 않을 것이니, 네가 통치하는 세상은 끝났다! 그날에 낮은 자는 높아질 것이고, 높은 자는 낮아질 것이다. 파멸이로다! 파멸이로다! 내가 예루살렘을 부수고 무너뜨리고 거꾸러뜨려, 그 도성을 완전한 폐허로 만들 것이다. 그리하여 예루살렘은 그 도성을 올바르게 다스릴 사람이 올 때까지 회복되지 않을 것이니, 장차 그런 마땅한 사람이 오면 내가 그에게 그 도성을 넘겨주겠다."

본문에 언급된 사악하고 가증한 왕, 곧 그의 왕관이 벗겨지고 비천하게 낮아질 이스라엘의 악한 왕은 유다의 마지막 왕 '시드기야'(주전 597-586년 재위)를 가리킨다. 그는 하나님의 뜻을 전하는 선지자들의 충고를 무시하고 반(反)바빌로니아 정책을 계속해서 고집하였다. 그 결과, 시드기야 왕은 결국 바빌로니아 왕에게 사로잡혀 두 눈이 뽑히는 굴욕을 당한 채 바빌로니아 땅으로 끌려가 그곳의 감옥에서 비참하게 생을 마감했다(렘 52:11).

한편, 하나님의 심판의 칼(바빌로니아 군대)에 의해 유다의 도성인 예루살렘은 철저히 파괴되고 무너지고 거꾸러져 완전히 폐허가 될 것이다. 그리고 그렇게 폐허가 된 그 도성은 장차 그 도성을 올바르게 다스릴 마땅한 사람이 출현하기까지는 회복되지 않을 것이다. 에스겔은 묵상한다.

'그렇다면 장차 등장하여 그 도성을 회복할 마땅한 사람은 누구일까?'

그는 '메시아'(그리스도)다. 메시아가 등장하면, 주님은 그에게 면류관을 주시어 참된 왕이 되게 하실 것이고, 그러면 메시아는 폐허가 된 예루살렘 도성을 온전히 회복시킬 것이다. 물론 그 회복은 영적인 회복으로, 훗날 사도 요한이 밧모 섬에서 목도한바 천상의 새 예루살렘은 온전히 회복된 상태를 보여주는 것이다(계 21:9-22:5).

암몬 족속을 치는 주님의 심판의 칼 (21:28-32)

(28-32) "너 사람의 아들아, 너는 나 주의 말씀이라고 하면서 암몬 족속에 대한 나의 심판의 형벌을 예언하라. '칼이다! 칼이 뽑혔도다! 시퍼렇게 날선 칼이 번개처럼 번쩍거리고 있으니, 그 칼은 너를 덮쳐 살육하고 네 백성을 모조리 쳐 죽일 칼이다. 네 땅의 점쟁이들이 너를 위하여 본다는 환상은 하나같이 헛된 것들이고, 그들이 말하는 점괘도 다 거짓말이다. 그러므로 이제 네 목에 살육자의 칼이 떨어질 것이다. 네가 최후의 형벌을 받아 멸망당할 그날이 이르렀고, 그 시각이 닥쳐왔다. 그러므로 너는 내 심판의 도구인 바빌로니아 군대에 대항하지 말고, 네 칼을 다시 칼집에 꽂으라. 너는 멀리 포로로 끌려가지 않고, 네가 지음 받은 곳 곧 네가 자라난 네 땅에서 심판받을 것이니, 내가 거기서 너를 심판하겠다. 그날에 내가 내 격렬한 분노를 네게다 쏟아붓고, 활활 타오르는 내 맹렬한 진노의 불길을 네게로 내뿜을 것이니, 내가 너를 짐승같이 잔인한 자들, 곧 멸하고 파괴하는 데

아주 익숙한 자들의 손에 너를 넘겨주겠다. 그러면 너는 활활 타오르는 불속의 한줌 땔감처럼 될 것이고, 네 검붉은 피가 네 나라 도처에 흥건히 뿌려질 것이다. 그때에 너는 영영 사라져 더 이상 기억되지 않을 것이다. 이는 나 주의 말이다.'"

유다에 이어, 이제는 '암몬 족속'에 대한 심판이 선포되었다. 유다에 대해 징벌을 가한 후, 하나님은 유다의 대적이 되어 하나님의 백성을 오랜 세월에 걸쳐 괴롭힌 암몬 족속에게로 눈길을 돌렸다. 암몬은 롯과 그의 작은 딸 사이의 근친상간을 통해 태어난 롯의 손자인데(창 19:36-38), '암몬 족속'은 그의 자손들이다. 그들은 이스라엘 중앙부의 동쪽, 곧 요단강 동쪽에 거주하면서 인신제사로 유명한 '몰렉'이라는 우상을 숭배하였고, 대대로 이스라엘에 대해 적대적인 태도를 취해 왔다.

특히 유다가 바빌로니아에게 멸망당한 후(주전 586년), 암몬은 유다를 완전히 멸절시키기 위해 사람을 충동질하여 바빌로니아 왕이 세운 유다 총독을 살해하기까지 했다(렘 41장). 이 같은 악한 행위로 인해 하나님은 암몬에 대해 멸망의 심판을 선포했는데, 유다처럼 역시 '바빌로니아 군대'를 심판과 징벌의 칼로 삼았다. 그리하여 유다가 멸망당하고 5년 후에 암몬도 바빌로니아 군대에 의해 멸망당했으며(주전 581년), 이후로 더 이상 회복되지 못하고 역사 속에서 영영 사라지고 말았다.

22

예루살렘의 죄악

쇳덩이 찌꺼기와도 같은 이스라엘
용광로에 은, 구리, 쇠, 납을 넣듯
이스라엘을 예루살렘에 넣고
내 분노로 다 녹일 것이다

범죄자들의 도성 예루살렘 (22:1-31)

하루는 주님의 말씀이 또 에스겔에게 임한다. 에스겔이 바빌로니아 땅에 포로로 잡혀온 지 7년이 지난 때쯤이다(주전 590년경). 그리고 이때는 예루살렘의 파괴와 유다 멸망을 대략 4-5년쯤 앞둔 때다. 여기서 하나님은 기필코 멸망할 수밖에 없는 예루살렘의 관영한 죄악을 지적하고 있다. 이처럼 예루살렘이 무너지고 유다가 망하는 까닭은 하나님의 사랑과 인내가 부족해서가 아니라, 전적으로 예루살렘과 유다의 차고 넘치는 죄악 때문임을 알 수 있다. 그들의 넘치는 죄악과 온갖 가증한 행태가 멸망을 자초했던 것이다.

(2-5) "너 사람의 아들아, 네가 예루살렘을 심판하지 않을 테냐. 저 피 흘리는 살인자들의 도성을 심판하지 않을 테냐. 네가 심판하려거든, 너는 먼저 그 도성 사람들의 모든 가증한 짓들을 그들로 알게 하여라. 너는 그들에게 이렇게 선포하여라. 주 하나님께서 하시는

말씀이다. 네 성읍 한복판에서 많은 사람들의 피를 흘려 멸망을 재촉하고, 우상을 만들어 섬김으로써 스스로를 더럽히는 도성아, 네 멸망의 때가 가까이 이르렀다! 네가 무고한 사람들을 죽여 피를 흘림으로써 죄를 지었고, 온갖 우상을 만들어 섬김으로써 네 몸을 스스로 더럽혔으니, 네 멸망의 날이 가까이 이르렀고 네 심판의 때가 다 되었다. 그러므로 이제 내가 너로 뭇 민족들에게 치욕을 당하게 하고, 뭇 나라들의 비웃음거리가 되게 하겠다. 너, 스스로 네 이름을 더럽히고 온갖 혼란스러운 일들로 가득 찬 성읍아, 그날에 가까운 곳에 사는 사람들이나 먼 곳에 사는 사람들이나 모두 너를 비웃고 경멸할 것이다."

하나님은 예루살렘을 '피 흘리는 살인자들의 도성'이라고 칭했다. 무고한 사람들을 죽여 피를 흘리는 '살인'으로 대표되는 온갖 죄악들이 넘치는 도성이란 의미다. 게다가 그들은 가증한 이방의 우상들까지 섬김으로써 스스로를 더럽히고 하나님을 모독했다. 그 결과, 하나님은 예루살렘을 심판하여 멸망시킴으로써 큰 치욕을 당하게 할 것이고, 그래서 예루살렘은 뭇 나라들과 민족들의 비웃음거리와 경멸의 대상으로 전락할 것이었다.

예루살렘 백성들은 다른 이방 나라들과는 달리 자신들은 결코 비극적인 운명을 맞이하지 않을 것이라고 자부하고 있었다. 그 이유는, 예루살렘은 하나님의 택한 성읍으로 하나님의 임재의 처소인 '성전'이 있는 곳이라고 생각했기 때문이다. 이런 교만한 생각으로, 그들은 우상을 숭배하고 피 흘리는 살인과 온갖 부정부패를 서슴없이 자행했다. 이에 하나님은 예루살렘의 가소로운 교만을 꺾고 하나님의 참된 공의를 보여주기 위해, 다른 이방 나라들과 마찬가지로 예루살렘을 엄중하고 철저하게 심판하여 마침내 멸망에 이르게 했다(주전 586년). 따라서 그런 큰 치욕을 당한 예루살렘은 이방 나라들의 조롱거리와 멸시의 대상이 되기에 충분했다.

(6-12) "보라, 이스라엘의 지도자라는 사람들이 저마다 자신들의 권력을 악용하여 사람들의 피를 흘리는 데 광분하고 있다. 예루살렘아, 그들은 네 성읍 안에서 부모를 하찮게 여기고, 네 성읍 안에서 나그네를 학대하며, 네 성읍 안에서 고아와 과부들에게 피해를 끼치고 있다. 또 너는 나의 거룩한 물건들을 업신여기고, 나의 거룩한 안식일을 더럽혔다. 네 성읍 안에는 죄 없는 사람을 헐뜯고 이간질하여 죽게 하고, 네 성읍 안의 산 위에서는 우상들에게 제물을 바친 후에 그 음식을 먹으면서 음행을 저지르는 자들도 부지기수다. 또 네 성읍 안에는 자기 아버지의 침상을 욕보이는 자들이 있는가 하면, 네 성읍 안에는 월경 중에 있는 부정한 여인과 잠자리를 같이하는 남자들도 있다. 또 네 성읍 안에는 이웃의 아내와 더러운 짓을 벌이는 자들도 있고, 자기 며느리를 더럽혀 음행하는 자들도 있으며, 자기 누이 곧 자기 아버지의 딸을 욕보이는 자들도 있다. 또 네 성읍 안에는 뇌물을 받고 살인을 하는 자들도 있고, 돈놀이를 하여 아주 높은 이자를 받는 자들도 있으며, 부당한 이득을 얻으려고 이웃의 것을 강제로 빼앗는 자들도 있다. 이렇게 너는 나를 까맣게 잊어버렸다. 이는 나 주 하나님의 말이다."

예루살렘 성읍 안에서 벌어지고 있는 온갖 죄악들이 구체적으로 열거되었다. 살인, 불효, 학대, 약탈, 신성모독, 안식일 훼손, 중상모략, 우상숭배, 정결례 침범, 간통, 온갖 형태의 근친상간, 뇌물수수, 고리대금, 착취, 토색 등등. 이런 수많은 죄악들이 예루살렘 성읍 안에서 날마다 자행되고 흘러넘치도록 횡행하고 있으니, 예루살렘은 하나님의 엄중한 심판을 면할 길이 없었다. 한편, 본문에서 월경 중의 여인과 잠자리를 갖는 것이 잘못된 일로 규정되었는데(10절), 이는 종교 의식상 여인의 월경은 부정한 것으로 규정되었기 때문이다(레 18:19). 사실, 여인의 월경은 자연적인 생리현상이지만, 월경과 관련하여 수반되는 출산의 고통은 결국 하와의 범죄 결과로 인해 주어진 것이기 때문에(창 3:16), 레위기 율법의 정결 의식법상 부정한 것으로 간주되었다.

(13-16) "그러나 보라, 네가 온갖 불법을 자행하여 부당한 이득을 취하는 것에 대하여, 또 네 성읍 가운데서 벌어지는 모든 피 흘리는 살인의 죄악들에 대하여, 내가 크게 분노하여 두 주먹을 불끈 쥐고 있다. 그러다가 내가 네 죄를 물어 마침내 너를 심판하는 그날에, 네가 감히 견딜 수 있을 것 같으냐? 그날에 네 손에 무슨 힘이 남아있겠느냐? 나 주가 너를 심판하기로 마음먹었으니, 내가 결단코 그대로 집행할 것이다. 그 심판의 날에, 내가 너를 온 세상의 여러 민족들 가운데 산산이 흩어놓고, 온 땅의 여러 나라들 가운데로 뿔뿔이 내쫓아버릴 것이며, 네 가운데서 너의 더러운 것들을 모조리 없애버릴 것이다. 그날에 너는 네가 저지른 숱한 죄악들로 인하여 온 세상 사람들이 보는 앞에서 큰 수치를 당할 것이다. 그때에야 네가 나를 주인 줄 알게 될 것이다."

하나님의 성전이 있는 거룩한 도성인 예루살렘 성읍 안에서 자행되고 있는 수많은 죄악들과 온갖 종류의 악행들은 하나님의 분노를 일으키기에 충분했다. 그래서 하나님께서는 예루살렘에 대해 크게 격노하시며 두 주먹을 불끈 쥐셨다. 이는 극악무도한 죄악에 대하여 슬퍼하고 분노하면서, 마침내 엄중한 심판을 집행하시려는 강력한 의지의 표현이었다.

그 결과, 심판의 그날에 하나님께서는 예루살렘 백성들을 온 세상의 여러 민족들 가운데 산산이 흩어놓고, 온 땅의 여러 나라들 가운데로 뿔뿔이 쫓아내어, 온 세상 사람들에게 조롱과 멸시를 당하도록 할 것이었다. 과연 이때로부터 4-5년쯤 뒤에 예루살렘은 무너지고 유다가 멸망함으로써 이스라엘 백성들은 포로 신세가 되어 온 세상의 뭇 나라들 가운데로 흩어지게 되었고, 온 세상 사람들에게 조롱과 멸시를 받았다(주전 586년).

(18-22) "너 사람의 아들아, 이스라엘 족속이 내게 대하여 쇠 찌꺼기 같은 존재가 되어버렸다. 그들은 은을 정련할 때 나오는 구리와 주석과 쇠와 납 찌꺼기일 뿐이고, 은이 아니다. 그러므로 나 주 하나님이 말한다. 너희 모두는 은을 정련할 때 나오는 쇠 찌꺼기 같은 존재들이므로, 내가 너희를 예루살렘 가운데 모두 모을 것이다. 사람들이 은이나 구리나 쇠나 납이나 주석을 용광로 속에 집어넣고 불로 다 녹이는 것처럼, 나도 너희를 모두 모아다가 '예루살렘'이라는 용광로 속에 집어넣고, 나의 맹렬한 분노와 진노의 불길로 다 녹여버릴 것이다. 그렇다. 그날에 내가 너희 모두를 모아놓고, 내 분노의 불길을 사정없이 내뿜어 너희를 다 녹여버릴 것이다. 은이 용광로 안에서 녹듯이 너희도 예루살렘 가운데서 다 녹아버릴 것이니, 그때에야 너희는 나 주가 내 분노를 너희 머리 위에 쏟아부은 줄을 알게 될 것이다."

이번에는 이스라엘 족속이 '쇠 찌꺼기'에 비유되었다. '쇠 찌끼기'는 용광로에서 불로써 놋이나 주석이나 쇠나 납이나 은 같은 광물을 제련하고 난 뒤에 마지막에 남는 쓰지 못할 불순물을 가리킨다. 따라서 쇠 찌꺼기는 매우 쓸모없고 무가치한 것을 상징한다(잠 25:4; 고전 4:13). 이와 같이 타락한 예루살렘 백성들 곧 이스라엘 족속이 이제 쇠 찌꺼기처럼 하나님 앞에서 불순물 같은 쓸모없고 무가치한 존재가 되었으므로, 하나님의 진노의 불 앞에 모조리 녹여지게 된 것이다.

그래서 하나님께서는 이스라엘 족속을 '예루살렘'이라는 거대한 용광로 속에 집어넣고 맹렬한 분노의 불길로 전부 녹여버리시겠다고 경고하셨다. 머잖아 실제로 하나님께서는 그렇게 하셨다. 이스라엘 족속 곧 유다 백성이 바빌로니아 군대의 침공을 받았을 때, 그들은 다 같이 예루살렘 성읍 안으로 모여들었다. 그것은, 예루살렘이 견고한 요새이기도 했지만, 무엇보다 하나님의 성전이 있는 예루살렘은 결코 적군에게 함락되지 않을 것이라고 굳게 믿었기 때문이다. 하지만 실상 그것은 이스라엘 족속을 한데 모아 진노의 불로써 모두 녹이시려는 하나님의 의도였고, 그 의도대로 고스란히 실현되었다(주전 586년, 왕하 25:1-21; 렘 52:1-30).

(24-29) "너 사람의 아들아, 너는 유다 땅에 이렇게 선포하여라. 너는 깨끗하지 못한 더러운 땅이므로, 내가 네게 진노하는 날에 비 한 방울 내리지 않는 땅이 될 것이다. 네 가운데 있는 선지자들은 나를 거역하는 무리로서, 마치 배고픈 사자가 으르렁거리며 먹잇감을 움켜쥐듯 사람들의 영혼을 집어삼키고, 그들의 재산과 보화를 강제로 빼앗으며, 가련한 과부들을 많이 만들어낸다. 또 네 가운데 있는 제사장들은 내 율법을 파괴하고 내 거룩한 물건들을 더럽힌다. 그들은 거룩한 것과 속된 것을 구별하지 않고, 백성들로 부정한 것과 정결한 것을 분별하도록 가르쳐주지 않는다. 그리고 나의 거룩한 안식일에 대해서는 아예 눈을 감아버리므로, 내가 그들 가운데서 크게 모독을 당하고 있다. 또 네 가운데 있는 관리들은 먹잇감을 뜯어먹는 이리 떼와 하나도 다를 바가 없다. 그들은 부당한 이득을 얻기 위해 예사로 피를 흘려 사람들을 죽인다. 또 네 가운데 있는 선지자들은 거짓된 환상을 보고 거짓된 점을 치면서 백성들의 죄악을 회칠하여 덮어주기 일쑤다. 그들은 내가 하지도 않은 말을 '주께서 하신 말씀'이라고 거짓말하면서 자기들 마음대로 예언한다. 또 네 가운데 있는 백성들은 폭력을 휘두르고 강탈을 일삼고 있다. 그들은 가난하고 가련한 자들을 학대하고, 그 땅에 살고 있는 외국인들을 부당하게 학대하고 있다."

제사장들과 선지자들 같은 종교 지도자들은 진리를 외면한 채 사리사욕을 좇아 제 배만 잔뜩 불리고 있었고, 왕과 신하들과 관리들 같은 정치 지배층은 자기 권력을 이용하여 탐욕을 추구하고 부정 축재를 일삼았다. 백성들도 거짓을 일삼고 타인을 짓밟으며 이웃을 착취하고 있었다. 특히 힘 있는 지배 계층은 힘없고 가난하고 소외된 계층 곧 과부, 고아, 나그네 같은 사회적 약자들을 마구 학대하며 강탈하고 있었다.

"참으로 유다와 예루살렘 전체가 아무짝에도 쓸모없는 '쇠 찌꺼기' 같은 불순물 같은 것입니까? 그래서 정녕 하나님께서는 맹렬한 진노의 불길로 유다와 예루살렘을 죄다 녹일 수밖에 없는 것입니까?"

에스겔은 너무나 기가 막히고 답답하여 가슴을 쥐어짜듯 꽉 움켜쥔다.

> (30-31) "그럴지라도 내가 네 가운데서 혹시라도 이 민족을 위하여 성벽을 쌓고 있거나, 혹은 무너진 성벽의 틈 사이에 서서 내가 이 나라를 멸망시키지 못하도록 막고 있는 사람이 있나 해서 열심히 찾아보았다. 하지만 역시나 한 사람도 찾지 못했다. 그러므로 내가 내 맹렬한 분노를 그들 위에 다 쏟아붓겠고, 내 격렬한 진노의 불길로 그들을 죄다 태워버림으로써, 그들의 악한 행실대로 그들의 머리 위에 다 갚아주겠다. 이는 나 주 하나님의 말이다."

유다 민족을 위해 성벽을 쌓거나 무너진 성벽 틈 사이에 서서 유다와 예루살렘의 멸망을 막으려고 애쓰는 자들은 누구인가? 그들은 곧 자기 백성들의 타락을 슬퍼하고 아파하면서 나라와 민족의 구원을 위해 하나님께 주야로 중보기도를 하는 자들을 가리킨다. 하나님께서는 유다와 예루살렘을 맹렬한 진노의 불길로 태우기 전에 혹시라도 이 같은 자들이 있나 해서 유다 땅과 예루살렘의 모든 데를 열심히 찾아보았다.

이것은 그럴만한 어떤 이유나 작은 명분만 있다면, 유다와 예루살렘을 멸망시키지 않고 어떡하든 보존시키려는 하나님의 애틋한 심정을 잘 보여준다. 그러나 온통 타락한 유다 땅과 예루살렘 성읍에는 그런 자들이 역시나 아무도 없었다. 그 결과, 유다와 예루살렘은 자신들의 악한 행실대로 하나님의 처절한 심판을 받을 수밖에 없었고, 결국 심판의 그날에 그렇게 혹독하게 심판을 받고야 말았다(주전 586년, 왕하 25:1-21).

23

예루살렘과 사마리아

몸 파는 음란한 자매가 있네
형은 사마리아, 이름은 오홀라
동생은 예루살렘, 이름은 오홀리바
둘은 일찍부터 몸을 팔며 살았네

음란한 두 자매, 오홀라와 오홀리바 (23:1-21)

하루는 주님의 말씀이 또 에스겔에게 임한다. 타락한 유다와 예루살렘에 대해 징벌하실 하나님의 심판의 그날이 시시각각으로 다가오던 때다. 유다와 예루살렘이 멸망하기 4년 전쯤이다(주전 590~589년경). 이번에는 '음행하는 두 자매'의 비유를 들어, 하나님을 떠나 이방 나라들과 놀아난 북왕국 이스라엘과 남왕국 유다의 패망 사실을 선포하고 있다. 두 자매 중 언니의 이름은 '오홀라'이고, 동생의 이름은 '오홀리바'이다. 그리고 언니인 오홀라는 '사마리아'(북왕국 이스라엘)를, 동생인 오홀리바는 '예루살렘'(남왕국 유다)을 가리킨다. 이제 비유로 소개되고 있는 음행하는 두 자매의 이야기를 들어보자.

(2-4) "너 사람의 아들아, 두 여인이 있었는데, 그 여인들은 같은 어머니에게서 태어난 자매다. 그 여인들은 어릴 때부터 이집트에서 음란하게 몸을 팔았는데, 곧 이집트에 있을 때부터 사내들에게 몸을

함부로 내맡겨, 사내들의 손에 그들의 젖가슴이 눌리고 그들의 처녀 가슴이 어루만져졌다. 두 여인 가운데 언니의 이름은 '오홀라'이고, 동생의 이름은 '오홀리바'다. 그들은 본래 나와 결혼하여 내 자녀들을 낳은 여인들로, 오홀라는 '사마리아'이고, 오홀리바는 '예루살렘'이다."

두 자매인 '오홀라'와 '오홀리바'는 본래 하나님께 선택받아 하나님과 더불어 신성한 혼인관계를 맺은 여인들이다. 이는 출애굽한 이스라엘 백성이 시내산 아래에서 희생제물의 피로써 하나님과 더불어 거룩한 언약을 맺은 사실을 가리킨다(출 24:1-11).

그런데 실은 그녀들이 하나님과 혼인관계를 맺기 전에 이집트에서부터 행음을 일삼던 음란한 여인들이었다. 이는 이스라엘 백성이 이집트 땅에서 이미 우상숭배에 물들어 있었다는 의미다. 하나님의 백성에게 있어 우상숭배는 영적인 간음이며 음행이다. 하나님의 백성은 오직 하나님만 섬겨야 하는데, 신앙의 정절을 내팽개치고 이방 우상들을 섬김으로써 그것들과 놀아난 행위이기 때문이다.

한편, '오홀라'와 '오홀리바'라는 두 이름은 모두 '천막'을 뜻하는 히브리어에서 유래된 것인데, 이 천막은 예배를 드리는 천막을 의미했다. '사마리아'를 가리키는 '오홀라'(Oholah)라는 이름은 '그녀의 천막'이란 뜻으로, 즉 '그녀 자신의 천막을 가지고 있는 여자'라고 바꾸어 말할 수 있다. 이것은 북왕국 이스라엘의 사마리아가 종교적으로 독립하여 예루살렘의 성전

음란한 두 자매의 비유: 오홀라와 오홀리바

을 거부하고 자신들의 성전에서 우상을 섬겼음을 암시한다. 그리고 '예루살렘'을 가리키는 '오홀리바'(Oholibah)라는 이름은 '그녀 안에 나의 천막이 있다'라는 뜻으로, 이는 자신의 언약 백성들 가운데 거주하시는 하나님의 특별한 처소인 '예루살렘 성전'을 암시한다.

> (5-10) "오홀라는 내게 속한 내 여인이었는데도, 다른 사내들과 바람을 피우며 놀아났다. 그녀는 이웃에 있는 아시리아 사내들에게 마음이 빼겨 그들과 연애하였다. 아시리아 사내들은 모두가 자줏빛 옷으로 차려입은 총독과 장군들로, 그 용모가 잘생겼고 말을 잘 타는 멋진 젊은이들이었다. 그래서 오홀라는 아시리아 사내들 중에서도 빼어난 사내들과 음행을 저지르면서, 어떤 사내한테 홀리든지 그들의 온갖 우상들로 자기 몸을 스스로 더럽혔다. 오홀라는 자신의 젊은 시절부터 이집트 사내들과 놀아나, 그들과 잠자리를 함께하면서 자기 젖가슴이 눌리며 처녀 가슴이 어루만져졌고, 또 이집트 사내들은 자기들의 음란한 정욕을 오홀라의 몸에 쏟아부었는데, 그때로부터 그녀는 그런 음란한 짓거리를 버리지 않고 계속해 왔다. 그래서 내가 오홀라를 그녀가 정을 주고 그토록 연애했던 그 음란한 정부, 곧 아시리아 사내들의 손에 넘겨주었다. 그랬더니 아시리아 사내들이 오홀라를 발가벗겨 욕보였고, 그녀의 자녀들을 빼앗아 칼로 쳐 죽임으로써 그녀를 혹독하게 심판하였으므로, 그녀는 여인들 사이에서 비웃음거리가 되었다."

두 자매 중 먼저 언니 '오홀라'(사마리아 곧 북왕국 이스라엘)의 음행과 패망에 관한 이야기다. 그녀는 신랑 되는 하나님을 떠나 자줏빛 옷으로 차려입고 용모가 준수하며 말을 잘 타는 젊은 사내인 '아시리아'와 놀아났다. 당시 자줏빛 옷은 드물고 비싼 염색 옷으로, 부요와 권세를 지닌 왕실 및 귀족의 옷으로 간주되었다.

'오홀라' 곧 사마리아는 이 같은 아시리아의 부요와 권세에 강하게 이끌렸다. 이는 사마리아가 하나님을 의지하지 않고 당시 강대국이었던 이방 나라 아시리아를 부러워하면서 그들에게 잘 보여 그들과 동맹 맺기를 원했다는 의미다. 그것은 돈 많고 잘생긴 청년과 음행을 저지르는 바람난 여자의 행위와 다를 바 없었다. 그러나 결국 '오홀라'는 애인 아시리아에게 능욕을 당한 끝에 배신당하여 죽고 말았다. 곧 북왕국의 수도 사마리아는 아시리아의 침공을 받아 멸망하고 말았다(주전 722년).

(11-17) "그런데 보라! 오홀라의 동생 오홀리바는 이것을 보고서도, 자기 언니보다 더욱 음란한 짓을 많이 자행함으로써 언니보다 더욱 타락하고 부패하였다. 오홀리바 역시 언니 오홀라처럼 이웃에 살고 있던 아시리아 사내들을 연애하여 그들에게 반해버렸으니, 그들은 모두 자줏빛 옷으로 차려입은 총독과 장군들로서, 그 용모가 잘생겼고 말을 잘 타는 멋진 사내들이었다. 그리하여 오홀리바 역시 언니 오홀라와 똑같은 짓을 행하였다. 곧 아시리아 사내들에게 자기 몸을 내맡겨 자기 몸을 스스로 더럽혔다. 그런데 오홀리바가 언니보다 더욱 음탕하게 된 것은, 붉은색으로 벽에 그려진 멋진 사내의 형상, 곧 바빌로니아 사내의 형상을 본 것 때문이었다. 그들 바빌로니아 사내들은 허리에는 띠를 매고, 머리에는 긴 수건을 동여매고 있었다. 그들의 용모는 다 귀족처럼 품위가 있었는데, 곧 그들은 모두 갈대아 태생인 바빌로니아의 장교들이었다. 오홀리바는 그들을 보자마자 즉시 욕정에 휩싸여, 갈대아 땅으로 사람을 보내어 그들을 불러들였다. 그러자 바빌로니아 사내들이 그녀에게로 와서, 그녀의 연애하는 침실로 들어가 온갖 음탕한 짓으로 그녀의 몸을 더럽혔다. 그들과 실컷 놀아남으로써 오홀리바가 자기 몸을 크게 더럽힌 후에 그 마음이 그들에게서 떠나게 되었다."

동생 오홀리바(예루살렘 곧 남왕국 유다) 역시 언니 오홀라(사마리아 곧 북왕국 이스라엘)처럼 하나님을 저버리고 이방의 잘생긴 젊은 사내인 '아시리아'와 음탕하게 놀아났다. 그런데 동생 오홀리바는 언니 오홀라보다 한술 더 떠 더욱 문란한 음행을 자행했다. 오홀리바(사마리아)는 단지 아시리아와만 음행을 저질렀지만, 오홀라(예루살렘)는 아시리아뿐만 아니라, 갈대아 사람(바빌로니아)과도 음행을 저질렀기 때문이다. 여기서 음행이란 말은 비유적인 표현으로, 영적 간음 행위를 가리킨다.

'맞아, 하나님의 백성이 하나님을 의지하지 않고, 아시리아나 바빌로니아 같은 이방의 강대국을 의지하는 가운데 그들의 군사적, 경제적 상태를 부러워하면서 동맹을 맺고 그들의 우상을 따라 섬긴 불신앙적인 행태를 저질렀으니, 그건 당연히 음행이지….'

이처럼 오홀리바는 오홀라보다 더욱 음탕하게 아시리아뿐만 아니라 바빌로니아와도 영적 간음을 마구 자행하였다.

> (18-21) "이렇듯 오홀리바는 보란 듯이 음탕한 짓을 저지르고, 자신의 부끄러운 곳을 드러내놓은 채 다른 사내들과 욕정을 한껏 채웠다. 그러므로 내가 이전에 그녀의 언니 오홀라를 싫어한 것처럼 그녀도 싫어졌다. 그런데도 오홀리바는 옛적 이집트 땅에서 음란한 짓을 행하던 그때의 젊은 시절을 떠올리며 더욱 더 음란한 짓을 벌였다. 생식기는 나귀같이 크고, 정액은 말같이 많은, 정욕이 왕성한 음탕한 사내들을 갈망하였다. 그래서 그녀는 옛적 이집트 사내들에 의해 자기 젖가슴이 짓눌리고 처녀 가슴이 주물러지던 그 젊은 시절을 도리어 그리워하면서 그때처럼 욕심껏 놀아나고 싶어 했다."

오홀리바 곧 예루살렘(남왕국 유다)은 처음엔 아시리아와 연애하였고(12절), 그다음엔 바빌로니아와 연애함으로써(14-16절) 자기 욕정을 한껏 채웠다. 그러다가 마침내는 이집트를 갈망하여 이집트와 연애하기에 이르렀다(19-20절). 이는 예루살렘을 수도로 하는 남왕국 유다가 친(親)아시리아 정책과 친(親)바빌로니아 정책을 거쳐, 결국 친(親)이집트 정책으로 국가의 방향을 결정했음을 의미한다.

이렇게 된 이유는, 이스라엘에게 있어 이집트는 초창기부터 강력한 군사력 및 각종 크고 기묘한 우상들로 깊은 영향력을 끼친 흠모의 대상이었기 때문이었다(21절). 이집트 땅에서 오랜 종살이를 하는 동안, 이스라엘은 그때 맛들인 이집트의 우상 문화와 군사적 강력함을 결코 잊지 못하고 갈망했던 것이다. 이런 의미에서, 영적으로 볼 때 이집트는 이스라엘에게 있어 나귀같이 큰 생식기를 가지고 말같이 정력이 넘치는 음란한 간부(姦夫)와 같았다.

음탕한 오홀리바에게 내려질 심판 (23:22-35)

(22-27) "그러므로 오홀리바야, 나 주 하나님이 말한다. 한때 네가 함께 놀아나다가 정이 떨어져서 돌아섰던 네 사내들을 내가 충동시켜서 그들로 너를 치게 할 것이니, 이제 그들이 사방에서 몰려와 너를 칠 것이다. 바빌로니아 사람들과 갈대아의 모든 무리들, 곧 브곳과 소아와 고아 지방의 사람들과 또 그들과 함께 있는 모든 아시리아 사람들이 너를 치러 몰려올 것이니, 그들은 모두가 잘생긴 젊은이들이고, 모두가 총독들과 장군들과 고관들과 유명한 사람들로서, 하나같이 말을 잘 타는 사람들이다. 그들이 큰 군대를 거느리고 전차를 타고 너를 치러 올 것이니, 각종 무기와 갑옷과 방패와 투구로 완전무장을 한 채 북쪽에서 몰려와 너를 사방에서 포위할 것이다. 그러면 내가 그들의 손에 너를 처벌할 수 있는 심판권을 넘겨줄 것이니, 그들이 자기들의 기준과 방식에 따라 너를 심판하고 처벌할 것이다. 그날에 내가 너를 향해 질투의 분노를 터뜨릴 것이니, 그들이 격분하여 너를 아주 사납게 다룰 것이다. 그들이 네 코와 귀를 잘라내고, 네 도성에

사는 주민들을 칼로 쳐 죽일 것이며, 네 자녀들을 붙잡아 포로로 사로잡아 갈 것이고, 네 땅의 남은 것들을 모조리 불사를 것이다. 그들은 또 네 옷을 발가벗기고, 네 장식품도 다 빼앗아갈 것이다. 이렇게 해서, 내가 너의 모든 음란한 짓들과 이집트 땅에서부터 계속되었던 너의 더럽고 음탕한 행실을 그치게 하겠다. 그러면 네가 다시는 다른 사내들에게 눈웃음을 치지도 못하고, 더 이상 이집트를 그리워하지도 않게 될 것이다."

음탕한 오홀리바는 마침내 하나님의 질투의 분노를 유발시켰다. 그래서 하나님은 오홀리바를 징벌하려고 한때 함께 놀아나다가 정이 떨어져 돌아섰던 오홀리바의 옛 사내들을 충동시켜 그들로 오홀리바를 치게 하였다. 그들은 아시리아 사람들과 바빌로니아 사람들로 이루어진 '갈대아의 모든 무리들'이었다.

갈대아 사람(the Chaldeans)은 남부 메소포타미아에 거주하던 일단의 부족들로, 주전 7세기 말엽에 바빌로니아를 지배했고, 이어 아시리아까지 몰락시킨 사람들이다. 그들이 세운 나라가 '신(新)바빌로니아 제국'인데, 이 제국에 본래의 바빌로니아 사람들과 정복된 아시리아 사람들 및 여러 아람 부족들이 포함되었다. 따라서 '갈대아 사람'이란 신(新)바빌로니아 제국을 구성하는 지배적인 인종을 가리키는 말이고, '바빌로니아 사람'은 갈대아 사람이 아닌, 본래의 바빌로니아 백성들을 가리키는 말이다. 그리고 그 제국에 정복된 여러 민족들이 포함되었는데, 본문에서는 그들을 통틀어 '갈대아의 모든 무리들'로 표기하였다. 바로 이 무리들이 오홀리바(예루살렘 곧 남왕국 유다)를 치러 몰려올 것이었다. 그리고 머잖아 실제로 몰려와 오홀리바를 능욕하고 강탈한 후에 가차 없이 죽여 버렸다. 다시 말해 남왕국 유다를 짓밟고, 예루살렘을 철저히 파괴하였다(주전 586년, 왕하 25:1-21).

한편, 오홀리바를 치러 올라온 갈대아의 무리들은 오홀리바의 코와 귀를 자르는 등 신체 절단의 가혹한 징벌을 가했다(25절). 고대 메소포타미아 지역에서는 간통을 저지른 여자의 신체 일부를 절단하는 풍습이 있었다. 당시 아시리아의 법률도 남자로 하여금 간통한 아내의 코를 자르게끔 허용했다. 말하자면 여기 간통한 아내로 의인화된 예루살렘은 이런 방식으로 자신의 부정(不貞)에 대한 징벌을 가혹하게 받게 될 것이었다. 실제로 예루살렘을 함락시킨 바빌로니아 왕 느부갓네살은 유다 왕 시드기야의 두 눈을 빼는 가혹한 징벌을 가했다(왕하 25:7).

> (28-31) "나 주 하나님이 말한다. 한때 네가 함께 놀아나다가 정이 떨어져버린 사람들, 곧 이제는 네가 미워하고 싫어하는 그 사람들에게 너를 넘겨줄 것이다. 그러면 그들이 너를 아주 미워하는 마음으로 네게 무섭게 보복할 것이다. 네가 애써 수고하여 모은 것들을 다 빼앗아갈 것이고, 너를 발가벗겨 알몸뚱이로 만들어, 네가 알몸뚱이로 음란하게 행한 모든 행위들, 곧 네 모든 음탕한 짓들과 음란한 행실들을 밝히 드러낼 것이다. 네가 이처럼 치욕스러운 형벌을 받게 되는 까닭은, 네가 이방 사내들을 쫓아다니며 창녀같이 음란한 짓을 행하고, 또 그들의 우상들을 섬겨 네 몸을 더럽혔기 때문이다. 네가 네 언니의 악한 행실을 본받았으므로, 내가 네 언니가 마신 잔을 네 손에 넘겨주겠다."

뭇 사내들과 문란하게 음행을 자행한 음탕한 오홀리바 곧 예루살렘이 받을 치욕과 형벌이 다시금 강조되었다. 앞서 언니 오홀라 곧 사마리아가 그렇게 당했듯이, 뒤이어 동생 오홀리바 곧 예루살렘도 온갖 능욕을 당한 끝에 비참하게 죽임당하고 말 것이었다. 풀이하자면 언니 오홀라(사마리아 곧 북왕국 이스라엘)는 아시리아에 의해 철저히 짓밟힌 끝에 멸망당했고(주전 722년), 그로부터 136년 후쯤에 동생 오홀리바(예루살렘 곧 남왕국 유다)는 바빌로니아에 의해 가혹하게 유린당한 끝에 멸망당하고 말았다(주전 586년).

(32-35) "나 주 하나님이 말한다. 이제 너 예루살렘은 네 언니가 마신 잔을 마시게 될 것이니, 그 깊고 큰 잔에 가득 담긴 진노의 술잔을 마시고 세상의 비웃음과 조롱을 한껏 당할 것이다. 너는 네 언니 사마리아가 마신 잔, 곧 공포와 멸망의 잔을 마시고 잔뜩 취하여 큰 슬픔에 휩싸일 것이다. 너는 그 잔을 다 기울여 찌꺼기까지 마저 마신 뒤, 그 잔을 던져 산산조각 깨뜨리며 네 젖가슴을 쥐어뜯을 것이다. 내가 이렇게 말하였으니, 반드시 그대로 이루어질 것이다. 이는 나 주 하나님의 말이다. 그러므로 나 주 하나님이 말한다. 너 예루살렘이 나를 까맣게 잊었고, 내게서 등을 돌려 나를 떠나갔으므로, 이제 너는 네 음란한 짓과 방탕한 행실에 대한 대가를 치러야 한다."

하나님의 심판과 형벌이 '포도주의 술잔'에 비유되었다. 그 술잔은 하나님께서 이미 언니 오홀라(사마리아)에게 내렸고, 이제 동생 오홀리바(예루살렘)에게 내리는 진노의 술잔으로, 그 잔 속에는 수치, 능욕, 공포, 파괴, 멸망 등의 무시무시한 심판과 형벌이 포함되어 있었다. 오홀리바(예루살렘)는 신랑 된 하나님을 떠나 이방 사내들(아시리아, 바빌로니아, 이집트 등)과 문란하게 놀아난 방탕한 행실의 대가로 그 술잔을 다 기울여 그 찌꺼기 한 방울까지 마저 마셔야만 했다. 철저하고 가혹하게 심판을 받아야 했다.

오홀라와 오홀리바에게 내릴 주님의 심판 (23:36-49)

(36-45) "너 사람의 아들아, 네가 오홀라와 오홀리바를 심판하지 않을 테냐. 그렇다면 그들 두 자매의 역겨운 일을 그들에게 알려주어라. 그들은 다른 사내들과 간통을 저질렀고, 무고한 사람을 죽여 손에

피를 묻혔으며, 온갖 이방 우상들과 음란한 짓을 벌였고, 심지어 나에게 낳아준 자녀들을 불살라 우상에게 제물로 바치기까지 했다. 이 외에도 그들은 나를 거슬러 여러 가지 악행을 저질렀으니, 더욱이 우상을 섬긴 바로 그날에 그들은 내 성소를 더럽혔고, 내 안식일을 욕되게 하였다. 곧 그들은 자기 자녀들을 불살라 우상에게 제물로 바친 바로 그날에 내 성소에 들어와서 그곳을 더럽혔으니, 바로 내 성전 안에서 그들이 그런 짓을 행하였다. 또 그들은 먼 곳으로 사람을 보내어 이방 사내들을 불러들였다. 그리하여 이방 사내들이 오자, 두 자매는 목욕을 하고 눈썹을 그리며 온갖 패물로 자기들의 몸을 스스로 단장하였다. 그런 뒤에 우아한 의자에 화려한 방석을 깔고 앉아 앞에 상을 차려놓았는데, 그 상 위에는 내가 그들에게 준 향과 기름까지 가져다놓았다. 그런 뒤에 두 자매는 이방 사내들과 흥겹게 웃고 떠들며 방탕하게 즐겼다. 또 두 자매가 광야에서 건달들과 술주정꾼들을 불러들이니, 그 잡된 사내들이 와서 두 자매의 손에 팔찌를 끼워주고, 머리에 화려한 관을 씌워주었다. 그런 모습을 보고, 나는 '저 두 자매는 음행으로 닳고 닳은 다 시들어빠진 여인들인데, 그래도 저런 여자들이 좋다고 찾아와, 피차 음행하는 얼빠진 사내들이 있다니!' 하는 생각이 들었다. 과연 그 사내들은 창녀에게 드나들듯이, 음란한 두 자매 오홀라와 오홀리바에게 드나들었다. 그러나 그날에 의인들이 있어 그 두 자매를 심판할 것이니, 간통한 여인들과 살인죄를 저지른 여인들을 심판하듯, 의인들이 그 여인들을 심판할 것이다. 그 여인들은 바로 간통한 여인들이요, 사람을 죽여 손에 피를 묻힌 죄인들이기 때문이다."

두 자매(오홀라, 오홀리바)의 가증한 죄악과 문란한 방탕함, 그리고 그 대가로 필히 치러야 할 심판이 언급되었다. 오홀라(사마리아)와 오홀리바(예루살렘)는 하나님께 선택받고 시내산 언약을 맺었다는 점에서 하나님의 아내들로 묘사되었다. 따라서 그녀들이 낳은 자식들은 하나님에게 속한 자식들이었다. 그런데도 사마리아(오홀라)와 예루살렘(오홀리바)은 그 자식들을 이방 우상에게 제물로 바치는 가증스러운 작태를 서슴지 않았다. 당시 '몰렉' 같은 이방 우상을 제사할 때 우상숭배자들은 자기 자녀를 희생제물 삼아 바치는 인신제사를 행하곤 했다.

한편, 두 자매는 창녀처럼 요란하게 단장하고서 이방의 뭇 사내들(아시리아, 바빌로니아, 이집트 등)과 방탕하게 놀아났을 뿐만 아니라, 심지어 광야의 건달들과 술주정꾼들 같은 잡된 사내들까지 불러들여 함께 놀아났다. '술주정꾼'에 해당하는 히브리어는 '사바'인데, 이는 '술고래'를 뜻하기도 하지만, 여기서는 '사바 사람'을 뜻한다. 사바 사람(Sabeans)은 구스(에티오피아)의 아들인 '스바'의 후손들로(창 10:7), 아라비아 및 아프리카 반도에 거주하던 장대한 족속이었다. 이스라엘은 이집트 및 에티오피아 사람들과 더불어 이들 사바 사람들과도 가깝게 지내며 그들을 의지했다(사 45:14).

이렇듯 신랑 된 하나님을 저버리고 세상의 뭇 사내들과 음탕하게 놀아난 두 자매는 그 죄악의 대가로 필히 심판을 받아야만 했다. 간통을 저지른 그녀들은 의인들에 의해 심판을 받아야 했는데, 간통한 여인들을 심판하는 의인들은 '아시리아'와 '바빌로니아'다. 이들 두 나라가 의인들인 까닭은, 그들 나라가 의롭다는 뜻이 결코 아니고, 단지 두 자매(사마리아, 예루살렘)를 징벌하는 하나님의 공의로운 심판 도구로 사용되었다는 점에서 '의인들'인 것이다. 과연 그랬다. 언니 오홀라(사마리아 곧 북왕국 이스라엘)는 아시리아에 의해 심판받아 멸망하였고(주전 722년), 동생 오홀리바(예루살렘 곧 남왕국 유다)는 바빌로니아에 의해 심판받아 멸망하였다(주전 586년).

> (46-49) "나 주 하나님이 말한다. 그렇다! 그날에 내가 사람들을 일으켜, 저들로 군대를 이끌고 와서 그 두 여인을 치게 하리니, 그들

두 여인이 온갖 수모와 치욕을 당할 것이다. 그날에 분노한 군중들이 두 여인에게 돌을 던지고 칼로 쳐 죽일 것이다. 그들의 자녀들까지도 죽일 것이고, 그들의 집도 불사를 것이다. 이렇게 해서, 내가 너희의 음란한 행실을 이 땅에서 완전히 그치게 할 것이니, 이후로 모든 여인들이 이것을 경고로 받아들여 너희의 음란한 행실을 더 이상 본받지 않을 것이다. 그날에 사람들이 너희가 저지른 음행에 대하여 혹독한 대가를 치르게 할 터인데, 그때에 정녕 너희가 모든 우상들을 섬긴 죄악에 대하여 끔찍한 형벌을 받게 될 것이다. 그때에야 비로소 너희는 내가 주인 줄 알게 될 것이다."

음탕한 두 자매는 과연 전쟁의 끔찍한 참화를 겪은 끝에 비참하게 멸망하고 말았다. 언니 오홀라(사마리아 곧 북왕국 이스라엘)가 먼저 심판받아 망했고(주전 722년), 이후에 동생 오홀리바(예루살렘 곧 남왕국 유다)가 심판받아 망했다(주전 586년). 고대의 전쟁에서 패전국의 백성들은 승전국의 군사들에 의해 약탈, 강간, 파괴, 살육, 방화, 포로 됨 등등 말로 형언할 수 없는 온갖 학대와 능욕을 겪었다.

특히 북왕국 이스라엘을 정복한 아시리아와 남왕국 유다를 정복한 바빌로니아는 어떤 자비도 없이 아주 잔인하기로 유명했다. 일례로, 남왕국 유다를 정복한 바빌로니아 왕 느부갓네살은 유다 왕 시드기야를 포로로 사로잡은 후에 그가 보는 앞에서 그의 자녀들을 모조리 칼로 쳐 죽였을 뿐만 아니라, 시드기야의 두 눈을 뽑은 뒤 쇠사슬로 온몸을 묶고 발에 쇠고랑을 채운 채 멀리 바빌로니아 땅으로 끌고 가 죽는 날까지 옥에 가두었다(왕하 25:7; 렘 52:9-11). 하나님을 저버린 채 이방 나라를 의지하고 그들의 우상을 섬긴 자들의 비참한 말로를 잘 보여주는 대표적인 경우다.

24

끓는 가마솥

살인자의 성읍이 피를 흘린다
내가 가마솥을 벌겋게 달궈
그 안의 모든 것을 태울 것이다
그날에 예루살렘은 멸망하리라

끓는 가마솥의 비유 (24:1-14)

마침내 심판의 그날이 이르렀다! 에스겔 일행이 여호야긴 왕과 더불어 바빌로니아 땅에 포로로 사로잡혀 온 지 9년째 되던 해의 10월 10일, 주님의 말씀이 에스겔에게 임한다. 이 해와 이 날은 지금까지 에스겔 선지자가 유다 백성들을 향해 선포한 예언이 역사적으로 실현되는 해로, 마침내 유다의 운명이 결정 난 바빌로니아의 제3차 유다 침공이 있던 때이다(왕하 25:1). 곧 바빌로니아 왕 느부갓네살이 마침내 자신의 군대를 이끌고 유다와 예루살렘을 침공한 때로, 유다 왕 시드기야 제9년 10월 10일이다(주전 588년 10월 10일).

또한 이때는 바빌로니아의 제2차 유다 침공이 있은 지 9년이 흐른 해로, 에스겔이 주님께로부터 선지자의 소명을 받은 지는 4년째 되던 해이다(1:1-2). 이때 바빌로니아의 제3차 침공을 받은 유다와 예루살렘은 이때로부터 18개월(1년 6개월) 동안 포위 공격을 당한 끝에 결국 함락하고 말았다(주전 586년 4월 9일, 왕하 25:2-5). 말하자면 바빌로니아의 제3차 유다 침공이 있던 그 해 그 날에 주님의 말씀이 에스겔에게 임한 것이다.

(2-5) "너 사람의 아들아, 너는 이 날짜, 바로 오늘 날짜를 기록해두어라! 바로 이날이 바빌로니아 왕이 예루살렘 성읍을 포위하여 공격한 날이기 때문이다. 너는 저 반역하는 족속, 곧 유다 백성들에게 한 가지 비유를 들어 이렇게 말해주어라. 주 하나님께서 말씀하신다. 너희는 가마솥 하나를 걸고, 그 안에 물을 부어라. 그런 뒤, 양 떼 가운데 가장 좋은 것으로 한 마리 잡아, 그 살코기를 썰어 가마솥 안에 집어넣되, 제일 좋은 부분인 넓적다리와 어깻죽지 부분의 살코기를 집어넣고, 또 뼈들 가운데 제일 좋은 것들을 골라 그 가마솥 안에 가득 채워 넣어라. 그런 뒤, 가마솥 아래 나무를 쌓고 불을 지펴 물을 펄펄 끓여라. 가마솥 안의 뼈들이 무르도록 오래도록 푹 삶아라."

이른바 '끓는 가마솥의 비유'다. 바빌로니아 왕이 유다와 예루살렘을 침공한 날에 에스겔 선지자는 주님께로부터 두 가지 메시지를 받는다. 첫째는 끓는 가마솥의 비유이고(2-14절), 둘째는 아내의 죽음과 애통 금지의 명령이다(15-27절). 끓는 가마솥의 비유는 유다와 예루살렘의 처절하고 완전한 멸망을 보여주는 비유인데, 그중 본문은 끓는 가마솥 비유의 초반부로서 예루살렘 성읍이 하나의 거대한 가마솥에 비유되었다.

펄펄 끓는 가마솥의 비유

일찍이 예루살렘의 악한 지도자들은 자신들을 가마솥 속의 좋은 고기에 비유하면서(11:3), 자신들은 결코 외세의 불길에 그을리지 않을 것이라고 장담하고 있었다. 이에 하나님께서는 이 같은 그들의 거짓된 믿음을 깨뜨리면서, 예루살렘과 그 안의 악한 지도자들이 결코 펄펄 끓는 심판의 불길을 피할 수 없을 것이라고 경고하신 것이다.

가마솥 아래의 맹렬한 불길(바빌로니아 군대)은 가마솥 안의 고기들(예루살렘 지도층)을 뼈가 무르도록 푹푹 삶은 후에, 마침내 하나하나 끄집어낼 것이었다. 즉, 맹렬한 불길처럼 예루살렘을 덮친 바빌로니아 군대는 예루살렘 성읍의 지도층을 닥치는 대로 포로로 사로잡아 바빌로니아 땅으로 끌고 갈 것이었다. 끓는 가마솥 비유는 계속 이어진다.

> (6-8) "그러므로 나 주 하나님이 말한다. 사람을 죽여 피 흘리는 살인자들의 성읍아, 네게 재앙이 내릴 것이다! 안에 녹이 잔뜩 슬었으나 그 녹을 한 번도 닦지 않은 녹슨 가마솥아, 네게 재앙이 내릴 것이다! 제비 뽑아 순서를 가릴 필요조차 없이, 너희는 가마솥 안에 있는 고기를 하나하나 모두 다 꺼내어라. 죄 없는 사람들이 흘린 피가 그 성읍 가운데 그대로 남아있다. 너희는 땅바닥에 흘려진 그 피를 흙으로 덮지 아니하고, 맨 바위 위에 그대로 방치해두었다. 그 피를 맨 바위 위에 그대로 방치해두도록 한 것은 바로 나다. 심판의 날에, 내가 그 피를 보고 진노를 터뜨려 너희에게 복수하려고 그 피가 흙에 덮이지 않게 한 것이다."

여기서는 예루살렘의 여러 가증한 죄악들 중 죄 없는 사람들을 죽여 피를 흘리게 한 살인의 죄에 대하여 강조되었다. 그래서 예루살렘을 일컬어 '살인자들의 성읍'이라고 부르고 있다. 그런데 하나님께서는 그렇게 악한 자들에 의해 아무런 죄 없이 죽임당한 사람들의 피를 맨 바위 위에 그대로 방치해두도록 조처하셨다.

율법의 규정상, 땅에 흘려진 피는 반드시 흙으로 덮어야만 했다(신 12:16). 그렇지만 피를 흙으로 덮지 않고 맨 바위 위에 그대로 두었다는 것은, 살인의 흔적을 누구나 볼 수 있도록 그대로 방치해두었다는 뜻이다. 이것은 예루살렘이 무고한 살인이 자행되는 '피 흘리는 살인자들의 성읍'임을 밝히 드러내기 위함이었고, 그로 인해 예루살렘으로 하여금 하나님의 분노로 말미암아 마땅한 심판을 받게 하기 위함이었다.

(9-14) "그러므로 나 주 하나님이 말한다. 사람을 죽여 피 흘리는 살인자들의 성읍아, 네게 재앙이 내릴 것이다! 재앙의 날을 위해, 내가 장작더미를 높이 쌓아놓을 것이다. 내가 장작을 많이 쌓고 불을 지펴서 가마솥 안의 고기를 푹푹 삶아 녹이고, 국물을 바짝 조리고 그 뼈들을 다 태운 다음, 가마솥이 빈 뒤에도 숯불을 더욱 뜨겁게 하여, 가마솥의 놋쇠를 벌겋게 달궈서 그 안의 더러운 것을 다 녹이며 그 안의 녹까지 다 태워버리겠다. 이 성읍은 참으로 나를 힘들게 하고 피곤케 한 성읍이었다. 내가 이 성읍의 더러움을 제거하려고 부단히 애썼지만 그 녹이 벗겨지지 않았고, 어지간한 불로는 없어지지 않았다. 예루살렘아, 너의 더러운 죄 가운데 하나가 이방 우상을 섬긴 음행이다. 음행으로 더러워진 네 몸을 내가 깨끗하게 하려고 애썼지만, 네가 도무지 깨끗해지지 않았다. 그러므로 내가 너를 향해 내 분노를 다 쏟아붓기 전에는, 네 더러움이 결단코 깨끗해지지 않을 것이다. 이는 나 주의 말이다. 나 주가 말했으니, 이 일이 반드시 이루어질 것이다. 이 일을 행함에 있어, 내가 절대로 돌이키지 않겠고, 너를 조금도 아끼지 않겠으며, 나의 결정을 결코 뉘우치지 않겠다. 내가 그대로 행할 것이니, 심판의 그날에 그들이 네 모든 악한 행실에 따라 너를 심판할 것이다. 이는 나 주 하나님의 말이다."

예루살렘은 죄 없는 자를 억울하게 죽여 피를 흘리는 '살인'에 이어, 이방 우상을 음란하게 섬기는 '우상숭배'의 죄악에 찌든 성읍이었다. 비유하자면 아주 짙고 더럽게 녹슨 가마솥 같았다. 그래서 어지간한 불로는 가마솥의 그 녹을 없앨 수 없었기에, 하나님께서는 엄청난 장작더미를 계속 활활 태워 가마솥 안의 국물을 다 조리고, 고기와 뼈가 물러 다 없어지도록 했다. 그런데도 더러운 녹이 없어지지 않기에 가마솥이 벌겋게 달궈지도록 계속 장작을 태우고 태웠다. 이는 예루살렘의 죄악(녹)을 향한 주님의 진노의 불길이 얼마나 맹렬한 것인지를 잘 보여주는 것이고, 또한 예루살렘을 치는 하나님의 징벌 도구인 바빌로니아 군대가 얼마나 예루살렘을 무자비하고 철저하게 다루었는지를 잘 보여준다(왕하 25:8-21).

에스겔 아내의 죽음과 예루살렘 멸망의 징표 (24:15-27)

그날(주전 588년 10월 10일)에 주님의 말씀이 또 에스겔에게 임한다. 이번에는 '끓는 가마솥의 비유'(2-14절)에 이어지는 두 번째 메시지로서 '아내의 죽음과 그로 인한 애통 금지'의 명령이다(15-27절). 이는 유다와 예루살렘의 멸망이 너무나 처절하고 비참하여 애통조차도 할 수 없는 지경에 이르게 될 것이라는 메시지다.

과연 바빌로니아 군대에 의해 1년 6개월 동안 계속적으로 포위 공격을 당한 끝에 마침내 함락한 예루살렘 도성은 아주 철저하게 파괴되어 완전한 폐허가 되었고, 그런 광경은 눈물조차 흘릴 수 없을 정도로 극히 처절하고 비참하였다. 예레미야 선지자는 그런 예루살렘의 폐허를 비통한 심정으로 아프게 절규하였다. 그것이 그가 읊은 '예레미야애가'다(애 1-5장).

(16-18) "너 사람의 아들아, 이제 내가 너의 아끼는 사람을 일순간에 쳐서 네게로부터 빼앗아가겠다. 그럴지라도 너는 슬퍼하거나 울거나 눈물을 흘리지 말아라. 탄식도 조용하게 하고, 죽은 사람을 위해 애곡하지도 말아라. 평소처럼 네 머리에 수건을 동여매고, 네 발에

신을 신어라. 네 수염을 가리지도 말고, 초상집 음식을 차려먹지도 말아라."

충격적인 메시지다! 하나님께서 이제 에스겔이 아끼는 사람, 곧 그의 사랑하는 아내의 목숨을 빼앗아갈 것인데, 그런 아내의 죽음을 두고 상(喪)을 당한 사람처럼 행동하지 말라는 말씀이다. 즉, 아내의 죽음에 슬퍼하거나 울거나 수염을 가리거나 초상집 음식을 차려먹거나 하지 말고, 아무 일도 아닌 듯 평소처럼 담담하게 행동하라는 말씀이다. 요컨대 하나님께서는 에스겔 아내의 죽음을 어떤 징조로 삼기를 원하셨던 것이다.

그런 까닭은, 당시 심각한 죄악 중에서도 전혀 죄를 깨닫지 못하고 있는 완악한 심성의 유다 백성들에게 충격적인 징조를 통해 경고를 주기 위함이었다. 즉, 에스겔 아내의 죽음을 통해 백성들의 주목을 끌어 그들에게 생생한 경고를 주기 위함이었다. 갑자기 아내를 잃고도 눈물조차 흘리지 않는 에스겔의 행위 예언을 통해 유다 백성들 역시 눈물조차 흘릴 수 없을 만큼 극히 충격적인 슬픔과 재난에 갑자기 빠져들 것이라는 경고였다. 그것은 그들이 절대로 일어나지 않을 것이라고 확신했던 '예루살렘의 멸망(죽음)'이었다.

"네엣? 아, 아, 주님! 꼭 그렇게까지…. 하지만… 하지만 그것이 주님의 뜻이라면 이 몸은 그대로 따르겠나이다. 오, 주여!"

에스겔은 쇠망치로 뒤통수를 맞은 듯 충격적이었지만, 마음을 굳게 다잡고 주님의 뜻에 따른다. 그래서 에스겔은 아침에 사람들에게 그 이야기, 곧 자신의 아내가 죽게 될 것이라는 이야기를 알려주었는데, 아닌 게 아니라 그날 저녁에 그의 아내가 갑자기 죽었다. 그런 큰일을 당했음에도, 다음날 아침에 에스겔은 하나님께서 지시하신 대로 따랐다. 즉, 아내의 죽음을 두고 슬퍼하거나 울거나 수염을 가리거나 초상집 음식을 먹지 않았다. 에스겔은 아무 일도 없는 듯 평소처럼 말하고 행동했다. 그러자 사람들이 아주 의아한 듯 에스겔에게 묻는다.

"허, 거참! 당신의 아내가 어제 저녁에 갑자기 죽지 않았소. 그런데 왜 아무 일도 없는 듯 그렇게 행동하는 것이오? 당신의 그런 행동이 우리와 어떤 상관이 있는 것이오? 있다면, 그 의미를 말해주지 않겠소? 대체 무슨 의미가 있는 것이오?"

하나님께서 의도하신 대로 되었다. 고대 이스라엘 사회에서 사랑하는 자의 죽음에 대해 공식적으로 애도를 표하는 것은 사회적으로 적절한 것으로 용인되었고, 또한 살아있는 자의 마땅한 예의라고 간주했다. 전통적인 애도의 방식은 소리 내어 크게 우는 것, 자신의 옷을 찢는 것, 굵은 베옷을 입는 것, 수염을 가리는 것, 초상집 음식을 먹는 것 등이 포함되었다.

하지만 아내의 죽음 앞에서 이 같은 방식으로 전혀 애도를 나타내지 않는 에스겔 선지자를 보았을 때, 사람들은 그 이유가 무척 궁금했던 것이다. 요컨대 에스겔의 행동은 사람들의 이목을 끄는 데 성공한 것이다. 그래서 사람들은 아내의 죽음을 두고 에스겔이 취한 의아한 행동에 대해 아주 궁금한 듯 그 의미를 진지하게 물었고, 에스겔은 자신의 행동이 갖는 상징적인 의미를 그들에게 설명했다. 그럼으로써 에스겔은 아주 생생하고 효과적으로 하나님의 메시지를 전달할 수 있었다.

(20-24) "모두 잘 들으시오. 주께서 내게 이렇게 말씀하셨소. 너는 이스라엘 족속에게 전하라. 이는 나 주의 말이다. 내가 이제 내 성소를 더럽히려 한다. 너희가 그토록 자랑하고, 너희가 눈으로 보고 기뻐하며, 너희 마음으로 그토록 아끼던 내 성소를 무너뜨리려 한다. 또 내가 예루살렘에 남아있는 너희 자녀들도 칼에 찔려 다 죽게 할 것이다. 그럴지라도 너희는 에스겔이 행한 것과 똑같이 행동하게 될 것이다. 그때에 너희는 수염을 가리지도 못하고, 초상집 음식을 차려먹지도 못할 것이다. 평소처럼 머리에 수건을 동여매고, 발에 신을 신은 채로

있게 될 것이다. 죽은 사람들을 위하여 슬퍼하지도 않겠고 울지도 않을 것이니, 그것은 네 주변의 가족과 친척들 가운데 죽은 자들이 너무나 많을 것이기 때문이다. 다만 너희는 너희의 죄 때문에 패망한 줄 알고, 서로 마주보며 가만히 탄식하며 아픈 신음소리만 토해낼 것이다. 그렇다. 이와 같이 내 종 에스겔이 너희에게 표징이 된 것이다! 그러므로 그날에 너희는 내 종 에스겔이 행한 대로 똑같이 행동하게 될 것이다. 그리고 마침내 이런 일이 일어나면, 그때에야 너희는 내가 주인 줄 알게 될 것이다."

아내의 죽음을 두고 에스겔이 취한 행동은 결코 남의 일이 아니었다. 지금 에스겔에게 그 이유를 묻고 있는 유다 백성들과 곧바로 직결되는 일이었다. 머잖아 그들도 눈에 기뻐하고 마음으로 아끼던 것 곧 '예루살렘 성전'을 잃게 될 것이고, 또한 예루살렘 성읍에 남아있던 자기들 자녀들의 죽음 소식을 듣게 될 것이기 때문이다. 그럴지라도 그때에 그들은 예루살렘 성전의 몰락에 대해 너무나 충격을 크게 받은 나머지, 또한 너무나 많은 친인척들의 죽음 소식을 접한 나머지, 슬퍼하거나 울 힘조차 없어 그저 서로 마주보며 가만히 탄식하며 아픈 신음소리만 토해낼 것이었다. 그러므로 머잖아 그들도 지금 아내의 죽음을 두고 에스겔이 취한 행동과 똑같이 행할 것이었다.

과연 그랬다. 이때로부터 1년 6개월 후에 예루살렘 성전은 바빌로니아 군대에 의해 철저하게 파괴된 채 불살라졌고, 예루살렘 성읍의 수많은 남녀노소가 바빌로니아 군사들의 칼에 무자비하게 살육당했다(주전 586년, 왕하 25:1-21). 아내를 잃고 에스겔이 취한 행동은 머잖은 그날에 바로 바빌로니아 땅의 포로 된 유다 백성들이 취할 행동의 전조요 표징이며 예표였다.

(25-27) "너 사람의 아들아, 내가 이스라엘 족속에게서 그들의 요새를,

그들의 기쁨과 영광을, 그들이 눈으로 보고 기뻐하던 것을, 그리고 그들이 마음으로 그토록 간절히 아끼던 그들의 자녀들을 빼앗아 데려가는 날, 그날에 예루살렘 성읍에서 빠져나온 한 도망자가 네게로 와서, 네 귀에 그 소식을 알려줄 것이다. 그때에 비로소 네 혀가 풀려 그 사람과 이야기를 나누게 될 것이고, 이후로는 더 이상 침묵하고 있는 벙어리 신세가 되지 않을 것이다. 이처럼 네가 이스라엘 족속에게 표징이 되면, 그때에야 비로소 그들은 내가 주인 줄 알게 될 것이다."

하나님의 징벌 도구인 바빌로니아 군대에 의해 유다와 예루살렘이 패망하여 예루살렘 성전이 파괴되고 수많은 남녀노소가 바빌로니아 군사들의 칼에 무자비하게 살육되는 그날이 머잖아 기어코 들이닥칠 것이었다(주전 586년 4월 9일). 그리고 그날에 예루살렘 성읍에서 겨우 빠져나온 한 도망자가 바빌로니아 땅의 델아빕까지 와서 에스겔 선지자에게 그 소식을 생생하게 알려줄 것이었다. 그러면 이스라엘 공동체 전체가 그 소식을 알게 될 것이고, 그러면 사람들은 에스겔의 예언이 주님께로부터 비롯된 것이었음을 비로소 깨닫게 될 것이었다.

"에스겔아, 이제 너의 혀는 더는 방해받지 않고 자유롭게 풀린 혀가 되어 이방 나라들에 대한 하나님의 심판과 이스라엘의 회복을 선포하게 될 것이다. 이방 나라들에 대해 더는 침묵하는 벙어리 신세가 아니라, 그들을 향해 하나님의 심판을 맹렬하게 선포하는 혀가 될 것이니라."

과연 그러했다. 이후로 에스겔 선지자의 혀는 더 이상 유다의 멸망과 예루살렘의 파괴에 대해서는 선포하지 않는 대신에 이방 나라들 곧 암몬, 모압, 에돔, 블레셋, 두로, 시돈, 이집트 등에 대해 하나님의 심판을 선포하고(25-32장), 나아가 후일에 성취될 이스라엘의 회복을 선포하고 있음을 볼 수 있다(33-48장). 요컨대, 유다의 멸망과 예루살렘의 파괴가 그의 메시지의 커다란 변곡점이 된 것이다.

25

이웃 나라들에 대한 심판

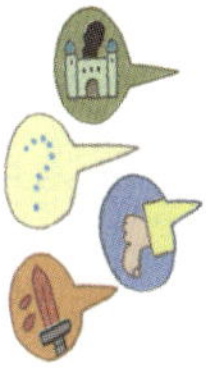

암몬은 도성 랍바가 파괴되리라
모압은 동방 사람의 손에 넘어가리라
에돔은 내가 내 권능의 손으로 벌하리라
블레셋은 내가 사정없이 쳐서 멸하리라

암몬 족속에 대한 하나님의 심판 선포 (25:1-7)

하루는 주님의 말씀이 에스겔에게 또 임한다. 때는 바빌로니아가 유다를 제3차로 침공하여 예루살렘을 파괴하고 유다를 멸망시킨 즈음이다(주전 586년경). 이 무렵부터 에스겔에게 주어진 하나님의 메시지는 유다 주변의 이방 나라들(암몬, 모압, 에돔, 블레셋, 두로, 시돈, 이집트 등)에게로 향한다.

이방 나라들을 향한 하나님의 심판 선포 중 첫 번째 대상은 '암몬'이다. 암몬(Ammon)은 이스라엘 중앙부의 동쪽, 곧 요단강 동쪽에 거주하고 있던 암몬의 자손들로서, 그들의 수도는 랍바이고, 국가 수호신은 인신제사로 유명한 몰렉이다. 또한 그들의 조상인 암몬은 아브라함의 조카인 롯과 그의 작은 딸 사이의 근친상간을 통해 태어났고(창 19:36-38), 그래서 아브라함의 손자인 야곱의 후손들로 이루어진 이스라엘과는 친족 관계다.

(2-3) “너 사람의 아들아, 너는 암몬 족속이 있는 쪽으로 네 얼굴을 향하고, 그들에게 임할 심판을 선포하여라. 너는 암몬 족속을 쳐서 예언하기를 이렇게 하여라. 너희는 주 하나님의 말씀을 들어라. 주 하나님께서 말씀하신다. 너희는 내 성소가 짓밟혀 더럽혀졌을 때, 이스라엘 땅이 파괴되어 황폐해졌을 때, 유다 백성이 사로잡혀 포로로 끌려갔을 때, 그런 광경들을 보고 말하기를 ‘얼씨구, 좋구나! 참으로 잘 되었다!’ 하고 환호성을 질렀다.”

이스라엘과 친족 관계인 암몬 족속은 바빌로니아 군대에 의해 예루살렘이 파괴되고 약탈당하고 유다가 망하여 그 백성들이 포로로 끌려갈 때, 친족의 마땅한 도리로서 어떤 도움을 베풀거나, 아니면 최소한 그들과 함께 슬퍼하기라도 했어야 했다. 그런데 정반대로 행동했다. 도움을

유다의 주변 국가들에 대한 주님의 심판 선포

주거나 슬퍼하기는커녕, 유다의 멸망과 예루살렘의 몰락을 크게 기뻐했다. 손뼉을 치고 발을 구르며 좋아했다(6절). 이웃 나라 유다의 멸망을 자신들의 유익으로 삼고자 했다. 마치 야수가 탐욕의 이빨을 드러내듯 암몬 족속도 유다의 멸망과 관련하여 사악하고 패역한 심성을 드러냈다. 그래서 하나님은 암몬 족속에 대해 심판을 선포하신다.

(4-7) "그러므로 내가 너희를 동방 사람들의 손에 넘겨주겠다. 그들이 네 땅으로 몰려와 진을 치고, 네 땅 가운데 자기들이 살아갈 천막을 칠 것이며, 네 땅에서 나는 과일들을 먹고, 네 우유를 빼앗아 마실 것이다. 그날에 내가 또 너희의 도성 랍바를 낙타의 방목장으로 만들고, 너희 암몬 족속의 땅을 양 떼가 누워 쉬는 곳으로 바꾸어놓겠다. 그때에야 비로소 너희가 나를 주인 줄 알게 될 것이다. 나 주가 말한다. 이스라엘 땅이 대적에게 짓밟혀 황폐해졌을 때, 너는 그 광경을 보고 손뼉을 치고 발을 구르며 좋아하였고, 온 마음으로 멸시하면서 기뻐하였다. 그러므로 이제 내가 내 손을 너희에게로 뻗어, 너희를 다른 여러 민족들의 손에 넘겨주어 그들로 너희 민족을 철저히 약탈하게 할 것이니, 그들이 온 땅의 여러 민족들 가운데서 너희를 끊어버리고, 온 세상의 뭇 나라들 가운데서 너희를 멸망시켜 뿌리째 잘라버릴 것이다. 그렇게 되면, 그제야 너희가 나를 주인 줄 알게 될 것이다."

이제 암몬 족속은 자업자득, 인과응보의 준엄한 심판을 받아야 했다. 이웃의 친족 나라인 이스라엘이 대적(바빌로니아)에 의해 무자비하게 짓밟혀 황폐해질 때, 암몬 사람들은 그 광경을 보고 기뻐했다. 단순히 기뻐한 게 아니고, 손뼉을 치고 발을 구르며 좋아했다(6절). 손뼉을 치고 발을 구르는 행위는 격한 감정으로 기뻐하거나 조롱할 때, 혹은 분노할 때 취하는 행동이다. 여기서는 암몬 족속이 유다의 멸망을 크게 기뻐하고 멸시하면서 취한 행동이다.

하지만 이제는 암몬 족속의 차례였다. 앞서 유다가 당했듯이, 이제는 암몬 족속 역시 대적(바빌로니아)에 의해 짓밟히고 약탈당하고 멸망당하게 될 운명이었다. 그들의 도성 '랍바'(오늘날 요르단의 수도인 '암만')는 폐허가 되어 낙타의 방목장이 될 것이고, 그들의 삶의 터전은 동방 사람들에게 빼앗기게 될 것이었다.

과연 그러했다. 하나님께서는 유다처럼 역시 바빌로니아를 심판과 징벌의 칼로 삼아 암몬을 쳤다. 그 결과, 유다 멸망 5년 후에 암몬도 바빌로니아 군대에 의해 멸망당했고(주전 581년), 이후로 암몬은 회복되지 못하고 역사 속에서 영영 자취를 감추고 말았다. 그리고 암몬 족속의 터전은 '동방 사람들'이 차지했는데, 이들은 암몬의 동쪽에 살고 있던 '아랍 족속'을 가리킨다. 암몬이 바빌로니아에 의해 멸망당한 후, 이들 아랍 족속은 바빌로니아의 용인하에 암몬 땅을 차지하여 그곳에 거주하였다.

모압 족속에 대한 하나님의 심판 선포 (25:8-11)

(8-11) "나 주 하나님이 말한다. 모압과 세일이 말하기를 '유다 족속도 다른 모든 이방 족속들과 다를 게 아무것도 없다!'라고 하는구나. 그러므로 내가 모압 땅의 변방에 있는 여러 성읍들, 곧 그 나라의 영광인 벧여시못과 바알므온과 기랴다임을 허물어버리겠다. 암몬 족속과 마찬가지로, 내가 모압 족속도 동방 사람들의 손에 넘겨주어 그 땅을 차지하게 할 것이니, 이로써 모압 족속이 더 이상 뭇 민족들 가운데서 기억되지 않도록 하겠다. 내가 이렇게 모압 족속을 심판하여 그들에게 벌을 내리면, 그때에야 비로소 그들이 나를 '주'인 줄 알게 될 것이다."

바빌로니아 군대에 의해 유다가 멸망하는 것을 보고(주전 586년),

모압과 세일(에돔)은 서로 연합하여 유다를 멸시했을 뿐만 아니라, 유다를 자기 백성으로 선택한 하나님까지 비웃고 모독했다. 이에 하나님께서는 모압 족속과 세일(에돔 족속)에 대해 심판을 선포하신다. 먼저 모압 족속에 대해 심판을 선포하셨는데(9-11절), 암몬 족속과 마찬가지로 대적(바빌로니아)에 의해 짓밟히고 멸망할 것인데, 그들의 땅도 역시 동방 사람들(아랍 족속)이 차지할 것이라는 내용이다.

과연 그러했다. 모압 족속의 최후 역시 암몬 족속처럼 유다가 멸망한 지 5년 뒤에 바빌로니아 군대에 의해 철저하게 짓밟힌 뒤 멸망하였고(주전 581년), 이후로 더는 회복되지 못하고 영영 사라지고 말았다. 한편, 모압 족속은 아브라함의 조카인 롯과 그의 맏딸 사이에서 태어난 아들로부터 생겨난 족속으로(창 19:37), 사해(死海) 동편 지역에 거주했다. 출애굽한 이스라엘 백성들의 가나안 여정을 방해한 이래, 역사적으로 줄곧 이스라엘에 대해 적대적인 태도를 취해 왔다. '그모스'를 국가 수호신으로 섬겼기에 '그모스의 백성'으로도 불렸나(민 21:29; 렘 48:46).

에돔 족속에 대한 하나님의 심판 선포 (25:12-14)

(12-14) "나 주 하나님이 말한다. 에돔 족속이 유다 족속을 쳐서 자신들의 원수를 갚았으나, 지나치도록 무자비하게 원수를 갚음으로써 크게 죄를 지었다. 그러므로 나 주 하나님이 말한다. 이제 내가 내 권능의 손을 에돔 위에 뻗어 그들을 칠 것이니, 내가 에돔 땅에서 사람들과 짐승들을 다 없애버리고 그 땅을 폐허로 만들겠다. 데만에서 드단에 이르기까지 에돔 땅 전역을 황무지로 만들 것이니, 그 땅의 사람들이 모두 칼에 찔려 죽을 것이다. 내가 내 백성 이스라엘의 손을 빌려 에돔 족속에게 보복할 것이니, 그날에 이스라엘 족속은 나의 분노와 진노에 따라 에돔 족속에게 그대로 보복할 것이다. 이렇게 이스라엘 족속이 나의 분노와 진노에 따라 에돔 족속에게 가차없이

보복하면, 그때에야 비로소 에돔 족속은 내가 보복한 줄을 알게 될 것이다. 이는 나 주 하나님의 말이다."

에돔 족속은 야곱의 쌍둥이 형인 에서(Esau)의 후손들로, '세일 땅'으로 알려진 사해의 남단에서 아카바 만(灣)까지의 산악지대에 거주하였다. 역사적으로 이스라엘에 대해서 줄곧 적대적인 태도를 취해 왔으며, 신약시대에는 '이두매'로 불렸다(막 3:8). 에돔 족속이 하나님의 심판을 받게 된 까닭은 하나님의 백성인 유다 족속에 대해 지나치도록 무자비하게 행동했기 때문이다. 즉, 유다가 바빌로니아의 침공을 받았을 때 에돔 족속은 기뻐하면서 바빌로니아를 도와 예루살렘을 공격하고, 성전을 약탈했으며, 유다 백성들의 도주로를 막았다(옵 1장). 이렇게 에돔 족속은 유다를 원수처럼 대했다.

그 결과, 에돔 족속은 하나님의 심판을 면할 수 없었다. 유다 멸망 후, 에돔은 얼마 지나지 않아 바빌로니아의 침공을 받아 황폐하게 되었고, 그 후에는 하나님의 뜻에 따라 이스라엘 족속의 손에 의해 보복을 당했다. 즉, 주전 2세기의 마카비 시대에 에돔은 요한 힐카누스에 의해 정복당하여 유다에 병합되기에 이르렀고, 이후 중근동 지역에서 '에돔'이란 국호는 영영 사라지고 말았다.

블레셋 족속에 대한 하나님의 심판 선포 (25:15-17)

(15-17) "나 주 하나님이 말한다. 블레셋 족속이 옛날부터 이스라엘에 대하여 적개심을 품고 아주 미워하였으므로, 마음속에 앙심을 품고 이스라엘 족속을 쳐서 모조리 없애려고 하였다. 그러므로 나 주 하나님이 말한다. 이제 내가 내 권능의 손을 블레셋 족속의 머리 위에 뻗어 그들을 사정없이 칠 것이니, 그 땅의 그렛 사람들을 모조리 끊어버리고 해변에 남아있는 자들을 다 없애버리겠다. 그날에 내가 끓어오르는

엄청난 분노로 그들에게 크게 보복할 것이니, 내가 그들에게 내 원한을 철저히 갚을 때에 그제야 비로소 그들은 내가 주인 줄 알게 될 것이다."

블레셋 족속은 본래 그레데(Crete) 섬에서 팔레스타인 땅으로 이주해 온 해양 족속으로, 팔레스타인의 서부 해안지대에 거주하면서 강력한 5개의 도시국가(아스돗, 가사, 아스글론, 가드, 에그론)의 형태를 갖추고 있었다. '팔레스타인'은 '블레셋'에서 유래한 이름인데, 이스라엘 백성들이 가나안 땅에 들어온 이래로 여호수아 시대와 사사 시대와 사울 왕의 시대에 걸쳐 끊임없이 이스라엘을 공격하여 괴롭혔다.

하지만 블레셋 족속은 이후 다윗 시대(주전 1010-970년) 때에는 이스라엘의 속국이 되었으며(삼하 8:1), 북왕국 이스라엘이 멸망할 즈음에는 아시리아 왕 사르곤(주전 722-706년)에 의해 정복되어(사 20:1), 이후로 역사에서 사라지고 말았다. 이처럼 하나님의 백성을 미워하고 괴롭히는 이방 나라들은 하나님의 원수가 되어, 마침내 하나님에 의해 심판받아 역사에서 자취를 감추게 된다.

26
두로에 대한 심판

내가 두로를 멸망시켜
깊은 구덩이로 내려보내리라
사람들이 두로를 찾아도
지상에서는 찾지 못할 것이다

두로에 대한 하나님의 심판 선포 (26:1-21)

에스겔 일행이 여호야긴 왕과 함께 바빌로니아 땅에 포로로 사로잡혀 온 지 11년째 되던 해의 어느 달 초하루, 주님의 말씀이 에스겔에게 임한다. 이 해는 유다가 바빌로니아의 제3차 침공을 받고 1년 6개월 동안 힘겹게 버티다가 결국 멸망당한 해다(주전 586년, 왕하 25:1-5). 이 해에 에스겔은 '두로'와 '두로 왕'에 관한 하나님의 계시 말씀을 세 장에 걸쳐 길게 받았는데(26:1-28:19), 그것은 두로의 죄악과 멸망, 그리고 두로 왕이 받을 심판에 관한 것이었다.

이처럼 하나님의 심판 선포에 있어 두로가 많은 지면을 차지한 까닭은, 에스겔 당시에 두로는 무역업을 통해 큰 부(富)를 일군 부자 국가였고, 또한 최고의 난공불락을 자랑하는 요새 국가였기 때문이다. 하지만 그렇게 많은 재물을 축적하고 철옹성을 구축했던 두로조차도 하나님의 심판을 면치 못했다. 이런 사실은, 하나님께서 그 죄악을 물어 심판하시기로 작정하시면 세상의 그 어떤 국가나 민족이나 개인도 그 심판의 손길을 절대로 피할 수 없음을 밝히 일깨워준다.

(2-6) "너 사람의 아들아, 두로 사람들이 예루살렘의 멸망을 두고 말하기를 '얼씨구, 좋구나! 세상 만민의 관문이라 불리던 예루살렘이 부서져버렸으니, 이제 내가 그 덕을 보겠구나. 예루살렘이 황폐해졌으니, 이제 내가 번성하겠구나.'라고 하였다. 그러므로 나 주 하나님이 말한다. 두로야, 내가 너를 대적하여 치겠다. 내가 여러 민족들을 일으켜 너를 치게 할 것이니, 바다가 성난 파도를 일으키듯 그들이 다 함께 몰려와 너를 덮칠 것이다. 그날에 그들이 네 성벽들을 부수고 네 망대들을 허물어뜨릴 것인데, 그때에 나도 폐허가 된 네게서 모든 돌멩이들과 흙먼지까지 싹싹 다 쓸어내어, 너로 맨 바위만 드러나게 하겠다. 그러면 너는 바다 가운데서 어부들이 그물이나 말리는 곳이 될 것이다. 나 주가 말하였으니, 이 일이 그대로 이루어질 것이다. 그때에 두로는 이방 민족들에게 약탈의 대상이 될 것이고, 그 본토인 해변 들판에 있는 딸들도 전쟁의 칼로 인해 모두 죽게 될 것이다. 그때에야 그들은 내가 주인 줄 알게 될 것이다."

두로(Tyre)는 페니키아(베니게) 지역의 핵심적인 도시국가로, 지중해 동쪽 해안 곧 시돈 남쪽의 40km 지점에 위치했다. 에스겔 당시에 두로는 가나안 본토에서 800m가량 떨어진, 둘레 4km의 암석으로 이루어진 섬이었다. 두로는 이 반석 위에 세워져, 천혜의 요새를 형성하고 있었고, 일찍부터 해양 문명이 발달하여 한때 지중해 연안을 석권하여 각종 무역업을 통해 번성을 누리고 큰 부요를 일구었다. 이런 사실에 근거하여 두로는 교만해져 큰소리치고 있었다.

유다와 예루살렘이 바빌로니아에 의해 멸망했다는 소식을 전해 듣고 두로는 크게 기뻐했다. 무역, 교통의 중심지로서 세상 만민의 관문 역할을 하던 예루살렘의 멸망으로 두로가 더욱 무역업을 독식할 수 있었기 때문이다. 예루살렘의 멸망을 자기들 이익과 관련지어 이웃 국가의 참상과 불행은 아랑곳하지 않고 그저 자신들이 그 반사 이익을 챙기게 되었다며 반기고 기뻐했던 것이다. 이에 하나님께서는 유다(이스라엘)의 대적을 자신의 대적으로 간주하여 두로에 대해 심판을 선포하신다.

"반석 위에 세워진 견고한 요새국가 두로야, 네가 성난 파도(바빌로니아 군대)에 휩쓸려 폐허가 될 것이고, 그래서 맨 바위만 남아 거기에 어부들이 그물이나 말리게 되리라! 아울러 본토의 해변 들판에 있는 두로의 딸들 곧 네 백성들도 전쟁의 칼에 모두 죽게 되리라!"

준엄한 심판이다. 이제 에스겔은 보다 구체적으로 생생하게 두로의 멸망에 관해 계속 선포한다.

> (7-14) "나 주 하나님이 말한다. 그날에 내가 모든 왕들 중의 왕인 바빌로니아의 느부갓네살 왕을 북쪽에서 불러와 너 두로를 치게 할 것이니, 그가 말과 전차와 기병들과 큰 군대를 이끌고 내려와서 너를 칠 것이다. 그 왕이 내려오면, 그는 먼저 해변 들판에 있는 네 딸들을 모조리 칼로 쳐 죽일 것이다. 그런 뒤에 너를 무너뜨리기 위해 너의 사방을 포위한 후에 높은 사다리를 세우고 흙 언덕을 쌓으며 방패들을 치켜세울 것이다. 또 그 왕의 군대는 두로의 성문을 깨뜨리기 위해 공격용 큰 쇠망치를 배치할 것이고, 각종 무기들로 성벽을 칠 것이며, 도끼로 망대를 부술 것이다. 그 왕이 이끌고 온 군마들이 너무나 많아서, 너는 말발굽이 일으키는 흙먼지로 뒤덮어버릴 것이다. 마치 사람이 성벽의 무너진 곳을 통하여 성 안으로 들어오는 것처럼, 그렇게 그 왕의 어마어마한 군대가 너의 모든 성문 안으로 들어오게 될 때, 그 군대 기병들의 말발굽 소리와 전차들의 바퀴소리에 네 모든 성벽이 크게 뒤흔들릴 것이다. 그때에 그 왕은 말발굽으로 네 모든 거리들을 짓밟을 것이고, 칼로 네 모든 백성들을 쳐 죽일 것이며, 쇠망치로

네 모든 견고한 돌기둥들을 땅바닥에 허물어뜨릴 것이다. 그 왕은 네 모든 재산을 약탈할 것이고, 네 모든 무역 상품들을 강탈할 것이며, 네 모든 성벽을 무너뜨리고, 네 모든 좋은 집들을 파괴할 것이다. 또 그가 네게 돌멩이 한 개, 나무 한 토막, 흙 한 줌을 남기지 않고 바닷속으로 다 쓸어 넣을 것이다. 그날에 내가 네 모든 노랫소리를 그치게 하고, 네 수금 타는 소리가 더 이상 들리지 않게 하겠다. 내가 너 두로를 아무것도 남아있지 않는 텅 빈 맨 바위로 만들 것이니, 그렇게 되면 너는 바다 가운데 어부들이 그물이나 펴서 말리는 곳이 될 것이다. 그리고 그 이후로 너는 다시는 새로 건축되는 일이 없을 것이다. 나 주가 말하였으니, 반드시 그대로 이루어질 것이다. 이는 나 주 하나님의 말이다."

두로가 침공 받아 멸망하는 과정이 생생하게 묘사되었다. 일차적으로는 바빌로니아의 느부갓네살 왕에 의해 두로 본토의 해변 들판이 초토화되는 비극을 겪었다. 페니키아 지역의 핵심적인 도시국가인 두로는, 해안지역의 본토와 바다 위의 바위섬으로 이루어진 강력한 요새를 갖추고 있었다. 그래서 바빌로니아의 느부갓네살 왕에 의해 두로의 본토 해안지역이 초토화되고 정복당했을 때, 두로 백성들은 바위섬으로 피난하여 무려 13년 동안을 바다 위의 요새에서 버텼다(주전 598-585년).

결국 그로부터 2세기 반이 흐른 때, 두로는 마케도니아의 알렉산더 대왕에 의해 바위 요새까지 완전히 정복당하고 말았다(주전 332년경). 알렉산더 대왕은 본토 해안지역을 파괴할 때 나온 돌, 나무, 흙 등으로 바다를 메워 길이 800m, 폭 60m의 제방을 만든 후에 바다를 건너가 마침내 바위섬인 두로를 함락시켰고, 이후로 두로는 육지와 연결되었다.

역사가들이 전하는 바에 의하면 두로가 멸망한 후 대략 3만 명의 두로 백성이 노예로 팔려나갔고, 2천 명의 관료들이 처형을 당했다고 한다. 오늘날 두로는 인구 5천 명 정도의 레바논 소읍으로 존재하고 있다. 뭇 나라들과 민족들을 향한 하나님의 예언 선포는 일점일획도 땅에 떨어지지 않고 역사 속에서 그대로 실현된다.

(15-18) "너 두로가 무너져서 부상자들이 신음소리를 내지르고, 무자비한 살육이 여기저기 도처에서 벌어지게 되는 날, 해변 지역에 사는 모든 주민들이 그런 광경을 보고 공포에 질려 벌벌 떨 것이다. 그때에 바닷가 나라의 왕들도 모두 보좌에서 내려와 화려하게 수놓은 자기들의 왕복을 벗고서, 두려움의 옷을 입은 듯 땅바닥에 주저앉아 벌벌 떨면서 너 두로의 비참한 모습으로 인하여 공포에 질릴 것이다. 그때에 그들은 또 너 두로의 멸망을 두고, 이렇게 슬픔의 노래를 지어 부를 것이다. 노래하기를 '아, 슬프다! 뱃사람들이 살던 유명한 성읍이여, 너와 네 백성이 바다 가운데서 그토록 강하더니, 어쩌다가 이렇게 멸망하고 말았느냐! 너와 네 백성이 바닷가의 모든 나라들과 주민들에 대해 그토록 세력을 떨쳐 그들로 벌벌 떨게 만들더니, 어쩌다가 이렇게 멸망하고 말았느냐! 네가 무너져 멸망하던 날, 바닷가의 모든 나라들이 두려워 벌벌 떨고, 바다 가운데 모든 섬들이 네 비참한 종말을 지켜보며 경악하고 있구나!'라고 할 것이다."

두로의 멸망을 보고, 주변 바닷가 나라의 모든 왕들이 두려워 벌벌 떨게 될 것이라는 말씀이다. 이는 두 가지 이유 때문일 것이다.

첫째, 두로의 멸망으로 인해 그동안 두로와의 무역을 통해서 누린 자국의 안정된 경제가 큰 피해를 입을 것이기 때문이다. 둘째, 바다 위의 견고한 바위섬으로 이루어진 두로 같은 천연적인 요새의 멸망을 보면서, 자신들의 나라도 외적의 침략을 받을 때에 절대로 안전을 보장받지 못할 것임을 깨달을 것이기 때문이다.

(19-21) "내가 너 두로를 멸망시켜 사람이 살지 않는 황폐한 곳으로

만들고, 깊은 바닷물을 네 위로 끌어올려 많은 물로 너를 완전히 뒤덮어버릴 때에, 내가 너를 구덩이로 내려가는 다른 죽은 자들과 함께 깊은 구덩이로 내려보내어, 이미 오래전에 죽어 그 구덩이 가운데 있는 옛적 사람들에게로 나아가게 할 것이다. 그리하여 그들과 함께 땅 아래 저 깊은 그곳, 아주 오랜 옛적부터 폐허가 된 그곳 구덩이에서 영영 살게 할 것이니, 너 두로는 더 이상 사람들이 살아갈 수 있는 곳이 되지 못할 것이고, 더 이상 산 자들의 땅 곧 지상에서 영광을 얻지 못할 것이다. 그렇다. 내가 너 두로를 철저히 멸망시켜, 더 이상 지상에 있지 못하게 할 것이다. 그래서 비록 사람들이 너를 찾고 또 찾더라도, 다시는 너를 영영 발견할 수 없을 것이다. 이는 나 주 하나님의 말이다."

바닷물에 잠겨 두로가 내려간 구덩이 곧 땅 아래 깊은 곳은 죽은 자들이 예외 없이 모두 내려가는 곳으로 알려진 '스올' 곧 음부(陰府)를 가리킨다. 구약시대에 그곳은 산 자들과의 교제가 끊긴 침묵과 어둠만이 있는 황폐한 곳으로 여겨졌다. 그리고 오래전에 죽어 그곳 구덩이에 이미 내려가 있는 '옛적 사람들'은 아마도 노아 시대에 대홍수로 죽은 사람들을 가리키는 듯하다.

한때 바다(지중해)를 제패했던 두로가 이제는 깊은 물속에 잠겨서 죽은 노아 시대의 사람들처럼 바다 깊은 곳의 구덩이 속으로 완전히 가라앉은 사실을 가리킨다. 그래서 후세의 사람들이 한때 화려하고 강성했던 두로를 애써 찾고 또 찾을지라도 다시는 두로를 영영 발견할 수 없게 될 것이었다.

하나님의 백성 된 유다(이스라엘)와 여타 이방 나라들 간의 분명한 차이점이 이것이다. 비록 그 죄악으로 인해 둘 다 하나님의 징벌과 심판을 받지만, 하나님의 백성은 언젠가는 다시 회복되지만, 여타 이방 나라들은 다시는 회복되지 못하고 영영 사라진다는 점이다.

27

두로를 향한 애가

그러나 이제 두로가 바다 한가운데서
거센 동풍을 만나 가라앉네
값진 재물과 보화도 가라앉고
선원과 용사도 모조리 죽네

두로의 멸망을 두고 부른 슬픈 노래 (27:1-36)

두로에 대한 주님이 말씀이 계속해서 에스겔 선지자에게 임한다. 앞장(26장)에서 두로의 멸망을 선포한 에스겔은 이제 본장에서 두로의 멸망을 탄식하고 슬퍼하는 노래를 지어 부른다. 그 내용은 두 부분으로 나뉜다. 첫째, 두로의 화려하고 찬란한 영광을 읊은 부분(3-25절). 둘째, 두로의 패망과 그로 인한 열방의 탄식을 읊은 부분(26-36절).

(2-11) "너 사람의 아들아, 너는 두로를 위하여 슬픈 노래를 지어라. 그런 뒤, 두로를 향하여 그 노래를 부르라. 너 두로야, 바다를 드나드는 입구에 자리 잡고 수많은 해변 지역의 민족들과 무역하는 자여, 주 하나님께서 네게 말씀하신다. 네가 너 자신을 두고 스스로 말하기를 '나는 아무 흠 없이 완벽하게 아름답다!' 하고 자랑하는구나. 네 영토는 바다 한가운데 있으니, 너를 지은 자들이 너를 흠 없이 아름답게

만들었구나. 너 두로를 항해하는 배에 비유하건대, 스닐산의 잣나무로 판자를 만들어 네 몸통을 형성하였고, 레바논산의 백향목을 베어다가 네 돛대를 만들었구나. 바산의 참나무로 네 노를 만들었고, 깃딤 섬의 회양목에 상아로 우아하게 장식하여 네 갑판을 만들었구나. 이집트 산의 수놓은 고운 세모시로 네 돛을 만들어 그것으로 네 깃발을 삼았고, 엘리사 섬의 푸른색과 자주색 비단으로 네 선실의 차일을 만들었구나. 두로야, 시돈과 아르왓 주민들이 네 사공이 되어 노를 저었고, 항해에 익숙한 네 전문가들이 네 키를 조종하는 선원들이 되었구나. 그발의 노련한 기술자들은 배의 틈을 막아 물이 조금도 새지 않게 해주는 자들이 되었으니, 바다의 모든 배들과 선원들이 앞다투어 네게로 와서 활발하게 너와 무역하였구나. 페르시아와 룻과 붓 사람들이 네 군대의 용병이 되어 네 배의 난간에 방패와 투구를 걸어놓았으니, 참으로 네 영광이 빛을 발하였구나. 아르왓 사람들과 네 군대는 너의 성벽 사방에 둘러있고, 감맛 족속의 용사들은 네 모든 망대들을 지키고 있으니, 네 성벽의 사면에 걸어놓은 그들의 둥근 방패가 너를 더없이 아름답게 해주었구나."

에스겔 당시에 두로(Tyre)는 아주 특별한 국가였다. 두로는 오늘날 레바논에 속한 지중해 연안의 강력한 도시국가였다. '지중해'라는 해상 무역로와 '팔레스타인'이라는 육상 무역로가 만나는 탁월한 지정학적인 위치 때문에, 두로는 일찍부터 역사적으로 크고 부유한 국제도시로서

당시 지중해 무역을 주름잡은 두로의 상선

명성을 널리 떨쳤다. 무엇보다 두로는 고대 세계의 중요한 항구 도시로서, 지중해를 오가는 해상 무역업자들에게 페니키아(베니게) 지역의 전진기지 역할을 감당하고 있었다.

그래서 에스겔은 두로의 영광과 아름다움을 바다 위를 멋지게 오가는 '항해하는 배'에 비유하였다. 그 배는 다양한 나라들로부터 수입된 각종 아름다운 나무들과 값비싼 비단들과 빛나는 보석들로 꾸며졌으며, 또한 외국의 뛰어난 사공들과 탁월한 기술자들이 동원되었다. 뿐만 아니라 각국의 무장한 용사들이 그 유람선을 든든하게 지키고 있었다. 그들은 잘 훈련받은 용감한 군인들로, 돈을 받고 두로를 위해 싸우도록 고용된 용병들이었다. 해상 무역을 통해 막대한 재물을 축적한 두로는 원하는 대로 얼마든지 필요한 외국 용병을 고용할 수 있었다. 그리고 이 같은 용병 제도는 고대에 흔한 일이었다.

(12-25) "두로야, 네게는 각종 물품들이 풍부하였으므로, 다시스 사람들이 너와 무역하였구나. 그들은 은과 철과 주석과 납을 가져와 너의 물품들과 바꾸어갔고, 야완과 두발과 메섹 사람들도 네 무역 상대가 되어, 노예와 청동그릇들을 가져와서 너의 물품들과 바꾸어갔구나. 도갈마 사람들은 수레를 끄는 말과 군마와 짐 싣는 노새를 가져와서 네 물품들과 바꾸어갔고, 드단 사람들도 네 무역 상대가 되었고, 여러 섬사람들도 너와 무역 거래를 하였으니, 그들은 상아와 검은 박달나무를 가져와서 너의 물품들과 바꾸어갔구나. 참으로 너 두로가 제조한 각종 물품들이 풍부하였으므로, 아람 사람들도 너와 무역하였구나. 그들은 남보석과 자주색 베와 산호와 홍보석을 가져와서 너의 물품들과 바꾸어갔고, 유다와 이스라엘 사람들도 네 무역 상대가 되어, 민닛 땅에서 나는 밀과 과자와 꿀과 기름과 유향을 가져와서 너의 물품들과 바꾸어갔구나. 두로야, 네게는 각종 물품들이

풍부하고 각양 보화들이 많았으므로, 다메섹 사람들도 너와 무역하였구나. 그들은 헬본의 포도주와 자하르의 양털을 가져와서 너의 물품들과 바꾸어갔고, 우잘 지역의 워단과 야완 사람들도 너와 무역하였는데, 그들은 철제 그릇들과 계피와 창포를 가져와서 너의 물품들과 바꾸어갔구나. 드단 사람들도 너와 무역하였는데, 그들은 안장으로 쓰이는 질긴 천을 가져와서 너의 물품들과 바꾸어갔고, 아라비아와 게달의 모든 고관들도 너와 무역을 하였는데, 그들은 양 떼와 염소 떼를 몰고 와서 너의 물품들과 바꾸어갔구나. 스바와 라아마의 상인들도 너와 무역을 하였는데, 그들은 온갖 종류의 질 좋은 향료와 각양 보석들과 황금을 가져와서 너의 물품들과 바꾸어갔고, 하란과 간네와 에덴과 스바와 아시리아와 길맛의 상인들도 너와 무역을 하였는데, 그들은 푸른색 옷감과 수놓은 화려한 의복과 진홍색 외투와 다채로운 양탄자와 단단하게 꼰 질긴 밧줄을 가져와서 너의 물품들과 바꾸어갔구나. 두로야, 너의 풍부한 물품들은 항해에 능숙한 다시스의 배들에 실려 온 땅의 도처로 날라졌으니, 참으로 너는 바다 한가운데서 크게 부요하였고 그 영화가 심히 컸도다."

바로 직전에 에스겔은 두로를 화려하고 크고 안전한 '항해하는 배'에 비유했다(3-11절). 이제 그런 멋진 배인 두로가 상호 무역한 각처의 숱한 나라들과 거래한 무역 품목들을 구체적으로 길게 열거하고 있다. 이런 사실은 당시에 두로의 부요와 영광 및 국제적인 영향력이 얼마나 컸는지를 잘 보여준다. 지중해 연안에 접한 페니키아 지역의 무역과 통상의 중심 도시로서 두로의 위치는 모든 나라들에게 부러움의 대상이었다. 반면에 이것은 두로의 몰락이 얼마나 충격적인지를 잘 보여준다. 두로의 영광과 위세가 컸던 만큼, 두로의 몰락과 패망은 더욱 비참하고 충격적인 것이었다.

본문을 통해 우리는 고대 세계에서 나라들 간에 무역이 어떻게 이루어졌는지를 알 수 있다. 고대 국가들은 일찍부터 다른 나라들과 물품 교역을 행했다. 대부분의 물품은 낙타를 이용했던 대상(隊商)들에 의해 곳곳으로 운송되었고, 배를 사용하여 해로(海路)를 통해 더 멀리 운송하기도 했다. 솔로몬 왕은 낙타를 이용했던 대상과 배를 이용한 무역을 보다 체계적으로 행했던 최초의 유대인이었다. 무역을 행했던 나라들은 흥미로운 물건에서부터 평범한 물건에 이르기까지 아주 다양한 물품을 상호 거래하였다. 대부분은 자국에 풍부한 물품으로 자국에 없는 다른 나라들의 물품과 교역하였다. 본문을 통해 우리는 나라들 간에 교환한 물품들이 무엇인지를 구체적으로 알 수 있다.

한편 '다시스의 배'에 주목할 필요가 있다(25절). 다시스(Tarshish)는 스페인(서바나)의 어느 항구도시의 이름으로 추정된다. 따라서 '다시스의 배'는 통상적으로 장거리 항해가 가능한 매우 크고 가치 있는 배를 가리킨다. 그래서 이 배는 한 나라의 부요와 권세를 상징한다. 일찍이 통일왕국 이스라엘의 전성기를 구가했던 솔로몬 왕도 다시스의 배를 적극적으로 운용하였다(왕상 10:22).

(26-36) "그러나 두로야, 너의 사공들이 노를 저어 너를 바다 깊은 곳으로 데리고 나갔을 때, 거센 동풍이 불어와 바다 한가운데서 너를 부수었도다. 그리하여 네가 바다 한가운데서 가라앉고 말았으니, 네 모든 재물과 무역한 물품들과 네 선원들과 네 배의 틈을 막는 기술자들과 너와 거래하는 무역상들과 너를 지켜주는 용사들과 그밖에 네 배에 타고 있는 모든 사람들이 모조리 바다에 빠져 멸망하고 말았구나. 네 선원들이 물에 빠져 죽으면서 부르짖는 소리에 해변 지역의 땅들이 흔들리는구나. 그 광경을 보고, 무릇 다른 노 젓는 사공들과 바다의 모든 선원들이 모두 자기들의 배에서 내려 해변 언덕에 서서, 너 두로의 파선을 두고 큰 소리로 울부짖고, 목 놓아 통곡하며 머리에 흙먼지를

뒤집어쓰고 재 가운데서 뒹구는구나. 그들 모두가 너 두로를 위해 자기들의 머리털을 밀고, 굵은 베옷을 입은 채 크게 마음 아파하며 슬피 통곡하는구나. 그들이 슬피 울며 통곡할 때에 너를 위해 슬픈 노래를 지어 부르는데, 곧 너 두로의 멸망을 두고 이렇게 노래하는구나. '아, 두로여! 바다 한가운데서 두로처럼 파선되어 바다 밑 적막 가운데로 가라앉은 자가 누구냐. 네가 네 많은 물품을 바다로 실어 나를 때에 뭇 나라의 백성들이 너로 인해 풍족하게 되었고, 참으로 네 재물과 물품들이 다양하고 많으므로 세상의 뭇 왕들이 너로 인해 부요하게 되었도다. 그러나 이제 네가 바다 한가운데서 파선하고 말았으니, 네 모든 무역품들과 네 모든 승객들이 너와 함께 저 바다 밑바닥에 가라앉고 말았구나. 보라, 뭇 섬들에 살고 있는 백성들이 너의 파선으로 인하여 크게 놀라고, 그들의 왕들도 심히 두려워서 온통 근심으로 얼굴이 창백하게 굳었도다. 오호라, 이제 뭇 나라의 상인들이 모두 너를 비웃는구나. 네가 파선하여 비참한 종말을 맞이하고 말았으니, 이후로는 네가 영영 사라져 더 이상 땅 위에 있지 못하리라.'"

앞서 에스겔은 두로를 '항해하는 배'에 비유하였다(3-11절). 그 배는 능숙한 사공들이 운행하며 용감한 용사들이 지키고 있는 화려하고 크고 안전한 배였기 때문에 세상의 그 누구도 그 배의 파선(破船)을 상상조차 하지 못했다. 그런데 어느 날, 거센 동풍에 그 배는 여지없이 파선되었고, 그 결과 배에 타고 있던 모든 사람들은 바다에 빠져 죽었으며, 배에 실려 있던 모든 교역 물품들은 바다 깊은 곳에 가라앉고 말았다. 풀이하자면, 바빌로니아의 느부갓네살 왕, 그리스의 알렉산더 대왕 같은 외적의 침략을 당해서도 바위섬 위에 구축된 견고한 요새로 인해 버틸 수 있었던 두로가 졸지에 패망한 것이다.

이 같은 두로의 몰락과 패망을 두고서 큰 충격과 당혹감 속에 다양한 반응들이 표출되었다. 가장 많은 반응은 슬픔과 통곡이었다(29-35절). 뭇 나라들의 백성들이 크게 통곡하였는데, 그들은 두로와의 활발한 무역을 통해 많은 부(富)를 창출했기 때문이다. 따라서 당시 국제적인 무역 도시인 부강한 두로가 없어지면, 두로 때문에 여러 가지 부수적 이익을 챙긴 나라들과 백성들이 자신들의 경제적인 기반이 흔들리고 무너져내릴 것을 크게 염려하여 소리 내어 부르짖고, 티끌을 머리에 덮어쓰고, 재 가운데 뒹굴고, 머리털을 밀고, 굵은 베로 띠를 띠고, 아프게 슬피 통곡했던 것이다.

그런가 하면, 두로의 패망을 좋아하고 비웃는 자들도 있었다(36절). 그들은 뭇 나라의 상인들로서, 그들은 강력한 두로의 영향력 때문에 국제 교역에서 경쟁력을 상실하고 경제적 피해를 본 상인들이다. 이들은 자신들의 이해관계에 따라 두로의 몰락이 자신들에게 유리하다고 판단하여 좋아했고, 또한 평소에 두로의 교만을 못마땅해 하던 참에 그 처참한 몰락을 보고 한껏 비웃었던 것이다.

여하튼 화려하고 찬란했던 두로의 충격적인 몰락과 패망은 세상 부귀 영화의 유한하고 일시적인 성격을 잘 보여주고, 또한 악한 권세와 영광의 말로를 잘 드러낸다. 그래서 시편에서 다윗은 이렇게 읊었다. “악을 행하는 자들 때문에 불평하지 말며, 불의를 행하는 자들을 시기하지 말지어다. 그들은 풀과 같이 속히 베임을 당할 것이며, 푸른 채소같이 쇠잔할 것임이로다(시 37:1-2).

28

두로 왕의 교만과 몰락

두로 왕은 참으로 교만하여
스스로 신이라고 하는구나
이제 내가 그를 쳐서 멸하리니
그는 수치스럽게 죽을 것이다

두로 왕의 교만과 몰락 (28:1-10)

두로에 대한 주님이 말씀이 계속해서 에스겔 선지자에게 임한다. 이번에는 특별히 '두로 왕'에 관한 말씀이다. 물론, 두로 왕은 두로(Tyre) 전체를 대표하기도 한다. 이런 말씀이 임한 때는 에스겔 일행이 여호야긴 왕과 함께 바빌로니아 땅에 포로로 사로잡혀 온 지 11년째 되던 해의 어느 달이다. 특별히 이 해는 바빌로니아의 제3차 침공을 받은 유다가 결국 멸망당한 해다(주전 586년, 왕하 25:1-5).

(2-5) "너 사람의 아들아, 너는 두로 왕에게 이렇게 전하여라. 주 하나님께서 말씀하신다. 너는 네 마음이 한없이 교만해져서 스스로 말하기를 '나는 신이다! 내가 하나님의 보좌 곧 바다 중심에 앉았다!' 라고 하는구나. 그러나 네가 마음속으로 스스로를 신인 양 여기고 우쭐대지만, 어디까지나 너는 사람일 뿐이고 신이 아니다. 너는 너 스스로를 다니엘보다 더 지혜롭다고 여기고, 세상의 어떤 비밀스러운

것들이라도 다 깨달을 수 있다고 우쭐댄다. 너는 또 네 지혜와 분별력으로 많은 재물을 얻어, 네 모든 창고에 금은보화를 가득 쌓아놓았다고 우쭐댄다. 너는 또 너의 탁월한 지혜로 무역을 하여 많은 재물을 늘렸다고 우쭐대면서, 그 많은 재물로 인하여 네 마음이 아주 교만해졌다."

고대 세계의 일반적인 신(神) 개념처럼, 두로 사람들도 신들의 계급을 믿었다. 즉, 어떤 신은 보다 강하고 어떤 신은 보다 약하다고 생각했다. 이런 개념에서, 바다 교역을 통해 막대한 재물과 권세를 가진 당시의 두로 왕은 자신도 신(神)의 반열에 들 자격이 있다고 으스댔던 것이다.

"흐흠! 내가 바다를 장악했으니, 하늘 보좌에 앉을 만한 신의 자격을 갖추었도다. 누구든지 내 앞에서 불경한 모습을 보이지 마라!"

여기서 바다는 '지중해'를 가리키는데, 바다 교역을 통해 얻은 부귀영화가 두로 왕으로 하여금 이런 교만한 생각을 갖게 했던 것이다. 사실, 두로 왕뿐만 아니라 고대 세계에서 강력한 나라의 왕들은 신과 동등하게 추앙받고 숭배되기도 했다. 그러나 그런 왕들의 말로는 모두 비슷했다. 한낱 연약한 인간뿐임을 입증하는 가운데 결국에는 비극적인 몰락의 삶을 맞았다는 것이 역사의 교훈이다.

한편 지혜의 인물로 '다니엘'이 언급된 것은, 당시 바빌로니아 왕궁에서 활약한 그가 에스겔과 동시대의 인물로서 최고의 지혜자로 널리 알려졌기 때문이다. 주후 1세기경의 저명한 유대인 역사가 요세푸스(Josephus)에 따르면, 에스겔 당시의 두로 왕은 이토바알 2세(Ittobaal II)로 알려지고 있다(Against Apion, 아피온 반박문).

(6-10) "그러므로 나 주 하나님이 말한다. 두로 왕아, 네가 스스로 교만해져서 네 마음이 하나님의 마음인 양 우쭐댔으니, 내가 온 세상 뭇 나라들 가운데서 가장 난폭하고 잔인한 외국 사람들을 데려다가

너를 치게 하겠다. 그러면 그들이 와서, 칼을 뽑아들고 네 스스로의 지혜로 얻은 모든 아름다운 것들을 파괴할 것이니, 그때에 너의 모든 영화는 크게 더럽혀져 쓰레기더미 속에 묻히고 말 것이다. 그들이 또 너를 붙잡아 구덩이 속에 집어던질 것이니, 네가 바다 한가운데서 비참하게 죽을 것이다. 보라, 너를 살육하는 자들 앞에서도 네가 말하기를 '나는 신이다!'라고 할 수 있겠느냐? 너를 살육하는 사람들의 손 안에서 너는 일개 사람일 뿐 신이 아니다. 그렇다. 심판의 날에 너는 외국 사람들의 손에 붙잡혀 죽게 될 것인데, 할례 받지 않은 자의 죽음같이 아주 수치스럽게 죽을 것이다. 내가 말하였으니, 반드시 그대로 이루어질 것이다. 이는 나 주 하나님의 말이다."

교만의 결과는 비참했다. 자신이 하늘 보좌에 앉은 신(神)인 양 으스댔던 두로 왕은 결코 신이 아니었고, 또한 신이 될 수 없음을 스스로 입증하였다. 두로를 침공한 외국 사람들의 칼 앞에 여지없이 무너져 깊은 구덩이 속에 비참하게 던져지고 말았다. 그의 모든 영화와 권세와 재물도 쓰레기더미 속에 묻혀 크게 더럽혀지고 말았다.

두로 왕의 죽음은 '할례 받지 않은 자의 죽음'으로 묘사되었다(10절). 성경에서 '할례 받지 않은 자'는 하나님의 언약과 상관없는 자를 가리키는 전형적인 유대식 표현이다. 따라서 그런 자의 죽음은, 하나님의 은혜나 구원과는 동떨어진 죽음으로 '영원한 멸망'을 가리킨다. 이처럼 교만한 두로 왕의 몰락과 죽음은 세상의 모든 교만한 자들의 생생한 예표다. 두로 왕에 관한 주님의 말씀이 계속해서 에스겔에게 임한다. 비참한 몰락으로 생을 마감한 두로 왕을 위해 슬픈 노래를 지어 부르라는 말씀이다.

두로 왕을 위한 애가 (28:11-19)

(12-19) "너 사람의 아들아, 두로 왕을 위해 슬픈 노래를 지어 부르라.

'주 하나님이 말한다. 너 두로 왕아, 너는 완전함의 표본이었고 지혜가 충만하였으며, 더할 수 없이 온전히 아름다웠도다. 너는 옛적에 하나님의 동산 에덴에서 살았고, 온갖 보석으로 치장하였도다. 황옥, 백수정, 감람석, 홍옥수, 얼룩마노, 취옥, 백옥, 청옥, 홍옥, 황금 같은 각종 보석으로 너 자신을 화려하게 단장하였고, 네가 창조되던 날에는 너의 탄생을 축하하기 위해 작은북과 비파가 준비되어 있었도다. 내가 또 너를 택하여 수호천사로 기름 부어 세웠으므로, 너는 하나님의 거룩한 산을 지키면서 불타는 돌들 사이를 드나들었다. 참으로 네가 처음 창조된 그날부터 너의 행실은 모든 면에서 완전하였다. 아, 그러나 결국 네게서 죄악이 드러나고 말았다. 네 무역이 번창하고 왕성해지면서 네가 온갖 횡포를 일삼더니, 마침내 죄악의 깊은 구덩이 속으로 빠져들고 말았다. 너 수호천사야, 그러므로 내가 너를 더럽게 여겨 하나님의 거룩한 산에서 쫓아내었고, 불타는 돌들 가운데서 너를 멸망시켰다. 그렇다. 너는 네 아름다움에 취해 마음이 교만해졌고, 네 영화로움에 빠져 네 지혜를 더럽혔다. 그래서 내가 너를 땅바닥으로 내던져, 세상의 뭇 왕들 앞에서 구경거리가 되게 하였다. 너는 네 많은 죄들과 온갖 부정직한 무역 거래로 네 모든 성소들을 더럽혔다. 그래서 내가 네 한가운데서 불을 일으켜 너를 집어삼키게 하고, 너를 지켜보는 모든 사람들 앞에서 너로 땅 위의 잿더미가 되게 하였다. 그러므로 온 땅의 뭇 민족들 가운데 너를 아는 모든 사람들이 네 처참한 모습을 보고 크게 놀랐다. 이렇게 네가 비참한 종말을 맞이하고 말았으니, 이후로는 네가 영영 사라져 더 이상 땅 위에 있지 못할 것이다.'"

두로 왕을 위해 지어 부른 슬픈 노래다. 따라서 본문의 내용은 일차적으로 '두로 왕'에 관한 묘사다. 그렇지만 성경에서 강력하고 교만한 왕은 때로 사탄에 비유되어 묘사되기도 했다(사 14:12-15). 여기서 두로 왕에 관한 에스겔의 표현도 분명 두로 왕에 관한 범주를 뛰어넘는 것이다.

생각해 보라! 두로 왕이 언제 에덴에 있었으며(13절), 언제 수호천사(Cherub, 그룹)로 기름 부음을 받았으며, 또 언제 하나님의 거룩한 산에 있었던가(14절). 그러므로 에스겔은 교만한 두로 왕의 몰락과 패망에 관한 묘사를 통해, 옛적 하늘 왕국에서 쫓겨난 사탄의 몰락과 패망을 함께 이야기하고 있다고 볼 수 있다. 사탄은 세상의 모든 교만한 자들을 대표하는 존재이기 때문이다.

본문에서 '불타는 돌들'(14절)은 번갯불이나 불꽃처럼 강렬한 빛을 발하는 하늘나라의 보석들을 가리킨다(계 21:18-21). 교만으로 인해 타락하기 전, 두로 왕(혹은 사탄)은 이 같은 천상의 찬란한 영광과 빛나는 부요 속에서 살았다. 그러나 교만은 무시무시한 괴물처럼, 뜨거운 불로써 모든 것을 집어삼키는 화마(火魔)처럼 그 모든 영광과 부요를 일순간에 집어삼키고 말았다. 그래서 성경은 '교만'에 대하여 거듭거듭 경고한다(잠 16:18; 사 23:9; 시 101:5; 렘 50:32; 약 4:6).

시돈에 대한 하나님의 심판 선포 (28:20-23)

주님의 말씀이 계속해서 에스겔에게 임한다. 이번에는 '시돈'(Sidon)에 관한 심판의 말씀이다. 레바논 산을 배경으로 지중해를 마주하고 있는 시돈은 두로 북쪽 40km 지점에 위치한 고대 페니키아(베니게)의 상업도시로, 두로와 함께 지중해 연안의 주요 항구도시다. 주신(主神) '에쉬문'을 비롯한 많은 우상들을 섬겼고, 무역이 성행한 까닭에 그런 시돈의 우상들이 이스라엘에 자주 침투하였다. 오늘날 시돈은 레바논 공화국에 속해 있으며, 인구 5만 명가량의 해안도시 '사이다'(Saida)로 알려지고 있다.

(21-23) "너 사람의 아들아, 너는 네 얼굴을 시돈 쪽으로 향하고

그 족속을 쳐서 이렇게 예언하여라. 주 하나님이 말한다. 시돈아, 내가 너를 대적하여 칠 것이니, 내가 너를 칠 때에 네 가운데서 내 영광이 드러날 것이다. 내가 너에 대해 내 심판을 집행함으로써 네 가운데서 내 거룩함이 드러날 때, 그제야 사람들은 내가 주인 줄 알게 될 것이다. 심판의 그날에, 내가 네게 전염병을 보내고, 네 모든 거리마다 피가 냇물처럼 흐르게 할 것이니, 사방에서 적들이 몰려와 칼로 너를 쳐서 네 가운데 엎드러지게 할 것이다. 그제야 사람들은 내가 주인 줄 알게 될 것이다."

시돈에 대하여 칼, 전염병, 피로 상징되는 심판을 선포하고 있다. 이것들은 곧 '전쟁'을 통한 심판을 가리키는데, 실제로 시돈은 역사적으로 아시리아, 이집트, 바빌로니아, 페르시아, 그리스, 로마 등의 잦은 침략으로 내내 시달리다가 멸망하였다.

그런데 에스겔은 시돈에 대한 하나님의 그런 심판이 그분의 영광을 거룩함을 드러낸다고 말하고 있다(22절). '거룩함'의 기본 뜻은 '분리'다. 즉, 모든 죄악으로부터 따로 떨어져 분리되어 있는 상태가 거룩한 상태다. 하나님은 본질상 모든 죄로부터 분리된 거룩하신 분이시다. 따라서 하나님께서 인간들의 죄를 간과하지 않고 신적(神的) 공의로 합당하게 징벌하심으로써 죄를 제거하실 때, 하나님의 영광과 거룩함은 자연스럽게 드러나는 것이다.

이스라엘의 회복을 예언함 (28:24-26)

(24-26) "그때에 이스라엘 족속은 더 이상 사방의 이웃 나라들에게 시달림을 받지 않을 것이니, 이스라엘 족속을 멸시하여 그들을 찔러 아프게 하는 가시가 다시는 없을 것이다. 그제야 그들은 내가 주인 줄 알게 될 것이다. 나 주가 말한다. 내가 온 세상 여러 민족들 가운데

흩어져 있는 이스라엘 백성을 불러 모으고, 온 땅의 뭇 민족들이 보는 앞에서 그들에게 나의 거룩함을 드러내 보일 때, 그들은 내가 나의 종 야곱에게 주었던 그들의 본래 땅에서 살게 될 것이다. 그렇다. 이스라엘 족속은 자기들의 땅에서 안심하고 살면서, 집을 짓고 포도원을 가꿀 것이다. 그들을 멸시하던 주변의 모든 이웃 나라들을 내가 심판할 때에, 그들은 정녕 평강을 누리며 안전하게 살 수 있을 것이다. 그제야 나 주가 자기들의 하나님인 줄 알게 될 것이다."

하나님께서 자신의 거룩함을 드러내고 온 땅의 뭇 민족들과 자기 백성 이스라엘에게 자신이 참되고 유일한 '주'(主)이심을 드러내는 방식은 이중(二重) 사역으로 구현된다. 하나의 사역은, 이스라엘 사방의 이방 나라들에 대해 공의를 집행하여 그들을 마땅한 형벌로 심판하는 사역이다. 다른 하나의 사역은, 온 세상의 여러 민족들 가운데 흩어져 있는 자기 백성 이스라엘을 불러 모아 일찍이 그들의 조상 야곱에게 주었던 본래의 땅(가나안 본토)에서 평강을 누리며 안전하게 다시 살게 하는 것이다.

이 같은 이중 사역을 통해 온 세상 민족들과 이스라엘 민족은 하나님이야말로 만왕의 왕이시고, 유일하고 참된 주(主)이심을 비로소 깨달아 알게 되는 것이다. 그러므로 하나님께서는 강하신 능력의 손을 들어 이방 나라들을 심판하시고 이스라엘을 회복시키시는 이 같은 이중 사역을 반드시 행사하시는 것이다.

29
이집트에 대한 심판

이집트 왕은 나일강의 큰 악어
내가 갈고리로 그 아가미 꿰어
나일강 밖으로 끌어올려 내동댕이치면
공중 새들의 먹잇감이 되리라

이집트에 대한 하나님의 심판 선포 (29:1-16)

에스겔 일행이 유다 왕 여호야긴과 함께 바빌로니아 땅에 포로로 사로잡혀 온 지 10년째 되는 해의 10월 12일, 주님의 말씀이 에스겔에게 임한다. 유다 왕 여호야긴과 에스겔 일행은 바빌로니아의 제2차 유다 침공 때(주전 597년경) 포로로 사로잡혀 바빌로니아 땅에 끌려왔다. 그러므로 그때로부터 10년째 되는 해의 10월 12일은 예루살렘 함락(주전 586년 4월 9일)이 있기 전, 대략 6개월 정도 앞선 시기다(왕하 25:1-5; 렘 39:2). 그리고 이때는 포로로 잡혀온 지 11년째 되던 해의 어느 달 초하루에 에스겔에게 임한바(26:1) '두로'(Tyre)에 대한 심판 선포(26-28장)보다 이전에 주어진 말씀이다.

이제부터 에스겔은 무려 네 장(29-32장)에 걸쳐 이집트에 임할 하나님의 심판과 이집트 왕의 패망에 관해 구체적이고도 반복적으로 선포한다. 유다에게 있어 이집트는 예로부터 의지할 만하고 신뢰할 만한 전통적인 강대국이었다. 그런 강대국 이집트조차도 하나님의 심판의 손길 아래 놓여 있다는 사실은, 하나님이야말로 정녕 만왕의 왕이시며 만국의 주권자 되심을 가리켜 보인다.

(2-7) "너 사람의 아들아, 너는 네 얼굴을 이집트 왕 쪽으로 향하고, 그와 온 이집트를 쳐서 이렇게 예언하여라. 나 주 하나님이 말한다. 이집트 왕 곧 파라오야, 내가 너를 대적하여 치겠다. 나일강가운데 누워 있는 커다란 악어야, 너는 교만한 마음으로 스스로 이르기를 '이 나일강은 내 것이다! 내가 나를 위해 만든 것이다!'라고 하는구나. 그러므로 이제 내가 갈고리로 네 아가미를 꿰고, 네 강에 사는 물고기들로 네 비늘에 달라붙게 하여, 네 비늘에 달라붙은 네 강의 모든 물고기들과 함께 너를 네 강 가운데서 끌어올릴 것이다. 그런 다음, 너와 네 비늘에 달라붙은 네 강의 모든 물고기들을 광야에 던져버릴 것이니, 너는 땅 위의 허허벌판에 내동댕이쳐질 것이다. 그럴지라도 너를 다시 거두어들이거나 모아들일 자가 아무도 없을 것인데, 그것은 내가 너를 광야의 들짐승들과 공중의 새들에게 먹잇감으로 던져주었기 때문이다. 그제야 이집트에 사는 모든 사람들이 나를 주인 줄 알게 될 것이다. 이집트 왕 곧 파라오야, 너는 본래 이스라엘 족속에게 갈대 지팡이에 지나지 않았다. 그래서 이스라엘 족속이 너를 손으로 쥐면, 너는 부러져서 그들의 어깨를 찢어놓았다. 그들이 너를 의지하여 네게 기대면, 너는 갈라져서 그들의 허리를 다치게 하였다."

이집트와 이집트 왕 곧 파라오(Pharaoh)에 대한 하나님의 심판 선포다. 본문을 통해 몇 가지 사실을 살펴보자. 먼저 이집트 왕이 나일강의 '큰 악어'에 비유되었다. 에스겔은 이집트 왕의 교만을 묘사하기 위해 나일강 언덕에 올라와 햇볕을 쬐고 있는 한 마리 큰 악어의 이미지를 빌렸다. 넓고 큰 땅의 강력한 통치자였던 파라오(이집트 왕)는 마치 나일강 언덕에서 목을 뻣뻣이 세운 채 거만을 떨고 있는 한 마리 큰

나일강의 커다란 악어에 비유된 이집트 왕, 파라오

악어와 아주 흡사했기 때문이다.

그렇다면 그런 큰 악어의 비늘에 달라붙은 강의 물고기들은 무엇인가? 그것은 이집트 왕의 통치를 받고 있던 이집트의 백성들, 혹은 이집트 왕의 지배 아래 있던 다른 군소 국가들을 가리킨다. 교만한 이집트 왕이 하나님의 심판을 받을 때, 그 왕의 영향하에 있던 이들 백성들과 나라들도 더불어 하나님의 징벌을 받게 될 것이었다.

또한 이집트 왕은 이스라엘 백성에게 '갈대 지팡이' 같은 존재로 묘사되었다(6절) '갈대 지팡이'는 나일강 둑에서 자생하는 기다란 갈대 막대기를 가리키는데, 그것은 자주 쉽게 부러져 예리하게 찢겨진 부위가 사람들에게 상처를 주곤 하였다. 바빌로니아가 침공했을 때, 이스라엘은 하나님 대신에 이집트 왕을 크게 의지했다. 하지만 이집트 왕은 이스라엘에게 아무런 도움을 주지 못했고, 오히려 상처를 주어 이스라엘의 패망을 앞당기게 만들었다.

(8-12) "그러므로 나 주 하나님이 분명히 말한다. 내가 칼로 너를 쳐서, 네게서 모든 사람들과 짐승들을 다 끊어버리겠다. 그러면 이집트 땅은 폐허가 되고 황무지가 될 것이니, 그제야 비로소 그들은 나를 주인 줄 알게 될 것이다. 네가 마음이 교만하여 스스로 말하기를 '이 나일강은 내 것이다! 내가 나를 위해 만든 것이다!'라고 하였으니, 이제 내가 너와 네 강들을 치겠다. 그래서 이집트 땅 믹돌에서부터

수에네에 이르기까지, 더 나아가 멀리 구스 국경선에 이르기까지, 이집트 전역을 폐허로 만들고 메마른 황무지로 만들겠다. 그러면 이집트 땅에는 사람의 발길이 끊어지고, 짐승들까지도 그 땅으로 지나가지 않을 것이다. 이렇게 이집트 땅은 아무도 사는 사람 없이 40년 동안 황폐한 상태로 남아있을 것이다. 그렇다. 내가 이집트 땅을 황폐한 땅들 가운데서도 가장 황폐한 곳으로 만들겠고, 폐허가 된 성읍들 가운데서도 가장 폐허로 만들 것이니, 이렇게 40년 동안 이집트 땅은 황무지로 남아있을 것이다. 그때에 나는 또 이집트 사람들을 온 세상 뭇 나라들 가운데 산산이 흩어버리고, 온 땅의 뭇 민족들 가운데 뿔뿔이 헤쳐놓겠다."

이집트가 외세의 침략을 받아 폐허가 되고, 그 땅의 백성들은 온 세상의 뭇 나라들 가운데 산산이 흩어지게 될 것이라는 예언이다. 또한 그런 폐허의 기간은 '40년'이 될 것인데, 이집트의 최북단 '믹돌'에서 최남단 '구스 국경선'에 이르기까지, 이집트 전역이 사람의 발길과 짐승의 자취가 끊기는 완전한 폐허와 황무지가 될 것이라는 예언이다.

여기서 '40년'은 무엇인가? 우선, 역사적으로 살펴보면 이집트가 바빌로니아의 침공을 받아 느부갓네살 왕의 지배를 받았던 대략적인 기간, 또는 바빌로니아의 느부갓네살 왕이 이집트를 공격하여 지배한 때로부터 그 바빌로니아가 바사(페르시아)의 고레스 왕에게 패망할 때까지의 대략적인 기간을 가리키는 듯하다. 하지만 여기 '40년'은 그런 연대기적 계산보다는 이집트에 대하여 하나님께서 작정하신 일정한 징벌 기간을 가리키는 '상징적인 햇수'로 해석함이 더 타당할 듯하다. 성경에서 '40'이란 숫자는 어떤 상징적인 의미로 종종 사용되고 있기 때문이다.

(13-16) "나 주 하나님이 말한다. 그리하여 40년이 다 차면, 내가 온 세상 뭇 민족들 가운데 흩어놓은 이집트 사람들을 다시 불러 모을

것이다. 내가 이집트의 포로들을 다시 불러들여, 그들로 자기들의 조상이 살았던 고향 바드로스 땅에 살게 하겠다. 그러나 그들은 거기서 힘없는 나라로 살아갈 것이다. 곧 나라들 가운데 지극히 힘없고 보잘것없는 나라가 되어, 다시는 다른 민족들 위에 군림하지 못할 것이다. 내가 그 나라를 연약하게 만들어, 다시는 다른 민족들을 지배할 수 없게 할 것이다. 그러면 이집트는 이스라엘 족속이 다시는 의지할 나라가 되지 못할 것이고, 다만 이스라엘 족속으로 하여금 한때 이집트를 의지하려 했던 자신들의 죄악을 상기시켜 줄 뿐일 것이다. 그제야 그들은 비로소 내가 주인 줄 알게 될 것이다."

이집트에 대한 '40년'의 징벌 기간이 끝나면, 하나님께서는 온 세상 가운데 산산이 흩어진 이집트 백성들을 다시 그들의 본토로 불러 모음으로써 이집트를 다시 회복시킬 것이었다. 이처럼 다른 이방 나라들과는 달리 이집트는 심판 후에 특별히 회복을 약속받았다.

'흐흠, 그 이유는 무엇일까…? 이집트가 역사적으로 이스라엘 백성들에게 피난처를 제공해 주었으므로, 그에 대한 보상으로 하나님께서 비교적 너그럽게 다루었기 때문일 것이다….'

에스겔은 혼자 질문하고 혼자 답을 해본다. 하지만 심판 후에 이집트가 회복될지라도, 그 이집트는 더 이상 이전의 영광과 권세 없이 다른 나라들 위에 군림하지 못하고 그저 그렇고 그런 미약한 나라로 남게 될 것이었다. 그 까닭은, 그런 미약한 이집트를 통해 이스라엘로 하여금 지난날 그런 이집트를 하나님보다 더욱 의지한 것에 대한 죄악을 상기시켜, 다시는 예전처럼 하나님 대신에 이집트를 더욱 의지하고 신뢰하는 일이 생겨나지 않도록 하기 위해서다.

한편, 본문에 언급된 바드로스(Pathros)는 구스(에티오피아)에 인접한 상(上)이집트의 북쪽 지역에 속한 중요한 성읍이다(렘 44:1).

바빌로니아 군대가 이집트를 약탈할 것임 (29:17-21)

에스겔 일행이 유다 왕 여호야긴과 함께 바빌로니아 땅에 포로로 잡혀온 지 27년째 되던 해의 정월 초하루, 주님의 말씀이 에스겔에게 임한다. 에스겔 일행과 유다 왕 여호야긴은 바빌로니아의 제2차 유다 침공 때(주전 597년) 바빌로니아 땅에 포로로 잡혀갔으므로, 그로부터 27년이 지난 때는 주전 570년이다. 그리고 예루살렘이 바빌로니아 군대에 의해 함락된 때는 주전 586년이므로, 이때는 그로부터 또한 16년이 흐른 때다.

(18-20) "너 사람의 아들아, 바빌로니아 왕 느부갓네살이 큰 군대를 동원하여 두로를 치느라, 자기 군사들에게 무거운 짐을 운반하게 하여 군사들의 머리털이 다 빠져 대머리가 되고, 그들의 어깨 피부가 몽땅 벗겨지기까지 했다. 하지만 느부갓네살 왕과 그의 군대는 그렇게 애쓴 수고에 대한 대가를 두로에서 얻어내지 못했다. 그러므로 나 주가 말한다. 내가 이집트 땅을 바빌로니아 왕 느부갓네살의 손에 넘겨주겠다. 그러면 그와 그의 군대가 이집트 땅을 짓밟고 이집트 사람들의 재산을 마구 약탈하여 빼앗아갈 것이니, 그것이 바빌로니아 군대에게 보상이 될 것이다. 느부갓네살 왕과 그의 군대가 두로에서 수고한 것은 모두 나를 위해서 한 것이니, 내가 그 수고에 대한 대가로 이집트 땅을 그들에게 넘겨줄 것이다. 이는 나 주의 말이다."

페니키아의 강력한 도시국가인 두로(Tyre), 그 두로에 대한 바빌로니아의 공격은 하나님의 뜻이었다. 당시 바빌로니아 왕은 인식하지 못했지만, 하나님은 교만한 두로를 징벌하기 위해 그와 그의 군대를 심판의 도구로 사용하셨기 때문이다. 그래서 하나님께서는 바빌로니아 군대의 두로 공격이 자신을 위해 그렇게 행한 것이라고 말씀하셨다(20절).

그러나 바빌로니아 왕과 그의 군대는 두로에서 애쓴 수고의 대가를 얻어내지 못했다. 먼저, 두로를 공격할 때 바빌로니아 군대는 머리털이 다 빠지고 어깨 피부가 몽땅 벗겨질 만큼 무진 애를 썼다. 이는 바빌로니아 군대가 두로에 대해 공격을 펼친 13년 동안(주전 585-572년), 군사들의 기력이 거의 소진되었음을 나타내는 말이다. 실제로 바빌로니아 군사들은 요새 국가인 두로를 정복하기 위해 운제(雲梯, 높은 공격용 사다리)를 만들고 토성(土城, 흙으로 쌓아올린 성루)을 쌓느라 오랜 세월 힘든 노역을 감당해야만 했다.

그리하여 13년 만에 마침내 두로를 정복했지만 획득할 수 있는 전리품은 거의 없었다. 두 가지 이유 때문이다. 첫째, 13년 동안의 오랜 포위 공격으로 두로는 완전히 폐허가 되었기에 가치 있는 전리품이 남아있지 않았다. 둘째, 바빌로니아 군대의 침공 때 두로 백성들은 패망을 예견하고 값비싼 재물들을 다른 데로 이미 빼돌렸다.

그래서 하나님은 자신을 위해 애쓴 바빌로니아 군대가 두로에서 얻지 못한 수고의 대가를 이집트 공격과 정복 때에 갚아주시겠다고 말씀하신 것이다. 과연, 이후에 느부갓네살 왕이 이끄는 바빌로니아 군대가 이집트를 침공하여 정복했을 때, 그들은 이집트 땅에서 수많은 전리품을 획득할 수 있었다(주전 570년경). 나라의 공격과 정복, 그리고 전리품의 획득까지 모든 일들이 전부 하나님의 섭리와 경륜의 손길 아래 놓여있음을 알 수 있다.

(21) "그날에, 내가 이스라엘 백성에게 한 뿔이 솟아나게 할 것이다. 그리고 에스겔아, 그때가 되면 내가 네 입도 다시 열어주어, 너로 모든 사람들 앞에서 외칠 수 있게 하겠다. 그제야 비로소 그들은 내가 주인 줄 알게 될 것이다."

여기서 '그날'은 일차적으로 바빌로니아 군대가 이집트를 공격하여 정복하게 되는 날을 가리킨다. 더 나아가 영적으로 살펴볼 때, 그날은 '이집트'로 상징되는 모든 이방 세력이 무너지는 날을 가리킨다. 그런 날이 이르면, 비로소 이스라엘 백성에게 '한 뿔'이 솟아나게 될 것이었다. 뿔 달린 짐승에게 '뿔'은 힘과 영광의 상징이듯, 성경에서 뿔은 대체로 '힘'과 '권세' 및 '영광'을 상징한다.

그러므로 이 말은, 그날에 이스라엘의 힘과 권세와 영광이 회복될 것임을 뜻한다. 다시 말해 '이집트'로 상징되는 모든 이방 세력들이 무너지는 그날에 이스라엘의 참된 뿔이 되시는 '메시아'로 말미암아 하나님의 백성들이 모든 얽매임에서 회복되고 구원받아 영광을 누리게 될 것임을 의미한다.

그런 날이 이르면, 또한 에스겔의 혀는 백성들에 의해 더는 방해받지 않는 혀, 곧 자유롭게 풀린 혀가 되어 모든 사람들 앞에서 하나님의 메시지를 자유롭게 외칠 것이었다. 그리하여 에스겔은 불신자들에 대해서는 심판의 메시지를, 믿는 자들에 대해서는 구원의 메시지를 자유롭게 외칠 것이었다. 이 같은 사실은 앞에서도 이미 언급되었는데(24:26-27), 과연 이후에 그대로 성취되었다(33:21-22).

30

이집트의 패배와 몰락

이집트는 슬퍼하고 통곡하여라
주의 심판 날이 이르렀다
전쟁의 칼이 이집트를 휩쓸어
사방에 살육과 약탈이 있으리라

이집트에 대한 하나님의 심판 선포 (30:1-19)

이집트에 관한 주님의 말씀이 앞장(29장)에 이어 계속해서 에스겔에게 임한다. 때는 에스겔이 바빌로니아 땅에 포로로 잡혀온 지 27년째 되던 해다(29:17, 주전 570년경). 이 해는 예루살렘이 함락된 지 16년이 흐른 때이고, 바빌로니아의 느부갓네살 왕이 자기 군대를 이끌고 이집트를 침공하여 정복한 해다. 에스겔에게 말씀이 주어진 때는 그 해의 첫째 달 초하루 곧 1월 1일이므로, 아직 바빌로니아 군대가 이집트를 침공하기 이전이다.

(2-5) "너 사람의 아들아, 너는 이집트를 향해 이렇게 예언하여라. 주 하나님께서 말씀하신다. 너희는 통곡하여라. '아, 슬프다! 이 날이여!'하고 울부짖어라. 그날이 가까이 왔다. 주의 날이 가까이 이르렀다. 그날은 캄캄한 먹구름이 덮치는 날이요, 뭇 나라들에게 주의 심판이 임하는 때다. 그날에 전쟁의 칼이 이집트를 휩쓸고, 구스 땅에는

큰 고통이 있을 것이다. 그렇다. 주께서 심판하시는 날, 이집트에서 수많은 사람들이 칼에 찔려 쓰러지고, 그들의 재산이 약탈당하며, 나라의 토대가 무너져내릴 것이다. 이집트 사람들이 칼에 찔려 죽어갈 때, 그들 이집트 사람들과 더불어 이집트와 동맹을 맺은 나라들의 백성들 곧 구스 사람, 붓 사람, 룻 사람, 아라비아 사람, 굽 사람들도 모두 칼에 맞아 쓰러질 것이다."

이집트가 외세의 침략으로 인해 무자비하게 약탈당하고 살육당함으로써 나라의 토대가 무너져내릴 것이라는 말씀이다. 이때 이집트를 침략할 외세는 바빌로니아다. 즉, 느부갓네살 왕이 이끄는 바빌로니아 군대다. 바빌로니아 군대의 침략으로 이집트뿐만 아니라 이집트와 동맹을 맺은 주변 나라들(구스, 붓, 룻, 아라비아, 굽 등)까지도 전부 패망할 것이었다.

그런데 이집트와 그 주변 나라들의 패망은 어디까지나 하나님의 뜻이 있었다. 말하자면 바빌로니아 군대는 하나님의 징벌 도구였다. 이는 그날이 '주(여호와)의 날'로 불린 사실에서 밝히 알 수 있다(3절). 즉, 그날은 주께서 이집트를 징벌하시려고 '심판의 날'로 정하신 날인 것이다. 따라서 이집트와 이집트의 동맹국들은 하나님의 심판의 칼이 되어 하나님의 뜻을 수행하는 바빌로니아 군대를 막아낼 도리가 없었다. 그 '심판의 칼' 앞에 비명을 지르며 속절없이 무너져내릴 뿐이었다. 그저 "아, 슬프다! 이 날이여!" 하고 울부짖을 뿐이었다.

(6-9) "나 주가 말한다. 심판의 그날에, 이집트를 지원하는 나라들도 다 거꾸러질 것이다. 그토록 거만하던 이집트 군대가 꺾일 것이니, 그 땅의 최북단인 믹돌에서부터 최남단인 수에네에 이르기까지 이집트의 모든 백성들이 칼에 맞아 여지없이 거꾸러질 것이다. 이는 나 주 하나님의 말이다. 그때에 이집트는 이미 멸망하여 폐허가 된 나라들처럼 폐허가 될 것이고, 그 땅의 성읍들도 이미 황폐하여 사막이 된

성읍들처럼 사막이 될 것이다. 이처럼 내가 이집트에 불을 지르고, 이집트를 돕는 자들까지 모두 멸망시키면, 그제야 그들은 내가 '주'인 줄 알게 될 것이다. 그날에 내게서 내 사신들이 급히 배를 타고 나아가, 아무 걱정 없이 태평스럽게 살고 있는 구스 사람들을 두렵게 할 것이다. 이집트 땅에 재앙이 닥쳐 그들이 고통당하는 날, 구스 사람들도 그들처럼 똑같이 고통당할 것이다. 보라, 그런 날이 닥쳐오고 있다!"

당시 느부갓네살 왕 치하의 바빌로니아 제국이 날로 강성해지자, 이집트 주변의 국가들은 큰 위협을 느껴 이집트를 중심으로 반(反)바빌로니아 군사 동맹을 맺었다. 그들은 이집트만이 바빌로니아에 대항할 수 있는 유일한 국가라고 믿고, 이집트를 굳게 의지하면서 전폭적으로 지지하고 있었다. 그 결과, 이집트가 바빌로니아 군대에게 무너질 때 그들 주변 나라들까지도 다 거꾸러질 것이었다.

그날에 이집트의 주변 나라들 중에서도 '구스'가 더욱 크게 두려워 떨 것이었다. 구스(Cush)는 이집트 남방에 위치한 '에티오피아'를 가리키는데, 이집트와 국경을 맞대고 있었기에 다른 어떤 나라들보다도 큰 타격과 피해를 입을 가능성이 컸기 때문이다. 아닌 게 아니라 이집트 땅에 큰 재앙이 닥치는 심판의 그날에 구스 사람들로 이집트 사람들과 똑같이 큰 고통을 겪을 운명이었다. 이런 결과는 단순히 구스가 이집트의 국경 국가였기 때문이 아니고, 하나님의 심판 대상에 이집트뿐만 아니라 '구스'도 포함되어 있었기 때문이다. 모든 나라와 민족과 개인에 대한 심판은 하나님의 뜻과 작정에 의해 차질 없이 집행되는 것이고, 어느 것 하나라도 그저 우연히 일어나는 일은 결코 없다.

(10-19) "나 주가 말한다. 내가 바빌로니아 왕 느부갓네살의 손으로 이집트 군대를 패망시킬 것이다. 느부갓네살 왕은 세상에서 가장 무자비한 자기 군대를 이끌고 와서 이집트를 사정없이 짓밟을 것이다.

그때에 바빌로니아 군대가 칼을 뽑아들고 이집트 사람들을 닥치는 대로 죽여서, 살육당한 시체들로 이집트 온 땅을 가득 채울 것이다. 그날에 내가 이집트의 나일강을 마르게 하고, 그 땅을 잔인무도한 악인들의 손에 넘겨줄 것이며, 외국 사람들의 손으로 그 땅과 그 안에 있는 모든 것들을 황폐하게 만들 것이다. 이는 나 주의 말이다. 나 주가 말한다. 내가 이집트의 우상들을 모두 파괴하고, 놉의 신상들을 모조리 없애버리겠다. 또 이집트 땅에서 다시는 통치자가 나타나지 못하게 하고, 오직 그 땅에는 사람들 사이에 두려움만 널리 퍼지게 하겠다. 내가 바드로스 성읍을 황무지로 만들고, 소안 성읍을 불질러 태우고, 노 성읍을 심판하겠다. 내가 또 내 분노를 이집트의 견고한 요새 성읍인 신 위에 쏟아붓고, 노 성읍의 백성들을 멸절시키겠다. 그렇다. 내가 이집트 온 땅에 불을 지르겠다. 그때에 신 성읍이 고통 가운데 몸부림치고, 노 성읍이 찢어져 나뉘며, 놉 성읍은 날마다 적군에게 짓밟힐 것이나. 아웬 성읍과 비베셋 성읍의 젊은이들은 칼에 맞아 죽고, 그곳 주민들은 사로잡혀 포로로 끌려갈 것이다. 내가 이집트의 세력을 깨뜨리고 그들의 교만한 권세를 그들 가운데서 꺾어버릴 때에, 드합느헤스 성읍은 어둠의 날을 맞이하여 온통 먹구름으로 뒤덮이겠고, 그곳 주민들은 모두 사로잡혀 포로로 끌려갈 것이다. 내가 이렇게 이집트를 심판하여 그 땅에 벌을 내리면, 그제야 그들은 내가 주인 줄 알게 될 것이다."

본문을 통해 우리는 세 가지 사실을 알 수 있다.

첫째, 이집트와 그 주변 나라들을 징벌하시기 위해 하나님께서 가장 무자비한 군대 곧 느부갓네살 왕이 이끄는 바빌로니아 군대를 사용하셨다는 사실이다. 그 군대는 잔인무도한 악인들이었다. 하나님께서는 세상 뭇 나라들의 죄악을 징벌하고 뭇 왕들의 교만을 꺾을 가장 강력하고 무자비한 징벌 도구가 필요했다. 그래서 이전에는 '아시리아'를 사용했었는데, 이제는 '바빌로니아'를 사용하신 것이다. 물론, 하나님의 징벌 도구에 불과한 아시리아가 교만해지자 여지없이 꺾으신 것처럼(주전 612년), 바빌로니아 역시 징벌 도구로서의 본분을 벗어나 교만해지면 가차 없이 꺾으실 것이었고, 결국 그렇게 되었다(주전 539년).

둘째, 이집트에 대한 하나님의 심판은 무엇보다도 그들의 '우상숭배의 죄악'에 대한 징벌이란 사실이다. 그래서 각종 우상을 섬긴 이집트의 뭇 성읍들이 열거되었다. 예를 들면, 하(下)이집트의 중심도시인 놉(Noph)은 오늘날 카이로 남쪽 16km 지점에 위치한 '멤피스'를 가리키는데, 이곳 사람들은 불의 신 '프타'와 황소의 신 '아피스'를 숭배했다. 상(上)이집트의 중심도시인 노(No)는 멤피스 남부 640km 지점에 위치한 '티베'를 가리키는데, 태양신 '아몬'을 숭배했다. 아웬(Aven)은 카이로 북동쪽 11km 지점의 '온'을 가리키는데, 태양신 '라'를 숭배했고, 카이로 북동쪽 50km 지점에 위치한 비베셋(Pibeseth)은 고양이 형상의 여신(女神) '바스테트'를 숭배했다. 이 외 성읍들도 각양 우상들을 숭배하고 있었다. 이처럼 우상의 나라인 이집트는 하나님의 심판을 면할 수 없었다.

셋째, 심판의 주체는 '주(여호와) 하나님'이라는 사실이다. 아시리아나 바빌로니아처럼 심판을 직접 가한 대적은 단지 심판의 도구일 뿐이다. 그래서 심판의 예언을 선포한 후에는 매번 "그제야 그들은 내가 '주'인 줄 알게 될 것이다."란 말이 언급되고 있다. 즉, 하나님은 선지자를 통해 심판을 미리 선포하셨고, 이후 선포한 그대로 어김없이 심판을 집행하셨다. 이 같은 사실은, 오직 '주(여호와)'만이 온 세상 모든 나라들과 민족들을 주관하시고 공의로 다스리시는 참되고 유일한 하나님이라는 사실을 교훈한다.

이집트 군대의 패배와 멸망 (30:20-26)

에스겔 일행이 유다 왕 여호야긴과 함께 바빌로니아 땅에 포로로 사로잡혀 온 지 11년째 되던 해의 1월 7일, 주님의 말씀이 에스겔에게 임한다. 유다 왕 여호야긴과 에스겔 일행은 바빌로니아의 제2차 유다 침공 때(주전 597년) 바빌로니아 땅에 포로로 잡혀갔으므로, 그로부터 11년이 지난 때는 주전 586년이다. 이 해는 예루살렘이 바빌로니아 군대에 의해 함락된 해다. 함락된 날짜가 이 해의 4월 9일이므로(왕하 25:3-4), 본문의 메시지는 함락되기 3개월 전쯤에 주어진 것이다. 이때 바빌로니아 군대에 의해 포위된 유다 왕과 예루살렘 백성들은 이집트의 지원군을 간절히 고대하고 있었다.

(21-26) "너 사람의 아들아, 내가 이집트 왕 곧 파라오의 한쪽 팔을 부러뜨렸더니, 파라오는 팔을 싸매거나 약을 바르지도 못하여 칼을 들 수조차 없게 되었다. 그러므로 나 주가 말한다. 내가 이제 이집트 왕 곧 파라오를 대적하여 그를 칠 것이니, 내가 그의 두 팔을 다 부러뜨려놓겠다. 이미 부러뜨린 한쪽 팔 말고도, 그의 성한 나머지 한 팔마저도 부러뜨려 칼이 그의 손에서 떨어지게 만들겠다. 그리하여 내가 이집트 사람들을 온 세상 뭇 나라들 가운데로 산산이 흩고, 온 땅의 뭇 민족들 가운데로 뿔뿔이 흩어놓겠다. 그때에 내가 바빌로니아 왕의 팔은 강하게 만들어 내 심판의 칼을 그의 손에 쥐어줄 것이다. 그러면 나에게 두 팔이 꺾인 이집트 왕은 바빌로니아 왕 앞에서 크게 상처를 입은 사람처럼 고통스러운 신음소리를 낼 것이다. 그렇다. 그날에 내가 바빌로니아 왕의 두 팔을 붙들어 그 팔이 강하게 힘을 쓰도록 하겠지만, 이집트 왕 곧 파라오의 두 팔을 꺾어 그 팔이 전혀 힘을 쓰지 못하게 할 것이다. 이렇게 내가 바빌로니아 왕의 손에 내 심판의 칼을 쥐어주고, 그로 이집트 땅을 치게 할 것이니, 그때에야 그들은 내가 주인 줄 알게 될 것이다. 정녕 그날에 내가 이집트 사람들을 온 세상의 뭇 나라들 가운데 산산이 흩어놓고, 온 땅의 뭇 민족들 가운데 뿔뿔이 헤쳐놓을 것이니, 그때에야 그들이 내가 주인 줄 알게

될 것이다.”

하나님께서 ‘이집트 왕의 팔을 부러뜨렸다’는 말은 실제로 팔을 부러뜨렸다는 말이 아니다. 그것은 상징적인 표현 방식으로, 곧 이집트의 힘을 꺾어놓았다는 의미다. 성경의 일반적인 용례상 ‘팔’은 종종 ‘힘’이나 ‘권세’를 상징하기 때문이다. 요컨대, 이집트 왕은 더 이상 바빌로니아의 침공에 대항할 힘을 상실했다는 의미다.

역사적으로 살펴보면, 이집트 왕의 팔이 꺾어진 사건은 바빌로니아 군대에 포위당한 예루살렘을 돕기 위해 군대를 이끌고 출정한 이집트 왕 ‘바로 호브라’가 바빌로니아 군대에게 패퇴당하여 물러난 일일 수 있다(렘 37:7). 그렇지 않다면, 그 이전에 고대 중근동 지역의 패권을 놓고 크게 싸운 갈그미스 전투에서, 이집트 왕 ‘바로 느고’가 바빌로니아 왕 ‘느부갓네살’에게 대패한 사건을 가리킬 것이다(렘 46:2).

어쨌든 하나님께서는 이집트를 심판하시려고 이집트 왕의 팔을 꺾고 자신의 칼을 바빌로니아 왕에게 넘겨주셨다(24절). 여기 ‘하나님의 칼’은 하나님께서 베푸시는 심판을 상징한다. 하나님은 이 칼을 바빌로니아 왕에게 넘겨주셨는데, 이는 하나님께서 뭇 나라들에 대해 자신의 심판을 집행할 대리자로서 바빌로니아를 선택하셨기 때문이었다. 그런 의미에서 하나님께서는 바빌로니아 왕을 ‘내 종’이라고 부르기도 하셨다(렘 25:9). 이런 사실을 통해 사람들은 뭇 나라들의 흥망성쇠와 뭇 사람들의 생사화복을 주관하시는 분은 오직 ‘주(여호와)’란 사실을 비로소 깨닫게 될 것이었다.

31
쓰러진 백향목

백향목 같은 이집트가
교만하여 힘을 자랑하다니
난폭한 다른 민족을 보내
그 나무를 가차없이 찍으리라

크고 아름다운 백향목, 이집트의 몰락 (31:1-18)

에스겔 일행이 유다 왕 여호야긴과 함께 바빌로니아 땅에 포로로 사로잡혀 온 지 11년째 되는 해의 3월 1일, 주님의 말씀이 에스겔에게 임한다. 유다 왕 여호야긴과 에스겔 일행은 바빌로니아의 제2차 유다 침공 때(주전 597년) 바빌로니아 땅에 포로로 잡혀갔으므로, 그로부터 11년이 지난 때는 주전 586년이다. 이 해는 예루살렘이 바빌로니아 군대에 의해 함락된 해다. 함락된 날짜가 이 해의 4월 9일이므로(왕하 25:3-4), 본문의 메시지는 함락되기 한 달 열흘 전쯤에 주어진 것이다. 아주 어리석게도, 이때까지도 유다 왕과 예루살렘 백성은 하나님을 의지하지 않고 오직 이집트의 도움만을 학수고대하고 있었다.

(2-9) "너 사람의 아들아, 너는 이집트 왕 곧 파라오와 그의 백성들에게 이렇게 전하여라. 네 위엄과 위풍당당함을 누구와 비교할 수 있을까. 그렇다. 아시리아에 비견할 수 있을 것이다. 보라, 아시리아는 한때

레바논의 백향목이었다. 그 아름다운 가지들은 무성하여 숲에 그늘을 드리웠고, 그 키는 아주 컸으며, 그 나무 꼭대기는 높이 솟아올라 구름에 닿을 정도였다. 물들이 그 나무를 무성하게 길렀고, 땅 속의 깊은 샘들이 그 나무를 아주 크고 높게 키워 올렸으며, 강들이 그 나무의 사방 주변에 풍부하게 흘렀고, 지하수의 물줄기가 들판의 모든 나무들에 스며들었다. 특히 그 나무는 물을 넉넉하게 품고 있었으므로 들판의 모든 다른 나무들보다 더욱 그 키가 높이 자랐고, 그 가지는 더욱 굵고 번창했으며, 또한 수많은 잔가지들을 쭉쭉 뻗고 있었다. 그러므로 공중의 모든 새들이 그 굵은 가지들에 보금자리를 틀었고, 들판의 모든 짐승들이 그 무성한 잔가지들 아래에서 새끼들을 낳았으며, 세상의 모든 큰 민족들이 그 나무 그늘 밑에서 터를 잡고 살았다. 그 나무의 뿌리가 큰 물가에 깊숙이 뻗어 있었으므로 그 나무의 키가 아주 크고, 그 가지가 매우 굵고 길어 그 나무의 모습이 참으로 아름답고 장엄하였다. 그러므로 하나님의 동산에 있는 백향목들도 그 나무에 견줄 수 없었고, 잣나무들도 그 나무의 굵고 긴 가지에 비교될 수 없었으며, 단풍나무들도 그 나무의 무성한 잔가지들에 비할 바 못 되었으니, 하나님의 동산에 있는 어떤 나무들도 그 나무의 아름다움과 장엄함에 미치지 못하였다. 이와 같이 내가 그 나무의 가지들을 아주 무성하게 하고, 그 나무의 모양을 극히 아름답게 만들었더니, 하나님의 동산 에덴에 있는 모든 나무들이 그 나무를 심히 부러워하였다."

전통적인 강대국으로서 이집트의 위엄과 위풍당당함이 예전의 '아시리아'에 비견되었고, 그 아시리아는 '레바논의 백향목'에 비유되었다. 고대 레바논의 무성한 삼림지대에서 자라나는 백향목은 사방으로 뻗어나가는 무성한 가지에다 높이 30-40m, 둘레 10m에 달하는 거목이었다. 이 같은 장대하고 위풍당당한 외형 때문에, 성경의 일반적 용례상 '레바논의 백향목'은 힘과 영광과 권세 및 아름다움의 상징이었다. 이처럼 한때 아시리아 제국은 주변의 모든 나라들을 압도한 가장 크고 우뚝 솟아난 강력한 나라였다.

그런데 한때 아시리아를 레바논의 백향목처럼 그토록 강성하고 아름답게 만드신 분은 바로 '하나님'이셨다. 하나님께서는 타락한 이스라엘과 세상 뭇 나라들의 죄악을 징벌하시려고 아시리아를 그렇게 만드셨던 것이다. 즉, 아시리아를 커다란 징벌의 몽둥이로 사용하시려고 레바논 백향목 같은 거목(巨木)으로 만드셨던 것이다.

(10-14) "그러므로 나 주 하나님이 말한다. 그런데 그 나무가 키가 아주 높아, 그 꼭대기가 하늘 높은 곳의 구름에 닿을 정도로 뻗어나갔으므로 그 마음이 그만 교만해졌다. 그래서 내가 그 나무를 그의 행실에 따라 심판하도록 뭇 나라들을 지배하는 통치자의 손에 넘겨주었다. 이렇게 내가 그 나무의 악함으로 인해 그 나무를 내 앞에서 쫓아내었다. 그러자 뭇 민족들 가운데 가장 난폭하고 잔인한 이방 민족이 몰려와서 그 나무를 가차없이 찍어버렸다. 그리하여 그 나무의 잔가지들은 땅에 떨어져 산과 골짜기마다 어지럽게 널브러져 있고, 그 굵은 가지들도 쓰러져서 땅의 모든 물가 이곳저곳에 부러진 채 널려있으며, 그 나무 밑에 터를 잡고 살던 세상의 모든 민족들도 그 나무를 버리고 그 그늘에서 뿔뿔이 떠나버렸다. 이제 찍혀 쓰러진 그 나무 위에는 공중의 모든 새들만이 날아와서 앉아 있을 뿐이고, 들판의 모든 짐승들만이 그 나뭇가지들 사이로 모여들 뿐이다. 내가 그 나무를 심판한 까닭은 이러하니, 곧 물가에 사는 어떤 나무들도 이제는 키가 높다고 자랑하거나, 그 나무 꼭대기가 하늘 구름에까지 닿았다고 교만을 떨지 못하게 하기 위함이다. 또한 물을 넉넉하게 공급받으며 살아가는 어떤 나무들도 스스로 자신을 높여 자만하지 못하게 하기 위함이다. 그것은 그들 모두가 죽을 운명을 타고난 신세들로서, 사람들과 마찬가

지로 언젠가는 마침내 죽어 저 아래 깊은 구덩이 속으로 내려가 그곳에 머물도록 되어 있기 때문이다."

하나님께서는 레바논의 백향목처럼 크고 우람한 나무 곧 아시리아 제국이 벌목을 당하도록 '뭇 나라들을 지배하는 통치자'의 손에 넘겨주셨다. 그러자 뭇 민족들 가운데 가장 난폭하고 잔인한 이방 민족이 몰려와 그 나무(아시리아)를 가차없이 찍어버렸다. 여기서 아시리아 제국을 무너뜨린 통치자, 곧 잔인한 이방 민족은 신흥 바빌로니아 제국과 그 제국의 강력한 통치자들을 가리킨다.

그렇다면 '하나님께서는 레바논의 백향목처럼 크고 우람하게 만드신 아시리아 제국을 왜 벌목하는 자들(바빌로니아 제국의 통치자들)의 손에 넘겨주셨을까?'

그 까닭은, 아시리아 제국이 모든 나라들 위에 군림하여 크게 위세를 떨치자 아주 교만하게 으스대면서 사악하게 굴었기 때문이다. 그래서 하나님께서는 완전한 폐허가 되도록 아시리아를 무너뜨리셨는데, 이는 그 어떤 나라일지라도 하나님 앞에서 교만하고 사악하게 행동하는 것을 결코 용납하시지 않겠다는 하나님의 강력한 경고였다.

한때 아시리아는 하나님의 징벌 도구로 쓰임 받았지만, 그런 과정에서 스스로 잘난 양 아주 교만하고 사악하게 행동했고, 그 결과로 이제는 아시리아가 징벌 대상이 되어 하나님의 또 다른 징벌 도구인 바빌로니아에 의해 멸망당하는 운명을 맞게 된 것이다.

이는 또 다른 징벌 도구인 바빌로니아에게도 똑같이 적용되는 이치였다. 그리고 불행하게도 후일에 바빌로니아 역시 아시리아와 똑같은 전철을 밟고 말았다. 영원하고 전능하신 하나님 앞에서 모든 나라와 민족과 인생은 언젠가는 죽어 저 아래 깊은 구덩이 곧 무덤 속으로 내려가야 하는 나약하고 유한한 존재들이기 때문에, 그 누구도 하나님 앞에서 교만하게 굴어서는 안 된다!

(15-17) "그러므로 나 주가 말한다. 그 나무가 쓰러져 무덤으로 내려가던 날, 내가 깊은 샘들을 시켜 그 나무를 위해 슬픈 노래를 부르게 하였다. 그 나무를 위한 애도의 표시로, 내가 모든 지하수를 말렸고, 흐르는 강물을 다 막았으며, 큰물들의 흐름도 모조리 끊어버렸다. 그 나무의 죽음으로 인하여 레바논 산으로 통곡하게 하였고, 들판의 모든 나무들로 시들게 하였다. 구덩이로 내려가는 다른 자들과 함께 내가 그 나무를 무덤 속에 떨어뜨린 날, 세상의 뭇 나라들로 하여금 그 나무가 떨어지는 소리를 듣고 두려워 벌벌 떨게 만들었다. 또한 넉넉하게 물 공급을 받았던 에덴의 모든 나무들, 곧 이제는 땅 아래 무덤에 내려가 있는 레바논의 크고 아름다운 좋은 나무들로 하여금 그 나무의 심판 소식으로 인하여 그들이 머물고 있는 땅 아래 무덤에서 위로를 받게 하였다. 그리고 그 나무와 더불어 옛적부터 그 나무의 그늘 아래 살던 자들과 그 나무의 모든 동맹국들도 다 함께 무덤 속으로 떨어져, 이미 칼에 죽임당하여 오래전부터 무덤 속에 내려와 있던 자들에게 이르렀다."

나라들과 통치자들이 '나무'에 비유되었다. 한때 모든 나무들 중 가장 크고 아름답고 우람하고 강력한 나무였던 아시리아 제국, 영원토록 무너지지 않을 것 같았던 그 아시리아 제국의 몰락은 세상 뭇 나라들의 통치자들을 충격과 공포 속으로 몰아넣기에 충분했다. 그토록 강력했던 아시리아 제국조차 무너졌다면 그보다 한참 미약한 자신들은 더더욱 쉽게 무너질 것이기 때문이었다. 더불어 아시리아 제국의 몰락 소식은 이미 무너져 땅 아래 무덤 속에 들어가 있는 다른 나무들(통치자들)에게는 위로를 가져다주었다. 자신들을 일거에 짓밟아 무너뜨린 아시리아 제국도 결국 자신들과 크게 다르지 않는 나라임이 판명되었기 때문이다.

(18) "참으로 하나님의 동산 에덴의 모든 나무들 가운데서도 너처럼

크고 뛰어나며 아름다운 나무는 없었다. 그러나 이제는 너도 에덴의 모든 나무들과 함께 땅 아래 무덤으로 떨어져, 거기서 할례 받지 못한 채 칼에 찔려 죽임당한 자들 가운데 누워 있게 될 것이다. 그렇다. 이집트 왕 곧 파라오와 그의 군대가 이렇게 될 것이다. 이는 나 주 하나님의 말이다."

지금껏 레바논의 백향목 같았던 아시리아 제국의 몰락에 대한 언급은 결국 이집트 왕 곧 파라오와 그의 군대에 대한 경고의 메시지였다. 하나님께서는 하나님을 거슬러 교만했던 사악한 아시리아 제국의 비극적인 몰락과 파멸을 이집트 왕에게 상기시켜 줌으로써 강력한 역사적인 경고를 주셨던 것이다. 이집트도 하나님을 거스르는 교만하고 사악한 길을 버리지 않았기 때문에, 아시리아가 그러했듯 하나님의 심판을 받을 수밖에 없다는 경고였다. 이전의 아시리아는 이집트보다 더 강력했지만, 하나님의 심판 날에 파멸을 피할 수 없었다. 이제 이집트도 예외가 될 수 없었다.

이런 역사적 사실을 통해 오늘날 우리가 가슴 깊이 새겨야 할 교훈은 이것이다. 아시리아, 이집트, 바빌로니아를 비롯한 세상 뭇 나라들과 통치자들의 흥망성쇠를 주관하시는 분은 오직 '주(여호와) 하나님'이시고, 그 어떤 나라들과 통치자들도 하나님 앞에서 교만하고 사악하게 굴면 마침내 몰락하고 패망하여 땅 아래 깊은 구덩이 속으로 떨어질 수밖에 없다는 사실이다

32
이집트 왕을 위한 애가

그날에 이집트 왕도 칼에 죽어
땅속 구덩이로 내려가서
먼저 내려온 여러 나라 왕처럼
수치를 뒤집어쓰고 누울 것이다

이집트 왕을 위한 애가 (32:1-16)

에스겔 일행이 유다 왕 여호야긴과 함께 바빌로니아 땅에 포로로 사로잡혀 온 지 12년째 되는 해의 12월 1일, 주님의 말씀이 에스겔에게 임한다. 예루살렘 성벽은 에스겔 일행이 바빌로니아 땅에 포로로 잡혀간 지 11년째 되던 해의 4월 9일에 파괴되었으므로(주전 586년, 왕하 25:3-5), 이때의 메시지는 예루살렘이 함락된 지 1년 8개월가량이 흐른 시점에 주어진 것이다. 이제 본장(32장)의 메시지를 끝으로 앞서 25장부터 줄곧 선포해 오던 유다 주변의 이방 나라들(암몬, 모압, 에돔, 블레셋, 두로, 시돈, 이집트)에 대한 하나님의 심판 선포는 모두 마무리된다.

(2-10) "너 사람의 아들아, 너는 이집트 왕을 위해 슬픈 노래를 짓고, 그를 향해 이렇게 노래 불러라. 너는 뭇 민족들 가운데 사자인 체 행세하지만, 사실은 나일강 물 속에 있는 큰 악어다. 네가 강을 휘젓고 다니면서 네 발로 흙탕물을 일으켜 강물을 온통 더럽히는구나. 그러므

로 나 주가 말한다. 내가 많은 백성의 무리들을 데려와서, 네 위에 그물을 던져 너를 사로잡고 너를 뭍으로 끌어올릴 것이다. 그런 뒤 내가 너를 땅바닥에 내던지고 들판에 내팽개쳐서 공중의 새들로 네 위에 내려앉아 쪼아먹게 하고, 들판의 짐승들로 배부르도록 너를 뜯어먹게 하겠다. 내가 네 살점을 여러 산들에 흩어놓고, 네 시체의 고기로 골짜기마다 가득 채울 것이다. 내가 또 네 피로 땅을 흠뻑 적시고, 네 피로 모든 산들을 벌겋게 물들일 것이며, 네 피로 모든 개천마다 철철 흘러넘치게 할 것이다. 내가 네 불빛을 꺼뜨릴 그때, 하늘을 가려 뭇 별들을 어둡게 할 것이고, 구름으로 태양을 완전히 가릴 것이며, 달도 그 빛을 비추지 못하게 하겠다. 내가 또 하늘에서 빛을 발하는 모든 것들을 네 위에서 다 어둡게 하여, 네 땅에는 어둠만이 온통 뒤덮이게 하겠다. 이는 나 주 하나님의 말이다. 내가 너의 패망 소식을 여러 나라들, 곧 네가 알지도 못하는 뭇 민족들에게 알릴 때, 온 땅의 많은 백성들이 너의 패망 소식으로 인하여 마음에 근심과 불안이 가득할 것이다. 내가 너로 인하여 땅의 많은 백성들을 크게 놀라게 할 것이니, 곧 내가 칼을 휘둘러 너를 치면, 많은 민족들이 그 광경을 보고 두려워 벌벌 떨 것이고, 세상의 뭇 왕들도 심히 놀라서 큰 두려움에 빠질 것이다. 네가 쓰러지는 그날, 세상의 뭇 왕들은 저마다 자기들도 목숨을 잃을까봐 후들거리며 떨 것이다."

이집트 왕으로 대표되는 이집트의 멸망이 마치 그물에 사로잡혀 육지에서 뭇 짐승들의 밥이 되는 나일강의 큰 악어에 비유되었다. 성경에서 이집트 왕 곧 파라오는 '나일강의 큰 악어'에 종종 비유되었다(29:3). 넓고 큰 땅의 강력한 통치자였던 파라오는 마치 나일강을 마음껏 휘젓고 다니다가 때로는 나일강 언덕에 올라와서 목을 뻣뻣이 세운 채 거만을 떨고 있는 한 마리의 큰 악어와 아주 흡사했기 때문이다.

하지만 심판의 날에 나일강의 그 큰 악어는 하나님께서 던지신 그물에 사로잡혀 뭍으로 끌어올려져 땅바닥에 내팽개쳐질 것이고, 그러면 들판의 짐승들과 공중의 새들이 마음껏 그 고기를 뜯어먹고 그 피를 마실 것이었다. 따라서 큰 악어의 시체와 피는 고대 중근동 세계에서 전통적인 강대국으로 행세했던 이집트의 몰락과 패망을 상징한다. 앞서 '레바논의 백향목' 같은 장대한 아시리아를 꺾어버린 하나님께서는 이제 '나일강의 큰 악어' 같은 이집트를 물 밖으로 끌어내어 죽이신 것이다.

이집트 왕, 파라오를 위한 애가

그 악어가 아주 크고 위세가 대단했던 것만큼, 그 살은 뭇 짐승들이 배불리 먹을 정도로 아주 많았고, 그 피는 모든 개천을 가득 채울 정도로 철철 흘러넘칠 것이었다. 그 심판의 날이 너무나 엄중했기에, 그날에는 또한 천체의 빛이 모두 가려져 어둠만이 온 땅을 뒤덮을 것이었다. 이집트 위에 하나님의 진노의 심판이 임하는 그날, 하늘의 밝은 빛 같은 이집트의 권세와 영광은 다 사라지고, 오직 칠흑 같은 무서운 진노의 형벌만이 이집트를 가득 채울 것이었다. 이집트에 대한 하나님의 심판 선포는 계속 이어진다.

(11-16) "나 주가 말한다. 바빌로니아 왕의 칼이 너를 치러 올 것이다. 그때에 그의 용사들의 칼 앞에, 곧 세상 뭇 나라들 중에서 가장 잔인한 바빌로니아 군사들의 칼 앞에 네 무리들이 쓰러지게 될 것이다. 그들은 이집트의 교만을 여지없이 뭉개버리고, 이집트 군대를 전멸시킬 것이다. 내가 또 이집트의 모든 가축들을 큰 물가 곧 나일 강가에서 다 없애버릴 것이니, 이후로는 사람의 발이나 가축들의 발굽이 더

이상 그 강물을 휘저어 흐리게 하지 못할 것이다. 그런 후에야 내가 다시 그 강물을 맑게 하여, 강물이 기름처럼 잔잔하고 고요하게 흐르게 할 것이다. 이는 나 주 하나님의 말이다. 그날에 내가 이집트를 사막처럼 황폐하게 하여 그 안의 모든 풍성한 것들을 다 없애버리고, 또 그 땅에 살고 있는 모든 사람들을 쳐서 멸할 때, 그때에야 그들은 비로소 내가 '주'인 줄 알게 될 것이다. 이것이 이집트 왕 곧 파라오를 위해 부를 슬픈 노래다. 세상 뭇 나라의 여인들이 이 슬픈 노래를 부를 것이니, 곧 이집트와 그 나라의 모든 백성들을 위하여 이 슬픈 노래를 부를 것이다. 이는 나 주 하나님의 말이다."

지금까지 비유로써 이집트의 멸망을 선포했던 선지자는 이제 직접적으로 이집트의 패망이 바빌로니아 군대에 의해 이루어질 것임을 선포한다. 즉 '바빌로니아 왕의 칼'이 이집트를 치러 와서, 그 땅에 하나님의 진노의 심판을 집행할 것이었다. 여기 '바빌로니아 왕의 칼'은 이집트를 심판하시는 하나님의 칼로서(10절), 곧 바빌로니아 왕 느부갓네살이 이끄는 바빌로니아 군대를 가리킨다.

요컨대 하나님은 교만한 이집트를 징벌할 심판의 칼로 바빌로니아 왕 느부갓네살과 그의 군대를 선택하셨던 것이다. 과연 그러했다. 유다를 함락시킨 바빌로니아 왕 느부갓네살은 이후 자기 군대를 이끌고 이집트를 침공하여 이집트의 여러 성읍들을 파괴함으로써 이집트 땅을 초토화시켰다(주전 570년경).

이집트의 패망은 나일강에 큰 변화를 가져올 것이었다. 그동안 나일강의 큰 악어로 군림하면서 나일강 물을 제멋대로 휘저어 마구 더럽혔던 그 악어가 죽게 됨으로써 이제는 나일강의 물이 맑아지고 기름같이 잔잔하게 흐르게 될 것이기 때문이다. 이는 나일강의 난폭한 큰 악어 같았던 이집트가 바빌로니아 군대에게 패망함으로써 고대 중근동의 질서가 평안하게 회복되었음을 비유하는 말이다.

이집트를 위한 애가 (32:17-32)

에스겔 일행이 바빌로니아 땅에 포로로 사로잡혀 온 지 12년째 되는 해의 어느 달 15일, 주님의 말씀이 에스겔에게 또 임한다. 이 해는 예루살렘 도성이 함락됨으로써 유다가 멸망한 지 1년가량이 흐른 시점이다(주전 585년경). 이때 하나님께서는 에스겔 선지자로 하여금 이집트를 위한 슬픈 노래를 지어 계속 부르게 하셨다.

(18-21) "너 사람의 아들아, 너는 이집트 백성을 위해 통곡하고, 이집트와 다른 강대한 민족들의 백성을 땅 아래 무덤으로 내려보내라. 곧 땅 아래 구덩이로 내려가는 자들과 함께 그들도 땅 아래로 던져버려라. 그러면서 그들에게 이르기를 '도대체 너희가 누구보다 더 뛰어나고 아름답다는 것이냐? 이제 너희는 땅 아래 구덩이로 내려가서, 다른 할례 받지 못한 이방 사람들과 함께 누워라!'라고 하여라. 그렇다. 너희는 칼에 찔려 죽임당한 사람들 가운데 떨어질 것이다. 이제 곧 전쟁의 무시무시한 칼이 너희 무리들에게 무섭게 들이닥칠 것이니, 그 칼이 너 이집트와 이집트의 모든 백성을 닥치는 대로 살육할 것이다. 그러면 땅 밑 구덩이에 이미 내려가 있는 강한 용사들과 그들의 부하들이 이집트 왕과 그의 무리들을 두고 말하기를 '아하, 저 할례 받지 않은 자들도 마침내 칼에 살육당하여, 이곳 구덩이로 내려와서 우리 가운데 가만히 눕게 되었구나!'라고 할 것이다."

여기 '땅 아래 구덩이'는 구약시대에 '스올'로 알려진 침묵과 어둠의 장소로, 죽은 자들이 예외 없이 모두 내려가 거처하는 땅 밑의 세계, 곧 '무덤'을 가리킨다. 그러므로 이제 바빌로니아 군대에게 패망한 이집트 왕과 그의 무리들도 이곳으로 내려가야만 했다. 그러면 그곳에 이미 내려가 있던 다른 나라들의 왕들과 용사들이 이집트 왕과 그의 무리들을 보며 '저 할례 받지 않은 자들'도 마침내 이곳 구덩이로 내려와서 우리 가운데 눕게 되었다고 말할 것이었다.

여기서 '할례 받지 않은 자들'이란 단지 육체적으로 할례를 받지 아니한 자들을 가리키는 말이 아니다. 이스라엘 백성들에게 있어 할례는 하나님과 이스라엘 간에 맺은 언약의 징표였다. 일찍이 하나님은 이스라엘의 조상인 아브라함과 언약을 맺고, 그 징표로서 할례를 시행하도록 명하셨기 때문이다(창 17:9-11). 이런 의미에서 '할례 받지 않은 자'란 하나님의 언약과 아무런 관계 없는 이방인들을 가리키는 관용적인 표현이다.

이집트보다 먼저 패망하여 이미 무덤(스올)에 내려와 있는 다른 강대국의 왕들과 군사 지도자들은 이제 바빌로니아에게 패망하여 무덤으로 내려오게 될 이집트 왕과 그의 무리들에게 확실한 증인들이 될 수 있었다. 즉, 모든 영광을 뒤로하고 무덤에 내려와 가만히 누워 있는 그들의 존재 자체가 하나님을 거역하고 대적하는 일의 어리석음 및 세상의 모든 권력과 부귀영화의 부질없음을 생생하게 증언해주고 있었다. 에스겔 선지자는 계속해서 이제 이집트 왕과 그의 무리들보다 먼저 땅 아래 구덩이 곧 무덤(스올)에 내려와 가만히 누워 있는 뭇 나라의 왕들과 용사들의 명단을 구체적으로 언급하고 있다.

(22-27) "또 거기 땅 밑 구덩이에는 아시리아 왕과 그의 모든 무리들이 이미 내려와 있구나. 그들 모두는 칼에 찔려 죽임당한 자들로, 그들 사방에는 수많은 무덤들이 빙 둘러싸고 있구나. 아시리아 왕의 무덤은 땅 밑 구덩이의 가장 깊은 곳에 마련되었고, 그 무덤 둘레에는 아시리아 군사들의 무덤들이 사방으로 수없이 널려있구나. 보라, 저들은 다 칼에 찔려 죽임당한 자들로서, 살아있을 때 세상의 뭇 민족들을 벌벌 떨게 하던 자들이로다. 또 거기 땅 밑 구덩이에는 엘람 왕의 무덤이

있고, 그 무덤 사방으로는 그의 모든 군사들의 무덤들이 즐비하게 널려있구나. 그들은 모두 할례를 받지 않은 채 칼에 찔려 죽임당한 자들로서, 이제 땅 밑 구덩이에 내려와 가만히 누워 있는 자들이로다. 그들이 살아있을 때는 세상 뭇 민족들을 벌벌 떨게 하였으나, 이제는 구덩이로 내려온 다른 모든 자들과 함께 다만 수치를 뒤집어쓴 채 가만히 누워 있구나. 엘람 왕의 침상은 칼에 찔려 죽임당한 자들 가운데 놓여 있는데, 그 무덤의 사방 둘레에는 엘람 군사들의 무덤들이 널려있구나. 그들 모두는 할례 받지 않은 채 칼에 찔려 죽임당한 자들로서, 살아있을 때는 뭇 민족들을 벌벌 떨게 만든 자들이었으나, 이제는 칼에 찔려 죽은 다른 모든 자들과 함께 온갖 수치를 뒤집어쓴 채 땅 밑 구덩이에 내려와 가만히 누워 있을 뿐이로구나. 또 거기 땅 밑 구덩이에는 메섹 왕의 무덤과 두발 왕의 무덤이 있는데, 그 두 무덤 주위로는 그들 왕의 군사들의 무덤들이 사방으로 즐비하게 널려있구나. 그들 모두는 할례 받지 않은 채 칼에 찔려 죽임당한 자들로서, 살아있을 때는 뭇 민족들을 벌벌 떨게 하던 자들이로다. 그러나 이제는 할례 받지 않은 채 칼에 찔려 죽임당하여, 이미 죽어 구덩이에 내려와 있는 다른 동료 용사들과 함께 땅 밑 구덩이에 내려와 그들 가운데 가만히 누웠으니, 그것은 참으로 마땅한 일이로다! 그들 용사들은 모두 자기들의 무기를 지닌 채 땅 밑 구덩이로 내려와서는, 그 칼을 베게 삼아 누워 있으니 그 백골들이 모두 자기 죄악을 베고 누워 있도다. 그들 용사들은 살아있을 때 온갖 악한 행동으로 뭇 민족들을 벌벌 떨게 하던 자로다."

이집트 왕과 그의 무리들보다 먼저 땅 아래 구덩이 곧 무덤(스올)에 내려와 가만히 누워 있는 뭇 나라의 왕들과 용사들의 명단은 이러했다. 아시리아 왕과 그의 용사들(22-23절), 엘람 왕과 그의 용사들(24-25절), 메섹 왕과 두발 왕 및 그들의 용사들(26-27절), 에돔 왕과 그의 용사들(29

절), 시돈 왕과 그의 용사들(30절), 그리고 머잖아 무덤에 내려와 이러한 자들과 함께 눕게 될 이집트 왕과 그의 용사들(28, 31-32절). 그런데 에스겔이 보니, 이렇게 땅 아래 깊은 구덩이 곧 무덤(스올)에 누워 있는 자들의 특징은 모두 동일했다.

'저들은 할례 받지 않은 채 칼에 찔려 죽은 자들이다. 그러므로 저들은 하나님의 언약과 무관한 이방인들로서 전쟁 때 패배하여 죽게 된 것이다….'

'또한 저들은 살아있을 때는 뭇 민족들을 벌벌 떨게 만든 자들이다. 따라서 한때는 땅 위에서 크게 맹위를 떨치고 부귀영화를 누렸던 자들이지만, 이제는 다 허망하고 부질없게 되었다….'

'또한 저들은 모두가 칼을 베게 삼아 자기 죄악을 베고 누워 있는 자들이다. 칼로써 다른 이들을 무자비하게 살육하던 그 죄악의 대가로, 자신들도 다른 이들에 의해 칼에 찔려 죽임당한 죄인들이다….'

그렇다. 그들 뭇 나라들의 왕들과 용사들의 패망은 그들 스스로의 죗값에 대한 하나님의 심판으로 말미암은 것이었다.

(28-32) "그러므로 이집트 왕 곧 파라오야, 이제 너도 그들 할례 받지 않은 자들과 마찬가지로 패망할 것이니, 머잖아 땅 밑 구덩이로 내려가 칼에 찔려 죽임당한 자들 가운데 가만히 눕게 될 것이다. 또 거기 땅 밑 구덩이에는 에돔의 뭇 왕들과 그의 모든 대신들이 내려와 있구나. 저들이 한때는 강성하여 그 세력을 떨쳤지만, 이제는 칼에 찔려 죽임당한 자들 가운데 있으니, 곧 할례 받지 않은 채 땅 밑 구덩이에 내려와 있는 다른 자들과 함께 가만히 누워 있구나. 또 거기에는 북방의 모든 통치자들과 시돈 사람들이 다른 살육당한 자들과 함께 내려와 있구나. 저들이 한때는 강성하여 주변 민족들을 두렵게 하였으나, 이제는 부끄러움을 가득 품고서 할례 받지 않은

채 칼에 찔려 죽임당한 다른 무리들과 함께 누워 있구나. 그들과 함께 구덩이로 내려와 수치를 뒤집어쓴 채 가만히 누워 있구나. 그러므로 조만간 땅 밑 구덩이로 내려갈 이집트 왕이 그들 무리들을 보고 위로를 받을 것이니, 곧 칼에 찔려 죽임당할 파라오와 그의 군사들이 먼저 땅 밑 구덩이에 내려와 자신들을 기다리고 있는 세상 뭇 강대국들의 왕들과 그들의 군사들을 보고 위로를 받을 것이다. 이는 나 주 하나님의 말이다. 내가 이집트 왕의 생전에 그를 통해 세상 뭇 민족들을 두렵게 하였으나, 이제는 파라오와 그의 군대를 쳐서 저들로 할례 받지 않은 채 칼에 찔려 죽임당한 자들 가운데 눕게 할 것이다. 이는 나 주 하나님의 말이다."

이미 패망하여 무덤 속에 들어가 누워 있는 아시리아, 엘람, 메섹과 두발, 에돔, 시돈 등에 이어, 이제 머잖아 이집트도 이들 나라들과 똑같은 신세가 될 것이었다. 즉, 할례 받지 않은 채 칼에 찔려 죽임 당함으로써 침묵과 어둠의 처소인 땅 아래 깊은 구덩이, 곧 무덤 속에 들어가 세상의 모든 용맹과 부귀영화를 뒤로하고는 가만히 누워 있게 될 것이다.

이제 하나님의 심판을 받고 무덤에 내려갈 이집트 왕은 자신과 같은 처지에 있는 다른 나라의 왕들을 그곳에서 보게 될 것이고, 그러면 자기 혼자만 망한 게 아니라는 사실을 알고는 스스로를 위로할 것이었다. 이런 사실은 결국 너 나 할 것 없이 다 함께 죗값을 받고 멸망의 자리에 이르게 되는 악인들의 비극적인 운명을 풍자적으로 보여주고 있다. 그래서 일찍이 시편의 시인은 이렇게 읊었다. "악인들이 잡초처럼 무성하게 돋아나고, 사악한 자들이 활짝 핀 꽃처럼 크게 번성할지라도, 결국 그들은 영영 멸망하고 말리라"(시 92:7).

33

이스라엘의 파수꾼

너를 이스라엘의 파수꾼으로 삼으니
너는 나의 경고를 전하여라
전해도 안 들으면 그들 책임이지만
전하지 않으면 네게 책임을 묻겠다

이스라엘의 파수꾼으로 세움 받은 에스겔 (33:1-9)

어느 날, 주님의 말씀이 에스겔에게 또 임한다. 이때에 임한 주님의 말씀은 일찍이 에스겔이 그발 강가의 델아빕(Telabib)에서 선지자의 소명을 받을 때 받은 말씀과 대동소이하다(겔 3:16-21, 주전 593년경). 요점은, 선지자의 역할은 마치 '파수꾼'과 같으니, 파수꾼으로서의 임무를 잘 감당해야 한다는 것이다.

(2-6) "너 사람의 아들아, 너는 네 동족에게 이렇게 전하여라. 가령 내가 어떤 나라를 칼로 칠 때, 그 나라 사람들이 자기 백성 가운데 한 사람을 뽑아 파수꾼으로 세워 놓았다고 하자. 그 파수꾼이 망을 보고 있다가, 적군이 쳐들어오는 것을 보고는 나팔을 불어 자기 백성들에게 경고하였으나, 그 나팔소리를 듣고도 파수꾼의 경고를 받아들이지 않은 채 그냥 방심하고 있다가 적군의 칼에 찔려 죽는다면, 그 책임은 죽은 사람 자신에게 있다. 만일 그가 파수꾼의 나팔소리를

듣고 그 경고를 받아들여 대비하였더라면, 그는 자기 목숨을 건질 수 있었을 것이지만, 나팔소리를 듣고도 대비하지 않았기 때문에 적군의 칼에 죽고 말았으므로 그 피의 책임이 온전히 자기 자신에게 있는 것이다. 그러나 파수꾼이 망을 보다가 적군이 쳐들어오는 것을 보고도 나팔을 불어 경고하지 않으므로, 백성들 가운데 누군가가 적군의 칼에 찔려 죽게 된다면, 그 사람은 자기 죄 때문에 그렇게 죽는 것이지만, 그러나 그 사람의 죽음에 대한 책임을 내가 파수꾼에게 묻겠다."

파수꾼은 성벽의 높은 곳에 서서 적의 동태를 면밀히 감시하는 사람이다. 이들의 임무는 위험한 상황이 일어날 때 성읍 안의 백성들에게 그 상황을 즉시로 알려주는 일이었다. 하나님은 에스겔이 바로 이처럼 파수꾼 같은 임무를 잘 수행하여, 이스라엘 백성들이 하나님의 뜻에 따르지 않을 때 맞이하게 될 위험하고 비극적인 상황을 강력하게 경고해 주기를 원하셨다. 이제 하나님께서는 보다 구체적으로 파수꾼의 역할과 책임의 한도에 대하여 일러주신다.

만일 보초병이 잠에 푹 빠져 적들이 몰래 침입하도록 허용했다면, 지휘관은 그에게 책임을 물어 그를 처형시킬 것이다. 마찬가지다. 이스라엘의 파수꾼으로 임명받은 에스겔은 다가올 하나님의 심판에 대해 백성들에게 나팔을 불어야 한다. 즉, 경고의 메시지를 힘차게 선포해야만 한다. 이는 파수꾼이 적군의 침공에 대해 나팔을 불어 성읍 백성들에게 대비하도록 하는 것과 같다.

만일 에스겔이 이런 역할을 감당하는 데 실패한다면, 그는 이후 일어난 사태에 대하여 책임을 져야만 한다. 나팔을 불지 않음으로써, 곧 경고의 메시지를 선포하지 않음으로써 백성들로 하여금 다가올 심판에 대비할 기회를 주지 않았기 때문이다. 하지만 에스겔이 나팔을 부는 파수꾼의 역할을 잘 감당했음에도 불구하고, 백성들이 그 경고를 무시한 채 대비하지 않았다면, 에스겔로서는 책임을 질 필요가 없다. 그는 파수꾼으로서의 역할을 충실히 감당했기 때문이다. 이런 점에서 이스라엘의 파수꾼으로 임명받은 에스겔 선지자는 그 백성의 운명에 대해 막중한 책임을 진 자였다. 이 같은 사실이 계속해서 거듭 강조되고 있다. 아래의 말씀을 찬찬히 읽어보자.

(7-9) "너 사람의 아들아, 내가 너를 이스라엘 족속의 파수꾼으로 세운 것이 이와 똑같다. 그러므로 너는 내가 하는 말을 잘 듣고, 나를 대신하여 이 백성들에게 그대로 경고해주어야 한다. 가령 내가 악인에게 이르기를 '악한 자야, 네가 반드시 네 죄악 가운데 죽고 말 것이다!'라고 하였다 하자. 이때 너는 그 악인에게 그 사실을 경고해주어야 한다. 만일 네가 말하지 않아서, 그 악인이 자신의 악한 길에서 돌이키지 않았다면, 그 악인은 자신의 죄로 인해 죽게 되겠지만, 그의 죽음에 대한 피의 책임을 내가 너에게 묻겠다. 그러나 네가 그 악인에게 경고하여 그의 악한 길에서 돌이켜 떠나라고 일러주었는데도, 그 악인이 자신의 악한 길에서 돌이켜 떠나지 않았다면, 그 악인은 자신의 죄로 인해 죽을 것이지만, 너는 파수꾼의 임무를 다했으므로 네 목숨을 보존할 수 있을 것이다."

책임은 개인적이고, 구원은 현재적임 (33:10-20)

(10-11) "그러므로 너 사람의 아들아, 너는 이스라엘 족속에게 이렇게 전하여라. 그들이 말하기를 '우리의 죄악과 허물이 우리를 무겁게 짓누르고 있으므로, 우리가 그 가운데서 기력이 다해 죽어가고 있는데, 우리가 어떻게 살 수 있겠는가?'라고 한다. 그러니 너는 그들에게 이렇게 말하라. '주 하나님께서 말씀하신다. 내가 나의 살아있음을 두고 맹세하건대, 나는 악인이 그 죄악 가운데 죽는 것을 조금도

기뻐하지 않는다. 도리어 나는 아무리 악인이라 할지라도, 그가 자신의 악한 길에서 돌이켜 떠나 사는 것을 진실로 기뻐한다. 그러므로 돌이키라! 이스라엘 족속아, 돌이키라! 너희의 악한 길에서 속히 돌이켜 떠나라! 어찌하여 너희가 스스로 죽으려 하느냐!'"

하나님께서는 에스겔에게 자신의 본심을 말씀하신다. 비록 악인일지라도 그가 죄 가운데서 죽는 것을 절대로 기뻐하지 않으신다는 것이다. 모든 죄와 그 죄의 비극적인 결과는 하나님을 슬프게 하고 근심케 한다. 본래부터 하나님은 심판이 아니라 은혜를 베풀기 위해 세상과 사람을 창조하셨다.

그래서 하나님은 악인일지라도 죄 가운데서 죽는 것을 결코 기뻐하지 않으신다. 그럴지라도 하나님은 죄를 못 본 채 간과하지 않으신다. 하나님께서 그렇게 하신다면, 죄는 마침내 모든 사람과 자연을 완전히 파멸시킬 것이기 때문이다. 그러므로 끝까지 죄를 고집하는 악인에게 하나님의 심판과 징벌은 어쩔 수 없는 최후의 방법이다.

그러나 언제든지 악인이 자신의 죄에서 돌이켜 회개한다면, 하나님은 기꺼이 징벌을 거두시고, 그를 구원과 회복의 길로 인도하신다. 하나님은 악인이 죄 가운데서 죽는 것을 결코 기뻐하지 않으시고, 죄에서 돌이켜 사는 것을 정녕 기뻐하시기 때문이다. 이것이 하나님의 본심이다. 선지자로 부름 받은 에스겔은 하나님의 이 같은 본심을 깨닫고, 맡은바 파수꾼의 임무를 충실히 감당해야만 했다.

(12-16) "너 사람의 아들아, 너는 또 네 민족 이스라엘 백성들에게 이렇게 전하여라. 아무리 의인이라 해도 그가 현재 죄를 짓고 있으면, 지난날 그의 의로움이 그 사람을 구원하지 못한다. 또한 아무리 악인이라 하더라도 그 악인이 현재 자기 죄에서 돌이켜 모든 악에서 떠나 있으면, 지난날 그의 죄악이 그 사람을 넘어뜨리지 못한다. 그러므로

의인이라 하더라도, 그가 현재 죄를 짓고 있으면 그는 그 죄로 인해 죽을 것이고 지난날의 의로 인해 살 수 없다. 가령 내가 의인에게 말하기를 '너는 반드시 살 것이다!'라고 하였다 하자. 그런데 그가 스스로 자기 의로움을 의지하고 죄를 짓는다면, 지난날 그의 의로운 행실들은 하나도 기억되지 않고, 오직 그는 자기가 지은 그 죄악으로 인해 죽고 말 것이다. 또 가령 내가 악인에게 말하기를 '너는 반드시 죽을 것이다!'라고 하였다 하자. 그런데 그가 돌이켜 자신의 죄악을 떠나 공법과 공의를 행하여, 가난한 자의 전당물을 도로 내주고, 강제로 빼앗은 물건들을 되돌려 보내며, 생명으로 인도하는 법령을 따라 살면서 다시는 죄를 짓지 않는다면, 그 악인은 정녕 살 것이고 죽지 않을 것이다. 그렇다. 그 악인이 지난날 저질렀던 온갖 죄악과 불의가 하나도 기억되지 않을 것이니, 그가 반드시 살 것이다. 그것은 그가 현재 공법과 공의를 따라 올바로 살고 있기 때문이다."

구원의 현재성(現在性)에 관한 언급이다. 어느 한 사람이 구원을 받느냐, 그렇지 않느냐 하는 것은, 그의 과거나 미래에 의해 결정되는 것이 아니라 그의 현재에 의해 결정된다는 말이다. 따라서 과거에 의인이었다 해도 현재에 악인이면 그는 구원을 받지 못하고, 과거에 악인이었다 해도 현재에 의인이면 그는 구원을 받는다.

그런데 여기서 주목해야 할 점이 있다. 여기서 말하는 '의인'은 구약적인 개념으로서 자신의 옳은 행실에 기초한 율법상의 의인을 말한다. 그러한 의인이 현재에 타락하여 죄를 범하고 있다면, 과거에 행한 그의 의로운 행위들이 그를 구원해내지 못할 것이라는 뜻이다. 그렇지만 신약적인 개념에서의 의인, 곧 하나님께 선택받아 예수 그리스도를 믿음으로써 의롭다고 칭함을 받은 성도에게 있어 구원은 언제나 흔들림 없는 영원한 구원이다. 예수 그리스도의 십자가 보혈의 공로에 기초한 그 구원은 세상의 그 무엇일지라도 그의 구원을 앗아갈 수 없다(롬

8:31-39).

(17-20) "그런데도 네 동족 이스라엘 백성은 말하기를 '주께서 행하시는 일이 공정하지 않다!'라고 한다. 그러나 사실은 공정하지 않은 것은 내가 아니고 바로 그들이다. 만일 지난날 올바로 살았던 의인이라도 돌이켜 자기 의로움에서 떠나 현재 불법과 불의를 행하고 있다면, 그는 자기 죄로 인해 죽을 것이다. 그리고 만일 지난날 그릇되게 살았던 악인이라도 돌이켜 자기 죄악에서 떠나 현재 공법과 공의를 행하고 있다면, 그는 자신의 의로운 행실로 인해 살 것이다. 그런데도 너희가 이르기를 '주께서 행하시는 일이 공정하지 않다!'라고 하겠느냐. 이스라엘 백성들아, 나는 너희들 각자가 행한 대로 각 사람을 심판할 것이다."

이스라엘 백성들은 자신들이 아브라함의 후손으로서 하나님께 택함받은 선민(選民)임을 자랑하였고, 이런 이유에서 그들은 결코 자신들이 하나님께 심판받거나 멸망당하지 않을 것이라고 확신하고 있었다. 그런데 하나님께서 그런 혈통을 떠나, 또한 과거의 행위를 떠나, 현재의 옳고 그름에 따라 '그 행위대로' 사람을 심판하신다고 하니, 그게 참으로 공정하지 않다고 불평한 것이다. 그러나 사실은 그게 진실로 공정한 것이었다. 나라와 민족과 혈통을 떠나, 또한 남녀노소와 빈부귀천을 떠나, 누구든지 현재 옳은 일을 행하고 있다면 그는 살 것이고, 현재 악한 일을 행하고 있다면 그는 죽을 것이기 때문이다.

예루살렘의 함락과 그 땅의 남은 자들에 대한 심판 (33:21-29)

때는 에스겔 일행이 유다 왕 여호야긴과 함께 바빌로니아 땅에 포로로 사로잡혀 온 지 12년째 되는 해의 10월 5일이었다. 바빌로니아의 제2차 유다 침공 때(주전 597년) 유다 왕 여호야긴과 에스겔 일행이 사로잡혀 바빌로니아 땅에 포로로 잡혀왔으므로, 그로부터 12년째 되는 해는 주전 585년이다. 그리고 이 해의 10월 5일은 바빌로니아의 제3차 유다 침공으로 예루살렘이 함락된 지 1년 6개월가량이 지난 때였다. 예루살렘은 주전 586년 4월 9일에 함락되었기 때문이다(왕하 25:3-5; 렘 39:2).

"아, 아, 선지자님! 예루살렘 성읍이 결국 함락되고 말았습니다! 그리고 도성 안의 성전은 철저하게 파괴되고, 궁궐은 완전히 불타버렸습니다."

"그, 그게, 정말이오? 언제 예루살렘이 함락되었습니까? 언제요?"

"지금으로부터 벌써 1년 6개월이나 지났습니다. 그러니까 작년 4월 9일에 성벽이 뚫려 예루살렘이 무너지고 말았습니다."

예루살렘이 함락될 때, 거기서 도망쳐 나온 어떤 사람이 바빌로니아 땅 그발 강가의 델아빕에 있는 에스겔을 찾아와 예루살렘 도성이 함락되었다는 소식을 전해주었다. 예루살렘에서 바빌로니아까지는 멀고도 먼 거리였기에 그 소식이 한참 후에야 전해진 것이다. 그런데 예루살렘에서 도망쳐 나온 그 사람이 에스겔을 찾아와 그 소식을 전해주기 전날 저녁에, 주님의 권능의 손이 에스겔에게 임하여 그의 입을 열어주셨다.

그리하여 다음날 아침에 그 사람이 에스겔을 찾아와 예루살렘 함락 소식을 전해주었을 때, 에스겔은 입이 열려 다시금 자유롭게 말할 수 있었고, 더 이상 침묵 가운데 있지 않았다. 이 말은 이전에는 에스겔이 입을 닫고 침묵했다는 뜻이 아니라, 그 이후로 더욱 담대하고 자유롭게 하나님의 말씀을 선포했다는 뜻이다. 아닌 게 아니라, 바로 그때에 주님의 말씀이 에스겔에게 강하게 임한다.

(24-26) "너 사람의 아들아, 지금 이스라엘의 황폐한 땅에 살아남은 자들이 이렇게 떠들어대고 있다. '우리 조상 아브라함은 단지 한 사람뿐

인데도 이 땅을 얻어 차지하였다. 그런데 지금 우리는 얼마나 숫자가 많은가! 그러니 이 땅은 확실히 우리가 차지하여 우리 소유로 삼으라고 주신 것이다!' 그러므로 너는 그들에게 전하여라. 주 하나님께서 말씀하신다. 보라, 너희가 짐승의 고기를 피째로 먹고, 온갖 우상들에게 한눈을 팔며, 죄 없는 사람들을 죽여 그 피를 흘리고 있으니, 그러면서도 어찌 그 땅을 차지하려고 한단 말이냐? 또 너희가 칼을 의지하고, 가증스러운 짓을 행하며, 저마다 이웃의 아내를 탐하여 더럽히고 있으니, 그런데도 어찌 그 땅을 차지하려고 한단 말이냐?"

예루살렘이 함락된 이후에도, 이스라엘 백성들은 여전히 가나안 땅을 소유할 수 있다고 생각했다. 멸망과 폐허의 와중에서도 가나안 땅에 남아있는 이스라엘 백성들은 그 땅이 자신들의 기업이 될 것이라고 떠들어댔다. 그 이유는, 자신들은 아브라함의 후손들로서 혼자였던 아브라함보다 더욱 많은 무리를 형성하고 있기에 마땅히 가나안 땅의 상속자가 될 수 있다고 생각한 것이다.

하지만 그들은 한 가지 중요한 차이점을 간과했다. 그것은, 아브라함은 의로운 자로 인정받은 반면, 그들은 전혀 그렇지 않았다는 사실이다. 당시 그 땅에 살아남은 자들은 부정(不淨), 우상숭배, 살인, 폭력, 간통 등 온갖 가증스러운 죄악을 범하고 있었다. 그러니 그들은 그 언약의 땅을 상속할 수 없었다. 상속은커녕 도리어 하나님의 징벌을 면할 수 없었다. 이제 그런 사실을 선포하신다.

(27-29) "그러므로 너는 그들에게 또 전하여라. 주 하나님께서 말씀하신다. 내가 나의 살아있음을 두고 확실히 맹세하건대, 저 폐허의 땅 가운데 살아남은 자들은 칼에 찔려 죽을 것이고, 시골 들판에 살고 있는 자들은 들짐승들에게 찢겨 죽을 것이며, 산속이나 동굴 속에 숨어 사는 자들은 전염병에 걸려 죽을 것이다. 내가 너희들이 살고

있는 그 땅을 심히 놀랄 정도로 더욱 황무지로 만들어, 너희들의 교만한 권세를 완전히 꺾어버릴 것이니, 그때에 이스라엘의 모든 산들은 아주 황폐하게 되어 그리로 지나다니는 사람들이 아무도 없을 것이다. 이처럼 내가 너희들이 저지른 온갖 가증한 죄악을 물어, 너희 땅을 무시무시할 정도로 황무지와 폐허로 만들어놓으면, 그때에야 너희가 나를 주인 줄 알 것이다."

예루살렘 함락 이후에도 그 유다 땅에 살아남아 온갖 가증스러운 죄악을 저지르고 있는 자들은 그 죄악의 대가로 칼, 들짐승, 전염병 등에 의해 죽고 말 것이었다. 그리고 무너져 폐허가 된 그 땅은 무시무시할 정도로 더욱더 황무지가 되어 사람의 인적조차 끊기고 말 것이었다. 그렇게 하나님께서는 그 땅에 살고 있는 교만한 자들의 자랑과 권세를 완전히 꺾어버리실 것이었고, 그제야 사람들은 주께서 그 땅과 그 땅의 악한 자들을 징벌하시고 심판하셨음을 비로소 깨닫게 될 것이었다.

한편, 이런 사실을 두고 하나님께서는 자신의 살아있음을 두고 맹세하셨다(27절). 사람들은 자신의 맹세가 틀림없다고 확증할 때 '하나님의 이름으로' 최종 맹세하였다. 그러나 하나님은 자신보다 더 권위 있는 대상을 찾을 수 없기에, 결국 자신의 이름이나 살아있음을 두고 맹세할 수밖에 없는 것이다. 그리고 그런 맹세는 추호도 의심할 여지 없이 확실하고 불변한 것이다.

바빌로니아 땅의 포로 된 자들에게 주는 교훈 (33:30-33)

(30-33) "너 사람의 아들아, 네 동족이 담 밑이나 대문간에 앉아 네 이야기를 주고받으면서 자기들끼리 서로 말하기를 '그 선지자를 찾아가서, 주께서 그에게 무슨 말씀을 하셨는지 들어나 봅시다.'라고 한다. 이렇듯 백성들이 함께 모여서 너를 찾아와서는 네 앞에 앉아

부지런히 네 말을 듣는다. 그러나 그들은 네게서 들은 말을 실천에 옮기려고 하지는 않는다. 그들이 입으로는 네 말에 열심히 맞장구를 치면서도, 마음으로는 각자 자신들의 탐욕을 추구하고 있기 때문이다. 사실, 그들은 너를 악기를 잘 다루고 듣기 좋은 고운 목소리로 사랑의 노래를 부르는 사람쯤으로 여기고 있다. 그렇기에 단지 네 말을 듣기만 할 뿐이고, 네 말대로 실천하지 않는 것이다. 그러나 머잖아 네가 말한 모든 일들이 이루어질 날이 올 것이니, 그때가 되면 그제야 그들은 자기들 가운데 한 선지자가 있었다는 사실을 비로소 깨닫게 될 것이다."

당시 바빌로니아 땅의 포로 된 이스라엘 백성들은 에스겔 선지자의 예언 말씀을 즐기면서도, 그 말씀에 순종하지는 않았다. 하나님의 심판을 외치는 선지자의 예언 메시지가 자신들에게는 적용되지 않는다고 생각했기 때문이다. 즉, 그들은 자신들을 죄 많은 존재로 인정하기를 거부했고, 따라서 말씀에 따라 회개할 필요성을 느끼지 않았다. 그래서 그들은 에스겔의 메시지를 그저 운율을 타고 흐르는 노래로서 즐기기만 했다. 당시 선지자들은 자신들의 예언을 종종 시적 운율(韻律, 리듬)에 맞춰 노래하듯이 말하곤 했기 때문이다.

이처럼 선지자의 예언 메시지가 자신들에게는 해당되지 않는다는 교만한 마음을 가지고 있었기에, 그들은 처음부터 예언의 메시지에 순종할 마음이 없었다. 하지만 후일에 에스겔 선지자의 예언이 자신들에게 적용되어 그대로 전부 이루어지는 것을 보게 되면, 그제야 그들은 자신들 가운데 참된 하나님의 선지자가 있었다는 사실을 비로소 깨닫게 될 것이었다. 심판을 받기 전에 깨닫지 못하고, 심판을 받은 후에야 뒤늦게 깨닫게 될 것이었다. 매를 피할 수도 있었건만, 목이 뻣뻣하여 기어코 매를 버는 완악하고 어리석은 자들이었다.

34

두 목자

주께서 당신의 양 떼 돌보시리라
흩어진 양들을 찾아 모으시리라
풍성한 초원으로 인도하여 먹이시고
다친 양들을 싸매 고쳐주실 것이다

이스라엘의 거짓 목자들 (34:1-10)

언젠가 하루는 주님의 말씀이 또 에스겔에게 임한다. 이번에는 이스라엘의 왕과 백성을 '목자와 양 떼'에 비유하여 교훈하는 말씀이다. 목자와 양 떼의 풍습은 유목민 문화에 익숙한 이스라엘 사회에서 아주 친숙한 그림이다.

(2-6) "너 사람의 아들아, 너는 이스라엘의 목자들을 쳐서 예언하라. 그들을 대적하여 예언하며 이렇게 말하라. 주 하나님께서 말씀하신다. 양 떼를 내팽개치고, 자기 자신만 돌보는 이스라엘의 목자들에게 재앙이 임할 것이다! 목자들이란 마땅히 자기 양 떼를 돌보는 자들이 아니냐. 그런데도 너희 목자란 자들이 자기 양 떼 가운데 살찐 양을 잡아 그 기름진 고기를 먹고, 그 양털로 자기 옷을 지어 입지만, 정작 자기 양 떼를 먹이지 않는다. 너희가 또 너희 양 떼 가운데 연약한 것을 잘 돌보아 튼튼하게 기르지 않았고, 병든 것을 고쳐주지 않았으며,

다친 것을 싸매어주지 않았고, 흩어진 것을 모아들이지 않았으며, 잃어버린 것을 찾지도 않았다. 단지 너희는 거칠고 난폭하게 네 양 떼를 마구 다루었다. 이처럼 목자가 돌보아주지 않으므로 양들이 여기저기 흩어졌고, 그렇게 흩어진 양들은 온갖 들짐승들의 먹이가 되었다. 내 양 떼가 길을 잃어 모든 산들과 모든 높은 언덕들에 흩어져 헤매고 있고, 내 양 떼가 갈 길을 몰라 온 땅의 사방 곳곳에 흩어져 헤매고 있는데도, 너희 목자란 자들은 아무도 그 양들을 찾지 않았고 또 찾으려 하지도 않았다."

여기서 '이스라엘 목자들'은 이스라엘의 정치적, 종교적 지도자들을 가리킨다. 왕, 고위 관료, 방백, 제사장, 선지자 같은 자들이 해당된다. 목자는 양 떼를 돌보고 책임지는 사람이었기에, 통상 백성들을 이끄는 '지도자'의 이미지와 결부되었다. 당시 이스라엘에는 많은 목자들이 있었지만, 참된 목자들이 없었다. 대부분 악한 목자들뿐이었다. 그래서 양 떼들은 목자들에게서 적절한 돌봄을 받지 못한 채 학대를 받고 사방으로 흩어져 마침내 들짐승의 밥이 되고 말았다.

물론 이것은 비유다. 풀이하자면, 이스라엘의 악한 지도자들은 백성들을 제대로 보살피거나 올바로 인도하지 않았고, 도리어 그들을 압제하고 착취하여 자신들의 배만 채웠다. 그 결과, 이스라엘 백성들은 외세의 침략을 받고 그들의 포로가 되어 사방으로 끌려가 온 세상 도처에 흩어지고 말았다. 실제로 에스겔 당시에 여호아하스, 여호야김, 여호야긴, 시드기야 같은 악한 왕들을 비롯하여 타락한 제사장들과 거짓 선지자들은 백성들을 돌보기는커녕 착취하여 자기들의 배만 불리다가, 결국 바빌로니아의 침공을 받아 나라를 망치고 백성들을 포로로 내주게 된다.

(7-10) "그러므로 너희 이스라엘의 목자들아, 주의 말씀을 똑똑히 들어라. 주 하나님께서 말씀하신다. 내가 나의 살아있음을 두고 확실히

맹세하건대, 내 양 떼가 원수들에게 약탈을 당하고, 온갖 들짐승들에게 잡혀 먹이가 된 것은 목자가 없기 때문이다. 내 목자라는 자들이 자기 배만 채우고, 내 양 떼를 굶기고 돌보지 않았다. 그러므로 너희 목자들아, 주의 말씀을 똑똑히 들어라. 주 하나님께서 말씀하신다. 이제 내가 그런 거짓 목자들을 대적하여 심판할 것이다. 그래서 그들의 손에서 내 양 떼를 찾아올 것이니, 이후로 그들은 더 이상 내 양 떼를 칠 수 없을 것이요, 또한 더 이상 자기 자신의 배도 채울 수 없을 것이다. 내가 그들의 입에서 내 모든 양 떼를 건져내어서, 다시는 그들의 밥이 되지 못하게 할 것이기 때문이다."

이제 하나님께서는 이스라엘의 목자들을 정죄하면서 그들에게 엄중히 책임을 물으신다. 두말할 필요도 없이 이스라엘의 목자들은 자신들에게 맡겨진 백성들을 잘 인도하고 돌보도록 하나님에 의해 부름을 받고 기름부음을 받아 세워진 지도자들이다. 따라서 이스라엘의 목자들인 지도자들(왕, 방백들, 제사장들, 선지자들)은 맡겨진 백성들을 잘 다스리고 돌봄으로써 그들로 하여금 편안히 살게 하고 또한 하나님을 잘 섬기도록 올바른 길로 이끌어야 마땅했다.

그런데 에스겔 당시에 이스라엘의 목자들은 백성들을 학대하고 압제하고 착취함으로써 자신들의 배만 채웠다. 거짓 목자들은 많았지만, 참된 목자들이 없었다. 그 결과로 백성들은 사나운 들짐승들 같은 무자비한 대적(바빌로니아 군대)의 밥이 되었다. 따라서 이스라엘의 목자들은 백성들의 고통에 대한 책임을 응당 져야만 했고, 맡겨진 사명을 거스른 죄에 대해 하나님께 엄중한 심판을 받아야만 했다.

선한 목자이신 하나님 (34:11-16)

(11-16) "나 주가 말한다. 이제는 내가 직접 내 양 떼를 찾아서 돌보겠

다. 양 떼가 흩어져 있으면, 목자가 자기 양들을 찾아서 하나하나 다시 모아들이듯이 이제 나도 내 양들을 찾을 것이다. 먹구름이 껴서 캄캄한 날에 내 양들이 여기저기 흩어져 있으면, 내가 그 흩어져 있는 모든 곳에서 내 양들을 모두 찾아 다시 데려올 것이다. 내가 나의 양들을 온 세상 뭇 민족들 가운데서 인도해내고, 온 땅의 뭇 나라들 가운데서 모아들여, 그들을 다시 그들의 고향 땅으로 데려갈 것이다. 그리하여 이스라엘의 산에서, 시냇가와 골짜기에서, 그 땅의 모든 초원에서 내가 그들을 먹일 것이다. 풍성한 초원에서 좋은 풀로 배불리 먹이고, 이스라엘의 높은 산들 위에 그들의 우리를 만들어줄 것이니, 내 양들이 거기 안전한 우리에서 편안히 눕고 뒹굴며, 이스라엘의 높은 산들 위에서 기름진 풀을 마음껏 뜯어먹을 것이다. 나 주가 말한다. 그때에 내가 손수 내 양 떼의 목자가 되어, 내가 직접 내 양 떼를 먹이고 눕혀 그들로 편히 쉬게 할 것이다. 또 그때에 내가 잃어버린 내 양들을 찾고, 길 잃은 내 양늘을 다시 데려오며, 다친 내 양들을 싸매어주고, 병든 내 양들을 튼튼하게 기를 것이다. 그러나 이런 내 양들을 해치고 못 살게 구는 살찐 양들과 힘센 양들은 내가 다 없앨 것이니, 이렇게 나는 공의에 따라 내 양 떼를 보살필 것이다."

이제 하나님께서는 자신이 직접 이스라엘의 목자가 되어 자기 양 떼를 찾으시고 돌보시며 배불리 먹이실 것이라고 선언하신다. 이스라엘의 목자들로 세움 받은 정치적, 종교직 지도자들이 하나님의 백성을 돌보는 데 완전히 실패했기 때문에, 하나님께서 그들을 전부 심판하신 뒤에 직접 낳은 자기 백성들을 찾고 돌보시고 먹이실 것이라고 선언하신 것이다. 그리고 그때에 선한 목자이신 하나님께서는 양 떼 가운데서 다른 양들을 해치고 못살게 구는 악한 양들 곧 '살찐 양들과 힘센 양들'을 다 없앨 것이라고 하셨다(16절). 이런 양들은 부패하고 타락한 목자들(지도자들)과 야합하고 결탁하여 가난하고 힘없는 백성들의 고혈을 빨아먹

"그때에 내가 손수 내 양 떼의 목자가 되리라!"

는 사악한 지주나 악랄한 거상 같은 중간 계층의 집단을 가리킨다.

사실, 초창기의 이스라엘 백성들은 왕에 의해서가 아니라 하나님의 직접적인 율례에 의해 다스림을 받았다. 왕정정치가 아니라 신정정치였다. 그러므로 이제 이스라엘 백성들이 바빌로니아 포로 상태에서 본국으로 귀환하게 될 때에, 그들은 더 이상 왕을 갖지 못할 것이고, 오직 하나님에 의해 세움 받은 지도자를 갖게 될 것이었다. 이 같은 사실은 역사적으로 포로귀환의 시대에 스룹바벨, 에스라, 느헤미야 같은 신실한 지도자들에 의해 일부 성취되었지만, 궁극적으로 하나님의 이 약속은 장차 오실 참되고 선한 목자, 곧 '메시아'(예수 그리스도)로 말미암아 온전히 성취될 것이었다(요 10:1-21).

악한 양들에 대한 하나님의 심판 (34:17-22)

(17-22) "나 주가 말한다. 나의 모든 양들아, 내가 양과 양 사이에, 그리고 숫양과 숫염소 사이에 직접 나서서 심판하겠다. 너희 악한 양들아, 너희가 비옥한 초원에서 마음껏 풀을 뜯어먹고도 무엇이 부족해서 먹다 남은 풀을 발로 짓밟느냐? 너희가 맑은 물을 마음껏 마시고도 또 무엇이 부족해서 마시고 남은 물을 발로 휘저어 더럽히느냐? 그러니 내 양 떼는 너희가 짓밟아 놓은 풀을 뜯어먹고, 너희가 더럽혀 놓은 물을 마시고 있다. 그러므로 주 하나님께서 그들 악한 양들을 향해 말씀하신다. 이제 나 주, 곧 내가 살찐 양들과 여윈

양들 사이에서 심판하겠다. 보라, 너희 악한 양들은 병들고 허약한 양들을 옆구리와 어깨로 밀어내고 또 뿔로 들이받아서, 그 연약한 양들을 바깥으로 쫓아내 흩어지게 하였다. 그러므로 내가 나의 연약한 양들을 구해내고 돌봐주어서 그 양들이 다시는 너희에게 약탈당하지 않게 할 것이니, 그때에 내가 몸소 양과 양 사이에서 심판하겠다."

본문은 양 떼 가운데서 '악한 양'들에 대한 하나님의 심판 선포다. 여기서 악한 양들은 살찌고 힘센 양들로 묘사되었고, 그렇지 않은 양들은 야위고 병들고 허약한 양들로 묘사되었다. 살찌고 힘센 양들은 부패하고 타락한 목자들(지도자들)과 야합하고 결탁하여 일반 백성들에게 갖은 횡포를 부리면서 그들의 고혈을 쥐어짜는 사악한 부유층과 세도가들을 가리키고, 야위고 병들고 허약한 양들은 그런 자들에게 착취를 당하여 도탄에 빠진 일반 서민층과 빈민층을 가리킨다.

이처럼 살찌고 힘센 양들이 약하고 병든 양들에 대해 온갖 횡포를 부릴 수 있었던 이유는 부패하고 타락한 목자들의 비호나 방관이 있었기 때문이다. 하지만 선한 목자이신 하나님께서는 살찐 양들과 여윈 양들 사이에서 공의로 심판하실 것이다. 그 결과, 힘없고 병든 양들을 못살게 굴고 들이받는 살찌고 힘센 양들은 우리에서 모두 쫓겨나고, 야위고 병들고 허약한 양들은 더 이상 약탈당하지 않고 목자의 따스한 보살핌을 받게 될 것이었다. 과연 후일에 이 땅에 오신 선한 목자 예수님은 부패하고 타락한 지도층 사람들을 물리치시고, 힘없고 소외되고 병든 자들의 친구가 되셔서 그들을 자상하게 돌봐주시고 고쳐주셨다(마 9:10-13).

참된 목자 다윗과 영원한 평화의 언약 (34:23-31)

(23-24) "그날에 내가 한 목자를 내 양들 위에 세워서 내 양 떼를 돌보게 할 것이니, 그 목자는 곧 내 종 다윗이다. 그가 내 양 떼를

먹이고 내 양 떼의 참 목자가 될 것이다. 그때에 나 주는 내 양들의 하나님이 되고, 내 종 다윗은 내 양들의 왕이 될 것이다. 이는 나 주의 말이다."

이스라엘의 악한 목자들과 양들을 쫓아내시고 심판하신 뒤, 하나님께서는 '다윗'을 세워 이스라엘의 참 목자요 왕이 되게 하실 것이라고 약속하신다. 당연히 독자들은 이런 의심이 들 것이다.

'다윗? 다윗이라고? 에스겔 당시는 주전 6세기 말엽이고, 다윗은 주전 10세기 말엽의 인물로서, 그는 이미 400여 년에 죽은 인물이 아닌가? 그런데 어떻게 오래전에 죽은 다윗이 이스라엘의 목자가 다시 될 수 있는 것인가?'

물론 그렇다. 그래서 당시의 유대인들 역시 하나님의 이 약속이 정말로 죽은 다윗이 다시 살아나 이스라엘의 목자와 왕이 될 것을 의미하는 것이 아니라는 사실을 잘 인식하고 있었다. 그들은 이 약속이 다윗의 후손으로서 장차 유대인의 왕으로 오실 '메시아'에 관한 약속이라는 사실을 알아차렸다. 왜냐하면 유대인들에게 있어 어떤 사람의 이름은 단지 그 사람의 정체성뿐만 아니라, 그 사람의 인격과 속성까지도 포함하는 것이었기 때문이다. 그러므로 이 예언에서 '다윗'이란 이름은 다윗의 후손을 가리키는 것이고, 나아가 다윗처럼 하나님의 마음에 합한 자를 가리키는 말이다.

(25-31) "그날에 내가 또 내 양들과 영원한 화평의 언약을 맺고, 그 땅에서 모든 악한 짐승들을 없애버릴 것이니, 그러면 내 양들이 광야에서도 평안히 살고 숲속에서도 안심하고 잠잘 수 있을 것이다. 그때에 내가 또 내 양들에게 복을 내리겠고, 내 양들의 우리가 있는 내 산의 사방 모든 곳에도 복을 내려 때마다 비를 내려줄 것인데, 복된 소나기를 흠뻑 내려줄 것이다. 그렇게 되면, 들판의 모든 나무들이

주렁주렁 많은 열매를 맺고, 땅은 그 소산물을 풍성하게 내어줄 것이므로, 내 양들이 자기들의 땅에서 편안히 살 수 있을 것이다. 그날에 내가 내 양들의 목에 메인 멍에를 부러뜨리고, 내 양들을 종으로 삼아 부렸던 압제자의 손에서 내 양들을 모두 해방시키면, 그때에야 그들은 내가 '주'인 줄 비로소 알게 될 것이다. 이후로 내 양들이 다시는 다른 이방 민족들에게 약탈당하는 일이 없겠고, 더 이상 사나운 들짐승들에게 잡아먹히는 일도 없을 것이다. 내 양들은 자기들의 땅에서 아무 두려움 없이 편안히 살겠고 더 이상 놀랄 일도 없을 것이다. 그때에 내가 내 양들을 위하여 온갖 곡물들이 잘 자라는 기름진 땅을 마련해줄 것이니, 그들이 더 이상 흉년의 굶주림으로 고통당하는 일이 없을 것이고, 다시는 다른 이방 민족들에게 비웃음을 당하는 일도 없을 것이다. 그때에야 내 양들은 나 주 그들의 하나님이 그들과 함께 있는 줄을 알게 될 것이고, 또한 그들 이스라엘 족속이 바로 내 백성인 줄을 비로소 깨닫게 될 것이다. 이는 나 주 하나님의 말이다. 너희는 내가 돌보는 내 양 떼요, 내 초원 위를 뛰노는 내 백성이다. 그리고 나는 너희 하나님이다. 이는 나 주 하나님의 말이다."

출애굽 이후 하나님과 이스라엘 백성은 시내산 아래에서 언약을 맺었다(출 24:1-11). 그 언약의 핵심은 이것이다. 이스라엘 백성은 오직 주(여호와)만을 자신들의 유일한 하나님으로 영영 섬기겠다는 것이고, 그러면 하나님은 이스라엘 백성을 자기 백성으로 삼아 영원토록 지키고 돌봐주시겠다는 것이었다.

그런데 이후 이스라엘 백성은 그 언약을 깨뜨리고 하나님을 떠나 이방 신들을 섬겼다. 이에 하나님께서는 크게 진노하셔서 그 백성을 징벌하셨다. 하지만 하나님까지 언약을 저버리신 것은 아니었다. 하나님께서는 '다윗' 곧 다윗의 혈통을 좇아 이 땅에 오실 '메시아'를 통해 그 언약을 온전히 지키셨다. 메시아로 인해 다시 새롭게 된 그 언약이 바로 '새 언약'이고(렘 31:31-35; 눅 22:20; 히 9:15) '영원한 화평의 언약'이다(사 54:10; 55:3; 렘 32:40; 겔 16:60; 34:25; 37:26; 히 13:20).

이처럼 참 목자인 '다윗' 곧 '메시아'로 인해 주어진 새 언약 곧 영원한 화평의 언약 아래에서 하나님의 백성은 영육(靈肉) 간에 풍요로움과 평안함을 누릴 것이었다. 더 이상 이방 민족에게 약탈당하는 일이 없겠고, 흉년의 굶주림으로 고통당하는 일도 없을 것이다. 그들이 거주하는 온 사방 들판에는 복된 소나기가 때마다 내려 온갖 열매들이 주렁주렁 맺힐 것이고, 기름진 논밭에서는 온갖 곡물들이 풍족하게 자라날 것이다.

그러므로 참 목자인 메시아의 인도를 받는 하나님의 양 떼 곧 그분의 백성들은 육적인 풍요로움과 영적인 평강을 마음껏 누리며 복된 삶을 살아가게 될 것이었다. 장차 메시아 시대에 이 같은 일이 실현될 것인데, 궁극적으로는 메시아의 재림으로 인한 새 하늘과 새 땅에서 온전히 실현될 것이다(계 21:1-22:5).

35
에돔에 대한 심판

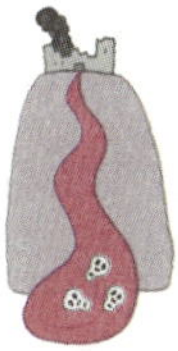

에돔이 남의 피 흘리기 좋아하더니
이제는 제가 피 흘림을 당하여
곳곳에 시체가 널브러지고
인적마저 끊어진 폐허가 되네

세일산 곧 에돔을 향한 하나님의 심판 (35:1-15)

어느 날, 주님의 말씀이 또 에스겔에게 임한다. 그것은 '에돔'에 관한 엄중한 심판의 말씀으로, 곧 그 땅이 영원히 폐허가 될 것이라는 메시지였다. 에돔(Edom)은 야곱의 쌍둥이 형인 에서(Esau)의 후손들이 세운 나라로, 사해 남동쪽에서 아카바 만(灣)까지 길게 뻗은 세일산의 산악지대에 거주하였다. 야곱의 후손들로 이루어진 이스라엘과는 형제국가였지만, 역사적으로 에돔은 이스라엘에 대해서 내내 적대적인 태도를 취해 왔다.

에돔에 대한 하나님의 심판은 앞에서도 이미 한 차례 선포되었는데(25:12-14), 여기서 또다시 심판이 선포되고 있다. 그 까닭은, 에돔 사람들은 괘씸하게도 유다의 멸망을 크게 기뻐했을 뿐만 아니라, 예루살렘 함락 이후에는 비어 있는 이스라엘의 여러 지역을 차지하여 거기에 거주하고 있었기 때문이다. 따라서 이스라엘이 회복되기 위해서는 에돔이 먼저 무너져 폐허가 되어야만 했다.

(2-4) "너 사람의 아들아, 너는 네 얼굴을 세일산 방향으로 향하고 그를 쳐서 이렇게 예언하여라. 주 하나님께서 말씀하신다. 세일산아, 이제 내가 너를 대적하여 칠 것이다. 내가 내 손을 네 위로 뻗쳐 너를 칠 것이니, 너로 황무지와 폐허가 되게 하겠다. 내가 네 모든 성읍들을 모조리 무너뜨려 너로 폐허와 황무지가 되게 할 것이니, 그제야 네가 나를 주인 줄 알게 될 것이다."

하나님께서 에돔을 쳐서 그 땅을 황무지와 폐허로 만들 것이라는 심판의 말씀이다. 그런데 '에돔' 대신에 '세일산'이라는 명칭이 사용되었다. 세일산(Mt. Seir)은 사해(死海) 남동부에서 아카바 만(灣)까지 길게 뻗은 험준한 산악지대로, 에서의 후손들인 에돔 족속의 거주지였다. 따라서 '세일산'은 곧 '에돔'을 가리키는 말로 종종 사용되었다. 계속해서 에스겔은 에돔이 그렇게 하나님께 심판받는 이유를 선포하고 있다.

(5-9) "네가 옛적부터 이스라엘에 대해 원한을 가득 품고 있더니, 그 백성들이 재앙을 당할 때 곧 그 백성들이 지은 죄로 인해 심판을 받을 때, 너는 그들을 향해 네 칼을 휘둘렀다. 그러므로 나 주가 말한다. 내가 나의 살아있음을 두고 맹세하건대, 내가 너로 피를 만나게 할 것이니, 피가 너를 계속 따라다닐 것이다. 네가 피 흘리는 일을 미워하지 않고 도리어 피 흘리는 일을 좋아하였으니, 앞으로 네게서 피 흘리는 일이 끊어지지 않고 계속 이어질 것이다. 내가 네 거처인 세일산을 완전한 폐허로 만들어 놓을 것이니, 그 땅으로 지나다니는 사람이 아무도 없을 것이다. 내가 또 네 모든 산들을 살육당한 시체들로 가득 채울 것이니, 곧 칼에 찔려 죽임당한 시체들이 네 모든 언덕과 골짜기와 시냇가에 널브러져 있을 것이다. 내가 이렇게 너를 영영 황폐하게 만들어 네 모든 성읍에서는 아무도 살아갈 수 없게 할 것이니, 그때에야 비로소 네가 나를 주인 줄 알게 될 것이다."

옛적부터 에돔 족속은 이스라엘 족속에 대하여 원한을 가득 품고 있었다. 그 발단은, 각각 그들의 조상인 쌍둥이 형제 에서와 야곱 간에 장자권(長子權)을 놓고 빚어진 분쟁 사건이었다. 즉, 이스라엘 족속의 조상인 동생 야곱이 에돔 족속의 조상인 형 에서를 속여 그에게서 장자의 명분과 축복을 빼앗은 일이 발단이 되어, 에돔 족속이 이스라엘 족속에 대해 원한을 품게 되었다(창 27장).

이 같은 옛 원한 때문에, 에돔 족속은 이스라엘 백성의 출애굽 여정을 방해한 이래로 내내 적대적인 태도를 취하다가, 마침내는 바빌로니아의 침공을 당한 이스라엘 백성이 도움을 호소할 때, 그것을 거절했을 뿐만 아니라, 도리어 바빌로니아를 도와 이스라엘을 공격하고 약탈하였다. 이처럼 하나님의 백성에 대하여 칼을 휘두름으로써 피 흘리는 일을 좋아했기에, 이제 에돔은 그 피의 대가로 자신들이 피 흘려 죽임당하게 될 것이고, 그 결과로 그들의 시체들이 에돔 땅의 모든 언덕과 골짜기와 시냇가에 널브러져 있게 될 것이었다. 그렇게 되면, 그들의 땅은 폐허가 되어 황무지로 변할 것이었다.

과연 이후로 에돔은 잦은 침략으로 인한 파괴와 지형상의 이유로 점점 황폐화되더니, 오늘날까지 여전히 황폐한 상태로 남아있다. 예루살렘 함락 이후, 오랜 세월에 걸쳐 에돔은 아랍 민족의 침공을 받았으며, 그 결과로 신약시대에는 더 이상 나라가 아니라 거대한 폐허가 되고 말았다.

(10-15) "내가 거기 이스라엘과 유다 땅에 자리 잡고 있어 그들을 돌보고 있는데도, 그때에 네가 말하기를 '아하, 이제 그 두 민족이 내 차지가 되고, 그 두 땅이 내 소유가 될 것이다!'라고 하였다. 그러므로 나 주가 말한다. 내가 나의 살아있음을 두고 맹세하건대, 네가 내 백성을 미워하고 내 백성에 대해서 분노하며 질투한 것과 똑같이

내가 네게 그대로 갚아줄 것이다. 이처럼 내가 너를 엄중히 심판함으로써 그들 가운데 나를 드러내어 그들로 내가 주인 줄 알게 할 것이다. 그때에야 너는 이전에 네가 이스라엘 산들을 가리키며 했던 말, 곧 '보라, 저 이스라엘 산들이 황폐해져서 우리 손에 넘겨졌으니, 이제 우리가 저 땅을 집어삼키자!'라고 말하면서, 이스라엘 산들을 한껏 모욕했던 네 모든 교만한 말들을 나 주가 모두 들었다는 것을 알아차릴 것이다. 그렇다. 나는 너희가 나를 거슬러 너희 입으로 건방지게 자랑하는 말을 하고, 또 나를 대적하여 여러 가지 교만한 말로 나를 모욕했던 모든 소리를 내가 다 들었다. 그러므로 나 주가 말한다. 내가 너를 쳐서 황폐하게 할 때에 온 땅이 그 일을 기뻐할 것이다. 이전에 이스라엘 족속의 땅이 황폐하게 될 때에 네가 그것을 보고 기뻐한 것과 같이, 내가 너를 황폐하게 할 때에 온 세상이 기뻐할 것이다. 세일산아, 내가 너와 에돔 온 땅을 쳐서 폐허가 되게 할 것이니, 그때에야 사람들이 내가 주인 줄 비로소 알게 될 것이다."

하나님께서 이스라엘의 죄악에 대해 바빌로니아 군대를 통해 징벌하실 때, 에돔은 그 광경을 보고 무척 기뻐하면서 여러 교만한 말로 이스라엘을 조롱하고 하나님을 모욕했다. 그때 에돔은 두 민족과 두 땅이 자신들의 차지가 될 것이라고 호언장담했다. '두 민족과 두 땅'은 에돔 족속의 관점에서 둘로 분열된 이스라엘을 묘사한 말로, 곧 북왕국 이스라엘과 남왕국 유다를 가리키는 말이다. 요컨대 이스라엘의 남북 왕국이 망하면 자신들이 그 땅을 차지할 것이라고 생각하며 좋아했던 것이다.

그러나 그것은 큰 착각이었다. 하나님께서는 이스라엘에 이어 에돔도 엄중히 심판하셔서 그 땅을 황폐하게 만들 것이기 때문이다. 그때에는 이전에 이스라엘의 멸망을 보고 에돔이 기뻐했던 것처럼, 에돔의 멸망을 보고 온 세상이 기뻐할 것이었다. 그날에 에돔은 조롱했던 대로 조롱당하고 모욕했던 대로 모욕당할 것이었다. 그렇다면 실제로 에돔 땅은 폐허가 되었는가?

그렇다. 세일산에 거주했던 에돔 족속들은 자신들의 거처가 험준한 산악지대인 데다가 온통 암반으로 이루어진 천연의 요새지대였기 때문에, 결코 외세의 침략에 멸망당하지 않을 것이라고 굳게 믿고 있었다. 하지만 에돔은 아시리아의 침공을 받아 크게 약화되었고, 바빌로니아의 침공으로 폐허가 되었으며, 이후 나바테아 사람들에 의해 쫓겨나고 말았다. 그리하여 오늘날 에돔 족속이 거주했던 세일산은 사람의 거주 흔적을 찾아보기 힘들 정도로 철저하게 황폐화되고 말았다.

에돔에 대한 하나님의 이 같은 심판은 하나님을 '주(여호와)'로 온 세상에 밝히 드러내는 일이 될 것이었다. 에돔은 이스라엘의 멸망을 크게 기뻐했고 그 백성을 조롱했으며, 심지어 그 땅까지 노렸다. 이것은, 에돔이 이스라엘의 하나님을 무시하고 업신여겼음을 뜻한다. 하나님은 어떤 경우에도 그 이름과 영광이 절대로 훼손당하지 않는 분이시다. 그리하여 하나님은 건방지고 교만한 에돔을 엄중히 심판하여 그 땅을 황폐하게 하심으로써, 이스라엘의 대적에게 심판을 베푸시는 참되고 유일한 신, 곧 '주(여호와)'이심을 온 세상에 널리 보여주셨다.

36

이스라엘의 회복

내가 너희의 죄악을 씻겨 주는 날
폐허가 된 성읍들이 새로 건설되고
메마른 땅이 다시 경작되면
그제야 너희가 나를 주로 알리라

이스라엘 땅의 회복 (36:1-15)

이스라엘의 모든 대적을 대표하는 에돔의 멸망은 곧바로 이스라엘의 회복으로 이어진다. 그리하여 에스겔은 선민(選民) 이스라엘의 회복을 힘차게 선포한다. 먼저 이스라엘 땅의 회복을 선포함으로써 이스라엘의 외적 회복을 말하고(1-15절), 이어 선민의 자격을 갖춘 이스라엘 백성의 회복을 선포함으로써 이스라엘의 내적 회복을 말한다(16-38절).

(1-7) "너 사람의 아들아, 너는 이스라엘의 산들을 향하여 이렇게 예언하여라. '오, 이스라엘의 산들아! 주의 말씀을 들어라. 주 하나님께서 말씀하신다. 네 대적이 너 이스라엘 땅에 대하여 말하기를 "하하, 옛적부터 있던 저 높은 지대가 이제 우리 차지가 되었다!"라고 하면서, 기뻐하고 있다.' 그러므로 너는 이스라엘의 산들을 향하여 이렇게 예언하여라. '주 하나님께서 말씀하신다. 너희 대적들이 사방에서 몰려와 너희를 황폐하게 만들고, 너희 온 땅을 짓밟고 삼켜서 너희로 다른 이방 민족들의 차지가 되게 하였으므로, 너희가 세상 사람들의

입에 오르내리면서 그들의 비웃음거리가 되고 말았다. 그러므로 이스라엘의 산들아, 주 하나님의 말씀을 들어라. 주 하나님께서 이스라엘의 모든 산들과 언덕들과 시내들과 골짜기들과 폐허가 된 황무지들에게, 그리고 너희 사방에 여전히 남아있는 이방 민족들에게 약탈의 대상이 되고 비웃음거리가 된 황폐한 이스라엘의 성읍들에게 말씀하신다. 내 땅 이스라엘이 망하는 것을 크게 조롱하고 심히 기뻐하면서, 그 땅을 약탈하고 빼앗아 자기들의 소유로 삼아버린 민족들 가운데 지금 남아있는 이방인들에게, 특히 에돔 족속에게, 내가 맹렬한 질투로 분노의 불길을 내뿜을 것이다. 이는 나 주 하나님의 말이다.' 그러므로 너는 이스라엘 땅에 대하여 예언하고, 또 이스라엘의 모든 산들과 언덕들과 시내들과 골짜기들에게 이렇게 전하여라. '주 하나님께서 말씀하신다. 너희가 지금껏 온 땅의 이방 민족들에게 조롱과 수치를 받아왔으니, 이제는 내가 너희를 위해 저들에게 내 맹렬한 질투와 분노의 불길을 내뿜겠다. 그러므로 내가 맹세하건대, 이스라엘의 산들아! 그동안 너를 비웃고 모욕한 네 사방의 이방 민족들이 이제는 그 모욕과 비웃음을 반드시 되돌려 받을 것이다.'"

이스라엘의 산들이나 성읍들이나 언덕들이나 시내들이나 골짜기들을 향하여 예언한다는 것은 말 그대로의 의미가 아니다. 성경의 일반적인 용례상 그 말은 이스라엘의 모든 땅을 가리키고, 나아가 그 땅에 살고 있는 '이스라엘 백성들'을 가리키는 말이다. 본문에서 하나님은 이스라엘 백성들에게 위로와 소망의 말씀을 전하신다. 그것은, 이전에는 이스라엘 백성이 온 땅의 이방 민족들에게 수치를 당하고 비웃음거리가 되었지만, 이제는 그런 사방의 이방 민족들이 수치를 당하고 비웃음거리가 됨으로써 이스라엘에 대해 퍼부었던 모욕과 비웃음을 고스란히 되돌려 받게 될 것이라는 말씀이었다.

그것은 분명 이스라엘 백성에게 위로가 되고 소망이 되는 말씀이었다.

이스라엘 사방의 이방인들은 이스라엘 백성이 하나님의 심판을 받을 때, 이스라엘 백성을 비웃고 조롱함으로써 수치와 모욕을 주었던 자들이었다. 그러나 이제 그런 자들이 하나님의 공의로운 심판을 받고 수치를 당하게 되면, 그동안 그들에게서 조롱받았던 이스라엘 백성은 충분히 위로를 받고 소망을 가질 수 있게 될 것이다. 왜냐하면 하나님의 심판은 오직 이스라엘 백성을 향한 것만이 아니라, 모든 나라들과 백성들에게 공평하게 임하는 것임을 알 수 있고, 나아가 그들 이방 나라들과 민족들에 대한 심판은 이스라엘에게 구원과 회복을 가져다줄 것이기 때문이다.

(8-15) "그러나 너희 이스라엘의 산들아, 너희는 이제 곧 고국으로 돌아올 내 백성 이스라엘을 위하여 다시 푸른 가지를 힘차게 내뻗고, 각종 과실을 풍성히 맺도록 하여라. 이제는 내가 돌이켜 너희와 함께 하고, 너희를 다시 사랑으로 돌보겠다. 그리하여 사람들로 하여금 너희를 경작하게 하고 씨를 뿌리게 할 것이다. 내가 또 너희 위에 많은 사람들 곧 이스라엘 백성들로 넘쳐나게 할 것이니, 그들이 너희의 모든 성읍들에 모여 살면서 폐허의 빈 땅 위에 새로운 건물들을 지을 것이다. 내가 너희 이스라엘 땅 위의 모든 곳에 사람들과 짐승들로 많게 하고, 더욱 불어나게 하며 심히 번성하게 할 것이다. 그리하여 내가 예전처럼 너희 위에 사람들이 정착하여 살게 하고, 오히려 예전보다 더욱 좋게 하고 더욱 잘 살게 하겠다. 그제야 너희가 나를 주인 줄 알게 될 것이다. 내가 침으로 너희 이스라엘 땅 위에 많은 사람들 곧 내 백성 이스라엘로 다시 지나다니게 할 것이다. 그때에 그들은 너희를 차지할 것이고 너희는 다시 그들의 소유가 될 것인데, 이후로 너희는 두 번 다시 내 백성 이스라엘로 하여금 그들의 자식을 다른 이방 민족들에게 빼앗기지 않게 할 것이다. 나 주 하나님이 말한다. 이스라엘 땅아, 세상 사람들이 너희를 두고 말하기를 '너는 사람들을 집어삼키는 땅이요, 자기 나라 백성을 빼앗겨버린 땅이다!' 하고,

손가락질하며 비웃는다. 그러나 이후로 너희는 더 이상 사람들을 집어삼키지 않을 것이고, 더 이상 네 나라 백성을 빼앗기지도 않을 것이다. 이는 나 주 하나님의 말이다. 이스라엘 땅아, 내가 또 이후로는 너로 하여금 더 이상 뭇 나라들의 모욕을 받지 않게 하고, 뭇 민족들의 비방을 듣지 않게 하며, 다시는 네 나라 백성을 넘어뜨리거나 빼앗기지 않게 할 것이다. 이는 나 주 하나님의 말이다."

'이스라엘 산' 곧 '이스라엘 땅'에 대한 하나님의 소망 찬 약속이다. 이전에는 그 산과 그 땅이 자기 나라의 백성을 집어삼키고 또 그 백성을 다른 나라한테 빼앗겨버린 산이요 땅이었다. 곧 자기 자식들을 잃어버리고 빼앗긴 산이요 땅이었다(12절).

이는 이스라엘 땅에서 일어난 여러 전쟁들 때문이었다. 그 전쟁들은 이스라엘의 죄악에 대한 하나님의 심판에 따른 것으로, 살육과 기근과 전염병을 초래하여 그 땅의 많은 백성들을 죽게 만들었다. 이런 의미에서, 그동안 이스라엘의 산과 땅은 자기 백성을 집어삼켰고 다른 나라한테 빼앗겼던 것이다(13절). 그 결과로 이스라엘의 산과 땅은 황폐하게 되고 말았다.

그러나 장차 그때에는 이스라엘의 산이 푸른 가지를 힘차게 내뻗고, 이스라엘의 땅이 각종 과실을 풍성히 맺을 것이었다. 그 산과 그 땅에는 자기네 백성들로 넘쳐날 것이었다. 그렇다면 그런 구원과 회복의 때는 언제인가? 바로 그 백성들이 돌아올 때로, 곧 바빌로니아 땅에 포로로 잡혀갔던 자들이 거기서 해방되어 다시금 본토 이스라엘로 돌아올 때다.

오래전부터 하나님은 선지자들을 통해 이스라엘 백성들의 본토 귀환을 거듭 약속하셨다(렘 29:14; 32:37; 겔 11:17; 20:41-43 등). 그리하여 하나님의 약속대로 이스라엘 백성들의 본토 귀환이 실현되는 그때에, 이스라엘의 산과 땅은 예전처럼 회복될 것인데, 곧 포로 귀환민들에 의해 메마른 땅이 경작되고 파괴된 성읍이 건축될 것이었다. 하나님의 이 약속은 이후 포로귀환의 시대에 부분적으로 성취되었고, 메시아 시대에 영적으로 이루어졌으며, 궁극적으로는 메시아의 재림으로 말미암는 새 하늘과 새 땅에서 최종 실현될 것이었다.

이스라엘 백성의 회복 (36:16-38)

주님의 말씀이 계속해서 에스겔에게 임한다. '이스라엘 산' 곧 '이스라엘 땅'에 대한 회복의 말씀(1-15절)에 이어, 이번에는 '이스라엘 백성'에 대한 회복의 말씀이다(16-38). 이스라엘의 온전한 회복은 그 백성에게 주어진 땅의 회복만으로는 완성될 수 없었다. 그 회복된 땅에서 살아갈 백성의 올바른 정체성 곧 하나님의 백성답게 올바른 선민의 자격을 갖출 때 비로소 완성될 수 있었다. 그래서 에스겔 선지자는 먼저 선민 이스라엘이 처한 현재의 처참한 상황을 언급한 뒤, 그럼에도 불구하고 그 백성에게 구원과 회복의 은총을 베푸시는 하나님의 강권적인 사역을 힘차게 선포하고 있다.

(17-21) "너 사람의 아들아, 이스라엘 백성이 옛적 자기들의 본래 땅에 살고 있을 때에 그들은 온갖 악한 행실로 그 땅을 심히 더럽혔다. 그래서 내가 보기에, 그때 그들의 행실은 마치 월경 중에 있는 여인의 부정함과 같았다. 그들은 죄 없는 사람들을 죽여 그들의 피로 땅을 적셨고, 온갖 이방 우상들을 섬김으로써 그 땅을 크게 더럽혔으므로, 내가 내 맹렬한 분노를 그들의 머리 위에 쏟아부었다. 그래서 내가 그들의 악한 행실대로 그들을 심판하여, 그들을 그 땅에서 내쫓아 온 세상 뭇 나라들 가운데 산산이 흩어버렸고, 온 땅의 뭇 민족들 가운데 뿔뿔이 헤쳐놓았다. 그러므로 그들이 이르는 곳마다 뭇 나라들과 민족들 사이에서 내 거룩한 이름이 그들로 인해 더럽혀졌으니, 그것은 그 땅의 사람들이 그들 이스라엘 백성을 가리켜 말하기를

'저들은 주의 백성들이라는데, 어째서 자기들의 땅을 쫓겨나야 했던 거지?' 하며, 흉을 보았기 때문이다. 이와 같이 내 백성 이스라엘이 어디를 가든지 그곳에서 나의 거룩한 이름이 더럽혀졌으므로, 내가 나의 거룩한 이름이 계속해서 더럽혀지는 것을 더 이상 그대로 두고 볼 수 없었다."

이스라엘 백성들이 자기들의 본래 땅에 살고 있을 때, 그리고 그 땅에서 쫓겨나 온 땅의 뭇 민족들 가운데 뿔뿔이 흩어졌을 때, 그들은 하나님의 거룩한 이름을 더럽혔다.

첫째, 자기들의 본래 땅에 살고 있을 때에는 그들이 거룩하신 하나님을 섬긴다고 말하면서도, 실제로는 온갖 죄악을 자행함으로써 이방인들 앞에서 하나님의 이름을 더럽혔다. 그런 더러움이 '월경 중에 있는 여인의 부정함'에 비유되었다(17절). 여성의 자연스러운 생리 현상이 구약시대의 정결례 율법에서는 부정한 것으로 간주되었나(레 15:19-24). 그 까닭은, 여성의 주기적인 생리는 자녀 출산과 밀접한 관계가 있는데, 출산에 수반되는 고통이 하와의 범죄 결과로 주어진 것이기 때문이다(창 3:16).

둘째, 이스라엘 땅에서 하나님의 이름을 더럽힌 결과로 이스라엘 백성들이 하나님의 심판을 받아 이방 땅의 포로 신세가 되었을 때, 그것 역시 하나님의 이름을 더럽히는 결과를 초래했다. 이방인들로 하여금 하나님을 자기 백성도 제대로 보호하지 못하는 무능한 신으로 생각하게 하여, 하나님을 깔보고 흉보게 만들었기 때문이다. 그래서 하나님은 자신의 거룩한 이름이 계속해서 더럽혀지는 것을 더는 그대로 두고 볼 수 없었다.

(22-25) "그러므로 너는 이스라엘 백성에게 이렇게 전하여라. 주 하나님께서 말씀하신다. 이스라엘 사람들아, 내가 너희를 다시 고국 땅으로 데리고 들어가는 것은 너희의 행실이 옳아서가 아니다. 다만

너희가 이르는 곳마다 그 땅의 이방 민족들 가운데서 더럽혀 놓은 나의 거룩한 이름을 회복시키기 위해서다. 온 땅의 뭇 나라들과 민족들 가운데서 더럽혀진 내 이름, 곧 너희가 이르는 곳마다 그들 가운데서 더럽혀진 나의 큰 이름을 내가 거룩하게 하겠다. 그래서 이제 내가 이방 민족들이 모두 지켜보는 가운데 너희를 통해 내 거룩함을 밝히 드러낼 것이니, 그때에야 온 땅의 모든 사람들이 내가 주인 줄 알게 될 것이다. 이는 나 주 하나님의 말이다. 곧 내가 너희를 온 세상의 뭇 나라들 가운데서 이끌어내고, 온 땅의 뭇 민족들 가운데서 모아들여, 너희를 모두 인도하여 너희의 본래 땅으로 데려갈 것이다. 그런 뒤, 내가 너희 몸에 맑은 물을 뿌려 너희 더러움을 다 씻겨냄으로써 너희를 정결하게 할 것이니, 곧 너희의 모든 더러움과 모든 우상숭배의 죄악에서 너희를 정결하게 할 것이다.

이스라엘 백성이 나라 망한 백성이 되어 포로 된 상태로 온 세상의 이방 민족들 가운데 흩어져 있으면, 그것은 이스라엘의 하나님이신 주(여호와)의 이름이 계속해서 더럽혀지는 결과를 낳았다. 그래서 하나님은 자기 백성을 다시 모아 그들의 본래 땅으로 데려가실 계획을 세우시고, 그들의 몸에서 모든 죄악과 우상숭배의 더러움을 씻겨내기로 작정하셨다. 그렇게 해서 하나님은 자신의 더럽혀진 거룩하고 크신 이름을 다시 회복시키기로 하셨다.

과연 이후에 하나님께서는 자신의 계획대로 실행하셨다. 바사(페르시아) 왕 고레스의 칙령을 통해, 바빌로니아 제국의 도처에 흩어져 살고 있던 이스라엘 백성을 다시 불러 모아 본토 가나안 땅으로 귀환하게끔 하셨다(주전 537년, 대하 36:22-23). 그리고 이후로 이스라엘 백성은 더 이상 우상숭배의 죄악에 빠져들지 않았다.

이처럼 하나님은 자기 백성을 바빌로니아 땅의 포로 신세가 되게 하심으로써 그들의 눈을 열어주셨다. 고국을 떠나 먼 이방 땅에 머물고 있는 동안, 이스라엘 백성들은 하나님의 선지자들이 옳았고, 우상들은 자신들을 건져낼 아무런 힘도 없는 헛되고 무능한 존재임을 체험적으로 생생하게 깨닫게 되었던 것이다.

(26-32) 그때에 내가 또 너희 속에 새 영을 넣어주고, 너희에게 새 마음을 불어넣어 주겠다. 곧 내가 너희 육신에서 돌처럼 굳은 마음을 제거하고, 살처럼 부드러운 마음을 심어주겠다. 그리고 내가 또 내 영을 너희 속에 두어 너희로 내 모든 율례를 따르게 할 것이니, 그때에 너희가 내 모든 규례를 지켜 행할 것이다. 그때에 너희는 내가 너희 조상들에게 준 이 땅에 살면서 나의 백성이 되고, 나는 너희 하나님이 될 것이다. 내가 너희를 모든 더러운 데서 건져내고, 모든 곡식들로 너희 곳간을 풍성하게 채워줄 것이니, 너희가 다시는 흉년의 굶주림으로 인해 고통을 겪는 일이 없을 것이다. 또 나무마다 과일이 주렁주렁 맺히게 하고, 밭마다 소산물이 풍성히 넘쳐나게 할 것이니, 너희가 다시는 기근으로 인해 다른 이방 민족들에게 수치를 당하는 일이 없을 것이다. 그때가 되면, 너희도 이전에 너희가 저질렀던 온갖 악한 행실들과 옳지 못한 행위들을 떠올리며, 지난날 너희의 모든 죄악들과 가증한 일들로 인해서 너희 자신들이 무척 밉고 심히 부끄러워질 것이다. 나 주가 말한다. 내가 이렇게 너희를 다시 살려주는 것은 너희에게 그만한 공로가 있기 때문이 아님을 너희는 알아야 한다. 그러므로 이스라엘 족속아, 너희는 지난날 너희의 모든 악한 행실을 심히 부끄러워하고, 그 행위를 수치스럽게 여겨 크게 한탄해야 한다."

이스라엘을 회복시키는 날, 곧 하나님께서 자기 백성 이스라엘을 본국으로 다시 돌아오게끔 역사하시는 날, 그들의 마음까지 새롭게 변화시킬 것이라고 약속하셨다. 이전에 그들의 마음은 돌처럼 차갑고 무감각했다. 그래서 하나님의 사랑에 아무런 반응이 없었다. 하지만 그날에는 살처럼 부드럽게 변화되어서 하나님의 모든 율례를 기꺼이 따르는 순종의 마음이 될 것이었다. 하나님께서는 자신의 영(靈)이신 성령을 통해 이 같은 변화의 역사를 이루어내실 것이었다. 하나님의 영이신 성령은 사람으로 하여금 죄의 길에서 돌이켜 하나님의 말씀에 따라 신실하게 살아가도록 뜨거운 영적 변화를 일으키기 때문이다.

그리고 이처럼 성령으로 변화된 이스라엘 백성들은 자신들의 지난날을 돌아보며 자신들을 스스로 미워하고 부끄럽게 여길 것이었다. 지난날 이스라엘 백성들이 온갖 죄를 범하고 우상숭배의 가증한 일을 자행했을 때에도 그들의 마음이 돌처럼 굳어 있었기 때문에 수치와 부끄러움을 전혀 몰랐다. 하지만 이제 '새 영'을 받아 '새 마음'이 되었을 때, 그들은 지난날에 자신들이 저지른 온갖 죄악들을 심히 부끄러워하면서 그런 부끄러운 일을 행한 자신들을 스스로 밉게 볼 것이었다. 말하자면 그것은 곧 죄악에 대한 뉘우침과 회개의 심정이었다.

장차 하나님께서 이처럼 이스라엘 백성을 회복시킬 것인데, 그것은 궁극적으로 그들을 위해 한 일이 아니라, 결코 더럽혀질 수 없는 하나님의 크고 거룩한 이름을 위해서 한 일이었다(22절). 이스라엘의 회복과 번영은 이방 사람들 가운데서 더럽혀진 하나님의 거룩한 이름의 회복과 보존하기 위해 꼭 필요한 일이었기 때문이다. 이렇게 하나님은 자신의 거룩한 이름을 온전히 회복하고 보존함으로써, 모든 나라와 민족들로 하여금 자신의 크고 거룩한 이름 앞에 굴복하여 온 천하에 오직 자신만을 참된 하나님으로 믿고 섬기기를 원하셨다.

(33-36) "나 주가 말한다. 내가 지난날 너희의 모든 죄악에서 너희를 깨끗하게 씻어주는 날, 폐허가 된 너희의 옛 성읍들도 새로 건설되어 거기에 많은 사람들이 살게 될 것이다. 이전에는 그리로 지나다니는 모든 사람들의 눈에 폐허로만 보이던 그 황무지들이 이제는 다시

경작될 것이다. 그러면 그 땅을 지나다니는 사람들이 저마다 감탄하며 말하기를 '이 땅이 그토록 황폐하더니 이제는 옛적의 에덴동산처럼 되었고, 이 땅의 무너진 성읍들이 그토록 황량하고 쓸쓸하더니 이제는 성벽이 세워졌고 많은 사람들이 살고 있구나!'라고 할 것이다. 그제야 네 사방에 남아있는 이방 민족들은 나 주가 허물어진 성읍을 다시 세우고, 황무지가 된 메마른 땅을 다시 일구어놓은 줄을 알게 될 것이다. 나 주가 말했으니, 내가 말한 대로 이룰 것이다."

본국으로 귀환한 이스라엘 백성들은 폐허가 된 성읍을 다시 중수하고, 황무지가 된 논밭을 다시 경작할 것이다. 그러면 하나님의 복 주심으로 인해 이스라엘의 성읍들과 땅들은 다시금 예전처럼 번성하고 기름지게 될 것이었다. 그러면 이런 광경을 목도한 이방인들은 크게 놀라고 감탄하면서, 이스라엘의 하나님이신 '주(여호와)'께서 그 모든 일을 행하신 줄을 깨닫고, 주의 이름을 높일 것이었다.

이로 볼 때, 이스라엘과 주(여호와)는 상호 긴밀하게 연동되어 있음을 알 수 있다. 이스라엘의 패망과 포로 됨은 주의 이름을 더럽히는 것이 되고, 이스라엘의 회복과 번영은 주의 이름을 높이는 것이 되는 것이다. 그렇기 때문에 주님은 자기 백성 이스라엘을 징벌하시되 영영 저버리지는 않으시고 끝내는 회복시키시는 것이다(사 43:1-7; 호 11:8).

(37-38) "나 주가 말한다. 내가 또 이스라엘 백성들로 하여금 이 같은 일이 자기들에게 속히 이루어질 수 있도록 내게 간구하게 할 것이다. 그러면 내가 이 일을 즉시 행할 것이니, 그때에 내가 내 백성 이스라엘의 인구를 양 떼같이 불어나게 하겠다. 곧 이스라엘의 절기 때에 제물로 바쳐질 양 떼들이 예루살렘으로 수없이 몰려왔던 것처럼, 폐허가 된 이스라엘의 성읍들마다 내가 사람의 떼로 가득 채울 것이다. 내가 반드시 그렇게 할 것이니, 그제야 그들은 내가 주인 줄 알게

될 것이다."

이스라엘의 회복과 번영은 이스라엘의 공로에 기초한 것이 아니라, 하나님께서 자신의 크고 거룩한 이름의 회복과 보존을 위해 강권적으로 행하시는 일방적인 사역이었다. 그럼에도 불구하고 하나님께서는 그런 자신의 사역 속에 이스라엘의 기도와 순종이 녹아들기를 요구하신다. 그렇게 할 때, 하나님의 사역은 더욱 신속하고도 더욱 강렬하게 집행될 것이기 때문이다.

"나는 너희를 이집트 땅에서 이끌어낸 너희 주 하나님이다. 그러므로 너희는 입을 크게 벌려라! 그러면 내가 너희 입을 가득 채워주리라!"(시 81:10).

37

이스라엘의 회복과 연합

막대기 두 개를 가져와
각각 이스라엘과 유다라고 써라
그것을 하나처럼 보이게 붙들면
네 손에서 한 막대기가 되리라

골짜기의 마른 뼈들에 대한 환상 (37:1-14)

"오, 오, 주님!"

언젠가 어느 날, 주님의 권능의 손길이 에스겔에게 강하게 임한다. 주님은 권능의 손길을 에스겔에게 뻗치셔서, 주님의 영 곧 성령으로 에스겔을 붙들어 올려 어떤 골짜기 한가운데에 내려놓으신다. 따라서 에스겔이 불현듯 골짜기 가운데에 있게 된 것은 실제가 아니라 환상 가운데서 이루어진 일이었다. 일반적으로 '환상'이란 꿈인지 생시인지 잘 모르는 비몽사몽(非夢似夢)의 엑스터시 상태에서, 주께서 보여주시는 어떤 기이하고 놀라운 광경을 보는 일인데, 이때 그 사람의 정신은 온전히 맑고 또렷한 상태를 유지하였다.

이때 하나님의 영(靈) 곧 성령이 환상 중에 에스겔을 들어 올려 그를 내려두신 장소는 마른 뼈들로 가득 찬 어느 골짜기다. 그곳은 크고 평평한 골짜기로, 어쩌면 그발 강 부근에 있는 델아빕(Tel-Abib) 인근의 어느 골짜기일 가능성이 있다(3:15). 사실, 여기 '골짜기'라는 말의 히브리어는 앞서 '들판'으로도 번역된 말로(3:22), 일찍이 에스겔 선지자가 하나님의 크신 영광을 체험했던 곳이다.

"아, 아, 아앗! 저건… 뼈들, 무수한 사람들의 뼈!"

에스겔이 골짜기 가운데 서서 사방을 둘러보니, 거기에는 온통 뼈들로 가득 차 있었다. 그때에 주께서 그 뼈들이 널려있는 사방으로 에스겔을 이리저리 데리고 다니셨고, 에스겔이 그 골짜기의 바닥을 보니 뼈들이 여기저기에 많이 흩어져 있었다. 그리고 그 뼈들은 모두 바짝 말라 있었다. 그때에 주께서 에스겔에게 물으신다.

"너 사람의 아들아, 이 뼈들이 다시 살아날 수 있겠느냐?"

말도 안 되는 질문이다. 발로 밟으면, 금방이라도 바스러질 지경의 마를 대로 마른 뼈들이 다시 살아날 수 있겠느냐고 물으시다니? 그건 불가능했다! 그래도 에스겔은 강하게 부정하지 않고 나름대로 생각해서 대답한다.

"오, 주 하나님, 오직 주님만이 아십니다!"

그러자 주께서 에스겔에게 또 말씀하신다.

(5-6) "에스겔아, 너는 이 모든 뼈들을 향해 이렇게 선포하여라. '너희 마른 뼈들아, 너희는 주의 말씀을 들어라! 주 하나님께서 너희 뼈들에게 말씀하신다. 이제 내가 너희 속에 생기를 불어넣을 것이니, 그러면 너희가 다시 살아날 것이다. 내가 너희 뼈들에게 힘줄을 붙이고, 그 위에 살이 돋아나게 하며, 또 그 위에 피부를 입히겠다. 그런 다음에 내가 너희 속에 생기를 불어넣으면, 너희가 다시 살아날 것이다. 그제야 너희는 내가 주인 줄 알게 될 것이다.'"

하나님께서 골짜기의 마른 뼈들에게 힘줄을 붙이고, 살을 돋아나게 하고, 그 위에 피부를 붙인 다음에, 마지막으로 생기를 불어넣어, 그것들을

골짜기의 마른 뼈 환상: "너 사람의 아들아, 이 뼈들이 다시 살아날 수 있겠느냐?"

살아있는 사람으로 다시 만들 것이라고 선포하신 것이다. 생기(히, 루아흐)는 맨 처음 하나님께서 사람을 만드실 때, 흙으로 지음 받은 사람의 코에 불어넣으셨던 것으로(창 2:7), 말하자면 생명의 동인(動因)인 '숨' 또는 '호흡'을 가리킨다. 바싹 마른 뼈들을 살아서 숨 쉬는 사람으로 만들겠다는 말씀이다. 사람으로서는 가히 상상조차 할 수 없는 참으로 크고 놀라운 이적이 아닐 수 없다.

그렇다면 하나님께서는 왜 이 같은 이적을 베푸시겠다고 하시는가? 여기서 골짜기의 '마른 뼈들'은 나라를 잃은 채 먼 이방의 바빌로니아 땅에 포로로 잡혀와 아무런 소망 없이 살아가는 절망적인 이스라엘 백성들을 상징한다. 즉, 작금 이스라엘 백성들의 상태가 금방이라도 바스러질 '마른 뼈들'과 똑같았다. 따라서 마른 뼈들의 회복은 곧 이스라엘 백성들의 회복을 상징한다. 그래서 하나님은 마른 뼈들의 회복을 통해 이스라엘의 회복을 생생하게 교훈하신 것이다.

에스겔은 주께서 이르신 대로 마른 뼈들을 향해 주님의 말씀을 힘차게 선포하였다. 그러자 갑자기 무슨 소리가 들리고, 무엇인가 빠르게 움직이기 시작했다. 에스겔이 귀를 기울이고 눈을 크게 떠서 살펴보니, 골짜기의 마른 뼈들에게서 나는 소리와 움직임이었다. 그 소리는 이 뼈들과 저 뼈들이 활발하게 움직이면서 서로 붙고 연결되는 소리였다.

에스겔이 또 살펴보니, 하나님의 말씀대로 서로 붙고 연결된 뼈들에

힘줄이 생기고, 그 위에 살이 돋아나며, 또 그 위에 피부가 덮였다. 어느새 사람의 모양새가 갖추어졌다. 하지만 아직까진 그 뼈들 속에 생기가 없었으므로, 살아있는 사람처럼 움직이지는 못하고 마치 금방 죽은 시체와 같았다. 그런데 바로 그때 주께서 에스겔에게 또 말씀하신다.

> (9) "너 사람의 아들아, 너는 생기를 향하여 이렇게 선포하여라. '주 하나님께서 말씀하신다. 생기야, 너는 사방에서부터 불어와서, 이들 죽임을 당한 자들 속으로 들어가서 그들로 살아나게 하라!'"

에스겔은 주님의 명령대로 생기를 향하여 선포하였다. 그랬더니, 큰 바람소리를 내며 사방에서부터 생기가 힘차게 불어와 그들 속으로 들어갔다. 그러자 그들이 즉시 살아나서 모두가 제 발로 일어나 정렬하였는데, 에스겔이 보니 엄청나게 큰 군대였다. 바싹 마른 뼈들이 크고 당당한 군대로 부활한 것이다.

이를 통해 하나님은 바빌로니아 땅의 포로 된 이스라엘 백성들에게 무얼 하시려는지 실감나게 보여주셨다. 작금의 그들 상태는 나라를 잃은 채 이방 땅의 포로 신세가 됨으로써 이미 죽어 아무런 소망 없는 마른 뼈 같은 상태이지만, 하나님께서는 강한 권능의 손길로 그 백성들을 다시 회복시킬 것이었다. 그리하여 마른 뼈들 같은 이스라엘이 이제는 하나님의 강력한 군대로 변화될 것이었다. 이제 하나님께서는 에스겔에게 그런 사실을 깨우쳐주신다.

> (11-14) "너 사람의 아들아, 이 뼈들은 본래 이스라엘 온 백성들이다. 그들이 말하기를 '지금 우리의 뼈들이 말랐고 우리의 소망도 사라졌으니, 우리가 완전히 망하고 말았다!' 하고 탄식한다. 그러므로 너는 그들에게 선포하여라. '주 하나님께서 말씀하신다. 내 백성들아, 내가 손수 너희 무덤을 활짝 열고, 거기서 너희를 이끌어내겠다. 그런 뒤,

내가 너희를 인도하여 이스라엘 땅으로 데리고 들어가겠다. 내 백성들아, 내가 이처럼 너희 무덤을 활짝 열고 거기서 너희를 이끌어내면, 그제야 너희가 나를 주인 줄 알 것이다. 그때에 내가 또 내 영을 너희 속에 불어넣어 너희로 다시 살게 하겠고, 내가 또 너희를 인도하여 너희 고향 땅으로 너희를 데려가서 너희로 거기에 정착하여 영영 살게 하겠다. 그제야 너희는 나 주가 이 일을 말했고, 또 말한 대로 다 이룬 줄을 깨닫게 될 것이다. 이는 나 주의 말이다.'"

마른 뼈 같은 이스라엘이 강한 군대로 회복되는 일은 마치 죽은 자가 무덤을 활짝 열고 부활하는 것과 같은 일임을 시사한다. 당시 이스라엘 백성들은 자신들의 처지를 한탄하며 아무런 소망 없는 마른 뼈와 같다고 생각하고 있었다. 그도 그럴 것이, 에스겔의 시대에 북왕국 이스라엘은 오래전에 아시리아에게 멸망되어 그 백성들은 사방으로 흩어진 상태였다. 그리고 이제 남왕국 유다마저 바빌로니아에게 멸망당하여 성전은 파괴되고 예루살렘 성읍은 불탄 상태였다. 나라는 망했고, 왕은 없었으며, 백성들은 이방 땅의 포로 신세였고, 국토는 폐허가 되었다.

이토록 철저히 패망한 상태에서, 이스라엘 백성들은 자신들이 하나님께 버림당했다고 생각했다. 더 이상 아무런 소망도 가질 수 없었다. 자신들은 마치 무덤 속의 마른 뼈와 같다고 생각했다. 그래서 하나님은 무덤을 활짝 열어젖히고 이스라엘 백성들을 거기서 이끌어내실 것이라고 말씀하신 것이다. 여기 '무덤'은 절망적인 죽음 곧 마른 뼈의 상태 같은 이스라엘 백성들의 바빌로니아 포로 상태를 비유한 말이다. 하나님은 결코 벗어날 수 없을 것 같았던 그 무덤을 활짝 열어젖히고, 자기 백성을 거기서 이끌어내어 본토 이스라엘 땅으로 인도해 들이실 것이었다.

그토록 놀라운 일은 오직 주님만이 할 수 있기에, 그날에 이스라엘 백성들과 온 세상의 이방 사람들은 오직 주께서 그 일을 이루신 줄을 비로소 깨닫게 될 것이었다. 과연 후일에 주님은 바빌로니아의 포로 상태라는 무덤을 활짝 열어젖히고, 거기서 자기 백성을 이끌어내셔서 본토 가나안 땅으로 인도해 들이셨다(주전 537년, 대하 36:22-23).

나아가 영적인 차원에서 이 같은 사실은, 캄캄한 죄의 무덤에 갇혀 있는 하나님의 백성을 이끌어내셔서 빛과 생명과 구원의 처소로 인도하신 메시아의 십자가 구원 사역을 의미한다(요 12:46; 고전 15:51-58).

이스라엘과 유다의 연합 (37:15-28)

주님의 말씀이 에스겔에게 또 임한다. 바로 앞서 하나님께서는 '골짜기의 마른 뼈 환상'(1-15절)을 통해 이스라엘의 회복을 약속하셨다. 이제 하나님께서는 에스겔로 하여금 두 막대기를 하나로 연결하는 '행위 예언'을 하게 함으로써 북왕국 이스라엘과 남왕국 유다가 하나로 연합되어 '다윗'을 왕으로 삼는 통일왕국을 이루게 될 것이라고 약속하신다.

> (16-17) "너 사람의 아들아, 너는 막대기 하나를 가져다가 그 위에 '유다와 그의 짝 이스라엘 자손'이라 쓰고, 또 다른 막대기 하나를 가져다가 그 위에 '에브라임의 막대기, 곧 요셉과 그의 짝 이스라엘 모든 족속'이라고 써라. 그런 다음, 너는 그 두 막대기를 서로 연결해서 하나처럼 보이도록 손으로 붙들고 있어라. 그러면, 그것들이 네 손에서 한 막대기가 될 것이다."

사사시대가 마무리되고 왕정시대가 열린 이래, 이스라엘은 12지파가 하나의 나라를 형성한 통일왕국을 이루었고 120년 동안 유지했다. 즉, 제1대 사울(주전 1050-1010년) → 제2대 다윗(주전 1010-970년) → 제3대 솔로몬(주전 970-930년)으로 왕위가 이어졌다. 하지만 솔로몬 사후에 이스라엘은 유다 지파가 중심이 된 남왕국 유다와 에브라임 지파가 중심이 된 북왕국 이스라엘로 분열되었다(주전 930년). 그러다가 북왕국 이스라엘은 210년 만에 아시리아 제국에 의해 먼저 멸망했고(주전 930-722년), 남왕국 유다는 그로부터 135년을 더 유지하다가 결국 바빌로니아 제국에 의해 345년 만에 멸망하고 말았다(주전 930-586년).

나라가 망한 뒤, 두 왕국의 백성들은 포로 신세가 되어 온 세상 도처에 뿔뿔이 흩어졌다. 하지만 이제 에스겔은 두 왕국의 이름이 적힌 두 막대기를 서로 연결하여 하나처럼 보이도록 손으로 붙들고 있는 '행위 예언'을 했는데, 그것은 장차 회복과 구원의 날에는 둘로 분열되었던 북왕국 이스라엘과 남왕국 유다가 하나의 통일왕국으로 연합할 것이라는 의미를 담고 있다.

(18-23) "너 사람의 아들아, 네가 행하는 그런 모습을 보고, 네 동족들이 네게 묻기를 '그것이 무슨 뜻인지 우리에게 말해주지 않겠소?'라고 하거든, 그때 너는 그들에게 이렇게 대답하여라. '주 하나님께서 말씀하신다. 내가 이제 에브라임의 손에 들려 있는 요셉과 그의 짝 이스라엘 모든 지파들의 막대기를 가져다가 유다의 막대기에 연결시켜서 그 두 막대기를 하나의 막대기처럼 만들 것이니, 그것들이 내 손 안에서 하나가 될 것이다.' 너는 또 네가 글씨를 쓴 그 두 막대기를 모든 사람들이 보는 앞에서 네 손에 꼭 쥐고 네 동족들에게 이렇게 일러주어라. '주 하나님께서 말씀하신다. 그날에 내가 이스라엘 백성들을 그들이 끌려가 살고 있는 온 땅의 뭇 민족들에게서 데리고 나오겠다. 온 세상의 뭇 나라들 가운데 흩어져 살고 있는 내 백성 이스라엘을 다시 모아서 그들의 고향 땅으로 인도해 들이겠다. 그런 후에, 그들의 땅인 이스라엘의 모든 산야에서 내가 그들을 한 나라와 한 민족으로 만들고, 또한 한 왕이 그들 모두를 다스리게 하겠다. 그러면 이후로는 그들이 더 이상 두 민족이 되지 않을 것이고, 다시는 두 나라로 갈라지지 않을 것이다. 그때에 그들은 더 이상 우상들과 가증한 것들과 온갖 죄악들로 인하여 자신들을 더럽히지 않을 것이다. 내가 그들의 타락한

모든 죄악의 처소에서 그들을 건져내어 깨끗하게 씻어줄 것이니, 이후로 그들은 내 백성이 되고, 나는 그들의 하나님이 될 것이다.'"

장차 이스라엘을 회복시킬 때, 하나님께서는 남왕국과 북왕국을 따로 구분하지 않고, 분열되기 이전의 통일왕국처럼 하나의 나라, 하나의 민족으로 다시 만들 것이라는 내용이다. 두 왕국의 이름이 적힌 두 막대기를 연결해서 하나의 막대기처럼 보이도록 손으로 붙들고 있는 에스겔의 행위 예언은 바로 이 같은 사실을 일깨워주는 시각적인 메시지였다.

그런 구원과 회복의 날에는 단지 외적으로 두 왕국이 연합하여 하나의 통일왕국이 되는 일만 일어나는 것이 아니다. 하나가 된 두 왕국의 백성들은 내적인 심령까지 변화되어 이후로는 더 이상 우상들과 온갖 죄악을 저지르는 죄악의 처소에 머물지 않고, 오직 하나님만을 섬기는 성결한 처소에 머물게 될 것이었다. 앞서 하나님께서는 그렇게 되도록 그들에게 새 영과 새 마음을 주실 것이라고 약속하셨다(36:24-28).

그렇다면 과연 언제 이 같은 일들이 실제로 일어날 것인가? 머잖아 이스라엘 백성들이 바빌로니아의 포로 됨에서 해방되어 본토 이스라엘 땅으로 돌아올 때 부분적으로 실현될 것이다. 하지만 궁극적으로 이 예언은, 장차 이 땅에 오실 메시아가 하나님의 왕국을 세우고, 모든 믿는 자들을 십자가 구원과 회복의 은총 아래로 불러들여 하나로 연합시킬 때 온전히 성취될 것이다. 이런 사실이 이어지는 말씀에서 '다윗'과 '화평의 언약'이란 말 속에 담겨 있다.

(24-28) "'그날에 내 종 다윗이 그들을 다스리는 왕이 될 것이니, 그들 모두는 한 목자의 인도를 받으면서 내 규례를 따르고 내 율례를 지켜 행할 것이다. 또 그들은 내가 내 종 야곱에게 준 땅, 곧 그들의 조상들이 살았던 그 땅에서 다시 살게 될 것이로되, 그들과 그들의 자손들과 그들의 자손들의 자손들이 그 땅에서 대대로 영원히 살게

될 것이고, 내 종 다윗은 그들의 영원한 왕이 될 것이다. 그때에 내가 또 그들과 화평의 언약을 맺을 것인데, 그 언약은 절대로 변치 않는 영원한 언약이 될 것이다. 내가 그들을 견고하게 세우고 번성하게 할 것이며, 또한 내 성소를 그들 가운데 세워서 영원히 이어지도록 할 것이다. 그렇다. 내가 내 처소를 그들 가운데 두어 그들과 항상 함께 있을 것이니, 나는 그들의 하나님이 되고, 그들은 내 백성이 될 것이다. 진실로 내 성소가 그들 가운데 영원토록 있을 것이니, 그때에야 온 세상 모든 족속들이 나를 주인 줄 알 것이로되, 이스라엘을 거룩하게 하는 주인 줄 알 것이다.'"

장차 한 나라, 한 민족으로 연합된 통일왕국 이스라엘을 다스리는 왕은 '다윗'이 될 것인데, 그 다윗이 영원토록 그 나라를 다스리는 영원한 왕이 될 것이라는 말씀이다. 물론, 오래전에 죽은 다윗이 무덤에서 살아나 이스라엘의 왕으로 즉위한다는 뜻은 아니다. 여기서 '다윗'은 장차 오실 완벽한 통치자의 예표이고 그림자다. 즉, 다윗의 혈통을 좇아 영적인 의미에서 유대인의 왕으로 오실 '메시아 예수'를 가리키는 표현이다(마 1:1-17). 따라서 장차 이 땅에 오실 메시아 예수가 모든 믿는 자들로 구성된 통일된 하나님의 왕국을 세우고, 그 왕국의 영원한 왕이 될 것이라는 말씀이다.

또한 그때가 되면 하나님께서는 그 왕국의 백성들과 영원한 언약인 '화평의 언약'을 맺을 것이라고 말씀하신다. '화평의 언약'은 이제까지의 모든 죄와 갈등과 거역과 반목의 역사에 종지부 찍고, 이후로는 하나님과의 화평을 가져다줄 새롭고도 영원한 언약을 가리킨다. 그래서 '새 언약' 또는 '영원한 언약'이라고도 불리는 이 화평 언약의 핵심은 하나로 회복된 하나님의 백성을 통치할 영원한 왕 곧 '메시아 예수'다. 따라서 우리가 메시아(그리스도) 예수를 자신의 영원한 왕으로 영접할 때, 우리는 비로소 하나님과 '화평의 언약'을 맺게 되는 것이다.

38

최후의 대적 '곡'

내가 칼과 불과 우박으로
온 땅 뭇 민족이 보는 앞에서
곡과 그의 군대를 심판하리라
그제야 내가 주인 것을 알리라

최후의 대적인 '곡'에 대한 하나님의 심판 선포 (38:1-23)

어느 날, 주님의 말씀이 또 에스겔 선지자에게 임한다. 마곡의 땅에 있는 곡(Gog)의 이스라엘 침략과 그런 '곡'에 대한 하나님의 심판에 관한 예언의 말씀이다. 앞서 에스겔 선지자는 하나의 통일된 나라, 하나의 통일된 민족으로 회복된 이스라엘이 영원한 왕 '다윗' 곧 장차 '메시아'의 통치하에 나날이 번영을 구가할 것이라는 메시지를 선포했다(37:24-28).

하지만 38장과 다음 39장에서는 그렇게 회복된 이스라엘을 완전히 파멸시키기 위해 '곡'의 지휘하에 사방의 이방 나라들과 민족들이 거대한 연합군을 구성하여 기습적으로 대대적인 침공을 개시할 것이라는 큰 전쟁에 관해 언급하고 있다. 그런 사실을 일종의 묵시문학적인 방식(직접적으로 드러내지 않고, 은유나 상징적 표현을 사용하여 은연중에 뜻을 나타내 보이는 방식)으로 예언하고 있다. 따라서 그런 대적의 우두머리인 '곡'은 역사적인 어떤 특정 인물, 예를 들면 앗술바니팔 역사에 언급된 가기(Gagi), 텔-엘 아마르나 서판에 나오는 가가야(Gagaia), 또는 라스삼

므라 문헌에 등장하는 가가(Gaga) 등에 국한되지 않는다. 대신에 여기 '곡'은 마지막 때에 하나님의 백성과 교회를 파멸시키려는 사탄 세력의 우두머리인 '적그리스도'를 예표한다고 볼 수 있다(요일 2:18; 살후 2:3-12; 마 24:24).

그러므로 이는 다윗 곧 메시아의 통치하에 하나님 나라가 점차 확장되어감에 따라 필연적으로 맞부딪히게 될 사탄 세력과의 마지막 전쟁에 관한 강력한 암시라고 할 수 있다(계 20장). 날로 확장해가는 하나님의 나라에 도전하는 그런 사탄의 세력을 대표하는 자가 바로 본문의 '곡'인 것이다. 하지만 본장과 다음 장은 하나님의 크신 능력으로 사탄의 세력을 대표하는 '곡'이 하나님께 심판을 받아 완전히 궤멸당하고, 그로 인해 하나님의 나라가 최종적으로 완성된다는 위대한 승리의 비전을 제시해주고 있다.

(2-6) "너 사람의 아들아, 너는 네 얼굴을 마곡 땅에 있는 곡, 곧 로스와 메섹과 두발의 왕인 곡에게로 향하고 그를 쳐서 예언하여라. '주 하나님께서 말씀하신다. 너 로스와 메섹과 두발의 왕인 곡아, 내가 너를 대적하여 칠 것이다. 내가 너를 돌려세우고 갈고리로 네 아가리를 꿰어 끌어내겠다. 너와 함께, 네 모든 군대 곧 말들과 기병들과 완전 무장한 군사들 곧 견고한 갑옷을 입고 크고 작은 방패를 갖춘 채 칼을 잡고 있는 너의 큰 군대를 내가 모두 끌어내겠다. 또 네 군대와 함께 있는 무리들 곧 방패와 투구로 무장한 채 너를 따르고 있는 페르시아 군대와 구스 군대와 붓의 군대도 다 끌어내겠다. 또 고멜 족속과 그의 모든 군대, 또 아주 머나먼 북방의 도갈마 족속과 그의 모든 군대, 그밖에 너를 따르는 수많은 민족들의 군대를 다 함께 끌어내겠다.'"

에스겔은 장차 본토로 돌아와 남북이 연합하여 하나의 나라와 민족으로 회복된 이스라엘을 대대적으로 공격할 '곡 연합군'에 관해 구체적으로 언급하고 있다. 먼저 '곡'은 마곡 땅을 다스리는 강력한 왕의 이름이다. 마곡(Magog)은 야벳의 둘째아들인 마곡의 후손들이 거주했던 메대(Media, 오늘날 '이란'의 북서쪽 지방) 북쪽의 땅, 곧 카스피해 연안지역으로 추정된다(창 10:2). 이 마곡 땅 안에 로스(Rosh), 메섹(Meshech), 두발(Tubal)이 속국으로 포함되어 있었고, '곡' 왕은 그 모든 나라를 수하에 두고 통치하고 있었다.

뿐만 아니라 '곡'은 바사(페르시아), 구스(에티오피아), 붓(리비아), 고멜(루디아), 그리고 멀리 북방 민족인 도갈마(아르메니아 남서쪽 지방) 족속과 그 외에 수많은 민족들의 지원도 받았다. 이처럼 당시 중근동 지방의 어지간한 민족의 군대는 다 곡 연합군에 참여했는데, 이들은 회복된 이스라엘을 기습적으로 침략하여 완전 파멸시키기 위해 '곡' 왕을 우두머리 삼아 어마무시한 연합군을 형성했던 것이다.

그러므로 장차 회복된 이스라엘 땅에는 피비린내 진동하는 큰 전쟁의 불길이 활활 타오를 수밖에 없었다. 하지만 곡 연합군의 운명은 하나님에 의해 이미 결정되어 있었다. 하나님께서 '곡' 왕의 아가리를 갈고리로 꿰어 끌고 갈 것이기 때문이다(4절). 실제로 고대 세계에서 정복자들은 사로잡은 포로들을 이송할 때 갈고리로 아가리를 꿰어 끌고 가기도 했다.

(7-9) "그러므로 곡이, 너는 스스로 준비하라. 네게로 모여든 모든 무리들 곧 뭇 민족들의 군대들과 함께 만반의 준비를 갖추고, 너는 그들의 우두머리가 되어 그들을 지휘하라. 먼 후일 곧 마지막 때에 너는 드디어 공격 명령을 받게 될 것이다. 그때에 너는 전쟁의 폐허에서 회복된 한 나라를 침략하게 될 것인데, 그 나라 백성들은 오랫동안 세상의 뭇 민족들 가운데 흩어져 살다가, 마침내 이방 나라들로부터

나와서 자기들의 본토로 모여들었다. 그런 후에 전쟁의 참화에서 벗어나 오랜 세월 동안 황폐하게 남아있었던 이스라엘의 산악지대에 다시 나라를 세우고, 그때쯤 모두가 편안하게 살고 있을 것이다. 네가 공격 명령을 받는 날에 너는 그 나라를 침략할 것이다. 너와 네 모든 군대, 그리고 너와 연합한 많은 나라의 군사들이 폭풍처럼 그 나라를 순식간에 덮치고, 먹구름처럼 그 땅을 온통 뒤덮을 것이다."

'곡'을 우두머리로 삼은 '곡 연합군'이 장차 본토로 돌아와 편안하게 살고 있는 이스라엘 백성들, 곧 남과 북이 연합하여 하나의 나라와 민족으로 회복된 이스라엘을 대대적으로 공격하게 될 것이라는 예언 말씀이다. 그런 곡 연합군의 공격이 '폭풍'과 '먹구름'에 비유되었는데, 이는 그들의 공격이 부지불식중에 갑자기 이루어질 것이고 또한 아주 무자비하고 포악할 것임을 보여준다.

(10-13) "나 주가 말한다. 그날에 너 곡은 네 마음속에 여러 가지 생각들이 떠올라, 마침내 악한 계획을 도모할 것이다. 그러면서 너는 속으로 말하기를 '내가 성벽 없이 살고 있는 저 평지 마을로 쳐들어가겠다. 보라, 저 마을에는 성벽도 없고 성문도 없고 문빗장도 없지 않은가! 모든 백성들이 무방비상태로 아무 걱정 없이 태평스럽게 살고 있지 않은가! 그러므로 내가 그곳을 쳐서, 그 땅을 짓밟고 그들의 물건을 다 빼앗겠다.'라고 할 것이다. 그러면서 네가 네 손을 뻗어 그 땅을 치려 할 때, 곧 이전에는 황무지였으나 지금은 많은 사람들이 살고 있는 땅, 곧 지금은 뭇 나라들로부터 많은 사람들이 모여들어 세상의 중심인 그 땅에 정착해 살면서 가축과 재산을 늘려가고 있는 그 땅의 백성들을 치려 할 때, 스바와 드단과 다시스의 상인들과 그들의 젊은 통치자들이 너를 비난하며 말하기를 '곡아, 네가 약탈하려고 왔느냐? 네가 강탈하려고 네 군대를 모았느냐? 네가 그들의 은과 금을 약탈하

고, 그들의 가축과 재물을 강탈하여 많은 전리품을 취하여 가려고 그리 공격하는 것이냐?'라고 할 것이다."

장차 곡이 악한 계획을 세운 뒤 거대한 연합군을 구성하여 기습적으로 침략하고자 하는 나라는 '회복된 이스라엘'이다. 회복된 이스라엘은 성벽도, 성문도, 문빗장도 없이 모든 백성들이 무방비 상태로 아무 걱정 없이 태평스럽게 살고 있었고, 세상 중심의 땅에 정착해 살면서 나날이 가축과 재산을 늘려가고 있었다. 이스라엘에 대해 '세상 중심의 땅'이라는 표현을 쓴 이유는 이러하다.

첫째, 지리적으로 이스라엘은 여러 나라들에 둘러싸여 있었다. 둘째, 종교적으로 이스라엘은 '제사장의 나라'로서 하나님의 율법을 맡았다. 셋째, 영적으로 이스라엘은 신약 교회의 그림자로서 메시아 복음의 중심지다.

곡은 이 같은 이스라엘을 파멸시키기 위해 이스라엘 주변의 거의 모든 나라들과 민족들(로스, 메섹, 두발, 바사, 구스, 붓, 고멜, 도갈마 등)을 다 불러들여 거대한 연합군을 형성한 뒤, 기습적인 공격을 감행할 시기를 호시탐탐 노리고 있었다. 이런 사실을 눈치채고, 스바와 드단과 다시스의 상인들과 그들의 젊은 통치자들은 곡 연합군을 향해 회복된 이스라엘의 재산과 가축을 강탈하려고 그런 공격을 감행한다고 비난하였다(13절). 이는 이스라엘에 대한 곡 연합군의 공격이 아무런 명분 없이 그저 이기적인 탐욕에 눈멀었기 때문임을 보여준다.

한편, 스바(고대 사베안 왕국으로 오늘날의 예멘)와 드단(에돔 성읍인 데마 남서쪽 80km, 중부 아라비아의 홍해 동쪽 240km 지점에 위치한 오아시스 일대)과 다시스(스페인 남부의 '타르테수스' 항구도시)는 당시에 육로와 해로를 통해 이스라엘과 활발하게 교역하던 나라들이다.

(14-16) "너 사람의 아들아, 너는 또 곡에게 이렇게 예언하여라.

주 하나님께서 말씀하신다. 언젠가 내 백성 이스라엘이 아무 걱정 없이 평화롭게 살고 있을 그때에, 네가 어찌 그것을 알아차리지 못하겠느냐? 그때가 되면, 너는 네가 살고 있는 저 머나먼 북쪽 땅에서 일어나 많은 군대를 이끌고 원정길에 나설 것인데, 네가 이끄는 너의 큰 군대는 모두가 말을 타는 막강한 기병들이고, 모두가 전쟁에 익숙한 강력한 군사들이다. 그날에 네가 너의 무시무시한 큰 군대를 이끌고 구름 떼처럼 몰려와 내 백성 이스라엘을 덮칠 것이다. 그렇다! 곡아, 마지막 때에 내가 너를 끌어내어 내 땅 이스라엘을 치게 할 것이다. 그것은 내가 너로 말미암아 나 자신의 거룩함을 모든 이방 민족들의 눈앞에서 밝히 드러내어, 그들 모두로 하여금 내가 누구인지를 분명히 알게 하기 위함이다."

회복된 이스라엘에 대한 곡 연합군의 공격은 단면적으로 볼 때는 곡의 악한 계획에서 비롯된 것이지만(10절), 더 높은 차원에서 볼 때는 하나님의 거대한 섭리와 경륜에 따른 것임을 보여준다. 즉, 마지막 때에 머나먼 북방 땅에 살고 있는 곡을 이끌어내어 이스라엘을 공격하게 만드신 분은 하나님이시고, 하나님께서는 그런 곡 연합군을 완전히 궤멸시킴으로써 모든 이방 민족들의 눈앞에서 자신의 거룩함을 밝히 드러내시기로 작정하신 것이다.

이처럼 하나님은 자신의 거룩한 목적을 이루시기 위해 온 땅의 모든 것들을 능히 도구로 삼으실 수 있다. 그런 의미에서 전쟁도 궁극적으로는 하나님께 속한 것이다(삼상 17:47). 하나님은 악한 자를 벌하기 위해 전쟁을 사용하시고, 또한 전쟁을 통해 자신의 영광을 수호하기도 하신다. 이처럼 하나님은 자신의 거룩함을 드러내고 영광을 가져오는 일에 모든 인간의 크고 작은 일들을 자신의 거룩한 섭리와 경륜의 도구로 적절하게 사용하신다.

(17-23) "나 주가 말한다. 곡아, 내가 옛적부터 내 종 이스라엘의 선지자들을 시켜서 예언하였던 자가 바로 네가 아니냐? 그때에 내 종 이스라엘의 선지자들은 오랜 기간 동안 너를 두고 예언하였으니, 곧 주께서 너를 네 땅에서 끌어내어 주의 백성 이스라엘을 치게 하실 것이라고 예언하였다. 나 주가 말한다. 먼 후일의 그날에 곡이 이스라엘 땅을 치러 올라오면, 내 얼굴에는 불타는 진노가 맹렬히 나타날 것이다. 내가 격렬한 질투와 불타는 진노로 맹세하건대, 그날에 크고 두려운 지진이 이스라엘 땅에 일어날 것이니, 바다의 물고기들과 공중의 새들과 들판의 짐승들과 땅에 기어다니는 모든 것들과 땅 위에 있는 모든 사람들이 내 앞에서 무서워 벌벌 떨 것이다. 또 그때에 모든 산들이 무너지고, 모든 절벽들이 쓰러지며, 모든 성벽들이 땅에 무너져내릴 것이다. 나 주가 말한다. 그때에 내가 내 모든 산에서 곡을 칠 칼을 부를 것이니, 칼을 든 곡의 모든 군사들이 그 칼로 자기들끼리 서로 칠 것이다. 그때에 내가 또 전염병과 피비린내 나는 유혈 참극으로 곡을 심판할 것이다. 내가 또 위로부터 억수같이 쏟아지는 폭우와 큰 우박과 유황불로써 곡과 그의 모든 군대, 그리고 곡과 함께한 각국의 많은 군대를 심판할 것이다. 이와 같이 내가 온 땅의 뭇 민족들이 보는 앞에서 곡과 그의 무리들을 심판함으로써 내 위대함과 내 거룩함을 밝히 드러내어 내가 누군지를 똑똑히 알게 할 것이니, 그제야 그들은 내가 주인 줄 알게 될 것이다."

옛적부터 이스라엘의 선지자들이 '곡'을 두고 예언했다는 말은 에스겔 이전의 하나님의 선지자들이 특별히 곡을 대상으로 예언했다는 뜻이 아니다. 그것보다는 일반적으로 악한 나라들과 통치자들에 대해 하나님의 심판을 선포한 사실을 가리킨다. 결국 그러한 여러 심판의 예언들이 곡에 대한 하나님의 심판으로 온전히 성취되었던 것이다.

장차 마지막 때에 회복된 이스라엘을 침공하는 곡 연합군에 대해 하나님께서는 불타는 격렬한 진노로 그 군대를 궤멸시킬 것이었다. 하나님은 온 땅을 뒤흔드는 무시무시한 지진을 비롯해서 전염병, 자중지란, 폭우, 우박, 유황불 등으로 곡 연합군을 일거에 궤멸시키실 것이고, 그로 인해 하나님의 위대함과 거룩함을 온 땅의 뭇 민족들이 보는 앞에서 밝히 드러내실 것이었다. 후일에 사도 요한은 밧모 섬의 환상을 통해 이 같은 일이 사탄의 세력에 대한 하나님의 최종 심판이라는 사실을 깨달았다(계 20:7-10).

한편, 곡과 그의 군대에 대한 하나님의 심판은 분명히 하나님의 위대함과 거룩함을 밝히 드러내는 일이 되었다. 곡 연합군에 대한 하나님의 심판은 악한 꾀로 하나님의 백성을 삼키려고 시도한 자들에 대한 하나님의 공의로운 징벌이었다. 이처럼 자기 백성을 악한 침략자들의 손에서 구원하시는 하나님의 공의로운 심판은, 그 사실을 목격한 여러 민족들의 눈에 하나님이야말로 자기 백성을 보호하는 참되고 위대한 신이요, 또한 악한 세력을 제거하는 거룩한 신으로 분명히 인식될 것이기 때문이다.

39

침략자 곡의 패망

공중의 새들과 땅의 짐승들아
이스라엘 산 위로 몰려오너라
그 땅에 큰 잔치가 열렸으니
고기는 뜯어 먹고 피는 마셔라

침략자 곡과 그의 군대의 멸망 (39:1-20)

(1-7) "너 사람의 아들아, 너는 곡을 쳐서 예언하여라. '주 하나님께서 말씀하신다. 로스와 메섹과 두발의 왕인 너 곡아, 내가 너를 대적하여 치겠다. 내가 너를 돌려세워 이끌어내겠다. 곧 내가 너를 머나먼 북방 땅에서 이끌어내어 이스라엘 산지를 치러 올라가게 하겠다. 그런 다음에 내가 네 왼손을 쳐서 네 활을 떨어뜨리고, 네 오른손을 쳐서 네 화살을 떨어뜨릴 것이니, 그때에 너와 네 모든 군사들을 비롯하여, 너와 함께한 각국의 수많은 군사들이 다 이스라엘의 산 위에서 쓰러져 죽을 것이다. 그러면 내가 너와 네 무리들의 시체를 온갖 종류의 사나운 새들과 들짐승들에게 던져주어 그것들의 먹이가 되게 하겠다. 그렇다! 너는 황량한 빈 들판에 쓰러져 죽을 것이다. 내가 말하였으니 반드시 그대로 이루어질 것이다. 이는 나 주 하나님의 말이다. 그날에 내가 또 마곡을 비롯해서 여러 해안 지역에서 안심하며 살고 있는 모든 사람들에게 진노의 불을 쏟아부을 것이니, 그제야 그들이 나를

주인 줄 알게 될 것이다. 그날에 내가 또 내 백성 이스라엘 가운데 내 거룩한 이름을 알려서, 다시는 내 거룩한 이름이 더럽혀지는 일이 없게 하겠다. 그러면 온 땅의 뭇 민족들이 비로소 내가 주인 줄 알게 될 것이니, 곧 내가 이스라엘의 거룩한 자임을 알게 될 것이다.'"

장차 그날에 곡은 어마무시한 연합군을 구성하여 기습적으로 이스라엘을 침공할 것이었다. 그런데 그때에 이스라엘은 성벽도, 성문도, 문빗장도 없이 모든 백성들이 무방비 상태로 아무 걱정 없이 태평스럽게 살고 있었다. 따라서 누가 보더라도 승패는 빤했다. 이스라엘은 강력한 곡 연합군의 말발굽 아래 여지없이 짓밟혀 완전히 파멸할 것이고, 곡 연합군은 이스라엘 백성들을 무자비하게 살육하고 그들의 모든 재산과 가축을 강탈할 것이었다.

그런데 그게 아니었다! 결과는 모두의 예상을 뒤엎고 정반대로 나타나게 된다. 수많은 곡의 군사들이 이스라엘 산 위에서 다 쓰러져 죽고, 그들의 시체는 황량한 빈 들판에 버려져 사나운 새들과 들짐승들의 먹이가 될 것이다. 어떻게 이런 결과가 생겨날 수 있을까? 어째서 완전무장한 강력한 곡 연합군이 비무장 상태의 이스라엘 앞에 그렇게 허무하게 무너질 수가 있을까?

그 대답은 분명하다. 하나님께서 곡 연합군을 치실 것이기 때문이다(3절). 즉, 하나님께서 직접 나서서 이스라엘을 위해 싸워주실 것이다. 하나님은 지진, 전염병, 자중지란, 폭우, 우박, 유황불 등을 통해 곡 연합군을 강하게 내리쳐서 그들을 일거에 엎드러지게 하실 것이다(38:19-22). 그 결과, 온 세상은 하나님을 참되고 위대한 신으로 알게 되고(6절), 하나님은 자신의 거룩한 이름을 온 세상에 널리 알리실 것이다(7절).

(8-10) "나 주가 말한다. 그날이 온다! 그날이 올 것이니, 내가 말한

모든 일이 그날에 반드시 이루어질 것이다. 그날에 이스라엘의 모든 성읍들마다 주민들이 밖으로 나가서, 마구 버려진 곡의 군사들의 무기를 주워다가 땔감으로 사용할 것이다. 곧 큰 방패와 작은 방패, 활과 화살, 몽둥이와 창을 주워다가 땔감으로 사용할 것인데, 그것들로 7년 동안 넉넉히 불을 피울 수 있을 것이다. 이처럼 버려진 곡의 군사들의 수많은 무기를 취하여 땔감으로 사용할 것이므로, 이제 이스라엘 백성들은 들판으로 나가서 나무를 주워올 필요도 없겠고, 산으로 들어가서 숲에서 나무를 베어올 필요도 없을 것이다. 이제 그들은 이전에 자기들에게서 약탈해가던 자들의 것을 도리어 약탈하겠고, 이전에 자기들에게서 빼앗아가던 자들의 것을 도리어 빼앗을 것이다. 이는 나 주 하나님의 말이다."

장차 하나님께서 곡 연합군을 쳐서 패망시키는 날, 이스라엘 백성들은 곡의 군사들이 버린 무기들을 주워다가 땔감으로 사용할 것인데, 그것들로써 7년 동안 넉넉히 불을 피울 수 있을 것이었다. 여기서 땔감용 무기를 불태우는 데 걸리는 기간인 '7년'은 군사들의 시체를 매장하는 데 걸리는 기간인 '7달'이라는 표현과 더불어(12절), 문자 그대로의 의미가 아니라 '완전함'을 나타내는 상징수이다. 성경 용례상 '7(일곱)'은 하나님의 온전한 사역을 드러내는 완전수요 신성한 수로 종종 사용되기 때문이다. 말하자면, 그만큼 곡이 이끄는 군사들의 수효가 어마어마하게 많고, 또한 그 패배가 아주 철저하고 완전하다는 사실을 나타낸다.

(11-16) "그날에 내가 또 곡을 위하여 이스라엘 땅 가운데서 사람들이 지나다니는 사해 동쪽의 한 골짜기를 매장지로 내어줄 것이다. 그러면 사람들이 거기에다 곡과 그의 모든 무리들을 파묻을 것인데, 그로 인해 골짜기가 가로막혀 이후로는 사람들이 더 이상 그리로 지나다니지 못할 것이다. 그리고 사람들은 그곳을 '하몬곡 골짜기'라고 부를 것이

다. 그때에 이스라엘 백성들은 곡과 그 무리들의 시체를 일곱 달 동안 파묻음으로써 자기들의 땅을 깨끗하게 할 것이다. 이스라엘 땅의 백성들이 모두 나서서 곡과 그 무리들의 시체를 땅에 파묻을 것인데, 그로 말미암아 이스라엘은 그 이름을 널리 떨칠 것이고, 그날에 나는 영광을 받을 것이다. 이는 나 주 하나님의 말이다. 일곱 달이 지난 후에도 이스라엘 백성들은 사람들을 고용하여, 그들로 하여금 이스라엘 땅 곳곳을 두루 돌아다니며 아직도 남아있는 시체가 있는지 자세히 살펴보게 할 것이다. 그러면, 고용된 사람들은 시체를 매장할 사람들과 함께 이스라엘 땅 곳곳을 돌아다니면서 남아있는 시체를 찾고 또 매장함으로써 그 땅을 깨끗하게 할 것이다. 만일 고용된 사람들이 이스라엘 온 땅을 돌아다니다가 사람의 뼈를 발견하면, 그들은 그 자리에 푯말을 세워둘 것이고, 그러면 매장하는 사람들이 와서 그 뼈를 가져다가 '하몬곡 골짜기'에 매장할 것이다. 그리하여 '하몬곡 골짜기' 부근에는 그 골짜기 이름을 딴 '하모나'라는 성읍도 생길 것이다. 이스라엘 백성들이 이와 같이 행함으로써 자기들의 땅을 깨끗하게 할 것이다."

그날에 하나님의 심판으로 일거에 궤멸당한 곡 연합군의 무수한 시체들은 이스라엘 도처에 널브러져 있을 것이었다. 그래서 하나님께서는 이스라엘 땅을 정결하게 유지토록 하기 위해 곡과 그의 군사들의 시체를 모조리 거두어 한 장소에 파묻도록 하실 것이다. 그리고 그 장소는 사해 동쪽에 위치한 어느 골짜기로, 그 이름은 '하몬곡 골짜기'로 불릴 것이었다.

이 골짜기가 어디인지는 확실하지 않다. 학자들은 '여호사밧 골짜기' 혹은 '요단 골짜기'로 추정한다. 중요한 것은 그곳의 위치가 아니다. 중요한 사실은, 아주 깊고 넓은 골짜기 전체가 크게 패배하여 죽임당한 곡의 군사들의 시체들로 가득 메워질 정도로, 곡과 그의 군사들에 대한 하나님의 심판이 아주 철저했다는 것이다. 그로 인해 대적에 대한 이스라엘 승리가 최종적으로 완전하게 이루어지게 된다는 것을 알 수 있다.

한편 '하몬곡'(Hamon-Gog)은 '곡의 무리'라는 뜻이므로, '하몬곡 골짜기'는 곡과 그의 무리의 시체들이 매장된 골짜기란 뜻이다. 하나님의 심판으로 이스라엘 땅에서 죽임당한 곡과 그의 무리의 수효가 얼마나 많았던지, 그 시체들을 하몬곡 골짜기에 매장하는 데 '일곱 달'이나 걸릴 것이고, 거기에 종사하는 사람들이 얼마나 많았던지 하몬곡 골짜기 부근에는 '하모나'라는 성읍까지 생길 정도였다. 여기서 '하모나'(Hamonah)는 '많은 무리'라는 뜻이고, '일곱 달'은 상징적인 수로서 '충분하고도 완전한 달수'를 뜻한다.

> (17-20) "너 사람의 아들아, 나 주가 말한다. 너는 공중의 온갖 새들과 들판의 각종 짐승들을 향해 이렇게 말하여라. 크게 외치기를 '너희는 모여 오라! 사방에서 이스라엘의 산 위로 몰려들어라! 내가 너희를 위해 마련한 잔치, 곧 내가 이스라엘 산 위에 베풀어 놓은 큰 잔치에 몰려와서, 고기를 마음껏 먹고 피를 흠뻑 마셔라! 너희는 몰려와서, 용사들의 살을 뜯어먹고 세상 왕들의 피를 마셔라. 바산 초원지대의 살찐 짐승들, 곧 그곳의 숫양이나 어린 양이나 염소나 수송아지를 먹듯이 그렇게 먹고 마셔라. 내가 너희를 위하여 마련한 이 큰 잔치에 몰려와서, 너희는 기름진 것들을 배불리 먹고 취하도록 실컷 피를 마셔라! 너희는 내 식탁에서 말과 기병과 용사와 모든 군사들의 살을 배불리 뜯어먹어라! 이는 나 주 하나님의 말이다.'라고 하여라."

이스라엘 땅의 도처에 널브러진 수많은 곡의 무리들(군사들)의 시체들이 공중의 새들과 들판 짐승들의 먹잇감으로 제공되고 있다. 이 같은 사실을 생생하게 묘사하기 위해 에스겔 선지자는 '큰 잔치의 비유'를 들었다. 곧 이스라엘 산 위에 넘치도록 풍성하게 차려진 곡 군사들의 시신 곧 그들의 살과 피를 공중의 온갖 새들과 들판의 각종 짐승들이 모두 몰려와 마음껏 포식하는 장면을 묘사한 것이다. 이는 하나님의 백성인 이스라엘에 대한 대적의 침략이 얼마나 대규모로 이루어졌는지, 또한 그런 어마무시한 대적에 대해 하나님께서 얼마나 철저하게 궤멸시켰는지를 잘 보여준다.

이스라엘의 회복 (39:21-29)

(21-24) "그날에 내가 뭇 민족들이 보는 앞에서 내 영광을 나타낼 것이니, 온 땅의 모든 민족들이 내가 행한 심판과 내가 베푼 권능을 똑똑히 보게 될 것이다. 그리하여 그날 이후로 이스라엘 백성들은 나를 주 곧 자기들의 하나님인 줄 알게 될 것이고, 온 땅의 모든 민족들은 이스라엘 백성들이 이방 땅에 포로로 사로잡혀간 것은 바로 그들의 죄악 때문인 줄을 알게 될 것이다. 그렇다. 이스라엘 백성들이 나를 거역하고 내 앞에서 죄를 지었기 때문에 내가 그들에게서 내 얼굴을 가렸고, 또한 그들을 대적의 손에 넘겨주어 모두 칼에 찔려 죽게 하였던 것이다. 그때에 내가 그들의 더러움과 그들의 죄악에 따라 그들을 심판하였고, 그들에게서 내 얼굴을 돌려버렸던 것이다."

회복된 이스라엘을 완전히 파멸시키려고 곡이 거대한 연합군을 형성하여 이스라엘을 기습적으로 침공했을 때, 하나님께서는 크신 권능으로 그들을 일거에 궤멸시킬 것이었다. 그런 사실을 목격하고, 온 세상의 뭇 민족들은 밝히 알게 될 것이었다.

'흐흠, 이제 보니, 이스라엘의 신(神)인 주 하나님이 무능해서 그의 백성들이 포로로 끌려간 것이 아니라, 그의 백성들이 주(여호와)를 거역하고 죄를 지었기 때문에 대적의 손에 살육당하고 나라가 망한 채 먼 이방 땅에 포로로 끌려간 것이로구나!'

한편, 성경의 표현상 하나님께서 얼굴을 돌리거나 숨기거나 가린다는 말은 그 대상을 돌보지 않고 모르는 체 그냥 내버려둔다는 의미다.

(25-29) "그러므로 나 주가 말한다. 이제 내가 내 거룩한 이름을 지키기 위해 열심을 내겠다. 그래서 내가 포로로 사로잡혀간 야곱의 후손들을 자기들의 땅으로 다시 돌려보내겠고, 또한 이스라엘 모든 백성들을 불쌍히 여겨 그들에게 풍성한 자비를 베풀겠다. 이스라엘 백성들이 자기들의 땅으로 돌아와 그 땅에서 평안히 살고, 그들에게 두려움을 주거나 그들을 위협하는 자들이 아무도 없게 될 때, 그들은 지난날 자신들이 저지른 모든 악행들에 대하여 부끄러움을 품고 나를 거슬러 지은 죄악을 뉘우칠 것이다. 곧 내가 이스라엘 백성들을 세상 만민 가운데서 데려오고, 그들을 모든 대적들의 땅에서 불러 모아 그들의 땅으로 인도해 들임으로써, 그들로 말미암아 나의 거룩함이 세상 뭇 나라들 앞에서 드러나게 될 때 내 백성 이스라엘이 그렇게 할 것이다. 내가 전에는 이스라엘 백성을 포로로 사로잡혀가게 해서 그들을 세상 뭇 나라들 가운데 흩었으나, 이제는 내가 그들을 다시 불러 모아 그들의 고향 땅으로 돌아오게 하고, 그들 중 한 사람도 이방 땅에 그대로 버려두지 않을 것이다. 그러면, 그제야 그들이 나를 주 곧 자기들의 하나님인 줄 알 것이다. 이후로 내가 다시는 내 얼굴을 내 백성 이스라엘에게서 감추지 않을 것이니, 그것은 내가 내 영을 이스라엘 백성에게 쏟아부었기 때문이다. 이는 나 주 하나님의 말이다."

택한 백성 이스라엘에 대한 하나님의 심판은 다른 이방 족속들과는 달리 영원한 멸절을 위한 것이 아니었다. 그것은 그들의 죄에 대한 합당한 징벌로(24절), 그들을 회개의 자리로 이끌기 위한 사랑의 채찍이었다. 하지만 이제 징벌의 때가 끝났으므로, 이스라엘은 하나님의 사랑과 긍휼로 인해 이방 땅의 포로 됨에서 해방되어 본토로 돌아올 수 있게 되었고, 다시금 온 세상 뭇 나라들과 민족들을 하나님께로 이끄는 복의 통로가 될 수 있었다.

이처럼 이스라엘 백성들이 이방 땅의 포로 됨에서 해방되어 본토로 돌아와 평안히 거주하게 될 때, 그들은 자신들이 지난날에 하나님을 거역하며 범한 모든 죄를 부끄러워하며 뉘우치게 될 것이었다. 왜냐하면 그러한 이스라엘의 구원과 회복은 자신들의 공로가 아닌, 무조건적인 하나님의 은혜와 긍휼로 인한 것임을 분명히 깨닫게 될 것이기 때문이다.

새롭게 회복된 이스라엘 백성들이 그런 회개와 순종의 삶을 살아갈 수 있는 동력은 그들의 마음속에 하나님께서 자신의 영(靈), 곧 성령(聖靈)을 쏟아부었기 때문이다(29절). 즉, 성령께서 지난날 돌처럼 굳은 마음을 제거하고 살처럼 부드러운 새 마음을 주셨기 때문이다(36:26-27). 하지만 어디까지나 이때의 성령 임재는 부분적인 것이었다. 일찍이 요엘 선지자가 예언한 대로(욜 2:28-32), 모든 믿는 자들에게 아낌없이 쏟아시는 완전한 성령의 강림은 신약시대에 이르러 메시아(그리스도)의 죽음과 승천 이후의 오순절에 실현되었다(행 2:1-4).

한편, 이스라엘 백성들의 본토 귀환과 관련해서 그날에 한 사람도 이방 땅에 남아있지 않을 것이라는 말은 분명 강조를 위한 과장법이다(28절). 하지만 영적인 차원에서 이 말은 사실 그대로다. 장차 메시아가 세울 하나님의 왕국에서 모든 성도들은 한 사람도 낙오 없이 그 왕국에 편입하게 될 것이고, 마침내 구원의 자리에 모두 이를 것이기 때문이다(요 17:12).

40

새 성전에 대한 환상

환상 중에 성읍처럼 생긴 건물을 보는데
한 사람이 줄과 장대를 들고 있네
그 건물은 새 예루살렘 성전인데
그 사람이 줄과 장대로 측량하네

새 성전에 대한 환상 (40:1-4)

"오, 오, 주님, 이곳은…? 이곳은 바로…?"

에스겔 일행이 유다 왕 여호야긴과 함께 바빌로니아 땅에 포로로 사로잡혀 온 지 25년째 되는 해, 곧 예루살렘 성읍이 파괴된 지 14년째 되는 해의 1월 10일. 에스겔이 바빌로니아 땅의 포로 된 때는 바빌로니아의 제2차 유다 침공이 있던 주전 597년이고, 예루살렘 성이 함락된 때는 주전 586년이므로, 이 해는 주전 573년이다.

특별히 1월(아빕월) 10일은 이스라엘 백성들에게 있어 의미 있는 날이었다. 그날은 출애굽 사건을 기념하는 '유월절'을 예비하는 날임과 동시에(출 12:3), 출애굽한 이스라엘 백성들이 가나안 땅에 첫 발을 들여놓은 날이기 때문이다(수 4:19). 바로 그날에 주님의 권능의 손길이 에스겔에게 임하더니, 그분께서 환상 가운데 에스겔을 이스라엘 땅으로 데려가셨다. '환상'이란 꿈인지 생시인지 잘 모르는 엑스터시 상태에서 주께서 보여주시는 기이하고 놀라운 광경을 보는 일인데, 이때 그 사람의 정신은 온전히 맑고 또렷한 상태를 유지하였다.

'아, 아, 이곳은 이스라엘 땅의 시온산! 하나님의 성전이 세워진 곳, 꿈엔들 한시도 잊히지 않는 참으로 그립고도 그리운 곳이 아니던가!'

하나님께서 환상 가운데 바빌로니아 땅의 델아빕에 있는 에스겔을 데리고 가서 내려놓으신 곳은 이스라엘 땅이었고, 그 땅의 아주 높은 산 위였다. 그 산은 '시온산'이었고, 지금은 파괴되어 황량한 폐허로 변했지만, 예전에는 크고 아름다운 하나님의 성전 곧 '예루살렘 성전'이라 불린 '솔로몬 성전'이 우뚝 세워진 곳이었다. 에스겔이 눈을 들어 바라보니, 그 산의 남쪽에는 성읍처럼 생긴 큰 건물이 있었다. 그때 하나님께서 에스겔을 데리고 그 건물이 있는 데로 가셨는데, 거기서 에스겔은 청동처럼 빛나는 모습을 지닌 한 사람을 보았다.

이 사람은 에스겔 선지자에게 환상 속의 새 성전을 보여주고 안내할 '주의 천사'였다. 그 사람은 자신의 손에 삼으로 꼰 줄과 측량하는 장대를 들고 그 건물의 문 앞에 서 있었다. 삼으로 꼰 줄이나 장대는 목수가 무언가를 측량하고자 할 때 사용하는 도구인데, 삼으로 꼰 줄은 긴 길이를 잴 때 사용하는 도구이고, 장대는 짧은 길이를 잴 때 사용하는 도구다. 그때 그런 목수의 도구를 지닌 그 사람이 에스겔에게 말한다.

> (4) "너 사람의 아들아, 너는 내가 너에게 보여주는 모든 것을 눈으로 보고, 귀로 듣고, 마음으로 생각하라. 네가 이것을 보려고 여기에 왔다. 그러므로 이제부터 너는 네가 본 모든 것을 이스라엘 백성들에게 빠짐없이 다 선포하여라."

에스겔 선지자가 부여받은 사명이다. 이후 주의 천사가 환상 가운데 에스겔 선지자에게 보여주신 새 성전이 구석구석 세밀하게 측량되었는데, 아주 크고 웅장했으며 극히 아름다웠다. 예루살렘 성읍이 파괴된 지 14년째 되는 해의 1월 10일에 이러한 '새 성전'을 보여주신 까닭은 분명하다.

오래전에 나라가 망하여 예루살렘 성전을 잃고 깊은 절망과 낙담 가운데 빠진 바빌로니아 땅의 포로 된 이스라엘 백성들에게 장차 더욱 크고 더욱 아름다운 새 성전의 회복과 건설에 대한 원대하고 소망 찬 비전을 심어주기 위해서다. 이는 먼 후일 초대교회 당시에 기독교에 적대적인 로마 제국치하의 암담하고 절망적인 상황에서 신자들에게 위로와 소망을 주기 위해 밧모 섬의 사도 요한을 통해 환상 가운데 보여주신 찬란하고 영광스러운 '새 예루살렘 성읍'과 상통한다고 볼 수 있다(계 21:9-27).

한 가지 유의할 점은, 에스겔이 환상 가운데서 본 '새 성전'은 솔로몬 성전(예루살렘 성전, 주전 959년 완공)이나 스룹바벨 성전(제2성전, 주전 520년 완공), 또는 스룹바벨 성전을 대규모로 확장 공사한 헤롯 성전(제3성전, 주후 64년 완공)과는 달리, 이스라엘 역사에서 실제로 건축된 성전은 아니고, 다만 환상 속의 성전이라는 사실이다.

이제 청동처럼 빛나는 모습을 지닌 그 사람, 곧 주의 천사가 에스겔을 데리고 다니면서 새 성전의 곳곳을 안내하며 보여주기 시작한다. 그리고 눈에 보이는 모든 광경은 "내가 보니~"라는 식으로, 에스겔 선지자의 1인칭 관점에서 기술되고 있다. 자, 이제부터 자세히 설명되고 있는 새 성전의 전체적인 구조에 관해서는 '에스겔 선지자가 환상 중에 본 새 성전의 평면도' 그림을 참조하기를 바란다.

새 성전의 바깥뜰로 들어가는 동문 (40:5-16)

(5-16) 그때 내가 보니, 성전 구역은 바깥 사면으로 담벼락이 빙 둘러쳐져 있었다. 그리고 그 사람은 손에 측량하는 장대를 잡고 있었는데, 그 장대의 길이는 6규빗이었다. 1규빗은 사람의 팔꿈치에서 가운뎃 손가락 끝에 이르고, 거기에 한 손바닥 너비가 더해진 길이였다. 그

에스겔 선지자가 환상 중에 본 새 성전의 평면도

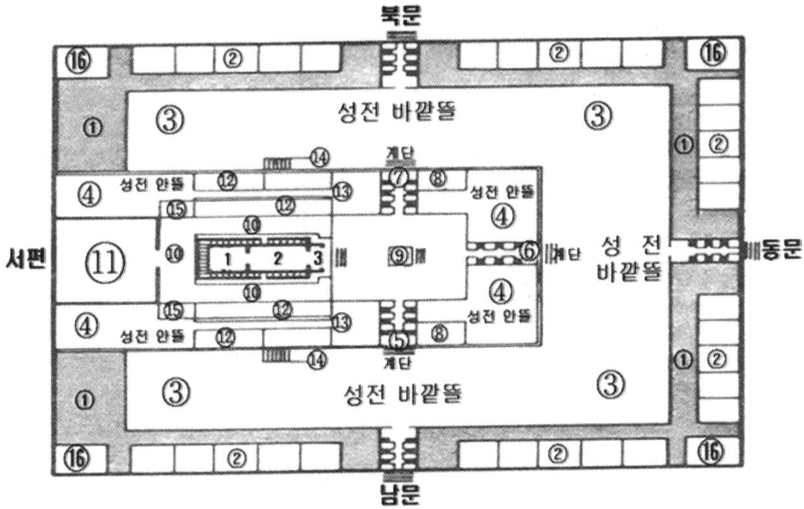

1. 지성소(41:3-4)
2. 성소 (41:1-2)
3. 현관 (40:48-49)
① 얇은 돌이 깔린 땅(40:17)
② 여러 개의 방들(40:17)
③ 성전 바깥뜰(40:17)
④ 성전 안뜰(40:28)
⑤ 성전 안뜰의 남문(40:28-31)
⑥ 성전 안뜰의 동문(40:32-34)
⑦ 성전 안뜰의 북문(40:35-37)
⑧ 안문 곁방(40:44)
⑨ 번제단(40:47) ⑩ 성전 뜰(41:10)
⑪ 싱진 시편의 별관(41:12)
⑫ 제사장들의 방(42:1-14)
⑬ 방들 사이의 통로(42:4, 11)
⑭ 출입구(42:9)
⑮ 제사장들의 부엌(46:19-20)
⑯ 백성들의 부엌(46:21-24)

사람이 자신의 장대로 성전의 담벼락을 쟀는데, 그 두께가 한 장대요, 그 높이도 한 장대였다. 그런 다음, 그 사람은 동문 곧 동쪽으로 향하고 있는 문으로 갔다. 그가 여러 개의 계단을 올라가서 바깥쪽의 문지방 길이를 재니 한 장대요, 앞으로 계속 나가서 안쪽의 문지방 길이를 재니 역시 한 장대였다. 문간 통로에는 성전 문지기들의 방들이 있었는데, 각각의 방은 길이가 한 장대요 너비가 한 장대였다. 각 방들 사이의 벽은 두께가 5규빗이고, 안쪽 문지방의 길이는 한 장대였다. 그리고 안쪽 문지방의 앞에는 현관이 있었고, 그 현관 앞에는

새 성전의 바깥뜰 동문(東門) 평면도

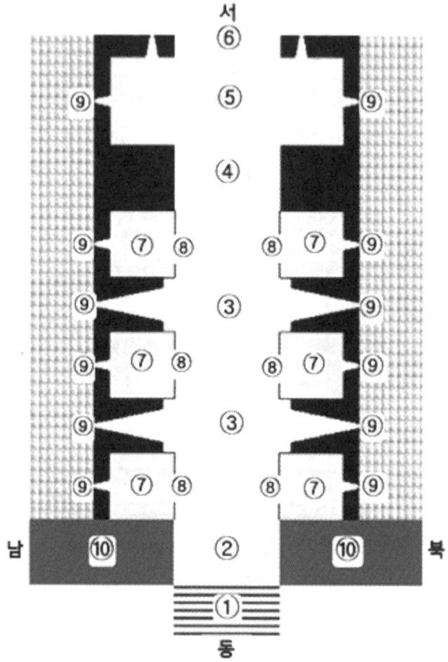

① 계단 ② 바깥쪽 문지방 ③ 문간 통로
④ 안쪽 문지방 ⑤ 현관 ⑥ 안쪽 문
⑦ 문지기들의 방 ⑧ 칸막이 ⑨ 창 ⑩ 담

안쪽 문이 있었다. 그가 안쪽 문 앞에 있는 현관을 재니, 그 길이가 8규빗이었고 그 문기둥들의 두께는 2규빗이었다. 그리고 그 문의 현관은 안쪽으로 향했는데, 곧 성전 쪽으로 나 있었다. 동쪽 문간의 통로에는 문지기들의 방들이 좌우 양쪽으로 각각 세 개씩 있었는데, 세 방 모두 그 크기가 똑같았고 양쪽 벽기둥들의 크기도 모두 똑같았다. 그가 동쪽 문간의 입구 곧 통로를 쟀는데, 그 너비가 10규빗이고 그 길이가 13규빗이었다. 그리고 문지기들의 방들 앞에는 각각 칸막이가 있었는데, 그 높이와 두께는 이쪽과 저쪽 모두 1규빗씩이었고, 그 방들은 저마다 그 길이와 너비가 6규빗씩이었다. 그가 또 이쪽 문지기 방의 지붕 끝에서 저쪽 문지기 방의 지붕 끝까지 재니, 그 너비가 25규빗이었다. 그리고 문지기 방들의 문들은 서로 마주보고 있었다. 그가 또 현관을 재니, 그 너비가 20규빗이었다. 현관은 성전 안뜰로 통했다. 그리고 바깥 문지방에서부터 안쪽 문지방의 현관 앞까지 문간의 전체 통로 길이는 50규빗이었다. 또 현관의 사면과 모든 문지기 방들의 바깥쪽 벽에는 모두 붙박이창이 달려 있었고, 그 바깥쪽 벽과 그 방들 사이에 있는 안쪽 벽에도 조그마한 창들이 달려 있어서, 그 창으로 들어오는 빛이 문간 통로를 밝게 하였다. 그리고 현관 양쪽의 벽기둥에는 종려나무가 새겨져 있었다.

새 성전의 바깥뜰로 들어가는 3개의 문들(동문, 북문, 남문) 중 첫 번째로 동문(東門)에 관한 설명이다. 주의 천사는 먼저 새 성전의 바깥뜰로 들어가는 동문으로 에스겔을 안내한다. 이곳을 가장 먼저 보여주는 까닭은 새 성전의 구조상 동문이 성전 본당(本堂)의 맞은편에 있고, 또한 사람들이 성전 제사나 봉사를 위해 드나드는 주된 출입문이기 때문이다. 새 성전의 바깥뜰로 들어가는 문으로는 동문, 북문, 남문 이렇게 세 개의 문이 있는데, 그 세 개의 문은 구조와 모양과 크기에 있어서 조금의 차이도 없이 모두 똑같았다. 그리고 각 문들은 정확히 좌우 대칭을 이루고 있었다.

성전 구역은 바깥 사면으로 담벼락이 빙 둘러쳐져 있는데, 이 담벼락은 성전을 사방으로 둘러싸고 있는 보호벽이다. 따라서 이 담벼락은 세상의 속된 것들로부터 하나님의 거룩한 것들을 분리시키는 경계선으로, 거룩하신 하나님의 임재 처소는 세상의 속된 것들에 의해 결코 더럽혀질 수 없다는 교훈을 준다.

성전의 모든 구조물은 장대로 측량되고 있는데, 그 장대의 길이는 6규빗이었다. 1규빗은 사람의 팔꿈치에서 가운뎃손가락 끝에 이르고, 거기에 한 손바닥 너비가 더해진 길이다. 성경에서 사람의 팔꿈치에서 가운뎃손가락 끝까지의 길이는 대략 45.6cm로 통용되었고, 손바닥 너비는 대략 7.6cm로 통용되었기에, 여기 1규빗은 대략 53cm 정도로 추정된다. 따라서 한 장대인 6규빗의 길이는 3.18m가량이다. 이런 장대로 동문의 바깥 문지방에서부터 안쪽 문지방의 현관 앞까지 문간 통로의 전체 길이를 재니 50규빗(대략 26.5m)이었고, 그 너비는 25규빗(대략 13.25m)이었다.

문간의 통로에는 성전 문지기들의 방들이 있는데, 이 방들은 성전에서 각종 허드렛일을 하는 사람들이 사용하는 곳이다. 성전 문지기들의 방들은 바깥쪽의 문지방을 지나 좌우 양쪽으로 각각 3개씩 있는데, 세 방 모두 그 크기와 모양이 똑같고, 방문들은 서로 마주보고 있다. 그리고 각 방들의 바깥쪽 벽에는 붙박이창들이 달려 있고, 그 바깥쪽 벽과 각 방들 사이에 있는 안쪽 벽에도 조그마한 창들이 달려 있어, 그 창으로 들어오는 빛이 문간 통로를 밝게 하고 있었다.

그리고 안쪽 문 앞에 있는 현관의 양쪽 벽기둥에는 종려나무가 새겨져 있었다. 성경의 일반적인 용례상 '종려나무'는 승리와 영광 혹은 생명력과 풍요를 상징하는 귀하고 가치 있는 나무로 여겨졌다. 그래서 종려나무는 감람나무(올리브나무)와 더불어 성전이나 궁궐 등의 조각에서 자주 사용된 소재다(왕상 6:29-35).

새 성전의 바깥뜰 (40:17-19)

(17-19) 그런 다음, 그 사람은 나를 데리고 성전의 바깥뜰로 들어갔다. 바깥뜰은 사방을 빙 둘러 그 바닥이 얇은 돌로 포장되어 있었고, 그 포장된 바닥 위에는 여러 개의 방들이 있었는데, 성전의 담벼락을 따라 모두 30개의 방들이 있었다. 얇은 돌로 포장된 부분은 각 문간의 좌우편인데, 그 포장된 길의 길이는 문간의 길이와 같았다. 이것이 아래쪽 길이었다. 그가 또 아래쪽 문간 앞에서부터 성전 안뜰의 바깥문

간 앞까지 재니, 그 너비가 100규빗이었다. 이 너비는 동쪽과 북쪽도 똑같았다.

성전 바깥뜰의 사방 둘레에는 얇은 돌로 포장된 땅이 있는데, 이 땅은 사람들이 움직일 때 흙이 묻지 않도록 얇은 돌을 깔아놓은 땅이다(대하 7:3). 그리고 성전의 담벼락을 따라 모두 30개의 방들이 있는데, 이 방들은 제사장들이 머물거나 화목제 등의 제사를 준비하는 방이다. 성전의 바깥뜰로 들어오는 3개 문(동문, 북문, 남문)의 안쪽 문간 앞에서부터 성전의 안뜰로 들어가는 바깥문간 앞까지의 거리는 똑같이 모두 100규빗(53.2m가량)이었다.

새 성전의 바깥뜰로 들어가는 북문 (40:20-23)

(20-23) 또 그 사람이 바깥뜰로 들어가는 북쪽 문을 재니, 앞서 잰 동쪽 문과 똑같이 그 길이가 50규빗이요, 그 너비가 25규빗이었다. 문간 통로의 양쪽에 있는 문지기 방들도 이편과 저편이 각각 3개씩이었고, 그 벽과 그 현관도 앞서 잰 동쪽 문간과 모든 것이 똑같았다. 그 창문들과 현관의 길이와 너비, 그리고 종려나무 장식도 앞서 잰 동쪽 문간과 똑같았다. 그 문간으로 올라가는 일곱 계단이 있었고, 일곱 계단을 올라가서 문간 안으로 들어가면 문간 안쪽에는 현관이 있었다. 또 안뜰에도 동쪽 문과 마찬가지로 북쪽 문과 마주보고 있는 문이 하나 있었는데, 그가 이쪽 북문에서 저쪽 맞은편의 안뜰 문간까지 재니, 그 길이가 100규빗이었다.

새 성전의 바깥뜰로 들어가는 3개의 문들(동문, 북문, 남문) 중 두 번째로 북문(北門)에 관한 설명이다. 새 성전의 바깥뜰로 들어가는 문으로는 3개의 문이 있는데, 동쪽을 향한 동문(5-16절)과 북쪽을 향한 북문(20-23절)과 남쪽을 향한 남문(24-27절)이 그것들이다. 이들 3개의 문은 그 구조나 크기나 모양이 한 치의 틀림없이 완전히 똑같았고, 모두 일곱 계단 위에 놓여 있었다.

한편, 서쪽을 향한 서문이 없는 것은 그쪽은 성전 본당이 자리잡고 있는 곳이기 때문이다. 따라서 본문에 언급된 북문의 구조와 모양과 크기에 대해서는 앞서 살펴본 동문의 구조와 모양과 크기 및 관련 그림을 살펴보면 된다(5-16절).

새 성전의 바깥뜰로 들어가는 남문 (40:24-27)

(24-27) 그 사람이 또 나를 데리고 남쪽으로 갔는데, 거기에는 남쪽으로 난 문이 있었다. 그가 그 남쪽 문의 벽기둥과 현관을 재니, 그 크기가 앞서 잰 문들 곧 동문 및 북문과 똑같았다. 이 남쪽 문간의 현관과 문지기 방들과 벽에도 앞서 잰 다른 문간들처럼 창들이 달려 있었고, 그 문간의 전체 길이도 앞서 잰 문간들과 똑같이 길이가 50규빗이요, 너비가 25규빗이었다. 그리고 다른 문들과 마찬가지로 문간으로 올라가는 일곱 계단이 있었고, 일곱 계단을 올라가서 문간 안으로 들어가면 그 안쪽에 현관이 있었다. 또 현관의 양쪽 벽기둥 위에는 종려나무가 새겨져 있었다. 안뜰에도 남쪽으로 향한 문이 하나 있었는데, 그가 바깥뜰의 남문에서부터 맞은편에 있는 안뜰의 그 문간까지 재니, 그 길이가 앞서 잰 두 문들 곧 동문 및 북문과 마찬가지로 100규빗이었다.

새 성전의 바깥뜰로 들어가는 3개의 문들(동문, 북문, 남문) 중 세 번째로 남문(南門)에 관한 언급이다. 이들 3개의 문은 그 구조나 크기나 모양이 완전히 똑같기 때문에, 본문에 언급된 남문의 구조와 모양과 크기에 대해서는 앞서 살펴본 동문의 구조와 모양과 크기 및 관련 그림을 살펴보면 된다(5-16절). 한편, 바깥뜰의 각 문간 앞에서부터 맞은편에 있는 안뜰의 각 문간 앞까지의 거리는 똑같이 모두 100규빗(53.2m가량)이었다(27절).

새 성전의 안뜰로 들어가는 남문 (40:28-31)

(28-31) 그 사람이 또 나를 데리고 그 바깥뜰의 남문을 지나 안뜰로 들어갔다. 그가 안뜰에 있는 남쪽 문을 재니, 그 길이와 너비가 앞서 잰 다른 문들과 똑같았다. 곧 그 길이가 50규빗이요, 그 너비가 25규빗이었다. 또한 그 문의 문지기 방들과 벽과 현관의 크기와 구조도 앞서 잰 다른 문들과 똑같았고, 창들도 다른 문들과 똑같이 달려 있었다. 그 사람이 또 현관을 재니, 길이가 25규빗이요 너비가 5규빗이었다. 그런데 안뜰 남쪽 문간의 현관은 안뜰로 향하여 나 있지 않고 바깥뜰로 향하고 있었다. 현관의 양쪽 벽기둥 위에는 다른 문들과 똑같이 종려나무가 새겨져 있었다. 그러나 안뜰의 남쪽 문간으로 올라가는 계단의 수는 바깥뜰의 문간으로 올라가는 계단 수보다 한 개가 더 많은 여덟 개였다.

새 성전의 안뜰로 들어가는 3개의 문들(남문, 동문, 북문) 중 첫 번째로 남문(南門)에 관한 설명이다. 새 성전의 안뜰에도 3개의 문들이 있었다. 이들 안뜰의 문들은 바깥뜰에 있는 3개의 문들과 똑같이 남문(28-31절), 동문(32-34절), 북문(35-37절) 이렇게 3개였다. 안뜰로 들어가는 3개의 문들은 각각 바깥뜰에 있는 3개의 문들과 맞은편에 있었는데, 서로 간에 각각 100규빗(53.2m가량) 떨어져 있었다. 그리고 안뜰로 들어가는 세 개의 문들 역시 바깥뜰에 있는 세 개의 문들과 그 구조와 모양과 크기에 있어서 똑같았다. 따라서 안뜰의 문들을 살펴보려면 앞서 살펴본 성전 바깥뜰에 있는 동문의 구조와 모양과 크기 및 관련 그림을 참조하면 된다(5-16절).

다만 바깥뜰 문들과 안뜰 문들 간에 한 가지 차이점이 있다. 그것은 성전 바깥뜰에 위치한 3개의 문들은 각각 7계단 위에 놓여 있는 반면, 성전 안뜰에 위치한 3개의 문들은 각각 8계단 위에 놓여 있었다(31, 34, 37절). 따라서 성전 바깥뜰에서 성전 안뜰로 들어가기 위해서는 여덟 계단을 올라가야 했고, 성전 밖에서 성전 바깥뜰의 문간을 지나 성전 안뜰로 들어가기 위해서는 모두 15계단(바깥뜰의 일곱 계단 + 안뜰의 여덟 계단)을 올라야 했다. 이것은 성소와 지성소가 있는 성전의 본당을 향해가면서 점차로 높아지는 성전 구조를 보여주고 있는데, 이는 분명 하나님의 임재 처소인 성소의 고상함과 거룩함을 나타내는 것이다.

그리고 안뜰의 문들에는 특이한 점이 있었다. 그것은 바깥뜰 문들의 현관들은 안뜰 쪽을 향해 나 있는 것과는 달리, 안뜰 문들의 현관들은 바깥뜰 쪽을 향해 나 있다는 것이다(31, 34, 37절). 말하자면 바깥뜰 문들과 안뜰 문들은 계단의 숫자를 제외하고는 모든 면에서 똑같지만, 단지 그 배열이 서로 대칭을 이루고 있었다.

새 성전의 안뜰로 들어가는 동문 (40:32-34)

(32-34) 그 사람이 또 나를 데리고 안뜰 동편으로 가서 거기 있는 동쪽 문을 재니, 그 길이와 너비가 앞서 잰 다른 문들과 똑같았다. 곧 그 길이가 50규빗이요, 그 너비가 25규빗이었다. 또한 그 문의 문지기 방들과 벽과 현관의 크기와 구조도 앞서 잰 다른 문들과 똑같았고, 창들도 다른 문들과 똑같이 달려 있었다. 그런데 안뜰 동쪽 문간의 현관은 안뜰로 향하여 나 있지 않고 바깥뜰로 향하고 있었다. 현관의 양쪽 벽기둥 위에는 다른 문들과 똑같이 종려나무가 새겨져 있었다. 그러나 안뜰의 동쪽 문간으로 올라가는 계단의 수는 바깥뜰의 문간으로 올라가는 계단 수보다 한 개가 더 많은 여덟 개였다.

새 성전의 안뜰로 들어가는 3개의 문들(남문, 동문, 북문) 중 두 번째로 동문(東門)에 관한 설명이다. 이들 3개의 문들은 모든 면에서 똑같으므로, 앞에서 설명한 안뜰의 남문을 살펴보면 된다(28-31절).

새 성전의 안뜰로 들어가는 북문 (40:35-37)

(35-37) 그 사람이 또 나를 데리고 안뜰 북편으로 가서 거기 있는 북쪽 문을 재니, 그 길이와 너비가 앞서 잰 다른 문들과 똑같았다. 곧 그 길이가 50규빗이요, 그 너비가 25규빗이었다. 또한 그 문의 문지기 방들과 벽과 현관의 크기와 구조도 앞서 잰 다른 문들과 똑같았고, 창들도 다른 문들과 똑같이 달려 있었다. 그런데 안뜰 동쪽 문간의 현관은 안뜰로 향하여 나 있지 않고 바깥뜰로 향하고 있었다. 현관의 양쪽 벽기둥 위에는 다른 문들과 똑같이 종려나무가 새겨져 있었다. 그러나 안뜰의 동쪽 문간으로 올라가는 계단의 수는 바깥뜰의 문간으로 올라가는 계단 수보다 한 개가 더 많은 여덟 개였다.

새 성전의 안뜰로 들어가는 3개의 문들(남문, 동문, 북문) 중 세 번째로 북문(北門)에 관한 설명이다. 이들 3개의 문들은 모든 면에서 완전히 똑같으므로, 앞에서 설명한 안뜰의 남문을 살펴보면 된다(28-31절).

제사를 준비하는 방과 각종 연장들 (40:38-43)

(38-43) 안뜰의 북문 벽기둥 곁에는 출입문이 있는 방이 하나 붙어 있었는데, 그 방은 번제물을 씻는 곳이었다. 그리고 그 북문의 현관 안쪽에는 이편과 저편 양쪽으로 탁자가 두 개씩 놓여 있었는데, 그 위에서 번제와 속죄제와 속건제에 쓸 짐승들을 잡았다. 또 이 안뜰 북문의 현관 바깥쪽에도 이쪽과 저쪽의 양쪽 귀퉁이 벽에 탁자가 두 개씩 놓여 있었다. 그래서 북쪽 문의 현관 안쪽에 탁자가 넷이

있고, 현관의 바깥쪽에 탁자가 넷이 있어, 현관 안팎으로 도합 여덟 개의 탁자가 놓여 있었다. 그리고 이 여덟 개의 탁자 위에서 희생제물로 바쳐질 짐승을 잡았다. 그리고 또 그곳에는 돌을 다듬어 만든 네 개의 번제용 탁자가 놓여 있었는데, 그 길이가 1.5규빗이요, 그 너비가 1.5규빗이며, 그 높이가 1규빗이었다. 그 위에는 번제용 희생제물을 잡을 때 사용되는 여러 기구들이 놓여 있었다. 또 현관의 내부에는 손바닥 너비만한 갈고리들이 사방에 박혀 있었는데, 거기에는 제물에 쓸 짐승들을 잡는 데 필요한 연장들을 걸어놓았다. 그러나 모든 탁자들 위에는 제물로 바칠 희생 짐승의 고기들만 올려놓았다.

각종 제사에 사용될 희생제물들은 성전 안뜰의 북문에서 잡았다. 그래서 북문의 벽기둥 곁에는 번제물을 씻는 방이 마련되어 있었고, 북문의 현관 안쪽과 바깥쪽에는 희생제물을 잡을 탁자들이 놓여 있었다. 또한 북문의 현관 내부에는 희생제물을 잡을 때 사용되는 각종 연장들이 걸려 있었다. 이처럼 북문에는 제사를 준비하는 방과 탁자들과 각종 연장들이 있었는데, 오래 전에 모세의 성막에서도 모든 희생제물은 오직 번제단의 북쪽에서만 잡았다(레 1:11). 번제(燔祭)는 희생제물을 번제단 위에 올려놓은 뒤 그 고기를 온전히 불태워서 드리는 제사다(레 1장).

성전 사역자들인 제사장들을 위한 방 (40:44-47)

(44-47) 또 안뜰의 북문과 남문 곁에는 방이 하나씩 있었는데, 각각 안뜰로 통하게 되어 있었다. 북문 곁에 있는 방은 남쪽을 향하고 있었고, 남문 곁에 있는 방은 북쪽을 향하고 있었다. 그때 나를 안내하던 그 사람이 설명해 주었다. 이르기를 "남쪽을 향하고 있는 이 방은 성전을 맡아 봉사하는 제사장들이 사용하는 방이고, 북쪽을 향하고 있는 이 방은 제단을 맡아 봉사하는 제사장들이 사용하는 방이다.

그들은 레위의 자손들 가운데 사독의 자손들로서, 주 앞으로 가까이 나아가 섬길 수 있는 자들이다."라고 하였다. 그리고 그 사람이 성전 안뜰을 재니, 그 길이가 100규빗이요, 그 너비도 100규빗으로, 네모반듯한 정사각형이었다. 또 희생제물을 불태우는 번제단은 성전의 본당 앞에 놓여 있었다.

안뜰의 북문과 남문 곁에는 각각 방이 하나씩 딸려 있는데, 그 두 개의 곁방은 모두 안뜰로 통하게 되어 있었다. 그중 북문 곁에 있는 방은 '성전'에서 봉사하는 제사장들이 사용하는 방이고, 남문 곁에 있는 방은 '제단'에서 봉사하는 제사장들이 사용하는 방이었다. 그런데 새 성전에서 성전과 제단을 맡아 주님 앞에서 봉사하는 제사장들은 레위의 자손들 가운데서 오직 '사독의 자손들'이었다(46절).

사독(Zadok)은 아론의 후손으로, 다윗 왕의 통치 초기부터 아비아달과 함께 대제사상 직분을 수행한 인물이었다. 그런데 다윗 왕의 후계자 계승에 있어, 아비아달이 모반자 아도니야를 지지했을 때, 사독은 정통 후계자인 솔로몬을 후원하였다. 결국 솔로몬이 다윗을 이어 이스라엘의 왕위에 올랐을 때, 아비아달은 대제사장 직분에서 파면된 반면에 사독은 유일한 대제사장으로 인정받았다. 이처럼 사독은 다윗과 솔로몬 시대에 변함없이 대제사장 직분을 수행한 정통성 있는 다윗 왕조의 성전 책임자였다. 따라서 장차 회복될 새 성전에서도 다윗 왕조의 정통성을 계속 이어나간다는 차원에서 사독 계열의 자손들이 제사장 직분을 수행할 자들로 인정받았던 것이다.

한편, 주의 천사가 '제단 뜰'로 불리는 성전 안뜰을 재니, 그 길이와 너비가 각각 100규빗(53.2m가량)인 네모반듯한 정사각형이었다(47절). 각종 희생제물을 불살라 바치는 번제단은 그 정중앙에 위치하고 있었다.

새 성전의 본당 중 현관 (40:48-49)

(48-49) 그 사람이 또 나를 데리고 성전 현관으로 들어가서 문간 입구의 벽기둥을 쟀는데, 그 너비가 이쪽이 5규빗이고, 저쪽도 5규빗이었다. 문간 좌우에 튀어나온 그 벽기둥의 두께는 이쪽이 3규빗이고, 저쪽도 3규빗이었다. 그리고 현관 내부의 너비는 20규빗이고, 길이는 11규빗이었다. 또 현관으로 올라가는 계단들이 있었고, 현관의 벽기둥 곁에는 좌우 양쪽에 기둥이 하나씩 있었다.

본문에 언급된 '현관'은 성전의 안뜰에서 본당의 성소로 들어가는 입구에 설치된 현관을 가리킨다. 즉, 성소 출입구다. 따라서 성전 밖에서 성전 본당 안의 성소로 들어가려면 모두 3개의 현관 곧 바깥뜰의 현관, 안뜰의 현관, 그리고 본당의 현관을 통과해야 한다. 본당 현관의 내부 크기는 길이가 11규빗(5.83m가량), 너비가 20규빗(10.6m가량)이었다. 그리고 이 본당 현관의 좌우에는 각각 기둥이 하나씩 세워져 있었다. 그리고 안뜰에서 본당의 현관으로 올라가는 계단들이 있는데, 많은 학자들은 10개의 계단일 것으로 추정한다.

41
새 성전의 구조

성전 본당의 지성소와 성소에는
각각 좌우로 문짝 두 개가 있는데
네 개의 문짝에는 사면 벽처럼
그룹과 종려나무가 새겨져 있네

새 성전의 본당 중 성소 (41:1-2)

"너 사람의 아들아, 내가 지금 네게 보여주고 있는 새 성전의 이곳저곳을 잘 보고 있는 것이냐?"

"네, 잘 보고 있습니다."

"좋다, 모든 것을 주의 깊게 잘 보고 마음에 새긴 뒤, 네가 본 모든 것을 이스라엘 족속에게 그대로 전하도록 하여라."

"네, 알겠습니다. 제가 본 모든 것을 그대로 전하겠습니다."

"좋다, 계속해서 나를 따라오도록 하여라."

(1-2) 그 사람이 또 나를 데리고 성전 본당의 성소로 들어가서, 문간 입구의 벽기둥을 쟀다. 문간 좌우에 튀어나온 그 벽기둥의 두께는 좌우 양쪽이 똑같았는데, 이쪽이 6규빗이고 저쪽도 6규빗이었다. 그리고 문간 통로의 너비는 10규빗이었고, 문간 통로 옆의 벽 너비는 좌우 양쪽이 똑같이 각각 5규빗이었다. 그가 또 성전 본당의 성소

새 성전의 본당(本堂) 평면도

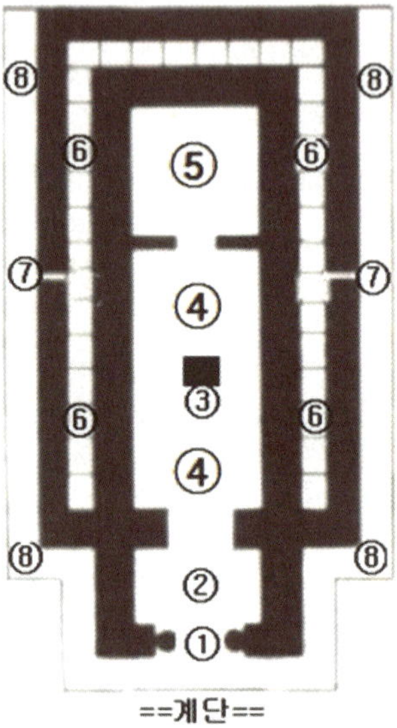

① 기둥 ② 현관 ③ 나무 제단 ④ 성소
⑤ 지성소 ⑥ 골방들 ⑦ 골방 출입구
⑧ 성전 지대

크기를 재니, 그 길이가 40규빗이고, 그 너비가 20규빗이었다.

새 성전에 관한 에스겔의 환상은 이제 본격적으로 성소와 지성소가 있는 '성전 본당'으로 옮겨지고 있다. 성전 본당은 세 부분(현관, 성소, 지성소)으로 구성되어 있는데, 주의 천사는 본당의 현관을 지나 이제 성소(聖所) 안으로 들어가서 그 규모를 측량하고 있다. 성소의 크기는 길이가 40규빗(21.2m가량), 너비가 20규빗(10.6m가량)이었다.

새 성전의 본당 중 지성소 (41:3-4)

(3-4) 그 사람이 또 성소 안쪽의 지성소로 들어가서, 문간 좌우에 튀어나온 벽기둥을 재니, 그 두께가 2규빗이었다. 그리고 문간 통로의 너비는 6규빗이었고, 그 벽의 너비는 양쪽 모두 똑같이 7규빗이었다. 그 사람이 지성소 내부를 재니, 그 전체 크기는 길이와 너비가 똑같이 각각 20규빗이었다. 그때 나를 안내하던 그 사람이 내게 말했다. "바로 이곳이 지성소다!"

성전 본당의 성소 안쪽에는 지성소(至聖所)가 있었다. '지성소'는 성전의 가장 안쪽에 자리잡고 있는 지극히 거룩한 장소다. 예전의 솔로몬 성전에는 이곳에 하나님 임재의 상징인 '언약궤'가 안치되어 있었고, 이곳은 오직 대제사장만이 일 년에 한 번 속죄일에 희생제물의 피를 갖고 들어갈 수 있었다(레 16장). 그래서 지금 환상 가운데서도 지성소에는 주의 천사 혼자만 들어가서 그 크기를 재고 있다. 지성소의 크기는 길이와 너비가 똑같이 20규빗(10.6m가량)인 정방형 모양이었다.

새 성전의 본당 중 작은 골방들 (41:5-11)

(5-11) 나를 안내하던 그 사람이 또 성전의 안벽을 재니, 그 두께가 6규빗이었다. 그리고 성전 건물의 삼면에는 빙 돌아가며 작은 골방들이 있었는데, 그 너비는 모든 방들이 똑같이 각각 4규빗씩이었다. 이 작은 골방들은 방 위에 방이 있는 구조로 모두 3층을 이루고 있었는데, 각 층마다 작은 골방들이 30개씩 있었다. 그런데 이 작은 골방들은 계단식으로 된 성전 외벽에 얹혀 지었기 때문에, 그 들보가 성전의 벽 자체를 파고 들어가지 않았다. 성전 삼면을 돌아가며 지어진 이 작은 골방들은 계단식 구조로 되어 있었기 때문에, 그 층이 위로 올라갈수록 넓어졌다. 그리고 이 구조물은 계단을 통해 맨 아래층에서 중간층을 거쳐 맨 위층으로 올라가게 되어 있었다. 내가 또 보니, 성전 둘레의 지대는 다른 곳들보다 더 높이 솟아 있었는데, 그 높이는 곧 작은 골방들의 기초 높이였다. 그 높이는 한 장대 곧 6규빗이었다. 그리고 이 작은 골방들의 외벽 두께는 5규빗이었다. 또 작은 골방들의 바깥에는 빈터가 있었는데, 이 빈터는 성전 삼면을 빙 둘러있는 뜰로서, 그 너비는 20규빗이었다. 이 작은 골방 건물의 출입문들은 이 빈터 곧 뜰을 향해 나 있었는데, 하나는 북쪽 방향으로 나 있었고, 다른 하나는 남쪽 방향으로 나 있었다. 그리고 그 출입문 주변에 둘러 있는 뜰의 너비는 5규빗이었다.

성전 본당의 삼면(남쪽, 서쪽, 북쪽) 벽에는 작은 골방들이 붙어 있었다. 골방들은 방 위에 방이 있는 구조로 모두 3층을 이루고 있었는데, 각 층에 30개씩의 골방들이 있었다. 그러니까 모두 90개의 작은 골방들이 본당 삼면의 벽에 붙어 있었다. 각각의 방들은 똑같이 길이와 너비가

4규빗(2.12m가량)이었다(5절). 이 골방들은 성전에서 봉사하는 제사장들이 사용했는데, 기도의 장소로 쓰기도 했고, 성전의 각종 비품들과 제사용 도구들을 보관하는 장소로 사용하기도 했다. 한편, 성전 본당은 6규빗(3.18m가량) 높이의 지대(地臺) 위에 세워져 있었다(8절).

새 성전의 별관 (41:12)

(12) 또 성전 본당의 서편 안뜰 뒤에 건물이 하나 있는데, 그 너비는 70규빗이고, 그 길이는 90규빗이며, 그 건물 사면의 벽두께는 5규빗이었다.

성전 본당의 서쪽 안뜰 뒤에는 따로 떨어진 건물, 곧 별관(別館)이 하나 있었다. 그 별관의 너비는 70규빗(37.1m가량), 그 길이는 90규빗(47.7m가량)이었다. 이 건물의 용도는 분명치 않으나, 성전과 분리된 점으로 보아 성전에서 배출되는 각종 쓰레기를 처리하는 장소로 추정된다.

새 성전의 본당 규모 및 내부 장식과 부속품 (41:13-22)

(13-22) 나를 안내하던 그 사람이 이번에는 성전 본당의 전체 크기를 재었다. 성전 본당의 너비는 100규빗이었고, 또 서쪽 뜰과 거기 있는 별관 건물과 그 건물의 벽을 모두 포함하여 그 길이가 또한 100규빗이었다. 성전 본당의 너비도 남쪽과 북쪽의 뜰을 포함하여 그 너비가 100규빗이고, 또 성전 본당 앞에서 동쪽으로 향하고 있는 뜰, 곧 번제단이 놓여 있는 뜰의 너비도 100규빗이었다. 또 그 사람이 성전 본당의 뒤뜰에 있는 별관 건물을 그 좌우편의 벽까지 포함하여 재보니, 그 너비도 100규빗이었다. 성전 본당의 지성소와 성소와 현관의 구조물 전체, 그리고 그것에 딸린 건물인 성전 삼면으로 빙 둘러 있는 작은 골방들의 안쪽 벽면 모두는 채광을 위한 창문 곧 닫힌 창들을 제외하고

는 바닥에서부터 천장에 이르기까지 모두 널판이 입혀져 있었다. 현관의 문간 통로 위쪽과 성전 본당의 내전인 지성소와 외전인 성소의 사면 벽도 다 널판으로 입혀져 있었는데, 그 사람이 재어본 치수 그대로 입혀져 있었다. 또 입혀진 널판들에는 그룹과 종려나무 형상이 새겨져 있었는데, 두 그룹 사이에 종려나무가 하나씩 새겨져 있었고, 각각의 그룹마다 두 개의 얼굴을 가지고 있었다. 하나의 얼굴은 사람의 얼굴이었는데, 이쪽 편에 있는 종려나무를 바라보고 있었고, 다른 하나의 얼굴은 사자의 얼굴이었는데, 저쪽 편에 있는 종려나무를 바라보고 있었다. 성전 본당 내부의 사면 벽 전체가 이런 그림으로 장식되어 있었다. 성전 본당의 바닥에서 문간 통로의 윗부분에 이르기까지, 성전 본당의 모든 내부 벽에 그룹들과 종려나무들이 새겨져 있었다. 성소 출입구의 좌우 문기둥 모양은 네모졌고, 지성소 출입구의 좌우 문기둥 모양도 역시 네모졌다. 그리고 지성소 앞, 곧 성소의 중앙에는 나무 제단이 놓여 있었는데, 그 높이가 3규빗이고, 그 길이가 2규빗이었다. 이 제단은 그 모서리와 밑바닥과 옆면이 다 나무로 만들어졌다. 이때 나를 안내하던 그 사람이 내게 말했다. "이 제단은 주님 앞에 있는 상이다!"

새 성전의 본당(현관, 성소, 지성소) 규모 및 본당에 딸린 부속된 건물(삼면의 작은 골방들)과 본당의 내부 장식에 대한 설명이다. 성전 본당의 전체 크기는 길이와 너비 모두 100규빗(53m가량)이었고, 본당 서편의 건물(별관)과 뜰을 합하면 또한 길이와 너비가 모두 100규빗(53m가량)이었다. 그리고 앞서 측량한바 있는 본당 동편의 안뜰 크기도 길이와 너비가 모두 100규빗(53m가량)이었다. 성전이 매우 짜임새 있고 안정감 있게 건축된 것임을 알 수 있다.

성전 본당의 좌우 벽면과 바닥면과 천장 등 사면 전체는 채광을 위해 설치된 창문 부분을 제외하고는 모두 널판으로 입혀졌다. 그리고 입혀진 널판들에는 그룹과 종려나무 형상이 새겨져 있었는데, 두 그룹 사이에 종려나무가 하나씩 새겨져 있었다. 그룹(Cherub)은 하나님의 영광과 거룩함을 찬양하고 수호하는 천사들을 가리키고, 종려나무는 승리와 생명력과 풍요 등을 상징한다.

또한 각각의 그룹마다 두 개의 얼굴(사람의 얼굴, 사자의 얼굴)을 가지고 있었는데, 하나의 얼굴은 이쪽 편의 종려나무를 바라보고 있었고, 다른 하나의 얼굴은 저쪽 편의 종려나무를 바라보고 있었다. 창문을 제외한 성전 본당 내부의 사면 벽 전체가 이런 그림으로 전부 장식되어 있었다.

그리고 성소의 중앙에는 그 모서리와 밑바닥과 옆면이 다 나무로 만들어진 '나무 제단'이 하나 놓여 있었는데, 그 나무 제단은 '주님 앞에 있는 상'이라고 불렸다. 지성소 앞 성소의 중앙에 위치한 이 나무 제단은 희생제물을 드리는 '번제단'이나 향을 사르는 '분향단'과는 구별되는 것으로, 아마도 떡을 올려놓는 '진설병 상(床)'인 듯하다.

지성소와 성소의 문 (41:23-26)

(23-26) 성전 본당의 지성소와 성소에는 각각 문이 있었다. 그리고 각 문마다 좌우로 문짝이 두 개씩 있었는데, 각 문짝에는 아래위로 두 개의 돌쩌귀가 붙어 있었다. 지성소와 성소에 있는 이 네 개의 문짝에는 사면 벽과 마찬가지로 그룹과 종려나무가 새겨져 있었는데, 성전 본당의 현관 앞에는 나무로 만든 디딤판이 있었다. 또 성전 본당 현관의 양쪽 벽에는 곳곳에 붙박이 창문이 나 있었고, 그 덧댄 널판 위에는 종려나무 그림이 새겨져 있었다. 성전 본당의 작은 골방들과 나무 디딤판도 역시 그러하였다.

성전 본당에는 각각 두 짝으로 이루어진 두 개의 문이 있었다. 하나는 현관과 성소(외전) 사이에 있었고, 또 하나는 성소와 지성소(내전) 사이에 있었다. 따라서 제사장이 성소와 지성소로 들어가려면 이 문들을 지나가야 했다. 그 문들은 모두 두 짝으로 된 여닫이 문들이었는데, 네 개의 문짝 전부에는 사면 벽과 마찬가지로 그룹과 종려나무가 새겨져 있었다. 성전 본당의 현관 앞에 있는 나무 디딤판과 성전 본당의 삼면에 있는 작은 골방들에도 역시 그룹과 종려나무가 새겨져 있었다. 이 그룹과 종려나무는 성전에 임하여 계시는 하나님의 거룩함과 영광과 승리와 생명력과 풍요로움 등을 상징하는 그림이다.

42

새 성전의 부속 건물들

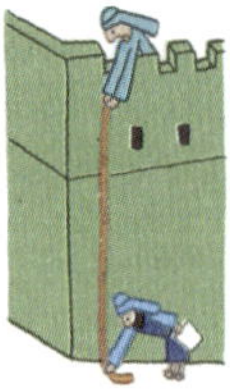

성전 내부 구역을 모두 측량하고
성전 바깥을 둘러싼 사면 담을 재네
동서남북 담은 모두 5백 규빗
이 담이 성전 안과 밖을 구별하네

북편 뜰에 있는 제사장들의 방 (42:1-9)

(1-9) 그 사람이 또 나를 데리고 성전 본당 바깥의 안뜰로 나가, 북쪽 길로 가서 성전 북편에 있는 두 건물에 이르렀다. 두 건물 가운데 하나는 성전 본당의 작은 골방들 앞뜰을 향하고 있었고, 다른 하나는 성전 본당의 북쪽 벽을 향하고 있었다. 그 사람이 이 건물들의 크기를 재니, 길이는 100규빗이었고, 너비는 50규빗이었다. 또 이 건물들의 출입구 문은 북쪽을 향하고 있었다. 이 건물들은 3층으로 이루어져 있었고, 방들이 두 줄로 쭉 늘어서 있었으며, 모든 방들 앞에는 복도용 발코니가 있었다. 두 줄로 늘어선 방들 가운데 한 줄은 20규빗 되는 성전 안뜰을 향하여 있었고, 다른 한 줄은 바깥뜰의 얇은 돌이 깔린 곳을 향하고 있었다. 또 그 두 줄의 방들 사이에는 통로가 있었는데, 그 너비가 10규빗이었고, 그 길이가 100규빗이었다. 그리고 그 문들은 다 북쪽으로 나 있었다. 3층으로 된 이 건물에서 맨 위층인 3층의 방들은 다른 1층과 2층의 방들에 비해 가장 좁았는데, 그것은 각

층마다 나 있는 복도용 발코니들 때문에, 위층으로 올라갈수록 그 너비가 점차 좁아졌기 때문이다. 비록 방들이 3층으로 되어 있었지만, 이 건물은 뜰에 있는 다른 건물들처럼 기둥으로 받쳐져 있지 않고, 기둥 없이 계단식 구조로 지어졌기 때문에 맨 위층이 가장 아래층이나 가운데층보다 더욱 좁아졌던 것이다. 두 건물 가운데 한 건물의 바깥담, 곧 바깥뜰 쪽으로는 이 방들과 나란히 길이 50규빗 되는 바깥담이 있었다. 바깥뜰로 향한 이 방들의 전체 길이는 50규빗이었고, 성전 쪽을 향한 방들의 전체 길이는 100규빗이었다. 그리고 이 방들의 맨 아래층에는 동쪽으로 나 있는 출입구가 있었는데, 이 출입구는 곧 바깥뜰에서 들어가는 문이었다.

성전 안뜰의 북쪽 뜰에는 3층으로 이루어진 두 개의 건물이 있었는데, 각 건물의 크기는 길이가 100규빗, 너비가 50규빗이었다. 두 건물의 각 층마다 두 줄로 쭉 늘어선 방들이 있었고, 모든 방들 앞에는 복도용 발코니가 있었다. 그리고 두 건물의 방향은 각각 성전 안뜰과 성전 바깥뜰 쪽으로 향하고 있었다. 이 3층 건물에 있는 방들은 성전에서 봉사하는 제사장들이 사용하는 방이었다.

남편 뜰에 있는 제사장들의 방 (42:10-12)

(10-12) 성전의 남편에도 북편과 똑같이 두 개의 건물이 있었는데, 하나는 성전 본당의 작은 골방들 앞뜰을 향하고 있었고, 다른 하나는 성전 본당의 남쪽 벽을 향하고 있었다. 이 건물들도 북편 건물들과 똑같이 각 건물마다 방들이 두 줄로 쭉 늘어서 있었고, 방들 사이에는 통로가 있었다. 모든 구조는 북편과 똑같았다. 곧 통로의 너비와 길이 및 각 방들의 크기, 그리고 출입구나 문들의 모양이나 구조가 북편 건물에 있는 것들과 똑같았다. 이 남편 건물의 방들에도 출입하는 문이 있었는데, 북편 건물의 방들과 똑같이 동쪽으로 나 있었다.

성전 안뜰의 남쪽 뜰에도 북쪽 뜰에 있는 것과 똑같은 구조와 크기의 3층으로 이루어진 두 개의 건물이 있었다. 그러니까 성전 안뜰의 북쪽 뜰과 남쪽 뜰에는 각각 2개의 3층 건물이 있었는데, 그 건물들 안에는 많은 방들이 있었다. 이 방들은 성전에서 봉사하는 제사장들이 사용하는 방이었다.

제사장 방들의 용도 (42:13-14)

(13-14) 그때 나를 안내하던 그 사람이 내게 일러주었다. "성전 안뜰 앞에 있는 이 남쪽 방들과 북쪽 방들은 '거룩한 방'이다. 이 방들은 주를 가까이 하는 제사장들이 지극히 거룩한 음식을 먹는 곳이고, 또한 지극히 거룩한 제물인 소제와 속죄제와 속건제의 제물을 두는 곳이다. 그래서 이 방들은 '거룩한 방들'이다. 또 제사장들이 입는 옷은 거룩한 옷이므로, 제사장들이 성소에 들어가 주를 가까이하고 나올 때에는 곧바로 바깥뜰로 나가지 못하고, 주를 섬길 때 입었던 그 옷을 반드시 이 '거룩한 방'에 벗어두어야 한다. 그런 뒤에 다른 일반 옷으로 갈아입고서 백성들이 모여 있는 바깥뜰로 나가야 한다."

성전 앞뜰의 북쪽 뜰과 남쪽 뜰에 있는 건물의 방들은 '거룩한 방'으로 불렸다. 그 까닭은, 그 방들이 거룩하신 주님을 섬기는 일과 관련하여 제사장들이 제사로 드린 거룩한 제물을 먹을 때, 그리고 제사장들이 제사장의 거룩한 의복을 갈아입을 때(14절) 사용하는 방이기 때문이다.

제사장들이 먹을 수 있는 거룩한 제물은 주님께 바쳐진 제물 중에서 번제단 위에서 불사르지 아니한 소제물과 대제사장과 회중을 위해 바쳐진 속죄제물을 제외한 여타의 속죄제물 및 속건제물을 가리킨다. 이 같은 제물은 제사장 가족의 남녀노소가 모두 먹을 수 있었던 화목제물과는 달리 오직 제사장들만이 먹을 수 있었다.

그리고 제사장의 의복은 하나님의 거룩한 일을 하기 위해 특별히 지음 받은 옷이기 때문에(출 28장), 제사장들이 하나님의 성전에서 제사장의 직무를 수행할 때는 반드시 제사장의 의복을 입어야만 했다.

새 성전의 사면 담벼락 (42:15-20)

(15-20) 나를 안내하던 그 사람이 성전 내부 구역의 모든 측량을 마친 뒤, 나를 데리고 성전의 동쪽 문을 통과하여 밖으로 나와서는 성전 전체를 둘러싸고 있는 사면 담벼락을 쟀다. 그 사람이 자기가 사용하는 그 장대로 성전 구역의 동편 담벼락을 재니, 그 길이가 500규빗이었다. 또 그 장대로 북편 담벼락을 재니 북편 담벼락도 500규빗이었고, 또 그 장대로 남편 담벼락을 재니 남편 담벼락도 500규빗이었으며, 또 그 사람이 서쪽으로 가서 자신의 장대로 서편 담벼락을 재니 서편 담벼락도 500규빗이었다. 이와 같이 그 사람이 성전 구역의 사면 담벼락을 재니, 그 사면 담벼락의 길이와 너비가 각각 500규빗이었다. 이 담벼락은 안쪽의 거룩한 곳과 바깥쪽의 속된 곳을 구별하는 담벼락이었다.

에스겔이 환상 가운데서 본 새 성전의 사방 담벼락에 대한 규모는 동서남북의 담벼락이 모두 500규빗(265m가량)으로, 곧 길이 500규빗과 너비 500규빗의 정방형(正方形)이었다. 이 같은 정방형의 사방 담벼락은 성전 안쪽의 거룩한 곳과 성전 바깥쪽의 속된 곳을 구별하는 담벼락이었다.

그렇다면 무엇이 거룩한 것이고, 무엇이 속된 것인가? 성전과 그 안의 모든 비품들은 하나님을 위해서만 사용되는 것이기에 '거룩한 것'이고, 성전 밖의 모든 것들은 누구든지 일상적으로 사용할 수 있는 것이기에 '속된 것'이다. 이 둘 사이를 구분 짓는 성전의 사방 담벼락은 두께와 높이가 똑같이 한 장대(6규빗, 3.18m가량)였다(40:5).

43

새 성전에 임하신 주

그때 나는 하나님의 영광이
새 성전에 임하는 것을 보네
성전 동쪽 문으로 임하니
주의 영광이 성전에 가득하네

새 성전 안으로 주님의 영광이 돌아옴 (43:1-12)

(1-5) 새 성전의 사면 담벼락을 잰 다음에, 그 사람 곧 주의 천사가 나를 데리고 성전의 동쪽 문으로 갔다. 그때에 나는 이스라엘 하나님의 영광이 동쪽에서부터 새 성전으로 돌아오고 계시는 것을 보았는데, 하나님의 음성은 세차게 흐르는 많은 물소리와 같았고, 땅은 그분의 영광의 광채로 인하여 밝게 빛이 났다. 그 모습은 내가 이전에 본 환상 곧 이전에 주께서 예루살렘 성읍을 멸망시키러 오실 때에 보던 환상과 똑같고, 또한 이전에 내가 그발 강가에서 보았던 환상과 똑같았다. 그래서 나는 즉시 얼굴을 땅에 대고 바짝 엎드렸다. 그러자 주의 영광이 성전의 동쪽 문을 통과해서 성전 안으로 들어가셨다. 그때 주의 영이 나를 들어 올리시더니, 나를 성전 안뜰로 데리고 가셨다. 거기서 내가 보니, 주의 영광이 성전에 가득 차 있었다.

새 성전 안으로 들어가신 주의 영광에 관한 서술이다. 주의 영광은 하나님의 임재를 나타내는 가견적(可見的)인 현상을 가리킨다. 지금으로부터 19년 전(주전 593년), 에스겔은 이스라엘 백성들이 타락했을 때 주의 영광이 성전의 동쪽 문을 통해 예루살렘 성전을 떠나가는 환상을 보았다(10:19; 11:22-24).

하지만 이제는 반대로 주의 영광이 동쪽 문을 통해 성전 안으로 들어오신 것이다. 이것은 에스겔이 환상 가운데서 본 '새 성전'이 하나님의 거룩한 임재 처소가 되었음을 보여주는 동시에, 하나님과 이스라엘 백성 간의 관계가 새롭게 회복되었음을 나타낸다. 그때 에스겔을 안내하던 그 사람은 에스겔 곁에 서 있었는데, 성전 안에서 누군가로부터 이런 음성이 에스겔에게 들려왔다. 주(여호와)의 음성이었다.

> (7-9) "너 사람의 아들아, 이곳 성전은 내 보좌가 있는 곳이고, 내 발을 두는 곳이며, 또한 내가 이스라엘 백성 가운데 영원히 거할 곳이다. 그러므로 이스라엘 백성들이나 그들의 왕들이 이곳 성전에서 이방 우상들을 섬김으로써 음란한 짓을 행한다든지, 또는 백성들이 자기들의 죽은 왕들의 시체를 이곳 성전 부근에 매장함으로써 내 거룩한 이름을 더럽히는 일이 다시는 없게 할 것이다. 이전에 그들이 겨우 벽 하나 사이를 둔 채, 자기들의 우상 신전의 문지방을 내 성전의 문지방에 잇대어 놓고, 또 자기들의 우상 신전의 문설주를 내 성전의 문설주에 잇대어 짓고는, 온갖 가증한 행위를 자행함으로써 나의 거룩한 이름을 더럽혔다. 그래서 내가 분노를 터뜨려 그들을 모조리 멸망시킨 것이다. 그러나 이제는 그들이 이방 우상을 섬기는 음란한 행위를 멀리하고, 죽은 왕들의 시체를 내 성전 가까이 매장하는 일을 그쳐야 할 것이다. 그리하면, 내가 그들 가운데 영원히 살겠다."

이스라엘 백성들이 타락했을 때 하나님의 성전은 각종 우상숭배의 처소였다. 그 결과로 하나님의 성전은 온갖 가증한 우상들로 인해 크게 더럽혀졌고, 그래서 하나님은 그 성전을 떠나가셨다. 따라서 이후로 이스라엘 백성들이 가증한 우상숭배 행위를 멀리하고, 또한 죽은 왕들의 시체를 성전에서 멀리하면, 하나님께서는 성전을 자신의 영원한 지상 처소로 삼아 이스라엘 백성 가운데 영영 거하실 것이었다.

여기 '죽은 왕들의 시체'란 말 중에서 '죽은 왕들'이란 우상을 숭배하다 죽은 유다의 '악한 왕들'을 가리키고, '시체'는 생명이 없고 무기력하여 마치 시체와도 같은 '우상'을 가리킨다. 따라서 '죽은 왕들의 시체'는 이미 죽은 유다의 악한 왕들이 섬겼던 '시체 같은 우상'을 가리킨다. 그러므로 죽은 왕들의 시체를 멀리하라는 말은 '마치 시체와도 같은 모든 우상들을 멀리하라'는 말이다. 그렇다면 성전에서 우상과 우상숭배를 멀리하면, 하나님께서는 성전을 영원히 자신의 거처로 삼으실 것인가?

영원한 거처에 관한 하나님의 이 약속은 역사적 건축물인 '성전'에 국한되는 것이 아니다. 사실, 역사적 건축물인 솔로몬 성전(예루살렘 성전)은 바빌로니아 군대에 의해 파괴되었고(주전 586년), 이후 새롭게 지어지고 확장된 헤롯 성전은 로마 군대에 의해 파괴되고 말았다(주후 70년). 따라서 신약성경은 하나님의 영원한 임재와 영광이 그리스도 예수를 통해 드러난다고 말하고 있으며(요 1:14), 더 나아가 각각의 신자들이 성전이 되고, 그들 속에 하나님의 영 곧 성령께서 영영 거주하실 것이라고 말하고 있다(고전 3:16).

(10-12) "너 사람의 아들아, 너는 이스라엘 백성들에게 성전의 모습을 그대로 알려주어서, 그들로 자신들의 죄악을 부끄럽게 여기도록 하여라. 그런 후에 그들로 성전의 모양을 측량해 보게 하여라. 만일 그 백성들이 지난날 자기들의 모든 행실을 부끄럽게 여기거든, 너는 그들에게 이 성전의 구조와 모양에 관해 전부 알려주어라. 성전의 출입구를 포함하여, 성전의 모든 건축 양식과 온갖 시설 등에 관해 자세히

알려주고, 아울러 그들이 성전 예배 때에 지켜야 할 법도와 규례에 관해서도 가르쳐주어라. 또한 그 백성들이 보는 앞에서 이런 것들을 빠짐없이 글로 써주어서, 그들로 하여금 이 성전에 관한 모든 법도와 규례를 지켜 행하게 하여라. 성전의 법도는 이러하니, 곧 나의 성전이 세워진 산꼭대기 부분은 지극히 거룩한 곳이어야 한다. 바로 이것이 성전의 법도다."

새 성전의 구조와 모양, 그리고 그 성전에서 드려지는 예배의 법도와 규례는 이스라엘 백성들을 부끄럽게 만들 것이었다. 왜냐하면 에스겔이 환상 가운데서 본 새 성전의 구체적인 묘사는, 그 성전이 얼마나 지극히 거룩한 것인지를 잘 보여주고 있기 때문이다. 이처럼 지극히 거룩한 하나님의 성전에 이스라엘 백성들이 지난날에 온갖 이방 우상들을 들여놓고 섬겼으니, 그 가증한 죄악을 응당 부끄러워할 수밖에 없었다.

이런 맥락에서 새 성전의 산꼭대기 부분 곧 '지성소'는 하나님께서 임하여 계시는 지극히 거룩한 곳으로서, 그런 지성소를 중심으로 성전 전체에 드리워져 있는 주님의 거룩함을 분명히 깨닫고 올바로 드러내며 섬기는 일이야말로 곧 '성전의 법도'인 것이다. 요컨대, 모든 성전의 규례와 법도는 '거룩함'이란 한 단어로 요약될 수 있다. 그리고 이제부터 46장까지 거룩하신 하나님을 거룩하게 섬기는 거룩함의 규례와 법도에 관해 구체적으로 언급하고 있다. 그중 첫 번째는 하나님께 모든 희생제물을 불살라 바치는 성전의 기물 곧 '번제단'에 관한 것이다.

새 성전에 놓인 번제단의 모양과 크기 (43:13-17)

(13-17) 번제단의 크기는 이러했다. 번제단을 잰 자는 팔꿈치에서 가운뎃손가락 끝까지의 길이에, 한 손바닥 너비만큼을 더한 것이었다. 이 같은 자로 번제단의 밑받침을 재니, 그 높이가 1규빗이고, 그 사면

가장자리의 너비도 1규빗이었다. 또 사면 가장자리에는 높이가 한 뼘 되는 턱이 빙 돌아가며 둘러 있었다. 이것이 번제단의 밑받침이었다. 번제단은 이 같은 밑받침 위에 계단식으로 만들어졌다. 땅에 닿는 밑받침의 표면에서 맨 아랫단까지의 높이는 2규빗이고, 이 아랫단의 사면 가장자리 너비는 1규빗이었다. 또 이 아랫단 위에는 중간 단이 있었는데, 그 높이는 4규빗이고, 중간 단의 사면 가장자리 너비는 1규빗이었다. 또 중간 단 위에는 맨 윗단이 있는데, 이 윗단의 높이는 4규빗이고, 윗단의 네 모서리에는 네 개의 뿔이 각각 솟아 있었다. 번제단의 맨 윗단은 희생제물을 살라 바치는 곳인데, 길이가 12규빗이고, 너비가 12규빗으로, 네모반듯하였다. 이 맨 윗단을 받치는 그 아래 중간 단은 길이가 14규빗, 너비가 14규빗으로 역시 네모반듯하였다. 그리고 그 사면 가장자리의 너비는 1규빗이고, 사면 가장자리에는 높이가 반 규빗 되는 턱이 빙 돌아가며 둘러 있었다. 그리고 번제단의 계단은 동쪽을 향하고 있었다.

새 성전의 번제단 단면도

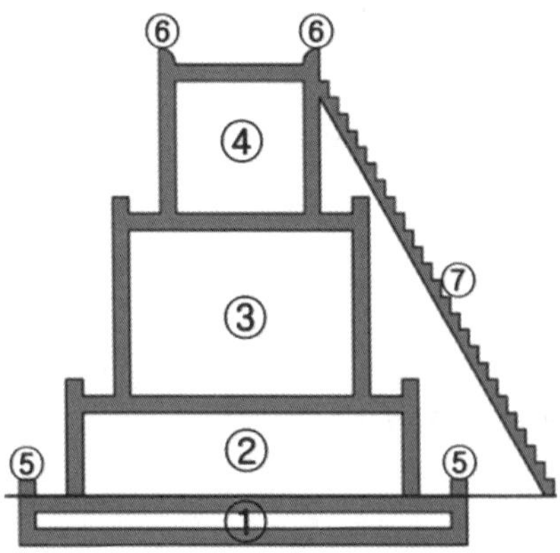

① 밑받침 ② 아랫단 ③ 중간 단 ④ 맨 윗단
⑤ 턱 ⑥ 뿔 ⑦ 계단

새 성전의 '번제단' 규모다. 성전 안뜰의 중앙에 놓인 번제단은 밑받침 위에 3단(아랫단, 중간 단, 윗단) 형태의 정방형 구조로 되어 있었다. 각 단의 변(邊)의 길이는 각각 16규빗, 14규빗, 12규빗으로 그 아래의 단보다 2규빗씩 짧았다. 그리고 맨 윗단의 네 모서리에는 각각 뿔이 솟아 있었고, 그 아래 중간 단의 사면 가장자리에는 반(1/2) 규빗 되는 턱이 빙 돌아가며 둘러 있었다. 여기서 규빗(cubit)은 사람의 팔꿈치에서 가운뎃손가락 끝까지의 길이에, 한 손바닥 너비만큼을 더한 것으로, 1규빗은 통상 53cm가량이다.

'번제단'은 하나님께 봉헌하는 모든 희생제물을 불로 태워서 바치던 제단을 가리키는데, 에스겔의 새 성전에 관한 기사에서 유독 '번제단'에 관해 자세히 기록하고 있는 이유는 이러하다. 즉, 성전의 가장 중요한 기능이 희생제물을 통한 속죄(贖罪)라는 점에서, 이 같은 기능을 수행하는 번제단의 중요성을 한층 부각시키기 위함이었다.

번제단의 봉헌 규례 (43:18-27)

(18-27) 그때 주께서 내게 말씀하셨다. "너 사람의 아들아, 나 주가 말한다. 이 번제단을 만들어 사용하는 날, 이 번제단 위에서 번제물을 불살라 바치고 또 희생제물의 피를 뿌리는 규례가 이러하다. 나 주가 말한다. 나에게 가까이 나와서 나를 섬기는 사독의 자손 레위 사람의 제사장들에게 너는 어린 수송아지 한 마리를 주어서, 그것으로써 번제단의 봉헌을 위한 속죄제물로 삼게 하여라. 이때 너는 그 수송아지의 피를 가져다가, 번제단 맨 위 모서리에 있는 네 뿔과 그 아래 중간 단의 네 귀퉁이와 그 사면 가장자리에 발라서 속죄함으로써 그 번제단을 정결하게 하여라. 그런 다음, 너는 속죄제물로 바쳐진 그 수송아지를 취하여, 성소 바깥 곧 성전의 지정된 곳에서 그것을 모조리 불살라 없애라. 그다음 날에는 흠 없는 숫염소 한 마리를 속죄제물로 삼아 내게 바치되, 그 전날 수송아지를 속죄제물로 삼아서 내게 바치던 의식과 똑같이 행하여 이 번제단을 정결하게 하여라. 이렇게 정결하게 하는 의식을 마친 다음, 너는 또 흠 없는 수송아지 한 마리와 양 떼 가운데서 흠 없는 숫양 한 마리를 골라서 그것들을 내게 바치되, 네가 그것들을 나 주 앞에 바칠 때는 제사장들로 그

짐승들 위에 소금을 뿌리게 해서 나 주에게 번제로 바쳐라. 너는 7일 동안 날마다 속죄제물을 준비하되, 염소 한 마리와 어린 수송아지 한 마리와 양 떼 가운데서 숫양 한 마리를 모두 흠 없는 것으로 준비하도록 하여라. 이 같은 속죄제물로 7일 동안 번제단을 위하여 속죄제를 바침으로써 그 번제단을 정결하게 하여, 그것을 내게 봉헌하여라. 이 모든 기간을 다 채운 뒤, 제8일째 되는 날과 그 이후부터 비로소 제사장들로 하여금 이 번제단 위에서 번제물과 화목제물을 내게 바치게 하여라. 그리하면, 내가 너희의 제물을 기쁘게 받아들이겠다. 이는 나 주 하나님의 말이다."

번제단을 주님께 봉헌하는 규례다. 번제단(燔祭壇)은 사람의 죄를 속하는 속죄(贖罪)의 희생제물이 바쳐지는 거룩한 기물이다. 번제단이 이 같은 속죄의 기능을 올바로 감당하기 위해서는 무엇보다 번제단 자체가 하나님 앞에서 정결해야 했다. 그래서 그 번제단 위에서 모든 희생의 제사가 드려지기 전에, 먼저 번제단 자체가 희생제물의 피로써 정결케 구별되는 거룩한 의식을 치러야 했다. 이 같은 번제단의 정결의식 때 사용된 속죄제물은 흠 없는 것으로 수송아지, 숫염소, 숫양이 요구되었고, 7일 동안 반복적으로 행해졌다.

특별히 이때 제사장들은 속죄의 번제물들 위에 소금을 뿌려야 했는데(24절), 소금의 특성은 부패를 방지하여 맛을 변함없이 유지시켜 주는 것이다. 따라서 번제물 위에 소금을 치는 것은, 모든 부패를 방지함으로써 정결을 유지한다는 의미가 있다. 이와 더불어 변치 않는 소금의 속성처럼 제사장들도 변치 않고 영원히 하나님 앞에서 제사 규례를 지킨다는 '소금 언약'의 의미가 담겨 있다(민 18:19).

44

제사장 직분의 규례

사독 계열의 제사장들만이
성소로 들어와서 나를 섬겨라
제사장들은 내 법도를 가르치고
매사에 자신을 정결하게 하여라

새 성전의 동문 사용 규례 (44:1-3)

(1-3) 나를 안내하던 그 사람이 또 나를 데리고 동쪽으로 향해 난 성소의 바깥문으로 갔는데, 그 문이 닫혀 있었다. 그때 주께서 내게 말씀하셨다. "이 문은 항상 닫아두어야 하고, 다시 열어서는 안 된다. 성소로 들어올 때, 누구도 이 문으로 들어와서는 안 된다. 그것은, 이스라엘의 하나님 나 주가 이 문을 지나서 성소로 들어왔기 때문이다. 그러므로 이 문은 언제든지 닫아두어야 한다. 그러나 왕은 백성을 대표하는 왕인 까닭에, 바깥뜰의 다른 문을 통해 안쪽 길을 지나 이 동문 현관에 들어와, 거기 앉아서 나 주 앞에서 화목제의 음식을 먹을 수 있다. 그런 뒤, 나갈 때도 왔던 길로 되돌아가야 한다."

새 성전의 동문(東門) 사용에 관한 규례다. 새 성전의 동문은 항상 닫아두어야 하고 절대로 열어선 안 되었다. 즉, 완전 봉쇄해야 했다. 그렇게 해야 하는 까닭은, 그 동문은 거룩하신 주님의 영광이 들어온 곳이기에(43:1-5), 이후로 사람들의 발길에 의해 더럽혀지지 않도록 하기 위해서였다.

또한 이는 하나님의 영광이 이제는 더 이상 성전을 떠나가지 않을 것이라는 사실도 암시되어 있다. 이전에 하나님께서는 동문을 통해 예루살렘 성전을 떠나가셨기 때문이다(10:19; 11:22-24). 한편, 백성을 대표하는 왕은 동문을 제외한 성전의 다른 문들 곧 북문이나 남문을 통해 들어와 동문의 현관에 앉아 화목제 음식을 먹을 수는 있었다.

새 성전의 출입에 대한 규례 (44:4-9)

(4-9) 나를 안내하던 그 사람이 또 나를 데리고 북문을 지나 성전 앞으로 갔다. 그때 내가 보니, 주의 영광이 주의 성전에 가득 차 있었다. 나는 즉시 얼굴을 땅에 대고 엎드렸다. 주께서 내게 말씀하셨다. "너 사람의 아들아, 이제부터 내가 성전에 관한 모든 규례와 모든 율례를 말해줄 것이니, 너는 귀를 기울여 주목해서 잘 들어라. 또 성전으로 들어가는 모든 입구와 성소의 모든 출구에 대해서도 말해줄 것이니, 주의해서 듣고 잘 알아두어라. 그리고 너는 저 반역하는 자들 곧 이스라엘 백성들에게 이렇게 전해주어라. '주 하나님께서 말씀하신다. 이스라엘 족속아, 너희는 이제껏 넘치도록 가증한 짓을 일삼아 왔다. 너희가 내게 음식과 기름과 피를 제물로 바칠 때, 몸의 할례뿐 아니라 마음의 할례도 받지 않은 이방인들을 내 성소에 데리고 들어와서 나의 성전을 더럽혔다. 이외에도 너희는 온갖 역겨운 일들을 자행함으로써 나와 맺은 언약을 깨뜨렸다. 너희는 또 나의 거룩한 물건을 다루는 너희의 거룩한 직분을 직접 수행하지 않고, 나의 성소에 이방 사람들을 두어 그들로 너희의 거룩한 직분을 대신 수행하게 하였다. 그러므로 나 주가 분명히 말한다. 이스라엘 백성들 가운데 살고 있는 이방인들이라 할지라도, 그 몸과 마음에 할례를 받지 않은 이방인들은 절대로 내 성소에 들어와서는 안 된다.'"

새 성전의 출입에 대한 규례다. 성전은 아무나 혹은 아무것이나 함부로 드나드는 데가 아니었고, 하나님의 규례에 따라 성전 출입자의 자격이 엄격하게 정해져 있었다. 따라서 성전 관리자는 성전의 출입구에 주목하여 성전 출입에 합당하지 않는 모든 부정한 사람들이나 물건들이 함부로 드나드는 것을 철저히 방지해야 했다. 그렇게 함으로써 하나님이 임하여 계시는 성전의 거룩함과 하나님의 영광을 수호해야 했다.

그래서 이스라엘 백성들 가운데 살고 있는 이방인이라 할지라도 몸과 마음에 할례를 받지 않은 자들은 성전에 출입할 수 없었다. 몸의 할례는 남성 생식기의 포피(包皮)를 제거하는 것이고, 마음의 할례는 자신의 삶에서 죄악의 요소를 제거하는 것이다(롬 2:28-29; 골 2:11).

본래 이스라엘 중에 거주하는 이방인들은 하나님을 예배하기 위해 하나님 앞에 제물을 가져오는 것은 허락되었지만(레 17:8; 민 15:14), 성막 뜰 안으로는 들어갈 수 없었다. 하지만 그들도 이스라엘 백성들처럼 몸에 할례를 받고 또 마음에 할례를 받아 하나님의 언약을 받아들이면, 성전 뜰 안으로 들어갈 수 있었다. 그리고 장차 그리스도 예수 안에서는 유대인과 이방인 사이의 이 같은 구별은 완전히 사라지게 된다(엡 2:11-22).

성전 봉사와 관련된 레위 사람들의 직무 (44:10-14)

(10-14) "나 주가 말한다. 이전에 이스라엘 백성들이 잘못하여 이방 우상들을 좇아 섬길 때, 레위 사람들도 역시 잘못하여 나를 버리고 떠나 그 우상들을 좇아 섬겼기 때문에 그들은 자기들의 죄를 감당해야 할 것이다. 그래서 레위 사람들은 내 성소에서 성전의 문들을 맡아 그 문지기가 되고, 내 성전에서 여러 가지 시중드는 일들을 하며 나를 섬기게 될 것이다. 곧 그들은 이스라엘 백성들이 내게 바치는 번제물이나 다른 희생제물을 잡고, 그 백성들 앞에서 온갖 시중을 들며 나를

섬기게 될 것이다. 나 주가 말한다. 이전에 이스라엘 백성들이 우상을 섬길 때, 레위 사람들이 백성들 앞에서 시중들며 우상 섬기는 일을 거들어줌으로써 그 백성들로 죄악에 빠지게 하였으므로, 이제 내가 내 손을 들어 레위 사람들을 쳐서 그들로 그 죄에 대한 형벌을 받게 할 것이다. 그러므로 레위 사람들은 내 앞에 가까이 나와서 나를 섬기는 제사장의 직분을 맡지 못하고, 또 성소에 있는 나의 거룩한 물건들 곧 지극히 거룩한 나의 모든 물건들에도 가까이 다가가서 그것들을 다룰 수 없다. 이처럼 레위 사람들은 지난날 자기들이 저지른 수치스러운 일들과 자기들이 행한 모든 가증한 죄악에 대해 마땅히 그 벌을 받아야 한다. 그래도 내가 그들을 내 앞에서 아주 내치지 않고, 그들을 내 앞에 세워서 내 성전의 모든 문들을 지키게 하고, 또 제사 때에 곁에서 시중드는 모든 일들과 그 외 성전 안에서 해야 할 온갖 잡다한 일들을 맡아 보게 하겠다."

본문의 대상은 일반 레위 사람들이 아니라, 이전에는 제사장의 직분을 맡아 성소에서 하나님을 섬겼던, 아론의 후손 된 '레위 사람 제사장들'이다. 이들은 이스라엘 백성들이 타락하여 이방의 우상들을 섬길 때에 그들을 올바로 지도하여 하나님을 섬기도록 인도해야 했지만, 도리어 그들을 도와 함께 우상을 섬기는 죄악을 저질렀다(렘 2:8).

그런 죄악의 대가로, 그들은 이전처럼 성소에 들어가 거룩한 물건들을 다루며 하나님을 섬기는 제사장 직분을 더는 행할 수 없었고, 일반 레위 사람들처럼 성전 문지기가 되거나 희생제물로 쓰일 짐승들을 잡거나 또는 성전의 온갖 잡다한 허드렛일을 맡아 돌보는 자들로 그 직분이 격하되었다. 하나님께서 그들의 가증한 죄악을 물어 성전에서 완전히 내치지 않고 그런 허드렛일이라도 맡긴 것은, 그분의 배려와 긍휼이었다. 그리하여 새 성전에서 성소에 들어가 하나님을 섬기는 제사장의 직분은 오직 사독 자손의 제사장들만이 수행할 수 있었다(40:46; 44:15-16).

성전 봉사와 관련된 제사장들의 자격과 직무 및 규례 (44:15-27)

(15-27) "그러나 이스라엘 백성들이 잘못하여 내게서 떠나갔을 때에도, 사독의 후손들인 레위 지파 제사장들은 내 성소에서 그들의 직무를 성실하게 수행하였다. 그러므로 그들은 내 앞에 가까이 나와서 나를 섬기는 제사장의 직무를 감당할 수 있으니, 곧 제사장으로서 내 앞에 서서 희생제물의 기름과 피를 내게 바칠 수 있다. 이는 나 주 하나님의 말이다. 오직 그들 제사장들만이 내 성소에 들어올 수 있고, 그들만이 내 상에 가까이에 나아와서 나를 섬길 수 있으며, 그들만이 내가 맡긴 모든 직무를 수행할 수 있다. 제사장들이 나를 섬기기 위해 안뜰 문으로 들어올 때나, 안뜰 문 안에 있을 때나, 성소 안에서 자신들의 직무를 수행할 때는, 양털로 만든 옷을 입지 말고 반드시 모시로 만든 옷을 입어야 한다. 또 제사장들은 머리에도 모시로 만든 관을 쓰고, 바지도 모시로 만든 것을 입어야 한다. 땀이 나게 하는 것은 어떤 것들도 입거나 허리에 두르면 안 된다. 또 제사장들은 일반 백성들이 있는 바깥뜰로 나갈 때는, 나를 섬길 때 입었던 제사장의 예복을 벗어 거룩한 방에 보관하고 다른 평상복으로 갈아입어야 한다. 그것은 일반 백성들이 제사장의 거룩한 예복에 손을 대서는 절대로 안 되기 때문이다. 또 제사장들은 머리털을 바싹 밀어서도 안 되고, 길게 자라도록 내버려두어도 안 된다. 항상 머리털을 단정하게 잘 깎아야 한다. 또 제사장들은 성전의 안뜰로 들어갈 때 술을 마셔서는 안 된다. 또 제사장들은 과부나 이혼한 여자를 아내로 맞아들이지 말아야 하고, 오직 이스라엘 백성 가운데 숫처녀만을 아내로 삼아야 한다. 그러나 다른 제사장의 아내였다가 과부가 된 여인과는 결혼할 수 있다. 무릇 제사장들은 내 백성에게 거룩한 것과 속된 것을 구별하는 법과, 부정한 것과 깨끗한 것을 분별하는 법을 가르쳐주어야 한다. 또 내 백성들 사이에 분쟁이 일어나서 소송이 제기되면, 제사장들은

옳고 그름을 재판하되 내가 정한 법규에 따라 판결해야 한다. 또 제사장들은 정해진 규정과 율법에 따라 내가 정한 모든 절기들을 준수하고, 또 나의 안식일을 거룩하게 지켜야 한다. 또 제사장들은 시체에 가까이 가거나 그것을 만져서 제 몸을 부정하게 하는 일이 없어야 한다. 다만 자기 부모나 자녀나 형제나 시집가지 아니한 자매가 죽었을 경우에는 그 시신을 만져 제 몸을 더럽힐 수 있다. 이런 경우에, 그 제사장은 규례에 따라 제 몸을 정결하게 하고, 그 후에도 7일 동안을 더 기다려야 한다. 그런 다음에야 비로소 이전처럼 성전의 안뜰로 들어가 제사장의 직무를 수행할 수 있지만, 제사장의 직무를 수행하기 전에 그는 먼저 자기 자신을 위해 속죄제를 드려야 한다. 이는 나 주 하나님의 말이다."

새 성전에서 제사장의 직분을 수행할 자격은 오직 신실한 사독의 후손들인 레위 지파 제사장들에게만 있었다. 이들이 성소에 들어가 하나님을 섬길 때 양털로 된 옷이나 바지를 입거나 관(冠)을 쓰면 안 되었고 오직 모시로 된 것들만 사용해야 했다(17-18절). 그 까닭은, 양털로 만든 것들을 입거나 쓰면 몸에서 땀이 나기 때문이다. 구약시대의 정결규례에서 땀은 몸의 다른 분비물들과 함께 부정(不淨)한 것으로 간주되었다. 이 같은 육체적인 정결 규례는 거룩하신 하나님을 섬기는 제사장들은 언제나 영육(靈肉) 간의 정결을 유지해야 한다는 사실을 교훈한다.

이 외에도 제사장들이 지켜야 할 여러 규례들은 이러하다. 성소 일을 마치고 안뜰에서 바깥뜰로 나갈 때는 반드시 제사장 의복을 벗고 평상복으로 갈아입을 것(19절), 머리털을 항상 단정하게 유지할 것(20절), 술을 마시지 말 것(21절), 이스라엘 백성 중 숫처녀하고만 결혼할 것(22절), 거룩하고 속된 것 및 부정하고 정결한 것을 분별하는 법을 백성들에게 가르칠 것(23절), 백성들 사이에 분쟁이 생길 때 하나님의 법규에 따라 판결할 것(24절a), 율법과 규례에 따라 정해진 모든 절기들과 안식일을 거룩하게 준수할 것(24절b), 시체를 가까이하여 몸을 더럽혀선 안 되지만 부득이 가족의 시체를 접했을 경우엔 규례에 따라 몸을 정결하게 하고 자신을 위해 속죄제를 드릴 것(25-27절). 그리고 새나 가축 가운데 저절로 죽은 것들이나 다른 짐승들에게 찢겨 죽은 것들을 먹어서는 안 됨(31절).

이처럼 제사장들은 삶의 모든 영역에서, 곧 머리털을 깎는 데서부터 결혼과 장례에 이르기까지 거룩함과 정결함의 본이 되어야 했다. 그러한 정결한 삶의 본을 통해 백성들로 하여금 하나님의 거룩함을 일깨워주어야 했다. 비록 구약시대의 제사장 규정들이 오늘날의 성도들에게 더는 그대로 적용되지 않는다고 해도, 영적인 차원에서 그것의 의미는 여전히 유효하다. 영적 제사장 된 성도는 거룩하신 하나님을 섬기는 자들로서 삶의 모든 영역에서 거룩한 삶을 살아감으로써 세상의 빛과 소금이 되어야 하는 것이다(벧전 2:9; 엡 5:8-9).

제사장들에게 허락된 기업 (44:28-31)

(28-31) "제사장들은 재산을 소유해서는 안 된다. 하지만 제사장들에게도 유산이 있으니, 내가 곧 그들의 유산이다. 그러므로 너희는 이스라엘 백성들 가운데 제사장들에게는 어떤 재산도 분배해 주어서는 안 된다. 오직 내가 그들의 재산이 되기 때문이다. 제사장들의 재산은 이것이니, 곧 이스라엘 백성들이 내게 비치는 희생제물 가운데 소제와 속죄제와 속건제로 바쳐진 제물을 먹을 수 있고, 또 이스라엘에서 특별히 구별되어 내게 바쳐진 모든 것들은 다 그들의 것이 될 것이다. 그리고 모든 첫 열매들 중에서 가장 좋은 것들과 이스라엘 백성들이 높이 들어서 내게 바친 예물들은 다 제사장들의 차지가 될 것이다. 그리고 너희는 또 너희 땅에서 수확한 첫 밀가루를 제사장들에게 주어서 그들로 너희 집을 축복하게 하여라. 또 제사장들은 모름지기

새나 가축 가운데 저절로 죽은 것들이나 혹은 다른 짐승들에게 찢겨 죽은 것들을 먹어서는 안 된다."

제사장들은 자신의 개인적인 땅이나 재산을 따로 소유해서는 안 되었다. 그런 까닭은, 하나님께서 친히 그들의 재산과 유산이 되실 것이기 때문이다. 이 말의 의미는, 이스라엘 백성들이 하나님께 바치는 것들, 예컨대 희생제물 가운데 소제와 속죄제와 속건제로 바쳐진 제물들, 특별히 구별하여 바치는 모든 것들, 모든 수확의 첫 열매들, 거제 예물들, 땅에서 처음으로 수확한 밀가루 등등이 제사장들의 몫으로 돌려질 것이라는 것이다.

성소에서 일하는 제사장들과 관련하여 이 같은 규정을 두신 까닭은 분명하다. 제사장들로 하여금 삶의 생계와 부담에서 자유롭게 하여, 오직 하나님을 전적으로 의지하는 가운데 하나님을 온전히 섬기는 성소의 일에만 전력을 기울이게끔 하기 위해서였다.

45

토지 분배와 절기 규례

이스라엘 통치자들은 들어라
이제는 폭력과 탄압을 멈추고
공평과 공의를 널리 베풀어라
백성은 공평한 추를 사용하여라

땅을 구별하여 거룩한 구역으로 삼음 (45:1-8)

(1-8) "너희가 제비를 뽑아 땅을 나누어 유산으로 갖게 될 때는 먼저 한 구역을 구별하여 따로 떼어놓아 거룩한 땅으로 삼고, 그 땅을 주께 예물로 바쳐야 한다. 그 땅은 길이가 2만 5천 규빗, 너비가 1만 규빗 되어야 한다. 이렇게 구별된 땅은 그 구역 전체가 거룩하다. 그리고 그 땅 한가운데 길이 500규빗, 너비 500규빗 되는 네모반듯한 땅을 성소를 위해 할당하고, 그 사방 둘레에는 너비 50규빗 되는 땅을 빈터로 두어라. 또 너희는 구별해놓은 그 거룩한 구역에서 길이 2만 5천 규빗, 너비 1만 규빗 되는 땅을 따로 잰 다음에 그 구역 안에 성소를 두어 지극히 거룩한 곳이 되게 하여라. 그 땅은 지극히 거룩한 곳이다. 그러므로 그 땅은 주께 가까이 나가 성소에서 자신들의 직무를 수행하는 제사장들의 몫으로 주어져야 한다. 참으로 그곳은 성소를 위한 거룩한 곳이요, 주를 섬기는 제사장들의 집터가 될 곳이다. 또 너희는 길이 2만 5천 규빗, 너비 1만 규빗 되는 땅을 따로 잰

다음에 그 땅을 성전에서 시중드는 레위 사람들의 몫으로 주어서, 그들로 그 땅에서 자기들의 성읍을 짓고 살게 하여라. 또 너희는 구별하여 내게 예물로 바친 그 거룩한 구역 옆에 길이 2만 5천 규빗, 너비 5천 규빗 되는 땅을 따로 잰 다음, 그 땅을 성읍 터로 삼고 이스라엘 전체 백성들의 공동 소유가 되게 하여라. 거룩하게 구별하여 주께 예물로 바친 그 거룩한 구역과 성읍 터의 좌우 양편에 있는 땅은 왕의 몫이다. 왕에게 돌려질 그 땅의 경계는 이러하니, 곧 서쪽으로는 서쪽의 해안선에 이르기까지고, 동쪽으로는 동쪽의 국경선에 이르기까지다. 그러므로 그 동서의 길이는 이스라엘의 한 지파에게 분배된 땅의 동쪽에서 서쪽까지의 길이와 같다. 바로 이 땅이 이스라엘의 왕이 차지할 몫이다. 이 땅을 왕에게 주어 왕의 소유로 삼게 하면, 이후로 나의 왕들이 다시는 내 백성을 억압하지 않을 것이다. 그리고 그 나머지 땅은 이스라엘 모든 백성들에게 그들의 지파에 따라 나누어 주도록 하라."

하나님께서는 가나안 땅의 한 구역을 특별히 따로 구별하여 자신께 예물로 바칠 것을 요구하셨다. 말하자면 그것은 가나안 땅 전체에 대한 '첫 예물' 혹은 '십일조'와 같은 개념으로서, 가나안 땅이 하나님께 속한 거룩한 약속의 땅임을 시사한다. 그리고 그렇게 따로 구별하여 바쳐진 가나안 땅 중심부의 한가운데에 하나님의 임재 상징인 '성소'를 두도록 명하셨는데, 이는 하나님께서 이스라엘의 참된 통치자임을 보여준다.

또한 하나님의 성소에서 봉사하는 제사장들과 레위 사람들에게도 각각 길이 2만 5천 규빗(대략 13.25km), 너비 1만 규빗(대략 5.32km) 되는 땅이 주어졌다(45:3-5). 여기서 제사장들과 레위 사람들에게 주어진 땅은 다른 지파들처럼 일반적인 땅의 분배 과정을 통해 주어진 기업의 땅이 아니다. 원칙적으로 제사장들과 레위 사람들에게는 생계를 위한 땅의 소유가 금지되었다(44:28). 따라서 본문에서 주어진 그들의 땅은

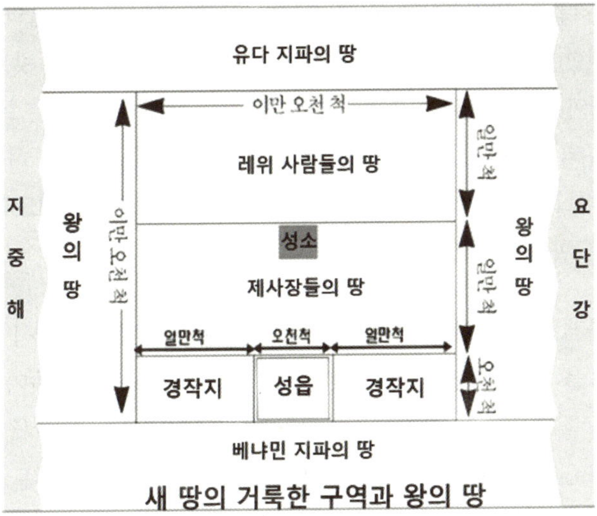

새 땅의 거룩한 구역과 왕의 땅

다만 하나님께 바쳐진 예물로서의 거룩한 땅이 성전 봉사자들인 제사장들과 레위 사람들이 거주할 수 있도록 그들의 몫으로 다시 돌려진 것이다.

한편, 따로 떼어 구별한 거룩한 구역의 좌우편에 '이스라엘의 왕을 위한 땅'이 특별히 제공되었다. 이처럼 왕을 위해 적절한 기업의 땅을 제공해 줌으로써, 왕으로 하여금 공평무사한 마음으로 정의와 공의로 백성들을 다스리도록 배려한 조처였다(8절). 지난날 이스라엘 왕정체제의 역사를 돌이켜보면, 대부분의 왕은 자신의 권력을 남용하여 종종 백성들에게서 경제적 착취를 해왔기 때문이다.

통치자들의 통치 규례 (45:9-12)

(9-12) "나 주가 말한다. 이스라엘의 통치자들아, 이제껏 저지른 악행만으로도 충분하니, 이제 그만하라! 너희는 이제 폭력과 탄압을 멈추고, 공평과 공의를 행하며, 내 백성을 착취하는 일은 당장 그쳐라!

이는 나 주 하나님의 말이다. 또 너희는 공평한 저울과 공평한 에바와 공평한 밧을 사용하고 그 용량을 속이지 말아라. 에바와 밧은 그 용량이 같아야 한다. 호멜의 용량을 기준으로 삼을 때, 한 밧은 호멜의 10분의 1이 되게 하고, 한 에바도 호멜의 10분의 1이 되게 하여라. 또 너희는 20게라를 한 세겔로 하고, 20세겔과 25세겔과 15세겔을 모두 합한 60세겔로 한 마네가 되게 하여라."

새롭게 회복된 이스라엘에서는 사회 공동체의 신뢰를 위해서 '공평한 도량형'을 사용해야만 했다. 지난날처럼 거짓 저울추로 남을 속여 부당한 이득을 취해서는 안 되었다(신 25:13-15; 미 6:11). 그래서 하나님께서는 공평한 도량형을 위해 부피 및 화폐의 측정 기준을 제시해 주셨다.

본문에서 에바(Ephah)는 고체의 부피를 재는 단위로, 1에바는 대략 23리터(12되) 정도다. 밧(Bath)은 액체의 부피를 재는 단위로, 에바와 같이 대략 23리터 정도다. 호멜(Homer)은 고체의 부피를 재는 최대 단위로, 에바와 밧의 10배인 230리터(ℓ)가량에 해당된다. 또한 게라(Gerah)는 화폐 단위로, 세겔(Shekel)의 1/20에 해당되는데, 당시 은(銀) 1세겔은 노동자 4일치의 품삯이었다. 그리고 마네(Maneh)는 60세겔에 해당되는 큰 액수였다.

공적인 예배를 위해 바쳐야 할 예물들 (45:13-17)

(13-17) "또 너희가 마땅히 구별하여 주께 바쳐야 할 예물은 이러하다. 밀은 한 호멜 수확에 6분의 1에바를 바치고, 보리 역시 한 호멜 수확에 6분의 1에바를 바쳐야 한다. 기름은 정한 규례에 따라 한 고르 수확에 10분의 1밧을 바쳐야 한다. 여기서 한 고르는 한 호멜과 똑같은 용량으로, 둘 다 10밧에 해당한다. 또 이스라엘의 풍성하고 기름진 목초지에서 200마리의 양 떼마다 그 가운데 한 마리를 바쳐야 한다. 그래서

너희는 이렇게 바쳐진 예물들로 소제물과 번제물과 화목제물로 삼아, 너희 이스라엘 백성들의 죄를 속죄하여라. 이는 나 주 하나님의 말이다. 이 땅에 사는 모든 이스라엘 백성들은 이 같은 모든 예물을 이스라엘 왕에게 드려야 하고, 이스라엘 왕은 이 같은 모든 예물을 받아서, 절기와 초하룻날과 안식일과 이스라엘 족속의 모든 지정된 성회 때에 번제와 소제와 전제를 위한 제물로 공급해 주어야 한다. 이렇게 왕은 필요한 때에 속죄제물과 소제물과 번제물과 화목제물을 공급해 줌으로써 이스라엘 백성들로 하여금 속죄를 받도록 해주어야 한다."

새롭게 회복된 이스라엘에서 백성들은 공적인 예배를 위해 소득의 일정 부분을 구별하여 마땅히 주님께 바쳐야 했다. 밀과 보리와 같은 곡물은 한 호멜(Homer) 당 1/6 에바(Ephah) 곧 수입의 1/60을, 기름은 한 고르(Kor) 당 1/10 밧(Bath) 곧 수입의 1/100을, 그리고 양(羊)은 200마리 당 1마리 곧 1/200을 드려야 했다. 백성들이 이 같은 예물을 구별하여 왕께 바치면, 왕은 백성들에게서 받은 예물을 가지고 이스라엘의 각종 정한 절기와 성회 때의 제사에 대비하여 주님께 바칠 각종 제물을 갖추어야 했다. 한편, '고르'는 구약시대에 고체의 양을 재는 부피 단위로서, '호멜'과 똑같은 부피인 230리터(ℓ)가량에 해당되었다.

여러 절기들에 관한 규례 (45:18-25; 출 12:1-20; 레 23:33-43)

(18-25) "나 주가 말한다. 매년 정월 초하룻날에 너희는 흠 없는 수송아지 한 마리를 속죄제물로 삼아 성소를 정결하게 하여라. 제사장은 그 속죄제물의 피를 받아서, 성전의 문설주와 제단 아랫단의 네 모서리와 안뜰 문의 문설주에 발라라. 너희는 또 그 달 7일에도 이와 똑같은 의식을 치러서, 의도하지 않고 무심결에 죄를 지은 자들이나 알지 못해서 모르고 죄를 지은 자들을 위해 성전을 정결하게 하여라. 매년 정월 14일에는 유월절을 지키고, 이어서 7일 동안은 유월절 축제를

거행하여라. 이 기간 동안에는 너희가 누룩을 넣지 않은 빵을 먹어야 한다. 유월절 축제가 시작되는 그날에, 이스라엘 왕은 자신과 그 땅의 모든 백성들을 위해 송아지 한 마리를 가져다가 속죄제물로 바쳐야 한다. 또 이 절기를 지키는 축제의 7일 동안에, 이스라엘 왕은 매일 수송아지 일곱 마리와 숫양 일곱 마리를 흠 없는 것으로 골라서 번제물로 바치고, 또 매일 숫염소 한 마리를 취하여 속죄제물로 주께 바쳐야 한다. 이것과 더불어, 너희는 또 소제물을 준비해야 한다. 곧 수송아지 한 마리에 밀가루 한 에바씩, 숫양 한 마리에도 밀가루 한 에바씩, 그리고 그 밀가루 한 에바마다 기름 한 힌씩을 같이 바쳐야 한다. 매년 7월 15일부터 시작되는 절기 7일 동안에도, 너희는 유월절 때와 마찬가지로 똑같이 행하여 주 앞에 속죄제물과 번제물과 소제물과 기름을 바쳐야 한다."

이스라엘의 여러 절기들, 곧 매년 정월(아빕월 혹은 니산월) 초하루와 그 달 7일의 성전 정결 의식, 정월 14일부터 7일 동안 지키는 유월절(무교절), 매년 7월 15일부터 7일 동안 지키는 초막절(장막절, 수장절) 등의 절기를 맞아 주님께 바쳐야 할 제물과 주님 앞에서 치러야 할 의식이 언급되었다. 본문에서 힌(Hin)은 액체의 부피를 재는 단위로 대략 3.8리터(2되) 정도다.

그렇다면 이 같은 절기의 제물과 의식은 오늘날의 성도들과 무슨 관계가 있는 것인가? 제물 및 의식에 관한 구약시대의 여러 규례를 통해 성도들은 하나님의 거룩함과 죄에 대한 속죄(贖罪)의 필요성, 그리고 결코 변하지 않는 구원의 진리에 대한 통찰력 등을 깨달을 수 있다. 또한, 어느 시대이든 성도들은 자신들이 바칠 수 있는 최선의 것으로써 하나님께 거룩한 영적 제물을 드려야 한다는 사실을 배울 수 있다(롬 12:1).

46

지켜야 할 각종 예배 규례

성전 안뜰 동문은 항상 잠그고
안식일과 매월 초하루에만 열어라
이때 백성은 모여 예배드리고
왕은 주께 희생제물을 바쳐라

매월 초하루와 안식일의 예배에 관한 규례들 (46:1-7)

(1-7) "나 주가 말한다. 성전 안뜰의 동문은 일하는 엿새 동안은 잠가두었다가, 제7일째 되는 안식일에 열고, 또 매월 초하룻날에만 열어야 한다. 이때 이스라엘의 왕은 바깥뜰의 현관을 통해 이 안뜰 동문의 현관으로 들어와 문설주 곁에 서 있어야 한다. 제사장들이 안뜰의 번제단에서 왕이 드린 번제물과 화목제물을 주께 바치는 동안, 왕은 안뜰 동문 현관의 문지방 앞에서 엎드려 경배한 후에 왔던 길로 되돌아가야 한다. 이때 안뜰의 동문은 왕이 돌아간 뒤에도 저녁때까지는 닫지 말아야 한다. 그 땅의 모든 이스라엘 백성들도 안식일과 매월 초하룻날에는 이 동문 입구에 모여 주 앞에 엎드려 경배해야 한다. 안식일에 이스라엘 왕이 주께 드릴 제물은 이러하다. 번제물로는, 흠 없는 어린 양 여섯 마리와 흠 없는 숫양 한 마리요, 또 이것들과 함께 바칠 소제물로는 숫양 한 마리에 대해서는 밀가루 한 에바를 바치고, 어린 양 여섯 마리에 대해서는 바치고 싶은 만큼의

밀가루를 바치면 된다. 이때 밀가루 한 에바에는 기름 한 힌씩을 곁들여 바쳐야 한다. 왕은 또 매월 초하룻날에도 주께 제물을 드려야 한다. 번제물로는 수송아지 한 마리와 어린 양 여섯 마리와 숫양 한 마리를 전부 흠 없는 것으로 바쳐야 한다. 또 이것들과 함께 바칠 소제물로는 수송아지 한 마리에 대해서는 밀가루 한 에바요, 숫양 한 마리에 대해서도 밀가루 한 에바다. 하지만 어린 양 여섯 마리에 대해서는 바치고 싶은 만큼의 밀가루를 바치면 된다. 이때 밀가루 한 에바에는 기름 한 힌씩을 곁들여 바쳐야 한다."

매월 초하루와 안식일에 드려지는 예배 규례다. 매달 초하루 곧 월삭(月朔)은 이스라엘의 절기 가운데 하나로, 새로운 달의 시작을 기념하는 날로 지켜졌다(민 10:10). 새 성전의 바깥뜰에 있는 동문은 그 문을 통하여 하나님의 영광이 들어왔기 때문에(43:4) 하나님의 영광이 더럽혀지지 않도록 모든 인간들의 출입이 영영 금지되었다(44:2). 즉, 성전 바깥뜰에 있는 동문은 영구적으로 봉쇄되었다. 하지만 성전 안뜰에 있는 동문은 출입이 허용되었는데, 그 출입도 매월 초하루와 안식일에 국한하여 왕이 하나님께 제사를 드리기 위해 드나들 때에만 허용되었다. 그런 날에 제사장들이 성전 안뜰에서 하나님께 제사를 드릴 때, 왕과 백성들은 성전 안뜰 곧 '제사장의 뜰'에는 들어가지 못하고, 안뜰 동문의 문턱이나 입구에서 하나님께 경배를 드려야 했다.

이전의 모세 율법과 비교해 볼 때(민 28:9-15), 매월 초하루 곧 월삭(月朔)의 제물은 크게 감소되었고, 안식일의 제물은 크게 증가되었다. 이는 새 성전에서 드려지는 제물은 이전 규례의 답습이 아니라, 새로운 규례에 따라 새롭게 드려지는 것임을 보여준다. 한편, 본문에서 '에바'는 고체의 부피를 재는 단위로서 1에바는 대략 23리터(12되) 정도이고, '힌'은 액체의 부피를 재는 단위로서 1힌은 대략 3.8리터(2되) 정도다.

성전 출입에 대한 규례 (46:8-10)

(8-10) "이스라엘 왕이 성전에 들어올 때는 바깥뜰의 현관을 통해서 들어와야 하고, 성전에서 나갈 때는 왔던 길로 되돌아가야 한다. 그러나 모든 정해진 절기에 이 땅의 이스라엘 온 백성들이 주 앞에 나와 경배할 때는, 바깥뜰의 북문으로 들어와 경배한 자들은 그 뜰의 남문으로 나가고, 바깥뜰의 남문으로 들어와 경배한 자들은 그 뜰의 북문으로 나가야 한다. 누구든지 처음 들어온 그 문으로 되돌아 나가서는 안 되고, 반드시 앞으로 똑바로 가서 맞은편 문으로 나가야 한다. 이스라엘 왕이 백성들과 함께 있어야 할 경우에는, 백성들이 들어올 때에 왕도 함께 들어오고, 백성들이 나갈 때에 왕도 함께 나가야 한다."

절기나 안식일을 맞아, 이스라엘의 왕과 백성들이 성전에 드나들 때 지켜야 할 규례다. 그런 때에 왕과 백성들은 함께 성전에 들어오고 또한 함께 나가야 했다. 이때 왕은 성전에 들어왔던 길, 곧 왔던 길 그대로 되돌아가야 했고, 백성들은 성전에 들어왔던 문으로 그대로 되돌아가서는 안 되었고, 그 맞은편에 있는 문으로 나가야 했다. 이는 절기나 안식일을 맞이해서 일시적으로 몰려드는 많은 사람들을 효과적으로 통제하여, 충분히 예상되는 혼잡과 정체를 방지함으로써 성전 내의 질서와 평화를 유지하기 위한 세심한 배려였다.

주님께 바칠 제물에 대한 규례 (46:11-15)

(11-15) "모든 정해진 절기와 성회 때에 나 주께 바칠 소제물은 이러하다. 곧 수송아지 한 마리에 밀가루 한 에바를 함께 바치고, 숫양 한 마리에도 밀가루 한 에바를 함께 바쳐야 한다. 하지만 모든 어린 양들에 대해서는 바치고 싶은 만큼의 밀가루를 함께 바치면

되는데, 이때 밀가루 한 에바에는 반드시 기름 한 힌씩을 곁들여 바쳐야 한다. 만일 이스라엘 왕이 스스로 원하여 번제물이나 화목제물을 주께 바치고자 할 때는, 왕을 위하여 안뜰의 동문을 열어두어야 한다. 그러면 왕은 안식일에 하듯이 번제물과 화목제물을 주께 바치고, 왔던 길로 되돌아 나가야 한다. 이렇게 제사를 마치고 왕이 되돌아 나가면, 그 안뜰의 동문을 다시 닫아놓아야 한다. 제사장들은 매일 아침마다 1년 된 양 한 마리를 흠 없는 것으로 골라서 주께 번제물로 바쳐야 한다. 그리고 이때 그 번제물과 함께 소제물도 바쳐야 한다. 소제물로는 밀가루 6분의 1에바에, 기름 3분의 1힌을 섞어서 바쳐야 한다. 이것이 매일 아침마다 나 주께 바쳐야 할 소제물로서, 너희는 이것을 영원한 규례를 삼아 지켜야 한다. 이와 같이 제사장들은 매일 아침마다 어린 양과 밀가루와 기름을 준비하여, 항상 정규적으로 드리는 번제로 삼아야 한다."

이스라엘의 모든 절기와 성회 때에 주님께 바칠 제물의 규례다. 이외에도 특별히 매일 아침마다 소제물을 곁들여서 '1년 된 흠 없는 어린 양 한 마리'를 번제물로 바칠 것이 요구되었는데(13절), 이는 매일 드리는 번제 곧 상번제(常燔祭)다. 모세 율법에서는 하루도 빠짐없이 매일 아침과 저녁에 드리도록 규정되어 있지만(출 29:38-42), 새 성전의 제사 규례에서는 단지 아침마다 드리는 제사만 언급되었다.

왕의 기업에 관한 규례 (46:16-18)

(16-18) "나 주가 말한다. 만일 왕이 왕실에 속한 땅 가운데 한 부분을 떼어 자기 아들에게 선물로 주면, 그 땅은 그 아들의 재산이 된다. 이런 땅은 유산으로서, 그 아들의 소유가 된다. 그러나 만일 왕이 자기 신하에게 왕실의 땅을 떼어 선물로 주면, 그 땅은 희년까지만 그 신하의 소유가 되고, 그 뒤에는 다시 왕의 소유가 된다. 왕의 소유는

오직 왕의 아들들만이 유산으로 물려받을 수 있다. 왕이 자기 아들에게 유산으로 물려줄 수 있는 땅은 오직 왕실에 속한 땅뿐이고, 백성들을 폭력으로 내쫓은 뒤 그들의 땅을 빼앗아 자기 아들에게 유산으로 주어서는 절대로 안 된다. 그래서 내 백성들이 자기 땅을 빼앗긴 채 그 땅에서 쫓겨나 이리저리 흩어지는 일이 없도록 해야 한다."

왕실에 속한 왕의 기업은 오직 왕의 아들들만이 영영 물려받을 수 있다는 규례다. 따라서 만일 왕이 왕실 소유의 땅을 어떤 신하에게 선물로 준다면, 그 신하는 희년까지만 그 땅을 소유할 수 있고, 희년이 지나면 그 땅은 다시 왕의 소유가 된다.

희년(禧年, Jubilee)은 '수양의 뿔'이란 뜻인데, 이는 매 50년째 되는 해에 수양의 뿔로 만든 나팔을 크게 불어 자유와 해방을 선포했던 데서 비롯된 명칭이다. 희년은 매 7년마다 돌아오는 안식년이 일곱 번 지난 49년의 다음 해인 50년째 되던 해의 속죄일(유대 종교력 7월 10일)에 뿔나팔을 크게 불면서 시작되어, 다음 해의 속죄일까지 1년 동안 지켜졌다. 희년이 되면, 모든 종들은 해방되어 자유를 얻었고, 매매된 땅들은 모두 원래의 소유주에게로 되돌려졌다. 이 같은 희년 제도는 오직 하나님만이 모든 땅과 백성의 주인 되심을 일깨워준다.

성전 부엌에 관한 규례 (46:19-24)

(19-24) 그 후에, 나를 안내하던 그 사람이 안뜰의 북문 곁에 있는 통로를 지나 성전 본당의 북쪽에 있는 제사장들의 거룩한 방으로 나를 데리고 갔다. 내가 보니, 제사장들의 거룩한 방들이 있는 뒤편 서쪽 끝에는 한 처소가 있었다. 그때 그 사람이 내게 일러주었다. "이곳은 제사장들의 부엌으로, 제사장들이 속건제물과 속죄제물을 삶고, 또 소제물을 굽는 곳이다. 여기서 그런 제물들을 삶고 굽는

이유는, 행여 이 거룩한 것들을 바깥뜰로 가지고 나가, 백성들이 이 성물을 만짐으로써 해를 입을까 염려되기 때문이다." 그 사람이 또 나를 데리고 바깥뜰로 나가더니, 그 뜰의 네 모퉁이로 나를 지나가게 했다. 그때 내가 보니, 그 바깥뜰의 매 모퉁이마다 작은 뜰이 하나씩 딸려 있었다. 바깥뜰의 네 모퉁이에 있는 그 작은 뜰은 담으로 둘러 있었는데, 그 길이가 40규빗이고, 그 너비가 30규빗으로, 네 뜰의 크기가 모두 똑같았다. 바깥뜰의 네 모퉁이에 있는 그 작은 네 뜰 안에는 사방으로 선반이 둘러져 있었고, 그런 선반 밑으로는 제물을 삶는 가마솥이 쭉 걸려 있었다. 그때 그 사람이 내게 말했다. "이곳은 고기를 삶는 부엌으로, 성전에서 시중드는 레위 사람들이 여기서 백성들이 주께 바친 제물을 삶는다."

성전에서 봉사하는 제사장들이 사용하는 방, 곧 '제사장의 거룩한 방'은 성전 안뜰의 북쪽 건물에 있는 방들인데(42:1-9), 바로 그런 방들의 서쪽 뒤편에 한 처소가 마련되어 있었다. 그 처소는, 제사장들이 하나님께 드릴 희생제물을 요리하는 '제사장의 부엌방'이었다(19절). 이처럼 제사장들을 위해 따로 희생제물을 삶거나 구울 요리용 부엌방을 마련해둔 것은, 혹시 일반 백성들이 거룩한 희생제물을 만지게 됨으로써 제물이 부정하게 되는 것을 방지하기 위함이었다(20절).

일반 백성들이 주님께 바친 제물을 삶거나 굽는 처소는 따로 있었는데, 성전 바깥뜰의 네 모퉁이에 각각 길이 40규빗(대략 21.2m), 너비 30규빗(대략 15.9m) 크기로 마련되어 있었다(21-22절). '백성들의 부엌'이라 불리는 여기서는 '제사장의 부엌'에서 제사장들이 요리해야 하는 속건제와 속죄제의 희생제물과는 달리(19-20절), 성전에서 시중드는 일반 레위 사람들이 백성들의 제물을 요리하였다(23-24절).

47
생명의 강물

강물은 계속 흘러 요단 계곡을 지나
사해에 이르자 죽은 물이 살아나네
온갖 물고기가 번식하고
양편 강둑에는 온갖 과실이 맺히네

새 성전에서 흘러나오는 생명의 강물 (47:1-12)

'앗, 저건… 물? 물줄기…?'
에스겔은 또 다른 놀라운 환상을 본다.

(1-2) 그 사람이 나를 데리고 다시 성전 안뜰의 문으로 갔다. 거기서 내가 보니, 성전 본당의 정면은 동쪽을 향하고 있었는데, 그 성전 본당의 출입구 문지방 밑에서 물줄기가 솟아나와 동쪽으로 흘러 내려가고 있었다. 그 물줄기는 동쪽을 향해서 흘러가다가, 성전 남쪽 곧 번제단 남쪽으로 흘러 내려갔다. 나를 안내하던 그 사람이 또 나를 데리고 바깥뜰의 북문을 통과해서 성전 밖으로 나왔다. 그런 다음, 성전 담벼락을 돌아서 성전 바깥의 동문 쪽으로 갔다. 거기서 내가 보니, 그 물줄기는 성전 동문의 남쪽에서 솟아나오고 있었다.

에스겔이 환상 가운데서 보니, 하나님의 임재 처소인 새 성전의 본당

새 성전에서 솟아나 동쪽으로 흘러 내려가는 생명의 물줄기

출입구 문지방 밑에서 솟아난 물줄기가 동쪽으로 흘러, 성전 안뜰에 있는 번제단의 남쪽을 거쳐, 성전 바깥뜰의 동문 남쪽으로 흘러 내려가고 있었다. 그리고 이후에 이 물줄기는 점차적으로 불어나 요단 계곡을 거쳐 사해(四海)까지 풍성하게 흘러내렸는데(8절), 놀랍게도 이 물이 이르는 곳마다 모든 생물이 살아나고, 고기가 심히 많아지며, 또한 땅도 기름지고 풍요롭게 변화되었다. 말하자면 이때 에스겔은 죽어가는 뭇 생명을 살리는 생수(生水)에 관한 환상을 본 것이다.

이는 일차적으로 하나님에게서 나오는 복과 은혜를 상징하는데, 장차 하늘 보좌에서 영원토록 흘러내릴 영원한 생명과 구원의 생수에 관한 예표다(계 22:1-2). 나아가 영적으로 살펴볼 때, 이것은 하나님에게서 발원된 하나님의 영(靈) 곧 성령이 믿는 자들의 심령 속에서 풍성히 흘러넘칠 것에 대한 상징이기도 하다(요 7:38).

(3-5) 그때 그 사람이 줄자를 손에 잡고 동쪽으로 가면서 그 물줄기를 쟀다. 그렇게 1천 규빗을 재고 난 다음, 그 사람은 나더러 그 물을 건너보라고 하였다. 그래서 내가 건너보니, 물이 내 발목까지 차올랐다.

그 사람이 거기서 다시 동쪽으로 재면서 가다가 1천 규빗 되는 곳에 이르자, 나더러 그 물을 건너보라고 하였다. 그래서 내가 건너보니, 이제는 물이 내 무릎까지 올라왔다. 그 사람이 거기서 다시 1천 규빗을 잰 다음에 나더러 건너보게 했는데, 이제는 그 물이 내 허리까지 올라왔다. 그 사람이 거기서 다시 1천 규빗을 잰 다음에 나더러 건너보게 했는데, 이제는 내가 건널 수 없는 강이 되었다. 그 물이 많이 불어서 이제 걸어서는 도저히 건널 수 없었고, 건너려면 헤엄을 쳐야 했다.

새 성전의 본당 출입구 문지방 밑에서 솟아난 물줄기는 성전 안뜰에 있는 번제단의 남쪽을 거쳐, 성전 바깥뜰의 동문 남쪽으로 흐르고 있었는데, 거기서 동쪽의 요단 계곡을 거쳐 사해 방향으로 계속 흘러 내려가고 있었다. 이때 주의 천사는 줄자를 가지고 성전 바깥뜰의 동문 남쪽에서부터 그 물줄기를 재기 시작했는데, 1천 규빗마다 계속 쟀다. 1규빗이 대략 53cm 정도이므로, 1천 규빗은 대략 530m 정도다.

처음 1천 규빗 거리를 쟀을 때는 물의 깊이가 발목까지 차올랐고, 2천 규빗 거리에서는 강물이 조금 더 불어 무릎까지 차올랐으며, 3천 규빗 거리에서는 더욱 강물이 불어 허리까지 차올랐고, 4천 규빗 거리에서는 강물이 더욱 크게 불어 더는 걸어선 건널 수 없었고 헤엄쳐야만 했다. 말하자면 강물이 갈수록 점차적으로 깊어졌던 것이다.

이 같은 현상은 장차 회복될 새 이스라엘을 향한 하나님의 복과 은혜가 더욱 풍성해지고, 그래서 회복된 하나님 백성들의 신앙이 더욱 성숙해지고 삶이 더욱 풍요로워질 것임을 의미한다. 갈수록 더욱 깊어지고 풍성해지는 성령 충만의 역사로 말미암아 하나님의 나라가 갈수록 더욱 확장되고 번성될 것임을 의미한다.

(6-12) 그때 그 사람이 내게 말했다. "너 사람의 아들아, 네가 이것을 똑똑히 보았느냐?" 그리고 그는 나를 데리고 강둑으로 돌아갔다.

내가 강둑으로 돌아와서 거기서 바라보니, 강의 좌우 양편 언덕에 나무들이 아주 많았다. 그때 그 사람이 내게 일러주었다. "이 강물은 계속 동쪽으로 흘러 내려가다가 요단 계곡에 이르고, 거기서 또 계속 흘러 내려가서 사해에 이른다. 이 물이 사해로 흘러 들어가게 되면, 사해의 죽은 물이 다시 살아나게 될 것이다. 이 강물이 흘러 들어가는 곳마다 모든 생물들이 무성하게 살아날 것이고, 온갖 물고기들도 심히 번성할 것이다. 그것은 이 강물이 사해로 흘러 들어가면, 그 바닷물이 살아날 것이기 때문이다. 그렇다! 정녕 이 강물이 흘러 들어가는 곳마다 모든 생명들이 힘차게 살아날 것이다. 또 그때에 어부들이 고기를 잡기 위해 강가를 따라 길게 늘어설 것이다. 어부들은 엔게디에서부터 에네글라임까지 어디서든 그물을 치고 고기를 잡을 것이다. 그 강물에 살고 있는 물고기의 종류도 많아서, 마치 큰 바다 지중해에 살고 있는 물고기의 종류처럼 심히 많을 것이다. 하지만 다시 살아난 사해의 바닷물과는 달리, 사해 주변의 늪지대와 물웅덩이는 살아나지 못하고 여전히 소금의 땅으로 남아있을 것이다. 그 강의 좌우 양쪽 언덕에는 온갖 종류의 과일 나무들이 무성하게 자랄 것이고, 그 잎사귀는 시들지 않고 아주 싱싱할 것이며, 과일은 끊이지 않고 주렁주렁 맺히되, 달마다 새로운 과일들이 탐스럽게 맺힐 것이다. 그런 까닭은, 그 강물이 성소에서부터 흘러나오기 때문이다. 그 과일들은 모두 먹을 수 있는 것들이고, 그 모든 잎사귀는 약재로 귀히 쓰일 것이다."

회복된 새 성전의 성소에서 솟아난 물줄기는 계속 흘러 동쪽의 요단 계곡을 거쳐 아래쪽 사해로 흘러 내려갔다. 그런데 흘러 내려갈수록 더욱 깊고 풍성해지는 그 물줄기는 알고 보니 온갖 생명을 살리는 생수(生水)였다. 그래서 그 물줄기가 닿는 곳마다 메마른 나무들이 싱싱하게 살아나 온갖 과일을 주렁주렁 맺었고, 죽은 바닷물도 살아나 온갖 종류의 물고기들로 넘쳐났다. 나무의 잎사귀들도 귀한 약재로 쓰였고, 사해 주변 지역의 어부들은 온갖 종류의 물고기들로 넘쳐나는 사해에서 그물을 치고 고기를 잡았다. 이처럼 그 물줄기가 닿는 곳마다 생명의 잔치가 풍성하게 열렸다.

그러나 예외 지역도 있었다. 성소의 물줄기가 닿지 않은 사해 주변의 늪지대와 물웅덩이는 되살아나지 못하고 소금 땅 그대로 남아있었다. 실제로 사해 주변에는 우기(雨期) 때에 흘러넘친 바닷물로 인해 물웅덩이를 이룬 곳과 진흙 수렁을 이룬 늪지대 같은 곳들이 산재해 있었는데, 웅덩이의 고인 물이 증발해버리면 그곳은 남아있는 소금기로 인해 소금 땅이 되었다.

그런데 이런 곳들은 새 성전에서 흘러나오는 물이 닿지 않아 되살아나지 못하고 끝내 버려질 소금 땅이 되고 말았다. 이는 장차 성령 충만의 역사로 하나님의 나라가 건설되고 확장될 때, 하나님의 구원과 생명의 복에서 제외되어 끝내 멸망에 이를 사탄의 지배 아래 놓인 죄와 사망의 세력과 지대를 상징한다(계 20:7-10).

새 땅의 사방 경계 (47:13-20)

(13-20) "나 주가 말한다. 너희가 이스라엘의 열두 지파에게 분배해 주어서, 그들로 자기들의 유산을 삼게 할 땅의 사방 경계선은 이러하다. 이때 요셉 지파에게는 두 몫을 주어야 한다. 이 땅은 옛적에 내가 너희 조상들에게 주겠다고 맹세하며 약속한 땅이다. 그러므로 이제 너희는 이 땅을 공평하게 분배하여 너희 소유로 삼으라. 이 땅이 너희의 유산이 될 것이다. 이 땅의 사방 경계선은 이러하다. 먼저, 북방 경계선은 지중해에서부터 시작하여 헤들론 길을 따라 스닷 어귀까지 이르고, 거기서 또 하맛과 브로다로 이어지고, 거기서 또 다메섹 경계와 하맛 경계 사이에 있는 시브라임으로 내려가다가, 거기서 또 하우란 경계 곁에 위치한 하셀핫디곤까지 이른다. 이와 같이 북방

경계선은 서쪽의 지중해에서부터 동쪽의 하살에논까지 이르는데, 북쪽으로는 하맛과 다메섹에 접경하고 있다. 이것이 북방 경계선이다. 다음으로, 동방 경계선은 하우란과 다메섹 사이에서부터 시작하여, 서쪽으로 굽어 길르앗과 이스라엘 땅 사이에 있는 요단강까지 이르고, 거기서 또 요단강을 따라 아래로 쭉 내려가다가 사해로 연결되고, 또 그 아래로 더 내려가 사해 남단에 있는 다말까지 이른다. 이것이 동방 경계선이다. 그다음으로, 남방 경계선은 사해 남단의 다말에서부터 시작하여 서쪽 방향으로 므리봇가데스의 샘에 이르고, 거기서 또 이집트 시내를 거쳐 지중해까지 이른다. 이것이 남방 경계선이다. 마지막으로, 서방 경계선은 지중해다. 곧 남쪽의 경계가 끝나는 데서부터 북쪽의 경계가 시작되는 하맛 어귀까지다. 이것이 서방 경계선이다."

장차 회복될 이스라엘 백성들에게 주어질 새 땅의 사방 경계에 관한 언급이다. 이 같은 새 땅의 사방 경계는 이전의 여호수아 시대에 가나안 땅을 정복한 후에 이스라엘 지파들에게 땅을 분배할 때 요단강 서쪽의 아홉 지파 반(半)에게 분배된 땅의 경계와 같다. 그리고 이 경계는 통일왕국 이스라엘의 전성기인 다윗과 솔로몬 시대의 경계와 거의 유사하다. 따라서 땅의 회복이 보여주는 교훈은 이것이다. 장차 하나님께서는 이스라엘을 이전의 영광된 모습으로 다시 회복시키실 것이라는 사실이다.

본문에서 요셉 지파에게는 두 몫의 기업이 주어졌다(13절). 이스라엘 사회에서 전통적으로 장자권(長子權)을 가진 맏아들에게는 두 몫의 기업이 주어졌다. 따라서 본래 두 몫의 땅은 야곱의 맏아들인 르우벤에게 돌아가야 했다. 하지만 르우벤은 아버지 야곱에게 큰 죄를 지어 장자권을 상실했다(창 35:22; 49:3-4). 그래서 야곱은 사랑하는 아들이자 가족을 위해 큰 공을 세운 요셉에게 장자의 두 몫이 주어진 것이다(창 48:5-6).

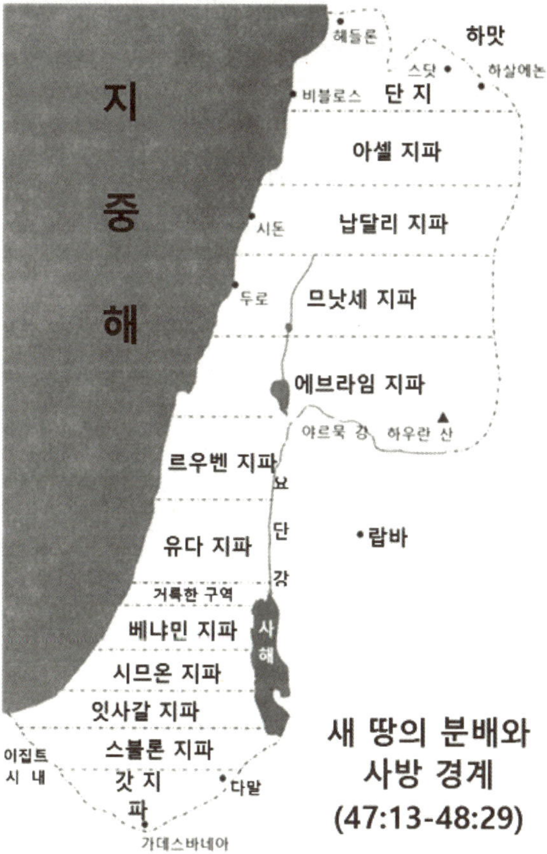

새 땅의 분배와
사방 경계
(47:13-48:29)

새 땅의 분배 원칙 (47:21-23)

(21-23) "그러므로 너희는 이 땅을 이스라엘 모든 지파에 따라 나누어 가져라. 너희가 각 지파별로 이 땅을 나누어 가지되, 너희는 물론이고, 너희 가운데 함께 살고 있는 외국 사람들 곧 너희 가운데서 자녀를 낳고서 함께 살아가고 있는 외국 사람들에게도 그 땅을 유산으로 나누어주어라. 너희는 그런 외국 사람들을 본토에서 태어난 이스라엘 족속과 똑같이 여기고, 그들도 너희와 함께 이스라엘 지파 중에서

유산으로 그들의 땅을 얻게 하되, 외국 사람들이 현재 정착하여 살고 있는 그 지파에서 그들에게 땅을 나누어주도록 하여라. 이는 나 주 하나님의 말이다."

장차 새 땅을 분배할 때 이스라엘의 각 지파별로 땅을 나누어 가지되, 각 지파에 속한 본토 출신의 이스라엘 백성들은 물론이고, 함께 살고 있는 외국 사람들에게도 그 땅을 유산으로 나누어주라는 말씀이다. 여기서 외국 사람들은 이스라엘 공동체에 포함된 이방인들로서, 이들은 여호와 신앙을 가진다는 증표로 할례 의식을 받은 자들이었다. 하나님께서는 이들에게도 땅을 나누어주도록 명하셨는데, 이는 메시아 복음의 문이 이방인들에게도 활짝 열렸음을 의미하며(롬 10:12), 그리하여 누구든지 복음을 받아들여 하나님의 백성이 되면 '하늘 가나안 땅' 곧 천국을 소유할 수 있음을 의미한다.

48

새 땅의 분배

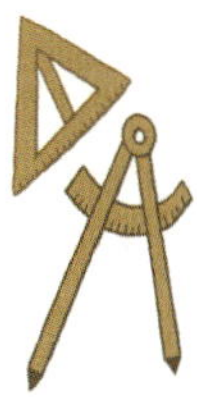

너희는 거룩한 새 땅을 분배하여라
먼저 분배받을 이스라엘 일곱 지파는
단, 아셀, 납달리, 므낫세,
에브라임, 르우벤, 유다 지파이다

새 땅의 분배: 북쪽 일곱 지파의 기업 (48:1-7)

(1-7) "땅을 나누어 가질 이스라엘 모든 지파들의 이름은 이러하다. 북쪽 끝에서부터 시작하여 헤들론 길을 따라 하맛 어귀를 지나서 다메섹 경계에 있는 하살에논까지, 곧 북쪽으로 하맛 경계에 이르는 땅의 동쪽에서 서쪽까지의 땅은 단 지파의 몫이다. 단 지파의 경계선 다음으로 이어지는 동쪽에서 서쪽까지의 땅은 아셀 지파의 몫이고, 아셀 지파의 경계선 다음으로 이어지는 동쪽에서 서쪽까지의 땅은 납달리 지파의 몫이다. 납달리 지파의 경계선 다음으로 이어지는 동쪽에서 서쪽까지의 땅은 므낫세 지파의 몫이고, 므낫세 지파의 경계선 다음으로 이어지는 동쪽에서 서쪽까지의 땅은 에브라임 지파의 몫이다. 에브라임 지파의 경계선 다음으로 이어지는 동쪽에서 서쪽까지의 땅은 르우벤 지파의 몫이고, 르우벤 지파의 경계선 다음으로 이어지는 동쪽에서 서쪽까지의 땅은 유다 지파의 몫이다."

에스겔의 환상 속에서 새 이스라엘의 북쪽 지역 땅은 이스라엘 12지파

가운데 7지파가 분배받았다. 맨 북쪽에서부터 차례로 단 지파, 아셀 지파, 납달리 지파, 므낫세 지파, 에브라임 지파, 르우벤 지파, 그리고 유다 지파의 순서대로 땅을 분배받았다. 땅 분배는 옛적에 가나안 땅을 분배했던 여호수아 시대처럼 제비뽑기를 통해 이루어졌다(29절). 여기서 주목할 만한 점은, 주님의 성소가 있는 거룩한 구역에 연접한 지파는 '유다 지파'라는 점이다(8절). 이는 유다 지파가 이스라엘의 지도적인 지파로서, 야곱의 축복을 통해 메시아의 출생을 약속받은 영적 장자의 신분이었기 때문일 것이다.

새 땅의 분배: 중앙의 거룩한 구역 중 성소와 제사장들의 땅(48:8-12)

(8-12) "유다 지파의 경계선 다음으로 이어지는 동쪽에서 서쪽까지의 땅이 바로 너희가 거룩하게 구별하여 내게 바쳐야 할 땅이다. 그 땅의 남북 너비는 2만 5천 규빗이고, 그 땅의 길이는 다른 지파들의 몫과 같이 동쪽에서 서쪽까지인데, 너희는 그 땅의 한가운데에 성소를 세워야 한다. 그중에서도 너희가 더욱 거룩하게 구별하여 주께 예물로 바칠 땅은 그 동서의 길이가 2만 5천 규빗이고, 그 남북의 너비가 1만 규빗이다. 더욱 거룩하게 구별하여 나 주께 예물로 바칠 이 땅은 제사장들의 몫이다. 제사장들에게 주어질 그 땅은 북쪽의 길이가 2만 5천 규빗, 서쪽의 너비가 1만 규빗, 동쪽의 너비가 1만 규빗, 그리고 남쪽의 길이가 2만 5천 규빗이다. 너희는 이 땅의 한가운데에 주의 성소를 세워야 한다. 너희는 이 땅을 사독 자손의 제사장들에게 분배해 주어라. 이스라엘 백성들이 나를 배반하고 잘못된 길로 떠나갔을 때, 레위 사람들 역시 이스라엘 백성들과 똑같이 잘못된 길로 떠나갔지만, 사독 자손의 제사장들은 잘못된 길로 떠나가지 않고 자기들의 직분을 잘 지켰다. 그러므로 사독 자손의 제사장들은 거룩하게 구별하여 내게 바쳐질 내 몫의 땅 가운데서도 가장 거룩한 땅을

받을 자격이 있다. 그리고 그들의 땅은 레위 사람들의 땅과 경계를 이루고 있다."

새 땅의 중앙은 거룩한 구역으로 구별되어 주님께 바쳐져야 했다. 그런데 그중에서도 더욱 거룩하게 구별되어 주님께 바쳐질 땅은 동서의 길이 2만 5천 규빗(대략 13.25km), 남북의 너비 1만 규빗(대략 5.3km)의 땅으로, 이 땅은 주님의 성소에서 봉사할 제사장들의 몫으로 돌려졌다. 그래서 이 땅의 한가운데에 주님의 성소가 세워졌다.

이때 제사장 직분은 사독의 자손들이 맡았다. 사독(Zadok)은 다윗과 솔로몬 시대에 변함없이 다윗 왕조를 섬긴 신실하고 정통성 있는 대제사장이었기 때문이다(왕상 1:7-8). 따라서 장차 회복될 새 성전에서도 다윗 왕조의 정통성을 계속 이어나간다는 차원에서 사독 계열의 자손들이 제사장 직분을 수행할 자들로 인정받았다.

새 땅의 분배: 중앙의 거룩한 구역 중 레위 사람들의 땅(48:13-14)

(13-14) "사독 자손의 제사장들이 받을 땅의 북쪽 경계선을 따라 레위 사람들에게도 땅을 분배해 주어야 한다. 레위 사람들이 받을 땅은 그 동서의 길이가 2만 5천 규빗, 그 남북의 너비가 1만 규빗이다. 이렇게 레위 사람들도 사독 자손의 제사장들처럼 길이 2만 5천 규빗, 너비 1만 규빗 되는 땅을 자신들의 몫으로 분배받을 수 있다. 제사장들과 레위 사람들은 이렇게 분배받은 자기들 몫의 땅을 자신들의 소유로 영원히 간직해야 한다. 그 땅을 팔아서도 안 되고, 다른 땅과 바꾸어서도 안 된다. 또한 소산물 중 첫 열매 같은 가장 거룩하고 좋은 이 땅을 다른 사람에게 넘겨주어서도 안 된다. 그 까닭은, 이 땅은 거룩하게 구별되어 나 주께 예물로 바쳐진 땅이기 때문이다."

새 땅의 중앙은 거룩한 구역으로 구별되어 주님께 바쳐져야 했는데,

그중에는 레위 사람들의 몫도 있었다. 레위 사람들의 몫은 제사장들의 몫처럼 동서의 길이 2만 5천 규빗(대략 13.25km), 남북의 너비 1만 규빗(대략 5.3km)의 땅으로, 제사장들의 땅 북쪽에 위치하고 있었다. 제사장들의 땅과 레위 사람들의 땅은 본래 주님께 바쳐진 땅이 그들에게 돌려진 것이기 때문에, 그들은 그 땅을 팔아서도, 바꾸어서도, 넘겨주어서도 안 되고, 자신들의 몫으로 영원토록 간직해야 했다.

새 땅의 분배: 중앙의 거룩한 구역 중 성읍과 경작지(48:15-20)

(15-20) "이 두 구역 외에, 내게 예물로 바쳐질 거룩한 땅 가운데서 동서의 길이 2만 5천 규빗, 남북의 너비 5천 규빗 되는 아래쪽의 나머지 땅은 일반 용도로 사용하여라. 그래서 그 땅의 중앙에 성읍을 세워서 사람 사는 거주지로 사용하고, 또 그 중앙 성읍 좌우편의 빈 땅은 목초지로 활용하여라. 성읍 기지의 중앙에 세울 그 성읍의 크기는 이러하다. 북쪽으로 4천 5백 규빗, 남쪽으로 4천 5백 규빗, 동쪽으로 4천 5백 규빗, 그리고 서쪽으로 4천 5백 규빗이다. 또 그 중앙 성읍의 사방 목초지는 북쪽으로 250규빗, 남쪽으로 250규빗, 동쪽으로 250규빗, 그리고 서쪽으로 250규빗이다. 내게 예물로 바쳐질 거룩한 땅과 인접해 있는 성읍 기지 중에서, 그 중앙 성읍과 사방 목초지의 땅을 제외한 나머지 땅, 곧 그 중앙 성읍의 양편에 있는 나머지 땅의 길이는 동쪽으로 1만 규빗이고, 서쪽으로 1만 규빗이다. 이 나머지 땅은 내게 예물로 바쳐질 거룩한 땅과 인접하고 있는데, 이 땅에서 농사지어 얻은 소산물은 그 중앙 성읍에서 일하는 일꾼들의 양식이 될 것이다. 이스라엘의 모든 지파들 가운데 어느 지파 사람이든, 그 중앙 성읍에서 일하는 일꾼들이 그 땅에서 농사를 지을 수 있다. 그러므로 내게 예물로 바쳐질 거룩한 땅의 전체 면적은 동서의 길이도 2만 5천 규빗이요, 남북의 너비도 2만 5천 규빗이다. 너희는 성읍

기지를 포함하여 네모반듯한 이 땅을 거룩하게 구별하여 내게 예물로 바쳐야 한다."

새 땅의 중앙(동서의 길이 2만 5천 규빗, 남북의 길이 2만 5천 규빗)은 거룩한 구역으로 구별되어 주님께 바쳐져야 했는데, 그중에서 아랫부분은 성읍과 경작지로 활용되었다. 이 땅은 동서의 길이가 2만 5천 규빗(대략 13.25km)이고, 남북의 너비가 5천 규빗(대략 2.65km)이었다. 그리고 이 땅의 중심부에는 동서남북이 모두 4천 5백 규빗(대략 2.385km) 되는 정방형의 성읍이 위치했고, 그 성읍의 사방 주변에는 각기 250규빗(132.5m) 되는 목초지가 있었으며, 또 그 성읍의 좌우편에는 1만 규빗(대략 5.3km) 되는 경작지가 있었다.

거룩한 구역 내의 이 성읍에 거주하는 자들이 누구인지는 확실하게 알 수 없다. 추정컨대, 아마도 그들은 성읍을 건축하기 위해 각 지파에서 선발된 일꾼들, 주님의 성소가 있는 거룩한 땅을 수호하는 군인들, 또는 그곳의 성읍에 거주하면서 자신들과 성전 봉사자들을 위해 주변 경작지에서 농사짓는 농부들일 수 있다.

새 땅의 분배: 중앙의 거룩한 구역 중 왕의 땅(48:21-22)

(21-22) "거룩하게 구별하여 내게 예물로 바쳐질 땅과 성읍 기지의 좌우편에 있는 나머지 땅은 이스라엘 왕의 몫이다. 이스라엘 왕이 차지할 몫은, 내게 예물로 바쳐질 거룩한 땅과 성읍 기지에서부터 동쪽으로는 동쪽 경계까지 2만 5천 규빗이고, 서쪽으로는 서쪽 경계까지 2만 5천 규빗인데, 이 땅은 다른 지파들이 분배받은 몫과 나란히 인접하고 있다. 거룩하게 구별하여 내게 바쳐질 땅과 성전의 성소는 여전히 그 땅의 한가운데에 있어야 한다. 그러므로 이스라엘 왕에게 분배됨으로써 그에게 소속될 땅은 이러하다. 왕이 차지할 그의 전체

땅은, 내게 예물로 바쳐질 거룩한 땅의 좌우편에 있는 나머지 땅뿐만 아니라, 레위 사람들에게 분배될 땅의 좌우편에 있는 나머지 땅과 성읍 기지의 좌우편에 있는 나머지 땅도 모두 포함되는데, 위로는 유다 지파에게 분배된 땅의 남쪽 경계와 아래로는 베냐민 지파에게 분배된 땅의 북쪽 경계 사이에 위치하고 있다."

거룩한 구역으로 구별되어 주님께 바쳐진 땅, 곧 새 땅의 중앙 부분(동서의 길이 2만 5천 규빗, 남북의 길이 2만 5천 규빗)의 좌우편에 있는 땅은 이스라엘 왕의 몫으로 돌려졌다. 이처럼 이스라엘 왕을 위해 특별히 땅을 분배해 준 것은 왕으로 하여금 공평무사한 마음으로 정의와 공의로써 백성들을 잘 다스리도록 배려한 조처다(45:8). 지난날 이스라엘의 왕정체제를 돌이켜 보면, 많은 왕들이 자신의 권력을 남용하여 종종 백성들에게 경제적 착취를 자행해 왔기 때문이다.

살펴보았듯이, 이처럼 새 이스라엘의 중심부를 이루는 중앙의 땅은 하나님께 예물로 바쳐진 거룩한 땅이었다(45:1-8). 이 거룩한 땅에는 주님의 성소를 포함하는 제사장들의 땅과 레위 사람들의 땅, 성읍과 경작지, 그리고 왕의 땅이 있었다. 말하자면 이 지역은 이스라엘의 종교와 정치의 중심부였다. 새 이스라엘의 가장 중심부에 주님의 성소가 있다는 사실은(10절), 장차 회복될 새 이스라엘은 여호와 하나님을 중심으로 하는 여호와 신앙 공동체라는 사실을 잘 보여준다.

새 땅의 분배: 남방 다섯 지파의 기업 (48:23-29)

(23-29) "그 나머지 지파들이 분배받을 땅은 거룩한 땅의 아래쪽에 있는데, 각 지파별로 다음과 같다. 먼저, 거룩한 땅의 경계선 다음으로 이어지는 동쪽에서 서쪽까지의 땅은 베냐민 지파의 몫이다. 베냐민 지파의 경계선 다음으로 이어지는 동쪽에서 서쪽까지의 땅은 시므온

지파의 몫이고, 시므온 지파의 경계선 다음으로 이어지는 동쪽에서
서쪽까지의 땅은 잇사갈 지파의 몫이다. 잇사갈 지파의 경계선 다음으
로 이어지는 동쪽에서 서쪽까지의 땅은 스불론 지파의 몫이고, 스불론
지파의 경계선 다음으로 이어지는 동쪽에서 서쪽까지의 땅은 갓 지파의
몫이다. 그리고 갓 지파가 분배받은 땅의 남쪽 경계선은 이러하니,
동쪽의 다말에서부터 시작하여 므리바가데스 샘에 이르고, 또 거기서
이집트 시내를 따라가다가 마침내 지중해에 이른다. 이것이 너희가
제비를 뽑아 이스라엘 모든 지파들에게 유산으로 분배해 주어야
할 땅이다. 그렇다. 바로 이 땅이 이스라엘 지파들의 몫이다. 이는
나 주 하나님의 말이다."

새 이스라엘의 남쪽 지역 땅은 이스라엘 12지파 중 북쪽 지역에서 이미 땅을 분배받은 7지파(1-7절)를 제외한 나머지 5지파가 분배받았다. 즉, 거룩하게 구별한 땅(8-22절)과 연접해 있는 북쪽에서 남쪽으로 내려오면서 차례대로 베냐민 지파, 시므온 지파, 잇사갈 지파, 스불론 지파, 그리고 맨 남쪽에 갓 지파가 땅을 분배받았다.

새 성읍의 출입구 (48:30-34)

(30-34) "거룩한 땅에서, 성읍 기지의 중앙에 세워질 그 성읍의 출입문
은 이러하다. 먼저, 그 성읍의 북쪽 성벽의 너비는 4천 5백 규빗이다.
그 성벽에 출입문들이 있고, 그 출입문들의 이름은 이스라엘 각 지파들
의 이름을 따라 지은 것이다. 북쪽 성벽에 출입문이 세 개 있는데,
하나는 르우벤 문이고, 하나는 유다 문이며, 하나는 레위 문이다.
그 성읍의 동쪽 성벽의 너비도 4천 5백 규빗인데, 역시 출입문이 세
개 있다. 하나는 요셉 문이고, 하나는 베냐민 문이며, 하나는 단 문이다.
그 성읍의 남쪽 성벽의 너비도 4천 5백 규빗인데, 역시 출입문이 세
개 있다. 하나는 시므온 문이고, 하나는 잇사갈 문이며, 하나는 스불론

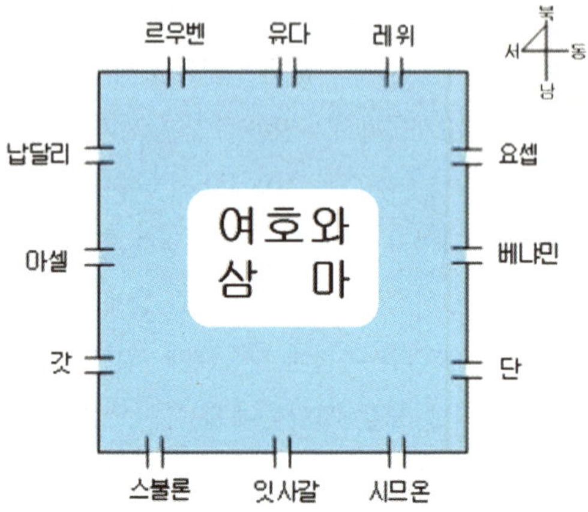

새 성읍의 출입구

문이다. 그 성읍의 서쪽 성벽의 너비도 4천 5백 규빗인데, 역시 출입문이 세 개 있다. 하나는 갓 문이고, 하나는 아셀 문이며, 하나는 납달리 문이다."

거룩한 구역에 위치한 성읍의 크기는 동서남북의 너비가 모두 똑같은 4,500규빗(대략 2.385km)의 정방형인데, 동서남북의 성벽마다 각각 3개의 출입문이 있었다. 그러니까 성읍은 모두 12개의 출입문을 가졌고, 그 12개의 출입문은 이스라엘 12지파의 이름을 따라 그 이름을 지었다. 즉, 북쪽 성벽의 출입문 3개의 이름은 르우벤 문, 유다 문, 레위 문이었고, 동쪽 성벽의 출입문 3개의 이름은 요셉 문, 베냐민 문, 단 문이었다. 그리고 남쪽 성벽의 출입문 3개의 이름은 시므온 문, 잇사갈 문, 스불론 문이었고, 서쪽 성벽의 출입문 3개의 이름은 갓 문, 아셀 문, 납달리 문이었다.

새 성읍의 새 이름: '여호와 삼마' (48:35)

(35) "이처럼 그 성읍의 사면 성벽 둘레의 합이 1만 8천 규빗이다.

그리고 사람들은 이날 이후로 그 성읍의 이름을 '여호와삼마'라고 부를 것이다."

거룩한 구역 내에 있는 성읍의 크기는 동서남북의 너비가 모두 똑같이 각각 4천 5백 규빗이고, 그래서 둘레의 합은 1만 8천 규빗이었다. 그리고 성읍의 출입문은 동서남북의 성벽에 각기 3개씩, 모두 12개였다. 12성문의 이름은 이스라엘 12지파의 이름을 따랐고, 성읍이 완성된 후에 그 성읍의 이름은 '여호와삼마'로 일컬어졌는데, 그 뜻은 '여호와께서 거기에 계시다'(THE LORD IS THERE)이다.

이는 장차 회복될 새 이스라엘에서, 하나님은 자기 백성들 가운데 영원히 함께 임하여 계셔서 사랑과 공의로 친히 다스리실 것임을 보여준다. 이런 의미에서 에스겔의 환상 속에 보인 이 성읍은 장차 궁극적으로 실현될 하늘나라의 '새 예루살렘 성읍'을 예표한다고 볼 수 있다(계 21:12-14).

에필로그

"오, 주님, 감사합니다! 참으로 감사합니다!"

환상을 본 후에 에스겔은 연신 엎드려 주님께 감사를 드린다. 그러니까 바빌로니아 땅에 포로로 사로잡혀 온 지 어언 25년째(40:1), 그리고 포로 된 그 땅에서 하나님의 선지자로 부르심을 받은 지 어느덧 20년째(1:2), 그 오랜 세월 동안 에스겔은 선지자로 활동하면서 미소 짓거나 웃을 일이 거의 없었다. 아프고 쓰라린 심령을 부여잡고 동족의 가증한 죄악을 지적하는 가운데 조국 유다의 멸망을 선포해야 했고, 성도(聖都) 예루살렘의 몰락, 나아가 성전의 파괴까지 외쳐야 했다.

그로 인해 바빌로니아 땅의 이스라엘 동족들로부터 숱한 핍박과 조롱과 멸시와 따돌림을 당했다. 심지어 메시지의 확실성을 위해 그 증표로서 자신의 사랑하는 아내의 죽음까지도 아무런 애도 없이 담담하게 받아들여야 했다(24:15-18). 그야말로 고통과 슬픔과 아픔의 나날들이었다.

그러나 환상을 본 에스겔은 그제야 비로소 미소를 짓는다. 기쁜 마음으로 웃을 일이 생긴 것이다. 환상 가운데서 장차 회복될 이스라엘의 새 성전과 새 성읍을 본 후에 에스겔의 마음은 벅찬 소망과 기쁨으로 가득 찼다. 비록 작금 이스라엘 백성들의 현실은 나라를 잃은 채 이방 땅에 포로로 끌려온 처량하고 비참한 신세이지만, 하나님께서 그 백성을 끝내 버리지 않으시고 미래에 찬란한 구원과 회복의 계획을 세워놓고

에스겔 선지자 (미켈란젤로 작, 1512년)

계셨던 것이다. 환상을 통해 이런 사실을 밝히 알게 된 에스겔은 부쩍 힘이 났고 용기가 솟구쳤다.

'그래, 주님께서는 우리를 잊지 않으셨어. 우리를 버리지 않으신 것이야. 우리가 주님께 돌이키기만 하면, 언제든지 우리는 다시 회복될 수 있어….'

에스겔은 선지자의 소명을 다시금 새롭게 다진다. 그동안 온몸과 마음을 옥죄였던 낙담과 자포자기의 어두운 생각을 훌훌 털어내고, 굳센 용기와 소망 찬 비전으로 우뚝 일어선다. 미래에 펼쳐질 아름답고 찬란한 구원과 회복의 메시지를 가지고 다시금 동족에게로 나아간다. 그러고는 확신에 가득 찬 목소리로 그들을 향해 힘차게 외친다.

"동포 여러분! 주님께서는 여러분을 잊어버리시거나 버리신 게 결코 아닙니다. 비록 여러분이 그분께 죄를 저질러 준엄한 징계를 받았지만,

여러분이 회개하고 돌이키면 그분은 언제라도 여러분을 용서해 주실 것입니다. 주님께서는 여러분을 위해 위대하고 찬란한 회복과 구원의 계획을 세워놓고 계십니다.

저는 그분께서 제게 보여주신 환상을 통해 주님이 여러분을 위해 세워두고 계신 새 땅과 새 성전과 새 성읍의 놀라운 비전을 분명히 보았습니다. 그 땅과 그 성전과 그 성읍은 참으로 아름답고 위대하고 찬란하고 빛났습니다. 생명수가 풍성하게 흘러넘치는 구원과 은혜의 계획이었습니다.

그러니 결코 낙담하거나 포기하지 말고, 이제라도 절망을 딛고 일어서십시오! 소망을 품고 주님을 의뢰하십시오! 회개의 눈물로 그분께 나아가, 그분께서 여러분을 위해 마련해 놓으신 찬란한 미래의 구원과 회복을 마음껏 누리도록 하십시오! 정녕 주님은 여러분을 사랑하시고…."

조국 유다에서 수만 리 떨어진 멀고 먼 이방 땅 바빌로니아, 그 땅의 그발 강가에 어느새 노을이 깃든다. 이렇듯 하루해가 뉘엿뉘엿 저물어가고 있지만, 동족을 향한 에스겔의 열정적인 설교는 뜨겁고 강렬하다. 좀체 그칠 줄 모르고 시간이 흐를수록 더욱 열기를 뿜어낸다. 환상 가운데서 목격한바 아름답고 찬란한 구원과 회복의 그날을 하루라도 더 앞당기고 싶은 마음에 에스겔은 시간 가는 줄 모르고 메시지를 외친다. 강가에서 새 한 마리가 힘차게 날갯짓을 하며 하늘로 오르는 모습이 눈에 들어온다. 오, 내 백성 이스라엘이여, 너희에게도 저 새처럼 푸른 하늘로 힘차게 솟아오르는 구원과 회복의 그날이 반드시 찾아오리라….

다니엘

하나님의 주권과 영원한 왕국

융성하던 바빌로니아가 무너지고
잘나가던 페르시아도 사라지네
찬란한 그리스가 멸망하고
로마의 부귀영화도 잿더미가 되네

제국의 역사와 흥망성쇠 뒤에는
왕들의 영욕이 뒤따르네
한 나라가 일어서고 무너지는
역사의 수레바퀴 되풀이되네

왕들을 앉히고 쫓아내는 주권자
나라 흥하거나 망하게 하는 주님은
이스라엘의 구원을 계획하시고
시대와 역사의 종말도 계시하시네

페르시아의 흥망과 그리스의 성쇠
하나님의 절대 주권 아래에서
여러 나라와 왕들이 잠시 스쳐가도
하나님의 왕국은 영원히 빛나네

프롤로그

다니엘 : 하나님의 주권과 구속(救贖) 사역

"자, 모두 그만하면 되었다! 유다 땅에서 쓸 만한 자들은 거의 다 사로잡았으니, 이제 저들을 이끌고 바빌로니아로 돌아가자!"

유다 왕 여호야김 3년(주전 605년, 왕하 24:1; 단 1:1), 느부갓네살 왕이 이끄는 바빌로니아 군대가 유다를 침공했을 때 다니엘(Daniel, '하나님은 심판자이시다'란 뜻)은 바빌로니아 군사들에게 사로잡혀 그의 세 친구 및 많은 유력 인사들과 함께 머나먼 이방 땅 바빌로니아로 끌려갔다. 당시는 신흥 바빌로니아 제국이 급속도로 세력을 확장하던 시기였다.

오랜 세월 중근동 지역의 패권을 장악했던 아시리아 제국이 그 수명을 다하여 쇠퇴일로의 상황에 놓여 있던 주전 7세기 후반, 다니엘은 유다 지파의 왕족 가문에서 태어났다(주전 621년경).

바빌로니아는 마침내 아시리아의 수도 니느웨를 정복하고(주전 612년), 이어 갈그미스 전쟁에서 이집트까지 격파함으로써(주전 605년), 명실공히 중근동 지역을 완전히 제패하였다. 이때 바빌로니아는 갈그미스 전쟁에서 승리한 여세를 몰아 유다까지 파죽지세로 침공하여 값비싼 노획물을 약탈하고 많은 유력 인사들을 사로잡아 포로로 끌고 갔다(제1차 침공, 주전 605년). 다니엘과 그의 세 친구는 이때 사로잡혀 바빌로니아 땅으로 끌려갔다. 당시 다니엘의 나이는 대략 16세 정도로 추정된다.

바빌로니아 땅으로 끌려간 다니엘은 왕족 출신인 관계로 특별한 대우를 받아 그곳의 궁중학교에서 바빌로니아 학문을 배웠다. 이때 하나님께서는 다니엘에게 꿈과 환상을 해석할 수 있는 특별한 지혜를 주셨는데, 이로 말미암아 다니엘은 두 차례에 걸쳐 느부갓네살 왕의 꿈을 완벽하게 해석하게 되었다. 그 결과, 다니엘은 왕의 은총을 받아 궁중의 고위관리에 등용되고, 이때부터 다니엘은 바빌로니아 제국의 최대 부흥기인 느부갓네살 왕 때로부터 마지막 왕인 벨사살 왕에 이르기까지 바빌로니아의 고위관리로 활동하게 된다.

하지만 바빌로니아는 벨사살 왕 때에 고레스 왕이 이끄는 메대-바사 연합군에 의해 패망하고 말았다(주전 539년). 이후 바사(페르시아) 제국의 4대 수도 중 하나로 정해진 바빌론 도성은 분봉왕 다리오(Darius)에 의해 통치되었는데, 다니엘은 바빌로니아의 멸망 이후 바사 제국의 시기에도 그 탁월하고 총명한 능력을 인정받아 다리오 왕의 치하에서 총리로 일했다. 당시 다니엘의 나이는 어언 82세가량의 고령이었다.

다니엘은 적어도 바사(페르시아) 제국의 고레스 왕 3년까지는 궁중의 고위관리로서 왕성하게 활동했다(주전 536년경). 이후 다니엘은 6년 정도 더 살다가, 고레스 왕의 통치 말엽에 91세를 일기로 사망한 것으로 추정된다(주전 530년경). 그리고 다니엘은 자신의 말년에 자신의 경험과 꿈과 환상을 종합적으로 정리하여 본서(다니엘서)를 기록한 것이다.

다니엘이 84세였을 당시, 고레스 왕의 귀환 조서로(주전 538년), 선지자들이 예언했던 대로 꿈에도 그리던 유대 민족의 예루살렘 귀환이 이루어졌다(주전 537년, 제1차 귀환). 하지만 다니엘은 워낙 고령인지라 본국 귀환의 대열에 합류하지 않고 계속 바빌로니아 땅에 머물면서 동족을 위해 정치적인 영향력을 발휘했다(하지만 유대 전승에 의하면, 다니엘은 죽기 전에 관직에서 완전히 물러나 예루살렘 본토로 돌아와 고향에서 숨을 거두었다고 한다).

이처럼 다니엘은 정치가로서 선한 영향력을 널리 끼친 의로운 관리였다. 하지만 다니엘은 또한 선지자로서 많은 환상을 보았다. 네 짐승에 관한 환상(단 7:1-28), 숫양과 숫염소에 관한 환상(단 8:1-27), 70이레에 관한 환상(단 9:20-27), 큰 전쟁에 관한 환상(단 10:1-21) 등. 이 같은 환상들은 열방의 흥망성쇠에 대한 하나님의 주권과 섭리, 그리고 선민을 향한 하나님의 구속사(救贖史)와 관련된 의미심장한 미래사의 내용을 품고 있었다. 그래서 다니엘은 여러 환상을 통해 깨달은 바대로 열방과 선민에 대한 하나님의 절대적인 주권과 놀라운 계획들을 온 세상에 널리 알리고 선포하였다.

일찍이 요셉이 이스라엘 역사의 발아기(發芽期)에 이집트에서 자기 민족의 생존과 번영을 위해 일하도록 이집트의 총리 직분에 세워졌다면, 다니엘은 이스라엘 역사의 탈태기(奪胎期)에 바빌로니아의 총리 직분에 세워져 선민과 열방을 향한 하나님의 주권과 섭리를 선포하도록 부르심을 받은 탁월한 정치가 겸 환상의 선지자였다.

이런 점에서 본서의 주제는 분명히 드러난다. 곧 본서는 하나님께서 선민을 중심으로 펼쳐가는 구속사의 진행을 위해 열강의 통치자들과 열방의 흥망성쇠를 자신의 지혜와 권능으로써 어떻게 주권적으로 섭리하시고 경륜하시는지를 보여준다. 바로 그것이 본서에 나타난 바, 느부갓네살 왕의 두 꿈과 다니엘의 네 환상을 통해 분명히 제시되어 있다.

이 같은 점들을 두루 종합해 볼 때, 다니엘이 본서를 기록한 목적은 이러하다.

첫째, 열방의 모든 신들(우상들)은 거짓되고 헛된 것인 반면, 이스라엘의 하나님이신 여호와만이 유일하고 참된 신임을 드러냄으로써 포로된 유다 백성들에게 소망의 비전을 심어주기 위해서였다.

둘째, 인류 역사 및 열방의 흥망성쇠를 홀로 주관하시고 섭리하시며 경륜하시는 하나님의 절대주권을 널리 선포하기 위해서였다.

셋째, 유한한 세월 동안에 흥망성쇠를 거듭하는 세상 나라들과는 달리 장차 메시아로 인해 세워질 하나님 나라의 영원성을 보여주기 위해서였다.

이런 점들을 염두에 두고서, 이제 본격적으로 본서의 이야기 속으로 들어가 보자.

1
다니엘과 세 친구

다니엘, 하나냐, 미사엘, 아사랴는
왕족과 귀족 중에서 뽑힌 청년들이네
다니엘과 세 친구는 여호와 신앙으로
왕궁의 육식 음식 대신 채식을 달라고 하네

다니엘과 그의 세 친구 (1:1-21)

(1-2) 유다 왕 여호야김이 왕위에 올라 유다를 다스린 지 3년째 되던 해, 바빌로니아 왕 느부갓네살이 군대를 이끌고 예루살렘으로 쳐들어와 그 성읍을 포위하였다. 이때 주께서는 유다 왕 여호야김과 하나님의 성전에 있던 기구들 가운데 일부를 느부갓네살 왕의 손에 넘겨주셨다. 그러자 느부갓네살 왕은 유다 왕 여호야김을 비롯하여 여러 왕족들과 귀족들 및 백성들을 포로로 사로잡아가면서, 그들과 더불어 성전 기구 일부를 취하여 바빌로니아 땅에 있는 자기 신전으로 가져갔다. 그리고 그것들을 그 신전의 보물창고에 넣어두었다.

"왜 하나님께서는 자기 백성들과 자기 성전의 기구들을 이방 왕의 손에 넘겨주셨을까?"

이스라엘 역사를 조금이라도 아는 자들이라면 굳이 그 답을 구할 필요도 없다. 하나님께서는 오래전부터 순종에는 축복을, 불순종에는 징벌을 내리시겠다고 자기 백성들에게 거듭 말씀하셨다. 그런데도 북왕국 이스라엘이 불순종의 길을 걷자 하나님은 먼저 그들을 이방 아시리아의 손에 넘겨주셨다(주전 722년). 이제 남왕국 유다도 우상을 숭배함으로써 거역하자, 하나님은 그들도 이방 바빌로니아 왕의 손에 1차로 넘겨주신 것이다(주전 605년).

바빌로니아 왕은 유다 땅에서 탈취한 예루살렘 성전의 기구들을 자신들의 신전으로 가져가 그곳의 보물창고에 넣어두었다. 당시 바빌로니아 사람들은 많은 신들을 섬겼다. 그중에서도 최고의 국가수호신으로 섬겨진 우상은 '마르둑'(Marduk)으로도 불리는 '벨'(Bel)이었다. 바빌로니아 왕은 분명 이 신을 섬겼을 것이고(4:8), 따라서 그 신을 숭배하는 신전에다 예루살렘 성전의 기구들을 넣어두었을 것이다. 하루는 바빌로니아 왕 느부갓네살이 궁중대신에게 명을 내린다.

"여봐랏, 너는 다른 나라에서 포로로 잡아온 자들 중에서 잘생기고 총명한 소년들을 뽑아 그들에게 바빌로니아의 학문과 언어를 가르치도록 하여라!"

(3-7) 이후에 바빌로니아의 느부갓네살 왕이 궁중대신 아스부나스에게 명하여, 유다 땅에서 포로로 붙잡아 온 이스라엘 자손 가운데 왕족과 귀족 출신의 소년 몇 명을 뽑아서 왕궁으로 데려오게 하였다. 신체에 아무 결함이 없어 건강하고, 용모가 잘생겼을 뿐만 아니라, 다방면에 타고난 재주가 있고, 똑똑해서 학문을 익히는 데 남다르며, 또한 모든 일을 지혜롭게 처리할 만한 통찰력이 있어, 장차 왕궁에서 왕을 모실 만한 능력이 있어 보이는 소년 몇 명을 왕궁으로 데려와서, 그들에게 바빌로니아의 학문과 언어를 가르치도록 하였다. 왕이 또 명령을 내려, 그 소년들에게 왕실의 맛있는 음식과 왕실의 귀한 포도주에서 그들에게 필요한 일정량을 날마다 공급해주어, 3년 동안 궁중교

육을 시키도록 하였다. 그것은, 궁중교육을 다 마친 후에는 그들을 등용하여 왕을 모시게 하기 위함이었다. 그렇게 해서 신중하게 가려 뽑힌 사람들 가운데 유다 지파 출신의 소년들이 있었으니, 다니엘과 하나냐와 미사엘과 아사랴가 바로 그들이었다. 궁중대신 아스부나스는 그들의 이름을 모두 바빌로니아 방식으로 고쳐주었는데, 다니엘은 벨드사살, 하나냐는 사드락, 미사엘은 메삭, 그리고 아사랴는 아벳느고라고 하였다.

당시 바빌로니아 제국은 어떤 나라나 민족이나 도시를 정복할 때마다 그곳의 왕족, 귀족, 유지, 예술가, 기술자, 재력가 등의 엘리트 계층과 고급 인력을 사로잡아 자국으로 데려갔다(왕하 24:14). 그런 후에 그들에게 바빌로니아의 역사와 문화와 사상을 재교육시켜 충실한 자국의 인력으로 적극 활용하였다.

이런 방식으로 바빌로니아 제국은 정복한 나라와 민족과 영토에 대한 장악력을 강화시켜 갔던 것이다. 이 같은 바빌로니아 제국의 정책에 따라, 유다의 포로들 중에서는 왕족 및 귀족 출신으로 건강한 신체와 잘생긴 용모, 그리고 탁월한 재능을 지닌 다니엘과 그의 세 친구들이 궁중교육의 대상자들로 뽑혔던 것이다.

"아, 큰일이다. 이제부터 우리는 바빌로니아 왕궁의 음식과 포도주를 먹어야 하는데, 그것들은 전부 우리 몸을 더럽히는 것들이 아닌가! 이를 어쩐다? 그래, 우리는 우리의 여호와 신앙을 포기하거나 율법을 어기지 않겠어! 절대로 그런 음식들로 우리 몸을 더럽히진 않을 거야!"

궁중교육의 대상자들로 뽑힌 다니엘과 그의 세 친구는 바빌로니아 왕궁의 음식과 포도주로 자기들의 몸을 더럽히지 않겠노라고 마음먹었다. 그래서 그들은 궁중 음식을 주관하는 궁중대신에게 왕궁의 음식과 술을 먹지 않도록 해달라고 부탁하였다. 적어도 바빌로니아 궁중의 음식들 중 어떤 것들은 바빌로니아의 신(우상)에게 바쳐진 제물이었다.

또한 어떤 음식들은 유대인 율법의 정결규례상 먹기에 합당치 못한 부정(不淨)한 식단이었다. 그래서 그런 음식들을 무심코 먹다 보면 얼마든지 몸을 더럽힐 수 있었다. 하지만 유대인 율법에 따르면 모든 채소는 부정하지 않아 먹을 수 있었으므로, 다니엘과 그의 세 친구는 채식으로 식단을 교체해 줄 것을 요구했다. 이때 하나님께서는 궁중대신에게 다니엘과 그의 세 친구를 아끼고 그들에게 호의를 베풀고 싶은 마음을 주셨다. 그래서 궁중대신은 크게 화를 내며 일거에 거절하지 않고, 다니엘에게 타이르듯 부드럽고 조심스럽게 말한다.

궁중 식사를 거부하는 다니엘과 그의 세 친구들

(10) "하지만 다니엘아, 너희가 먹을 음식과 술을 직접 정해주신 분은 왕이시고, 나는 나의 주인이신 왕을 두려워한단다. 만일 너희가 왕의 음식과 술을 먹지 않아서, 왕께서 보시기에 너희가 너희 또래의 다른 소년들보다 얼굴이 상하여 보인다면 그땐 어찌할 셈이냐? 그렇게 되면, 너희 때문에 내 목숨까지 왕 앞에서 위태롭게 될 것이다. 그러니 이 일을 어찌하면 좋겠느냐?"

궁중대신이 걱정 가득한 얼굴로 부드럽고 조심스럽게 말하자, 다니엘은 궁중대신이 자신과 자신의 세 친구인 하나냐와 미사엘과 아사랴를 맡아 보살피라고 임명한 감독관에게로 가서, 그에게 간곡하게 말한다.

(12-13) "감독관님, 간절히 부탁드리오니 부디 저희들을 열흘 동안만 시험해 보십시오. 저희가 열흘 동안만 채소와 물만 마실 수 있도록 허락해 주십시오. 그런 후에, 저희의 얼굴 모습을 왕실 음식을 먹은 다른 소년들의 얼굴 모습과 비교해보시기 바랍니다. 그리고 그 결과에 따라, 저희들을 감독관님의 마음대로 처분하도록 하십시오."

"열흘? 열흘 동안만 시험해보라고? 그래, 좋다! 그 정도 부탁이야 못 들어주겠느냐? 하지만 열흘 동안만이다. 그 이후로 더는 안 된다. 내게 약속할 수 있겠느냐?"

"네, 약속드립니다. 그 이후로는 더 이상 고집하지 않겠습니다. 그때는 감독관님의 처분대로 순순히 따르겠습니다."

(14-15) 그러자 감독관은 다니엘의 말대로 열흘 동안만 그들을 시험해 보기로 하였다. 어느새 열흘이 지났다. 감독관이 다니엘과 그의 세 친구의 얼굴 모습을 보니, 그들은 열흘 동안 채소와 물만 먹었는데도, 그동안 맛있고 진귀한 왕실 음식을 먹은 다른 소년들보다도 더욱 얼굴에 윤기가 흐르고 혈색도 좋아 아주 건강해 보였다.

"엇? 이게 대체 어찌 된 일이지? 저 유대 소년들이 분명 채소와 물만 먹었는데도 이리도 얼굴과 혈색이 건강하고 좋다니? 그것 참, 정말로 놀랍고 신기한 일이로고!"

(16-17) 그러므로 감독관은 이때부터 다니엘과 그의 세 친구에게 지정된 왕실 음식 대신에 채식만 하도록 허락해 주었다. 하나님께서는 이 네 소년들에게 남다른 지혜와 지식을 주셔서, 모든 학문과 재주에

능통할 수 있게 하셨다. 특별히 다니엘에게는 환상이나 꿈을 깨닫고 해석하는 능력까지 주셨다.

그래서 이후로 다니엘은 느부갓네살 왕의 꿈을 올바로 해석할 수 있었고, 또한 많은 환상들을 보고 깨달을 수 있었다. 이처럼 하나님은 환상이나 꿈을 통해 말씀하시곤 하셨다. 아브라함으로부터 사도 요한에 이르기까지 성경 전체를 통하여 하나님은 사람들과 교제하기 위해 꿈이나 환상을 사용하셨다. 꿈이나 환상 외에도 천사, 선지자, 기록된 말씀, 심지어 동물까지(민 22:21-31), 하나님은 자신의 뜻을 전하기 위해 필요하다면 모든 수단을 얼마든지 사용하실 수 있다.

이는 오늘날에도 마찬가지다. 하지만 상황은 크게 변했다. 초대교회 이후, 하나님의 백성들은 마음속에 거하는 성령과 온전히 기록된 특별계시의 말씀인 성경을 통해 하나님의 뜻을 충분히 인식하고 올바로 인도받을 수 있다(요 16:13). 그러므로 구약시대나 초대교회 때처럼, 특별히 따로 꿈이나 환상을 통해 말씀하실 필요가 없으신 것이다. 만일 오늘날에도 꿈이나 환상을 통해 하나님께서 누군가에게 무엇을 말씀하실지라도, 그것은 기록된 성경 말씀의 내용과 어긋나는 일은 절대로 없다(계 22:18-19).

(18-21) 마침내 바빌로니아 왕이 정해놓은 3년의 궁중교육 기한이 마치자, 궁중대신은 모든 젊은이들을 데리고 느부갓네살 왕 앞으로 나아갔다. 왕이 모든 젊은이들과 이야기를 나누어본 결과, 그들 가운데 다니엘과 하나냐와 미사엘과 아사랴가 눈에 띄게 탁월하였으므로, 그들로 왕실에서 일을 보게 하였다. 그때에 느부갓네살 왕이 네 젊은이를 시험하여 갖가지 분야에 대해 물어보았는데, 그들은 나라 안에 있는 어떤 마술사나 주술사보다도 열 배나 더 지혜로웠다. 그리하여 다니엘은 페르시아 왕 고레스가 바빌로니아를 점령한 해, 곧 고레스

대왕 원년까지 바빌로니아 왕실에서 일했다.

하나님께서 유대의 네 소년들에게 남다른 지혜와 지식을 주셨기 때문에(17절a), 다른 모든 소년들보다 단연 탁월할 수밖에 없었고, 그 결과로 그들은 왕의 눈에 들어 바빌로니아 궁중에서 왕실의 일을 맡을 수 있게 된 것이다. 네 소년들 중에서도 다니엘은 특별히 꿈이나 환상을 해석할 수 있는 능력까지 갖추었는데(17절b), 그런 능력으로 느부갓네살 왕의 꿈을 두 번씩이나 올바로 해석해줌으로써 더욱 높은 자리에서 더욱 오래 왕실의 일을 맡을 수 있었다.

다니엘은 그의 나이 16세쯤인 유다 왕 여호야김 3년(주전 605년)에 바빌로니아 땅에 포로로 끌려와, 3년의 궁중교육을 마친 후에 그의 나이 82세쯤인 페르시아 왕 고레스 원년(주전 539년)까지 바빌로니아 왕실에서 일했으므로, 무려 63년 동안(주전 605~539년)이나 왕실의 일을 수행하였다. 그리고 바빌로니아 멸망 이후에도, 그의 능력이 하도 탁월했기에 페르시아 왕실에 등용되어 3년 이상 활동하였다. 이처럼 다니엘은 이방 땅의 포로 된 비천한 출신임에도 불구하고 무려 70여 년 동안 두 제국의 왕실에서 고위관리로 일하면서 동족 유대인들과 뭇 민족들에게 선한 영향력을 널리 행사할 수 있었다.

2

다니엘의 꿈 해석

다니엘이 왕이 꾼 꿈을 말하네
큰 신상의 머리는 정금으로 되고
가슴은 은, 배는 동, 다리는 철인데
뜬 돌이 신상을 깨뜨리는 꿈입니다

느부갓네살 왕의 꿈 (2:1-13)

느부갓네살 왕이 바빌로니아를 다스린 지 2년째 되던 해, 그는 이상한 꿈을 꾸고는 그 꿈으로 인해 마음이 혼란스럽고 답답해서 도무지 잠을 이룰 수 없었다. 여기서 느부갓네살 왕의 통치 2년은 바빌로니아의 통치 연수의 계산법에 따라 '즉위 이후 3년째'를 가리킨다. 바빌로니아에서는 즉위 원년, 통치 1년, 통치 2년, 통치 3년… 같은 방식으로 계산하기 때문이다. 따라서 왕이 꿈을 꾼 때는 주전 603년경으로, 다니엘이 3년의 궁중교육을 마치고 왕실의 관리로 등용되어 왕실의 일을 맡아 수행하던 시기다.

"여봐랏, 바빌로니아 제국의 전역에서 용하다고 이름난 마술사들과 주술사들과 점쟁이들과 점성가들을 한 사람도 빠뜨리지 말고, 모두 왕궁으로 불러들이도록 하여랏! 지금 당장 시행토록 하여랏!"

느부갓네살 왕은 자신이 꾼 꿈을 풀이하게 하려고 제국 전역에 명령을 내려, 바빌로니아의 마술사들과 주술사들과 점쟁이들과 점성가들을

느부갓네살 왕의 꿈: 거대한 신상

왕궁으로 불러들였다. 이런 자들은 바빌로니아에서 소위 '지혜자 그룹'을 형성하고 있는 다양한 신분의 사람들이었다. 바빌로니아 왕은 전쟁이나 가뭄 등 나라의 중대한 사건이나 장래의 일과 관련해서 이런 자들에게 지혜와 자문을 구했다. '마술사'는 비밀스러운 신비의식을 집행하는 자들이었고, '주술가'는 각종 주문(呪文)으로써 저주를 내리거나 액(厄)을 방지하거나 쫓아내는 역할을 했으며, '점쟁이'는 다양한 방법으로 점(占)을 치는 자들이었고, '점성가'는 천체의 별을 통해 특별한 지식을 얻는 제사장들이었다. 왕의 명령에 응하여, 머잖아 이런 자들이 왕궁으로 모두 들어와 느부갓네살 왕 앞에 섰다. 그러자 왕이 그들에게 말한다.

(3) "내가 꿈을 하나 꾸었노라. 그런데 그 꿈이 어떤 것인지 도무지 생각이 나지 않아, 내 마음이 심히 혼란스럽고 답답하도다."

그러자 점성가들이 아람어로 왕께 아뢴다. 아람어(Aramaic)는 수리아나 갈대아 방언을 말하는데, 당시 중근동 지역의 셈족들은 아람어를 상업 및 외교 언어로 사용하였다. 다니엘서는 1장 1절부터 2장 4절의 상반절(1:1-2:4a)까지는 히브리어로, 2장 4절의 하반절부터 7장 28절(2:4b-7:28)까지는 아람어로, 그리고 8장 1절부터 책의 마지막 부분인 12장 13절(8:1-12:13)까지는 다시 히브리어로 기록되었다. 이렇게 이중 언어가 사용된 데에는 하나님의 거룩한 의도가 담겨 있다. 느부갓네살, 벨사살, 다리오, 고레스 등으로 대표되는 이방 세계를 향한 심판과 파멸의 메시지를 선포한 부분에서는 아람어로, 그리고 선민 이스라엘을 향한 구원과 회복의 메시지를 선포한 부분에서는 히브리어로 기록하게 하신 것이다.

(4) "왕이시여, 만수무강하옵소서. 왕께서 소인들에게 꿈의 내용을 말씀해 주시면, 소인들이 그 꿈을 풀이해 드리겠나이다."

점성가들은 왕이 자신이 꾼 꿈의 내용을 당연히 말해줄 줄 알고서 이렇게 아뢴 것이다. 꿈의 내용만 안다면, 해몽이 맞든 틀리든 어떤 방식으로든 그럴듯하게 해석해 주면 되기 때문이다. 그런데 왕의 대답은 그들의 예상을 벗어났다.

(5-6) "아니다, 내가 분명히 명령하노라! 너희는 내가 꾼 꿈의 내용과 그 해석을 모두 내게 말해주어야 한다. 만일 너희가 그렇게 하지 못한다면, 너희 몸은 두 조각이 날 것이고, 너희 집도 파괴되어 쓰레기더미가 될 것이다. 그러나 만일 너희가 내가 꾼 꿈의 내용을 알아내고 내게 그 해석까지 해준다면, 내가 너희에게 많은 선물과 상급을 내리고 큰 영광과 명예까지 누리도록 해주겠노라. 자, 그러니 너희는 어서 내가 꾼 꿈의 내용과 그 해석을 내게 말하도록 하여라."

꿈의 내용과 해석을 아뢰지 못할 경우, 바빌로니아의 지혜자들에게 임할 왕의 형벌이 참으로 끔찍하고 가혹하다. 바빌로니아 왕은 자신이 꾼 꿈이 아주 희한하고 요상했으므로 자신이 여태 꾼 어떤 꿈들보다도 중요한 것인 줄 직감했다. 그래서 그는 이번 기회에 바빌로니아 지혜자들의 능력과 진위(眞僞) 여부를 테스트하기를 원했고, 만일 꿈의 내용과 해석을 알지 못할 경우 속병이 나서 죽을 지경이었으므로 이토록 엄혹하게 명한 것이다. 그러자 바빌로니아의 모든 마술사들과 주술사들과 점쟁이들과 점성가들이 두려움에 벌벌 떨며 다시 왕께 아뢴다.

"오, 왕이시여, 부디 왕께서 꾼 그 꿈이 어떠한 것인지 소인들에게 말씀해주소서. 그러면 소인들이 즉시 그 꿈을 풀이해 드리겠나이다."

"뭐라? 내가 꾼 꿈을 말해 달라고? 분명히 말하지만, 너희는 내가 꾼 꿈을 내게 말해야 한다. 내가 이미 명령을 내렸는데도, 너희가 이렇게 말하는 것을 보니 너희가 시간이나 벌려고 하는 수작이로다. 만일 너희가 내가 꾼 꿈을 내게 그대로 말하지 아니하면, 너희 모두를 가차 없이 처형해버리겠다! 그러니 너희는 어서 내가 꾼 꿈을 나로 알게 하고, 그 꿈에 대한 해석도 내게 말하도록 하여라!"

"오, 왕이시여, 왕께서 요구하시는 것을 들어줄 수 있는 사람은 이 세상에 아무도 없습니다. 일찍이 아무리 위대하고 권세 있는 왕이라 하여도, 마술사나 주술사나 점쟁이나 점성가에게 그와 같은 것을 요구한 적이 없었습니다. 육체를 지닌 인간들과 함께 살고 있지 않은 신들, 곧 인간 세상을 초월한 신들 이외에는 아무도 그런 것을 알지 못합니다. 정녕 사람으로서는 그런 것을 알아낼 길이 없습니다."

"닥쳐랏! 아무짝에도 쓸모없는 자들 같으니라고! 그러하고도 너희가 이 제국의 지혜자들로 감히 행세할 수 있느냐? 여봐랏, 당장 저자들을 모두 처형토록 하랏!"

점성가들이 말을 듣고, 느부갓네살 왕은 크게 화를 내고 분통을 터뜨렸다. 왕은 자신이 꾼 꿈이 아련히 떠오를 듯 말 듯하지만 알지 못해 답답해 미칠 지경이고 속이 터져 죽을 지경이었다. 그래서 왕은 이성을 잃고 바빌로니아의 지혜자들을 모조리 처형하라고 명령하였다. 바빌로니아의 지혜자들은 마술사, 주술사, 점쟁이, 점성가 등을 말한다. 이들 바빌로니아의 지혜자들은 국가의 중대사와 관련하여 다양한 형태의 주술적인 능력을 통해 미래의 일을 점치고 예언함으로써 왕에게 조언하는 정치와 종교의 지도적인 그룹이었다. 그들을 모두 처형하라는 왕의 추상같은 명령이 떨어지자, 이제 바빌로니아의 지혜자들은 졸지에 꼼짝없이 모두 죽을 위기에 놓이게 되었다.

이런 와중에 왕의 군사들은 다니엘과 그의 세 친구도 함께 죽이려고 찾고 있었다. 당시 이들도 바빌로니아의 지혜자 그룹에 소속되어 있었기 때문이다. 말하자면 그때쯤, 곧 느부갓네살 왕의 통치 2년째 되던 해(주전 603년), 다니엘과 그의 세 친구는 바빌로니아 궁중에 등용되어 지혜자 그룹의 일원이 되어 나름대로 활동하고 있었기 때문이다.

다니엘에게 왕의 꿈이 계시됨 (2:14-23)

"왕의 명령이다! 어서 저자들을 모조리 묶어 처형장으로 끌고 가자! 당장 서둘러라!"

느부갓네살 왕의 준엄한 명령이 떨어지자, 왕의 시위대장 아리옥이 궁중에 모여 있던 바빌로니아의 지혜자들을 모조리 묶어 그들을 처형하려고 왕궁 밖으로 나갈 때, 그런 소식을 듣고 달려온 다니엘이 시위대장을 만나 지혜롭고 신중한 말로 조심스레 묻는다.

"시위대장님, 왕께서는 어찌하여 이토록 가혹한 명령을 내리셨습니까?"

"그게 사실은 말이오, 왕께서 꿈을 꾸었지만…."

시위대장 아리옥은 그간의 일에 대해 다니엘에게 모두 말해주었다. 그러자 다니엘은 즉시 왕 앞으로 나아가서, 자신에게 얼마 동안의 기한을 주면 그 꿈을 밝히 알려드리고 해석까지 해보이겠다고 아뢰었다.

"그래? 그게 정말이렷다! 만일 며칠 내에 네가 말한 대로 내가 꾼 꿈의 내용과 그 해석을 내게 보이지 않는다면, 너는 왕을 능멸한 죄로 너뿐만 아니라 네 주변의 모든 자들까지도 모조리 처형하겠다!"

"네, 왕이시여! 지고지엄하신 왕 앞에서 분명히 약속드리겠나이다."

이렇게 말한 후에 다니엘은 집으로 돌아와서, 자신의 세 친구인 하나냐와 미사엘과 아사랴에게 모든 사실을 말해주었다. 그런 다음, 다니엘은 자기와 자기 친구들이 바빌로니아의 다른 지혜자들과 함께 처형당하지 않게 해달라고, 다 함께 하늘에 계신 하나님께 자비를 청하자고 친구들에게 말했다.

그런데 그날 밤, 다니엘은 환상을 통해 그 비밀을 알 수 있게 되었다. 환상(幻像)은 구약시대에 때때로 사용된 계시의 한 방편으로, 꿈과는 달리 대체로 주간에 비몽사몽의 황홀경 상태에서 보이게 된다. 이때 계시를 전달받는 사람의 상태는 제정신을 가진 정상의 상태이며, 계시의 내용 또한 참되고 온전한 것이다. 이러한 환상을 통해 느부갓네살 왕의 꿈에 얽힌 비밀을 알게 된 다니엘은 환상을 보여주신 하늘에 계신 하나님께 찬양을 올린다.

(20-23) "영원무궁토록 하나님의 이름을 찬양하여라. 모든 지혜와 권능이 그분께 있도다. 주께서는 때와 계절을 바꾸시고, 세상의 왕들을 세우기도 하시며, 세상의 왕들을 폐하기도 하신다. 지혜자들에게 지혜를 주시고, 총명한 자들에게 지식을 주시는 분이시다. 주께서는 아무리 깊고 은밀한 비밀일지라도 다 드러내시고, 캄캄한 어둠 가운데 있는 것들일지라도 다 알고 계시며, 또한 언제나 밝은 빛 가운데 계시는 분이시다. 오, 저의 조상들이 섬기던 하나님이시여, 제가 주님께 감사를 드리고 소리 높여 주님을 찬양합니다. 이제 주께서는 제게 지혜와 능력을 주셔서, 저희가 주님께 간구한 그 모든 일을 알게 해주셨나이다. 저희가 드린 기도에 응답해주셔서 왕이 꾼 꿈을 제게 알려주셨나이다."

앞서 바빌로니아의 지혜자들은 느부갓네살 왕의 요구, 곧 왕이 꾼 꿈의 내용과 그 해석을 보이라는 요구에 대해(5절), 이런 대답을 했었다

(11절). "오, 왕이시여! 육체를 지닌 인간들로서는 그 어느 누구도 알 수 없고, 오직 인간 세상을 초월한 신만이 알 수 있을 것입니다! 부디, 통촉하옵소서!"

그런데 본문에서 다니엘은 "주께서는 아무리 깊고 은밀한 비밀일지라도 다 드러내신다."라고 찬양하였다(22절). 그렇다. 주님은 아신다. 주님이야말로 육체를 지닌 인간이 아니라, 참된 영(靈)으로서(요 4:24) 인간 세상을 초월하는 유일하고 참된 신이기 때문이다.

다니엘이 느부갓네살 왕의 꿈을 풀이함 (2:24-45)

주께서 보여주신 환상을 통해 왕이 꾼 꿈의 비밀을 알아낸 다니엘, 그는 왕의 시위대장 아리옥에게로 즉시 나아갔다. 아리옥은 바빌로니아의 지혜자들을 모조리 처형하라는 왕의 명령을 받은 사람이었다.

"잠깐만요, 시위대장님! 바빌로니아의 지혜자들을 처형하지 마십시오! 이제 저를 왕 앞으로 데려다주십시오. 그러면 제가 왕께서 꾸신 꿈의 내용이 무엇인지 알려드리고, 그 해석까지 해드리겠습니다."

"뭐, 뭣이요? 그게 정말이오? 만일 그게 빈말이라면…."

"아, 아닙니다! 정말입니다. 한시가 급하니, 저를 어서 왕 앞으로 데려다주십시오."

시위대장 아리옥은 크게 놀라고 반신반의하며 다니엘을 데리고 급히 왕 앞으로 나아간다. 그리고 왕 앞에 엎드려 아뢴다.

"왕이시여, 사로잡혀 온 유다의 포로들 가운데 왕의 꿈이 무엇인지 알아내고 그 해석까지 해줄 사람을 찾았습니다. 이제 그 사람을 이렇게 왕께 데리고 왔나이다."

"오, 그래? 그게 정말이냐?"

왕은 크게 반색하며 보좌에서 일어나 다니엘을 맞이한다. 그러고는 바빌로니아 식의 이름으로 '벨드사살'이라고도 불리는 다니엘에게 부드럽게 묻는다.

"그래, 네가 정말로 내가 꾼 꿈의 내용과 그 해석을 내게 말할 수 있겠느냐?"

"왕이시여, 왕께서 물으신 그 비밀스러운 것은 이 땅의 그 어떤 지혜자나 마술사나 주술사나 점쟁이나 점성가가 답변할 수 있는 성질의 것이 아닙니다. 그처럼 비밀스런 일을 능히 알려주실 수 있는 분은 오직 하늘에 계신 하나님뿐이십니다. 하나님께서는 장차 왕께 어떤 일들이 일어날 것인지를 소인에게 보여주셨습니다. 그러면 이제부터 왕께서 꾸신 꿈, 곧 왕께서 침대에 누워 있을 때 왕의 머릿속으로 받은 환상을 말씀드리겠고, 또한 왕께서 보신 그 환상이 무엇을 뜻하는지도 다 말씀드리겠습니다."

"어서 말해보도록 하여라. 어서!"

"왕이시여, 왕께서 자리에 누워 이 나라가 어떻게 되어 갈까를 걱정하고 계실 때, 아무리 신비한 일이라도 다 밝히시는 그분 하나님께서 장차 왕께 일어날 일들을 보여주셨습니다. 곧 하늘의 하나님께서 소인에게 왕의 비밀스러운 꿈을 알게 하신 것은, 소인의 지혜가 다른 사람들보다 더욱 뛰어나기 때문이 아닙니다. 오직 하늘의 하나님께서는 소인을 통해 왕의 꿈과 그 해석을 왕께 알려주어서, 왕의 마음속 깊은 곳에 있는 생각들을 왕으로 하여금 알게 하시려는 것입니다."

사람들이 잠잘 때 꾸는 대부분의 꿈들은 일반적인 자연현상에 불과하다. 하지만 어떤 꿈들은 하나님께서 자신의 메시지를 보내는 계시 전달의 한 방편으로 사용하기도 한다. 특히 특별계시의 말씀인 성경이 완성되기 이전의 시대, 그중에서도 구약시대에는 하나님께서 때때로 꿈을 통해 자신의 메시지를 전달하셨다. 요셉 시대에 이집트의 파라오가 꾼 꿈이나 다니엘 시대에 느부갓네살 왕이 꾼 꿈은 그런 경우에 해당된다. 그리고 두 경우에 모두 하나님의 도우심으로 그들의 꿈이 올바로 해석될 수 있었다. 다니엘의 말은 계속 이어진다.

"왕이시여, 왕께서는 거대한 신상을 보셨습니다. 그 신상이 왕 앞에 우뚝 서 있었는데, 아주 컸을 뿐만 아니라 찬란한 빛이 번쩍번쩍 비치고 있었으므로, 그 모습이 아주 무시무시할 정도였습니다. 그 신상의 머리는 순금으로 만들어져 있었고, 그 가슴과 두 팔은 은으로, 그 배와 넓적다리는 청동으로, 그 무릎 아래 종아리는 쇠로, 그리고 그 신상의 발은 일부는 쇠로, 일부는 진흙으로 만들어져 있었습니다."

"오, 그래! 생각해 보니, 정말 그런 같구나! 어서 계속 말해 보아라!"

"네, 왕이시여! 그처럼 생긴 신상의 모습을 왕께서 보고 계실 때, 어떤 사람도 손을 댄 일이 없는 큰 돌 하나가 어디선가 난데없이 날아와서, 쇠와 진흙으로 되어 있는 그 신상의 발을 쳐서 몽땅 부숴버렸습니다. 그러자 그 거대한 신상의 모든 부분들, 곧 순금으로 된 부분과 은으로 된 부분과 청동으로 된 부분과 쇠로 된 부분과 진흙으로 된 부분이 모두 와르르 무너져버렸습니다. 그런 뒤, 마치 여름날 타작마당에 흩날리는 겨와 같이 바람에 흩날려, 그 신상의 모든 것들이 흔적조차 없이 모조리 사라져버렸습니다. 그런데 그 신상을 내리쳤던 그 큰 돌은 점점 커지더니 크나큰 산을 이루었고, 급기야는 온 세상을 다 덮어버렸습니다. 바로 이것이 왕께서 꾸신 꿈입니다."

"맞다, 맞구나! 그래, 내가 정말 그런 꿈을 꾸었어! 참으로 용하구나! 자, 그렇다면 이제는 그 꿈이 무얼 뜻하는지 해석해 보아라."

"네, 왕이시여! 그러면 이제부터 소인이 그 꿈을 왕 앞에서 해석해 드리겠습니다. 왕이시여, 왕께서는 온 세상 뭇 왕들의 왕이십니다. 하늘에 계시는 하나님께서는 큰 나라와 권세와 힘을 왕께 주셨고, 또 온갖 부귀영화를 누리게 하셨습니다. 참으로 하나님께서는 뭇 사람들과 들판의 짐승들과 공중의 새들까지, 온 땅의 모든 곳에 있는 모든 것들을 다 왕의 손에 넘겨주시어, 왕으로 하여금 그것들을 다스리게 하셨습니다.

그러므로 순금으로 만들어진 신상의 머리는 바로 왕과 왕의 나라를 가리키는 것입니다."

"순금으로 만들어진 신상의 머리가 나와 나의 나라를 가리키는 것이라고?"

"네, 그렇습니다. 그리고 왕의 나라에 이어 다른 나라가 일어날 것인데, 그 나라는 왕께서 다스리시던 이 나라만큼 강하지 못할 것이므로, 마치 은으로 만들어진 신상의 가슴 및 두 팔과 같습니다. 그리고 세 번째로는 은보다 못한 나라, 곧 청동으로 만들어진 것 같은 나라가 또 등장하여 온 세상을 다스릴 것입니다. 그다음에 네 번째로 등장할 나라는 쇠처럼 단단하고 강할 것입니다. 쇠는 무엇이라도 부수고 깨뜨려서 산산조각을 내듯, 그렇게 그 나라는 다른 모든 나라들을 깨뜨리고 부술 것입니다. 그리고 왕께서 또 그 신상의 발과 발가락 부분에서 일부는 토기장이의 진흙이고, 일부는 쇠인 것을 보셨듯이, 그 나라는 그처럼 둘로 나누어질 것입니다. 그리고 왕께서 또 진흙과 쇠가 함께 섞여 있는 것을 보신 것처럼, 그 나라는 분명 쇠처럼 강한 부분이 있을 것입니다. 하지만 그 발가락의 일부는 쇠이고 또 일부는 진흙인 것과 같이, 그 나라는 쇠처럼 강한 부분이 있는 반면에, 또 진흙처럼 약한 부분도 분명히 있으므로, 때로는 쉽게 부서지고 무너질 수도 있을 것입니다. 왕께서 또 보셨듯이 그 신상의 발가락이 쇠와 진흙으로 섞여 있는 것은, 그 나라의 백성이 다른 인종들과 섞여 살겠지만, 쇠와 진흙이 하나로 결합되지 못하는 것처럼, 그들도 서로 간에 하나로 합치지 못할 것입니다."

다니엘의 해몽을 듣고 있던 느부갓네살 왕은 참으로 놀랍고 희한하고 신비로운 듯 간간이 마른 침을 삼키고 헛기침을 하며 귀를 기울여 집중해서 듣는다. 다니엘의 꿈풀이는 계속 이어진다.

"왕이시여, 이처럼 뭇 왕국들이 오고가는 시대에 하늘에 계신 하나님께서 한 나라를 세우실 것입니다. 그런데 그 나라는 영원히 멸망하지 않을 것이고, 다른 민족의 지배를 받지도 않을 것입니다. 도리어 하나님께서 세우실 그 나라는 세상의 모든 나라들을 쳐서 쓰러뜨리고 영원히 우뚝 서 있을 것입니다. 어떤 사람도 손을 댄 일이 없는데도, 난데없이 큰 돌 하나가 날아와서 쇠와 청동과 진흙과 은과 순금으로 만들어진 거대한 신상을 쳐서 깨뜨리는 광경을 왕께서 보신 것은, 위대하신 하늘의 하나님께서 장차 땅 위에서 일어날 일을 왕께 미리 보여주신 것입니다. 왕께서 꾸신 꿈은 소인이 말씀드린 그대로이고, 또 소인의 꿈 해석도 틀림없습니다."

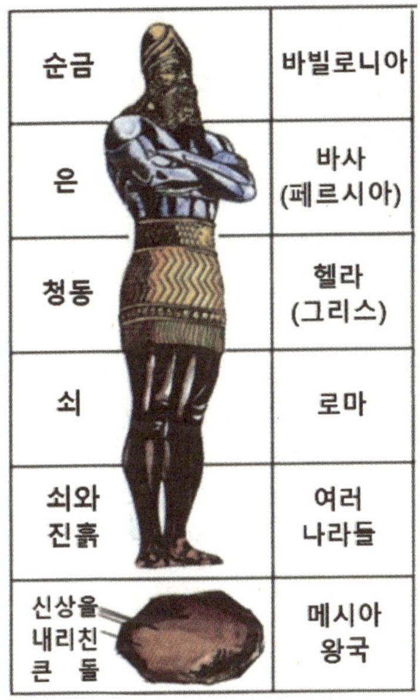

거대한 신상의 모습과 그 의미

"오, 오호! 그래… 그렇단 말이지…. 흐흠, 흠!"

다니엘의 꿈풀이가 끝나자, 느부갓네살 왕은 모든 게 놀랍고 신기한 듯 입을 다물지 못한다. 한편으로는 다니엘의 꿈풀이가 신기하기도 하고, 또 한편으로는 꿈의 뜻이 두렵기도 해서, 당분간 어찌할 바를 모르고 마른침만 삼키고 연신 헛기침만 해댄다.

자, 그렇다면 다니엘이 풀이한바 큰 신상(神像)의 각 부분은 구체적으로 어떤 나라와 왕국을 나타내는지 살펴보도록 하자. 여러 가지 다양한 해석들이 있지만, 대체적으로 성경학자들은 다음과 같이 해석한다.

* 첫째, **순금으로 된 머리**: 바빌로니아 제국(주전 605-539년).
* 둘째, **은(銀)으로 된 가슴과 두 팔**: 메대와 페르시아 제국(주전 539-331

년).

* 셋째, **청동으로 된 배와 넓적다리**: 그리스 제국(주전 331-63년).
* 넷째, **쇠로 된 종아리**: 로마 제국(주전 63-주후 476년).
* 다섯째, **쇠와 진흙으로 된 발**: 로마 제국이후에 일어나는 여러 강대국들과 약소국가들(주후 476년~현재).
* 여섯째, **어떤 사람도 손을 댄 일이 없는 큰 돌**: 장차 메시아(그리스도)로 말미암아 세워질 영원한 하나님의 왕국. 여기서 '어떤 사람도 손을 댄 일이 없는 큰 돌'은 사람이 아무런 손도 대지 않았는데 '저절로 바위산에서 떨어져 나온 돌'을 가리킨다. 이것은 이 돌의 신적(神的) 기원과 자의적(自意的) 활동성을 암시한다.

느부갓네살 왕이 다니엘을 높임 (2:46-49)

약간의 침묵이 흘렀다. 그런 뒤, 느부갓네살 왕이 크게 감명을 받은 듯 자리에서 벌떡 일어나 바닥에 엎드려 다니엘에게 절을 한다.

"왕이시여! 지극히 고귀하신 옥체께서 어찌 이 비천한 소신에게…."

"아니다, 그대야말로 신통한 하늘의 영을 받은 자로다. 그대가 없었으면, 내가 어찌 꿈의 비밀을 알 수 있었겠느냐? 평생 속앓이를 하며 괴롭게 지냈을 것이다. 그러니 내가 어찌 그대에게 감사를 표하지 않을 수 있겠느냐."

이렇게 말한 뒤, 왕은 신하들에게 명하여 다니엘에게 많은 예물과 향품을 하사하라고 했다. 그리고 왕이 다니엘에게 말한다.

"오, 그대가 섬기는 하나님은 참으로 모든 신들 중에서도 가장 으뜸가는 신이요, 모든 왕들의 주인이로다. 그대가 이처럼 비밀스러운 일을 다 드러낼 수 있었으니, 과연 그대의 하나님은 모든 비밀스러운 일들을 능히 드러내시는 분이로다."

착각해선 안 된다. 왕이 이렇게 말했다고 해서, 이때 왕이 이스라엘의 하나님 여호와를 자신의 참되신 주(主)로 받아들인 것은 아니다. 다른 바빌로니아 사람들처럼, 느부갓네살 왕은 여러 신들을 믿은 다신론자(多神論者)였다. 따라서 이때에 왕은 다니엘의 꿈 해석을 통해, 다니엘이 믿고 있는 그 신의 놀랍고 탁월한 능력에 크게 감탄과 찬사를 나타냈을 뿐이다. 그렇기에 왕은 이 일 이후에도 금 신상을 만든 뒤에 그 신상 앞에 모두가 절하라고 명했던 것이다(3:1-7).

"자, 그대는 사양치 말고, 내가 그대에게 하사하는 모든 선물들과 벼슬을 받도록 하여라!"

느부갓네살 왕은 흡족한 마음으로 다니엘을 높은 벼슬자리에 앉히고, 그에게 귀한 선물들을 하사하였다. 왕은 또 다니엘을 높이 세워 바빌로니아의 모든 지방을 다스리게 했을 뿐만 아니라, 그를 뭇 사람들 위에 높여 바빌로니아 모든 지혜자들의 우두머리로 삼았다. 또한 왕은 다니엘의 요청에 따라 그의 세 친구인 사드락과 메삭과 아벳느고를 고위 관리로 세워 바빌로니아 제국 내의 각 지방을 다스리게 하였다.

다니엘은 왕의 궁전에 남아서 계속해서 왕실의 일을 돌보았다. 멀리 작은 나라 유다에서 일개 포로로 잡혀온 비천한 신세였던 다니엘이 꿈 해석을 통해 왕의 총애를 한몸에 받게 되어 일약 바빌로니아 왕실과 제국의 최고위층으로 도약하게 된 것이다. 이스라엘의 발아기(發芽期, 씨앗에서 싹이 트는 시기)에 이집트에서 요셉을 세워 구속의 역사를 일구어내신 하나님께서는 이스라엘의 탈태기(奪胎期, 모든 걸 바꾸어 새롭게 거듭나는 환골탈태의 시기)에는 바빌로니아에서 다니엘을 세워 구속의 역사를 차질없이 일구어 가신 것이다.

3
불가마 속의 네 사람

왕은 화가 치밀어 올라
불가마를 일곱 배나 뜨겁게 한 후
불 속에 던져 넣으라고 하네
세 사람은 꽁꽁 묶인 채 던져 지네

느부갓네살 왕의 금 신상 (3:1-7)

"자, 모두 이 거대한 신상을 보라! 으핫핫핫! 참으로 크고 멋지고 장엄하지 않느냐!"

이후에 느부갓네살 왕이 금으로 신상(神像)을 만들었다. 먼저 목석으로 신상을 만든 뒤 전체를 온통 금으로 칠한 것이다. 신상의 형태는 일전에 왕 자신이 꿈에서 본 바 '사람 형상'인 것으로 여겨진다(2:31-33). 그 금 신상의 높이는 60규빗이나 되었고, 너비는 6규빗이었다. 1규빗은 어른의 팔꿈치로부터 가운뎃손가락(중지) 끝까지의 길이로, 통상 45.6cm가량이다. 따라서 신상의 크기는 높이가 27.4m가량이고, 너비가 2.74m가량이다. 그 금 신상은 '두라 평야'에 세워졌는데, 두라 평야는 바빌로니아의 수도인 바빌론의 외곽에 있는 평야로, 바빌론에서 남동쪽으로 10km 정도 떨어진 곳에 위치하고 있었다.

때에 느부갓네살 왕이 이 같은 거대한 금 신상을 세운 목적은, 이 신상을 통해 연전연승의 정복전쟁 승리를 기념함으로써 자기 위업을 온 세상에 널리 기리고, 또 한 일찍이 다니엘이 해몽했던 바 금으로 비유된 자기 왕국 바빌로니아의 영원함을 기원하기 위함이었다(2:38). 아마도 느부갓네살 왕은 자신의 통치가 최고 절정기에 이르렀던 그의 통치 18년째 즈음에 이 신상을 세운 듯하다(주전 586년경). 그리고 이 때는 느부갓네살 왕이 유다의 도성 예루살렘을 정복한 직후였다(왕하 25:8).

느부갓네살 왕이 만든 거대한 금 신상

"여봐랏, 제국의 신료들에게 모두 알려, 한 사람도 빠짐없이 신상의 제막식에 참여토록 하여라!"

두라 평야에 금 신상을 세운 후, 느부갓네살 왕은 사람을 보내어 나라 안의 모든 관리들을 소집하였다. 총독들, 대신들, 지방장관들, 재판관들, 재무관들, 치안판사들, 법률가들, 그리고 각 지방의 모든 주요 관리들에게 명령을 내려, 그들로 자신이 세운 그 신상의 제막식에 참석하게 하였다. 그리하여 제국 내의 모든 신하들이 다 올라와, 느부갓네살 왕이 세운 그 신상의 제막식에 참석하였고, 그들 모두가 느부갓네살 왕이 세운 금 신상 앞에 섰다. 그때 의전관이 모두를 향해 큰 소리로 외친다.

(4-6) "온 나라 백성들은 다 들으시오! 인종이 다르고 말이 다르더라도, 모두 내 말을 들으시오! 이것은 왕께서 모두에게 내리시는 명령이오! 이제 나팔과 피리와 수금과 삼현금과 양금과 생황 같은 갖가지 악기 소리가 울려 퍼지거든, 모두는 땅에 엎드려 느부갓네살 왕께서 세우신 이 금 신상 앞에 엎드려 절을 하시오. 누구든지 신상 앞에 엎드려 절하지 않은 사람은, 그 즉시 맹렬하게 활활 타오르는 불가마 속에 던져 넣을 것이오!"

두라 평야에 세워진 거대한 금 신상, 그것은 분명히 느부갓네살 왕 자신과 또 자신이 통치하는 거대한 바빌로니아 제국을 상징하는 것이었다. 특별히 왕이 신상에 금을 입히도록 한 것은, 아마도 다니엘의 꿈 해석에서 금으로 된 신상의 머리가 자신과 자신의 나라를 가리킨다는 데 영향을 받았을 것이다(2:37-38). 결국 느부갓네살 왕은 다니엘의 전체적인 꿈 해석을 올바로 이해하지 못한 채 교만한 마음으로 금 신상을 통해 자신의 권세와 영광 및 바빌로니아 제국의 힘과 위용을 온 세상에 널리 자랑하고 싶어 했던 것이다.

왕의 명을 전하는 의전관의 말이 떨어지자, 온 나라 백성들 및 인종과 언어가 다른 모든 무리들이 나팔과 피리와 수금과 삼현금과 양금과 생황 같은 갖가지 악기들에서 울려 퍼지는 소리를 듣고서, 느부갓네살 왕이 세운 금 신상 앞에 다 함께 엎드려 절하였다.

다니엘의 세 친구가 금 신상 경배를 거부함 (3:8-18)

'어? 저 사람들 봐라? 저들은 대체 어떤 자들이기에, 왕의 지엄한 명령을 어기고 감히 신상에게 절하지 않는 거지?'

그때에 몇몇 갈대아 사람들이 금 신상 숭배의 일과 관련하여 유다 사람들을 고발하였다. 그 사람들이 느부갓네살 왕에게 아뢴다.

(9-12) "왕이시여, 만수무강하옵소서. 왕께서는 모두에게 명령 내리시기를 '무릇 모든 백성들은 나팔과 피리와 수금과 삼현금과 양금과 생황 같은 갖가지 악기 소리가 울려 퍼지거든, 전부 엎드려 금 신상에게 절하라. 누구든지 금 신상 앞에 엎드려 절하지 않는 사람은, 활활 타오르는 불가마 속에 던져 넣을 것이다!'라고 하셨습니다. 그런데 왕이시여, 몇몇 유다 사람들이 왕의 명령을 어겼습니다. 그들은 사드락과 메삭과 아벳느고로서, 왕께서 고위 관리로 세워 바빌로니아 지방을 다스리게 하신 자들입니다. 그런데도 그자들이 왕의 명령을 두려워하지 아니하여, 왕께서 섬기시는 신들을 섬기지 않을 뿐만 아니라, 이제 왕께서 세우신 금 신상 앞에 절하지도 않았습니다."

느부갓네살 왕은 크게 화를 내면서, 당장 사드락과 메삭과 아벳느고를 잡아들이라고 명령했다. 그리하여 군사들은 그 세 사람을 즉시 잡아들여 왕 앞으로 끌고 왔다. 사드락과 메삭과 아벳느고는 바빌로니아의 제1차 유다 침공 때(주전 605년), 다니엘과 함께 바빌로니아 땅에 포로로 잡혀온 유다의 세 젊은이들이다. 그들은 유다의 귀족 출신으로, 본래 유다식의 이름은 '하나냐', '미사엘', '아사랴'이다(1:19).

그 세 사람이 끌려오자, 느부갓네살 왕이 그들에게 묻는다.

(14-15) "사드락, 메삭, 아벳느고는 잘 들어라. 너희가 나의 신을 섬기지 아니하고, 내가 세운 금 신상에게도 절하지 않았다는데, 그 말이 사실이냐? 너희가 일부러 그리 하였느냐? 만일 이제라도 너희가 나팔과 피리와 수금과 삼현금과 양금과 생황 같은 갖가지 악기 소리가 울려 퍼질 때, 내가 만든 금 신상 앞에 엎드려 절한다면, 더 이상 너희의 죄를 묻지 않겠다. 그러나 너희가 내 말을 듣지 않고 끝까지 절하지 않는다면, 당장 너희를 활활 타오르는 불가마 속에 집어던질 것이다. 그렇게 되면, 과연 어떤 신이 너희를 내 손에서 건져낼 수

있겠느냐?"

바빌로니아 왕 느부갓네살은 당시 가장 강력한 제국의 막강한 통치자였다. 비록 그가 한때는 이스라엘의 하나님의 존재를 인정했다고는 하지만(2:47), 여전히 자신을 정치 및 종교의 최고 권위와 존엄으로 생각하고 있었다. 따라서 그는 자신 앞에 어떤 종류의 불복종 행위도 절대로 용납할 수 없었다. 그렇지만 왕은 다니엘 못지않게 그의 친구들인 유대의 세 젊은이도 무척 아꼈기에, 그들에게 살 수 있는 한 번의 기회를 더 준 것이다. 그러나 사드락과 메삭과 아벳느고는 단호한 표정으로 왕께 대답한다.

> (16-18) "느부갓네살 왕이시여, 금 신상에게 절하는 일을 두고서는 소인들이 왕께 따로 답변을 드릴 필요가 없는 줄로 아옵니다. 왕께서 소인들을 불가마 속에 던져 넣으신다고 할지라도, 우리가 섬기는 우리 하나님께서 활활 타오르는 불가마 속에서 우리를 충분히 건져내실 것입니다. 진실로 하나님께서는 우리를 왕의 손에서 구해주실 것입니다. 설령 하나님께서 우리를 건져주지 아니하실지라도, 왕이시여, 소인들은 왕께서 섬기시는 신을 섬길 수 없으며, 왕께서 세우신 금 신상 앞에 엎드려 절하지도 않을 것입니다."

대단한 결기와 용기다. 맹렬히 타오르는 불가마 속에 산 채로 던져지는 끔찍한 죽음의 형벌조차도 전혀 두려워하지 않는 굳센 신앙이다. 그들이 이방 땅 바빌로니아에서 우상이냐 죽음이냐를 선택해야 하는 강력한 신앙의 도전을 받았을 때, 그들은 기꺼이 불타는 가마를 선택했다. 그러면서 그들은 하나님께서 자신들을 불가마 속에서 능히 건져내실 능력이 있다는 사실을 믿었다. 하지만 그들은 또한 하나님께서 그렇게 행하지 않으실 수도 있음을 알았다. 하나님께서 어떻게 하시든지, 그들은 흔들림

없이 오직 하나님만을 믿고 따랐다.

다니엘의 세 친구가 불가마 속에 던져짐 (3:19-23)

"뭣이? 무어라고? 이런 무엄한 자들이 있나! 그 누가 나의 손에서 너희를 구해낸단 말이냐? 괘씸한 자들 같으니라고!"

세 젊은이의 말을 듣고, 느부갓네살 왕은 머리끝까지 화가 치밀어 올랐다. 왕은 사드락과 메삭과 아벳느고를 향하여 얼굴을 붉히면서 신하들에게 큰 소리로 명한다.

"너희는 불가마를 평소보다 일곱 배나 더 뜨겁게 지피도록 하여라!"

여기서 '불가마'는 숯이나 도자기, 기와나 벽돌 따위를 구워내는 큰 풀무 형태의 용광로를 가리킨다. 고대 바빌로니아의 형벌 제도에는 산 채로 사람을 불태우는 관습이 있었기 때문에, 이러한 불가마가 중죄인들을 처형하는 데 사용되기도 했다. 오늘날 벽돌을 굽기 위해 요구되는 가마의 온도는 대략 화씨(°F) 1,600-2,300도 가량이다.

그런데 크게 화가 난 느부갓네살 왕은 그 온도를 7배나 올리도록 명했는데, 이는 문자적으로 일곱 배를 말하는 것이 아니고, 가마가 견딜 수 있는 데까지 최대한도로 온도를 올리라는 의미다. 성경 용례상 '일곱'(7)은 종종 '완전함'을 상징하는 숫자이기 때문이다. 이렇게 불가마의 온도를 최대한 높이도록 명한 후에, 왕은 군사들 가운데 가장 힘센 군사 몇 사람에게 또 명한다.

(20) "너희는 사드락과 메삭과 아벳느고를 꽁꽁 묶은 후에, 활활 타오르는 저 불가마 속에 던져 넣어라!"

그러자 건장한 체격의 군사들이 나서서 세 사람 전부 속옷과 바지와 도포를 입고 있는 그대로 그들을 꽁꽁 묶어 활활 타오르는 불가마 속에 집어던졌다. 그런데 왕의 명령이 급하고 엄한 데다 불가마가 너무나 뜨거웠기 때문에, 사드락과 메삭과 아벳느고를 던져 넣기 위해 불가마에 가까이 나갔던 군사들은 그 활활 타오르는 맹렬한 불꽃의 열기에 모두 타죽고 말았다. 그만큼 불가마의 열기가 맹렬했던 것이다. 그리하여 세 사람, 사드락과 메삭과 아벳느고는 꽁꽁 묶인 채 활활 타오르는 불가마 속에 떨어지고 말았다. 그들 세 사람은 이제 꼼짝없이 죽은 목숨이었다. 여기서 하나의 의문이 생긴다.

'이처럼 유대의 세 젊은이가 금 신상에게 절하는 문제로 큰 곤경에 처해 있을 때, 그들의 친구인 다니엘은 어디에 있었을까?'

성경은 다니엘의 소재에 관해 언급하고 있지 않다. 추정컨대, 이때 다니엘은 자신의 특별한 직무를 수행하기 위해 왕궁을 떠나 바빌로니아 제국 전역을 순회하고 있었을 수 있었다. 여하튼 다니엘은 이때 금 신상 문제와 얽히지 않았던 게 분명하다. 만일 다니엘이 왕궁에 있었고, 그래서 그도 금 신상 앞에 엎드려 절해야 하는 상황에 처했더라면, 의심할 바 없이 다니엘은 그의 세 친구들처럼 금 신상에게 절하기를 단연코 거부했을 것이다.

불가마에서 구원받은 다니엘의 세 친구 (3:24-30)

"아니, 이게 어찌 된 일이냐? 우리가 꽁꽁 묶어 불가마 속에 집어던진 자들은 분명 세 사람이 아니었더냐?"

때에 느부갓네살 왕이 자리에서 벌떡 일어나며 신하들에게 소리친다.

"네, 진실로 그렇습니다! 왕이시여."

"분명하렷다! 그런데 보아라, 지금 저 불속에서 묶여 있지 않은 네 사람이 왔다 갔다 하는 것이 보이지 않느냐? 그들은 전혀 다친 데가 없어 보이고, 특히 그 네 번째 사람의 모습은 신의 아들과 같도다!"

이때 느부갓네살 왕은 가마 속에 있는 네 번째 사람을 초자연적인 존재로 보고 '신의 아들'과 같다고 표현했다. 이 같은 묘사는 많은 신들을 믿었던 느부갓네살 왕의 신개념(神概念)이 반영된 것이다. 나중에 느부갓네살 왕은 그 사람을 하나님이 보내신 '천사'로 이해했다(28절). 하지만 전통적인 성경학자들은 그를 '하나님의 아들'로 본다. 즉, 성육신 이전의 구약시대에 활동하신 제2위 하나님이신 '성자(聖子) 그리스도'로 보는 것이다. 사실, 구약시대에 '여호와의 사자'로 종종 표기된 그분은 이스라엘 역사의 중요한 순간에 등장하여 적극적으로 활동하셨다(창 16:7-14; 삿 6:11-24; 13:17-18 등). 불가마 속의 희한한 광경을 보고 크게 놀란 느부갓네살 왕은 불가마 앞으로 가까이 다가가서 소리친다.

"사드락, 메삭, 아벳느고야! 지극히 높으신 너희 하나님의 종들아! 거기서 나와서, 이리로 오라!"

왕의 명에 응하여 그 세 사람, 사드락과 메삭과 아벳느고가 활활 타오르는 불가마 가운데서 밖으로 걸어 나왔다. 그러자 그 자리에 있던 총독들과 대신들과 지방 장관들과 왕의 자문관들이 우르르 몰려들어, 불가마 속에서 방금 걸어 나온 그 세 사람을 이모저모 자세히 살펴보았다. 하지만 그들에게 아무런 이상이 없었다. 불에 상한 흔적을 전혀 찾아볼 수 없었고, 머리털조차 그

불가마에서 구원받은 다니엘의 세 친구

을리지 않았으며, 옷도 멀쩡하여 색깔도 변하지 않았고, 심지어 연기 냄새조차 나지 않았다. 그런 모습을 보고, 크게 놀란 느부갓네살 왕이 말한다.

(28-29) "사드락과 메삭과 아벳느고가 섬기는 하나님을 찬양하라! 바로 그분께서 자기 천사를 그들에게 보내셔서, 자기를 믿고 의지하는 이 사람들을 불 가운데서 건져내셨도다! 이 사람들은 자기 목숨을 바치면서까지 내 명령을 거역하여 다른 신에게 엎드려 절하지 아니하고, 오직 자기들의 하나님만 섬기더니, 진실로 그분께서 자기 종들을 구원해내셨도다! 그러므로 이제 내가 조서를 내려 전국에 명하노라. 각 나라들과 각 백성들은 물론이고, 각기 다른 언어를 가진 자들일지라도 이 바빌로니아 제국 내에 살고 있는 모든 자들은 이제부터 사드락과 메삭과 아벳느고가 섬기는 하나님께 대해 함부로 불경스러운 말을 입에 담아서는 안 된다. 만일 누구든지 이 명령을 어기는 자가 있다면, 그자의 몸은 두 토막이 날 것이고, 그자의 집은 쓰레기더미가 될 것이다. 온 세상의 그 어떤 신도 이런 식으로 자기 종들을 구할 수는 없기 때문이도다."

이렇게 말한 다음, 느부갓네살 왕은 마침내 사드락과 메삭과 아벳느고에게 더욱 높은 벼슬을 주어, 그들로 각자 바빌로니아 지방을 다스리게 하였다.

여기서 보듯, 느부갓네살 왕의 마음은 변화가 아주 심했다. 그러한 극단적인 심경의 변화는 이전에도 보인 바 있는 느부갓네살 왕의 전형적인 특징이었다(2:5-12, 46-49; 3:19-20, 28-30). 이전에 다니엘의 꿈 해석으로 인해 '이스라엘의 하나님'에 대해 크게 감탄한 느부갓네살 왕은(2:47), 이번에 다시금 다니엘의 세 친구들로 인해 더욱 감동을 받아 본문과 같은 명령을 제국 전역에 발했던 것이다.

4

느부갓네살의 두 번째 꿈

느부갓네살이 밤에 또 꿈을 꾸네
크고 무성한 나무가 있는데
하늘 감시자가 그 나무를 베고
그루터기는 쇠와 놋줄로 꽁꽁 묶네

느부갓네살 왕의 두 번째 꿈 (4:1-18)

그 후에 느부갓네살 왕이 자기 나라의 온 땅에 살고 있는 뭇 백성들, 곧 인종과 언어가 다른 바빌로니아 제국 내의 모든 백성들에게 다음과 같은 조서를 내린다.

(1-3) "그대들에게 평강이 넘치기를 원하노라. 지극히 높으신 하나님께서 내게 놀라운 일과 기적을 베푸셨으니, 나 이제 이 사실을 그대들에게 기쁜 마음으로 알리노라. 참으로 크도다, 이 놀라운 일이여! 신실로 능력 있도다, 이 엄청난 기적이여! 그분의 나라는 영원하고, 그분의 통치는 대대로 계속되리로다."

다니엘서 4장 전체는 바빌로니아의 느부갓네살 왕이 직접 발하고 있는 공식적인 조서에 관한 내용이다. 이처럼 다니엘은 이방 왕 느부갓네살의 말을 성경에 그대로 기록하였다. 그렇다면 어째서 다니엘은 여러 신들을 믿고 있는 이방 왕의 조서를 성경에 그대로 기록하고 있는 것인가?

그 까닭은, 느부갓네살 왕에게 임한 꿈과 사건이 모두 하나님에게서 비롯된 것이고, 그 일을 통해 결과적으로 하나님께서 이방 통치자에게서 찬양과 영광을 받고 있기 때문이다. 후일에 사도 바울이 영감을 받아, 그레데 사람의 말을 성경에 그대로 인용했듯이(딛 1:12-13), 분명히 여기 다니엘도 영감을 받아 이방 왕 느부갓네살의 말을 성경에 그대로 기록했던 것이다. 자, 그러면 느부갓네살 왕이 바빌로니아 제국의 전역에 내린 조서의 내용에 귀를 기울여보자.

(4-8) "나 느부갓네살이 내 집에서 편히 쉬고, 내 궁전에서 평강을 누리고 있던 어느 날 밤, 꿈을 꾸었다. 그 꿈으로 인하여 내가 두려워져서, 침상에 누워 있어도 생각이 혼란스러웠고, 그 환상 때문에 마음이 뒤숭숭하였다. 그러므로 내가 명을 내려 바빌로니아에 있는 모든 지혜자들을 내 앞으로 불러 모았고, 그들에게 이르기를 '내가 꾼 이 꿈을 해석하여 나로 알게 하라!'라고 하였다. 그리하여 나 느부갓네살은 내 앞에 모여든 바빌로니아의 모든 마술사들과 주술사들과 점성가들과 점쟁이들에게 내가 꾼 꿈 이야기를 들려주었다. 하지만 그들은 아무도 내 꿈을 해석하지 못하였다. 그러던 중에 '다니엘'이라는 사람이 내 앞으로 나아왔으니, 이 사람은 내가 섬기는 신의 이름을 따서 '벨드사살'이라고도 불리는 자로, 거룩한 신들의 영을 지닌 사람이므로, 나는 내가 꾼 꿈 이야기를 그에게도 들려주었노라."

다니엘은 이전에 아무도 풀지 못한 느부갓네살 왕의 난해한 꿈을 그 내용과 해석까지 명쾌하게 풀이해 준 일이 있었다(2:31-45). 그 결과로 꿈과 환상의 일에 관한 한, 다니엘은 그 누구보다도 왕의 신임을 전적으로 받고 있었다. 그래서 이번 두 번째 꿈도 느부갓네살 왕은 다니엘의 도움을 받고자 그에게 자신의 꿈 이야기를 들려준 것이다.

한편, 다니엘은 '하나님은 심판자이시다'란 뜻의 히브리식 이름이고, 벨드사살은 '벨이여, 그의 생명을 보존하소서!'란 뜻의 바빌로니아식 이름이다. 이 이름은 바빌로니아 땅에 포로로 끌려온 타국의 왕족 및 귀족 출신 중에서 다니엘이 뽑혀서 궁중교육을 받을 때, 궁중대신이 그에게 지어준 이름이다(1:7). 여기서 '벨'(Bel)은 바빌로니아의 국가 수호신 이름으로, 일명 '마르둑'(Marduk)이라고도 불린다. 느부갓네살 왕의 조서는 계속 이어진다.

> (9-12) "내가 다니엘에게 말하기를 '마법사들의 우두머리인 벨드사살아, 너에게는 거룩한 신들의 영이 있으니, 어떤 비밀스런 일도 너는 모두 알아낼 수 있으리라. 네게는 어려운 일이 아무것도 없는 줄을 내가 아노니, 이제 너는 내가 꿈속에서 본 환상을 해석하여 나로 알게 하여라. 내가 침대에 누워 꿈을 꾸었는데, 내 머리 속에 이런 환상이 나타났노라. 내가 보니, 땅 한가운데에 나무 한 그루가 우뚝 서 있는데, 그 키가 아주 높았노라. 그런데 그 나무가 점점 더 자라고 튼튼해지더니, 급기야는 그 키가 하늘에까지 닿았으므로, 아주 멀리 땅끝에 사는 사람일지라도 그 나무를 충분히 볼 수 있었노라. 그 나무의 잎사귀는 심히 아름다웠고, 그 나무의 열매는 아주 많았으므로, 온 세상 사람들이 모두 먹고도 남을 정도였노라. 그래서 뭇 들짐승도 그 나무의 그늘 아래서 편히 쉬고, 공중을 날아다니는 새들도 그 나무의 가지에 깃들이며, 무릇 숨 쉬며 살아 움직이는 모든 것들은 그 나무에게서 먹이를 얻었노라.'"

이때 느부갓네살 왕은 다니엘을 '마법사들의 우두머리'로 부른다(9절). 이는 다니엘 곧 벨드사살이 바빌로니아 궁중과 제국의 모든 지혜자들 중에서 그 지혜와 해몽의 능력이 단연코 탁월하기에, 느부갓네살 왕이 그를 이처럼 불렀던 것이다. 왕은 계속해서 자신이 꾼 꿈의 내용을 다니엘에게 들려준다.

(13-17) "내가 침대에 누워 꿈을 꾸고 있을 때, 내 머리 속에 나타난 환상을 내가 또 보니, 한 감시자 곧 한 거룩한 자가 하늘에서 내려왔노라. 그가 크게 소리치며 이렇게 말하였다. '그 나무를 베어버려라. 그 가지들도 다 잘라버리고, 그 잎사귀들도 모조리 떨어버려라. 그 열매들도 다 흩어버리고, 그 나무 아래에서 쉬고 있는 짐승들도 모두 몰아내고, 그 나뭇가지에 둥지를 틀고 있는 새들도 모두 쫓아버려라. 그러나 그 나무의 그루터기와 뿌리는 땅에 그대로 남겨두어라. 그대로 남겨두되, 그 그루터기를 쇠줄과 청동 줄로 꽁꽁 묶어 풀밭 가운데 내버려두어라. 그래서 그 그루터기로 하늘의 이슬에 그냥 젖게 하고, 땅의 풀밭 가운데서 들짐승들과 어울려 지내게 하여라. 그러면 그때에 그의 마음이 변하여 사람의 마음과 같지 않겠고, 짐승의 마음을 받아 짐승 같은 마음으로 일곱 때를 보내게 될 것이다. 이 일은 감시자들이 명령한 것이고 거룩한 자들이 지시한 것으로, 온 땅의 뭇 사람들로 하여금 이 사실을 깨닫게 하려는 것이다. 곧 지극히 높으신 분께서 인간들의 모든 나라를 다스리신다는 것과, 또 그분께서 자기의 기쁘신 뜻대로 뭇 나라들을 누구에게든지 주실 수 있다는 것과, 또 그분께서 원하시

느부갓네살 왕의 꿈: 우뚝 선 나무

면 지극히 비천하고 보잘것없는 사람일지라도 높이 세워서 그에게 나라를 맡길 수 있다는 것을 뭇 사람들로 알게 하려는 것이다.'"

바빌로니아 왕 느부갓네살이 꾼 꿈의 내용으로, 곧 '높고 큰 나무'에 관한 꿈이다. 꿈의 요점은, 아주 크고 높은 그 나무가 찍혀서 베임을 당한다는 것이다. 이 꿈은 느부갓네살 왕 자신에 관한 것으로(22절), 높고 큰 나무와도 같은 느부갓네살 왕의 크고 교만한 권세가 하나님의 징벌로 인해 찍혀서 베임을 당하게 된다는 것이다. 이 사실은, 세상의 왕들을 세우시고 폐하시는 분이 오직 여호와 하나님이심을 보여준다 (2:21; 4:17).

한편, 느부갓네살 왕은 자신의 꿈속에서 높고 큰 나무를 베어버리라고 명하는 한 감시자를 보았다(13절). '감시자'(監視者, watchman)라는 말은 '사자'(使者, messenger)로도 번역되는 말인데, 그는 하나님의 명령을 수행하기 위해 하나님께로부터 하늘에서 보내진 하나님의 거룩한 사자 곧 '천사'를 가리킨다.

(18) "바로 이것이 나 느부갓네살이 꾼 꿈이다. 그러므로 너 벨드사살아, 너는 이제 이 꿈을 밝히 해석하여 나로 알게 하여라. 내 나라의 모든 지혜자들이 이 꿈을 해석하여 내게 알려주지 못하였노라. 그러나 네게는 거룩한 신들의 영이 함께하고 있으니, 오직 너만은 능히 이 꿈을 해석할 수 있으리라."

과연 하나님의 거룩한 영(靈) 곧 성령과 함께하고 있는 다니엘은 느부갓네살 왕이 꾼 꿈을 정확하고 구체적으로 해석할 수 있었다. 바빌로니아 제국의 모든 지혜자들이 아무도 그 꿈을 해석하지 못했지만, 느부갓네살 왕에게 꿈을 주신 하나님께서 성령을 통해 그 꿈의 해석을 다니엘에게 알려주셨으므로, 다니엘만큼은 능히 그 꿈을 해석할 수 있었다. 그리하여 이제 다니엘의 꿈 해석이 본격적으로 이어진다. 사방은 이미 어둠으로 깊어졌다. 그만큼 밤하늘의 별들이 빛나고 있다.

다니엘의 꿈 해석 (4:19-27)

느부갓네살 왕으로부터 꿈 이야기를 모두 전해 듣고, '벨드사살'이라 불리는 다니엘은 한동안 놀라고 당황해하면서 몹시 괴로워했다. 그 까닭은, 왕의 꿈을 해석할 줄 몰라서가 아니라, 그 꿈속에 담겨 있는 내용이 너무나도 비극적이고 충격적이었기 때문이다. 다니엘이 괴로워하는 모습을 보고는 느부갓네살 왕이 다독이듯 말한다.

"벨드사살아, 너는 이 꿈과 그 해석을 인하여 괴로워하지 말아라."

그러자 다니엘이 어렵사리 입을 떼기 시작한다.

"내 주 왕이시여, 차라리 이 꿈이 왕의 원수들에 관한 것이고, 그 해석이 왕의 대적들에게 그대로 이루어졌으면 좋겠나이다."

"그래? 아무튼 좋다, 그러니 어서 말해보아라."

(20-23) "네, 왕께서 꿈에서 보시고 말씀하신 바는 이러합니다. 그 나무가 점점 자라고 튼튼해져서 그 높이가 하늘 끝까지 닿았으므로, 아주 멀리 세상의 땅끝에서도 모든 사람들이 바라볼 수 있게 되었다 하셨고, 또한 그 나무의 잎사귀는 너무나 아름다웠고, 그 나무의 열매는 어찌나 많은지 온 세상 사람들이 먹고도 남을 만큼이라고 하셨으며, 또한 뭇 들짐승이 그 나무 아래에서 편히 쉬고, 공중을 날아다니는 새들도 그 나뭇가지에 둥지를 틀고 살고 있다고 하셨습니다. 오, 왕이시여, 그 나무는 바로 왕이십니다. 그 나무처럼, 참으로 왕께서 다스리시는 이 제국도 점점 번성하였고 더욱 강성해져서, 그 세력이 하늘에까지 닿았고 그 권세가 땅끝까지 이르렀나이다. 그런데 또 왕께서 보시고 말씀하신 바대로, 한 감시자 곧 한 거룩한 자가 하늘에서 내려와서

외치기를 '그 나무를 베어 없애되, 그 그루터기와 뿌리는 그대로 남겨두라!'라고 하였다 하셨고, 또한 '그 그루터기를 쇠줄과 청동 줄로 묶어서 풀밭에 그냥 내버려두어, 하늘 이슬에 젖게 하고, 들짐승과 어울려 지내게 하되, 그렇게 일곱 때가 지나도록 그렇게 그냥 두어라!'라고 하였다 하셨습니다."

"그랬지, 내가 꿈속에서 분명히 그렇게 말하는 것을 들었느니라."

(24-25) "오, 왕이시여, 그 해석은 이렇습니다. 지극히 높으신 분께서 왕에게 대하여 내리신 명령이 이제 내 주 왕께 그대로 이루어질 것입니다. 향후 왕께서는 사람들에게서 쫓겨나 사람들과 함께 살지 못하겠고, 제정신을 잃은 채 들짐승들과 함께 들판에서 사시게 될 것입니다. 그래서 소처럼 풀을 뜯어먹고, 하늘 이슬에 젖게 될 것입니다. 그렇게 일곱 때를 지내게 될 것입니다. 그런 뒤에야, 왕께서는 비로소 하늘에 계신 지극히 높으신 그분께서 인간들의 모든 나라를 다스리신다는 것과, 또한 오직 그분께서 자기의 기쁘신 뜻대로 누구에게든지 자기가 원하는 그 사람에게 나라를 맡기신다는 것을 깨닫게 되실 것입니다."

앞서 느부갓네살 왕은 하늘에서 내려온 감시자가 그 크고 높은 나무의 마음이 변하여 사람의 마음 같지 않고 짐승의 마음을 받아 '일곱 때'를 지낼 것이라고 말하는 것을 들었다(16절). 성경 용례상 '마음'은 사람의 전인격이 머무는 자리로 여겨졌다. 따라서 '짐승의 마음'을 받는다는 것은, 그 사람의 행동과 생각이 짐승과 같아진다는 뜻이다.

결국 이것은, 느부갓네살 왕이 심각한 정신병을 앓아 마치 짐승처럼 풀을 뜯고 이슬을 맞으며 들판을 헤매게 될 것이라는 뜻인데, 느부갓네살 왕이 전능자 하나님의 존재를 깨달을 때까지 '일곱 때' 곧 7년(혹은 7개월) 동안 그렇게 살아갈 것이라는 뜻이다. 또한 여기 '일곱 때'는

7년 혹은 7개월처럼 특정 햇수를 가리키는 말이 아니라, 교만에 대한 징계를 목적으로 느부갓네살 왕에게 주어진 '신적 형벌의 기간'을 가리키는 상징적인 수로 이해할 수도 있다.

그렇다면 바빌로니아 왕 느부갓네살은 어떤 종류의 정신이상을 앓았을까? 아마도 제정신이 아닌 상태에서 너무나 난폭하게 행동했기 때문에, 사람들과 도저히 어울려 살 수 없는 상태였던 것 같다. 그래서 그는 왕임에도 불구하고 궁중에서 쫓겨나 짐승처럼 풀을 먹고 이슬을 맞으며 들판에서 살아가야 했다.

사실, 그 이전에도 느부갓네살 왕은 감정의 극단을 오고가는 불안정한 상태를 보이곤 했다(2:1, 46; 3:13, 19, 28). 이제 하나님은 느부갓네살 왕의 교만함을 꺾기 위해 그를 제정신이 아닌 비천한 상태에 두셨고, 그 결과로 그는 이스라엘의 하나님이야말로 전능하신 만왕의 왕임을 깨닫게 되었다(37절). 다니엘의 해석은 계속 이어진다.

(26) "그런데 또 감시자가 명령하기를 '나무의 그루터기와 뿌리는 그냥 남겨두라!' 하신 것은, 오직 하나님께서 온 세상의 인간 나라들을 다스리시는 분이란 사실을 왕께서 깨달으신 후에야 왕의 나라가 비로소 굳게 선다는 뜻입니다."

나무의 몸통과 가지와 잎사귀가 베어져 없어져도, 그 나무의 그루터기와 뿌리가 땅에 남아있다는 말은, 그 나무가 다시 회복될 가능성이 있다는 뜻이다. 과연 느부갓네살 왕은 정해진 기간인 '일곱 때' 곧 7년(혹은 7개월, 혹은 형벌의 일정 기간)이 지난 후에 예전처럼 회복되었다(34절).

(27) "그러므로 왕이시여, 부디 소인의 충고를 받아주시기를 바랍니다. 이제부터 힘써 공의를 행함으로써 죄를 용서받고, 힘껏 가난한 자들에게 자비를 베풂으로써 죄악을 용서받도록 하십시오. 그렇게 하신다면,

혹 왕께서 평강 가운데서 오래도록 영화를 누릴 수도 있을 것입니다."

느부갓네살 왕에게는 용서받아야 할 죄악이 있었다. 그것은, 우선적으로 그는 끊임없는 정복 전쟁을 통하여 다른 나라의 백성들을 무자비하게 살육하고 포로로 사로잡아 왔다. 뿐만 아니라 자국에서는 공의를 시행하지 않아, 힘없고 가난한 자들이 착취를 당하고 온갖 압제에 시달리고 있었다. 전승에 따르면, 느부갓네살 왕은 바빌로니아의 공중정원을 포함하여 화려하고 거대한 건물을 짓는 데 엄청난 노동력과 돈을 쏟아부었다. 또한 후대의 고고학적 발굴은 왕의 궁궐이 두텁고 거대한 요새였음을 보여준다. 이 같은 사실들은 많은 백성들의 피땀과 노동력이 착취되었음을 입증해 준다.

다니엘의 꿈 해석대로 성취됨 (4:28-33)

다니엘이 해석한 대로, 그 모든 일이 느부갓네살 왕에게 한치의 어김없이 그대로 다 일어났다. 느부갓네살 왕이 꿈을 꾼 때로부터 열두 달이 지난 후, 왕이 바빌로니아 왕궁의 옥상을 거닐고 있을 때였다. 그때 왕은 이렇게 말하였다.

(30절) "보라, 이 큰 바빌로니아 성읍을! 그 얼마나 웅장한가! 내가 나의 영광과 위엄을 드러내기 위해, 나의 능력과 권세로 이 바빌로니아 성읍을 세우고, 나의 도성으로 삼지 않았던가!"

앗! 그런데 이 말이 왕의 입에서 채 떨어지기도 전에, 하늘에서 이런 소리가 들려왔다.

(31-32) "너 느부갓네살 왕아, 내가 네게 선언하노니, 이 나라의 왕권이 네게서 떠났다! 너는 이제 사람들에게서 쫓겨나 사람들이

사는 곳에서 떠나게 될 것이니, 제정신을 잃고 들짐승과 함께 지내면서 소처럼 풀을 뜯어먹고 살 것이다. 이렇게 네가 일곱 때를 지내고 나면, 그제야 너는 지극히 높으신 분께서 인간들의 나라를 다스리신다는 사실과, 또한 오직 그분께서 자기의 기쁘신 뜻대로 누구에게든지 나라를 다스릴 권한도 주신다는 사실을 비로소 깨닫게 될 것이다."

이 같은 말씀이 하늘에서 떨어지자마자, 바로 그 순간에 그 말씀이 곧바로 이루어졌다. 느부갓네살 왕은 사람들에게서 쫓겨나 사람들이 사는 곳에서 떠났고, 제정신을 잃고 들짐승들과 함께 거하면서 소처럼 들판에서 풀을 뜯어먹고 살게 되었다. 그의 몸은 하늘에서 내리는 이슬에 젖었고, 머리털은 독수리 깃털처럼 더부룩하게 자라났으며, 손톱은 새 발톱처럼 되었다.

당시 느부갓네살의 왕권은 누구도 넘볼 수 없을 만큼 막강하였으므로, 신하들로서는 감히 왕을 쫓아내는 궁중 쿠데타를 일으킬 수 없었을 것이다. 다만 왕이 제정신이 아니었기 때문에, 중신들은 왕이 미친 사실을 비밀에 부친 상태에서, 왕을 궁궐에 딸린 넓은 공원에 격리시켰을 수 있다. 그런 다음, 중신들은 새로운 왕을 세우는 대신, 왕의 회복을 기다리면서 당분간 집단 지도체제로 나라를 이끌어갔을 것이다.

느부갓네살 왕의 회복과 고백 (4:34-37)

(34) "정해진 일곱 때의 기간이 다 찼을 때, 나 느부갓네살 왕이 눈을 들어 하늘을 우러러보았더니, 비로소 제정신이 돌아왔노라. 그제야 나는 지극히 높으신 하나님께 감사하고, 영원토록 살아계시는 그분께 영광을 돌리며 이렇게 찬양하였노라."

꿈에서 왕이 들은 대로(16절), 높고 큰 나무의 몸통과 가지와 잎사귀는 베어졌어도 그 나무의 그루터기와 뿌리가 남겨진 것은 왕의 교만에

제정신을 잃고 들짐승처럼 지낸 느부갓네살 왕

대한 하나님의 형벌 기간인 '일곱 때' 곧 7년 혹은 7개월의 정해진 기간이 끝나면, 왕권이 다시 회복될 것임을 의미했다. 그리고 실제로 과연 그대로 된 것이다.

(34-35) "주의 권세는 영원하고, 주의 나라는 대대로 이어지도다. 주께서 보시기에, 땅 위의 모든 사람들은 마치 없는 것과 같은 하찮은 존재로다. 진실로 주께서는 하늘의 군대에게든지 땅의 백성들에게든지 오직 자기의 기쁘신 뜻대로 행하시나니, 그 누가 감히 주의 손을 막아 그분의 뜻을 거스를 수 있겠으며, 그 누가 감히 주께서 하시는 일에 대하여 '왜 그리 행하신 것입니까?' 하고, 따져 물을 수 있으랴!"

'일곱 때의 형벌'을 받기 전까지는, 느부갓네살 왕은 온 천하에서 자신의 권세 및 나라가 최고 최상이며 절대적이라고 생각했다. 하지만 하나님께 '일곱 때의 형벌'을 받은 후로는 그런 교만한 생각이 단번에 깨졌다. 그 후로는 오직 주(여호와)의 권세 및 나라야말로 영원하며,

그분이야말로 하늘과 땅에 있는 모든 이들에게 절대적인 주권을 행사하는 유일한 분임을 깨달은 것이다.

한편, '하늘의 군대'는 하늘에 있는 영적 존재들 곧 '천사들'을 가리키는데, 이는 천사들의 조직이 군대의 형태를 이루고 있음을 시사한다.

> (36-37) "그렇다! 내가 제정신을 되찾게 되었을 때, 나의 명예와 위엄은 물론이고 내 나라의 모든 영광도 내게로 돌아왔노라. 나의 신하들과 귀족들도 모두 나를 영접하였으며, 나는 나라의 왕권을 온전히 되찾았고, 이전보다 더 큰 영예와 권력을 누리게 되었노라. 그러므로 나 느부갓네살 왕은 이제 하늘에 계신 만왕의 왕께 찬양을 드리고, 그분을 드높이 기리며, 그분께 영광을 돌리노라. 진실로 그분의 일은 다 참되고, 그분의 길은 다 의로우시니, 그분께서는 교만한 자를 낮추시는도다."

다니엘의 꿈 해석대로, 아주 비천한 짐승의 상태까지 내려갔던 느부갓네살 왕은 자신에게 임한 모든 일, 곧 일곱 때의 낮아짐이 자신의 교만을 꺾기 위한 하나님의 징벌임을 깨달았고, 그래서 하나님이야말로 온 세상의 모든 것을 주관하시는 위대한 신이라는 진리를 분명히 배웠다.

그렇지라도 그런 깨달음이 왕으로 하여금 바빌로니아의 신들을 포기하고, 오직 주(여호와) 하나님만을 섬기는 참된 신자가 되었다는 것을 의미하지는 않는다. 다만 다니엘이 믿고 섬기는 이스라엘의 신(神)인 주(여호와)를 공식적으로 인정하고, 세상의 많은 신들 가운데 참으로 능력 있는 탁월한 신으로 받아들였음을 뜻한다. 하나님의 구속사에서 그가 타락한 유다를 치는 하나님의 도구로 사용되긴 했지만, 어디까지나 그는 다신론(多神論) 사상을 지닌 이방 왕에 불과했다.

5
벨사살과 왕궁 벽의 글

그때 사람 손가락이 허공에 나타나
왕궁 촛대 맞은편 벽에 글을 쓰네
왕과 귀족들이 두려워하지만
아무도 그 뜻을 해석하지 못하네

벨사살 왕이 잔치를 베풂 (5:1-4)

"으핫핫하하, 오늘은 즐거운 날이오! 모두가 마음껏 먹고 마시도록 하시오! 먹고 마실 것은 얼마든지 준비되어 있으니, 아무런 걱정 말고 배불리 먹고 취하도록 실컷 마시길 바라오! 으핫핫핫하하."

(1-4) 바빌로니아 왕 벨사살이 큰 잔치를 베풀고, 귀한 손님 일천 명을 초대하여 그들과 더불어 술을 마시고 있었다. 벨사살 왕이 한창 술을 마시다가 명을 내려, 선왕 느부갓네살이 오래전에 예루살렘 성전에서 가져온 금잔과 은잔을 궁중 창고에서 꺼내오도록 하였다. 그것은, 벨사살 왕이 잔치에 참석한 귀족들과 왕비들과 후궁들과 함께 그 잔들로 술을 마시기 위해서였다. 왕의 명령에 따라 신하들이 즉시 달려가, 예루살렘에 있는 하나님의 성전에서 가져온 금잔들을 왕 앞으로 꺼내왔다. 그러자 벨사살 왕은 귀족들과 왕비들과 후궁들과

함께 그 잔들로 흥겹게 술을 따라 마셨다. 그들은 그 잔들로 술을 따라 마시면서, 금과 은과 청동과 쇠와 나무와 돌로 만든 자기들의 각종 신들을 찬양하였다.

벨사살(Belshazzar, 주전 550-539년)은 바빌로니아 최후의 왕으로서, 당시 부왕인 나보니두스(Nabonidus, 주전 556-539년)는 페르시아의 왕 고레스에게 패하여 바빌로니아 본국에서 가까운 보르시파(Borsippa, 오늘날의 비르스-니므루드(Birs-Nimrud). 이라크 바빌론의 남쪽 20km 가량 지점에 있는 유적지)에 포위되어 있었다. 그래서 그의 장남인 벨사살이 부왕을 대신하여 바빌로니아 국사를 처리하면서, 한편으로는 페르시아 군대와 대치하고 있었다.

이 같은 국가적 위기 상황임에도 불구하고, 벨사살 왕은 큰 잔치를 베풀어 흥청망청 먹고 마셨을 뿐만 아니라, 특히 예루살렘 성전에서 탈취해 온 잔들에 술을 따라 마셨다. 오래전(주전 605년), 그러니까 대략 66년 전에 벨사살의 4대 조상인 느부갓네살 왕이 유다에서 빼앗아온 예루살렘 성전의 그릇들과 잔들은 바빌로니아 우상인 벨(Bel)의 신전에 전리품으로 보관되어 있었다. 잔치 때에 그것들을 꺼내어 벨사살 왕과 그의 신하들이 그 잔에 술을 따라 마시며 바빌로니아의 각종 신들을 찬양한 행위는, 바빌로니아 신이 이스라엘의 신을 굴복시켰다는 사실을 널리 자랑하는 행위로서, 이스라엘의 신을 조롱하고 모독하는 행위였다.

한 바빌로니아 비문(碑文)에 따르면, 바빌로니아의 주요 신들을 섬기는 신전(神殿)은 바빌로니아 땅에 대략 53개, 바빌로니아의 국가 수호신인 벨(또는 마르둑)을 섬기는 신당(神堂)은 대략 55개, 그 외에 다른 신들을 섬기는 신당은 대략 900여 개에 이르렀다.

왕궁 벽에 쓰인 글자 (5:5-12)

잔치 중 갑자기 왕궁 벽에 쓰인 글자

벨사살 일행이 흥청망청 한창 잔치를 베풀고 있었을 때였다! 갑자기 사람의 손가락 하나가 허공에 나타나더니, 왕궁의 촛대 맞은편 석고 벽 위에 어떤 글자를 쓰기 시작했다. 하얀 석고 벽면은 맞은편 촛대의 불빛으로 매우 환하였으므로, 벨사살 왕은 그 손가락이 글자를 쓰고 있는 광경을 똑똑히 쳐다볼 수 있었다. 왕은 낯빛이 순식간에 변하여 그 얼굴이 창백해졌고, 마음이 고통스러웠으며, 큰 공포에 사로잡혀 넓적다리에 힘이 풀렸다.

"여, 여봐랏, 어서… 어서 사람들을 불러오도록 하라! 저게 대체 무슨 현상인지 알려줄 사람들을 당장 불러오란 말이닷! 어서, 어서 서둘러라!"

벨사살 왕은 신하들에게 크게 소리 질러, 나라의 주술사와 점성가들과 점쟁이를 얼른 불러오라고 다급하게 독촉했다. 마침내 바빌로니아의 모든 지혜자들이 들어오자, 왕이 두렵고 떨리는 마음을 겨우 진정시키며 그들에게 말한다.

(7) "너희들 중에 저 글자를 읽고, 그 뜻을 해석할 수 있는 자가 있느냐? 누구든지 그 해석을 내게 알려주는 자에게는 자주색 옷을 입혀주고, 금목걸이도 목에 걸어주겠노라. 또 그를 높여, 이 나라에서 세 번째로 높은 자리에 앉혀주겠노라!"

왕의 호언에도 불구하고 모두가 묵묵부답이었다. 때에 왕실의 지혜자들이 모두 그 자리에 있었지만, 아무도 그 글자를 읽지 못했다. 따라서 그 해석을 왕에게 알려줄 수 있는 자가 하나도 없었다. 그러자 벨사살 왕은 마음이 심히 답답하고 두려워 얼굴빛이 더욱 창백해졌다. 왕과 함께 잔치 자리에 있던 모든 귀족들도 다 놀라며 우왕좌왕 웅성웅성하며 어쩔 줄을 몰라 했다. 바로 그때에 태후가 왕과 귀족들의 말을 듣고 잔치가 벌어진 자리로 들어섰다. 아마도 여기 태후는 부왕(父王) 나보니두스의 아내로 추정된다. 어쨌든 당시 태후는 국정에 관여할 만큼 궁중의 실권자였다. 태후가 벨사살 왕에게 말한다.

"왕이여, 너무 놀라지 마소서. 진정하시고, 마음을 가라앉히소서."

"아니, 태후께서는 여기에 어쩐 일로 납시었는지…? 무슨 하실 말씀이라도…?"

(11-12) "네, 왕이여! 왕이 다스리시는 이 나라에는 거룩한 신들의 영을 받은 이가 있습니다. 그 사람은 오래전 선왕 때부터 있던 자로서, 아주 지혜롭고 분별력과 통찰력이 있어서 마치 신들의 지혜를 가진 듯합니다. 그렇기에 선왕이신 느부갓네살 왕께서도 그 사람을 높이 세워, 바빌로니아의 모든 마법사와 주술사와 점성가와 점쟁이들의 우두머리로 삼으셨습니다. 그 사람의 이름은 '다니엘'입니다. 선왕께서는 그 사람의 이름을 '벨드사살'이라 고쳐 부르셨는데, 참으로 그 사람은 명석하고 놀라운 지식과 통찰력이 있어 꿈을 해석하는 일이나 수수께끼를 푸는 일, 그리고 아주 비밀스런 일까지도 모두 알아내곤 하였습니다. 그러므로 이제 왕은 다니엘을 부르소서. 그리하시면, 그 사람 다니엘이 저 글자를 읽고 그 뜻을 해석하여 왕에게 알려줄 수 있을 것입니다."

여기서 다니엘은 바빌로니아의 모든 마법사와 주술사와 점성가와 점쟁이들의 우두머리로 소개되고 있다. 그런데 하나님께서는 모든 종류의 마법, 주술, 점성술, 점(占) 등을 싫어하시고 엄히 금하신다. 그렇다면 하나님의 사람인 다니엘은 정말로 하나님께서 금하시는 일의 우두머리로 일을 했던 것일까?

벨사살 왕에게 전한 태후의 말은, 다니엘이 바빌로니아의 모든 마법사와 주술사와 점성가와 점쟁이들의 실질적인 우두머리가 되어, 그 일에 직접적으로 관여하고 있다는 것을 뜻하지는 않는다. 그 말은 단지 다니엘에게는 남다른 특별한 지혜와 신통력이 있어, 꿈과 환상 및 신비한 일을 해석하는 데 있어서 바빌로니아 제국 내의 모든 지혜자들 가운데 제1인자라는 사실을 인정하는 말일 뿐이다(4:9).

다니엘이 왕궁 벽에 쓰인 글자를 해석함 (5:13-31)

"여봐랏, '벨드사살'이라 불리는 다니엘을 불러, 내 앞에 대령시키도록 하여랏! 지금 당장 그리하여랏!"

태후의 말을 듣고, 벨사살 왕은 잠시의 머뭇거림도 없이 아주 다급하게 다니엘을 부른다. 그리하여 다니엘이 즉시 불려와 벨사살 왕 앞에 서니, 왕이 다니엘에게 급하게 묻는다.

"그대가 내 선왕께서 유다 땅에서 포로로 사로잡아온 그 다니엘이란 사람이오?"

"네, 소인이 '벨드사살'이라 불리는 다니엘입니다. 말씀하옵소서."

(14-16) "좋소, 내가 그대에 관한 이야기를 들었소. 그대 안에는 거룩한 신들의 영이 있어서, 그대에게는 남다른 놀라운 지혜와 깊은 통찰력과 분별력이 있다고 들었소. 내가 지금 바빌로니아의 모든 지혜자들과 주술사들을 불러들여, 저 벽에 쓰인 글자를 읽고 그 뜻을 해석하여 내게 알려달라고 그들에게 일렀소. 그러나 그들 가운데서

그 글자를 읽고 해석할 수 있는 자가 아무도 없었소. 그런데 그대는 어떤 비밀스런 것들도 다 해석하고, 모든 수수께끼들도 다 푼다고 들었소. 그러므로 이제 그대는 저 벽에 쓰인 글자를 읽고, 그 뜻이 무엇인지 그 해석을 내게 알려주시오. 그렇게 한다면, 내가 그대에게 자주색 옷을 입혀주고, 금목걸이도 목에다 걸어주겠소. 또한 그대를 높여, 이 나라에서 세 번째로 높은 벼슬자리에 앉혀주겠소."

(17) "오, 왕이시여, 소인께 그렇게 하지 않으셔도 되옵니다. 왕의 선물은 거두어주시고, 왕의 상급은 다른 사람에게 주시기 바랍니다. 그럴지라도 소인은 왕을 위해서 저 벽에 쓰인 글자를 읽고, 그 뜻을 해석하여 왕께 알려드리겠습니다."

"아, 알겠소. 상급과 벼슬은 나중에 다시 이야기하도록 하고, 어서 저 벽에 쓰인 글자를 읽고, 그 뜻을 해석하여 내게 알려주시오. 대체 저게 무슨 말이고, 무슨 뜻이란 말이오? 답답하고 두려워 미칠 지경이오."

(18-19) "왕이시여, 지극히 높으신 하나님께서는 일찍이 왕의 조상이신 느부갓네살 왕을 위대한 왕으로 세우셔서, 그에게 큰 나라와 권세와 영광과 존귀를 주셨습니다. 이처럼 하나님께서 느부갓네살 왕에게 큰 나라와 권세와 영광을 주셨으므로, 온 땅의 모든 백성들 곧 인종과 언어가 다른 세상의 뭇 민족들이 그의 위엄 앞에서 벌벌 떨며 두려워했습니다. 참으로 그는 누구라도 마음대로 죽이고, 누구라도 마음대로 살렸으며, 누구라도 마음대로 높이고, 누구라도 마음대로 낮추었습니다."

"흠, 그랬었지…. 나의 선왕이신 느부갓네살 왕께서는 그야말로 세상 모든 왕들의 왕이었지. 참으로 그 권세와 영광은 크고도 대단하셨어."

(20-21) "그토록 권세와 영광이 높아 하늘을 찌르더니, 마침내 느부갓

네살 왕은 그 마음이 높아지고 그 생각이 교만해져서 자기 고집대로만 행하였습니다. 그래서 하늘의 하나님께서는 그를 나라의 왕좌에서 끌어내리시고, 그의 모든 영광을 빼앗았습니다. 그 결과, 느부갓네살 왕은 사람들에게 쫓겨나 사람들이 사는 곳에서 떠나게 되었습니다. 제정신을 잃은 채 그 마음이 들짐승의 마음과 같아져서, 들판의 나귀들과 함께 살아가면서 소처럼 풀을 뜯어먹고, 그의 몸은 하늘에서 내리는 이슬에 젖는 신세가 되고 말았습니다. 그리하여 결국 그는, 지극히 높으신 하나님께서 인간들의 나라를 다스리시며, 오직 그분께서 그분의 기쁘신 뜻대로 누구든지 왕위에 앉힐 수 있으며, 또 누구에게든지 나라를 맡겨 그로 다스리게 하실 수 있다는 사실을 깨닫기에 이르렀습니다."

느부갓네살 왕이 앓은 질병은 아마도 '리칸트로피'(lycanthropy)라고 알려진, 일종의 편집광적인 정신질환인 듯하다. 그 병은 멀쩡한 사람이 마치 늑대인간처럼 반인반수(半人半獸)의 광인이 되어, 들짐승 같은 행색과 습성을 드러내는 병을 말한다. 느부갓네살 왕은 교만한 마음을 품은 대가로 하나님께 징벌을 받아 '일곱 때'(7년 또는 7개월, 아니면 상징적인 징벌의 일정 기간) 동안 이처럼 살아가야 했다(4:32-33). 다니엘의 말은 계속 이어진다.

(22-24) "벨사살 왕이시여, 왕께서는 선왕이신 느부갓네살 왕의 후손으로서 그러한 사실을 분명히 알고 계시면서도, 그 마음을 겸손히 낮추지 않았습니다. 오히려 왕께서는 스스로 자신을 높여, 하늘의 주인이신 주님을 거슬러 거역하고, 그분의 성전에서 사용하던 잔들을 꺼내오게 하셔서, 귀족들과 왕비들과 후궁들과 더불어 그것으로 술을 따라 마셨습니다. 그러면서 또한 왕께서는 보지도 듣지도 알지도 못하는 것들, 곧 금과 은과 청동과 쇠와 나무와 돌로 만든 각종

신들을 찬양하였습니다. 그러면서도 왕께서는 정말로 왕의 목숨을 주관하시고, 왕의 모든 길을 결정하시는 하늘의 하나님께는 아무런 영광도 돌리지 않았습니다. 그러므로 하나님께서는 이 손가락을 나타나게 하시어, 이런 글을 쓰게 하신 것입니다."

"무슨 말인지 잘 알겠소. 그건 그렇다 치고, 어서 저 벽에 쓰인 글자가 무엇이며, 그 해석이 어찌 되는지를 내게 알려주도록 하시오."

(25) "네, 왕이시여! 저 벽에 쓰인 글자는 이러하니, 곧 '메네 메네 데겔 우바르신'입니다."

"메네 메네 데겔 우바르신…? 그게 대체 무슨 뜻이오?"

(26-28) "그 글자의 뜻을 해석하면 이러합니다. '메네'는 '수를 센다'라는 말인데, 곧 하나님께서 왕의 나라의 햇수를 계산하셔서, 이제 그것을 끝나게 하셨다는 뜻입니다. '데겔'은 '저울에 단다'라는 말인데, 곧 하나님께서 왕을 저울에 달아보니, 그 무게가 모자란다는 뜻입니다. 그리고 '바르신'은 '나눈다'라는 말인데, 곧 하나님께서 왕의 나라를 나누어서 메대와 페르시아 사람들에게 넘겨주실 것이라는 뜻입니다."

바빌로니아 왕궁의 석회 벽에 쓰인 이 글은 아람어로서, 이방인들 세계에서는 널리 알려진 언어였다. 메네(Mene)는 '숫자를 셈하다'란 뜻이고, 데겔(Tekel)은 '무게를 재다'란 뜻이다. 그리고 바르신(Pharsin)은 '나눈다'란 뜻이다. 그리고 우(U)는 연결사로 '그래서'란 뜻이다. 또한 '메네'란 말이 두 번 언급된 것은, 아주 정확하게 숫자를 셈했기 때문에, 더 이상 고려할 필요가 없다는 뜻이다.

종합하면, 이 말은 '셈하고 또 셈하여 재보았다. 그래서 (부족하므로) 나눈다'란 의미다. 말하자면, 그 죄악 때문에 나라가 나누어질 바빌로니아의 비극적인 운명을 나타내는 하나님의 계시였다. 이 같은 해석을 알지 못하고서는, 벽에 쓰인 그 철자들이 그냥 무의미하게 보였을 것이다.

"흐흠, 그게 정말이오? 참으로 안타깝고 애석한 말이구려. 어쨌든 수고하였소. 내 약속한 대로 그대에게 행하리다."

벨사살 왕은 글자의 해석이 마음에 들지 않았지만, 호언한 대로 신하들에게 명을 내려 다니엘에게 자주색 옷을 입히고, 그의 목에 금목걸이를 걸어주도록 하였다. 또한 다니엘을 위하여 특별히 조서를 내려, 그를 나라의 셋째 가는 통치자로 삼았다. 그런데 바로 그날 밤에 바빌로니아 왕 벨사살은 살해되었고, 메대 사람 다리오(키악사레스 2세, Cyaxares II)가 그 나라를 차지하였는데, 그때 다리오의 나이는 62세였다(주전 539년).

벨사살 왕이 신료들과 더불어 흥청망청 큰 잔치를 베풀고 있던 그 순간에, 메대-바사(페르시아)의 연합군은 야음(夜陰)을 틈타 유프라테스의 드러난 강바다을 통해 바빌론 도성에 대해 기습 작전을 몰래 감행하고 있었다. 하지만 그때 바빌로니아의 왕과 신료들과 장수들은 무려 20년 동안이나 버틸 수 있도록 충분히 비축된 많은 군량미와 높고 튼튼한 성벽을 굳게 믿고서 무방비의 만취상태에 빠져 있었던 것이다.

그날 바빌론 도성의 보초들마저 태만하여 경계를 게을리하는 바람에, 바빌론 도성은 고레스 대왕의 군대를 이끌던 구바루(Gubaru, 고브리아스) 장군의 기습 공격에 의해 그날 밤에 함락되었고, 벨사살 왕은 붙잡혀 처형당했다. 그 결과, 나보폴라살 왕(주전 626-605년)에 의해 창건한 신바빌로니아 제국은 한때 중근동 지역의 패권국가로서 세상을 발 아래 두고 호령했지만, 100년도 채 못 되어 그 씁쓸한 종말을 맞고 말았다(주전 539년).

이 같은 바빌로니아 제국의 멸망은 세상 왕국 및 인간 권세의 뚜렷한 한계 및 유한성을 잘 보여준다.

6
다니엘과 사자 굴

신하들이 다니엘을 제거하려고
왕에게만 기도하라는 법령을 만드네
다니엘이 평소대로 주께 기도하자
법령대로 그를 사자 굴에 던지네

다니엘이 사자 굴에 던져짐 (6:1-18)

다리오(Darius), 일명 '키악사레스 2세(Cyaxares II). 그는 메대-바사(페르시아) 제국이 바빌로니아를 함락시킨 후에 바빌로니아를 통치한 첫 번째 메대 사람으로, 당시 그의 나이는 62세였다(5:31). 그리고 다니엘은 83세가량의 노령이었다.

당시 메대-바사 제국 전역을 통치한 최초의 통치자는 고레스(Cyrus, 주전 539-529년)였는데(1:21), 다리오는 고레스의 위임을 받아 갈대아 지역 곧 바빌로니아 지역을 통치한 일종의 분봉왕(分封王)이었다. 분봉왕 다리오는 고레스의 장인으로, 본래 메대 왕국의 군주였다. 그는 자기 나라를 사위인 바사(페르시아) 왕국의 고레스에게 물려준 뒤, 갈대아(바빌로니아) 지역의 왕으로 임명받아 그곳에서 여생을 보낸 인물이다.

"자, 바빌로니아 지역을 120개의 도(道)로 나눈 후에, 120명의 지방장관을 세워 각 도를 다스리게 하여라!"

바빌로니아 왕위에 오른 다리오는 자기가 평소에 생각한 대로 나라를 120도로 나누고, 각 도를 책임질 120명의 지방장관을 세워 그들로 온 나라를 다스리게 하였다. 또 다리오는 120명의 지방장관들 위에 세 사람의 총리를 두어 그들로 지방장관들을 관할하게 했는데, 다니엘은 세 총리 가운데 한 사람이었다. 총리들은 지방장관들에게서 직접 업무보고를 받아서 일을 처리했는데, 그 까닭은 되도록이면 지방의 일로 인해 왕의 심려를 끼쳐드리지 않기 위해서였다. 세 총리 중 한 명인 다니엘은 그 마음이 총명하고 지혜로워서 다른 총리들이나 지방장관들보다도 그 능력이 월등하게 뛰어났으므로, 다리오 왕은 그를 가장 높여 다니엘에게 나라 전체의 일을 맡기려고 마음먹었다.

느부갓네살 왕 때로부터 벨사살 왕에 이르기까지 바빌로니아 제국의 여러 왕들을 섬겼던 다니엘이 또 다시 다리오 왕에 의해 총리로 등용된 이유는 두말할 나위 없이 하나님의 거룩한 영(靈)을 받은 다니엘의 지혜와 능력이 워낙 출중하고 탁월했기 때문이었다. 당시 많은 나라와 민족들을 다스려야 했던 제국의 통치자들은 정복한 나라를 원활하게 다스리기 위해 정복한 나라의 인재들을 십분 활용하곤 했는데, 다니엘은 누가 보더라도 단연 군계일학(群鷄一鶴)이었다.

"뭣이라? 다리오 왕이 나라 전체를 다니엘에게 맡기려 한다고? 그는 본래 유다 땅에서 포로로 잡혀온 자가 아닌가? 그건 말도 안 돼!"

다리오 왕이 나라 전체의 일을 다니엘 총리에게 맡기려 한다는 사실을 알아차린 다른 총리들과 지방장관들은 다니엘을 크게 시기했다. 그래서 그들은 다니엘이 나랏일을 수행함에 있어서 실수나 잘못이 없는지 철저하게 살피기 시작했다.

그러나 아무리 눈 씻고 꼼꼼히 살펴보아도 그들은 다니엘에게서 어떤 실수나 잘못도 찾아낼 수 없었다. 다니엘이 충성스런 마음으로 아무런 사리사욕 없이 자기 임무를 성실하게 수행하였기 때문이었다. 그러자 다니엘을 시기하는 자들은 서로에게 이렇게 말한다.

"보시오들, 알다시피 저 사람에게서는 행정상의 실수나 도덕상의 잘못을 찾아낼 수 없소. 우리가 다니엘을 걸고 넘어지려면 다른 일들을 가지고는 도무지 안 될 것 같소. 다만 한 가지, 그가 믿는 하나님의 율법에서 무슨 틈을 보아 문제를 삼아야 할 듯싶소."

"그렇소, 아무리 생각해도 달리 도리가 없을 것 같소! 그렇다면 이제부터 그 방법을 찾아보도록 합시다."

그리하여 다른 총리들과 지방장관들이 머리를 맞대어 애써 꾀를 짜낸 후에, 하루는 다 함께 모여 다리오 왕 앞으로 나아가 아뢴다.

"다리오 왕이시여, 만수무강하옵소서! 이 나라의 총리들과 총독들과 지방장관들과 고문관들과 관료들이 다 함께 모여서 의논하고 한 가지 결의를 하였습니다. 그러하온즉, 왕께서 저희들의 결의를 하나의 법으로 세워, 다음과 같은 금지령을 온 나라에 선포하셨으면 합니다."

"그래요? 그래, 그대들이 다 함께 모여 무슨 결의를 하였단 말이오?"

"그 결의는 이러합니다. 이제부터 앞으로 30일 동안은 왕 외에는 그 어떤 신이나 사람에게 무엇을 빌거나 기도하지 못하게 하자는 것입니다. 만일 누구든지 이 같은 법을 어기는 자가 있으면, 그자를 가차없이 사자 굴에 던져 넣기로 한다는 것입니다. 왕이시여, 청하옵건대 부디 이 같은 금지령을 하나의 법으로 세우시고, 그 문서에 왕의 도장을 찌으시어, 한번 정하면 다시는 바꿀 수 없는 저희들의 오랜 메대와 페르시아의 법에 따라 그 내용을 절대로 고치지 못하게 하시옵소서."

"흐흠…, 그런 일을 꼭 법으로 만들어 공포할 것까지야 없지 않겠소?"

"그렇지 않습니다, 왕이시여! 한 달 동안만이라도 그런 법이 꼭 있어야 왕의 권위가 우뚝 서서, 이 나라의 모든 백성들이 왕을 두려워하고 왕의 말에 절대 복종할 것입니다."

예루살렘 쪽을 향해 기도하는 다니엘

"흐흠, 그대들의 뜻이 정 그러하다면야, 그럼 그렇게 하도록 하시오!"

이때 다리오 왕은 신하들이 충심으로 자신을 위하는 줄 알고 별 생각 없이 동의하였다. 그리하여 다리오 왕은 그 금지령에 왕의 도장을 찍어 온 나라에 어명으로 공포하였다. 당시 메대-바사(페르시아) 법률은 한 번 공포하면 다시 고치는 것이 불가능했다. 메대-바사 사람들의 사고방식에 따르면, 법은 곧 군주(君主)였기에 나쁜 법령일지라도 그것을 고치거나 취소하는 것은 불가능하다고 생각했던 것이다.

'아, 저들이 나를 함정에 빠뜨리려고 저런 법을 만들었구나.'

다니엘도 왕의 도장이 찍힌 그런 금지령이 공포된 것을 이내 알았다. 그럴지라도 다니엘은 조금도 겁먹거나 흔들리지 않았다. 그는 자기 집으로 돌아간 후, 창문이 예루살렘 쪽으로 나 있는 다락방으로 올라갔다. 그리고 평소에 행하던 습관대로 하루에 세 번씩 무릎을 꿇고 하나님께 기도하며 감사드렸다. 다니엘이 예루살렘 쪽을 향하여 기도한 것은,

당시 예루살렘에서 멀리 떨어져 있는 경건한 유대인들이 하나님께 헌신과 충성을 표시하는 습관이었다(왕상 8:35-36). 예루살렘은 오래전에 파괴되었을지라도(주전 586년), 그곳은 여전히 선민의 도성이었고, 하나님의 성전 터가 있는 거룩한 곳이었다.

"됐다! 마침내 다니엘이 걸려들었다!"

다니엘을 고발하려는 무리들은, 다니엘이 자기 하나님께 기도하며 간구한다는 것을 알아냈다. 그들은 쾌재를 부르며 즉시 다리오 왕에게로 몰려가, 다니엘이 왕의 금지령을 어겼다고 고발한다.

"왕이시여, 왕께서는 이미 금지령에 왕의 도장을 찍으셔서, 이제부터 앞으로 30일 동안 누구든지 왕 외에는 그 어떤 신이나 사람에게 무엇이든 간구해서는 안 된다고 공포하셨습니다. 그리고 만일 그 금지령을 어기는 자가 있으면, 누구든지 사자 굴에 던져 넣기로 하시지 않았습니까?"

"그렇소! 그 금지령은 메대와 페르시아의 법에 따라 절대로 고쳐질 수 없도록 확정된 것이오."

"왕이시여, 그런데 지금 그 금지령을 어긴 자가 있습니다."

"아니? 도대체 누가 나의 지엄한 금지령을 어긴단 말이오?"

"그자는 유다 땅에서 사로잡혀 온 '다니엘'이란 자입니다. 그는 왕의 도장이 찍힌 금지령에도 아랑곳하지도 않고, 하루에 세 번씩 자기 신께 계속 기도를 하고 있습니다."

"뭐, 뭐, 뭣이? 다니엘이…? 정녕 다니엘이 그랬단 말이오?"

신하들의 말을 듣고, 다리오 왕은 크게 놀라고 당황하였다. 왕은 다니엘을 그 누구보다도 아꼈기 때문이다. 그래서 어떻게든 다니엘을 구해내려고 마음을 다해 전전긍긍하며 온갖 방도를 궁리하였다. 그러나 별 뾰족한 수가 없었다. 어느덧 해가 저물었다. 해가 저물도록 왕이 아무런 명령을 내리지 않자, 다니엘을 고발했던 무리들이 다 함께 모여 다시 왕에게로 우르르 나아가 아뢴다.

"왕이시여, 왕께서도 메대와 페르시아의 법규에 관해 잘 알고 계시겠지만, 왕의 도장을 찍어 한번 선포된 이 나라의 법령은 절대로 바뀔 수 없다는 것을 기억해 주십시오. 그러니 속히 다니엘을 사자 굴에 던져 넣으라는 명을 내려주옵소서!"

"정녕 그래야 한단 말이오? 다른 방법은 없는 것이오?"

"네, 왕이시여! 나라의 법과 왕의 권위가 제대로 서려면 다른 방법이 없습니다. 그러니 속히 결단하시어, 어명의 지엄함을 만백성에게 보여주소서!"

어쩔 도리가 없었다. 다리오 왕은 하는 수 없이 집행 명령을 내렸고, 다니엘을 고발한 무리들은 기다렸다는 듯이 다니엘을 즉시 잡아다가 사자 굴에 던져 넣었다. 이전에 바빌로니아 왕 느부갓네살은 자신이 세운 신상(神像)에게 절하지 않는 다니엘의 세 친구를 불속에 던져 넣는 형벌을 취한 적이 있었다(3:19-20). 그렇지만 바사인들(Persian)은 불을 신성시하는 조로아스터교를 믿었기 때문에, 바빌로니아처럼 죄인을 불로 태워 죽이는 형벌을 취하지 않았다. 그 대신에 그들은 죄인이나 죄인의 시신을 맹수의 먹이로 주는 처참한 형벌을 취하곤 했다. 다니엘이 붙잡혀 사자 굴에 떨어질 때, 다리오 왕이 안타깝고 애처로운 표정을 지으며 다니엘에게 말한다.

"오, 다니엘아, 네가 섬기는 네 하나님께서 부디 너를 구해주시기를 비노라."

미침내 다니엘을 고발한 무리들이 사자 굴에 다니엘을 무자비하게 던져 넣었다. 그런 후 큰 돌을 굴려다가 굴 입구를 막자, 왕과 귀족들은 반지 도장을 찍어 그곳을 봉하였다. 그리 한 것은, 이후로 다니엘에게 내린 처벌을 아무도 바꾸지 못하게 하기 위함이었다. 그렇게 한 뒤에, 다리오 왕은 궁궐로 돌아가 크게 상심하여 먹지도 마시지도 않았다. 자기 앞에서 흥겨운 풍악을 다 물리치고, 사자 굴에 떨어진 다니엘을

사자 굴에서 안전하게 구원받은 다니엘

생각하며 그날 밤을 뜬눈으로 꼬박 지새웠다.

다니엘이 사자 굴에서 구원받음 (6:19-28)

'아, 다니엘은 무사할는지? 아니면, 사자들의 밥이 되고 말았을까…?'

다리오 왕은 밤새 잠을 못 이룬 채 전전긍긍했다. 이튿날 동틀 무렵, 날이 새자마자 다리오 왕은 자리에서 일어나 급히 사자 굴로 달려갔다. 그리고 전날 다니엘이 던져졌던 그 굴 가까이에 이르러서는 근심이 가득 찬 슬픈 목소리로 크게 외친다.

"다니엘아, 살아계신 하나님의 종 다니엘아, 그대가 항상 섬겨오던 네 하나님께서 그대를 사자들의 입에서 구원해 주셨느냐? 살아있다면, 얼른 대답해 보아라!"

그때였다! 저 아래 사자 굴에서 분명 다니엘의 목소리가 생생하게 들려오는 것이 아닌가!

“오, 왕이시여, 만수무강하옵소서! 소인의 하나님께서 이미 자기 천사들을 보내셔서 사자들의 입을 단단히 봉해주셨으므로, 사자들이 소인을 조금도 해치지 못했습니다. 그것은, 하나님께서 보시기에 소인에게 아무런 죄가 없었기 때문입니다. 그리고 왕이시여, 참으로 이 몸은 왕 앞에서도 아무런 죄를 짓지 않았나이다.”

“오, 그래, 내가 아노라. 그대에게 아무런 죄가 없음을 내가 잘 아노라.”

다리오 왕은 몹시 기뻐하면서, 다니엘을 사자 굴에서 속히 끌어올리라고 명하였다. 왕의 군사들이 다니엘을 사자 굴에서 끌어 올려놓고 보니, 그의 몸은 조금도 상한 데가 없이 멀쩡하였다.

여기서 한 가지 생각해 볼 점이 있다. 누구든지 하나님을 굳게 믿고 의지하기만 하면, 모두가 순교의 자리에서 벗어날 수 있는 것인가? 그렇지는 않다. 다니엘과 그의 세 친구들의 경우에는, 당시 나라를 잃고 절망에 빠진 하나님의 백성들에게 용기를 주고, 또 이방의 통치자와 제국의 백성들에게 하나님이야말로 나라의 흥망성쇠와 사람의 생사화복을 주관하시는 살아계시는 유일한 참된 신임을 보여주려는 특별한 까닭이 있었기 때문에, 특별히 순교의 자리에서 구출해내신 것이다.

하지만 다니엘이나 그의 세 친구들처럼 아무런 죄가 없고 또 하나님을 의지하는 굳건한 믿음이 있음에도 불구하고, 당면한 순교의 자리에서 보호를 받는 경우는 상대적으로 아주 드물다. 초대교회의 숱한 사도들과 경건한 신자들이 맹수의 밥이 되거나 칼이나 십자가의 처형을 면치 못했다는 사실은 그런 점을 잘 보여준다. 따라서 믿는 자들의 순교 여부는 오로지 하나님의 거룩한 뜻에 따라 전적으로 결정되는 것임을 알 수 있다.

“여봐랏, 죄 없는 다니엘을 함정에 빠뜨려 그를 고발한 무리들을 당장 체포하라! 그들뿐만 아니고, 그들의 아내와 자식들까지도 모두 잡아들여라!"

사실을 모두 알게 된 다리오 왕, 그는 다시 명을 내려 악한 말로 다니엘을 고발한 자들을 모두 잡아들이라고 하였고, 그들뿐만 아니라 그들의 아내와 자식들까지도 모조리 잡아들여, 사자들이 우글거리는 굴 속에 다 함께 던져 넣도록 하였다. 고대 가부장 중심의 중근동 사회에서, 한 가정의 아내와 자식들은 가장의 권위와 영향력을 떠나서 독립적으로 존재할 수 없었다. 말하자면 그들은 가장에게 딸린 부속물로 간주되었다. 이 같은 사회적 인식 아래에서, 다니엘을 고발한 자들의 아내와 자식들은 가장이 당하는 비극적 운명을 함께 맞이할 수밖에 없었다.

마침내 다니엘을 고발한 무리들과 그들의 처자식들이 모두 붙잡혀 다 함께 사자 굴에 던져지자, 그들의 몸이 사자 굴 밑바닥에 채 닿기도 전에 굶주린 사자들이 우르르 달려들어 그들을 움켜쥐고 뼈까지 부수어 삼켜버렸다. 그때에 다리오 왕이 온 땅에 있는 모든 백성들, 곧 인종과 언어가 다른 제국 내의 모든 백성들에게 조서를 내린다.

조서를 내린 다리오 왕은 바빌로니아 제국이 함락된 후에 바빌로니아를 통치한 '메대 사람 다리오'를 가리킨다(5:31). 이 사람은 메대 왕국의 마지막 왕으로서, 고레스의 장인이 된 '키악사레스 2세'(Cyaxares II)로 여겨진다. 그에게는 외동딸이 있었는데, 그 딸을 고레스에게 출가시키면서 메대 왕국까지 물려주었다고 한다. 이에 대한 보답으로, 바빌로니아 제국을 정복한 고레스 대왕은 장인 되는 그에게 바빌로니아를 통치하도록 배려했던 것이다. 조서의 내용은 다음과 같다.

(25-27) "제국의 백성들에게 평강이 넘치기를 바라노라. 이제 나 다리오가 그대들에게 조서를 내려 명하노라. 나의 나라에 살고 있는 모든 백성들은 다니엘이 섬기는 하나님을 공경하고, 그분 앞에서

떨며 두려워해야 마땅하나니, 진실로 그분은 살아계시는 하나님이시요, 영원토록 변치 않는 분으로서, 그분의 나라는 결코 망하지 않을 것이요, 그분의 권세는 대대로 무궁할 것이기 때문이도다. 정녕 그분 하나님은 사람을 모든 위험에서 건져내기도 하시고 구해내기도 하시는 분으로서, 하늘에서든 땅에서든 이적을 베푸시고 놀라운 일을 일으키는 분이시다. 바로 그분께서 사자 굴에 던져진 다니엘을 구원해내셨나니, 곧 그분께서 사자들의 입을 봉하시어 다니엘을 구원해 주셨도다."

오해하지 말아야 할 것이 있다. 이때 다리오 왕이 이 같은 조서를 내렸다고 해서, 그가 다니엘이 믿는 유대교를 자기 국가 바빌로니아의 종교로 만들었다는 것을 의미하지는 않는다. 이전에 바빌로니아 왕 느부갓네살이 그랬던 것처럼(2:47; 3:28-29; 4:34-37), 다니엘이 섬기는 하나님의 놀라운 능력에 대해 크게 감탄하여, 많은 신들의 목록에 하나님을 공식적으로 추가시켰을 뿐이고, 다른 신들을 전부 폐한 채 오직 하나님만을 섬기도록 한 것은 아니다. 하지만 이후로는 유대인들이 하나님을 섬기는 일에 있어 더는 조롱당하거나 핍박받지 않았음은 분명하다. 그리하여 사자 굴에서 살아난 이 사람 다니엘은 이후 다리오 왕의 시대와 페르시아 사람 고레스 왕의 시대에 형통한 삶을 살아갈 수 있었다.

7

네 짐승의 환상

벨사살 원년 다니엘이 꿈을 꾸네
꿈속에서 네 짐승 환상을 보네
첫째는 사자, 둘째는 곰,
셋째는 표범, 넷째는 열 뿔 달린 짐승

니엘의 첫 번째 환상: 네 마리의 짐승 (7:1-8)

벨사살이 바빌로니아 왕위에 오른 원년(元年), 이때는 주전 550년경으로 예루살렘이 함락된 지 36년이 지났다. 그리고 이때 다니엘의 나이는 70세 안팎으로 추정된다. 하루는 다니엘이 침대에 누워 잠을 자다가 꿈을 꾸었는데, 그때 머릿속으로 환상을 보았다. 다니엘은 그 환상을 기록해두었는데, 다니엘이 꿈에서 본 환상은 이러했다.

'환상'이란 꿈인지 생시인지 잘 모르는 비몽사몽의 엑스터시 상태에서 주께서 보여주시는 하늘의 기이하고 놀라운 광경을 보는 일인데, 이때 그 환상은 생생하고 참된 것이고, 그 환상을 보는 사람의 정신은 온전히 맑고 또렷한 상태를 유지하였다. 자, 이제 다니엘의 입을 통해 그가 본 환상에 대해 직접 들어보자.

(2-8) "그날 밤, 내가 꿈속에서 환상을 보았다. 하늘에서 바람이 동서남북의 사방에서 일더니 큰 바다로 세차게 불어닥쳐 물결이 크게

다. 사실, 메대-바사 제국은 많은 군사들을 동원한 무자비하고 난폭한 힘으로 주변 나라들을 끊임없이 정복했다.

세 번째 큰 짐승에서, 그 짐승의 등에 새의 날개가 네 개나 달려 있다는 것은(6절a), 알렉산더 휘하의 헬라 제국이 날개 넷 달린 새처럼 신속하게 주변 나라들을 정복한 사실을 상징한다. 과연 알렉산더 대왕은 짧은 기간에 뭇 나라들을 정복하여 큰 제국을 형성했다. 또한 그 큰 짐승에게 네 개의 머리가 달려 있다는 것은(6절b), 알렉산더 사후에 등장하여 헬라 제국을 분할하여 다스릴 네 명의 통치자(톨레미, 셀류쿠스, 카산더, 리시마쿠스)를 상징한다.

그리고 네 번째 큰 짐승에서, '뿔'은 곧 '권세'를 상징한다. 따라서 '열 개의 뿔'은 아주 크나큰 권세를 상징한다. 이 '열 개의 뿔'은 일차적으로는 로마제국의 큰 권세를 상징하지만, 이차적으로는 로마제국의 연장선상에 있는 그 이후에 등장할 세상 모든 나라의 권세를 상징한다.

또한 네 번째 큰 짐승의 열 뿔 사이에서 기존의 세 뿔을 뽑아내고 새로 돋아난 '작은 뿔 하나'는 세상 종말에 등장하여 기존의 여러 권세들을 제압한 후에 큰 권세를 잡고서 성도들을 세차게 핍박할 '적(敵)그리스도'를 상징한다. 그리고 그 작은 뿔에 사람의 눈이나 입이 달려 있어 거만하게 떠들고 있음은(8절b), 종말에 적그리스도가 사람의 모양으로 나타나 하나님을 대적하고 거스르는 아주 교만한 말로써 뭇 사람들을 배교의 길로 미혹할 것임을 상징한다(계 13:11-18).

영원히 살아계시는 분과 인자 같은 이 (7:9-14)

(9-10) "내가 또 환상 가운데서 바라보고 있는데, 보좌가 놓여 있었고, 그 보좌에는 오랜 옛적부터 항상 살아계시는 분께서 앉아 계셨다. 그분께서 입고 계신 옷은 눈같이 희고, 그분의 머리털은 깨끗한 양털 같았다. 그분께서 앉아 계신 보좌에서는 불꽃이 일고, 그 보좌의

바퀴에서는 불길이 활활 치솟고 있었으며, 그분에게서는 불이 강물처럼 흘러내렸다. 또 그분을 섬기는 자들은 천천 명이요, 그분을 모시면서 그분 앞에 서 있는 자들은 만만 명이었다. 그리고 심판이 시작되면서 책들이 펼쳐져 있었다."

하늘 보좌에 좌정하신 '옛적부터 항상 살아계시는 분'은 영원토록 스스로 계시는 '여호와 하나님'을 가리킨다(출 3:14; 사 43:13). 그분의 흰 옷과 흰 머리털은 하나님의 순결함과 지혜를, 보좌로부터 강처럼 흘러나오는 불은 악인을 소멸시키는 심판의 권세를 상징한다. 그리고 그분 앞에 펼쳐져 있는 책은 사람의 행위가 적혀 있는 책으로, 신자들에겐 구원과 영생을 보장하는 '생명의 책'이고, 불신자들에겐 죽음과 영멸을 선언하는 '심판의 책'이다(계 20:12-15).

한편, 본질상 하나님은 사람의 눈으로 볼 수 없는 영(靈)이시지만(요 4:24; 딤전 6:16), 성경은 종종 이 같은 육체적인 묘사를 통해 하나님의 속성에 관한 중요한 진리를 가르쳐준다.

(11-12) "그때에 나는, 그 작은 뿔이 그 입으로 거만하게 큰 소리로 떠들고 있는 것을 계속해서 살펴보고 있었는데, 그러는 사이에 그 네 번째 짐승이 죽임당하고, 그 시체가 훼손당한 채 활활 타오르는 불속에 던져졌다. 그리고 나머지 세 짐승들은 그들의 권세를 빼앗겼으나, 그 목숨만은 일정 기간 동안 살아남도록 허용되었다."

죽임당한 채 활활 타오르는 불속에 던져질 그 짐승은 열 뿔과 다른 작은 뿔을 가진, 매우 무섭고 강한 쇠 이빨을 가진 네 번째 짐승이다(7-8절). 그 짐승이 맹렬한 불속에 던져진다는 것은, 로마제국(네 번째 큰 짐승) 및 그 제국에서 비롯되는 세상의 모든 나라들(열 뿔), 그리고 특히 세상 종말에 사람의 모양으로 등장하여 그 입으로 하나님을 대적하고 거스르는 교만한 말로 뭇 사람들을 배교의 길로 미혹할 적그리스도(작은 뿔)에 대한 하나님의 철저한 심판을 상징한다.

한편, 나머지 세 짐승(사자-바빌로니아 제국, 곰-페르시아 제국, 표범-헬라 제국)이 그들의 권세는 빼앗겼으나 그 목숨만은 일정 기간 동안 살아남았다는 것은(12절), 그들도 망하긴 망할 것이지만, 그 피멸의 범위나 강도가 네 번째 짐승(로마 제국 및 세상의 뭇 나라들 및 적그리스도)만큼 철저하고도 강렬하지는 않을 것임을 시사한다.

(13-14) "그날 밤, 내가 또 환상 가운데서 바라보니 인자 같은 이가 하늘에서 구름을 타고 나타나더니, 오랜 옛적부터 항상 살아계시는 분 곧 보좌에 앉아 계신 분 앞으로 인도되어 그분 앞에 섰다. 그러자 보좌에 앉아 계신 그분께서는 그에게 권세와 영광과 나라를 주시고, 또한 모든 민족들과 나라들과 각기 언어가 다른 온 땅의 뭇 백성들로 하여금 그를 경배하게 하셨으므로, 진실로 그의 권세는 영원한 권세여서 절대로 사라지지 않을 것이고, 그의 나라 역시 영원한 나라여서 결코 멸망하는 일이 없을 것이다."

다니엘이 환상 가운데서 바라본 '인자 같은 이'는 누구인가? 일반적으로 '인자'(人子)라는 말은 하나님과 구별되는 존재인 '사람'을 강조하여 지칭하는 말이다(겔 2:1). 하지만 여기서는 장차 임하실 메시아의 인성(人性)을 강조한 말이다. 이런 의미에서, 후일 메시아(그리스도) 예수는 자신을 가리켜 스스로 '인자'로 지칭하기도 했다(막 8:31; 요 1:51).

따라서 '인자 같은 이'는 장차 하나님께로부터 권세와 영광과 나라를 받아 영원한 하나님의 왕국을 건설하실 분, 곧 이 땅에 사람의 몸으로 임하실 '메시아 예수'를 가리킨다. 그분이 세우실 나라는 영원한 나라로서 세상의 뭇 나라들과는 본질상 달라서 결코 사라지거나 멸망하는 일이 없이 영원한 보좌와 권세를 이어갈 것이다.

환상의 해석 (7:15-28)

(15-18) "나 다니엘은 그날 밤의 이 환상으로 인해 마음속에 근심이 가득하였고, 머릿속에 나타난 이 환상 때문에 가슴이 답답하고 괴로웠다. 그래서 나는 보좌에 앉아 계신 그분을 모시고 서 있는 천사들 중 한 명에게 가까이 다가가서, 내가 본 모든 환상의 참뜻을 물어보았다. 그랬더니 그 천사가 그 환상의 참뜻을 내게 알려주었다. 이르기를 '바다에서 올라온 네 마리의 큰 짐승은 앞으로 이 세상에 등장할 네 왕 곧 네 나라를 가리킨다. 그러나 지극히 높으신 분을 섬기는 그분의 백성들이 그 나라들을 얻을 것이니, 오직 그들이 영원하고 또 영원하고 또 영원하도록 그 나라를 길이 누릴 것이라는 뜻이다.'라고 하였다."

다니엘이 그날 밤에 본 환상에 관해 물었을 때, 하나님의 보좌 주변에 서서 하나님께 시중드는 천사들 중 하나가 그 환상의 참뜻에 관해 알려주었다. 그 천사는 다니엘이 환상 가운데서 본 바, 바다에서 올라온 네 마리의 큰 짐승은 '세상에 등장할 네 왕 곧 네 나라'라고 알려주었다.

이를 인류 역사와 관련해서 구체적으로 풀어보자면, 첫 번째 짐승인 사자는 바빌로니아 제국을 대표하는 '느부갓네살 대왕'이고(4절), 두 번째 짐승인 곰은 페르시아 제국을 대표하는 '고레스 대왕'이며(5절), 세 번째 짐승인 표범은 헬라 제국을 대표하는 '알렉산더 대왕'이고(6절), 마지막 네 번째 짐승인 무섭고 강한 짐승은 로마제국을 대표하는 '율리우스 카이사르 황제'라고 볼 수 있다(7-8절).

이처럼 땅 위에는 무시무시한 짐승들로 상징되는 세상의 큰 나라들, 곧 여러 제국들이 일어날 것이지만, 궁극적으로 그 모든 제국들은 메시아 예수의 성육신과 재림으로 인해 성취될 '하나님 나라' 앞에 전부 굴복할 것이다. 따라서 그 나라들의 지배권은 지극히 높으신 메시아 예수를 섬기는 그분의 백성들(성도들)에게로 영원히 귀속되는 것임을 알 수 있다.

(19-20) "이때 나는 그 네 번째 짐승의 참뜻을 알고 싶었다. 내가 본 그 네 번째 짐승은 이러했다. 그 짐승은 다른 세 짐승들과는 달리 아주 사납고 무섭게 생겼으며, 쇠 이빨과 청동 발톱으로 먹이를 으스러뜨려 먹고, 먹다 남은 것들은 발로 짓밟았다. 또 그 짐승의 머리에는 열 개의 뿔이 달려 있었는데, 그 뿔들 사이에서 작은 뿔이 새로 돋아나자 이미 있던 세 개의 뿔이 뿌리째 뽑혔으며, 또 그 작은 뿔에는 사람의 눈 같은 눈이 달려 있고, 입도 달려 있어서 거만하게 떠들고 있었는데, 그 짐승은 다른 짐승들보다 훨씬 강하여 더욱 무시무시하게 보였다."

네 번째 큰 짐승, 곧 쇠 이빨과 청동 발톱을 지닌 그 무섭고 사나운 짐승의 머리에 달린 '열 개의 뿔'은 일차적으로는 로마제국의 크나큰 권세를 상징한다. 하지만 이차적으로는 로마제국의 연장선상에서 그 이후에 등장할 세상 모든 나라의 권세를 상징한다. 또한 그 짐승의 열 뿔 사이에서 세 뿔을 뽑고 새로 돋아난 '작은 뿔 하나'는 세상 종말에 등장하여 기존의 여러 권세들을 제압한 후에 큰 권세를 잡고서 성도들을 핍박할 '적(敵)그리스도'를 상징한다. 그리고 그 작은 뿔에 사람의 눈과 입이 달려 있어 거만하게 떠들고 있음은, 종말에 적그리스도가 사람의 모양으로 나타나 하나님을 대적하고 거스르는 교만한 말로써 뭇 사람들을 배교의 길로 미혹할 것임을 상징한다(계 13:11-18).

(21-27) "내가 또 보고 있을 때, 새로 돋아난 그 작은 뿔이 지극히 높으신 분의 백성들 곧 하나님의 백성들과 더불어 싸우더니 이기고 있었다. 그러나 오랜 옛적부터 항상 살아계시는 분께서 오시더니, 지극히 높으신 분의 백성들 곧 하나님의 백성들 편을 들어 그들의

권리를 되찾아주자, 때가 되니 마침내 하나님의 백성들이 나라를 얻었다. 그때에 보좌에 앉아 계신 분을 모시고 섰던 그 천사가 나에게 설명해주었다. '그 네 번째 짐승은 이 세상에 등장할 네 번째 제국을 가리킨다. 이 제국은 이전에 등장한 다른 세 나라들과는 달라서, 온 세상을 집어삼키며 마구 부수고 짓밟을 것이다. 그 짐승의 머리에 달린 열 개의 뿔은 그 제국을 다스릴 열 명의 왕들을 가리킨다. 그리고 열 개의 뿔들 사이에 돋아난 그 작은 뿔은 그들 열 명의 왕들 뒤에 나타날 또 다른 왕을 가리키는데, 그 왕은 앞서 등장했던 왕들과는 다른 면모를 보일 것이며, 앞서 등장했던 열 왕들 중 세 왕들을 굴복시킬 것이다. 새로 등장하여 세 왕들을 굴복시킨 그 왕은 지극히 높으신 하나님을 거슬러 함부로 입을 놀릴 것이고, 지극히 높으신 하나님의 백성들을 짓누르며 괴롭게 할 것이다. 그 왕은 또한 하나님께서 정하신 때와 법을 제 마음대로 바꾸려 할 것인데, 하나님의 백성들은 그의 권세와 지배 아래 놓여 한 때와 두 때와 반 때를 지내게 될 것이다. 그러나 모든 때가 지나고 심판이 시작되면, 그 왕은 권세를 다 빼앗기고 완전히 멸망할 것이다. 그날이 이르면, 온 세상 모든 나라와 권세가 지극히 높으신 분의 백성들 곧 하나님의 백성들에게 주어질 것이니, 진실로 하나님의 백성들이 살아갈 그분의 나라는 영원한 나라다. 그러므로 세상의 모든 권세 있는 자들이 다 그분을 섬기고 그분 앞에 복종할 것이다.'"

천사가 다니엘이 본 환상을 해석해 주고 있는 부분이다. 쇠 이빨과 청동 발톱을 지닌 네 번째 큰 짐승의 머리에 달린 '열 뿔'은 로마 제국및 그 이후에 등장할 '세상의 모든 나라들과 왕들'을 의미한다. 여기서 '열'(10)은 문자적인 뜻이 아니라 '완전'과 '전체'를 가리키는 상징수다. 그리고 열 뿔 사이에서 세 뿔을 뽑고 나타날 '또 다른 작은 뿔'은 세상 종말에 등장하여 하나님을 거슬러 대적하고 하나님의 백성들 곧 성도들을 괴롭힐 '적그리스도'를 가리킨다.

'또 다른 작은 뿔'로 상징된 '적그리스도'는 세상 종말에 등장하여 다음과 같이 행동할 것이다. ① 교만한 말로 하나님을 모독함. ② 성도들을 핍박하여 잠시 이김. ③ 때와 법을 고치려 함. 즉, 하나님께서 세우신 자연과 인생의 법칙을 무너뜨리려 함. 그런데 이 같은 적그리스도의 맹렬한 반(反)기독교 활동은 '한 때와 두 때와 반 때' 동안 지속될 것이다.

본서에서는 '때'가 '년'(年)을 가리키고 있다는 점에서(4:16), 이 표현은 '일 년과 이 년과 반(半) 년' 곧 '삼 년 반'(3년 6개월)을 가리킨다고 볼 수 있다. 이와 관련해서 요한계시록을 참조하면, 이 '삼 년 반'은 적그리스도가 극도로 설쳐대는 세상 종말의 7년 대환난 중에서 '후기(後期) 삼 년 반'(3년 6개월, 곧 42개월)의 기간에 해당된다(계 13:5).

이 기간은 적그리스도가 하나님의 백성 된 성도들을 극심하게 핍박하는 시기로, 이 시기의 마지막에 하나님께서는 최후의 '아마겟돈 전쟁'을 통해 적그리스도 및 그의 추종 세력들을 완전히 멸망시켜 유황불 못에 영영 던져버리신다(26절; 계 16:16; 19:19-21). 그리하여 성도들은 온 세상 모든 나라와 권세를 얻어 메시아 예수가 세운 영원한 하나님의 왕국에서 그분을 섬기며 길이 살아갈 것이다(21:5-7).

(28) "이것이 내가 본 환상의 끝이다. 이 같은 환상으로 인해, 나 다니엘이 마음속으로 염려하고 고민하였으므로 내 얼굴빛이 창백하게 변했다. 하지만 이 일을 내 마음속에 깊이 감추어두고 아무에게도 말하지 않았다."

다니엘은 그날 밤의 환상이 너무나 놀랍고 충격적인 것이었으므로 많은 고민과 염려로 인해 그 얼굴빛이 창백하게 변했다. 또한 천사가 풀어준 환상의 해석이 아주 난해하고도 신비한 것이어서 아무에게도 그 일을 말하지 아니하고, 오직 자기 마음속에만 깊이 간직하였다.

8

숫양과 숫염소의 환상

다니엘은 벨사살 3년 을래 강변에서
숫양과 숫염소의 환상을 보네
두 뿔 돋은 숫양이 잠자는데
큰 뿔 지닌 숫염소가 숫양을 짓밟네

다니엘의 두 번째 환상: 숫양과 숫염소 (8:1-14)

바빌로니아 왕 벨사살이 나라를 다스린 지 3년째 되던 해(주전 547년경), 그러니까 첫 번째 환상 곧 '바다에서 올라온 네 마리의 큰 짐승에 관한 환상'(7:2-14)을 본 지 3년 후, 다니엘은 두 번째로 환상을 보았다. 두 번째 환상은 '숫양과 숫염소에 관한 환상'이다.

(2-4) "내가 두 번째로 환상을 보았는데, 환상 속에서 나는 엘람 지방의 수산 성에 있는 을래 강가에 서 있었다. 그때 내가 눈을 들어 바라보니, 그 강가에는 뿔이 두 개 돋아나 있는 숫양 한 마리가 서 있었다. 그 숫양의 두 뿔은 다 길었지만, 한 뿔이 다른 뿔보다 더 길었고, 더 긴 뿔이 나중에 돋아난 것이었다. 내가 또 보니, 그 숫양이 자기 뿔로 서쪽과 북쪽과 남쪽을 마구 들이받고 있는데, 어떤 짐승도 그 숫양을 당해낼 수 없었고, 어느 누구도 그 숫양에게서 희생자들을 구해낼 수 없었다. 그러므로 그 숫양은 제멋대로 행동하였고, 그 힘이 점점 더 강해졌다."

나중에 가브리엘 천사가 해석해 준 바에 따르면(20절), '두 뿔 가진 숫양'은 바빌로니아 제국을 쓰러뜨린 '메대'(Media)와 '바사'(Persia)의 두 나라로 이루어진 '메대-바사 제국'(주전 539-331년경)을 상징한다. 그중 '긴 뿔'은 메대보다 세력이 더 강했던 '바사' 곧 '페르시아'를 가리킨다. 메대-바사 제국의 전성기 때에, 그 제국은 주변의 숱한 나라들과 민족들을 마구 공격하여 무자비하게 짓밟고 정복하였다. 당시에는 그 제국의 막강한 무력을 아무도 당해내지 못했다. 앞서 다니엘이 본 '네 마리 큰 짐승의 환상'에서는 이 메대-바사제국이 '곰'으로 상징된 바 있었다(7:5).

다니엘의 환상: 숫양과 숫염소

한편, 두 번째의 환상에서 다니엘의 몸은 '엘람 지방의 수산 성에 있는 울래 강가'에 가 있었다. '수산 성'은 페르시아 만(灣)에서 북쪽으로 20km 지점에 있는 엘람 왕국의 옛 수도로서, 당시 바사(페르시아)의 지배 아래 놓여 있었다. 그리고 '을래강'은 수산 성에서 동쪽으로 10km 지점에 있는 강으로, 오늘날의 '카룬강'과 동일한 곳이다.

(5-8) "내가 본 그 환상이 도대체 무엇을 뜻하는지 깨닫기 위해 깊은 생각에 잠겨 있을 때, 갑자기 서쪽에서 숫염소 한 마리가 나타나더니 온 땅을 마구 누비며 두루 돌아다니는데, 어찌나 빨리 달리는지

그 두 발이 땅에 닿지 않을 정도였다. 그 숫염소의 두 눈 사이에는 눈에 띄게 큰 뿔 하나가 우뚝 솟아 있었다. 그런데 그 숫염소는 내가 앞서 보았던 그 숫양, 곧 강가에 서 있던 두 뿔 가진 그 숫양에게로 방향을 틀더니, 크게 성난 모습으로 그 숫양을 향해 세차게 달려갔다. 그리고 내가 보니, 그 숫염소가 마침내 그 숫양에게 가까이 이르러 더욱 성을 내며 그 숫양을 세게 들이받으니, 그 숫양의 머리에 난 두 뿔이 그만 부러지고 말았다. 그러나 그 숫양에게는 그 숫염소에 맞서 싸울 만한 힘이 없었다. 그러므로 그 숫염소가 그 숫양을 땅에 내던지고 마구 짓밟았지만, 아무도 그 숫양을 그 숫염소의 손에서 건져낼 자가 없었다. 이후 그 숫염소는 점점 기세가 등등해져 그 힘이 강해질 대로 더욱 강해졌다. 그런데 바로 그때에, 그 숫염소의 큰 뿔 곧 그 숫염소의 두 눈 사이에 있는 아주 큰 뿔이 그만 뚝 부러지고 말았다. 그러자 그 큰 뿔이 부러진 자리에 또 다른 네 개의 뚜렷한 뿔이 서로 다른 네 방향으로 돋아났다."

나중에 가브리엘 천사가 해석해 준 바에 따르면(21-22절), 서쪽에서 갑자기 나타난 '숫염소'는 '헬라 제국'을 상징한다. 앞서 다니엘이 본 '네 마리 큰 짐승의 환상'에서는 이 헬라 제국이 '표범'으로 상징된 바 있었다(7:6). 이 제국은 '두 뿔 가진 숫양'으로 상징된 메대-바사 제국을 쳐서 꺾은 뒤에 아주 신속하게 주변 나라들을 정복하였다. 그리고 그 숫염소의 두 눈 사이에 있는 '큰 뿔'은 헬라 제국을 건설하고 일으킨 '알렉산더 대왕'(주전 336-323년)을 가리킨다.

하지만 그 큰 뿔이 갑자기 뚝 부러지듯 알렉산더 대왕은 한창 정복 전쟁을 수행하던 중에 갑자기 열병으로 죽고 말았다(주전 323년). 그러자 그 큰 뿔이 부러진 자리에 또 다른 네 개의 뚜렷한 뿔이 돋아났다. 새로 돋아난 이 뚜렷한 네 뿔은 알렉산더 대왕(큰 뿔)이 죽은 후에 헬라 제국을 분할해서 통치한 알렉산더의 막료(幕僚)들인 네 명의 장군

(셀류쿠스, 톨레미, 카산더, 리시마쿠스)을 가리킨다. 다니엘의 환상은 계속 이어진다.

(9-12) "그 네 개의 뿔 가운데 한 개의 뿔에서 또다시 작은 뿔 하나가 돋아나더니, 남쪽과 동쪽을 향하여, 그리고 영광스러운 땅이 있는 쪽을 향하여 아주 크게 뻗어나갔다. 그 뿔은 점점 더 강력해져 하늘 군대에 미칠 만큼 강대해지더니, 마침내 하늘 군대와 별 가운데 얼마를 땅에 떨어뜨리고 짓밟았다. 그 후에 그 뿔은 자신을 스스로 높여 하늘 군대의 주인에게 대적하여, 그분께 날마다 드리는 제사를 없애버리고 그분의 성전마저 헐어버렸다. 그 뿔의 반역으로 인해 그 뿔의 권세 아래 놓인 그 땅의 백성들은 날마다 그분께 제사를 드리기는커녕 온갖 악행을 일삼았다. 이처럼 그 뿔은 진리를 땅에 내던지고 제멋대로 행하였다. 그런 가운데서도 그 뿔이 하는 일은 모두 잘 되었다."

이후 가브리엘 천사가 해석해 준 바에 따르면(23-25절), 현저한 네 개의 뿔 가운데 한 개의 뿔에서 돋아난 또 다른 '작은 뿔'은 수리아 왕 '안티오쿠스 에피파네스 4세'(주전 175-163년)를 가리킨다. 그는 현저한 네 개의 뿔 중 하나인 셀류쿠스 왕조에서 나온 인물로서, 권력을 잡은 후에 팔레스타인 땅으로 진격하여 유대인들의 여호와 신앙을 악랄하게 말살하고, 매우 교활하게 그 땅에 헬라화 성책을 시행한 무사비한 폭군이있다.

그는 영화로운 땅(이스라엘)을 마구 짓밟았고, 하나님의 성전을 지독하게 모독했으며, 유대인들의 안식일, 절기, 제사 등을 무자비하게 폐지하거나 금지시켰다. 그리고 이 같은 자신의 헬라화 정책에 따르지 않거나 저항하면 남녀노소를 막론하고 누구든지 가차 없이 죽이고 말았다. 그럼에도 불구하고 그가 펼치는 정책들과 치르는 전쟁들은 한동안 순탄하게 이어졌다.

(13-14) "그때에 내가 들으니, 어떤 거룩한 천사가 말하고 있는데, 또 다른 거룩한 천사가 그 말하고 있는 천사에게 이렇게 물었다. '이 환상 속에 나타난 악한 일들이 언제까지 계속되는 것인가? 매일 드리는 제사를 못 드리게 하고, 멸망에 이르는 죄악을 저지르며, 성전이 헐리고, 하나님의 백성이 짓밟히는, 이 같은 악한 일들이 언제까지 계속되는 것인가?' 그러자 다른 천사가 내게 말하기를 '그런 악한 일들이 밤낮 2,300일 동안 계속될 것인데, 그때가 지나야 성전이 복구되어 깨끗해질 것이다.'라고 하였다."

두 천사의 질문과 답변을 통해 드러난 바는, 현저한 네 개의 뿔 가운데 한 개의 뿔에서 돋아난 또 다른 '작은 뿔' 곧 수리아 왕 '안티오쿠스 에피파네스 4세'의 잔인무도하고 신성모독적인 만행이 '밤낮 2,300일' 동안 계속될 것이라는 사실이다. 여기 '밤낮 이천 삼백 일'은 수리아 왕 안티오쿠스가 유대인들과 맺은 평화조약을 일방적으로 깨뜨린 뒤 유대교 말살 정책을 실시한 때로부터(주전 171년), 유다 마카비 가(家)의 혁명에 의해 안티오쿠스가 축출되고 성전이 회복되어 정결케 된 때까지(주전 165년)의 기간인 6년 3개월 20일(2,300일)을 가리킨다.

가브리엘 천사가 환상을 설명함 (8:15-27)

(15-19) "나 다니엘이 이 같은 환상을 보고서, 그 환상이 무엇을 뜻하는지 알고 싶어 할 때에, 내 앞에 사람처럼 생긴 어떤 존재가 서 있었다. 그때 나는 을래강의 두 언덕 사이에서 어떤 사람이 큰 소리로 이렇게 외치는 소리를 들을 수 있었다. '가브리엘아, 그 사람이 본 환상이 무엇을 뜻하는지 그에게 설명해 주어 그로 깨닫게 하여라!' 그러자 가브리엘 천사는 내가 서 있는 곳으로 다가왔는데, 그가 내 곁으로 다가올 때에 나는 너무나 두려워서 얼굴을 땅에 대고 땅바닥에 납작 엎드렸다. 그가 입을 열어 말하기를 '사람의 아들아, 너는 깨달아

알아라. 네가 본 환상은 이 세상의 끝날에 관한 것이다.'라고 하였다. 그가 내게 말할 때에, 나는 의식을 잃고 얼굴을 땅바닥에 댄 채 그대로 쓰러져 있었다. 그러자 그가 나를 어루만지면서 일으켜 세운 뒤, 계속 이어 말하기를 '마지막 때에 하나님께서 분노하시는 날, 그 결과가 어떻게 될 것인지를 네게 보여주겠다. 그렇다. 네가 본 환상은 정해진 세상 끝날의 일에 관한 것이다.'라고 하였다."

다니엘이 본 환상은 '세상 끝날'에 관한 것이었다. 여기서 '끝날'은 한 시대가 끝나고 새 시대가 시작될 때란 말로, 곧 구약시대가 끝나고 신약시대 곧 '메시아 시대'가 임하는 때를 가리킨다. 그래서인지 다니엘은 자신이 본 환상이 무얼 뜻하는지 스스로의 힘으로는 도무지 깨달을 수 없었다. 그래서 환상의 내용을 깨닫기 위해서는 부득불 가브리엘 천사의 도움을 받아야 했다.

그렇다면 왜 다니엘에게 보인 환상은 깨닫기 무척 어려운 것인가? 왜 누구나 깨닫기 쉽도록 직접적인 방식으로 묘사되지 않았는가?

요한계시록에서 사도 요한이 본 환상처럼, 여기 다니엘이 본 환상도 묵시문학적인 상징과 은유 등의 난해한 기법으로 묘사되었기 때문이다. 사자, 곰, 표범, 무시무시한 짐승 같은 네 마리의 큰 짐승, 열 뿔, 숫양, 숫염소, 네 뿔, 큰 뿔, 작은 뿔 등의 묘사 등이 그런 예다. 성경에서 이러한 묵시문학적인 묘사는 종종 이방 제국이 유대교나 기독교를 핍박하던 시기에 그들 제국이나 왕들의 미래 운명에 관해 말하고자 할 때에 사용되곤 하였다. 따라서 그런 묵시문학적인 묘사는 실체나 진실을 상징과 은유 속에 숨겨 악한 자들의 이해를 막는 수단으로 사용되었다. 이런 목적으로 당대에는 진실과 실체를 보호하고자 일부러 어렵게 묘사한 것이다.

어쨌든 묵시문학적인 방식으로 묘사된 상징과 은유 등은 이해하기 무척 어렵지만, 그런 상징과 은유 같은 비유법을 사용하지 않고서는 달리 미래의 비밀스런 하늘 계시에 대해 묘사하는 것도 결코 쉬운 일은 아니다. 그래서 환상의 구체적인 해석에 관해서는 여러 의견들이 있을 수 있다. 하지만 그 환상의 핵심 주제를 이해하는 것은 그리 어렵지 않다. 그것은 세상의 어떤 나라나 권세도 영원하지 않고 일시적이며, 따라서 세상 권세는 궁극적으로 하나님의 나라나 권세를 절대로 이길 수 없고, 오직 메시아로 인해 세워질 하나님의 나라와 권세만이 영원무궁토록 변함없이 견고하다는 것이다.

(20-22) "네가 환상 가운데서 맨 처음에 본 숫양, 곧 두 뿔을 지닌 그 숫양은 메대와 바사의 왕들이다. 그 후에 나타난 털 많은 숫염소는 곧 헬라 왕이고, 그 숫염소의 두 눈 사이에 돋아난 아주 큰 뿔은 곧 헬라의 첫 번째 왕을 가리킨다. 그 큰 뿔이 부러지고, 그 대신에 돋아난 네 개의 뿔은 네 왕국을 가리키는데, 그것은 곧 헬라가 네 개의 나라로 분열된다는 것을 뜻한다. 하지만 그 네 나라의 권세는 첫 번째 왕이 다스리던 나라의 권세보다 강하지 못할 것이다."

다니엘이 본 '숫양과 숫염소의 환상'에 관한 가브리엘 천사의 해설이다. 앞서 설명했지만(3-8절), 다시 요약하면 이러하다. 두 뿔 지닌 숫양은 메대-바사(페르시아) 제국, 털 많은 숫염소는 헬라 제국, 그 숫염소의 두 눈 사이에 돋아난 아주 큰 뿔은 알렉산더 대왕, 부러진 큰 뿔 대신에 돋아난 네 개의 뿔은 알렉산더 대왕 휘하의 네 장군인 셀류쿠스, 톨레미, 카산더, 리시마쿠스를 가리킨다.

(23-26) "그 네 나라의 때가 거의 끝나가면서 타락하는 사람들이 많아져, 그 땅에 죄악이 가득할 즈음에 한 왕이 일어날 것인데, 그 왕은 아주 뻔뻔하고 흉계를 잘 꾸미는 악한 왕이다. 그 악한 왕은 점점 힘이 강해질 것인데, 스스로의 힘으로 강해지는 것이 아니고,

다른 사람의 힘을 빌려서 강해질 것이다. 그리하여 강한 권세를 지니게 된 그 악한 왕은 무시무시한 파괴 행위를 서슴지 않고 자행할 것이고 제멋대로 행동할 것인데, 하는 일마다 다 잘될 것이다. 특히 그는 힘이 강한 정적들을 여지없이 짓밟을 것이고, 거룩한 하나님의 백성들을 기치없이 파멸시킬 것이다. 그는 교활한 꾀를 자주 베풀어 온갖 흉계로 남을 속임으로써 제 뜻을 이룰 것이고, 스스로를 크게 높여 마음에 교만을 잔뜩 품은 채 의기양양할 것이다. 또 그는 평화로운 때를 틈타서 많은 사람들을 죽이겠고, 마침내는 만왕의 왕이신 하나님께 대항하여 일어설 것이다. 그러나 그는 어느 순간에 깨어져 죽고 말 것이니, 사람의 손 하나 닿지 않고서도 스스로 멸망하고 말 것이다. 그렇다. 네가 본 그대로 악한 날들이 밤낮 2,300일 동안 계속된다는 환상은 분명히 일어날 일이다. 그렇지만 그 일들은 먼 훗날의 일이니, 너는 이 환상의 비밀을 네 마음속에 잘 간직해두어라."

여기 '악한 왕'은 앞서 '네 개의 뿔 가운데 한 개의 뿔에서 돋아난 또 다른 작은 뿔'(9절)로 묘사된 인물로, 곧 수리아 왕 '안티오쿠스 에피파네스 4세'를 가리킨다. 그는 아주 뻔뻔하고 간교하며 잔인한 성격의 소유자로, 온갖 악한 꾀로써 정적들을 짓밟고, 평화조약을 일방적으로 깨뜨려 평화로운 때를 틈타 많은 사람들을 죽였으며, 특히 여호와 신앙을 무자비하게 말살한 유대교의 큰 박해자였다.

이처럼 그 악한 왕은 교만하고 잔인무도하게 밤낮 2,300일 동안 하나님을 거슬러 대적하다가(14절), 끝내 사람의 손 하나 닿지 않고 스스로 멸망하고 말 운명이었다(25절b). 이는 그가 사람에 의해 인위적인 죽음을 당하지 않고, 하나님에 의해 신적(神的) 심판을 받아 죽임당할 것이라는 말이다. 이런 맥락에서 여기 '악한 왕'은 세상 종말에 등장할 '적그리스도'의 예표(豫表)다. 세상 종말에 적그리스도 역시 하나님의 심판으로 완전하고도 철저하게 궤멸될 것이기 때문이다(계 20:7-9).

한편, 다니엘이 본 환상은 먼 훗날에 확실하게 일어날 일에 관한 것이었다(26절). 다니엘이 '숫양과 숫염소의 환상'을 본 때는 바빌로니아 왕 벨사살 3년이었다(1절, 주전 547년). 그리고 악한 왕 곧 수리아 왕 안티오쿠스가 유대교를 박해하기 시작한 때는 주전 171년경이었다. 따라서 여기 '먼 훗날'은 대략 4세기(400년) 이후를 가리킨다.

(27) 다니엘은 이 같은 환상을 경험하고서, 너무나 충격을 받아 정신을 잃고 여러 날 동안 몸져 누워 있었다. 그런 뒤, 몸을 추스르고 일어나서 왕이 맡긴 업무를 계속 수행했다. 하지만 다니엘은 그 환상으로 인해 몹시 놀랐는데, 참으로 그 환상은 사람의 이해를 넘어선 아주 비밀스런 일이었다.

'숫양과 숫염소의 환상'은 다니엘이 정신을 잃고 여러 날을 침상에 몸져 누울 정도로 그에게 엄청난 충격을 주었다. 환상의 내용이 아주 놀랍고 두렵고 비밀스럽기도 했지만, 무엇보다 악한 왕의 등장으로 말미암아 후일 동족 유대인들이 겪을 혹독한 대박해가 너무나도 큰 아픔과 고통으로 와닿아 다니엘의 심령을 강하게 짓눌렀기 때문이다.

9
다니엘의 중보 기도

다니엘은 갈대아 왕 다리오 원년에
예레미야의 70년 예언의 뜻 깨닫고
굵은 베옷을 입고 금식하면서
잿더미 위에 앉아 중보 기도를 하네

동족을 위한 다니엘의 기도 (9:1-19)

메대 사람인 아하수에로의 아들 다리오가 바빌로니아의 왕위에 오른 첫 해(주전 539년), 곧 다리오가 나라를 통치하기 시작하던 원년의 일이다. 키악사레스 2세(Cyaxares II)로 불리는 다리오(Darius)는 메대-바사(페르시아) 제국이 바빌로니아를 함락시킨 후에 바빌로니아를 첫 번째로 통치한 인물로, 그때 그의 나이는 62세였다(5:31). 당시 메대-바사 제국을 통치한 최초의 통치자는 고레스(Cyrus, 주전 539-529년)였는데 (1:21), 다리오는 고레스 대왕의 위임을 받아 갈대아 지역 곧 바빌로니아 지역을 통치한 일종의 분봉왕(分封王)이었다.

"아앗, 이것은…? 이 말씀은 분명…? 그래, 바로 그거야! 오, 주님!"

다리오 왕 원년, 다니엘은 두루마리 책에 기록된 하나님의 말씀을 이리저리 살피고 연구하다가, 주께서 예레미야 선지자에게 예루살렘의 황폐함에 관한 연수를 정해준 사실을 불현듯 깨닫게 되었다. 곧 예루살렘의 황폐함이 70년 만에 끝날 것이라고 주께서 말씀하신 사실을 알게 되었다.

다니엘은 제1차로 바빌로니아 땅에 끌려온 유다 포로민이었는데(주전 605년), 이후 예레미야 선지자가 바빌로니아 땅의 포로민들에게 써 보낸 예언의 편지를 바빌로니아 땅에서 접했던 것이다(렘 29장). 예레미야가 써 보낸 그 예언의 편지를 살피고 연구하던 중에 다니엘은 하나님의 영감으로 예레미야가 예언한 그 '70년'의 비밀을 깨달은 것이다. 예레미야가 써 보낸 예언의 편지에는 이렇게 쓰여 있었다.

> (렘 29:10) "여호와께서 이와 같이 말씀하시니라. 바벨론에서 칠십 년이 차면, 내가 너희를 돌보고 나의 선한 말을 너희에게 성취하여 너희를 이곳으로 돌아오게 하리라."

일찍이 하나님께서는 유다 백성들의 바빌로니아 포로생활을 '70년'으로 정해놓으셨던 것이다(렘 25:11; 29:10). 여기 '70년'에 대해서는 두 가지 측면에서 이해할 수 있다. 하나는 상징적인 수로 이해하는 것이다. 곧 '충분하고 온전한 기간'이란 뜻으로, 하나님의 거룩한 수인 '7'에다 완전수인 '10'을 곱한 숫자로 보는 것이다. 또 하나는 실제적인 수로 이해하는 것이다. 곧 제1차 바빌로니아의 포로 된 때로부터 제1차 예루살렘 귀환이 이루어진 때까지(주전 605-537년)로 보는 것이다.

다니엘은 실제적인 수로 이해했다. 그래서 자신이 바빌로니아 땅에 포로로 끌려온 해(주전 605년)부터 당시의 해(다리오 원년, 주전 539년)를 계산해 보니 67년, 거의 '70년'이 되었다고 본 것이다. 그래서 다니엘은 두루마리 책에 기록된 하나님의 선한 말씀대로 이스라엘 백성들이 조만간 고국 땅으로 돌아갈 때가 이르렀다고 판단했다. 놀랍고 벅찬 깨달음을 얻은 것이다!

그래서 다니엘은 즉시 굵은 베옷을 걸치고 재를 덮어쓴 채 금식하면서 하나님께 열심히 기도하며 간구한다. 기도할 때, 이처럼 굵은 베옷을 입고 재를 덮어쓰는 행위는 유대 사회에서 슬픔과 회개를 나타내는 오랜 관습이었다. 다니엘은 동족의 죄악에 대하여 연대 책임을 갖고 큰 슬픔과 더불어 회개한다는 표시로 이 같은 행동을 취한 것이다. 때에 다니엘은 농속 이스라엘 백성들이 시은 쇠들 고백하넌서 하나님께 기도드린다.

다니엘은 16세가량의 소년 시절에 바빌로니아 땅에 포로로 끌려와 어느덧 67년의 세월이 흘렀으니, 당시 그의 나이는 83세가량으로 백발이 성성한 노인이었다. 그런 노인이 굵은 베옷을 입고 재를 덮어쓴 채 금식하며 주님께 기도드린다. 비록 몸은 쇠하여 늙었지만, 가슴 속엔 뜨거운 열정이 펄펄 끓고 있었고, 얼굴에는 소망의 빛이 가득하다.

(4-11) "오, 크시고도 두려우신 우리 주 하나님이시여! 진실로 주께서는 주님을 사랑하고 주님의 계명을 지키는 이들에게 주님의 언약을 신실히 지키시고 또 주님의 크신 자비를 풍성히 베풀어주시는 분이십니다. 그러나 우리는 주님을 거슬러 온갖 죄를 짓고 많은 잘못을 저질렀습니다. 주님을 배반하여 주께서 명하신 법도와 규례를 저버렸습니다. 또한 우리는 주의 종 선지자들이 외치는 말씀을 듣지 않았습니다. 주께서 보내신 선지자들은 주님의 이름으로 우리의 왕들과 지도자들과 조상들과 온 백성들에게 주님의 말씀을 거듭 선포했지만, 우리는 그 말씀에 조금도 귀를 기울이지 않았습니다. 오, 주여! 모든 공의는 오직 주께 있으며, 우리에게는 오늘날처럼 수치만 가득할 뿐입니다. 유다 사람들과 예루살렘 주민들과 온 이스라엘 백성들이 자기들의 땅에서 가까운 데 있든, 멀리 있든, 모두가 주께서 쫓아 보내신 온 세상 여러 나라들에서 수치를 겪으며 살아가고 있습니다. 그 까닭은, 그들이 주님께 신실하지 못하여 모두가 죄를 지었기 때문입니다. 오,

주여! 참으로 그렇습니다. 우리의 왕들과 지도자들과 조상들이 각국에 흩어진 채 모두가 수치를 겪으며 살아가고 있는 것은 우리가 주께 등을 돌리고 죄를 지었기 때문입니다. 그럴지라도 우리 주 하나님께서는 우리에게 거듭 용서와 자비를 베푸셨지만, 그래도 우리는 항상 주님을 거역하고 반역하였습니다. 진실로 우리는 우리 하나님이신 주님의 목소리에 귀를 기울이지 않았고, 주께서 자기 종들인 선지자들을 시키셔서 우리에게 말씀해주시고 세워주신 율법을 따르지도 않았습니다. 온 이스라엘 백성이 주께서 지키라고 명하신 율법을 저버렸고, 그들 모두가 그릇된 길로 치우쳐 주님의 목소리에 도무지 귀를 기울이지 않았습니다. 그러므로 마침내 오늘날과 같은 두려운 재앙이 우리에게 미쳤으니, 곧 하나님의 종 모세의 율법 책에 기록된 대로 무서운 저주의 징벌이 우리에게 내렸습니다. 그 까닭은, 우리가 주님을 거슬러 죄를 지었기 때문입니다."

절절한 회개의 기도다. 동족 이스라엘 백성들은 주께서 정하신 규례와 법도를 저버렸고, 주님의 선지자들을 무시했으며, 주님을 거슬러 온갖 죄악을 저질렀다고 고백하고 있다. 그리고 바로 그런 죄악이 나라를 잃은 채 온 세상에 흩어져 사는 떠돌이 신세가 된 이유임을 자백하고 있다. 70년이 차서 본토로 귀환하기 전에 이스라엘 백성들은 이 사실을 철저하게 깨달아야 했다.

다니엘은 기도 중에 '우리'라는 말을 거듭 사용하여 동족 이스라엘 백성들이 지은 죄에 자신을 포함시키고 있다. 사실, 국가와 민족을 위해 죄를 고백하는 행위는 이스라엘 사회에서 제사장들과 선지자들과 왕들 및 지도자들의 오랜 전통이었다(레 16:21; 스 10:1; 느 1:6). 오늘날 우리는 일반적으로 개인의 죄에 대한 고백을 중요시하지만, 고대 유대 사회에서 하나님의 백성들은 개인보다는 '공동체'를 더욱 우선시했다. 따라서 다니엘은 나라와 민족의 죄를 자신의 죄인 양 진지하게 받아들이는 가운데 진심을 다해 하나님께 긍휼과 용서를 구한 것이다.

> (12-15) "그날에 주께서는 우리에게 크고 두려운 재앙을 내리셨으니, 일찍이 우리와 우리의 통치자들에게 거듭 경고하신 모든 말씀대로 다 이루셨습니다. 그리하여 예루살렘에 내린 것 같은 크고 두려운 재앙은 온 천하 어디에서도 찾아볼 수 없었습니다. 모세의 율법 책에 기록된 대로, 그 모든 재앙들이 우리에게 이미 내렸습니다. 그런데도 우리는 우리의 그릇된 길에서 돌아서게 해달라고, 주님의 진리 말씀을 깨닫고 그 가르침에 따라 살게 해달라고, 그렇게 우리는 우리 하나님이신 주님의 은혜를 간구하지도 않았습니다. 그러므로 주께서는 모든 재앙을 준비해두셨다가 주의 심판의 날에 우리에게 그 모든 재앙을 내리셨으니, 진실로 우리 하나님이신 주께서 우리에게 행하신 모든 일은 공의로우셨으니, 그것은 우리가 주님의 말씀에 순종하지 않았기 때문입니다. 오, 주여! 강한 권능의 손으로 주님의 백성을 이집트 땅에서 이끌어내시어, 오늘날같이 그 명성을 널리 떨치고 계시는 우리 주 하나님이시여! 진실로 우리가 주님 앞에서 많은 죄를 지었고 온갖 악을 행하였나이다."

이스라엘 백성들이 주님의 율법을 저버린 채 심판의 경고를 거듭 무시하자, 마침내 주님은 예루살렘에 크고 두려운 재앙을 내리셨다. 주전 588년, 느부갓네살 왕이 이끄는 바빌로니아의 군대가 제3차로 예루살렘을 침공하여 무려 18개월 동안 예루살렘을 포위한 끝에 마침내 예루살렘을 함락시키고 말았다(주전 586년).

예루살렘을 정복한 바빌로니아 군대는 이후 왕과 지도자들을 무자비하게 처형하고, 예루살렘 궁전과 성전을 철저히 파괴하고 약탈한 후에 불살라버렸다. 그리고 수많은 유다 백성들을 사로잡아 사슬로 묶어 포로로 끌고 갔다. 그 결과, 본국에서 쫓겨난 이스라엘 백성들은 먼 이방 땅의 여기저기 도처에 흩어져 살면서 포로 신세 된 고통과 수치를 고스란히 겪으며 비참하게 살아가야 했다(왕하 25:1-21).

이처럼 예루살렘에 하나님의 크고 두려운 재앙이 내려진 것은 갑작스러운 게 아니라 어디까지나 옛적 모세의 율법 책에 기록된 대로 이루어졌을 뿐이다(13절). 오래전에 하나님께서는 이스라엘 백성들이 불순종의 길을 걷게 될 때에, 그들이 받게 될 크고 두려운 재앙에 대하여 모세를 통해 이미 생생하게 경고하신 바가 있었다(레 26:14-39; 신 28:15-68).

(16-19) "오, 주여! 간구하오니 주께서는 주의 의로우심에 따라 이제는 주님의 분노를 주님의 도성 예루살렘에서, 곧 주님의 거룩한 시온산에서 거두어주소서. 우리가 우리의 죄악과 우리 조상들의 죄악으로 인하여, 예루살렘과 주님의 백성들이 지금껏 우리 주변의 뭇 민족들에게서 갖은 멸시를 당해왔기 때문입니다. 그러므로 우리 주 하나님이시여, 지금 주의 종의 기도와 간구를 들어주소서. 주님의 영광을 위하여, 이제는 주님의 은총의 얼굴빛을 주님의 황폐해진 성소에 비추시어, 무너진 주님의 성전을 다시 복구하여 주소서. 나의 주 하나님이시여, 이제 귀를 기울이시어 주의 종의 간구를 들어주시고, 이제 눈을 뜨시어 우리의 피폐해진 모습과 주님의 이름으로 일컬어지는 그 도성의 황폐함을 보시옵소서. 우리가 이처럼 주님 앞에 간구하고 있는 것은, 우리가 옳고 의롭기 때문이 결코 아닙니다. 다만 주님께서는 자비로우신 분이시기에, 그 크신 자비로움에 기대어 간구하고 있을 뿐입니다. 오, 주여! 우리의 기도를 들으소서. 오, 주여! 우리의 죄를 용서하소서. 오, 주여! 우리의 기도를 들어주시고 이루어주소서. 제발 지체하지 마소서. 나의 주 하나님이시여, 주님의 영광을 위하여 즉시 행하시옵소서. 그것은, 주의 도성과 주의 백성이 주님의 이름으로 일컬어지는 주님의 것이기 때문입니다."

예레미야 선지자가 써 보낸 예언의 편지를 읽고 살펴보다가 '70년의 비밀'을 깨달은 다니엘이 그 약속에 의지하여 동족 이스라엘 백성들의 구원과 회복을 간구하는 내용이다. 이때 다니엘은 철저히 '하나님 중심'의 기도를 드린다.

첫째, 이스라엘 백성들의 옳음과 의로움에 조금도 기대지 않고, 오직 하나님의 은혜와 자비로우심(긍휼)에 전적으로 기대어 간구하고 있다. 재앙과 고통을 겪을 만큼 겪었으니, 이제는 마땅히 이스라엘 백성들을 회복시켜 주셔야 한다고 말하지 않고, 비록 아무런 자격이 없지만 온 세상에 흩어져 오랫동안 수치와 고통을 겪고 있는 그 백성을 불쌍히 보시고 이제는 제발 긍휼을 베풀어 주십사고 간구하고 있다.

둘째, 이스라엘의 이름과 영광을 위해서가 아니라, 오직 하나님의 이름과 영광을 위해서 그 백성을 구원하시고 회복시켜 주십사고 간구하고 있다. 비록 보잘것없고 못났어도 이스라엘 백성은 어디까지나 하나님께서 택하신 하나님의 백성이고, 또한 하나님의 거룩하신 이름과 크신 영광은 어떠한 경우에도 이방 사람들에 의해 조롱당하거나 훼손되어서는 안 되기 때문이라는 것이다. 다니엘이 드린 바, 이 같은 '하나님 중심의 기도'는 모든 시대를 초월하여 하나님께 기도드리는 모든 자가 필히 본받아야 할 모범적인 기도다.

하나님의 응답: 칠십 이레 환상의 비밀 (9:20-27)

굵은 베옷을 걸치고 재를 덮어쓴 채 금식하며 주님께 진심으로 기도하는 다니엘, 그가 자신이 지은 죄와 자기 동족 이스라엘 백성들이 지은 죄를 주님 앞에 고백하면서 하나님의 거룩한 시온산 위에 세워진 주님의 성전을 다시 회복시켜 달라고 간구하고 있을 때, 다니엘이 이전의 환상 가운데서 본 그 사람 곧 가브리엘 천사가 재빠르게 날아와서 다니엘이 있는 곳에 이르렀다. 때는 저녁 제사를 드릴 무렵이었다. 매일의 아침과 저녁에 드리는 상번제 중 해질 무렵에 드리는 저녁 제사 때였다(민 28:1-4).

(22-23) "다니엘아, 내가 이렇게 온 것은 이제 네게 지혜와 통찰력을 주기 위해서다. 곧 네가 주님께 기도를 시작한 그 즉시로, 그분의 명령이 내게 떨어졌으므로 이제 그것을 네게 알려주려고 이렇게 왔다. 다니엘아, 너는 그분께 큰 은총을 받은 자다. 그러므로 내가 이제부터 설명해 줄 테니, 너는 잘 듣고 그 환상을 깨닫도록 하여라."

'가브리엘'(Gabriel)은 하나님의 고위 천사장 가운데 한 명으로, 그 이름의 뜻은 '하나님의 사람' 혹은 '하나님은 강하시다'이다. 이 천사는 후일 제사장 사가랴에게 세례 요한의 출생을 알려주고(눅 1:8-20), 또한 마리아에게 예수의 동정녀 잉태를 알려준 천사이기도 하다(눅 1:26-28). 이처럼 가브리엘은 주로 하나님의 메시지를 전달하는 천사인데, 하나님의 군대를 이끌고 악한 세력과 싸우는 천사장인 '미가엘'과 더불어, 성경에서 그 이름이 언급된 두 천사 중 하나다. 이제 다니엘에게 재빠르게 날아온 가브리엘 천사가 그를 향하여 말한다.

(24-27) "하나님께서는 네 백성과 네 거룩한 도성을 위하여 '칠십 이레'의 기한을 정해 놓으셨다. 그 기간이 지나야, 모든 허물이 그치고 죄가 끝나며 죄악이 영영 용서받고 영원한 의가 세워지며 모든 환상과 예언이 이루어지고 또한 지극히 거룩한 자가 기름 부음을 받게 될 것이다. 그러므로 너는 이것을 알고 깨닫도록 하여라. 예루살렘을 재건하라는 명령이 내릴 때부터 기름 부음을 받은 지극히 거룩한 자 곧 왕이 오기까지는 '칠십 이레' 가운데서 '일곱 이레'와 '육십이 이레' 곧 '육십구 이레'가 지날 것이다. 비록 그때가 고난과 시련의 때이기는 하겠지만, 그래도 그 기간 동안에 예루살렘 도성이 재건되어

거리가 생겨나고 튼튼한 성벽이 세워질 것이다. 마침내 '일곱 이레'와 '육십이 이레'가 지나고 나면, 주님께 기름 부음을 받은 지극히 거룩한 자가 부당하게 죽임을 당하여 땅 위에서 없어질 것이다. 그때에 한 이방 통치자가 자기 군대를 거느리고 쳐들어와서 예루살렘 성읍과 그 성선을 크게 파괴할 것이니, 그것들이 마치 홍수에 휩쓸려 침몰당히 듯 비참한 종말을 맞게 될 것이다. 그 후로 마지막 날까지 끊임없이 전쟁이 있을 것이고, 온 세상의 모든 땅들이 파괴되어 황폐해질 것이다. 그리고 그때에 한 통치자가 등장하여 많은 사람들과 더불어 평화의 말로 '한 이레' 동안의 공고한 계약을 맺을 것이다. 그러다가 그 통치자는 '한 이레의 절반' 곧 '삼년 반'이 지나면, 하나님의 백성들이 주님의 성전에서 주님께 제사와 예물을 드리지 못하도록 그 일을 강력히 금지시킬 것이다. 그 대신에, 그 통치자는 아주 흉측하여 하나님께서 미워하시는 물건인 우상을 성전의 높은 곳에 세우고 본격적으로 활동하기 시작할 것이다. 그러나 하나님의 계획에 따라 이미 정해 놓은 종말의 때가 이르면, 하나님의 무서운 진노가 그 황폐케 하는 자 곧 그 악한 통치자에게 쏟아져 그를 철저히 파멸시킬 것이다."

대체 무슨 말인가? 이 내용은 성경에서 해석하기 아주 어려운 부분으로, 이른바 '칠십(70) 이레'에 관한 내용이다. 먼저 '칠십(일흔) 이레'가 무얼 의미하는지 전체적으로 살펴볼 필요가 있다.

'칠십 이레'(히, 솨부임 쉬브임)의 문자적인 뜻은 '일곱들, 그것들의 칠십'으로, 이를 숫자화하면 '7 × 70 = 490'이 된다. 하지만 이는 '490년'을 가리키는 실제적인 역사의 연수(年數)가 아니다. 이른바 어떤 내용이나 사건을 상징과 은유 등의 방법으로 전달하던 묵시문학적 수단이 동원된 구속사적인 예언의 숫자다. 즉 '칠십 이레'는 하나님의 백성을 중심으로 펼쳐지는 인류 구속사의 기본적인 구도를 제시해 주는 상징적인 예언수다.

이런 맥락에서 '칠십'(70, 일흔)은 거룩한 수 '칠'(7)에 완전한 수 '십'(10)을 곱한 것이고, '이레'(일곱) 역시 하나님께 속한 '신성한 수'로서 하나님의 거룩한 사역을 상징하는 숫자다. 결국 '칠십 이레'는 하나님께서 자기 백성의 구원을 위해 인류 역사 속에서 펼치시는 하나님의 거룩하고 온전한 구원의 사역을 상징하는 숫자인 것이다.

그렇다면 '칠십(70) 이레' 중 처음 '일곱(7) 이레'의 시기는 언제인가? 이 시기는 예루살렘 성읍을 재건하라는 명령이 있은 때로부터 그 성읍과 성벽이 재건되어 광장과 거리가 세워진 때까지의 시기다(25절). 성경 역사로 살펴보면, 이때는 바사(페르시아) 왕 고레스 원년(주전 538년)에 선포되었던 예루살렘 귀환 조서로부터 시작해서 그 조서에 따라 예루살렘으로 귀환한 유대 백성들이 성읍을 재건하고 성벽을 건설한 바사 왕 아닥사스다 20년(주전 444년)까지의 기간에 해당된다고 볼 수 있다.

다음으로 '칠십(70) 이레' 중 처음 '일곱(7) 이레' 후에 이어지는 '육십이(62) 이레'의 시기는 언제인가? 이 시기는 예루살렘 성읍과 성벽이 재건된 때로부터 기름 부음을 받은 지극히 거룩한 자 곧 왕이 오시기까지의 기간이다(25절). 성경 역사로 살펴보면, 이때는 예루살렘 성읍과 성벽이 재건된 바사 왕 아닥사스다 20년(주전 444년) 때로부터 기름 부음을 받은 인류의 대제사장이요 만왕의 왕이 되시는 메시아 예수의 강림(초림, 주전 4년) 때까지의 기간에 해당된다고 볼 수 있다. 이 시기는 이른바 성경 역사 가운데 구약 시대와 신약 시대 사이에 있는 '중간기'이다.

다음으로 '칠십(70) 이레' 중 '육십구(69) 이레' 곧 처음 일곱(7) 이레와 그다음 육십이(62) 이레가 지나고, 마지막 남은 '한 이레'의 시기는 언제인가? 그런데 성경 역사로 살펴보면, 이 마지막 '한 이레'는 두 부분으로 나뉜다. '전반기 3년 반'과 '후반기 3년 반'이 그것이다. 그중 '전반기 3년 반'의 시기에는 다음과 같은 일들이 일어난다.

칠십 이레 환상의 비밀(단 9:20-27; 계 11-20장)

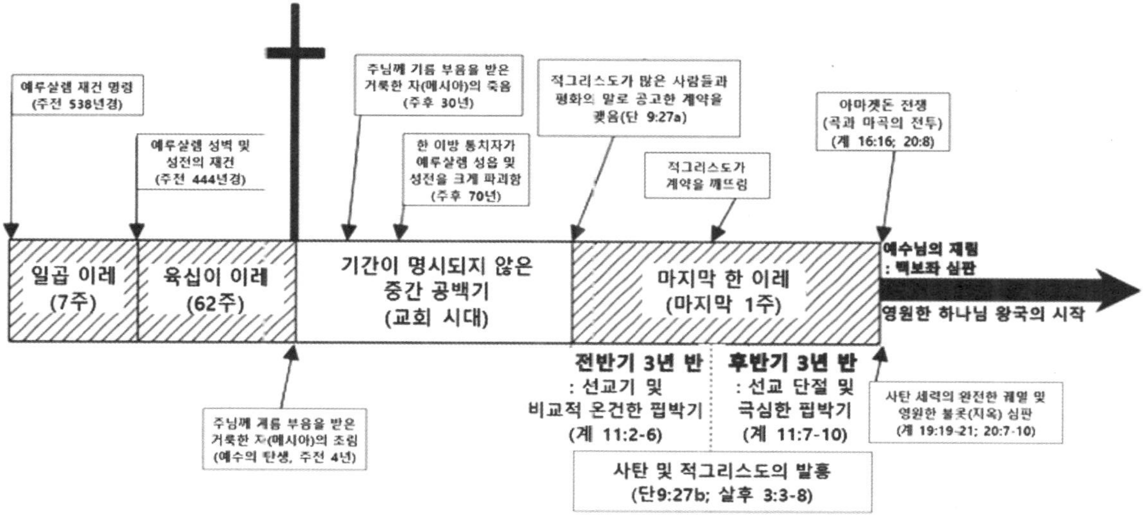

첫째, 기름 부음을 받은 자가 끊어져 없어진다(26절a). 여기 '기름 부음을 받은 자'는 인류 구원의 사명을 위해 주님께로부터 기름 부음을 받은 '메시아(그리스도) 예수'를 가리킨다. 따라서 그의 끊어져 없어짐은 '메시아 예수의 십자가 죽음'을 말한다(주후 30년).

둘째, 한 이방 통치자가 자기 군대를 거느리고 쳐들어와서, 예루살렘 성읍과 그 성전을 크게 파괴한다(26절a). 이는 로마 장군 디도(Titus)에 의한 예루살렘 성읍과 성전의 파괴 사건을 가리킨다(주후 70년).

셋째, 마지막 날까지 끊임없이 전쟁이 있고, 온 세상의 모든 땅들이 파괴되어 황폐해진다(26절b). 세상 종말이 가까이 이를수록 땅 위에는 이 같은 일들이 끊임없이 계속 일어날 것이라고 예수님은 가르치셨다(마 24:3-14).

넷째, 세상 종말에 한 통치자가 등장하여 많은 사람들과 더불어 평화의 말로 공고한 계약을 맺는다(27절a). 세상 종말에 하나님을 거스르고 대적하는 적(敵)그리스도가 출현하여, 한 이레 동안의 전반기에는 많은 사람들과 평화의 언약을 맺는데, 이는 화평한 말로 사람들을 미혹하여 환심을 얻게 되는 일을 뜻한다. 요한계시록에 의하면, 이때는 두 증인(교회와 성도들)이 활동하는 선교의 시기로서(계 11:2-6), 여러 핍박과 어려움들이 있어도 하나님께서 주신 권세와 능력으로 하나님의 왕국을 확장해가는 시기다. 요컨대 신약 시대 중 '온건한 핍박기'라고 부를 수 있다.

그런데 '전반기 3년 반'이 지나가고 '후반기 3년 반'이 시작되는 시기에는 다음과 같은 일들이 일어난다. 즉, 그 통치자가 본색을 드러내어 평화의 언약을 깨뜨리면서 하나님의 백성들로 하여금 주님의 성전에서 주님께 제사와 예물을 드리지 못하도록 강력히 금지시킨다. 대신에 그 통치자는 아주 흉측하여 하나님께서 미워하시는 물건인 우상을 성전의 높은 곳에 세운 뒤 본격적으로 교회와 성도를 핍박하는 활동을 시작한다(27절b).

말하자면 예배와 선교가 금지되고, 우상의 권세가 판치는 사탄과 적그리스도가 설치는 세상이 펼쳐진다는 말이다. 예수님도 재림 직전의 세상 종말에 이 같은 일들이 있을 것이라고 제자들에게 가르치셨다(마 24:15-28). 그리고 사도 바울은 이때를 '불법의 사람' 곧 '멸망의 아들'이 나타나 활동하는 시기로 규정하였다(살후 2:3-8).

요한계시록의 증거에 따르면, 이때는 두 증인이 죽임당하여 시체 상태로 있는 시기다(계 11:7-10). 이처럼 마지막 '한 이레' 동안의 후반기 곧 '후반기 3년 반'의 시기에는 악한 통치자로 묘사된 적그리스도가 마침내 자기 정체를 드러내어, 하나님의 백성들을 가혹하게 핍박하고 기독교 신앙을 철저하게 짓밟고 탄압하는 일이 일어난다.

그런 후에, 하나님의 계획에 따라 이미 정해놓은 종말의 때가 최종적으로 이르게 된다. 그때는 하나님의 무서운 진노가 그 황폐케 하는 자 곧 그 악한 통치자인 적그리스도와 그의 추종 세력에게 쏟아져 모든 사탄의 세력을 철저히 다 궤멸시킬 것이고, 그런 후에 그 모든 무리를 영원한 불못에 던져 넣을 것이다(계 19:19-21; 20:7-10). 바로 이것이 가브리엘 천사가 다니엘에게 일러준바 '칠십 이레'의 크고 놀랍고 오묘한 비밀이다.

10
힛데겔 강가의 환상

환상 중에 나타난 사람이 말할 때
다니엘은 기운이 빠져 정신을 잃네
그 사람이 다니엘을 일으키고는
자기 말을 잘 들으라고 하네

힛데겔 강가에서 본 환상 (10:1-21)

바사(페르시아) 왕 고레스(Cyrus), 그는 바빌로니아 제국을 정복한 뒤(주전 539년) 메대-바사 제국을 창건한 왕으로, 즉위 원년에 조서를 반포하여 포로 된 유대인들의 본국 귀환과 성전 재건을 허락한 인물이다(대하 36:22-23; 스 1:1-4). 고레스 왕 제3년(주전 536년), 한 계시의 말씀이 '벨드사살'이라 불리는 다니엘에게 임했다. 이때 다니엘의 나이는 85세가량의 백발 성성한 고령이었다.

이때 다니엘이 받은 계시의 말씀은 참된 것으로, 곧 장차 있을 크고 혹독한 전쟁에 관한 내용이었다. 말하자면 장차 유대 백성들이 수리아 왕 안티오쿠스 에피파네스 4세(주전 175-163년)에 의해 수행되는 전쟁들로 인해 혹독하게 핍박받고 고통당할 내용에 관한 것이었다. 이때 다니엘은 자신에게 임한 그 계시의 말씀을 분명히 알았고, 자신이 본 그 환상을 밝히 깨달았다.

그래서 그 무렵에 다니엘은 3주 동안 슬픔 속에서 지냈다. 자신이 보고 깨달은바 장차 동족 유대 민족이 당할 고난과 핍박이 너무나 가혹했기 때문이었다. 그 슬픔의 날들 동안에 다니엘은 스스로 좋은 음식을 삼갔다. 고기와 포도주를 입에 대지 않았고, 머리에 기름도 바르지 않았다. 다니엘은 3주 동안 내내 슬픔에 젖어 그런 상태로 지냈다. 그렇다면 다니엘이 본 환상은 어떤 것일까? 그 환상이 대체 어떠하였기에, 다니엘이 그토록 슬픔 가운데 빠졌을까? 이제 다니엘의 입을 통해 직접 들어보자.

> (4-9) "그해 1월 24일, 나는 '힛데겔'이라 하는 큰 강가에 서 있었다. 그때에 내가 눈을 들어 바라보니, 환상 가운데서 어떤 사람이 내 앞에 서 있었다. 그 사람은 고운 모시옷을 입었고, 허리에는 우바스의 순금으로 만든 띠를 두르고 있었다. 그 사람의 몸은 황옥처럼 빛나고 있었고, 그 얼굴은 번갯불처럼 번쩍거렸으며, 그 눈은 횃불처럼 이글이글 타오르고 있었다. 그 사람의 팔과 발은 광택 나는 청동처럼 빛났고, 그 목소리는 큰 무리가 일시에 내지르는 함성과도 같았다. 이 같은 환상을 본 사람은 나 다니엘 혼자뿐이었다. 나와 함께 있던 다른 사람들은 이런 환상을 보지 못한 채, 다만 두려움에 사로잡혀 크게 떨며 도망쳐 숨을 곳을 찾기에 바빴다. 그러므로 힛데겔 강가에 나 혼자만 남아서, 이 크고 놀라운 환상을 계속 바라보았는데, 그때에 내 온몸에서는 힘이 다 빠져나갔고, 내 얼굴빛은 창백하게 변하여 사색이 되었으며, 기운이 없어 도무지 아무런 힘도 쓸 수 없었다. 그때 나는 그 사람이 내게 말하는 소리를 들었는데, 그 말소리를 듣고 있을 때에 그만 정신을 잃고 땅바닥에 쓰러지고 말았다."

1월 24일은 유대인들의 유월절 기간(정월 15~21일)이 지난 뒤 3일 후다. 이때 다니엘은 힛데겔 강가에서 환상을 보았다. 힛데겔(Hiddekel)은 '큰 강'이란 뜻으로, 오늘날 메소포타미아 지역을 흐르는 '티그리스 강'을 가리킨다. '힛데겔'은 히브리식 이름이고, '티그리스'는 그리스식 이름이다. 이 강은 아르메니아의 산중에 있는 칠디르(Cildir) 호수에서 발원해서 멀리 페르시아 만(灣)까지 장장 1,850km가량을 흐르는 아주 큰 강이다. 이 강가에 서서 환상을 보았는데, 환상 가운데서 다니엘은 자기 앞에 서 있는 어떤 사람을 보았다.

그런데 그 사람은 보통 사람이 아니었다. 고운 모시옷을 입었고, 순금 띠를 허리에 두르고 있었다. 몸은 황옥처럼 빛나고 있었고, 얼굴은 번갯불처럼 번쩍거렸으며, 눈은 횃불처럼 이글이글 타오르고 있었다. 그 사람의 팔과 발은 광택 나는 청동처럼 번쩍번쩍 빛났고, 목소리는 큰 무리가 일시에 내지르는 함성 같았다.

이런 환상을 본 사람은 다니엘 혼자뿐이었는데, 다른 사람들은 환상이 보이기 시작할 때 너무나 두려워 전부 달아났기 때문이다. 혼자 남은 다니엘조차 온몸에서 힘이 빠지고, 얼굴빛은 사색이 되었으며, 그 사람의 음성에 정신을 잃고 땅바닥에 쓰러지고 말았다. 그 환상이 너무나 크고 두려워 혼절한 상태가 되었다는 말이다. 후일 밧모 섬의 사도 요한도 그리스도의 환상을 대할 때 이와 똑같은 체험을 하였다(계 1:17). 여기서 궁금증이 생긴다.

'다니엘 앞에 서 있는 그 사람은 누구일까?'

누구일까? 그 사람이 본서의 다른 경우에서처럼 단순히 환상의 전달자와 해설자로 등장하는 '천사'라는 견해를 주장하는 학자들도 있다. 하지만 그 사람을 묘사함에 있어 '그의 몸은~, 그의 얼굴은~, 그의 눈은~, 그의 팔과 발은~, 그의 말소리는~'이란 표현이 성경에서 예외적으로 그리스도에 관한 묘사에 적용되고 있다는 점과 훗날 사도 요한이 밧모 섬의 환상에서 목도한 바 그리스도에 관한 묘사와 아주 유사하다는 점에서(계 1:9-20), 그 사람은 구약시대에 활동하신 성육신 이전의 '그리스도'로 보는 것이 보다 적절할 듯하다. 다니엘의 환상은 계속 이어진다.

(10-14) "그 순간에 한 손이 나를 부드럽게 어루만졌고, 나는 여전히 떨고 있었다. 그리고 그가 나를 일으키므로, 내가 일어나 무릎과 손바닥으로 땅을 짚었다. 이때 그가 내게 말했다. '하나님께 크게 은총을 받은 사람, 다니엘아! 너는 일어나서, 내가 이제 네게 이르는 말을 잘 들어라. 하나님께서 나를 네게 보내셨다.' 그 말을 듣고, 내가 떨면서 자리에서 일어났다. 그러자 그가 이어서 내게 말하기를 '다니엘아, 두려워하지 말아라. 네가 이 일에 대하여 깨달음을 얻으려고 하나님 앞에서 너 자신을 스스로 낮추기로 마음먹은 첫날부터 하나님께서는 네 기도를 다 들으셨다. 그래서 네 기도로 인해 네 기도에 응답하려고 내가 이렇게 네게로 왔다. 하지만 페르시아를 주관하고 있는 악령의 두목이 21일 동안 나의 길을 막았으므로, 내가 그런 악령의 세력들에게 발목이 묶여 홀로 그들과 대치하며 계속 머물고 있었는데, 그때 하늘 군대의 천사장 가운데 하나인 미가엘이 와서 나를 도와주었으므로, 내가 그들의 방해를 물리치고 이렇게 네게로 올 수 있었다. 이렇게 내가 네게로 나아온 것은, 이제 내가 장차 마지막 때에 네 백성에게 일어날 일을 네게 알려주기 위해서다. 이 환상은 먼 훗날에 일어날 일을 보여주는 것이다.'라고 하였다."

본문을 통해 우리는 다음과 같은 교훈을 얻을 수 있다.

첫째, 어떤 제목을 놓고 작심하고 드리는 의인의 간절한 기도는 그 역사하는 힘이 크다는 사실이다(약 5:16). 다니엘이 깨달음을 얻으려고 스스로를 낮추어 하나님 앞에서 기도한 첫날부터 하나님께서는 그의 기도를 다 들으셨다(12절).

둘째, 사탄과 악령은 자신들의 활동과 운명에 관한 하늘의 비밀이 성도들에게 알려지는 것을 어떠하든 방해하려 한다는 사실이다. 여기서도 다니엘의 기도 응답을 막으려고 페르시아를 주관하고 있는 악령의 두목이 21일 동안 길을 막았다(13절a). '페르시아를 주관하고 있는 악령의 두목'은 그 배후에서 페르시아를 조종하도록 그 나라에 지정된 악령의 두목을 가리킨다. '페르시아'라는 큰 제국을 담당하고 있는 만큼 이자는 사탄의 왕국에서 사령관 급에 해당하는 인물이다. 말하자면 하나님을 대적한 사탄을 추종하다가 사탄과 함께 하늘에서 쫓겨난 타락한 천사장 급의 인물이다.

악령의 두목을 제압하는 천사장 미가엘

셋째, 천사들로 구성된 하나님의 하늘 군대에는 가브리엘처럼 메신저 역할을 하는 천사도 있고, 미가엘처럼 사탄 및 악령과 싸우는 전투적인 천사도 있다는 사실이다. 즉, '누가 하나님과 같으랴!'란 뜻의 '미가엘'은 '가브리엘'처럼 하나님의 군대에 속한 고위 천사장 중 일인이다. 가브리엘이 계시의 천사로서 하나님의 메시지를 성도들에게 전달하는 역할을 맡았다면, 미가엘은 하나님의 영광과 거룩함을 지키는 수호 천사로서 사탄 및 악령들과 싸우는 전투를 맡았다.

이때 알아야 할 것은, 환상의 주인공인 그리스도가 힘이 부족해서 악령의 두목에게 21일 동안 발목이 묶인 것이 아니라는 점이다. 단지 작정 계획에 따라 서두를 필요가 없었고, 또한 친히 일개 악령의 두목과 맞서 싸울 필요성을 못 느껴 천사장 미가엘이 이끄는 수호 천사단(天使團)이 올 때까지 기다렸을 뿐이다. 후일 그리스도는 유대 광야에서 모든 악령의 총 우두머리인 사탄과 직접 맞서 싸워 능히 물리치셨다(마 4:1-11). 여하튼 이 같은 사실은 때때로 하나님의 작정과 뜻에 따라 성도들의 기도 응답이 일정 기간 동안 지연될 수도 있음을 시사한다.

(15-21) "그가 내게 이런 말을 하는 동안, 나는 얼굴을 땅바닥에 댄 채 아무 말도 못하고 있었다. 그런데 사람같이 생긴 그가 자기 손을 뻗쳐 내 입술에 갖다 대자, 그 즉시 내 입이 열렸다. 그래서 나는 내 앞에 서 있는 그 사람에게 말했다. '내 주여, 내가 이 환상 때문에 괴롭고 두려워서 죽을 지경입니다. 내 온몸에서 힘이 다 빠져버렸습니다. 이처럼 힘이 없고 기력이 쇠약해져서 숨조차 제대로 쉬기 어려울 지경인데, 내 주의 종이 어찌 감히 내 주와 더불어 말할 수 있겠습니까.' 그러자 사람같이 생긴 그가 다시금 나를 어루만지면서 나에게 힘을 불어넣어 강하게 하였다. 그리고 그가 말했다. '하나님께 큰 은총을 받은 사람의 아들아, 두려워하지 말아라. 마음을 편히 먹어라. 힘을 내고 또 힘을 내라.' 그에게서 이런 말을 듣자, 나는 정말로 힘이 났다. 그래서 그에게 말했다. '내 주여, 내 주께서 힘을 주시므로 내가 힘을 얻었사오니, 이제는 내게 말씀하소서.' 그러자 그가 말하기를 '내가 무엇 때문에 너를 찾아왔는지, 너는 알겠느냐? 내가 이제 네게 이를 말을 다 마친 후, 즉시 되돌아가서 페르시아를 주관하고 있는 악령들과 싸워야 한다. 그리고 내가 그 싸움을 다 마친 다음에는 헬라를 주관하고 있는 악령의 두목이 나타날 것이다. 그보다 먼저, 이제 나는 오직 '진리의 책'에 기록된 것을 네게 말해주려고 한다. 그리고 내가 되돌아가 악령들과 싸울 때, 나를 도와서 그들과 맞서 싸울 자는 너희의 천사장 미가엘뿐이다.'라고 하였다."

사람같이 생긴 그분, 곧 그리스도는 환상의 충격과 두려움으로 인해 혼절 상태에 빠져 기진맥진한 다니엘에게 힘을 북돋워준 후, 자신이

다니엘에게 온 목적을 일러준다. 그것은 '진리의 책'에 기록된 것을 다니엘에게 말해주기 위해서였다(21절). 여기 '진리의 책'은 결코 바뀌거나 취소되는 일이 없이 반드시 이루어질 하나님의 구원 사역에 대한 원대한 섭리와 온전한 계획에 관한 글이 기록된 책이다. 물론, 여기에는 사탄 및 악령의 활동과 그들의 최종 운명에 대한 하늘의 중대한 비밀도 포함되어 있었다. 그래서 그 사실이 페르시아 땅에 머물고 있는 다니엘에게 알려지는 것을 막기 위해 페르시아를 주관하는 악령의 두목이 죽기살기로 가로막은 것이다.

한편, 미가엘이 이끄는 수호 천사단이 잠시 길을 터주어 그리스도가 다니엘에게 이르러 계시를 전달하기는 하겠지만, 악령의 세력을 완전히 물리친 것은 아니기 때문에 일을 마친 뒤 그리스도가 돌아가서 미가엘을 도와 악령의 세력을 물리칠 것이었다. 하지만 그 이후에는 헬라를 주관하고 있는 악령의 두목이 나타날 것인데(20절), 이는 메대-바사(페르시아) 제국 이후에 헬라 제국이 들어설 것임을 보여준다.

이처럼 세상 나라들의 배후에는 그 나라들을 조종하려는 악령의 세력이 항상 있고, 또한 그런 악령의 세력을 물리치고 하나님의 메시지를 전달하는 그리스도의 세력이 있음을 알 수 있다. 이는 인류역사의 배후에서 선한 세력(그리스도의 세력)과 악한 세력(사탄의 세력) 사이에 영적 전쟁이 끊임없이 일어나고 있음을 보여준다. 그래서 그리스도의 군사된 성도가 하나님의 전신갑주를 입고 정녕 싸워야 할 대상은 땅 위의 육신(혈과 육)이 아니라, 어둠의 주관자들인 하늘의 악한 영들이다(엡 6:11-12).

11

남방 왕과 북방 왕

한 비열한 자가 북방 왕이 되어
교활한 술수로 세력을 키워
북쪽 나라들을 쳐서 약탈하고
돌아가는 길에 이스라엘을 치리라

페르시아와 헬라 제국에 대한 예언 (11:1-4)

(1) "사람같이 생긴 그가 계속해서 내게 말하기를 '일전에 내가 또 일어나 나가서, 메대 사람 다리오 원년에 그를 도와 강하게 한 일이 있었다.'라고 하였다."

이 말은, 구약시대의 그리스도께서 일전에 메대 사람 다리오(Darius)로 하여금 바빌로니아를 정복하여 다스릴 수 있도록 섭리하시고 경륜하셨다는 뜻이다. 다니엘이 현재 '사람같이 생긴 분' 곧 그리스도께로부터 계시를 받고 있는 때가 바사(페르시아) 왕 고레스 제3년이고(주전 536년, 10:1), 다리오가 바빌로니아를 정복하여 다스린 때는 그의 나이 62세 때인 주전 539년이므로(5:31), 그리스도께서는 지금으로부터 3년 전에 그런 일을 행하셨던 것이다. 이 같은 사실은, 온 세상 모든 나라들의 흥망성쇠와 왕들의 길흉화복에 관한 인류의 역사는 오로지 하나님의 주권적인 섭리와 경륜을 좇아 그대로 이루어지고 있음을 잘 보여준다(신

32:39; 대하 20:6; 시 103:19; 롬 11:36).

(2-4) "다니엘아, 이제부터 내가 네게 일러주는 것은 오직 참된 것이다. 보라, 페르시아에서는 앞으로 세 왕이 차례로 일어나서 그 나라를 다스리게 될 것이다. 그 뒤, 네 번째로 일어난 왕은 앞선 다른 왕들보다 훨씬 부유해질 것이다. 그 왕이 크게 부강해짐으로써 권력과 재물을 쥐게 되면, 그는 모든 백성들을 선동하여 군대를 이끌고 헬라로 쳐들어갈 것이다. 그러나 그 무렵 헬라에서는 강하고 능력 있는 한 왕이 등장하여 큰 권력을 쥐고서, 엄청난 위세로 자기 제국을 다스리면서 무엇이든 자기 하고 싶은 대로 행할 것이다. 하지만 그 왕의 권세가 한창일 때, 그는 갑자기 죽고 그의 제국은 하늘 사방의 네 왕국으로 쪼개질 것이다. 그 쪼개진 나라들을 그 왕의 자손들이 다스리지 못할 것이고, 그 쪼개진 나라들의 권세도 그 왕의 권세만큼 미치지 못할 것이며, 마침내 그 왕의 제국은 뿌리째 뽑혀서 그의 자손이 아닌 다른 사람들에게 넘겨지고 말 것이다."

이 부분은 바사(페르시아) 제국의 멸망과 헬라(그리스) 제국의 흥기와 분열 및 멸망에 관한 이야기다. 역사적 사실에 비추어 살펴볼 때, 요점은 이러하다. 페르시아 제국의 창건자인 고레스 대제 이후, 페르시아에는 '세 왕'(캄비세스, 스멜디스, 다리오 히스타스피스)이 일어날 것인데 모두 유약한 왕들이고, 강력한 '네 번째 왕'(아하수에로 곧 크세륵세스, 주전 485-464년)이 일어나 헬라 왕국을 공격할 것이다(2절). 과연 그랬다. 그는 페르시아의 풍부한 물적, 인적 자원을 총동원하여 헬라의 마케도니아를 침공했다. 이런 침공은 처음에는 성공하는 듯했지만, 살라미스 해전에서 결정적으로 크게 패하고 말았다(주전 479년).

이후 페르시아 제국은 그 세력이 급격하게 약화되기 시작했고, 반면에 헬라에는 '강하고 능력 있는 한 왕' 곧 알렉산더 대왕(주전 336-323년)이 등장하여 엄청난 위세로 세상을 제패할 것이다(3절). 하지만 그 강하고 능력 있는 헬라 왕은 정복 전쟁을 수행하던 중에 갑자기 열병으로 죽고(주전 323년), 이후 헬라 제국은 그의 막료였던 4명의 장군(톨레미, 셀류쿠스, 카산더, 리시마쿠스)에 의해 분할 통치될 것이다(4절).

실제로 톨레미는 이집트와 팔레스타인 지역을 통치했고, 셀류구스는 수리아와 바빌로니아 지역을, 카산더는 마케도니아와 소아시아 지역을, 그리고 리시마쿠스는 드레이스와 비두니아 지역을 통치했다. 그러다가 헬라 제국은 뿌리째 뽑혀서 결국 로마 제국에 의해 최종적으로 멸망당하고 말았다(주전 148년).

남방 왕국과 북방 왕국 사이의 전쟁 (11:5-20)

(5-9) "헬라의 강하고 능력 있는 왕이 죽은 후 쪼개진 네 나라 가운데 남쪽 나라를 차지한 남방 왕은 그 세력을 크게 떨칠 것이다. 하지만 그 왕을 섬기고 있던 장군들 가운데 한 명이 그 왕보다 더욱 강해져서, 더 큰 나라를 다스릴 것이고 더 큰 권세를 누릴 것이다. 몇 년이 흐른 뒤, 그들 두 나라의 왕 곧 남방 왕과 북방 왕은 서로 간에 동맹을 맺을 것이다. 곧 남방 왕은 자기 딸을 북방 왕에게 주어 아내로 삼게 함으로써 둘은 화친 조약을 체결할 것이다. 그러나 북방 왕과 결혼한 그 여인 곧 남방 왕의 공주는 그 나라에서 아무런 권세도 잡지 못한 채 힘을 잃게 될 것이고, 북방 왕조차 쇠약해져서 자기 권세를 잃고 말 것이다. 결국 두 나라 사이에 맺었던 동맹은 깨지고, 그 결과로 남방 왕의 공주를 비롯하여 그녀를 데리고 함께 온 자들과 그녀가 낳은 자식들 및 그 무렵에 그녀를 편들어 도와주던 자들이 모두 버림당하여 살해될 것이다. 그러나 그 공주의 집안에서 한 사람이 일어나 남쪽 나라를 이어받아 남방 왕이 될 터인데, 그가 군대를 이끌고 북쪽 나라로 쳐들어가, 북방 왕의 군대를 무찌른 후 그들의 성읍을

정복하여 크게 짓밟을 것이다. 그런 뒤, 남방 왕은 북쪽 나라 사람들이 섬기던 그들의 여러 신상들과 부어 만든 우상들, 그리고 금과 은으로 만들어진 모든 그릇들을 다 약탈하여 이집트로 가져갈 것이다. 그 뒤, 몇 해 동안은 남방 왕이 북방 왕을 공격하지 않고 그대로 내버려둘 것이다. 몇 년 후에, 북방 왕은 이전의 수치를 되갚으려고 남방 왕의 나라로 쳐들어가겠지만, 결국 아무런 수확 없이 자기 땅으로 후퇴하고 말 것이다."

남방 왕국과 북방 왕국 간의 전쟁에 관한 이야기다. 먼저 남방과 북방이 어디를 가리키는지 알아야 한다. 이스라엘을 중심으로 볼 때, 남방은 이스라엘 남쪽에 위치한 애굽(오늘날의 이집트)을 가리키고, 북방은 이스라엘 북쪽에 위치한 수리아(오늘날의 시리아)를 가리킨다. 따라서 여기 '남방 왕국의 왕들'은 당시 이집트의 통치자들인 '톨레미 왕조의 왕들'을 가리키고, '북방 왕국의 왕들'은 당시 수리아의 통치자들인 '셀류쿠스 왕조의 왕들'을 가리킨다.

알렉산더 대왕 사후에 헬라 제국을 분할해서 통치한 네 왕조(톨레미,

헬라의 알렉산더 대왕 사후에 등장하게 될 남방 왕국과 북방 왕국

셀류쿠스, 카산더, 리시마쿠스) 가운데, 특별히 성경이 이들 두 왕국(남방 왕국, 북방 왕국)의 왕들에 관해 초점을 맞춘 이유는 분명하다. 이들 두 왕조가 선민(選民) 이스라엘의 역사와 밀접하게 관련되었기 때문이다. 당대에 이들 두 왕조는 이스라엘을 포함하여 고대 중근동 지역의 패권을 놓고 전쟁과 배반과 동맹의 역사를 빈복하였다.

그렇다면 이후에 실제로 전개된 역사적 사실에 비추어 본문을 살펴볼 때, 핵심 내용은 이러하다. 헬라의 쪼개진 네 나라 가운데 남쪽 나라를 차지한 '남방 왕'은 이집트 지역의 통치자인 '톨레미 1세'를 가리키고, 그 왕을 섬기던 장군들 가운데 그 왕보다 더욱 큰 권세를 쥐고 큰 나라를 다스린 자는 본래 톨레미 휘하의 장군이었지만 그를 이탈하여 수리아 왕국의 초대 왕이 된 '셀류쿠스 니카놀'을 가리킨다(5절).

이후에 남방 왕(이집트 왕, 톨레미 2세)과 북방 왕(수리아 왕, 안티오쿠스 2세)은 동맹을 맺고, 남방 왕이 자기 딸(베레네스 공주)을 북방 왕에게 아내로 주는 정략결혼을 통해 양국 간에 화친 조약을 체결했다. 그러나 북방 왕의 권세가 미약하여 북방 왕의 아내가 된 남방 왕의 공주가 북방 왕의 전처(前妻)에 의해 그녀의 아들들과 함께 살해당함으로써 양국 간의 화친 조약은 깨지고 말았다(6절).

이후 톨레미 2세의 뒤를 이어 남방(이집트) 왕이 된 톨레미 3세는 살해된 누이 베레네스의 복수를 위해 북방 왕국 수리아를 침공하여 북방 왕의 군대를 무찌른 뒤에 그 땅을 크게 짓밟고 약탈하였다(7-8절). 그러자 몇 년 후에 북방 왕인 수리아 왕 셀류쿠스 2세는 이전에 패배한 수치를 되갚으려고 남방 왕의 나라를 공격했다. 하지만 남방 왕(톨레미 3세)에게 또 다시 크게 패한 뒤에 소수의 남은 군대를 이끌고 본국으로 퇴각하였다(9절).

(10-12) "그 후, 북방 왕의 아들들이 오랜 기간 동안 전쟁 준비를

하면서 아주 많은 군사들을 모을 것이다. 그리고 그 아들들 가운데 하나가 큰 군대를 이끌고 물밀듯이 남쪽 나라로 쳐들어가 남방 왕의 여러 요새들을 쳐부술 것이다. 그러면 남방 왕이 격분하여 자기 군대를 일으켜 북방 왕을 치러 올라갈 것이다. 이때에 북방 왕도 많은 군사들을 모아 그 큰 군대를 이끌고 나와서 남방 왕과 싸우겠지만, 결국 그는 남방 왕을 이기지 못할 것이고, 그의 큰 군대는 남방 왕의 손에 사로잡히고 말 것이다. 이때에 그 큰 군대를 사로잡은 남방 왕은 그 마음이 교만해져서 기세등등하게 북방 왕의 군사들을 수없이 쳐 죽일 것이다. 하지만 이후로 그의 세력은 꺾여서 더 이상 승리를 거두지 못하고 패망할 것이다."

북방(수리아) 왕과 남방(이집트) 왕들 간의 원정에 관한 이야기다. 북방 왕(수리아 왕, 셀류쿠스 2세)의 패배 이후, 그의 아들들은 부왕의 복수를 위한 전쟁에 돌입하였고, 마침내 아들들 중 하나인 '안티오쿠스 3세'가 큰 군대를 이끌고 남방 왕국을 공격하여 여러 요새를 쳐부숨으로써 이집트에 큰 타격을 입혔다(10절). 그러자 크게 격분한 남방 왕(톨레미 4세)이 큰 군대를 이끌고 대대적인 반격에 나서, 라피아(Raphia) 전투에서 북방 왕(수리아 왕, 안티오쿠스 3세)의 군대를 무찌르고 수많은 군사들을 쳐 죽였다(11-12절).

이때 남방 왕 톨레미 4세는 승리의 교만으로 대제사장 외에는 들어갈 수 없는 유대 땅 예루살렘 성전의 지성소에 들어감으로써 하나님의 징벌을 받아 원인 모를 죽음을 맞고 말았다(12절b, 주전 203년). 한편, 본문에 등장하는 북방(수리아) 왕 '안티오쿠스 3세'는 이후 등장하는 유대교 박해의 최대 원흉인 '안티오쿠스 4세'의 아버지다.

(13-16) "북방 왕은 자기 땅으로 퇴각하여 줄곧 전쟁을 준비하겠고, 그리하여 이전보다 훨씬 더 많은 병력을 갖추게 될 것이다. 그리고

몇 해가 지난 후, 북방 왕은 엄청나게 많은 군대와 장비를 이끌고 다시 남방 왕을 치러 내려올 것이다. 그때에 많은 사람들이 일어나 북방 왕의 군대와 합세하여 남방 왕을 치게 될 것이다. 다니엘아, 네 백성 유다 자손들 가운데서도 폭력적인 자들이 스스로 떨치고 일어나 그 틈을 이용하여 자기들의 꿈을 이루려고 남방 왕을 치겠지만, 결국 그들의 꿈은 실패로 돌아가고 말 것이다. 그때에 북방 왕은 남방 왕의 나라에 쳐들어와서, 공격용 흙 언덕을 쌓고 맹공을 퍼부어 남방 왕의 견고한 성읍들을 점령할 것이다. 그럴지라도 남방 왕의 군대는 북방 왕의 군대를 막을 수 없겠고, 남방 왕의 정예부대조차도 북방 왕의 군대를 당해내지 못할 것이다. 그렇기에 북방의 침략자들은 남방 땅에서 제멋대로 횡포를 부릴 것이지만, 아무도 그들을 막을 자가 없을 것이다. 이후에 북방 왕은 '영광스러운 땅' 곧 하나님의 성전이 있는 이스라엘 땅을 침략하여, 그 땅을 차지한 후에 마음대로 짓밟을 것이다."

남방 왕(이집트 왕, 톨레미 3세)에게 크게 패한 뒤 본국으로 퇴각한 북방 왕(수리아 왕, 안티오쿠스 3세)은 다시금 전열을 가다듬고 많은 전쟁 준비를 한 후에 재차 남방 왕(이집트 왕, 톨레미 5세)을 침공하여 큰 성과를 거둔다. 이때 유대 땅의 권력자들도 자신들의 야욕을 채우려고 북방 왕의 남방(이집트) 침공에 동조하였지만, 어리석게도 이것은 유대 땅에 북방(수리아) 군대를 끌어들이는 꼴이 되고 말았다(14절). 그래서 북방 왕 '안티오쿠스 3세'는 남방의 이집트를 짓밟은 데 이어, 하나님의 성전이 있는 '영광스러운 땅' 곧 유대 땅까지 정복하여 마음껏 짓밟았다(16절b, 주전 197년).

(17-20) "한편, 북방 왕은 자기 나라의 모든 힘을 이용하여 남쪽 나라를 완전히 자기 손 안에 넣으려고, 치밀한 계획을 세운 후에

자기 딸을 남방 왕에게 시집보내어 상호 동맹을 맺음으로써 결국에는 그 나라를 집어삼키려 할 것이다. 그러나 그의 계획은 뜻대로 이루어지지 못할 것이고, 또한 그에게 아무 도움도 되지 못할 것이다. 그 후에 북방 왕은 해안 지역의 나라들로 눈길을 돌려 그 땅들을 침략하여 여러 곳을 정복할 것이다. 그러나 한 장군이 나타나 그를 보기 좋게 격퇴함으로써 그동안 그에게 당한 치욕을 그에게 그대로 되돌려줄 것이다. 그리하여 북방 왕은 해변 땅에서 퇴각하여 자기 나라의 요새 성읍으로 돌아가겠지만, 거기서 또 다른 전쟁에서 패배한 이후로는 영영 세상에서 사라지고 말 것이다. 그 북방 왕이 죽고, 그 북방 왕의 뒤를 이은 후계자는 아주 탐욕스럽게 세금을 거두려고 혈안이 될 것이다. 그 왕은 세금 거두는 자들을 전국 곳곳에 보내고, 또 '아름다운 땅' 이스라엘에도 보내어 온 땅을 두루 돌아다니게 하면서 더 많은 세금을 거두어들이려 하겠지만, 그러나 얼마 못 가서 그 왕은 어떤 다툼이나 싸움도 없이 아무도 모르게 살해되고 말 것이다."

북방(수리아) 왕 '안티오쿠스 3세'는 남방(이집트) 왕국을 손쉽게 얻으려고 치밀한 계획을 세운 뒤에 자기 딸을 남방 왕 톨레미 5세에게 주는 정략결혼을 통해 남방 왕과 평화조약을 체결하였다(17절a). 그러나 딸의 배반으로 그의 계획은 물거품이 되고 말았다(17절b). 그러자 북방 왕(안티오쿠스 3세)은 소아시아의 해안지대로 눈길을 돌려 그 땅의 여러 곳을 침공하여 정복하였다(18절a). 하지만 막네시아 전투에서 로마 장군 스키피오(Lucius Scipio)에게 대패하여 본국으로 퇴각하고 말았다(18절b, 주전 190년).

이후로 '안티오쿠스 3세'는 내리막길을 걷다가 권좌에서 사라졌고(19절), 그의 뒤를 이어 '셀류쿠스 4세'가 북방(수리아) 나라의 권좌에 올랐다. 권좌에 오른 새로운 북방(수리아) 왕 '셀류쿠스 4세'는 자신의 탐욕을 채우려고 많은 세금을 징수하고자 했다. 이를 위해 그는 강력한 압제자(재무장관, 헬리오도루스)를 세워 '아름다운 땅'(유대 땅)을 비롯한 나라 전역에서 무자비하게 세금을 징수하였다(20절a). 그러다가 북방 왕 '셀류쿠스 4세'는 자신이 임명한 그 압제자, 곧 세금 징수의 총책임자인 재무장관 헬리오도루스에게 독살당하여 10년 폭정을 마감하게 된다(20절b).

한 비천한 왕의 출현과 통치 및 그의 멸망 (11:21-45)

(21-23) "살해당한 그 왕의 뒤를 이어, 그다음으로 북쪽 나라의 왕이 될 사람은 아주 파렴치하고 비열한 사람으로, 본래는 왕의 영광을 누릴 자격조차 없는 비천한 인물이다. 그러나 그자는 평온한 때를 틈타 교활한 꾀를 써서 그 나라를 차지할 것이다. 넘치는 홍수같이 굉장한 힘을 가진 군대일지라도 그자 앞에서는 제대로 힘을 쓰지 못한 채 패할 것이고, 그자와 동맹을 맺은 왕들도 그자의 음흉한 계략 앞에 전부 패망하고 말 것이다. 그자는 다른 나라와 동맹을 맺어놓고도 온갖 속임수를 쓸 것이고, 또 그자는 처음에는 소수의 군대를 거느리겠지만, 점점 더 강해져서 마침내는 큰 군대를 거느리는 패권자로 군림하게 될 것이다."

마침내 유대인과 유대교의 최대 원흉이 역사의 전면에 등장한다. 이제부터 본장의 마지막까지는(21-45절) '셀류쿠스 4세'의 뒤를 이어, 북방 왕국의 권좌를 차지함으로써 셀류쿠스 왕조의 제8대 왕이 된 북방(수리아) 왕 '안티오쿠스 (에피파네스) 4세'(Antiochos Epiphanes Ⅳ, 주전 175-163년)에 관한 이야기가 아주 길게 소개된다. 즉, 그의 출현 및 득세(21-27절), 그에 의해 무자비하게 자행된 극심한 유대교 박해 사건(28-35절), 그의 교만과 가증한 우상숭배(36-39절), 그리고 그의 비극적인 최후(40-45절) 등에 관해 언급하고 있다.

북방(수리아) 왕 '안티오쿠스 4세'는 참으로 파렴치하고 비열하고 비천한 인물이었다. 그는 온갖 간사한 계략과 패역무도한 배반과 치사한 권모술수를 통해 자기 권좌를 계속해서 강화하고, 주변 나라들을 마구 유린하며, 백성들을 무자비하게 짓밟은 인물이다. 이런 점에서 비열하고 비천한 왕 '안티오쿠스 4세'는 인류 역사의 종말에 등장하여 세상과 교회와 성도를 크게 미혹할 '적그리스도'의 모형적인 인물이다. 그렇다면 그자가 어떻게 행동했는지 계속해서 살펴보도록 하자.

(24-27) "그자는 평화롭게 사는 비옥한 지방을 침략하여, 그자의 조상은 물론이고, 조상의 조상들조차도 차마 하지 못했던 악랄한 짓들을 서슴없이 자행할 것이다. 그자는 또 약탈한 재물과 전리품을 자기를 따르는 자들에게 나누어줄 것이며, 계략을 꾸며 적국의 요새 성읍들을 정복하겠지만, 그 성읍들을 오래 통치하지는 못할 것이다. 그자 곧 북방 왕은 자기 힘을 더욱 떨치기 위해 큰 용맹을 발휘하여 많은 군사들을 거느리고 남쪽 나라를 공격할 것이다. 그러면 남방 왕도 크고 강력한 군대를 거느리고 나와 그자와 맞서 싸울 것이지만, 그자를 당해낼 수 없을 것이다. 그자가 교묘한 계략을 써서 남방 왕을 칠 것이기 때문이다. 그때에 남방 왕은 궁중에서 함께 음식을 먹던 자기 측근들에 의해서 패망할 것이고, 그의 군대는 패하여 사방으로 흩어질 것이며, 또한 수많은 백성들이 칼에 찔려 죽임당할 것이다. 이후에 두 왕 곧 북방 왕과 남방 왕은 협상을 하려고 한 식탁에 앉아 얼굴을 맞댈 것이지만, 둘은 마음속 동기가 판이하게 다르므로 온갖 거짓말로 서로를 속이려고만 할 것이다. 그리하여 두 왕은 결국 자신들의 계획대로 일을 풀어가지 못할 것인데, 그것은 하나님께서 정하신 때가 아직 이르지 않았기 때문이다."

북방(수리아) 왕 '안티오쿠스 4세'는 무자비한 침략 전쟁을 통해 악랄한 약탈 행위를 자행할 것이다(24절). 또한 그는 큰 군대를 이끌고 남쪽 나라(이집트)를 침공할 것인데, 이때 '안티오쿠스 4세'는 남방 왕 '톨레미 6세'의 궁중 측근들을 매수하는 사악하고 교묘한 계략을 써서 남방 왕을 궁지에 몰아넣은 뒤, 남방 왕국 이집트 땅을 마구 짓밟고, 그 나라의 백성들을 닥치는 대로 살해할 것이다(25-26절). 이후에 두 왕, 곧 북방 왕 '안티오쿠스 4세'와 남방 왕 '톨레미 6세'는 평화 협상을 하려고 식탁에 마주 앉겠지만, 서로를 속이기 위한 거짓 협상일 뿐이므로 일이 각자의 계획대로 풀리지 않을 것이다(27절).

그런데 이 같은 두 왕의 협상 파기와 계획 차질에 대하여, 지금 다니엘에게 하늘의 계시를 전달하고 있는 그 사람은 '하나님께서 정하신 때가 아직 이르지 않았기 때문'이라고, 그 까닭을 밝히고 있다(27절b). 이는 인류 역사의 모든 전쟁과 협상, 동맹과 배반 등의 배후에는 하나님의 섭리와 경륜이 작동하고 있어, 모든 일이 궁극적으로는 하나님의 주권적인 계획대로 진행되고 있음을 보여준다.

(28-30) "그때에 북방 왕은 많은 전리품을 챙겨 자기 나라로 돌아갈 것인데, 그자는 자기 나라로 돌아가는 길에 거룩한 언약을 대적하여 하나님의 백성이 살고 있는 이스라엘 땅을 침략해서 제멋대로 악랄한 짓을 마구 저지른 다음에야 자기 나라로 돌아갈 것이다. 얼마 후에 정해진 때가 이르면, 그자는 다시 자기 군대를 이끌고 나와서 남쪽 나라를 침략할 것이다. 그러나 그때는 이전과는 사정이 다를 것이다. 그것은, 깃딤의 배들 곧 로마의 배들이 그자를 쳐서 격퇴시킬 것이기 때문이다. 그리하여 그자는 크게 낙담한 채 자기 나라로 되돌아갈 것인데, 돌아가는 도중에 이스라엘 땅을 침략하여 제멋대로 하나님의 백성들에게 분풀이를 할 것이다. 그때에 그자는 거룩한 언약을 배반한 자들 곧 배교한 유대인들을 뽑아서 그들을 높은 자리에 앉힐 것이다."

북방(수리아) 왕 '안티오쿠스 4세'는 제1차 남방(이집트) 침공을 성공리에 마치고 많은 전리품을 챙겨 본국으로 돌아가던 길에 '거룩한 언약'을 대적하여 이스라엘 땅을 침범하여 무자비하게 짓밟고 마구 약탈할 것이다(28절). 여기 '거룩한 언약'은 오직 하나님만이 이스라엘의 왕이 되신다는 옛 언약 곧 시내산 언약에 기초한 이스라엘의 신정(神政) 정치제도를 가리키는 말이다. 하지만 '안티오쿠스 4세'는 그런 사실을 인정하지 않고 이스라엘을 자신의 통치 아래 두려고 그 땅을 침범한 것이다.

이후에 북방(수리아) 왕 '안티오쿠스 4세'는 남쪽 나라 이집트를 지배하려고 제2차 원정길에 오를 것인데(이때 그는 키프루스[구브로, Cyprus]를 점령하고 알렉산드리아까지 진군했다), 결국 '깃딤의 배들' 곧 로마의 전투 선단(船團)의 개입으로 제2차 이집트 원정은 실패하고 퇴각하기에 이른다(29-30절a). 깃딤(Kittim)은 본래 지중해 동쪽 끝에 위치한 구브로(키프루스) 섬의 고대 명칭이지만, 여기서는 '로마'를 가리킨다.

크게 낙담한 '안티오쿠스 4세'는 군대를 이끌고 본국 수리아(시리아)로 돌아가던 도중에 재차 이스라엘 땅을 침략하여 마치 분풀이하듯 그 땅을 마구 짓밟고 약탈하였다. 이때 그는 거룩한 언약을 배반한 자들을 뽑아서 높은 자리에 앉혔다(30절b). '거룩한 언약을 배반한 자들'이란 전통적인 유대교의 여호와 신앙을 저버린 채 '안티오쿠스 4세'가 추진하는 유대의 헬라화 정책에 적극적으로 동조한 친(親)수리아파 인사들을 가리킨다. 일례로 '안티오쿠스 4세'는 모세 율법에 따라 세워진 대제사장 '야손'을 폐하고 제멋대로 '메넬라우스'를 대제사장으로 임명했다. 그런데 유대의 배교자들은 이런 '메넬라우스'를 지지하면서 성전 약탈과 신성모독을 묵인하고 동조하는 등 '안티오쿠스 4세'가 추진하는 유대의 헬라화 정책을 앞장서서 지지하고 따랐다.

(31-35) "그때에 북방 왕의 무장한 군대는 성전의 요새 지역을 때려 부수며 더럽힐 것이고, 하나님께 매일 드리는 제사도 폐지시킬 것이며,

또 멸망을 초래하는 가증스러운 우상을 성전 안에 세울 것이다. 그자는 또 교활한 속임수를 써서 신앙을 저버린 채 거룩한 언약을 배반하고 악한 짓을 행하는 자들의 환심을 사겠지만, 오직 자기 하나님을 올바로 알고 그분께 대한 믿음을 저버리지 않은 사람들은 그자에 맞서 용기 있게 싸워나갈 것이다. 그때 이스라엘 백성들 가운데 지혜 있는 지도자들은 많은 사람들을 깨우쳐 그들을 올바른 길로 인도하겠지만, 그러는 중에 그들은 칼에 찔려 죽고 불에 타서 죽고 재산을 빼앗기고 사로잡혀 옥에 갇히는 등 숱한 날들 동안 혹독한 핍박을 받게 될 것이다. 이처럼 핍박이 계속되는 동안에 하나님의 백성들이 도움을 조금 얻을 것이지만, 그보다는 더욱 많은 사람들이 속임수에 속아 적군과 한패가 될 것이기 때문에 큰 도움이 되지는 않을 것이다. 그때에 하나님의 백성들 가운데 지혜 있는 지도자 몇 사람은 사로잡혀 죽임을 당할 것이다. 하지만 이 일로 인해 하나님의 백성들은 더욱 단련을 받고 성결하게 되고 깨끗하게 될 것인데, 이 같은 일은 하나님께서 정하신 그 마지막 날이 이를 때까지 계속될 것이다."

북방(수리아) 왕 '안티오쿠스 4세'에 의해 자행되는 본격적인 유대교 박해 사건이 기록된 부분이다. '안티오쿠스 4세'의 제2차 남방(이집트) 원정은 '깃딤의 배들'(로마의 전투 선단)의 개입으로 실패했다(30절). 본국으로 철수한 그는 그때 이후로 헬라화 정책을 추진한다는 명목으로 이스라엘에 대해 유대교 신앙을 말살하는 가혹한 박해 정책을 폈다(주전 167-164년). 그 박해의 내용은 이러하다.

① 거룩한 언약을 배반하는 자들 곧 유대교의 여호와 신앙을 저버린 자들에게 권력과 재물을 주어 유대교 사상의 근절에 앞장서게 함(30절). ② 자신의 수리아 군대를 성전에 주둔시켜 온갖 가증한 일로 성소를 더럽히고, 유대의 모든 제사와 절기와 안식일과 할례를 폐지시킴(31절). ③ 유대교의 여호와 신앙을 지키거나 가르치는 자들은 남녀노소를 불문하

고 누구든지 가혹하게 핍박하고 학살함(32-35절).

예를 들면, '안티오쿠스 4세'는 '멸망을 초래하는 가증스러운 우상' 곧 헬라의 주피터(Jupiter, 제우스) 신상을 성전의 번제단 위에 세우고, 그 앞에 율법에서 금한 돼지고기로 제사를 드리는 가증한 일을 행했다(31절b). 또한 율법에서 식용이 금지된 돼지고기 먹기를 거부한 늙은 서기관 엘리에셀을 두들겨 패서 죽였고, 아이에게 할례를 시행한 두 명의 어머니를 높은 벼랑에서 떠밀어 죽였다.

본문에는 이러한 핍박이 계속되는 동안에 하나님의 백성들이 도움을 조금 얻을 것이라는 말이 나온다(34절). 이는 유다 마카비 가(家)의 저항과 혁명으로 경건한 유대 백성들이 어느 정도 보호를 받게 된다는 의미다. 하지만 워낙 박해가 혹독하고 유혹이 달콤하여 수많은 사람들이 적군과 한패가 되어 '안티오쿠스 4세'의 헬라화 정책에 협조했기 때문에 큰 도움이 되지는 못했다. 따라서 '안티오쿠스 4세'의 핍박은 알곡과 쭉정이를 걸러내는 효과를 나타내어, 참되고 경건한 하나님의 백성들에게는 정결한 연단의 시간이 되었다.

'아, 도대체 이 가혹한 핍박은 언제나 끝난단 말인가? 몸서리칠 만큼 잔혹한 안티오쿠스 4세의 박해는 영영 지속되는 것인가?'

아니다! 그의 박해는 어디까지나 '하나님께서 정하신 그 마지막 날이 이를 때까지'뿐이었다(35절b). 그렇다면 그 마지막 날은 언제인가? 일차적으로는 마카바 가(家)의 요나단에 의해 '안티오쿠스 4세'의 수리아 군대가 유대 땅에서 쫓겨나고(주전 164년), 요한 힐카누스(John Hyrcanus)에 의해 강력한 유대의 독립정부인 '하스몬 왕조'가 세워지던 때를 가리킨다(주전 142년). 그리고 궁극적으로 종말론적인 차원에서는 '안티오쿠스 에피파네스 4세'로 예표된 적그리스도가 최종 궤멸되고, 성도들이 적그리스도의 박해에서 해방되어 영원한 구원과 생명을 얻는 때를 가리킨다. 요컨대, 땅 위에서 성도에게 임하는 모든 박해와 고난은 하나님의 섭리와 경륜에 따라 그 때가 분명히 한정되어 있는 것이다.

(36-39) "그자 곧 그 비천한 북방 왕은 자기가 하고 싶은 대로 마음껏 폭력을 휘두를 것이고, 스스로 자신을 높여 모든 신들보다 자기가 더욱 위대하다고 우쭐대며, 심지어 신들의 신이신 지극히 높으신 하나님조차 우습게 여기고 괴상한 말로 모독하며 대적할 것이다. 하나님의 백성에 대한 하나님의 진노의 기간이 다할 때까지 그자는 이 같은 자신의 일을 성공적으로 수행해나갈 것인데, 그것은 그 모든 일들이 하나님에 의해 작정된 것으로서, 하나님에 의해 작정된 일들은 반드시 이루어질 것이기 때문이다. 그자는 세상의 모든 신들보다 자기 자신이 가장 크고 위대하다고 생각하기 때문에, 자기 조상들이 섬기던 신들이나 여인들이 사모하는 신들, 그리고 여타 세상의 어떤 신들이라도 무시하고 우습게 여길 것이다. 하지만 그자는 자신의 요새를 지키는 '전쟁의 신'만은 섬길 것이다. 그자는 자신의 조상들조차 알지 못했던 그 신을 공경하면서, 그 신에게 금과 은과 보석과 값비싼 선물들을 바칠 것이다. 그자 곧 그 북방 왕은 또 이방 신을 섬기는 사람들의 도움을 받아 견고한 요새를 공격하여 그것들을 차지할 것이다. 그자는 자신을 인정하고 왕으로 받드는 사람들을 등용하여 그들에게 높은 관직을 주고 많은 백성들을 다스리게 하며, 또 뇌물을 받고 그들에게 토지도 나누어줄 것이다."

북방(수리아) 왕 '안티오쿠스 (에피파네스) 4세'에 관한 이야기다. 첫째, 그자는 폭력으로 백성들을 통치하면서 조상들이 섬긴 신이나 여자들이 흠모하는 신(담무스 신, 겔 8:14), 또는 유대인들이 섬기는 지극히 높으신 여호와 하나님까지 지독하게 멸시하고 모독하면서 오직 스스로를 가장 크게 높여 자신을 최고의 신으로 신격화할 것이다(36-37절). 둘째, 그자는 자신의 요새를 지키기 위해 오직 '강한 신' 곧 '주피터'(제우스) 신만을 섬길 것이다(38절). 셋째, 그자는 여러 요새들을 차지한 후에 자신을 인정하고 추종하는 자들에게만 매관매직(賣官賣職)을 통해 벼슬과 토지를 나누어줄 것이다(39절).

이 같은 '안티오쿠스 (에피파네스) 4세'의 신적인 교만, 전쟁의 숭배, 매관매직을 통한 유혹 등은 세상 종말에 온갖 간교한 술수로 교회와 성도들을 미혹하고 핍박할 적그리스도의 특성을 분명하게 예시해 주고 있다.

(40-43) "그러나 그 북방 왕의 마지막 때에 남방 왕이 일어나 그자를 공격할 것이다. 하지만 그 북방 왕은 전차와 기마병과 수많은 배를 동원하여 회오리바람처럼 빠르고 강력한 힘으로 남방 왕과 맞서 싸워 그의 군대를 격퇴시킬 것이다. 그뿐 아니라, 그 북방 왕은 승리의 여세를 몰아 남쪽 나라의 여러 지역으로 쳐들어가서, 홍수가 휩쓸고 지나가듯 그 땅을 짓밟고 약탈할 것이다. 그때에 그자는 또 '영광스러운 땅' 이스라엘도 침략하여 마구 유린할 것이고, 여타 많은 나라들을 쳐서 패망시킬 것이다. 하지만 그런 와중에서도 에돔과 모압과 암몬의 지도층 인사들은 그자의 손아귀에서 벗어날 것이다. 이처럼 그자가 손을 뻗어 여러 나라들을 쳐서 패망시킬 때에 이집트 땅도 그자의 손아귀에서 벗어나지 못할 것이다. 그자는 무력을 사용하여 이집트의 금과 은과 수많은 보물들을 약탈하여 자기 손에 넣을 것이고, 또한 리비아와 구스도 쳐서 정복한 후에 그 나라 사람들을 종으로 삼을 것이다."

북방(수리아) 왕 '안티오쿠스 4세'의 통치 말엽에 남방(이집트) 왕 '톨레미 6세'의 공격이 있을 것이다(40절a). 하지만 '안티오쿠스 4세'의 대대적인 반격으로 남방 왕의 공격은 실패로 끝나고, 그 결과로 도리어 남방(이집트) 땅을 비롯하여 남방 왕과 동맹을 맺은 리비아(Libya, 이집트의 서쪽에 있는 나라)와 구스(Cush, 이집트의 남쪽에 있는 나라로, 오늘날의 에티오피아)까지 유린당하고 약탈당할 것이다(40절b, 42-43절).

이런 와중에 에돔과 모압과 암몬의 지도층 인사들은 무사할 것인데(41절b), 그 까닭은 그들이 '안티오쿠스 4세'의 헬라화 정책에 동조하고 협소했기 때문이다. 그렇지만 이때에도 하나님의 성전이 있는 '영광스러운 땅' 이스라엘은 '안티오쿠스 4세'가 이끄는 수리아(시리아) 군대의 말발굽 아래 무자비하게 짓밟히고 유린당할 것이다(41절a). 참으로 셀류쿠스 왕조의 제8대 왕인 북방(수리아) 왕 '안티오쿠스 4세'가 통치하는 동안(주전 175-163년), 여호와 신앙을 지킨 이스라엘의 경건한 유대인들은 말로 다할 수 없는 온갖 혹독한 수난과 박해와 수모를 견뎌내야 했다.

> (44-45) "이처럼 승승장구하는 그자에게 동쪽과 북쪽에서부터 어떤 반란의 소문이 들릴 것인데, 그 소문은 그자를 크게 놀라게 하고 당황스럽게 할 것이다. 그리하여 그자는 격분하여 군대를 이끌고 돌아가 그 땅의 수많은 사람들을 학살하려고 할 것이다. 그 무렵에 그자는 자신의 왕실 장막을 바다와 영광스럽고 거룩한 산 사이에 칠 것이다. 그러나 마침내 그자의 종말이 순식간에 이를 것이니, 그때에 그자를 도와줄 사람이 아무도 없을 것이다."

남방(이집트) 원정길에 나선 북방 왕 '안티오쿠스 4세'가 한창 전쟁을 성공적으로 수행하고 있던 중에 동쪽과 북쪽에서부터 어떤 반란의 소문을 듣게 될 것이다(44절a). 이는 '안티오쿠스 4세'의 본국인 수리아(시리아)의 동북쪽 지방에 있는 파르티아(Parthia)와 아르메니아(Armenia)의 반란 소문을 가리킨다. 그래서 그 소문에 놀라고 격분한 '안티오쿠스 4세'는 반란을 진압하여 본때를 보여주려고 군대를 이끌고 돌아갈 것이었다(44절b).

그렇게 군대를 이끌고 본국 수리아로 돌아가던 중에 '안티오쿠스 4세'는 이스라엘을 한 번 더 짓밟기 위해 바다(지중해)와 영광스럽고 거룩한 산 곧 이스라엘의 시온산 사이에 왕실 장막(텐트 식으로 된 왕의 이동식 궁전)을 세울 것이었다. 말하자면 진영(陣營)을 칠 것이다. 하지만 그토록 기세당당하던 '안티오쿠스 4세'는 이후에 병을 얻어 갑작스럽게 인생의 종말을 맞고 말 것이다(주전 163년). 덧없고 허망한 악인의 죽음이었다.

이는 진실로 하나님의 천벌이었다(8:23-25). 이 같은 북방 왕 '안티오쿠스 4세'의 허망하고 갑작스런 죽음은 세상 종말에 기세등등하게 등장하여 교회와 성도들을 간교하게 미혹하고 가혹하게 핍박하다가, 어느 순간에 갑자기 철저하게 궤멸되어 영원한 불못에 던져지는 사탄과 적그리스도 및 그 추종자들의 운명을 예표한다고 볼 수 있다(계 19:19-21; 20:7-10).

12

마지막 때에 관한 예언

마지막 때에 큰 환난이 있지만
천사장 미가엘이 지켜줄 것이다
생명책에 이름이 기록된 자들은
누구든 구원받을 것이다

마지막 때에 일어날 일들 (12:1-4)

(1-4) "그 마지막 때에, 네 백성들을 지켜주는 천사장 미가엘이 분연히 일어설 것이고, 또한 나라가 생긴 이래로 그때까지 아무도 겪어보지 못한 무시무시한 큰 환난이 닥칠 것이다. 그러나 그때에 네 백성 가운데 무릇 하나님의 생명책에 그 이름이 기록된 자들은 모두 구원을 받을 것이다. 그 마지막 때가 이르면, 땅의 흙 속에서 잠자고 있던 많은 이들이 깨어날 것이다. 그중 어떤 이들은 영원한 생명을 얻겠지만, 어떤 이들은 치욕 가운데 영원히 부끄러움을 당하게 될 것이다. 그러나 지혜 있는 사람은 하늘의 빛처럼 밝게 빛날 것이요, 많은 사람을 옳은 길로 인도한 사람은 공중의 별처럼 영원히 빛날 것이다. 그러므로 너 다니엘아, 이제 너는 마지막 때까지 이 예언의 말씀을 잘 간직하고, 이 책의 글들을 단단히 봉해두어라. 마지막 때가 다가올수록, 많은 사람들이 이 예언의 성취에 주목하면서 그것에 관한 지식을 얻으려고 이리저리 움직이며 열심히 노력할 것이다."

앞서 남방(이집트) 왕과 북방(시리아) 왕에 관한 이야기를 들려준 후(11장), 사람같이 생긴 분 곧 구약시대의 그리스도께서는 환상 가운데서 다니엘에게 하늘의 놀라운 계시를 계속해서 들려준다. 이번에는 마지막 때에 있을 일들에 관한 계시다.

여기서 '마지막 때'는 두 가지 관점에서 이해할 수 있다. 먼저, 역사적으로는 장차 북방 왕 '안티오쿠스 4세'에 의해 자행될 극심한 유대교 박해의 말엽을 가리킨다. 그다음, 예언적으로는 세상 종말에 적그리스도에 의해 자행될 혹독한 기독교 박해의 말엽, 곧 '70이레'(9:24-25) 중 마지막 한 이레(9:26)의 '후반기 삼 년 반(半)의 말엽'(9:27)을 가리킨다. 이런 점에서 신구약 중간기 시대에 활동한 '안티오쿠스 4세'(11:21-45)는 세상 종말에 출현할 '멸망의 아들'(살후 2:3) 또는 '짐승'(계 13:1)으로 묘사된 '적그리스도'의 생생한 모형이다. 이러한 마지막 때에 다음과 같은 일들이 일어날 것이다.

첫째, 여태 경험해 보지 못한 무시무시한 큰 환난이 닥칠 것이다(1절a). 마지막 때에 '안티오쿠스 4세'의 유대교 박해나 '적그리스도'의 기독교 박해는 실로 혹독하고 무시무시할 것이다. 하지만 그때에 천사장 미가엘이 이끄는 하나님의 군대가 교회와 성도를 도울 것이다.

둘째, 하나님의 생명책에 그 이름이 기록된 자들은 모두 구원을 받을 것이다(1절b). '안티오쿠스 4세'의 박해 때에 배교하지 않고 끝까지 여호와 신앙을 지킨 자들, 그리고 적그리스도의 박해 때 끝까지 기독교 신앙을 지킨 자들은 하나님의 생명책에 그 이름이 기록될 것인데(계 20:12), 그들은 하나도 빠짐없이 구원의 자리에 이른다는 말이다. 요한계시록을 보면, 신구약 전체를 통해 하나님의 생명책에 기록된, 구원받은 자들의 총 수효는 '14만 4천 명'이라는 상징수로 표기되었다(계 7:4).

셋째, 모든 죽은 자들이 부활하여 하나님의 심판대 앞에 설 것이다(2절). 그리하여 어떤 이들은 그 부활이 영원한 천국으로 들어가는 '영생의 부활'이 될 것이고, 어떤 이들은 영원한 지옥으로 떨어지는 '영멸의 부활'이 될 것이다. 그 기준은 그 사람의 이름이 하나님의 생명책에 기록되어 있느냐, 혹은 기록되어 있지 않느냐에 따라 결정된다(계 20:12-15).

넷째, 지혜 있는 사람이나 많은 사람을 옳은 길로 인도한 사람은 공중의 별처럼 빛나는 상급을 받게 될 것이다(3절). 여기서 '지혜 있는 사람'은 마지막 때에 '안티오쿠스 4세' 또는 '적그리스도'의 박해를 견디면서 신실하고 경건한 신앙의 삶을 산 사람을 가리킨다(11:33, 35). 그리고 '많은 사람을 옳은 길로 인도한 사람'은 '지혜 있는 사람'과 동일한 말로, 신실하고 경건한 삶을 통해 많은 이들을 올바른 진리의 길로 인도한 자들을 가리킨다. 이런 자들은 구원은 물론이고, 덤으로 풍성한 하늘 상급도 받게 된다(계 2:10).

다섯째, 마지막 때가 다가올수록 많은 사람들이 예언의 성취에 주목하면서 그것에 관한 지식을 얻으려고 이리저리 움직이며 열심히 노력할 것이다(4절). 다니엘서에 기록된 예언의 말씀이 성취될 때가 가까울수록 많은 사람들이 그 계시의 내용을 탐구하기 위해 부지런히 움직이며 애쓸 것인데, 그 결과로 그에 대한 지식을 얻어 그 뜻을 깨닫게 될 것이라는 말이다. 사실이 그러하다. 다니엘 당대에는 전혀 알지 못했던 그 예언의 말씀이 이후로 많은 탐구를 통해 오늘날 말세지말(末世之末)의 시대를 살고 있는 우리는 다니엘서에 기록된 예언의 말씀이 무얼 뜻하는지 분명히 알 수 있게 되었다.

마지막 때에 관한 질문과 답변 (12:5-13)

그때에 다니엘이 눈을 들어 바라보니, 그 앞에 또 다른 두 사람이 서 있었다. 한 사람은 강 이쪽 언덕에 서 있었고, 또 한 사람은 강 저쪽 언덕에 서 있었다. 여기 '두 사람'은 '두 천사'를 말하고, 강은 다니엘이 환상 가운데 가 있는 '힛데겔강' 곧 '티그리스강'을 가리킨다(10:4). 두 사람 가운데 한 사람이 고운 모시옷을 입고 강물 위쪽에 서 있는 사람에게 묻는다. 고운 모시옷을 입고 강물 위쪽에 서 있는 이 사람은 앞서 '사람같이 생긴 이'로 묘사된 '그리스도'를 가리킨다(10:5-6). 성육신 이전의 구약시대에 활동한 제2위 하나님이신 '그리스도'다. 그러니까 두 천사 중 한 천사가 그리스도께 묻고 있는 것이다.

(6) "지금까지 말씀하신 그 모든 놀라운 일들이 모두 성취되려면, 어느 때까지 기다려야 합니까?"

그때에 다니엘이 또 들으니, 고운 모시옷을 입고 강물 위쪽에 서 있는 그 사람이 한 천사의 물음에 대해 자신의 오른손과 왼손을 들어 하늘을 향한 채로 영원히 살아계시는 분께 맹세하면서 대답한다.

(7) "반드시 한 때와 두 때와 반 때가 지나야 한다. 박해자의 가혹한 핍박으로 말미암아 거룩한 백성들의 권세가 다 깨어진 후에야, 비로소 이 모든 일들이 이루어지게 될 것이다."

거룩한 백성들 곧 성도들의 권세가 다 깨질 '한 때와 두 때와 반 때'는 앞서 '70이레'의 계시(9:24-27a) 가운데 마지막 한 이레의 후반기 곧 세상 종말에 있을 7년 대환난 중 적그리스도가 자신의 정체를 드러내고 본격적으로 교회와 성도들을 핍박하여 그들의 권세를 깨뜨릴 '후반기 삼 년 반(半)'의 기간을 가리킨다(9:27b). 요한계시록에서는 이 기간이 '사흘 반'(계 11:9) 혹은 '마흔 두 달'(계 13:5)이라는 상징수로도 표현된다.

그러니까 거룩한 백성들(성도들)의 구원은 이 혹독한 환난과 핍박의 '후반기 3년 반(한 때와 두 때와 반 때)'의 기간이 지나야 비로소 이를 것이라는 답변이다. 여기서 주목할 점은 '반 때'라는 표현이다. 왜 '온'이 아니고 하필 '반(半)'인가?

이는 그 환난과 핍박의 기간이 너무나 무시무시하고 혹독할 것이므로, 하나님께서 택한 백성들을 위해 그 최후의 마지막 기간을 절반으로 단축시켰기 때문이다(마 24:21-22). 때에 다니엘은 고운 모시옷을 입고 강물 위쪽에 서 있는 그 사람이 천사에게 대답하는 말을 들었지만, 그 말이 무슨 뜻인지 이해할 수 없었다. 그래서 그 사람에게 묻는다.

(8) "오, 내 주여, 이 모든 일의 결과가 어떻게 되겠습니까?"

다니엘은 고운 모시옷을 입고 강물 위쪽에 서 있는 그 사람이 천사에게 대답한바, 그 계시의 온전한 성취 곧 적그리스도의 최종적인 패배와 거룩한 백성의 궁극적인 승리 및 구원의 때가 구체적으로 언제가 될는지를 알지 못했기에 이렇게 물은 것이다. 그러자 다니엘의 질문에 대해 고운 모시옷을 입고 강물 위쪽에 서 있는 그 사람이 대답한다.

(9-12) "다니엘아, 이제 가거라. 이 말씀은 마지막 때까지 은밀히 간직되고 비밀로 봉해질 것이다. 그때에 많은 사람들이 핍박과 시련의 연단을 받고 정결하게 되고 깨끗하게 될 것이다. 하지만 마지막 때에 이르러서도 악한 자들은 여전히 악한 짓을 계속 일삼을 것이고, 그들은 아무것도 깨닫지 못할 것이다. 그러나 오직 지혜 있는 자들은 이 예언의 말씀을 올바로 깨닫게 될 것이다. 그렇다! 날마다 드리는 제사가 폐지되고, 멸망을 초래하는 흉측한 우상이 성전 안에 세워지는 날부터 1천 290일이 지나야 할 것이다. 그 날수에 45일을 더 기다려, 마침내 1천 335일에 이르는 그날까지 믿음을 저버리지 않고 꿋꿋이 견뎌내는 그 사람은 참으로 복된 사람이다."

다니엘의 물음에 대하여, 고운 모시옷을 입고 강물 위쪽에 서 있는 그 사람 곧 그리스도의 대답은 이러했다.

첫째, 그 계시의 말씀은 은밀히 간직되고 비밀로 봉해질 것이다(9절). 그렇기 때문에 많은 사람들이 그 계시의 말씀을 깨닫지 못하고 마지막 때에 이르러서도 여전히 악한 짓을 자행할 것이다. 그러나 지혜 있는 자들은 이 계시(예언)의 말씀을 올바로 깨닫고 핍박과 시련을 견뎌 정결하게 되고 깨끗하게 될 것이다(10절). 이로 볼 때 하나님께서 '마지막 때'에 혹독한 환난과 핍박의 시기를 마련해두심은 의인과 악인, 지혜로운 자와 어리석은 자, 알곡과 가라지, 신자와 불신자를 가려내기 위함인 줄을 알 수 있다.

둘째, 일차적으로 거룩한 백성들의 승리와 구원은 날마다 드리는 제사가 폐지되고, 멸망을 초래하는 흉측한 우상이 성전 안에 세워지는 날부터 1천 290일이 지난 때가 될 것이다(11절). 여기서 '날마다 드리는 제사가 폐지되고, 멸망을 초래하는 흉측한 우상이 성전 안에 세워지는 날'은 적그리스도가 자신의 정체를 드러내고 본격적으로 거룩한 백성들을 박해하기 시작하는 날이다(9:27b). 즉 '70이레' 중 마지막 한 이레의 '후반기 3년 반'의 첫 날이다. 그날로부터 1천 290일은 '후반기 3년 반(6개월)'(1천 260일, 이는 한 달을 '30일'로 계산하고, 그래서 1년을 '360일'로 계산한 것임)에 '한 달'(30일)을 더한 날수다. 이 더해진 '한 달'은 적그리스도의 세력을 최종 궤멸시킨 이후에 그리스도의 재림이 있고, 그로 인해 최종 심판이 펼치지는 데 소요되는 기간인 듯하다(계 20:11-15).

셋째, 궁극적으로 거룩한 백성들의 최종 승리와 구원은 1천 290일의 날수에 45일을 더 기다려, 마침내 1천 335일에 이르는 그날에 비로소 이루어질 것이다(12절). 1천 290일(후반기 3년 반에 한 달을 더한 날수)에 45일 곧 '한 때 반'(한 달 반)이 더해진 1천 335일은 최종 심판 이후에 거룩한 백성들(성도들)이 영원한 새 하늘과 새 땅의 세계로 들어가는

데 소요되는 기간인 듯하다(계 21:1-22:5). 물론, 이 모든 날수들은 실제의 날수가 아니라 심오한 의미를 담고 있는 상징적인 날수다.

그런데 이처럼 여러 날수들(한 때 두 때 반 때, 1,260일, 1,290일, 1,335일 등)이 구체적으로 제시하고 있는 까닭은 분명하다. 구체적으로 이띤 한정된 기한을 제시해 줌으로써 세상 종말에 닥쳐올 큰 환난과 핍박의 시기가 영원히 지속되지 않고 일정한 기간 동안만 있게 될 것임을 알려주기 위함이다. 그리하여 환난과 핍박을 견디는 성도들에게 큰 소망과 위로를 주기 위함이다. 또한 이는 인류역사가 하나님의 세밀하고도 구체적인 섭리와 경륜, 그리고 치밀한 계획과 주관하에 아무런 차질 없이 착착 진행되고 있음을 교훈해 준다.

이제 고운 모시옷을 입고 강물 위쪽에 서 있는 그 사람, 곧 그리스도께서 오랜 세월 동안 하나님의 충성된 종으로 신실하게 살아온 노령의 다니엘에 대해 위로와 축복의 말씀을 해주심으로써 본서는 마무리된다. 당시 다니엘의 나이는 85세가량이었다(주전 536년). 그러니까 다니엘의 나이 16세쯤 되던 해, 곧 바빌로니아의 제1차 유다 침공 때(주전 605년) 포로로 붙잡혀 바빌로니아 땅에 끌려와 그 탁월한 재능을 인정받아 관료로 발탁되어 두 제국(바빌로니아 제국, 페르시아 제국)에서 일한 지 거의 70년에 이른 때였다. 파릇파릇한 소년 다니엘이 백발이 성성한 노인 다니엘이 된 것이다. 참으로 오랜 세월이 흘렀다.

(13) "너 다니엘아, 너는 마지막까지 신실하게 네 길을 걸어라. 너는 이제 흙으로 돌아가 편히 쉬게 되겠지만, 세상 끝날에 다시 일어나 네게 주어진 유산을 받게 될 것이다."

태초에 하나님께서는 흙으로 사람을 만드셨고(창 2:7), 타락한 이후 모든 인간은 흙으로 다시 돌아갈 운명이다(창 3:19). 따라서 흙으로 지음 받은 다니엘도 이제 백발이 성성한 고령이 되어 죽을 나이가 되었으므로 필히 흙으로 돌아가게 될 것이었다. 하지만 믿음의 길을 신실하게 걸은 성도의 죽음은 참으로 복된 죽음으로(시 116:15), 그 죽음은 무덤 안에서 잠자듯 편히 쉬는 죽음인 것이다. 그리고 '70이레'의 예언이 온전히 성취되는 세상 끝날에 무덤에서 부활하여 하나님께로부터 구원과 영생은 물론이고, 신실한 자들에게 주어지는 유산 곧 다니엘 몫의 유산을 받게 될 것이었다(계 22:12). 후일 사도 바울도 이 같은 신앙 고백을 한 적이 있다.

(딤후 4:6-8) "나 바울은 이미 부어드리는 제물처럼 피 흘려 주께 바쳐질 때가 되었고, 그리하여 이 세상을 떠날 때가 다가왔습니다. 지금껏 나는 선한 싸움을 다 싸웠고, 달려갈 길을 다 끝냈으며, 나의 믿음을 굳게 지켰습니다. 그러므로 이제는 의의 월계관이 나를 기다리고 있습니다. 그날에, 의로운 재판장이신 주께서 그 승리의 월계관을 나에게 씌워주실 것인데, 나에게뿐만 아니라 주의 재림을 간절히 기다려 온 모든 믿는 자들에게도 역시 그리 하실 것입니다."

에필로그

"오, 주님, 감사합니다. 부족하고 못난 이 몸을 향한 주님의 크신 위로와 복 주심에 너무나 황송하여 감히 몸 둘 바를 모르겠습니다. 진실로 이 몸을 지금껏 지켜주시고 올바로 이끌어주심에 온 마음을 다해 감사를 드립니다. 오, 주님, 할렐루야!"

이렇듯 눈물겹도록 감사하고 감격하는 가운데 다니엘은 마침내 환상에서 깨어났다. 참으로 신비롭고 놀랍고 두렵고 무시무시한 '70이레'의 환상이었다(10-12장).

'오, 우리 주님께서는 주님의 백성을 위한 구원의 계획을 치밀하게 세워놓고 계시는구나. 아, 그나저나 그런 과정에서 장차 내 동족과 주님의 백성이 겪을 크나큰 환난과 핍박이 참으로 걱정이로구나. 어떡하든 끝까지 잘 견뎌내야 할 텐데…. 주여, 주님의 백성들에게 힘을 주시고 그들을 눈동자처럼 보살펴주소서.'

환상에서 깨어난 다니엘은 동족과 주님의 백성들을 위해 손을 모은다. 시간 흐르는 줄 모르고 오래도록 중보기도를 드린다. 그런 뒤 노구를 움직여 어렵사리 자리에 눕는다. 이렇듯 꿈을 꾸고 환상을 볼 때마다 다니엘은 그 꿈과 환상으로 인해 중병에 걸린 듯 몇 날 몇 주를 앓아누웠다. 꿈과 환상의 내용이 너무나 신비롭고 충격적이고 놀랍고 무시무시했기 때문이다.

주님의 백성을 위해 기도하는 환상의 선지자 다니엘

느부갓네살 왕이 꾼 큰 신상의 꿈(2-3장)과 큰 나무의 꿈(4장), 네 마리 짐승의 환상(7장), 숫양과 숫염소의 환상(8장), 그리고 70이레의 환상(10-12장)까지, 하나같이 두렵고 놀랍고 충격적이고 무시무시한 것들이었다. 해석하기 어렵고, 감당하기 벅찬 꿈과 환상들이었다. 그래서 마음속에 근심이 가득하고, 머릿속이 복잡하고, 가슴속이 답답하여 몇 날 몇 주를 끙끙 앓아 누웠던 것이다(7:15; 8:27).

그렇지만 당대에 그토록 놀랍고 충격적이고 무시무시한 꿈과 환상을 그나마 제대로 감당할 자는 오직 다니엘밖에 없었다. 다니엘은 그러한 꿈과 환상을 올바로 해석하고 당당하게 선포하기에 가장 적합한 지혜와 능력을 갖춘 신실한 신앙과 기도의 인물이었다. 여호와 신앙에 대한 다니엘의 흔들림 없는 굳은 신앙은 포로로 잡혀 온 16세의 소년 때부터 바빌로니아 궁중에서 분명히 나타났고(1:8-16), 이후 사자 굴의 위기 앞에서도 잘 나타났다(6:10-18).

진실로 다니엘은 남방의 작은 나라에서 붙잡혀 온 일개 포로의 신세임에도 불구하고, 탁월한 능력과 뛰어난 지혜, 그리고 올바른 판단력으로 바빌로니아와 바사(페르시아)의 두 제국에 걸쳐 오랜 세월 동안 궁중의 고위 관리로서 흠 잡힐 데 없이 의연하게 사역함으로써 이방의 왕들과 백성들에게까지 크게 인정받고 신뢰를 받은 위대한 정치가였다. 동시에 다니엘은 굳센 신앙과 탁월한 지혜, 그리고 신적인 영감으로써 하늘의 놀라운 꿈과 환상을 보고 해석하고 널리 선포한 위대한 선지자였다. 그러므로 동시대의 선지자였던 에스겔은 모든 시대를 초월한 참된 의인의 표상으로 노아 및 욥과 함께 '다니엘'을 꼽았다(겔 14:14, 20).

후일의 주후 1세기 말엽에 사도 요한이 유배된 섬 밧모에서 적그리스도의 활동과 사탄의 궤멸 및 그리스도의 재림으로 인해 실현되는 새 하늘과 새 땅의 놀라운 환상의 장면을 목도했다면, 다니엘은 그보다 600여 년 전에 포로 된 땅 바빌로니아에서 '70이레의 환상'을 통해 장차 적그리스도의 출현 및 메시아의 재림, 그리고 하나님 왕국의 최종 완성이라는 하나님의 원대한 섭리와 경륜의 스케줄을 미리 보고 크게 기뻐하며 감사했던 것이다.

그리하여 다니엘은 정녕 주님께로부터 큰 은총을 받은 사람이었고(10:11), 마지막 날에 자기 몫의 상급까지 보장받은 참으로 복되고 복된 사람이었다(12:13). 그러므로 21세기를 살아가는 오늘날 우리도 본서를 통해 다니엘을 본받고 그의 발자취를 따름으로써 마침내 다니엘같이 복되고 복된 사람이 되기를!

지금도 시간은 재깍재깍 흘러가고 있다. 그렇게 시간이 흐르고 흘러서 세월이 되고…, 그 세월 어딘가에는 반드시 '하나님의 작정하신 때'가 있을 것이다. 그러면 다니엘이 환상 가운데서 목도했던 바 영원한 다윗 왕국 곧 영원한 메시아 왕국은 재건되고 확장될 것이며, 궁극적으로는 메시아의 재림과 심판으로 사탄과 적그리스도의 세력은 영영 궤멸될 것이다.

아, 그러면… 그런 날이 오면… 그토록 꿈에 그리고 그렸던 새 하늘과 새 땅의 찬란한 실현이 드디어 이루어질 것이다. 그리고 그곳 신천신지에서 주님과 더불어 영생복락의 날들은 영원토록 이어질 것이다. 그런 날을 기대하고 소망하는 다니엘의 입가에 살포시 웃음이 감돌고 있다. 불어오는 바람에 다니엘의 허연 머릿결이 살며시 휘날린다. 오늘은 바람마저도 싱그럽고 따뜻하다.

행위예언과 문자예언

민영진

감리교신학대학교 교수 역임

대한성서공회 번역실장, 총무 역임

세계성서공회연합회 번역컨설턴트 역임

환상과 상징행위 예언(에스겔)

나라가 망하고 포로가 되어 바빌로니아로 끌려온 에스겔의 심판과 구원의 예언에는 유독 '환상'이 자주 언급된다. 스토리텔링성경 에스겔에는 '환상'이란 말이 125회나 나온다. 환상 가운데서 본 '하나님의 보좌'(겔 1:1-28), '예루살렘 성전'(겔 8:1-11:25), '골짜기에서 살아나는 마른 뼈들'(겔 37:1-14), '새 성전'(겔 40:1-42:20), '새 성전으로 돌아오시는 하나님'(겔 43:1-12), '새 성전에서 발원하는 강'(겔 47:1-12), '새 땅'(겔 47:13-48:35) 등, 환상에 관한 극적인 스토리텔링은 묵시문학에서 환상이 지닌 의미를 다시 발견하게 한다.

예언은 일반적으로 '말(씀)'이 중심이다. 그러나 에스겔에게서는 '말(씀)'을 입으로 선포하는 예언 선포와 함께, 무언극 같은 여러 가지 상징행위 예언이 결합되어 있는 것을 볼 수 있다. 예를 들면, 에스겔이 납작한 흙벽돌을 가져다가 그 위에 예루살렘 지도를 그려 놓고, 그 성읍에 포위망을 설치하는 행위(겔 4:1-3); 예언자가 요 위에서 오른쪽 왼쪽으로 번갈아 누워가며 어떤 메시지를 무언으로 전달하는 행위(겔 4:4-6); 결박된 몸으로 옴짝달싹 못하는 상태에서 팔을 걷어붙이고 예언을 선포하는 행위(겔 4:7-8); 밀, 보리, 콩, 팥, 조, 귀리를 섞어 빵을 만들고, 그것을 쇠똥에 구워 물과 함께, 사람들 보는 데서 시간을 정해 놓고 먹는 행위(겔 4:9-15); 이 밖에도 머리카락과 수염을 깎고 처리하는 행위(겔 5:1-4); 포로가 되어 끌려가는 것을 연상하게 하는 여러 가지 행위(겔 12:3-6,7); 떨면서 먹고 마시는 행위(겔 12:18); 두 막대기를 연결하여 하나로 만드는 행위(겔 37:15-28) 등이 모두 무엇인가를 상징하는 연출이다. 이러한 상징행위들이 스토리텔링성경 에스겔에 기존의 어떤 번역들보다 상세하게 잘 설명되어 있다.

문자 예언 (다니엘)

히브리어 성경에서 다니엘서는 예언서 혹은 선지서에 속하지 않고, 시편, 욥, 잠언, 룻, 아가, 전도서, 애가, 에스더, 다니엘, 에스라, 느헤미야, 역대상, 역대하와 함께 성문서(聖文書)로 분류되어 있다. 구약에서는 다니엘이 한 번도 '선지자'나 '예언자'로 불린 적이 없다. 다만 신약의 마태복음에서만 단 한 번 '선지자 다니엘'이라는 표현이 나온다(마 24:15). 그러나 그리스어 칠십인역에서는 다니엘서가 에스겔서와 호세아서 사이에 예언서/선지서로 구분되어 들어 있다. 개신교는 칠십인역의 이 전통을 따라 다니엘을 예언서/선지서로 구분한다.

벽에 기록된 문자는 어느 언어의 무슨 문자였을까?

지금 우리에게 전해진 다니엘서는 본문이 부분적으로 서로 다른 두 언어로 기록되어 있다. 일부는 히브리어로(1:1-2:4a; 8-12장), 일부는 아람어로(2:4b-7장) 기록되어 있다. 둘 다 셈어라는 공통점을 지닌다.

다니엘서가 왜 부분적으로 같은 문자 다른 언어로 기록되었는가 하는 것은, 주석마다 여러 견해를 밝히고 있고, 우리의 스토리텔러도 자신의 의견을 진술하고 있지만(407-408쪽), 우선 우리의 관심을 바빌로니아 왕 벨사살의 질문과 유대인 포로 다니엘의 대답에 집중해 보자. "메네 메네 데겔 우바르신…? 그게 대체 무슨 뜻이오?"(단 5:25). 벨사살 왕이 묻는다. 다니엘이 글자를 해독하고 그 뜻을 밝힌다.

> "그 글자의 뜻을 해석하면 이러합니다. '메네'는 '수를 센다'라는 말인데, 곧 하나님께서 왕의 나라의 햇수를 계산하셔서, 이제 그것을 끝나게 하셨다는 뜻입니다. '데겔'은 '저울에 단다'라는 말인데, 곧 하나님께서 왕을 저울에 달아보니, 그 무게가 모자란다는 뜻입니다. 그리고 '바르신'은 '나눈다'라는 말인데, 곧 하나님께서 왕의 나라를 나누어서 메대와 페르시아 사람들에게 넘겨주실 것이라는 뜻입니다." (444쪽, 다니엘 5:26-28).

바빌로니아 제국의 종말이 다가왔고, 현 집권 군주는 '깜냥'이 안 되고, 바빌로니아는 메대와 페르시아로 분리될 것이라는 뜻이다. 문무백관이 둘러선 바빌로니아 왕 어전에서 포로로 잡혀 온 한 유대인이 이런 말을 하다니, 그는 이미 목숨을 부지할 생각은 안 했을 것 같다. 이런 메시지를 감당할 왕이나 대신들이 또 어디 있겠는가! 아니나 다를까, 바로 그날 밤에 벨사살 왕은 살해되고(단 5:30), 메대 사람 다리우스가 왕위를 잇는다.

글자는 해독하기 어려웠어도 아람어는 바빌로니아 궁중에서 갈대아어(바빌로니아어-수메르어와 아카드어)와 함께 통용되던 말이었다(단 2:4). 바빌로니아어는 쐐기문자로 기록되고, 셈어에 속하는 아람어는 일찍부터 고대 히브리어 글씨체(Ancient Hebrew Scripts), 혹은 원시-히브리어 글씨체(Paleo-Hebrew Scripts)로 기록되었다. 벽에 쓰인 글자가 바빌로니아의 쐐기문자였다면 바빌로니아 사람 중에 해독자가 있었을 것이다.

그렇다면 고대 히브리어 글자였을까? 바빌로니아 왕궁에서 아람어가 사용된 예를 보이고 있지만, 벽에 나타난 글씨의 자체(字體)가 어떤 종류의 것이었는지를 묻게 되면 사정이 좀 달라진다. 우리에게는 벽에 쓰인 글씨의 자체 모양이 전해져오지 않는다. 오늘날 우리가 볼 수 있는 여러 종류의 만화 성경이나 그림 성경이나 스토리텔링 성경 등이, 벽에 쓰인 글을, 네모꼴 히브리어 글씨체(Hebrew Square Alphabets)로, 혹은 고대 히브리어 글씨체로, 더러는 원시-히브리어 글씨체로, 혹은 페니키아 알파벳(Phoenician alphabet) 글씨체 등 여러 가지 글자체로 서로 달리 그려낸다.

우리의 스토리텔링성경 다니엘은 집게손가락 하나가 벽에 나타나 히브리어 알파벳 필기체 자음문자 여섯 개를 적은 그림을 그려 넣었다. 영어 『굿뉴스바이블』은 손 하나가 나타나 엄지손가락과 집게손가락과 가운뎃손가락으로 철필을 쥐고 벽에 무엇인가를 끼적이는 그림을 보여준다. 모두 다 상상이다. 중요한 것은 다니엘이 읽고 해석한 내용일 것이다. 스토리텔링성경 다니엘에서 우리의 독자들이 스토리텔러의 이야기를 들으면서, 언어와 문자와 메시지의 연관성을 줄곧 상상해 볼 수 있기를 바란다.